MACRO ECONOMICS

거시 경제학 3판

주상영(朱尙榮)

서울대학교 경제학사
미국 Wisconsin-Madison 대학 경제학박사
대외경제정책연구원 연구위원
한국경제학회 이사
한국사회과학회 회장
국민경제자문회의 거시경제분과 의장
한국은행 금융통화위원
(현) 건국대학교 경제학과 교수

거시경제학 3판

초판 발행 2022년 6월 30일
2쇄 발행 2023년 9월 22일

지은이 주상영 / **펴낸이** 전태호
펴낸곳 한빛아카데미(주) / **주소** 서울시 서대문구 연희로2길 62 한빛아카데미(주) 2층
전화 02-336-7112 / **팩스** 02-336-7199
등록 2013년 1월 14일 제2017-000063호 / **ISBN** 979-11-5664-605-1 93320

총괄 김현용 / **책임편집** 김현용 / **기획 · 편집** 권오상 / **진행** 권오상
디자인 표지 윤혜원 / **전산편집** 박지실 / **제작** 박성우, 김정우
영업 김태진, 김성삼, 이정훈, 임현기, 이성훈, 김주성 / **마케팅** 길진철, 김호철, 심지연

이 책에 대한 의견이나 오탈자 및 잘못된 내용에 대한 수정 정보는 아래 이메일로 알려주십시오.
잘못된 책은 구입하신 서점에서 교환해 드립니다. 책값은 뒤표지에 표시되어 있습니다.
홈페이지 www.hanbit.co.kr / **이메일** question@hanbit.co.kr

지금 하지 않으면 할 수 없는 일이 있습니다.
책으로 펴내고 싶은 아이디어나 원고를 메일(writer@hanbit.co.kr)로 보내주세요.
한빛아카데미(주)는 여러분의 소중한 경험과 지식을 기다리고 있습니다.

MACRO ECONOMICS

주상영 지음

3판

거시 경제학

한빛아카데미
Hanbit Academy, Inc.

제3판 머리말

제1판을 내놓은 지 15년이 흘렀다. 그간 발생한 글로벌 금융위기와 코로나19 감염병 사태가 거시경제학에 대하여 새로운 관심을 불러일으켰지만, 체계적인 처방을 시의적절하게 제시하지 못했다는 비판을 받는 것도 사실이다. 무엇 하나 제대로 맞히지 못하는 학문으로 보일지도 모른다. 제1판과 제2판의 머리말에서 거시경제학이 미완성의 학문이라는 점을 강조했는데, 이번에도 같은 말을 되풀이할 수밖에 없을 것 같다.

다만 시간의 흐름 속에서 뒤를 돌아보는 것도 중요하다. 기대에는 못 미치지만, 그래도 거시경제학은 조금씩 발전하고 있다. 특히 1930년대의 대공황, 1970년대의 스태그플레이션, 2000년대 금융위기 등을 거치면서 거시경제에 대한 이해도가 한층 높아졌고 정책대안들에 대해서도 많은 교훈을 얻을 수 있었다. 사실 언제 어디서나 들어맞는 법칙을 가진 거대 이론을 찾기는 어려우며, 사회과학 분야에서는 더욱 그럴 것이다. 만약 현실 문제를 해결하기 위해 거시경제학적 지식을 동원해야 한다면, 우리가 할 수 있는 일은 관련된 개별 이론들을 잘 찾고 묶어서 토론에 부친 다음 차선의 대안이라도 유도해 내는 정도일 것이다.

저자는 국민경제자문회의 거시경제분과 팀장과 한국은행의 금융통화위원으로 일하면서 정책 대안을 만들고 결정하는 과정에 직접 참여했다. 내심 이런 귀중한 경험이 책을 개선하는 데 밑거름으로 작용하길 막연하게 기대해 보았지만, 이번에도 또다시 능력과 시간 부족이라는 한계에 부딪히고 말았다. 다만 군데군데 최신 통계 자료를 추가하려고 노력했으며 필요한 경우에는 새로운 실증분석 결과를 제시하기도 했다. 그리고 그동안 독자들에게 맡겨 두었던 연습문제 풀이를 뒷부분에 수록하였다. 여전히 미흡한 책을 내놓게 되었지만, 8년 전 개정할 때 했던 약속을 늦게나마 지키게 되어 그나마 위안으로 삼는다.

제3판이 차질없이 발간되도록 헌신적으로 노력해 준 한빛아카데미 권오상 차장과 임직원 여러분에게 감사드린다. 이지호 부장을 비롯한 한국은행의 유능한 이코

노미스트들에게도 감사의 마음을 전하고 싶다. 특히 금융통화위원회실 최강욱 차장의 도움은 절대적이었다. 자료의 수집과 분석은 물론이고 시작부터 마무리까지 모든 일정을 치밀하게 진행해 주었다. 제2판에 이어 이번에도 적극적으로 개정 작업에 참여해 준 건국대학교의 전수민 교수에게는 어떻게 감사의 마음을 표현해야 할지 모르겠다.

2022년 6월

주상영

제2판 머리말

힘겹게 제1판을 내놓은 것이 엊그제 같은데 벌써 7년이나 흘렀다. 처음 이 책을 쓸 때 가장 역점을 두었던 것은, 쉽게 출발하여 후반부로 갈수록 점차 난이도를 높여 나가는 방식이었다. 이 방식은 나름대로 학생들의 호응을 얻었다. 경제원론의 거시 파트와 이 책의 초반부는 비교적 무리 없이 연결된다. 요즘에는 경제원론을 아주 쉽게 강의하는 추세이기 때문에 이와 같은 방식은 앞으로도 계속 유효할 것으로 믿는다.

이 책의 또 다른 특징 중의 하나는, 필요한 경우에 한국 자료를 사용하여 저자가 직접 분석한 내용을 담은 것이다. 그동안 한국경제가 많이 변했고 자료도 추가되었기 때문에 제2판에서는 군데군데 많은 내용을 수정 · 보완하였다. 한국경제사상 가장 큰 충격이었던 외환위기가 발생한지도 벌써 17년이란 세월이 흘렀으니 구조 전환 이후의 자료가 계속 축적되고 있는 셈이다. 앞으로도 주기적인 개정을 통해 분석을 추가할 것이다.

자료를 업데이트한 것 이외에, 개정 작업을 하면서 역점을 둔 것은 크게 두 가지이다. 첫째는 '이자율 준칙 하에서의 거시경제모형' 부분이다. 보통 이 부분은 교과서에서 다루지 않거나 짧게 소개하는 정도로 그치는데, 이번에 제39장을 완전히 새로 쓰면서 내용을 크게 보강하였다. 특히, 산출갭과 인플레이션 평면에서 정의된 총수요-총공급모형을 통해 학생들이 동태 분석의 원리에 쉽게 접근할 수 있도록 하였다. 둘째, 연습문제를 보완하였다. 각 편에 서술형 문제를 다수 추가하였는데, 대부분 심화 학습을 위한 것들이다. 시간이 허락하는 대로 이 책의 연습문제뿐만 아니라 학생들에게 도움이 될 만한 문제를 더 만들거나 선정하여 풀이와 함께 발간할 예정이다.

사실 2008년 글로벌 금융위기 이후 거시경제학에 대한 신뢰가 크게 무너졌다. 거시경제를 연구하고 해설서를 내는 입장에서 무거운 책임감을 느낀다. 제1판의 머리말에서 언급한 대로 거시경제학은 분명히 미완성의 학문이다. 교과서 앞부분에 나오는 기초 개념과 법칙들마저 여전히 논쟁거리로 남아있을 정도이다. 게다가 금융부문과 거시경제가 어떻게 상호작용하는지, 소득분배가 거시경제 현상에 어떤 영향을 주는지 등 실제로 중요한 문제는 아직도 체계적으로 다루지 못하고 있다. 적어도 거시경제학에 관한 한, 세계적으로 지명도가 높은 책이 있다 할지라도 거기에 만족하지 말자. 물론 저자의 능력을 넘어서는 일이지만, 독자의 상상력과 창의력을 자극하는 새로운 거시경제 입문서가 나오길 희망한다.

제2판을 내도록 격려하고 헌신적으로 노력해 주신 무역경영사의 채규호 사장님께 감사드린다. 강의를 듣고 예리한 질문을 하거나 솔직한 평가를 해 준 학생들에게도 감사한다. 교정뿐만 아니라 자료를 정리해 주고 일부는 직접 분석까지 하면서 도와준 박사과정의 전수민 씨에게도 깊은 감사의 마음을 전한다.

2014년 8월

주상영

머리말

저자는 지난 10년 동안 경제학을 강의하면서 학생들에게는 교과서가 중요할 수밖에 없다는 평범한 진리를 새삼 깨닫게 되었다. 거시경제학의 경우에는 더욱 그러하였다. 거시경제학은 아직도 미완성의 학문이고 매우 논쟁적이다. 거시경제학은 교과서마다 저자의 관점이 다르고 체계와 순서도 다르다. 학부 강의를 하거나 국가고시를 준비하는 학생들을 지도해 본 경험에 의하면, 학생들은 거시경제학을 나름대로의 체계로 이해하는 데 큰 어려움을 겪고 있었다. 우수한 학생들일지라도 골격을 잡고 살을 붙여 이해하는 데 아주 오랜 시간이 걸리고, 그래도 혼란스러운 부분이 많다고 느끼고 있었다.

따라서 거시경제학 교과서의 경우에는 학생들이 전체적인 흐름과 내용을 이해하는 데 혼란을 주지 않도록 유도하는 것이 제일 중요하다고 생각하게 되었다. 저자는 학부 거시경제학 교재의 체계와 순서가 어떻게 되는 것이 바람직한지 오래 전부터 고민하였다. 학부 강의를 듣는 학생부터 대학원에 진학하거나 각종 시험을 준비하는 학생들을 위해 가급적 많은 내용을 다루되, 기본적인 내용에서부터 출발하여 최근에 등장한 이론에까지 무리 없이 연결되는 거시경제학 교재를 쓰고 싶었다. 탁월한 외국 교재들이 많음에도 불구하고, 어쩔 수 없이 외국의 사례로 덮여 있기 때문에 학생들이 정작 그것들을 실감 있게 받아들이지 못한다는 단점을 보완하고 싶었다.

물론 이는 쉬운 일이 아니었다. 그래도 제한적이기는 하지만, 저자는 학생의 입장에서 바라본다는 마음가짐으로 다음과 같이 일곱 가지의 원칙과 전략을 따르기로 했다.

첫째, 난이도에 관한 것인데, 적어도 각 장마다 난이도가 들쭉날쭉 하는 것만은 피하고자 했다. 이 책을 유심히 읽어본다면 초반부에서 후반부로 가면서 난이도가 조금씩 올라가고 있다는 것을 알게 될 것이다. 이는 경제학개론 정도를 수강하고 처음 거시경제학을 접하는 학생들이 첫 장부터 스스로 공부할 수 있게 하기 위함이다.

둘째, 다른 거시경제학 교과서들에 비해 한 개의 장에서 다루는 내용을 대폭 축소하였다. 이 책은 모두 9개편 40개의 장으로 이루어져 있고, 각 장은 대략 10쪽 내외로 짧게 처리되어 있다. 거시경제학은 처음 공부하는 학생들에게 혼란을 주기 쉬운 학문이므로, 가급적 하나하나의 내용을 끊어서 익히는 것이 좋다. 앞서 말한 대로 거시경제학은 아직도 매우 논쟁적인 학문이므로, 한 개의 장에서 복잡한 내용을 많이 다루면 난이도 조절이 어려울 뿐만 아니라 학생들의 혼란도 가중된다고 생각했다.

셋째, 꼭 필요한 경우에는 수학의 사용을 회피하지 않았다. 경제학을 직관적으로 이해하는 것이 중요하다는 점은 아무리 강조해도 지나치지 않을 것이다. 그러나 저자의 경험으로 미루어 볼 때 경제학을 처음부터 끝까지 수학 없이 직관적으로 정확히 이해한다는 것은 불가능하다. 거시경제학도 마찬가지이다. 경제학자들은 단지 학부 교과서에서 수학을 살짝 숨기고 있을 뿐이다. 올바른 직관을 얻기 위해서라도 최소한의 수학 개념은 필요하다. 따라서 내용을 정확히 이해하기 위해 꼭 필요한 경우에는 수학을 쓰기로 했으며, 물론 보충설명을 달았다. 학부생들이 경제학을 이해하기 위해 수학 공부에 지나치게 시간을 허비하는 것도 문제이지만, 무엇보다 중요한 것은 최소의 수학으로 최대의 직관적 이해를 끌어내는 연습이다.

넷째, 비록 충분하지 않다는 점을 인정하지만, 우리나라의 사례를 군데군데 삽입하려고 했다. 거시경제학은 철저히 경험을 바탕으로 한 학문이다. 그래서 더욱 논쟁적이다. 대공황의 쓰라린 경험은 그후로 케인즈주의가 풍미하게 되는 결정적 계기가 되었고, 우리가 거시경제의 이론적 관계로 알고 있는 필립스곡선도 경험적 사실의 발견에서 비롯된 것이다. 또 1970년대에 등장한 새고전학파 이론도 당시 고인플레이션 시대를 맞이하면서 설득력을 얻게 되었다. 그린스펀(A. Greenspan)이라는 탁월한 중앙은행 총재의 등장은 통화정책에 대해 다시 생각하게 하는 계기가 되었으며, 잦은 금융위기의 발생으로 경제학자들은 더 많은 주제들을 발굴할 수 있었다. 물론 이 책이 사례들을 풍부히 소개하고 있지는 못하지만, 적어도 이론을 이해하는 데 꼭 필요하다고 보이는 부분에서는 자료와 사례를 통해 이론과 실제를 비교하고자 했다. 필요한 경우에는 우리나라의 자료를 바탕으로 저자가 직접 분석한 내용을 담기도 했다.

다섯째, 이 책은 저자 나름대로 판단한 골격과 체계를 바탕으로 하지만, 기존의 탁월한 외국 교과서들이 가진 장점들을 최대한 수용하려고 노력했다. 특히 맨큐(G.

Mankiw)와 블랜차드(O. Blanchard)의 거시경제학을 교재로 채택했던 경험으로부터 큰 영향을 받았다. 그 밖에 에이블, 버냉키(A. Abel & B. Bernanke), 배로(R. Barro), 돈부시, 피셔, 스타츠(R. Dornbusch, S. Fisher & N. Startz), 홀, 테일러(R. Hall & J. Taylor), 스티글리츠(J. Stiglitz), 로머(D. Romer)의 거시경제학 교과서도 훌륭한 참고자료가 되었다.

여섯째, 이 책은 각 편의 말미에 내용을 요약함으로써 짧은 시간 동안에 한 편의 흐름 전체를 이해하는 데 도움을 주고자 했다. 한편, 다른 교과서들과는 차별되는 부분으로서, 각 편마다 객관식 연습문제를 수록함으로써 세부적인 장에 독립적으로 소개된 내용들을 연결시켜 이해하고 있는가를 학생 스스로 점검해 볼 수 있도록 하였다. 이는 국가고시를 비롯한 각종 경제학 시험에서 객관식 문제를 접해야 하는 학생들의 현실적 요구를 조금이나마 반영하기 위한 것이기도 하다. 물론 주관식 문항도 있지만, 이 책은 학생 스스로 복습할 수 있도록 저자가 만든 총 190문항의 객관식 문제를 해답과 함께 싣고 있다.

일곱째, 이 책을 40개의 장으로 세분한 또 다른 이유는, 강의 교재로 사용할 때 진도에 포함시킬 장들을 취사선택하기 쉽게 하기 위해서이다. 물론 학생 스스로 공부하거나 각종 시험에 대비하기 위해서는 이 책의 모든 장을 순서대로 소화하는 것이 바람직하다. 강의용 교재로 쓰일 경우에도 두 학기 교재로 쓰인다면 역시 모든 장을 소화할 수 있다. 그러나 한 학기 교재로 쓰이는 경우에는, 총 40개의 장 가운데 강사의 재량에 따라 25개 장 내외를 다루는 것이 현실적이다. 한두 편을 생략하거나, 각 편에서 한두 장 정도를 제외시키는 방식을 적용할 수 있을 것이다.

저자는 시간적인 제약에 맞서 최선을 다했지만, 시간뿐만 아니라 역량도 부족하다는 점을 절실하게 느꼈다. 초판이 가지는 한계가 있을 것이라고도 위안해 본다. 저자는 학부 시절에 정운찬, 이지순, 이성휘 교수님으로부터 거시경제학과 화폐금융론을 배웠으며, 이러한 경험이 유학을 결심하게 된 동기가 되기도 하였다. 유학 시절에는 Ken West, Ken Rogoff, William Brock, Mark Gertler, Nobu Kiyotaki 교수님의 거시경제 관련 강의를 들었다. 이 기회를 빌려 이 분들께 감사의 마음을 전하고 싶다.

또한 이 책이 나오기까지 헌신적인 도움을 준 분들에게 감사의 뜻을 표한다. 먼저 이 책의 출간을 기획해 주신 다산출판사의 강희일 사장님께 감사드리며, 시간에 쫓기면서도 편집을 위해 정성을 다해 주신 출판사 임직원 여러분들에게 깊이 감사드린다. 교정 단계에서 노고를 아끼지 않은 건국대학교 대학원의 이재윤, 서울대학교 대학원의 이승석, 그리고 미국 Northwestern 대학의 김도윤 군에게도 고마운 마음을 전하고 싶다.

2007년 8월
주상영

차 례

제1편 거시경제학의 기초

제3편 화폐와 거시경제

제5편 총수요 · 총공급모형

제6편 경제성장

제7편 거시경제학의 미시경제적 기초

제8편 개방거시경제

제1편
거시경제학의 기초

제1편의 개요

제1편에서는 거시경제를 분석하는 데 필요한 기본적인 개념들을 소개한다. 또한 국민소득, 인플레이션, 실업 등과 같이 거시경제학에서 다루는 주요 변수들이 어떻게 측정되는지를 알아본다. 특히 거시경제변수 가운데 국민소득의 개념이 가장 중요한 만큼 국민소득이 생산 · 분배 · 지출의 세 측면에서 각각 어떠한 특성을 가지는지 살펴본다.

거시경제학의 주요 관심사 제1장

거시경제이론은 국민경제 전체를 하나의 분석 단위로 삼는다. 이것이 개별경제주체와 개별시장을 분석 단위로 삼는 미시경제이론과 다른 점이다. 물론 미시경제이론에서 반복되는 개념인 수요 · 공급의 원리는 거시경제이론에도 적용된다. 단, 개별시장의 수요와 공급이 아니라 총수요와 총공급의 개념이 도입된다. 미시경제이론에서는 수요와 공급의 분석 대상이 개별적인 수량과 가격인 반면, 거시경제이론에서는 국민소득과 물가를 그 대상으로 삼는다. 또한 국민경제 전체를 대상으로 하는 만큼 국민소득과 물가 외에도 실업, 이자율, 국제수지, 환율 등을 다루게 된다.

1-1 미시경제학과 거시경제학

미시경제학의 일부분인 일반균형이론은 경제 내의 모든 자원과 재화를 포괄적으로 다룬다. 그렇다면 거시경제이론은 개별시장을 집대성한 미시경제학의 일반균형이론과 무엇이 다른가? 물론 거시경제학은 일반균형이론의 원리에 기초를 두고 있으며, 미시적 경제분석을 바탕으로 한다. 경제학이 미시경제학과 거시경제학으로 나뉘어 있다고 해도 전혀 별개의 접근 방법을 택하는 것은 아니다. 다만 거시경제학과 미시경제학을 합쳐 놓은 것으로 이해하기에는 충분하지 않다는 것이다.

우리는 매일매일 신문이나 기타 매스컴을 통해 "올 하반기 경제성장률이 몇 %이며, 물가는 전년도에 비해 얼마나 올랐고, 경기가 침체에 빠졌다."는 등의 경제 뉴스를 접하게 된다. 소비자들은 항상 물가 걱정을 하며, 기업들은 경제 전망에 관심을 기울이고 투자를 확대할 것인가 축소할 것인가 등을 결정한다. 경기가 좋아져서 취업이 잘 되길 바라는 대학생들도 경제 전망에 관심을 갖게 된다. 이자소득만으로 살아가는 노인들에게 이자율이 오를 것인가 내릴 것인가는 대단히 중요한 문제이다. 경제행위를 하는 사람들이라면 이처럼 거시경제 현상에 늘 관심을 갖는다.

그런데 미시경제이론은 대체로 소득이나 자원을 주어진 것으로 보고, 개별시장에서 가격이 어떻게 결정되며 가격에 따라 자원이 어떻게 배분되는가를 다룬다. 따라서 미시이론은 왜 경기가 변동하고 소득이 변하게 되는지, 또는 왜 물가가 오르고 내리는지 등에 대해서는 만족스러운 설명을 주지 못한다. 따라서 이러한 문제를 보다 집중적으로 분석하기 위해서는 집계변수(aggregate variables)인 국민소득 · 물가 · 고용 등의 변수를 따로 분리해 내어, 그 변수들 간의 상호작용을 들여다보는 과정이 필요하다. 결론적으로 거시경제학은 국민경제 전체를 하나의 분석 대상으로 삼아 집계변수들 간의 상호작용을 연구하는 학문이라고 정의할 수 있다.

1-2 거시경제학의 주요 관심사

(1) 경제성장

개인 간에 소득의 격차가 있듯이 국가 간에도 소득과 생활 수준의 격차가 존재한다. 우리나라는 꾸준한 고성장 끝에 1인당 국민소득이 이미 3만 달러를 넘어섰지만(2020년 기준 31,637달러), 미국과 비교하면 아직도 절반 정도 수준이다. 그러나 중국에 비해서는 3배, 베트남에 비해서는 9배 정도 높은 수준이다. 국가 간에 왜 이런 소득 격차가 벌어지고 있는가는 거시경제학의 주요 관심사이다.

국가 간에 성장률이 다르면 소득 격차는 점점 벌어진다. 우리나라가 선진국과의 격차를 좁히게 된 것은 우리나라의 성장률이 선진국보다 월등히 높았기 때문이다. 만약 과거와 같은 성장 패턴이 그대로 이어진다면 우리나라의 1인당 소득 수준은 머지않아 영국과 프랑스와 같은 선진국을 능가할 수도 있다. 그러나 여기서 우리나라가 과연 향후 과거와 같은 고성장을 할 수 있을 것인가 하는 물음도 제기된다. 아울러 앞으로도 계속 높은 성장을 유지하기 위해서는 정부가 어떤 역할을 해야 하는가 하는 문제가 나오며, 정부의 역할이 적극적이어야 하는지 소극적이어야 하는지에 대한 논쟁도 발생하게 된다.

(2) 경기변동

경제는 반드시 일정하고 고른 패턴으로 성장하지는 않는다. 미국의 경우 1929년부터 1933년까지의 대공황 기간 동안 소득이 무려 30%나 감소하였다. 반면 1939년부터 1944년까지의 제2차세계대전 기간에는 소득이 거의 두 배로 증가하였다. 과거 고도성장을 기록한 우리나라도 1980년과 1998년, 2020년에는 실질 *GDP* 성장률이 마이너스였다. 이처럼 경제는 어떤 때에는 성장의 속도가 빠르고 어떤 때에는 느리며 음(−)의 성장을 하는 경우도 발생한다. 이와 같은 현상을 경기변동(business fluctuations) 또는 경기순환(business cycles)이라고 한다. 경기가 좋은 경우를 호황(boom), 나쁜 경우를 불황(recession)이라고 부른다. 경기가 상승하다가 일정 기간이 경과하면 하강하며, 다시 일정 기간이 지나면 상승하는 것을 쉽게 관찰할 수 있는데 많은 경제학자들은 경기순환에 일정한 패턴과 주기가 있다고 믿고 있다. 왜 경기가 변동하며, 경기변동의 과정이 어떤 양상을 보이는가는 거시경제학이 규명해야 할 핵심적인 부분이다.

(3) 실업

경제활동인구란 만 15세 이상으로서 일할 능력과 의사가 있는 사람을 말하는데, 실업률(unemployment rate)은 경제활동인구 중 취업하지 못한 비율이다. 불황일 경우에 실업률이 올라가는 것을 발견할 수 있는데, 미국의 경우 1933년에는 실업률이 무려 24.9%에 달하였으나 1944년의 호황기에는 1.2%에 불과하였다. 선진국이라고 해서 실업률이 낮은 것은 아니며, 특히 유럽 국가들의 실업률은 8% 내외를 기록하고 있다. 우리나라의 경우에는 실업률이 과거 평균적으로 3~4% 내외를 기록했으나, 1979년 석유파동 이후와 1997년 외환위기 이후에는 한때 6%를 넘기도 했다. 실업률은 주로 경기가 좋지 않을 때 올라가지만, 사회안전망의 확충 정도 등 구조적인 요인에 의해서 높게 유지되기도 한다.

(4) 인플레이션

경제 내 대부분의 재화와 용역의 가격이 전반적으로 상승하는 경우에 우리는 인플레이션(inflation)을 겪고 있다고 말한다. 미시경제학에서는 개별적인 제품의 가격에 관심을 두지만 거시경제학에서는 전반적인 가격의 수준, 즉 물가(price level)의 등락에 관심을 기울인다. 물가가 지속적으로 상승하는 현상을 인플레이션이라고 하고, 지속적으로 하락하는 현상을 디플레이션(deflation)이라고 한다. 과거 남미 국가들의 경우에는 한 해 동안 물가가 수백, 수천 % 오르기도 했는데, 이를 초인플레이션(hyper-inflation)이라고 한다. 우리나라의 인플레이션율은 1970년대와 1980년대 초반까지는 20%를 넘어선 적이 많았지만 1990년대에 들어서는 5%, 2000년대 들어서는 3% 안팎, 그리고 2010년대 들어서는 1%대 수준을 나타냈다. 경제학자들은 왜 인플레이션이 발생하며, 인플레이션과 디플레이션이 경제에 어떤 영향을 미치는가에 관심을 가지며, 인플레이션을 억제하기 위해 어떠한 정책을 펴야 하는지 논쟁을 벌인다.

(5) 이자율

은행에 예금을 하거나 채권(bond)에 투자하면 수익을 얻게 되는데 그때의 수익률을 이자율이라고 한다. 대출을 받거나 채권을 발행하여 자금을 조달하는 경우에 조달자금에 대비한 비용도 이자율이라고 한다. 이 밖에도 수많은 이자율이 존재하는데 거시경제학에서는 이러한 여러 이자율을 대표하는 이자율을 그냥 이자율 또는 시장이자율이라고 부른다. 우리나라는 외환위기 직후 이자율이 30%를 넘기도 했으나 2021년말 현재 1~3% 정도로 하락하였다. 한편, 일본의 경우에는 장기 경기침체를 겪는 동안 이자율이 0%에 근접했다. 이자율은 여러 거시경제변수들과 밀접한 관계를 맺고 있으므로 거시경제학에서 중요하게 다루는 변수이다.

(6) 국제수지

국경 간에 재화와 용역이 거래되면 결제자금으로 화폐가 이동하며, 재화와 용역 거래 이외에도 순수하게 금융상의 목적으로도 화폐가 이동한다. 국가 간에 자금을 빌리거나 빌려줄 수도 있으며, 해외자산에 투자하는 일도 빈번하게 일어난다. 이러한 국경 간 화폐의 흐름을 합쳐 놓은 것이 국제수지(balance of payments)이다. 흘러들어온 돈보다 나간 돈이 많은 경우를 국제수지 적자(deficits)라 하고, 반대의 경우를 흑자(surplus)라 한다. 국제수지가 흑자 또는 적자가 되는 원인은 무엇이며, 그 효과는 어떠하고 흑자와 적자가 누적될 때에는 어떠한 문제가 발생하는지도 거시경제학의 관심사이다.

(7) 환율

서로 다른 통화를 사용하는 국가들 간의 거래에는 환율(exchange rate)이 개입된다. 환율은 통화의 교환비율이기 때문에 어느 통화를 기준으로 정의하는가에 따라 달라지는데, 우리나라에서는 주로 국내통화로 표시한 외국통화의 가격을 사용한다. 이를 자국통화표시환율이라고도 하는데, 예를 들어 1달러당 1,200원 등과 같이 정의하는 것이다. 환율을 이와 같이 정의할 때 환율의 상승은 자국통화가치의 하락을, 환율의 하락은 자국통화가치의 상승을 의미한다.

환율은 외환(foreign exchange)의 수요와 공급에 의해서 결정된다. 외환에 대한 수요는 주로 재화와 서비스의 수입과 자본의 유출에 의해서, 외환의 공급은 재화와 서비스의 수출 및 자본의 유입에 의해 결정된다. 특히 변동환율제도 하에서의 환율은 미래의 예상환율에 의해서도 영향을 받으므로 변동성이 심한 것이 특징이다. 외환위기 이후 우리나라는 변동환율제도를 채택하여 지금까지 운용해 오고 있으나, 일부 경제학자들은 고정환율제도를 선호하는 견해를 펴기도 한다.

1-3 거시경제모형의 특징

경제학자들은 경제를 이해하기 위해 모형을 사용하며, 거시경제학도 예외는 아니다. 경제모형은 경제현상을 논리적으로 이해하기 위해 경제변수들 간의 관계를 단순화시킨 것이다. 모형은 두 가지 종류의 변수, 즉 내생변수(endogenous variable)와 외생변수(exogenous variable)를 포함한다. 내생변수는 모형이 설명하고자 하는 변수이며, 외생변수는 모형 밖에서 주어진 변수이다. 그리고 경제모형은 외생변수가 내생변수에 어떠한 영향을 미치는가를 분석한다. 다만 어떤 경제변수가 내생변수인지 외생변수인지는 사전적으로 확정되는 것은 아니고, 선택된 모형에 따라 달라지게 된다. 가령 이자율이 소비에 영향을 준다는 거시경제모형을 설정하였다면 소비는 내생변수, 이자율은 외생변수가 된다. 그러나 모형에 이자율이 통화량의 영향을 받는다는 관계를 추가한다면 이자율은 외생변수가 아닌 내생변수가 된다. **그림 1-1**에는 외생변수들이 모형을 통해 내생변수에 영향을 주는 과정이 간략히 묘사되어 있다.

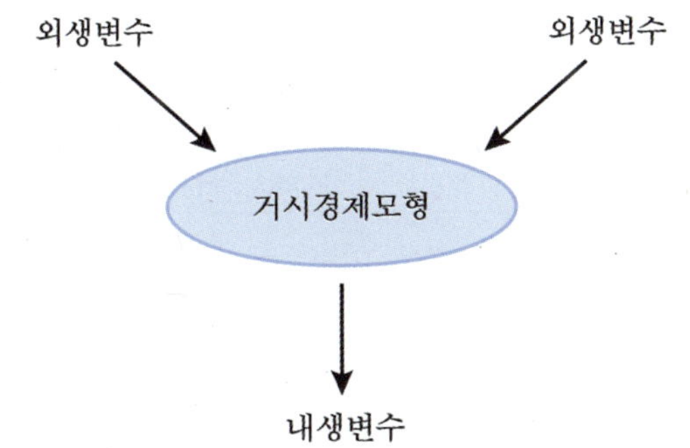

그림 1-1 거시경제모형의 구조

거시경제모형은 거시경제변수들 간의 관계를 단순화시킨 것으로, 내생변수와 외생변수로 구분된다. 거시경제모형은 외생변수가 내생변수에 어떠한 영향을 미치는가를 분석한다.

경제현실은 복잡한 반면, 경제모형은 단순하다. 중요한 것은 비록 모형이 단순할지라도 해당 문제에 관한 경제적 관계를 충분히 담아내고 있는가이다. 물론 하나의 모형만으로 경제관계의 진실을 모두 파악하기란 쉽지 않다. 따라서 경제학자들은 각각의 문제에 적합한 상이한 모형을 사용하기도 한다.

1-4 우리나라 거시경제의 주요 문제들

이상에서는 거시경제학의 주요 관심사를 경제성장, 경기변동, 실업, 인플레이션, 이자율, 국제수지, 환율 등으로 축약해 보았는데, 여기서는 이 변수들을 염두에 두면서 최근 우리나라 거시경제가 안고 있는 몇 가지 문제들을 짚어보고자 한다. 물론 지면의 제약상 아주 간략히 언급하는 데 머무를 수밖에 없는데, 거시경제학이란 결국 거시경제 현상을 잘 설명하기 위한 학문이므로, 독자들은 이 책을 공부하면서 항상 현실의 거시경제 문제에 관심을 보이는 자세를 갖는 것이 필요하다.

최근 우리 경제는 기업투자가 위축되고 고용불안이 지속되는 가운데 성장잠재력이 저하되는 모습을 보여 왔다. 외환위기 이전까지 높은 증가세를 지속하던 설비투자는 그 이후 증가세가 둔화되는 추세를 이어가고 있다. 기업들이 수익성 높은 신규투자처를 찾지 못하는 가운데 비용부담을 완화하기 위해 생산시설의 해외이전을 추진하고 있는 것도 국내투자 부진을 심화시키고 있다. 또한 출생률 저하와 인구 고령화 추세는 우리 경제의 성장잠재력 저하에 대한 우려를 낳고 있다.

표 1-1 청년실업률 및 고학력 청년실업자 비중

(단위: %)

연도	2000	2005	2010	2015	2020
청년실업률	8.1	8.0	7.9	9.1	9.0
청년실업자 중 전문대졸 이상	30.0	38.3	49.6	51.4	54.6

자료: 통계청, 15~29세 연령층을 청년으로 분류

특히 1980년대까지 2% 중반 정도의 높은 증가율을 유지하던 노동력(생산가능인구, 15세 이상 기준)은 고령화 등 인구구조 변화로 1990년대 이후 증가세가 크게 둔화되어 최근에는 0.6% 정도(2020년 기준) 늘어나는 데 그치고 있다. 외환위기와 글로벌 금융위기 직후 크게 낮아졌던 경제활동참가율은 2010년대 들어 꾸준히 회복되는 모습을 보였으나 코로나19 감염병 사태의 충격으로 하락하였다. 우리나라의 인적자본 수준은 교육열에 힘입어 꾸준히 상승하였으나 사회적 활용도가 낮아 고학력 실업 문제가 심각한 문제로 대두되고 있다.

한편, 외환위기와 글로벌 금융위기 발생을 계기로 금융구조조정이 진행되면서 금융기관의 수익성 개선이 강조되어 금융기관들이 가계대출을 크게 늘리는 데 반해 상대적으로 위험부담이 높은 기업대출에 소극적인 태도를 보이는 경향이 나타났다.

기업들이 성장성보다는 수익성 위주로 경영전략을 전환하면서 영업이익이 생기더라도 신규 투자보다 단기유동자산으로 운용하는 등 소극적인 행태를 보이고 있는 것도 금융중개가 부진한 요인으로 작용하였다.

이와 같이 오랜 기간 투자수요 부진이 지속되면서 이자율이 하락하는 추세를 보여 왔으며, 최근에는 1～3% 정도(2021년말 기준)의 수준에서 등락을 거듭하고 있는 실정이다. 게다가 자본시장 개방으로 자본의 유출입이 자유로워진 결과 우리나라의 이자율 수준은 이제 국제이자율과 근접한 수준에서 움직이는 모습을 보이게 되었다. 기업의 투자수요 부진과 저금리 현상이 지속되는 과정에서 가계부문으로의 대출이 확대되었고, 여기에 주택공급의 애로 및 일관성 없는 부동산 정책이 가세하여 부동산 가격이 크게 상승하였다.

소득분배 악화도 우려되는 현상이다. 우리나라 전체가계(가구)의 소득 5분위 배율(상위 5분위 계층 소득 / 하위 1분위 계층 소득, 시장소득 기준)은 2011년 11.2배에서 2019년 11.6배로 상승하였다.[1] 물론 소득분배가 악화되는 이유에는 여러 가지가 있겠지만 경기부진에 따른 고용사정 악화, 가계부채 및 신용불량 문제 등으로 저소득층이 증가하는 것이 가장 큰 요인으로 알려져 있다.

글로벌 경쟁의 측면에서는 범용기술 제품분야에서 중국 등 후발국에게 수출시장을 빼앗기는 추세가 지속되고 있다. 한편 글로벌 금융위기 이후 세계교역 증가세가 둔화되면서 수출의 성장기여도가 낮아지는 모습을 보였으며, 미중 무역갈등으로 인한 불확실성의 증가도 성장을 제약하고 있다. 앞으로 한국경제의 지속적 성장 여부는 인구감소에 의한 내수부진 문제와 수출주도 성장의 한계를 어떻게 극복하는지에 달려있다고 하겠다.

1) 단 시장소득에 공적 이전지출 등을 더한 처분가능소득 기준으로 본 소득5분위 배율은 2011년 8.3배에서 2019년 6.3배로 개선되었다.

제2장 거시경제의 측정 Ⅰ: 국민소득

국민소득은 한 국가 내의 가계, 기업, 정부 등의 모든 경제주체가 일정 기간에 새로이 생산한 재화와 서비스의 가치를 금액으로 평가하여 합산한 것으로, 한 나라의 경제 수준을 종합적으로 나타내는 지표이다. 국민소득의 지표는 여러 가지가 있지만 많은 국가들은 국내총생산(*GDP*: Gross Domestic Product)의 개념을 주로 사용하고 있다.

2-1 국내총생산(*GDP*)

국내총생산은 “일정 기간 동안에 한 나라의 국경 내에서 생산된 모든 최종생산물의 시장가치”로 정의된다. 그 의미를 하나하나 풀어서 살펴보면 다음과 같다.

1) 일정 기간 동안에

*GDP*는 보통 1년이나 반년 또는 분기 단위로 측정되며, 유량(flow)의 개념이다. 2020년에 우리나라의 *GDP*는 1,933조 원을 넘어섰는데, 이는 2020년 한 해라는 일정 기간에 새로이 생산한 재화와 서비스의 가치가 그만큼 된다는 뜻이다. 국민소득은 유량의 개념이므로 일정 시점에서 본 저량(stock)의 개념과는 구분해야 한다.[1)]

2) 한 나라의 국경 내에서 생산된

상품의 교역은 오래전부터 활발했으나, 이제는 생산 자체를 외국에서 하는 일이 빈번해졌다. 다국적기업은 여러 나라에 걸쳐 생산기지를 소유하고 있으며, 현지에서 직접 생산 · 판매하거나 제3국으로 수출하기도 한다. 이제는 생산의 주체가 내국

1) 저량 개념 중의 하나는 자산(asset)의 가치이다. 만약 2020년 1월 1일자로 1년 만기 예금통장에 1억 원을 예치하였다면, 바로 그 날짜에서 평가한 자산의 가치는 저량의 개념이며, 2020년 한 해 동안 500만 원의 이자소득이 발생하였다면 그 소득은 유량의 개념이다.

인인가 외국인인가 구분하는 의미는 점점 퇴색되고 있으며, 대신 어떤 나라의 영토 내에서 생산된 것인가를 기준으로 삼는 것이 타당해지게 되었다. 즉, 영토의 개념을 기준으로 내국인이든 외국인이든 그 영토 내에서 생산된 것은 모두 *GDP*에 포함된다. 따라서 외국인이 국내에서 생산한 최종생산물은 *GDP*에 포함되고 내국인이 외국에서 생산한 것은 *GDP*에 포함되지 않는다.

3) 모든 최종생산물의

다른 생산물의 생산에 쓰이는 원재료나 반제품과 같은 중간생산물의 가치는 *GDP*에 포함되지 않는다. 중간생산물은 생산 과정에 쓰이는 것으로서 이미 최종생산물의 가치 속에 포함되어 있기 때문에 중간생산물을 포함시키면 중복 계산되는 문제가 발생한다. 최종생산물이란 그 자체로 소비와 투자 등 최종 용도에 쓰이는 생산물이다.

중간생산물과 다른 성격을 가진 것 중에 중고품이 있다. 중고품은 최종생산물로 한 번 거래되었다가 다시 매매되는 것이므로 *GDP*에 포함되지 않는다. 마찬가지 논리로 신축되어 분양된 아파트는 *GDP*에 포함되지만, 그 이후 소유권이 이전되면서 거래되는 매매대금은 *GDP*에 포함되지 않는다.

그러면 최종 생산되었지만 팔리지 않고 남은 재고는 어떠한가? 재고는 팔리지 않았지만 최종생산물로 간주된다. 기업이 재고를 증가시킬 경우에 이는 기업에 대한 지출로 취급되고, 마치 최종 판매된 것처럼 *GDP*에 포함시킨다. 그리고 기존의 재고를 내다 파는 경우에 이는 *GDP*에 포함되지 않는다. 이미 재고로서 *GDP*에 포함되었기 때문이다.

4) 시장가치

시장가치란 시장에서 거래되고 평가되는 생산물의 화폐액을 말한다. *GDP*를 시장가치, 즉 화폐액으로 나타내는 것은 경제주체가 생산한 생산물의 종류와 단위가 다르기 때문이다. 경제활동의 결과를 모두 화폐가치로 표현할 수는 없겠으나, 화폐 단위를 대체할 마땅한 수단이 없기 때문이다. 가령 어떤 주부가 점심으로 1,000원짜리 라면을 끓여 먹었다면 *GDP*에는 1,000원만 추가되지만, 만약 이 주부가 동네 상가의 분식집에서 3,000원을 내고 라면 한 그릇을 사먹었다면 3,000원이 *GDP*에 포함된다. 이 주부가 집에서 라면을 먹을 경우에 직접 라면을 끓이고 그릇을 설거지하는 노력은 GDP에 포함되지 않는 반면, 분식집 주인의 서비스는 GDP에 포함되는 것이다. 한편, 우리는 가끔 지하경제(underground economy)라는 말을 쓰기도 하는데, 예를 들어, 마약과 같은 상품은 생산 통계에 잡히지도 않고 공개적인 시장에서 거래되지도 않기 때문에 GDP에는 누락될 수밖에 없다.

시장에서 거래되지 않음에도 불구하고 GDP에 포함시켜야 하는 것도 있다. 예를 들어, 어떤 사람이 월세를 내고 살다가 집을 사서 이사하게 되었다고 하자. 집이 없을 때 집주인에게 내는 월세는 GDP에 포함되는데 집을 사서 월세를 낼 필요가 없게 되면 그만큼 GDP가 감소해야 하는가? 만약 그렇다면 자가율이 높아지면서 GDP가 감소하는 불합리한 결과가 발생할 것이다. 집을 소유한다는 것은 자기 자신에게 임대료를 지불하는 것이나 마찬가지이므로, 시장에서 형성될 임대료를 평가하여 GDP에 포함시키게 된다. 한편, 부가가치 자체를 측정하기 어려운 경우가 있다. 우리는 이발사에게는 서비스 대가로 요금을 지불하지만 경찰관에게는 따로 지불하지 않는다. 특히 경찰 서비스와 같은 공공 서비스의 가치를 평가할 때에는 해당 종사자가 받는 임금 자체가 그들이 생산하는 서비스의 가치라고 간주하고 그만큼을 GDP에 포함시킨다.

2-2 국내총생산, 국민총생산과 국민순생산

국민총생산(GNP: Gross National Product)은 일정 기간 동안에 국민에 의해서 생산된 최종생산물의 시장가치이다. 따라서 GNP는 생산된 지역이 국내이건 국외이건 간에, 그 나라의 국민이나 그 나라 국민 소유의 생산요소에 의해 생산된 것이면 모두 계산에 포함된다. GNP와 GDP 간에는 다음과 같은 관계가 성립한다.

$$\begin{aligned} GNP &= GDP + \text{해외에서 수취한 요소소득} - \text{해외에 지불된 요소소득} \\ &= GDP + \text{해외순수취 요소소득} \end{aligned}$$

대외관계가 없는 폐쇄경제에서는 GNP와 GDP가 동일하지만 개방경제 하에서는 서로 다를 수 있다. 해외에 투자를 많이 하고 있는 국가의 경우에는 GNP가 GDP보다 크지만, 반대로 외국인의 투자가 많이 들어와 있는 국가는 GNP가

*GDP*보다 작다.

국민순생산(*NNP*: Net National Product)은 *GNP*에서 자본의 감가상각(depreciation), 즉 일정 기간 동안 공장 · 생산설비 · 건축물 등에서 발생하는 감가상각액을 차감하여 구해진다.

$$NNP = GNP - \text{감가상각}$$

국민소득계정에서 감가상각은 고정자본소모라 하는데, 이러한 소모는 최종생산물을 생산하는 데 쓰여진 비용과 같은 것이므로, 고정자본소모를 제외하면 순생산물의 가치가 얻어진다. 참고로 2020년도 우리나라 *GDP* 규모는 1,993.2조 원인데, 고정자본소모가 그중 20.7%를 차지하므로 그 액수가 작지 않다고 할 수 있다.

2-3 명목 *GDP*와 실질 *GDP*

국내총생산(*GDP*)의 증가율은 경제성장률이며 경제 수준을 평가할 수 있는 지표이다. *GDP*는 앞서 설명한 대로 시장가치로 측정되기 때문에 시장의 생산물이 증가하는 경우는 물론이고 시장가격이 상승해도 증가한다. 만일 생산물의 양은 불변인데 시장에서의 가격이 전반적으로 상승하여 *GDP*가 증가한다면 그 나라의 경제규모가 커졌다고 할 수 있을까? 그렇지 않다. 가격의 상승으로 인한 명목적인 증가에 불과하기 때문이다. 따라서 명목과 실질을 구분해야 할 필요가 생긴다. 한 경제의 생산량이 가격의 변화에 영향을 받지 않도록 하기 위해서는 기준연도의 가격으로 평가해야 할 필요가 생긴다.

당해연도의 가격을 이용하여 측정된 *GDP*를 명목 *GDP*라 하고, 특정한 기준연도의 가격, 즉 기준연도의 시장가치를 이용하여 측정된 *GDP*를 실질 *GDP*라 한다. 기준연도와 비교연도를 각각 0과 t , 기준연도의 최종재 i 의 가격과 수량을 각각 P_{i0} 와 Q_{i0} , 비교연도의 상품 i 의 가격과 수량을 각각 P_{it} 와 Q_{it} 라 하자. 여기서 명목 *GDP*는 $\sum P_{it} Q_{it}$ 이며, 실질 *GDP*는 당해연도의 최종재를 기준연도의 가격으로 평가하는 것이므로 $\sum P_{i0} Q_{it}$ 가 된다.

$$\text{명목 } GDP = \sum P_{it} Q_{it}$$
$$\text{실질 } GDP = \sum P_{i0} Q_{it}$$

실제로 우리나라의 명목 *GDP*와 실질 *GDP*가 얼마인지 알아보자. 2015년을 기준으로 할 경우에 2015년도의 명목 *GDP*와 실질 *GDP*는 1,658.0조 원으로 서로 같다. 그러나 2020년도의 명목 *GDP*는 1,933.2조 원인 반면, 실질 *GDP*는 1,836.9조 원이며, 5년 동안의 성장률을 구해 볼 때 각각의 기준으로 16.6%와 10.8%를 나타내고 있다. 물론 우리나라를 비롯하여 세계 각국이 표준적으로 사용하는 경제성장률은 실질 *GDP* 성장률이다.

명목 $GDP_{2015}=1{,}658.0$, 명목 $GDP_{2020}=1{,}933.2$, 명목 GDP 성장률$=16.6\%$
실질 $GDP_{2015}=1{,}658.0$, 실질 $GDP_{2020}=1{,}836.9$, 실질 GDP 성장률$=10.8\%$

참고로 명목 *GDP*를 실질 *GDP*로 나눈 것을 *GDP* 디플레이터(*GDP* deflator)라고 하며, 이는 다음에 소개될 물가지수 중의 하나이다. 다시 말해 명목 *GDP*를 *GDP* 디플레이터와 같은 물가지수로 나누게 되면 실질 *GDP*가 되는 것이다. 중요한 것은 실질 *GDP*는 기준연도를 어느 시점으로 잡느냐에 따라 달라지게 된다는 것이다. 거시경제학에서 관심을 가지는 *GDP*는 실질 *GDP*인데 국민의 구매력, 즉 생활 수준과 직결되기 때문이다. 위의 예에서 2020년도 우리나라의 *GDP* 디플레이터는 2015년을 100으로 할 때 1,933.2/1,836.9=105.2이므로, *GDP* 디플레이터 기준으로 5년 사이에 물가가 5.2% 상승하였음을 보여준다.

2-4 실질 *GNI*: 새로운 소득지표

1980년대 이전에는 대부분의 나라에서 *GNP*(국민총생산)를 주 지표로 사용하였으나 국가 간에 자본과 노동의 이동, 기술이전 등이 활발해지면서 요소소득의 규모가 커지자 *GNP*와 *GDP* 간의 괴리가 확대되었고, 그에 따라 생산의 중심지표도 *GNP*에서 *GDP*로 바뀌게 되었다. 앞에서 살펴본 대로 *GNP*는 *GDP*에 국외순수취 요소소득(국외수취 요소소득－국외지불 요소소득)을 합한 것으로서 생산지표로는 실질 *GDP*가, 소득지표로는 실질 *GNP*가 주로 사용되어 왔다.

그런데 기준연도의 가격으로 평가한 실질 *GNP*는 물량 변화를 반영하는 생산지표와 소득지표가 혼합되어 있고, 또 국가 간 교역조건 변화로 발생하는 실질소득의 변화를 반영하지 못하는 측면이 있었다. 이에 따라 UN, IMF 등이 주축이 되어 국민계정체계를 개정하면서 새로운 소득지표인 실질 *GNI*(Real Gross National Income)를 개발하게 되었으며, 우리나라도 1998년부터 소득지표로 실질 *GNP* 대신 실질 *GNI*를 사용하고 있다. 물론 생산지표로는 여전히 실질 *GDP*가 사용된다.

개방화가 진전된 경제에서는 실질 *GDP*와 생산활동으로 획득한 소득의 실질적인 구매력 사이에 적지 않은 차이가 발생한다. 예를 들어, 같은 양의 반도체와 자동차를 생산해 수출하더라도 국제유가가 상승하면 더 적은 양의 원유를 수입할 수밖에 없다. 또한 더 많은 반도체와 자동차를 생산해 수출하더라도 예전과 같은 양의 원유밖에는 수입할 수 없다.

자동차를 수출하고 원유를 수입하는 경우를 생각해 보자. 2015년에 자동차 1대를 1만 달러에 팔아 원유 400배럴(배럴당 25달러)을 수입하였고 2020년에는 자동차 2대를 생산하였는데 자동차의 가격은 그대로이며 원유 가격은 50달러로 상승하였다고 하자. 결국 자동차 수출을 두 배로 늘렸지만 수출대금 2만 달러로 수입할 수 있는 원유는 여전히 400배럴에 불과하다. 생산활동은 확대되었지만 그로부터 획득한 소득의 실질적인 구매력에는 변함이 없는 것이다.

이 예에서 2015년에서 2020년 사이에 교역조건(=수출가격지수/수입가격지수)은 50% 악화되었다. 생산이 두 배로 증가하였지만, 교역조건 악화에 따라 실질적인 무역손실이 발생한 것이다. 만약 교역조건이 변하지 않았더라면, 즉 원유의 가격이 그대로 배럴당 25달러라면 원유 400배럴을 1만 달러에 수입할 수 있었는데 1만 달러를 더 지불한 셈이므로 교역조건 변화에 따른 실질적인 무역손실은 1만 달러이다. 이와 같이 교역조건이 불리해지면 일정한 양의 상품을 수출하여 수입할 수 있는 양이 감소하므로 국민이 소비하거나 투자할 수 있는 재원이 줄어드는 효과가 있다.

여기서 실질 *GDP*가 기준연도의 가격으로 측정된다는 것을 상기하자. 따라서 실질 *GDP*는 교역조건 역시 변하지 않는다는 전제 하에서 계산되는 것이므로, 교역조건 변화에 따른 실질무역손익을 반영하지 못한다. 이러한 점을 교정하기 위한 개념이 바로 실질 *GNI*(Gross National Income, 실질국민총소득)이다. 물론 실질 *GNI*는 국경이 아닌 국민을 기준으로 작성되는 것이므로, 해외로부터 벌어들인 국외수취 요소소득에서 해외로 지급한 국외지급 요소소득을 차감한 실질 국외순수취 요소소득도 반영한다. 따라서 실질 *GNI*는 다음과 같이 정의된다.

$$\text{실질 } GNI = \text{실질 } GDP + \text{교역조건 변화에 따른 실질무역손익} + \text{실질 국외순수취 요소소득}$$

위의 예에서 교역조건이 변하지 않았다는 가정 하에서 계산되는 2020년의 실질 *GDP*는 2015년에 비해 1만 달러 증가하지만 교역조건 변화로 인한 실질무역손실이 1만 달러이므로, 국외순수취 요소소득을 무시하는 경우에 실질 *GNI*에는 변동이 없다. 실제로 반도체나 자동차 등을 수출하고 원유를 수입하는 우리나라는, 최근 들어 국제유가 상승과 반도체 가격 하락으로 인해 실질 *GNI*로 측정한 경제성장률이 실질 *GDP* 성장률에 비해 낮게 나오는 현상을 체험하였다.

표 2-1 실질 *GDP*와 실질 *GNI*

(단위: 조원, 2015년 기준)

연도	2015	2016	2017	2018	2019	2020
실질 *GDP*	1,658.0	1,706.9	1,760.8	1,812.0	1,852.7	1,836.9
실질 *GNI*	1,663.2	1,736.6	1,793.8	1,822.2	1,828.5	1,824.2

자료: 한국은행

표 2-1을 보면 2015년 이후 실질 *GDP*와 실질 *GNI*의 격차가 얼마나 확대되었는지 확인할 수 있다. 실제로 2015년과 2020년 사이의 5년 동안 우리나라 경제는 실질 *GDP* 면에서 10.8% 성장하였으나, 실질 *GNI* 면에서는 9.7% 성장하는 데 그쳤다. 참고로 2019년의 한 해를 보면 실질 *GDP* 성장률은 2.2%이지만 실질 *GNI* 성장률은 0.3%에 불과하므로 사람들이 체감하는 경기는 훨씬 나쁘게 느껴진다.

2-5 *GDP* 갭

한 나라 안에서 모든 생산요소를 완전고용하여 생산할 수 있는 모든 최종생산물의 가치를 잠재 *GDP*(potential *GDP*) 또는 완전고용 *GDP*(full employment *GDP*)라고 한다. 잠재 *GDP*란 실제 *GDP*(actual *GDP*)에 대응되는 개념으로 노동과 자본 등의 생산요소를 완전고용하여 달성할 수 있는 *GDP*, 또는 자연실업률 하에서의 *GDP*, 또는 추가적인 인플레이션 압력을 유발하지 않고 달성할 수 있는 *GDP*라고 정의된다.

주의할 것은 잠재 *GDP*가 한 경제가 생산할 수 있는 한계점이라고 오해해서는 안 된다는 점이다. 완전고용이라고 하여 실업률이 0%인 것을 의미하지는 않는다. 아무리 취업기회가 높은 사회라 해도 직장을 나와 새로운 일자리를 찾는 사람이 언제나 존재하게 되고 이들의 존재 때문에 실업률은 항상 0% 이상이 될 수밖에 없다. 나라에 따라 다르기는 하지만 통상 2% 내지 4% 정도의 실업률은 완전고용 상태로 보아도 무방하며, 이 상태에서 경제가 최대한 산출해 낼 수 있는 *GDP*를 잠재 *GDP*라고 부르는 것이다.

GDP 갭(*GDP* gap)은 실제 *GDP*와 잠재 *GDP* 사이의 차이로 정의된다.[2)]

$$GDP\ 갭 = 실제\ GDP - 잠재\ GDP$$

GDP 갭이 (−)이면 한 경제가 최대한 생산할 수 있는 수준 이하에서 조업하고 있으므로, 실업을 낮추고 생산을 증가시킬 여지가 있게 된다. 그러나 반대로 *GDP* 갭이 (+)이면 실제 *GDP*가 잠재 *GDP*를 초과한 것이므로 경기가 과열되어 있음을 의미한다. 이와 같은 상황이 지속되면, 즉 경제가 정상적으로 생산 가능한 수준을 넘어 생산하려고 하면 원자재 가격 및 임금, 임대료 등이 상승하여 인플레이션이 가속화될 수 있다.

잠재 *GDP*가 얼마인가 측정하기는 쉽지 않다. 우리나라의 경우 잠재 *GDP*를 공식적으로 추계하지는 않고 있으나 한국은행 및 학계 등 일부에서는 연구목적으로 잠재 *GDP*를 발표하기도 한다. 잠재 *GDP*의 개념은 거시경제이론을 전개하는 데 매우 중요하다. 추세적인 성장률은 국가마다 다르므로 실제의 *GDP*만으로 경기를 판단할 수 없고, 실제의 *GDP*가 잠재 *GDP*에 비해 얼마나 높은가 낮은가, 또는 *GDP* 성장률이 잠재 *GDP* 성장률에 비해 높은가 낮은가를 가지고 판단하게 된다.

---

2) 필요에 따라 *GDP* 갭은 순서를 바꾸어 잠재 *GDP*−실제 *GDP*로 정의되기도 한다.

제3장

거시경제의 측정 II: 인플레이션과 실업

시장에서 거래되는 상품은 매우 다양하여 같은 기간 중에도 어떤 것은 가격이 오르고 어떤 것은 가격이 내리는 현상이 발생하며, 오르내리는 정도도 제각각인 경우가 많다. 따라서 전반적인 상품 가격의 변화를 알아보려면 이들 개별상품의 가격 변화를 종합해야 할 필요가 생기는데, 이러한 필요에 의해서 만들어진 개념이 '물가지수'이다.

우리나라에서 작성되는 물가지수로는 생산자의 국내시장 출하단계에서 재화 및 서비스의 평균적인 가격변동을 측정하기 위한 생산자물가지수(*PPI*: Producer Price Index), 소비자가 소비생활을 위해 구입하는 재화 및 서비스 가격의 변동을 측정하기 위한 소비자물가지수(*CPI*: Consumer Price Index), 수출입상품의 가격동향을 파악하고 그 가격변동이 국내물가에 미치는 영향을 사전에 측정하기 위해 작성되는 수출입물가지수 등이 있다. 생산자물가지수와 수출입물가지수는 한국은행에서, 소비자물가지수는 통계청에서 작성하고 있다.

3-1 물가지수

물가(price level)란 시장에서 거래되는 개별상품의 가격을 경제생활에서 차지하는 중요도 등을 감안하여 평균한 종합적인 가격 수준을 말하며, 물가지수(price index)는 이러한 물가의 움직임을 한눈에 알아볼 수 있도록 기준시점을 100으로 만들어 지수화한 것이다. 지수는 통상 비교의 기준이 되는 시점의 수치를 100으로 하여 산출하는데, 가령 어느 특정 시점의 물가지수가 115라면 이는 기준시점보다 물가가 15% 오른 것을 의미하며, 비교시점의 물가지수가 90이라면 물가가 기준시점보다 10% 내린 것을 의미한다.

$$\text{물가지수} = \frac{\text{비교시점의 물가 수준}}{\text{기준시점의 물가 수준}} \times 100$$

(1) *GDP* 디플레이터

GDP 디플레이터(GDP deflator)는 가격들을 표본조사하는 대신, GDP 통계로부터 직접 작성하는 물가지수이다. 앞 장에 이미 설명한 바와 같이 GDP 디플레이터는 명목 GDP를 실질 GDP로 나누어 구한다.

$$GDP\ \text{디플레이터} = \frac{\text{명목}\ GDP}{\text{실질}\ GDP} \times 100$$

GDP 추계에 관련되는 모든 재화와 서비스 등 모든 최종생산물들이 GDP 디플레이터의 대상이 된다.

(2) 물가지수의 계산 방법

물가지수를 계산하는 방법으로는 라스파이레스(Laspeyres) 물가지수와 파셰(Paasche) 물가지수 등이 있다. 이와 같이 두 가지 방법이 병존하는 이유는 기준연도와 비교연도 사이에 가격이 변할 뿐만 아니라 수량도 변하기 때문이다. 즉, 물가지수를 구하는 데 적용할 가중치를 기준연도의 수량으로 하는가 아니면 비교연도의 수량으로 하는가에 따라 물가지수의 값이 달라지게 된다. 라스파이레스 물가지수는 기준연도의 수량을 가중치로 하며, 파셰 물가지수는 비교연도의 수량을 가중치로 계산한다.

기준연도와 비교연도를 각각 0과 t, 기준연도의 상품 i의 가격과 수량을 각각 P_{i0}와 Q_{i0}, 비교연도의 상품 i의 가격과 수량을 각각 P_{it}와 Q_{it}라 하자. 물가지수에 포함되는 상품의 종류는 n개이다.

1) 라스파이레스 물가지수

라스파이레스 물가지수는 기준연도의 수량을 중심으로 계산한다.

$$\text{라스파이레스 물가지수} = \frac{\Sigma P_{it} Q_{i0}}{\Sigma P_{i0} Q_{i0}} \times 100$$

위 식에서 분모와 분자에 모두 기준연도의 수량 Q_{i0}가 쓰이고 있음을 알 수 있다. 소비자물가지수와 생산자물가지수는 라스파이레스 방식으로 작성된다.

2) 파셰 물가지수

파셰 물가지수는 비교연도의 수량을 중심으로 계산한다.

$$\text{파셰 물가지수} = \frac{\sum P_{it}\, Q_{it}}{\sum P_{i0}\, Q_{it}} \times 100$$

위 식에서 분모와 분자에 모두 비교연도의 수량 Q_{it} 가 쓰이고 있음을 알 수 있다. 그런데 GDP 디플레이터는 바로 파셰 물가지수에 해당된다. 그 이유는 다음과 같다. 명목 $GDP = \sum P_{it}\, Q_{it}$ 이며, 실질 $GDP = \sum P_{i0}\, Q_{it}$ 이므로,

$$GDP\ \text{디플레이터} = \frac{\text{명목}\,GDP}{\text{실질}\,GDP} \times 100$$

$$= \frac{\sum P_{it}\, Q_{it}}{\sum P_{i0}\, Q_{it}} \times 100$$

따라서 정의 자체로부터 파셰 물가지수라는 것을 알 수 있다.

(3) 소비자물가지수

소비자물가지수(CPI: Consumer Price Index)는 소비자가 일상 소비생활에 쓸 용도로 구입하는 재화(소비재)의 가격과 개인서비스 요금의 변동을 조사하여 가계의 평균적인 생계비 내지 구매력의 변동을 측정하기 위한 지수로서 한 나라의 대표적인 인플레이션 지표로 이용된다. 소비자물가지수의 조사대상 지역은 2021년 말 현재(2020년=100) 서울을 비롯한 40개 주요 도시이며 조사대상 품목은 1인 이상 전국 가구의 월평균 소비지출액 비중이 소비지출 총액의 10,000분의 1이상인 458개 품목으로 구성되어 있다.

한편, 1995년부터는 소비자물가지수의 보조지수로서 생활물가지수가 작성되고 있는데, 이는 소비자물가 조사대상 품목 중에서 일반 소비자들이 자주 구입하는 기본 생필품 144개를 선정한 후 이들의 평균적인 가격변동을 나타낸 것으로 소비자가 피부로 느끼는 장바구니 물가에 보다 근접한 물가지수이다.

(4) 근원인플레이션

근원인플레이션은 예상치 못한 일시적 외부충격(석유파동, 이상기후, 제도 변화 등)에 의한 물가변동분을 제거하고 난 후의 물가상승률을 의미하는데, underlying inflation 또는 core inflation이라고도 한다. 아직 근원인플레이션의 개념이 정형화되지 못하였기 때문에 측정 방법도 다양하지만, 대체로 전체 물가변동 중에서 공급 측

면에서의 일시적인 충격(식료품, 에너지 가격의 급변 등)을 제거하는 방법이 주로 사용된다. 미국 노동부에는 소비자물가지수에서 에너지와 식료품을 제외한 후 이를 core inflation이라 하여 원지수와 함께 매월 발표한다. 우리나라의 경우는 소비자물가에서 곡물 이외의 농산물과 석유류의 가격변동분을 제외하는 방법과 소비자물가에서 식료품 및 에너지의 가격변동분을 제외하는 방법을 사용하여 근원인플레이션을 측정한다.

표 3-1에는 2015년 이후 연도별로, 앞서 소개한 다섯 가지의 물가상승률이 나와 있다. 여기서 우리는 물가지수의 작성 방법에 따라 물가상승률이 상당히 다르게 측정되고 있음을 알 수 있다. 현실적으로는 경제주체의 생활비(cost of living)라는 관점에서 소비자물가 상승률이 가장 표준적인 물가상승률 지표로 사용되고 있다. 다만, 물가안정의 책무가 부여된 중앙은행의 경우에는 일시적 외부충격에 의해 물가가 일시 변동할 때마다 대응하는 것이 바람직하지 않을 수 있다는 점에서 통화정책 수행시 근원인플레이션을 중요한 참고자료로 활용한다.

표 3-1 **우리나라의 물가상승률**

(단위: %, 2015년 기준)

연도	2015	2016	2017	2018	2019	2020	2021
GDP 디플레이터상승률	3.2	2.0	2.2	0.5	-0.8	1.3	2.3
생산자물가상승률	-4.0	-1.8	3.5	1.9	0.0	-0.5	6.4
소비자물가상승률	0.7	1.0	2.0	1.5	0.4	0.5	2.5
농산물 및 석유류 제외 근원인플레이션율	2.2	1.6	1.5	1.2	0.9	0.7	1.8
식료품 및 에너지 제외 근원인플레이션율	2.4	1.9	1.5	1.2	0.7	0.4	1.4

자료: 한국은행, 통계청. 단 소비자물가상승률과 근원인플레이션율은 2020년 기준

그런데 **표 3-1**에서 눈에 띄는 사항은 대표적 지수인 소비자물가지수가 생산자물가지수와 큰 차이를 보이며, *GDP* 디플레이터와의 차이도 작지 않다는 점이다. 우선 소비자물가지수와 생산자물가지수는 표본조사의 대상이 되는 상품바스켓이 서로 다르므로 지수 간에 차이가 발생한다는 것을 쉽게 이해할 수 있다.

그러면 소비자물가지수와 *GDP* 디플레이터가 다른 이유는 무엇인가? 첫째, *GDP* 측정의 정의에서 알 수 있듯이 *GDP* 디플레이터에는 국내에서 생산된 모든

재화와 서비스의 가격이 포함되는 반면, 소비자물가지수에는 소비자가 구입하는 일정 품목들의 가격만 포함된다. 물론 일정 품목에는 수입품도 포함된다. 둘째, *GDP* 디플레이터는 변화하는 가중치를 사용하지만 소비자물가지수는 일정 품목을 기준으로 작성되므로 고정된 가중치를 사용한다.[1)2)]

예를 들어, 국제원유가의 갑작스러운 상승이 우리나라 물가지수들에 미치는 영향은 어떠할지 생각해 보자. 우리나라는 생산과 소비 면에서 모두 원유 의존도가 높으므로 (고정된 가중치를 쓰는) 생산자물가지수와 소비자물가지수가 즉각 상승한다. 그러나 우리나라는 산유국이 아니므로 국제유가의 상승은 *GDP* 디플레이터에는 즉각 반영되지 않는다. 물론 유가의 상승이 국내제품의 생산원가를 상승시키는 과정에서 *GDP* 디플레이터도 상승하게 되지만, 생산자물가지수나 소비자물가지수에 비하면 반응속도가 느릴 것이다.[3)]

3-2 실업률

(1) 고용통계의 작성

고용상황을 파악하고자 할 경우에는 전체 인구보다는 경제적으로 생산활동이 가능한 인구가 더욱 중요한 의미를 갖는다. 현재 각국에서 작성하는 고용통계는 일정 연령 이상의 노동가능인구를 대상으로 작성되고 있으며 동 인구는 다시 노동을 통해 경제활동에 참가할 의사가 있는 경제활동인구와 경제활동의 의사가 없는 비경제활동인구로 나누어진다. 경제활동인구는 다시 취업자와 실업자로 구분된다. 우리나라에서 경제활동인구의 조사범위는 대한민국의 행정권이 미치는 모든 지역(해외공관 제외)이며 약 3만 5천개 표본가구를 대상으로 15세 이상 인구(현역군인, 공익

1) 물론 소비자물가지수 작성을 위한 품목이 바뀌게 되면 가중치도 바뀌게 된다. 그러나 이는 분기마다 집계되는 *GDP*에 의해 분기마다 다른 가중치로 측정되는 *GDP* 디플레이터에 비하면 매우 간헐적인 변화이다.

2) 사실 *GDP* 디플레이터와 소비자물가지수의 비교에 적용되는 논의는 이상에서 소개된 생산자 물가지수와 근원인플레이션율에도 적용된다.

3) 현재 한국은행에서는 생산자물가지수와 함께 국내공급물가지수(DSPI: Domestic Supply Price Index)와 총산출물가지수(TOPI: Total Output Price Index)를 공표하고 있다. 국내공급물가지수는 생산자물가지수의 포괄범위에 수입품까지 포함하여 국내시장에 공급되는 상품 및 서비스의 종합적인 가격수준을 측정하여 지수화한 것이다. 또한 총산출물가지수는 생산자물가지수의 포괄범위에 수출품까지 포함하여 국내기업이 산출한 상품 및 서비스의 종합적인 가격수준을 측정하여 지수화한 것이다.(한국은행, '알기 쉬운 경제지표해설', 2019)

근무요원, 전투경찰, 교도소 수감자, 외국인 제외), 경제활동인구, 취업자, 실업자 등을 조사한다.

취업자는 기본적으로 매월 15일이 속한 1주일 동안에 수입을 목적으로 1시간 이상 일한 사람으로 정의된다. 이에 비해 실업자는 매월 15일이 속한 1주일 동안에 적극적으로 일자리를 구해 보았으나 수입이 있는 일에 전혀 종사하지 못한 사람으로서 일이 있으면 즉시 취업이 가능한 사람으로 정의된다. 그리고 15세 이상 인구 중 비경제활동인구는 취업자도 실업자도 아닌 사람을 말하는데 가정주부, 학생, 일을 할 수 없는 연로자 · 심신장애자, 구직단념자 등이 비경제활동인구의 대부분을 차지한다.

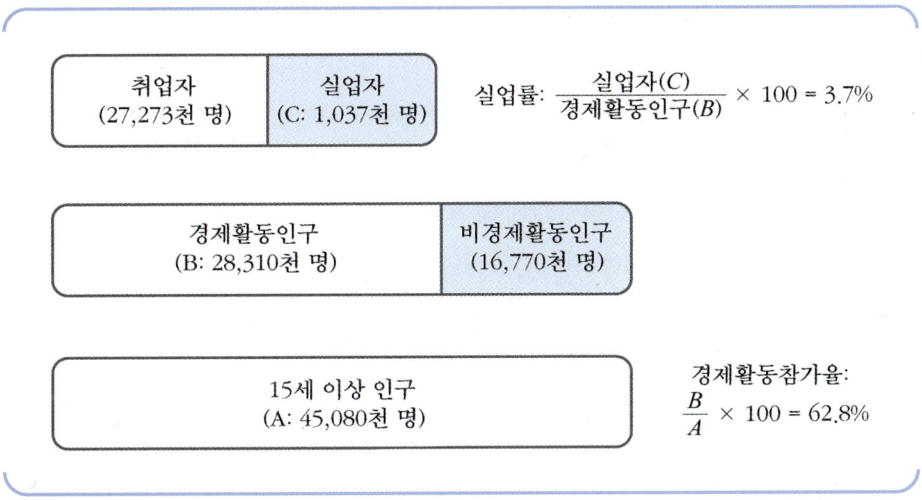

그림 3-1 우리나라의 경제활동인구 현황

(2021년 기준)

자료: 통계청.

표 3-2 우리나라의 경제활동참가율과 실업률

(단위: %)

연도	2013	2014	2015	2016	2017	2018	2019	2020	2021
경제활동참가율	61.7	62.7	62.8	62.9	63.2	63.1	63.3	62.5	62.8
실업률	3.1	3.5	3.6	3.7	3.7	3.8	3.8	4.0	3.7

자료: 통계청.

그림 3-1에 의하면 2021년 현재 우리나라의 만 15세 이상 인구는 45,080천 명이며, 그중 경제활동인구는 28,310천 명으로 경제활동참가율은 62.8%이다. 또한 경제활동인구를 구분해 보면 취업자 수가 27,273천 명, 실업자 수가 1,037천 명으로 실업

률은 3.7%이다. **표 3-2**에서 나타난 바와 같이 실업률은 2014년 이후 완만하게 상승하여 2020년에는 4.0%까지 높아졌으나 2021년에는 3%대로 낮아졌다.

(2) 우리나라 실업률 통계의 특징

우리나라 실업률 통계의 특징 중의 하나는 구미 선진국에 비하여 실업률이 상대적으로 낮게 나타나는 점이다. 이는 실업률 통계 작성기준의 차이라기보다는 다음에서 보는 바와 같이 취업구조나 고용관행이 다른 데 주로 기인한다.

첫째, 농림어업부문 취업자 비중이 상대적으로 높다. 우리나라의 경우 비농림어업부문에 비해 실업발생 가능성이 낮은 농림어업부문 취업자의 비중이 선진국들에 비해 상대적으로 높아 전체 실업률을 낮추는 요인으로 작용하고 있다. 둘째, 자영업주 및 무급가족종사자가 상대적으로 많다. 총취업자 중 자영업주 및 무급가족종사자의 비중이 상대적으로 높아 고용의 질적인 면에서는 취약하나 실업률은 낮게 나타난다. 셋째, 실업보험제도 및 직업알선기관의 미발달을 들 수 있다. 우리나라의 경우 실업보험 등 사회보장제도가 아직은 미비하고 직업알선기관도 충분히 발달되어 있지 않기 때문에 근로자는 임금, 근로조건 등이 미흡하더라도 가급적 현재의 직장에 근무하려 하고, 설사 실업상태에 빠지더라도 충분한 시간을 두고 새 직장을 탐색하기보다는 빠른 시일 내에 재취업하거나 아니면 자영업을 영위하는 경향을 보인다. 이러한 경향은 실업률을 낮게 만든다.

국민소득의 생산과 분배

제4장

국민소득(GDP)에 관한 문제는 다음 네 가지로 요약될 수 있다. 첫째는 GDP가 얼마만큼 생산되는가이다(생산 측면의 GDP). 둘째는 생산된 GDP를 누가 얼마만큼 가져가는가이다(분배 측면의 GDP). 셋째는 사람들이 최종생산물인 GDP를 얼마나 구입하는가이다(지출 측면의 GDP). 넷째는 생산된 최종생산물의 양이 그에 대한 지출의 합과 일치할 것인가이다. 균형과 관련된 이론적 문제들은 이후의 장들에서 계속 논의될 것이다. 현 단계에서 중요한 것은 국민소득계정상의 세 가지 측면의 GDP, 즉 생산 · 분배 · 지출 측면의 GDP가 모두 일치한다는 점이다. 이 장에서는 생산과 분배 측면의 GDP, 다음 장에서는 지출 측면의 GDP에 대해 살펴본다.

4-1 재화와 용역의 생산

최종생산물의 가치는 모든 생산 과정에서 새로 창출되는 부가가치의 합이기도 하며, 이 점에서 생산 측면의 GDP는 부가가치로 본 GDP와 일치한다. 부가가치란 생산 과정에서 새로 창출된 가치를 말한다. 그러면 이러한 생산 과정을 이론적으로 어떻게 단순화할 수 있을까?

미시경제학의 생산이론은 개별상품의 생산함수를 다루지만, 거시경제학에서는 경제 전체의 총생산물, 즉 GDP를 생산하는 총생산함수를 고려한다. 한 경제 내의 자원을 총체적으로 활용하였을 때 GDP가 생산된다. 생산에 투입되는 요소에는 여러 가지가 있겠으나, 가장 중요한 두 가지의 생산요소로 자본과 노동을 고려한다. 생산함수는 다음과 같이 표현된다.

$$Y = F(K,\ L) \tag{4.1}$$

여기서 Y는 일정 기간 동안의 실질 생산물이고, K는 일정 기간 동안 사용된 자

그림 4-1 총생산함수

자본이 고정된 상태에서 투입되는 노동의 양($L_0L_1 = L_1L_2 = L_2L_3$)이 증가함에 따라 생산량도 증가하지만 생산량의 증가분은 점점 작아진다($Y_0Y_1 \rightarrow Y_1Y_2 \rightarrow Y_2Y_3$). 노동의 한계생산이 체감하기 때문이다.

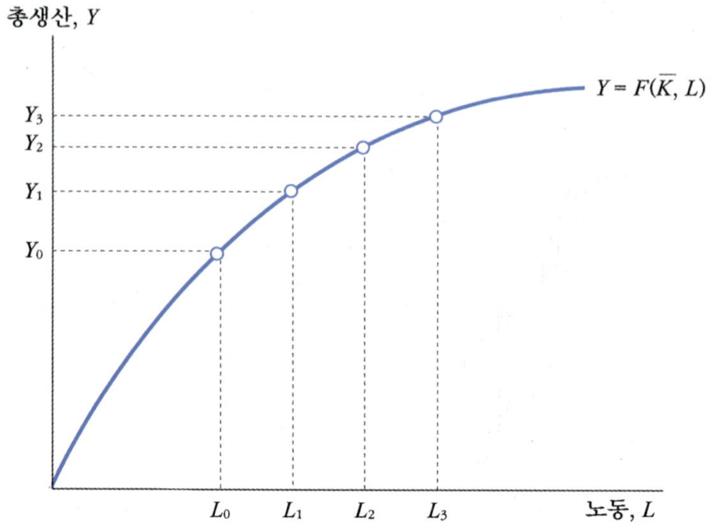

본의 양이며, L은 일정 기간 동안 고용된 노동자의 수이다. 생산함수 $F(\cdot)$는 K와 L을 결합하는 방식인데, 같은 양의 자본과 노동이 고용되더라도 산출물은 생산함수 $F(\cdot)$에 따라 달라질 수 있다.

한편, 생산함수로부터 한계생산(marginal product)을 정의할 수 있는데, 수확체감의 법칙을 가정하면, 자본량 K가 $\overline{K}$로 고정되어 있을 때 노동의 양 L을 계속 증가시키면 노동의 한계생산이 감소하며, 반대로 노동의 양 L이 $\overline{L}$로 고정되어 있을 때, 자본의 양 K를 계속 증가시키면 자본의 한계생산이 감소하게 된다. **그림 4-1**에는 자본이 고정된 상태에서 노동이 증가함에 따라 생산량이 증가하지만, 노동의 한계생산(MP_L: Marginal Product of Labor)이 체감하는 생산함수가 도시되어 있다.

생산함수는 시간의 경과에 따라 항상 그 모습이 고정되어 있지는 않은데, 그 이유는 생산성에 변화가 발생하기 때문이다. 생산성이 증가하면 같은 양의 노동과 자본을 갖고도 더 많은 양을 생산할 수 있으므로 생산함수가 위로 이동한다. 반대로 생산성이 감소하면 같은 양의 노동과 자본을 갖고도 더 적은 양을 생산할 수밖에 없으므로 생산함수가 아래로 이동한다.

이러한 생산함수상의 변화를 공급충격(supply shock) 또는 생산성충격(productivity shock)이라 한다. 공급충격의 예에는 여러 가지가 있겠으나, 예를 들어 부정적인 공급충격은 가뭄이나 홍수와 같이 기후조건이 악화되어 생산물이 감소하는 경우가 해당된다. 긍정적인 공급충격으로는 컴퓨터의 등장과 보급, 인터넷과 휴대통신의 보급과 활용으로 생산성이 향상되는 경우를 들 수 있다. 공급충격 또는 생산성충격은 자본량과 노동량의 변화 없이 생산량에 변화를 가져오는 요인들을 일컫는다. **그림 4-2**에는 공급충격이 생산함수를 변화시키는 예가 제시되어 있다.

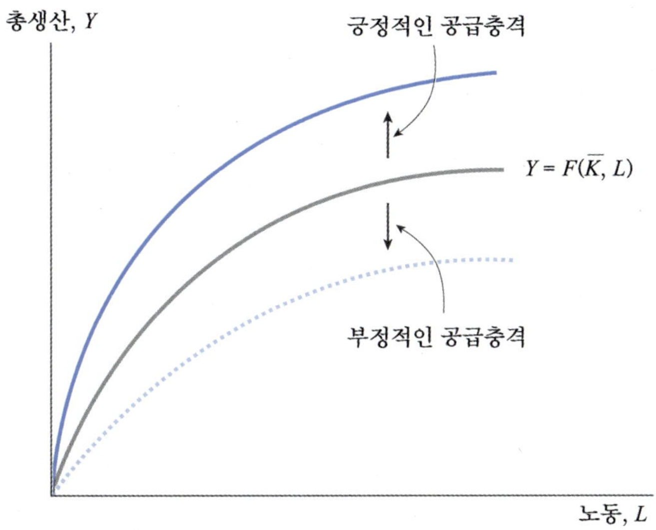

그림 4-2 공급충격과 생산함수의 이동

긍정적인 공급충격은 총생산함수를 위로, 부정적인 공급충격은 총생산함수를 아래로 이동시킨다.

4-2 소득의 분배

생산물을 창출하기 위해 투입된 생산요소들에게는 그 대가로 요소소득이 지급된다. 국민계정상 경제의 총생산물은 결국 국민소득과 같아진다. 이러한 관계를 이론적으로 살펴보기 위해 미시경제학에서 다루는 요소시장이론을 검토해 보기로 하자.

기업은 이윤극대화의 원리에 따라 행동하며, 생산요소인 자본과 노동을 고용함에 있어서도 이 원리가 그대로 적용된다. 생산요소가 자본과 노동뿐일 때, 기업의 이윤은 총수입에서 자본비용(capital cost)과 노동비용(labor cost)을 뺀 것이다. 자본 1단위당 실질임대가격(real rental price of capital)을 rp, 노동 1단위당 실질임금(real wages)을 w 라고 하면 기업의 실질이윤(π)은 다음과 같다.

$$\pi = Y - rp \cdot K - w \cdot L$$
$$= F(K, L) - rp \cdot K - w \cdot L \quad (4.2)$$

기업은 요소의 가격이 주어진 상태에서 자본과 노동을 얼마만큼 사용할 것인가를 결정한다.[1]

자본과 노동의 사용량을 결정하는 원리는 각 요소의 한계생산물을 요소가격과 일치시키는 것이다. 예를 들어, 노동의 고용량을 결정할 때 기업은 노동 한 단위의 추가적인 고용이 가져오는 한계생산이 추가적인 노동에 지불해야 하는 노동비용, 즉 임금보다 높으면 고용을 계속 늘리게 될 것이고, 결국 두 값이 같아지는 곳에서 고용을 멈출 것이다.

따라서 기업은 다음과 같은 원리로 노동의 고용량을 결정한다.

$$MP_L = w \quad (4.3)$$

그림 4-3에는 노동의 한계생산물곡선이 나타나 있다. 한계생산이 체감하므로 한

그림 4-3 노동에 대한 수요곡선

한계생산물이 체감하므로 노동의 한계생산물곡선은 우하향한다. 임금이 주어지면 기업은 노동의 한계생산물이 임금과 같아지도록 고용량을 결정하기 때문에 한계생산물곡선이 바로 기업의 노동수요곡선이 된다.

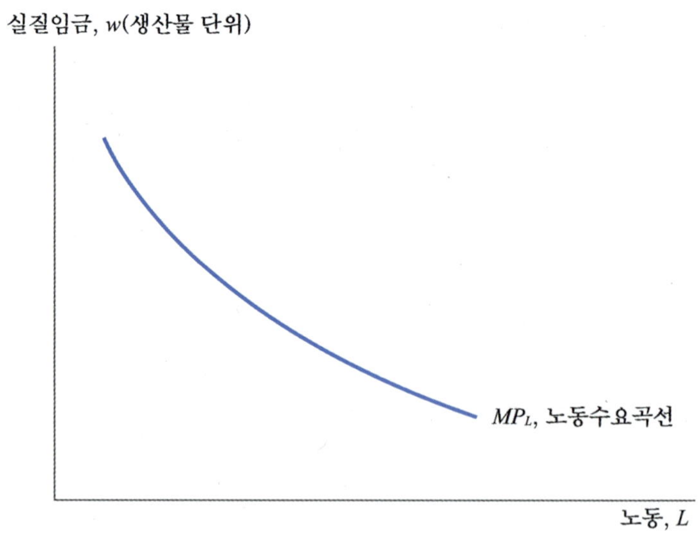

1) 여기서는 생산물시장과 요소시장이 모두 완전경쟁(perfect competition)인 경우를 고려한다. 완전경쟁시장에서는 가격을 주어진 것으로 받아들이며, 가격을 변화시키는 독점력이 존재하지 않는다.

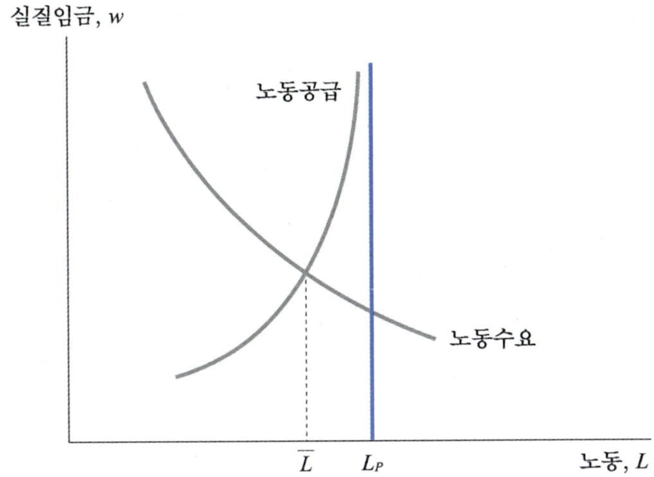

그림 4-4 노동시장의 균형

노동시장의 수요와 공급에 의해 경제의 균형노동량($\bar{L}$)이 결정되며, 이것이 바로 완전고용 수준이다. 완전고용이 경제활동인구(L_P)가 모두 취업한 상태를 의미하는 것은 아니다. 완전고용 하에서 존재하는 실업은 자발적 실업($\bar{L}L_P$)이다.

계생산물곡선은 우하향한다. 그런데 이 노동의 한계생산물곡선은 바로 기업의 노동수요곡선이다. 임금이 주어졌을 때 노동의 한계생산물이 임금과 같아지도록 노동의 고용량을 결정하기 때문이다.[2)]

거시경제이론은 집계변수를 다루기 때문에 경제 전체의 노동수요곡선은 개별기업의 노동수요를 모두 합한 것이 된다. 따라서 경제 전체의 노동수요곡선도 한계생산체감을 반영하여 우하향하게 된다.

이상은 노동의 수요에 관한 논의였으나 노동시장의 균형을 찾기 위해서는 노동의 공급이 추가되어야 한다. 미시경제이론에서 다루는 바와 같이 임금의 변화에 따른 노동의 공급에는 대체효과와 소득효과가 작용하므로 변화의 방향을 일률적으로 판정하기 힘들다. 여기서는 임금 상승에 따라 노동의 공급이 증가하는, 즉 대체효과가 소득효과를 압도하는 경우를 가정하기로 한다. 개별적인 노동의 공급곡선이 우상향하면 그를 합한 경제 전체의 노동공급곡선도 우상향한다. **그림 4-4**에는 노동시장의 균형이 도시되어 있다.

그림 4-4에서 보는 바와 같이 경제 전체의 균형노동량은 $\bar{L}$ 로 나타나는데, 이것이 바로 완전고용 수준(full employment level of employment)이다. 우리는 흔히 노동시장에 참여한 경제활동인구가 모두 고용된 경우를 완전고용으로 이해하기 쉬우나, 이는 잘못된 것이다. 완전고용은 임금의 변화에 따라 노동의 수요와 공급이 신축

2) 마찬가지로 자본에 대해 기업은 자본의 한계생산물(MP_K)이 실질자본비용(rp)과 같아지도록 자본의 사용량을 결정한다.

적으로 조정되어 노동시장이 균형을 달성한 것을 의미한다.

실업은 앞에서 정의한 대로 일할 능력과 의사가 있음에도 불구하고 고용되지 못한 상태를 나타내는데, 노동시장균형의 의미를 자세히 생각해 보면 균형임금에서 공급하고자 하는 노동량이 노동수요에 맞게 모두 공급되므로, 이것이 곧 완전고용균형이 되는 것이다. 그럼에도 불구하고 노동시장에 참여한 노동자들 가운데 여전히 고용되지 못한 사람들이 존재하게 되는데, 이들은 현재의 균형임금이 자신이 받고자 하는 임금보다 낮아 취업을 미루고 있거나 다른 취업기회를 찾고 있는 사람이 된다. 이를 자발적 실업(voluntary unemployment)이라고 하며 비자발적 실업(involuntary unemployment)과 구분하여 사용한다.

임금이 신축적으로 변하지 않는 경우에도 실업이 발생한다. 현재의 임금이 높게 유지되면서 그 수준이 변하지 않는 경우를 생각해 보자. 노동의 공급능력이 충분함에도 불구하고 높은 임금으로 인해 기업의 노동수요량이 작으므로 고용량은 낮은 수준에 머물게 된다. 임금이 하락하지 않으면 고용은 늘어나지 않는다. 그러나 만약 임금이 신축적으로 움직여 준다면 임금은 점차 하락할 것이고 이 경우에 노동의 수요량과 공급량이 변하면서 균형을 이루게 된다.

노동시장에서 균형고용량이 결정되면 생산함수를 따라 완전고용생산량이 결정된다. 노동시장과 마찬가지로 자본시장도 균형을 이루어 균형자본량이 결정되어 있다고 가정해 보자. 균형자본량이 $\overline{K}$ 이고 균형노동량이 $\overline{L}$ 로 결정되어 있다면 이에 대응하는 산출량은 다음과 같아진다.

$$\overline{Y} = F(\overline{K}, \ \overline{L}) \tag{4.4}$$

균형노동량과 균형자본량이 증가하거나 생산성이 증가하면 한 경제의 총생산이 증가한다는 것을 알 수 있다. 경제활동인구의 증가, 활발한 자본축적, 생산성 향상은 총생산이 증가하는 여건을 만든다.

이제 경제의 총생산물이 각 요소에 얼마만큼 분배되는지를 살펴보자. 기업의 이윤은 식 (4.2)와 같으며, 자본시장과 노동시장에서 각각 $MP_K = rp$와 $MP_L = w$의 균형조건이 달성되면 기업의 이윤은 다음과 같다.

$$\begin{aligned}\pi &= Y - rp \cdot K - w \cdot L \\ &= Y - MP_K \cdot K - MP_L \cdot L\end{aligned} \tag{4.5}$$

이 식을 고쳐 쓰면 경제의 총생산물은 결국 기업의 이윤과 요소에 지급되는 소득으로 분배됨을 알 수 있다.

$$\text{총생산}(Y) = \text{이윤}(\pi) + \text{자본소득}(MP_K \cdot K) + \text{노동소득}(MP_L \cdot L) \tag{4.6}$$

특히 생산함수가 규모에 대한 수익불변의 성질을 갖는 경우에는 다음의 관계가 성립한다.

$$Y = MP_K \cdot K + MP_L \cdot L \tag{4.7}$$

이는 기업의 이윤이 0인 경우에 해당된다. 물론 여기서의 이윤은 회계적 이윤이 아니라 경제적 이윤(economic profit)이다. 생산함수가 규모에 대한 수익불변의 성질을 갖는 경우에 이윤은 0이 되며, 경제의 총생산물은 생산에 기여한 요소인 자본과 노동의 한계생산성에 따라 자본소득과 노동소득으로 남김없이 모두 처분된다.[3)]

이제까지의 이론적 논의를 국민계정에 대응시켜 보자. 국민계정상 생산 측면의 *GDP*는 분배 측면의 *GDP*와 일치하는데, 분배 측면의 *GDP*는 다음과 같이 정의된다. 다만 논의를 단순화하기 위해 감가상각, 간접세, 보조금의 문제는 제외하였다.

$$\text{분배 } GDP = \text{이윤} + \text{이자} + \text{지대} + \text{임금}$$

이 가운데 임금은 곧 노동소득이지만 그 이외의 소득은 실제로 매우 다양한 형태를 띠고 있는데, 편의상 이윤 · 이자 · 지대(rent) 등을 하나로 묶어 자본소득으로 간주할 수도 있다.

여기서 임금 이외의 소득도 결국 가계에 돌아가는 소득이라는 점에 유의해야 한

3) 생산요소의 증가비율과 정확히 같은 비율로 생산량이 증가하는 경우를 규모에 대한 수익불변(constant returns to scale)이라 하며, 수학적으로는 다음과 같다. $\lambda Y = F(\lambda K, \lambda L)$, 여기서 λ는 양수이며, 노동과 자본이 모두 λ배만큼 증가하였을 때, 생산량도 λ배만큼 증가함을 의미한다. 식 (4.7)을 증명하기 위해서는 $\lambda Y = F(\lambda K, \lambda L)$ 을 λ에 대하여 미분하고 이를 $\lambda = 1$에서 평가하면 된다. 그러나 지금 단계에서는 수학적 증명보다는 규모에 대한 수익불변을 보이는 생산함수의 특성을 이해하는 것으로 족하다. 이러한 특성을 갖는 생산함수는 제6편의 경제성장이론에서도 중요한 역할을 한다.

다. 우리는 가계와 기업을 분리하였지만, 사실 가계와 기업은 기능 면으로 구분한 것에 지나지 않는다. 기업을 운영하는 주체도 결국은 다른 측면에서는 가계경제주체이기 때문이다. 따라서 소득은 어떤 형태로든 가계경제주체들에게 모두 돌아간다.

노동소득 이외의 모든 소득을 자본소득으로 간주하면, 한 경제의 총생산함수가 규모에 대한 수익불변의 성질을 갖는다는 가정에도 부합하게 된다. 이러한 생산함수 하에서는 총소득(=총생산)이 자본소득과 노동소득으로 정확히 분리되기 때문이다. 참고로 총소득 가운데 자본소득이 차지하는 비율을 자본소득분배율, 노동소득이 차지하는 비율을 노동소득분배율이라고 부른다. 분모에 해당하는 총소득은 요소비용 국민소득이나 총부가가치 등 다양한 기준을 사용하여 계산할 수 있다. 요소비용 국민소득 기준으로 볼 경우 우리나라에서 자본소득과 노동소득이 차지하는 비중은 대략 1/3과 2/3 정도이다.[4)]

사실 거시경제학에서 말하는 총생산함수는 매우 추상적인 개념이지만, 국민소득계정과 대비하여 보면 이해하기도 쉽고 또 이론적 분석에서도 편리한 점이 많기 때문에 규모에 대한 수익불변을 가정하는 경우가 많다. 자세한 것은 이어지는 부록과 제6편의 경제성장 부분을 참고하기 바란다.

부록 생산함수와 관계된 주요 거시경제변수

경제학에서는 다음과 같은 형태의 콥-더글러스(Cobb-Douglas) 생산함수가 가장 널리 쓰인다.

$$Y = AK^{\alpha}L^{1-\alpha} \tag{4A.1}$$

이 책의 중간 부분인 제21장에서 자세히 소개되지만, 식 (4A.1)로 주어진 콥-더글러스 생산함수에서는 자본의 한계생산성과 노동의 한계생산성이 다음과 같아진다.

4) 국민소득은 어떤 항목을 포함하는지에 따라 총부가가치, 요소비용 국민소득 등으로 정의할 수 있다. 총부가가치는 피용자보수, 영업잉여, 고정자본소모의 합으로 이루어지며, 요소비용 국민소득은 피용자보수, 영업잉여, 국외 순수취요소소득의 합으로 구성된다. 두 소득 사이에 차이가 발생하는 주요 원인은 고정자본소모의 포함 여부이다.

즉, 자본의 한계생산성은 자본의 평균생산성(Y/K)의 α배, 노동의 한계생산성은 노동의 평균생산성(Y/L)의 $1-\alpha$배로 나타나게 된다.

$$MP_K = \alpha \frac{Y}{K}, \ \ MP_L = (1-\alpha)\frac{Y}{L} \tag{4A.2}$$

위의 콥-더글러스 생산함수는 규모에 대한 수익불변의 특성을 가지므로 식 (4A.2)를 본문의 식 (4.7)에 대입하면 다음의 관계를 얻는다.

$$Y = \alpha Y + (1-\alpha) Y \tag{4A.3}$$

위 식 우변의 첫째 항은 자본소득, 둘째 항은 노동소득인데, 생산함수가 식 (4A.1)의 콥-더글러스 형태로 주어지는 경우에 자본소득과 노동소득이 총생산에서 차지하는 비중은 $\alpha : 1-\alpha$로 일정하게 유지된다. 국가마다 다소 차이가 있기는 하지만, 대체로 국민소득 가운데 자본소득이 약 1/3, 노동소득이 약 2/3를 차지하는 것으로 알려져 있다.

우리나라의 경우 노동소득분배율 계산시 분모에 해당하는 총소득으로 총부가가치를 이용하면 노동소득분배율이 50~60% 정도로 나타난다. **표 4A-1**은 노동소득분배율을 비롯하여 우리나라의 생산함수와 관련된 주요 거시경제변수를 소개하고 있다. 본문에서 소개한 실질 $GDP(Y)$, 자본스톡(K), 총취업자(L) 등의 변수들이 실제로 어느 정도의 값을 갖고 있는가를 확인해 보기 위해서이다.

표 4A-1 우리나라의 생산함수 관련 주요 거시경제변수

(금액자료는 2015년 기준)

구분	GDP (Y)	자본스톡 (K)	총취업자 (L)	자본계수 (K/Y)	취업자 1인당 소득 (Y/L)	노동소득 분배율
연도 \ 단위	조원	조원	천명		만원	%
2010	1,426.6	5,332.1	24,033	3.74	5,936.1	52.86
2015	1,658.0	6,370.1	26,178	3.84	6,333.6	54.34
2019	1,852.7	7,385.4	27,123	3.99	6,830.6	56.02
2020	1,836.9	7,621.8	26,904	4.15	6,827.5	54.01

자료: 한국은행 및 저자 추산, 2020년 노동소득분배율은 2010~2019년 평균.

표 4A-1에 의하면 2019년 현재 2015년을 기준으로 한 실질 GDP는 1,852.7조 원을 기록하고 있는데, 우리나라의 자본스톡 규모는 대략 7,385.4조 원 정도로 추산된다. 자본계수는 자본의 평균생산성(Y/K)의 역수(K/Y)로 정의되는데, 한 경제가 GDP 규모에 비해 얼마나 많은 자본스톡을 보유하고 있는가를 보여준다. 우리나라의 경우 투자 증가에 의해 자본계수가 꾸준히 증가하여 2019년 현재 3.99 정도의 값을 보이고 있다. 한편, 취업자 1인당 소득(Y/L)은 2010년의 5,936.1만 원에서 2019년에는 6,830.6만 원으로 증가하였다.

자본스톡이 GDP에 비해 더 빠른 속도로 증가하는 가운데 자본의 평균생산성(Y/K)과 한계생산성$(\alpha Y/K)$은 하락하는 반면 노동의 평균생산성(Y/L)과 한계생산성$((1-\alpha)Y/L)$이 증가하는 추세를 보이고 있다. 그런데 생산함수를 위와 같이 콥-더글러스 형태로 가정하면 자본과 노동의 한계생산성이 얼마인지 쉽게 계산된다. 예를 들어, 2019년도의 자료를 이용하여 자본의 한계생산성을 구해 보면 $MP_K = \alpha \dfrac{Y}{K} = 0.440 \times 0.251 = 0.110$이므로, 1조 원 규모의 설비투자 증가가 총생산을 1,100억 원 정도 증가시키는 여력을 갖고 있음을 알 수 있다.[5)]

---

5) 2020년은 코로나19 충격으로 인해 실질 GDP 성장률이 마이너스(−)를 기록함에 따라 2019년을 기준으로 기술하였다.

지출 측면의 국민소득

제5장

최종생산물에 대한 지출은 소비지출(C), 투자지출(I), 정부지출(G) 및 순수출(NX)로 이루어진다. 순수출(NX)은 수출(EX)에서 수입(IM)을 뺀 것이다. 지출 측면의 GDP는 다음과 같다.

$$\begin{aligned} GDP &= C + I + G + EX - IM \\ &= C + I + G + NX \end{aligned}$$

5-1 소비

최종생산물에 대한 가계의 소비지출을 민간소비지출이라 한다. 소비지출은 지출 측면의 GDP에서 가장 큰 비중을 차지하며, 소비재는 가전제품 · 가구 등과 같은 내구재(durable goods), 식품 · 의류와 같은 비내구재(nondurable goods), 교통 · 오락과 같은 서비스(consumption services) 등으로 분류된다. 서비스 가운데 교육비도 소비지출에 포함된다. 교육은 사실 투자의 성격을 갖고 있지만 국민계정상 소비로 분류된다. 자동차의 구입도 투자의 성격을 갖고 있지만 소비로 간주되며 매입연도에만 소비로 집계된다.

소비는 지출 측면의 국민소득 가운데 가장 큰 부분을 차지한다. **표 5-1**에는 2015년도 및 2020년도의 우리나라 명목 GDP 통계가 제시되어 있다. 2020년도 우리나라의 GDP는 명목가격으로 1,933.2조 원을 기록하고 있는데, 이 수치를 총인구로 나눈 1인당 GDP는 3,733.4만 원이다. 이 가운데 국민 1인당 소비지출로 연간 1,733.2만 원을 쓴 것으로 나타나고 있는데, GDP 구성요소 가운데 소비가 차지하는 비중은 2015년도에는 48.5%, 2020년도에는 46.4%로 나타났다. 한편 2020년도의 재화와 서비스의 수출과 수입은 GDP 구성요소에서 차지하는 비중이 2015년에 비해 낮은 36.4%, 32.8%를 각각 차지하였다.

표 5-1 우리나라 명목 *GDP*의 구성

	2015년도			2020년도		
	조원	(%)	1인당 금액 (단위: 만원)	조원	(%)	1인당 금액 (단위: 만원)
국내총생산	1,658.0	(100.0)	3,250.1	1,933.2	(100.0)	3,733.4
민간최종소비지출	804.8	(48.5)	1,577.6	897.5	(46.4)	1,733.2
정부최종소비지출	250.1	(15.1)	490.2	349.1	(18.1)	674.2
총고정자본형성	481.0	(29.0)	942.9	601.5	(31.1)	1,161.6
재고증감	8.6	(0.5)	16.9	14.5	(0.7)	27.9
재화와 서비스의 수출	712.8	(43.0)	1,397.2	704.6	(36.4)	1,360.6
재화와 서비스의 수입	599.3	(36.1)	1,174.7	633.5	(32.8)	1,223.4
순수출	113.5	(6.8)	222.5	71.1	(3.7)	137.2

자료: 한국은행, 소수점 이하 절삭 및 통계상 불일치로 인해 합계가 100%와 다소 다름(2015년 기준)

앞 장에서 설명한 대로 가계경제주체는 노동력을 제공하고 임금을 받으며, 자금과 부동산을 제공하고 이자와 지대 수입을 얻고, 기업을 소유하고 있으면 이윤을 얻는다. 이 소득을 전부 합하면 국민소득 Y가 되며, 이 가운데 상당 부분이 소비로 지출된다. 단, 정부가 여러 형태로 세금(T: tax)을 거두어들이는데, 실제로 소비와 저축은 소득 Y에서 조세액 T를 공제한 가처분소득(disposable income)에 의존하게 된다.

물론 소비를 결정하는 요인은 여러 가지이다. 소비를 결정하는 요인은 가처분소득 이외에도 무수히 많은데, 이자율도 중요한 요인 가운데 하나이다. 특히 자동차 · TV · 가구 등과 같은 내구재의 소비에는 적지 않은 금액이 지출되므로 할부금융을 이용하는 경우가 많다. 이러한 경우에 이자율의 상승은 소비를 위축시키는 요인으로 작용한다. 따라서 이자율의 상승은 저축을 증가시키는 경향이 있다.[1)]

현재의 소득뿐만 아니라 미래의 예상소득도 중요하다. 비록 현재의 소득 수준이 낮다고 할지라도 미래에 큰 소득이 발생하게 되어 있는 사람은 현재의 소득 수준 이상으로 소비를 할 수도 있다. 또 다른 요인은 자산(wealth)이다. 주식, 채권, 부동산 등의 자산을 많이 소유하고 있는 사람의 소비행위를 단순히 현재의 가처분소득만으

1) 이자율 상승이 소비를 감소시키는 것은 대체효과에 의한 것이다. 소득효과에 의하면 이자율의 상승이 이자소득을 증가시켜 소비를 증가시킨다. 따라서 엄밀하게는 이자율 상승이 소비에 미치는 효과는 대체효과의 크기에 달려 있다. 그러나 대체효과가 소득효과를 압도한다고 보는 것이 일반적이다.

로 설명할 수는 없을 것이다.

소비가 국민소득에서 차지하는 비중이 큰 만큼 소비에 대한 연구는 무수히 많으며, 이에 관해서는 이후의 장들에서 자세히 설명하기로 한다. 여기서는 일단 현재의 가처분소득과 이자율(r)이 소비를 결정하는 요인이라고 가정한다. 즉, 소비는 가처분소득이 커질수록 증가하며 이자율이 올라갈수록 감소한다. 함수형태로는 다음과 같이 표현된다.

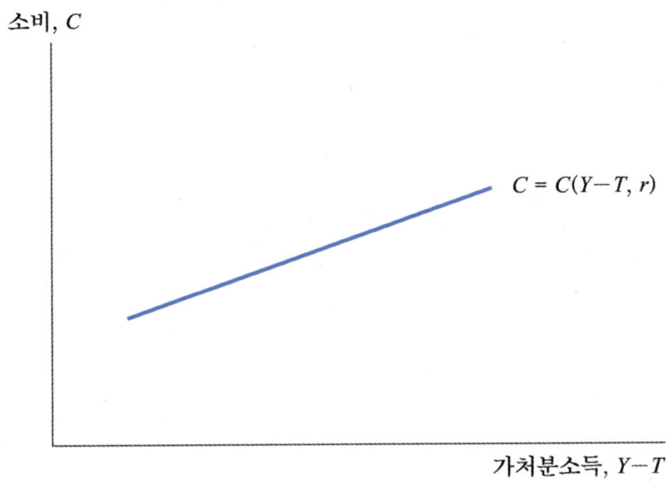

그림 5-1 (a) 소비

가처분소득과 이자율이 소비에 영향을 주지만, 소비함수를 가처분소득에 대한 그래프로 나타낸 것이다.

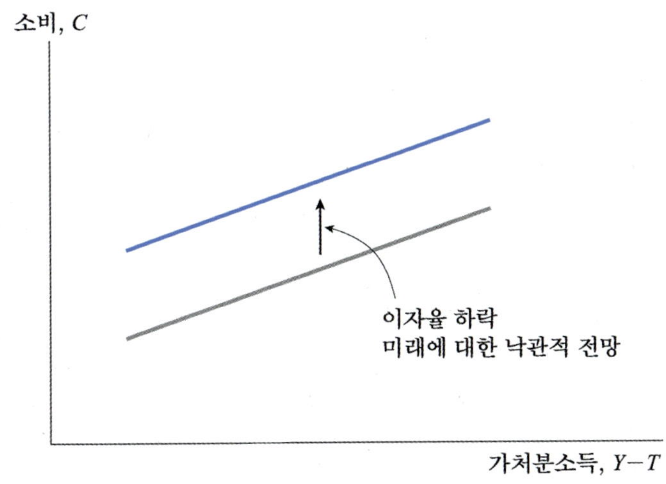

그림 5-1 (b) 소비의 변화

이자율이 하락하거나 미래에 대한 전망이 낙관적으로 바뀌면 소비함수가 위로 이동한다.

$$C = C(Y - T,\ r) \tag{5.1}$$

그림 5–1은 소비함수를 가처분소득($Y-T$)에 대한 그래프로 표시한 것이다. 가처분소득 이외의 변수들, 예를 들어 이자율이 하락하거나 소비자가 미래에 대해 좀 더 낙관적인 전망을 하는 경우에는 그래프가 위로 이동하게 된다.

5-2 투자

사람들은 보통 금이나 주식과 같은 자산을 구입할 때 투자한다고 말하지만, 거시경제학에서는 새 기계를 구입하거나 새 공장, 새 빌딩, 새 아파트를 구입하는 것을 투자라고 한다.[2] 여기서 '새'라는 낱말을 반복한 것은, GDP의 정의에서와 같이 일정 기간 동안 '새롭게' 창출된 최종생산물이어야 하기 때문이다. 같은 최종생산물이지만 투자재(investment goods)가 소비재(consumption goods)와 다른 점은 구입시점이 아닌 미래에 서비스를 제공한다는 것이다. 기업은 미래의 생산을 늘리기 위해 공장이나 설비를 구입하며, 가계는 미래의 주거서비스를 위해 주택을 구입한다.

투자재의 구입으로 실물자본(physical capital)이 축적되고 경제의 생산능력이 확대되어 간다. 소모된 자본을 대체하기 위한 투자도 있다. 축적된 자본은 생산에 사용되면서 점점 마모되며, 이를 자본의 감가상각(capital depreciation)이라 한다. 실제로 투자 중의 일부는 마모된 자본을 보충하기 위해 사용되는데 이를 대체투자라고 부르기도 하며, 이는 자본량을 기존의 수준으로 유지하기 위한 투자이다. 반면 자본량을 증가시키는 투자를 순투자라고 한다. 대체투자와 순투자를 합쳐 총투자라고 한다.

총투자 = 순투자 + 대체투자

총투자가 대체투자보다 크면 자본이 증가하고 적으면 감소하며 총투자와 대체투자가 같으면 자본의 양은 불변이다.

한편, 투자는 그 형태에 따라 고정투자(fixed investment)와 재고투자(inventory

2) 금융자산에 대한 투자에는 금융투자(financial investment)라는 용어를 사용한다.

investment)로 구분된다. 고정투자는 생산에 사용되는 기계, 컴퓨터, 사무실 기자재 등에 대한 지출과 공장, 상업용 건물, 거주용 건물의 신축을 위한 지출까지 포괄한다. 재고투자는 재고의 증가를 의미하는데, 여기서 재고란 팔리지 않은 최종생산물뿐만 아니라 기업이 보유하고 있는 원자재와 생산 과정의 물품들까지 포함된다. 재고의 증가 또는 감소가 지출 측면의 *GDP*에 포함되는 것은 재고가 일정 기간에 생산한 최종생산물에 포함되기 때문이다. 이것은 생산물을 생산하여 판매할 때의 과정을 보면 알 수 있다.

판매액 = 기초재고 + 한 기간의 생산액 − 기말재고

한 기간의 생산액 = 판매액 + (기말재고 − 기초재고)
= 판매액 + 재고증감

위 식을 통하여 재고의 증감이 *GDP*에 포함된다는 것을 알 수 있다. 주의할 것은 재고는 중간재일지라도 아직 생산물에 쓰이지 않았기 때문에 그 기간 중에는 최종생산물로 *GDP*에 포함된다는 것이다. 예를 들어, 제철업소에서 생산된 철이 자동차 생산에 사용되었다면 *GDP*에 포함되지 않으나, 그 해 팔리지 않고 남은 철의 재고는 *GDP*에 포함된다.

우리나라의 국민소득계정에서는 총고정투자를 총고정자본형성이라는 용어로 대신 사용하고 있는데, **표 5-1**을 보면 2015년에는 *GDP*의 29.0%, 2020년에는 31.1%를 차지하고 있다. 이 표에는 나와 있지 않지만 2015년과 2020년의 감가상각액이 각각 *GDP*의 18.7%와 20.7%였으므로, 순고정투자는 각 연도에 *GDP*의 10.3%와 10.4%였다는 것을 알 수 있다. 이는 2020년도만을 볼 때 한 해 동안 국민 1인당 자본이 388만 원 정도 순증가했다는 것을 뜻한다.

그러면 투자에 영향을 주는 변수는 무엇인가? 일반적으로 투자를 결정하는 가장 중요한 변수는 이자율이다. 투자가 성공적이기 위해서는 투자로부터 얻어지는 소득이 그 비용을 초과하여야 한다. 이자율은 투자의 비용을 측정하는 변수이므로, 이자율이 증가하면 투자가 감소하고 이자율이 하락하면 투자수요가 증가한다. 만약 기업이 10억 원의 투자자금을 금융기관으로부터 대출받아 공장을 짓고 그로부터 매년 8천만 원의 수익을 올릴 수 있다면, 이자율이 8%를 넘어서는 안 될 것이다. 이자율이 8%를 넘는다면 기업은 이러한 투자를 할 수 없기 때문이다.

기업이 금융기관으로부터 대출을 받지 않고 자신의 자금을 활용하는 경우에도 이자율은 투자 결정에 영향을 준다. 만약 이자율이 5%라면 기업은 10억 원을 투자에 사용하지 않고 금융기관에 예치하면 연간 5천만 원의 이자소득을 얻을 수 있으므로 투자가 수익성이 있으려면 적어도 그 이상의 투자수익이 발생해야 한다.[3] 가계가 집을 구입하는 경우에도 이자율의 역할이 중요하다. 집 구입대금의 일부를 대출받을 경우 이자를 지불해야 하며, 모두 자기 자금으로 구입한다 해도 이자소득이라는

그림 5-2 (a) 투자

이자율이 상승하면 이윤을 내는 투자기회가 줄어들기 때문에 투자수요곡선은 우하향한다.

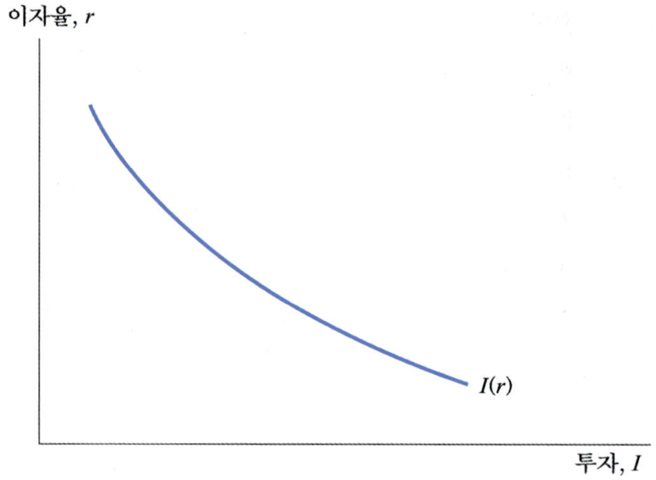

그림 5-2 (b) 투자의 변화

미래에 대한 전망이 낙관적으로 바뀌면 투자수요곡선이 바깥쪽으로 이동한다.

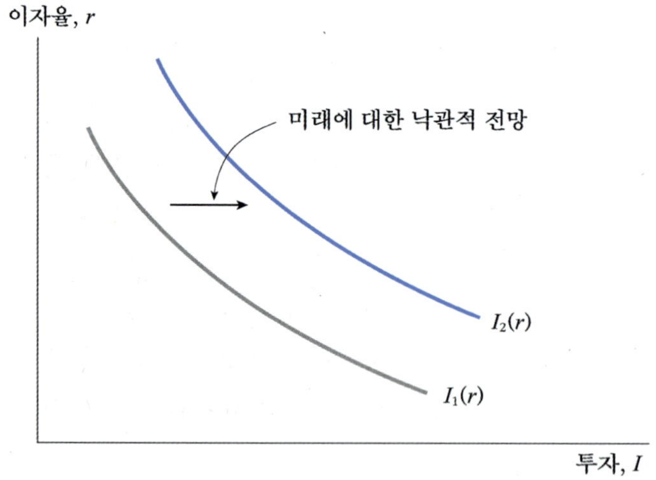

3) 여기서는 분석의 편의상 예금이자율과 대출이자율이 동일하고 이자소득세가 없는 경우를 가정하였다.

기회비용이 발생한다. 거주자는 그만큼 주거서비스에 대한 가격을 지불하는 셈이다. 결국 투자에는 이자율이 매우 중요한 역할을 하고 있다는 것을 알 수 있다. 따라서 투자함수는 다음과 같이 표현할 수 있으며 **그림 5-2**에서처럼 우하향한다.

$$I = I(r) \tag{5.2}$$

그림 5-2는 투자함수를 이자율에 대한 그래프로 표시한 것이다. 이자율 이외의 변수들이 변하는 경우에는 그래프 자체가 이동한다. 예를 들어, 기업이 미래에 대해 좀 더 낙관적인 전망을 하게 되어 투자수요가 증가하는 경우에 그래프는 우측으로 이동하게 된다.

5-3 정부지출

정부는 재화와 서비스를 수요하는 또 하나의 큰 주체이다. 정부는 국방을 위해 무기와 시설재 등을 구입하며, 교육을 위해 학교를 짓고, 도로와 공원 등을 만들며, 이러한 일들을 추진하기 위해 노동력을 고용한다. 공무원에게 지급하는 보수도 정부지출의 주요 항목인데, 공무원이 제공하는 서비스를 정부가 공무원 보수라는 가격으로 구입하는 것으로 보면 된다.

표 5-1에는 2020년도의 정부최종소비지출(government consumption)이 349.1조원으로서 *GDP*의 18.1%를 차지하는 것으로 되어 있다. 국민소득계정에서는 정부최종소비지출을 사용하지만, 사실상 정부지출(government purchases)에는 투자재를 구입하는 것도 포함되므로 실제로는 정부지출 규모가 이보다 더 크다는 점에 유의해야 한다.

정부는 재화와 서비스를 구입하는 한편, 사회복지 차원에서 민간에게 무상으로 자금을 지원하며, 외부효과가 있는 생산을 장려하기 위해 기업에게 보조금을 지급하기도 한다. 이를 이전지출(transfer payments)이라고 하는데, 이는 정부지출에는 포함되지 않는다. 이전지출은 재화나 서비스를 구매하는 것이 아니기 때문이다. 그렇지만 이전지출은 재화와 서비스의 수요에 간접적인 영향을 미친다. 조세가 가처분소득을 감소시키는 것과 반대로 이전지출은 가처분소득을 증가시킨다. 즉, 민간부문의 관점에서 이전지출은 조세의 반대이다. 조세의 일부가 이전지출에 사용되는 것이므로 T의 정의를 이전지출을 차감한 조세로 정의해야 한다. 따라서 가처분소득 $Y-T$는 소득에서 조세를 빼고 이전지출을 더한 것을 의미한다.

정부지출과 조세의 규모와 구성을 결정하는 과정을 재정정책(fiscal policy)이라 한다. 이상에서 소비를 가처분소득과 이자율의 함수, 투자를 이자율의 함수로 정의하였으나, 정부지출의 규모는 정치적 과정을 거쳐 결정되므로 무엇의 함수로 규정짓기 힘들다. 따라서 정부지출은 외생적으로 주어지는 변수라고 가정할 수 있다. 조세의 규모 역시 정치적 과정을 따르므로 외생변수라고 볼 수 있지만, 소득이 증가함에 따라 세수가 증가하는 측면이 있으므로 내생변수로 가정할 수도 있다.

$$G=\overline{G}$$
$$T=\overline{T} \quad \text{또는} \quad T=T(Y) \tag{5.3}$$

5-4 순수출

국내에서 생산된 최종생산물의 일부는 해외로 수출된다. 수출(EX)은 국내에서 생산된 것을 국내가 아닌 해외에서 구입하는 것이므로 당연히 GDP에 포함된다. 지출 측면에서 볼 때 수출은 해외에서 지출된 것이며, 앞에서 살펴본 항목인 소비(C), 투자(I), 정부지출(G)의 합($C+I+G$)은 국내에서 지출된 것이다. 그런데 이 국내총지출 가운데에는 국내가 아닌 해외에서 생산된 것에 대한 지출, 즉 수입(IM)이 포함되어 있다. 따라서 GDP 추계를 위해서는 수입 부분을 공제해 주어야 한다. 즉, 최종생산물에 대한 지출인 C, I, G, EX를 다 합하고 난 뒤 IM을 빼주면 된다.[4)]

수출에서 수입을 제한 부분($NX=EX-IM$)을 순수출로 정의하면 지출 측면의 GDP는 다음과 같다.

$$Y=C+I+G+NX \tag{5.4}$$

이 관계식을 보면 국내총생산과 국내총지출, 순수출이 어떻게 연계되어 있는지

4) 순수출의 결정요인에 관한 자세한 내용은 개방거시경제 부문에서 자세히 언급된다.

알 수 있다.

$$NX = Y - (C+I+G)$$

순수출 = 국내총생산 − 국내총지출 (5.5)

즉, 국내총생산이 국내총지출을 초과하면 순수출이 (+)이며, 국내총지출이 국내총생산을 초과하면 순수출이 (−)가 된다.

표 5-1에 의하면 2020년도 기준으로 우리나라의 수출입의 규모는 각각 *GDP* 대비 36.4%와 32.8%를 차지한다. 2020년도의 순수출 규모는 71.1조 원으로 국민 1인당 137.2만 원의 액수에 해당된다. 결국 생산한 것보다 지출한 것이 적었다는 것인데, 2020년 한 해 동안 우리나라 국민 1인당 해외로 빌려준 금액이 137.2만 원이라는 것을 의미하기도 한다. 이와 같이 순수출이 (+)인 경우에는 순자본유출(net capital outflow)이 발생한다.[5)]

5-5 국민경제의 순환

두 개의 장에 걸쳐 생산 · 분배 · 지출 측면의 *GDP*를 살펴보았다. *GDP*의 정의로부터 시작된 이제까지의 논의를 정리하기 위해서는 국민경제의 순환 과정을 알아둘 필요가 있다. 단, 국민경제의 순환 과정을 완전히 이해하기 위해서는 저축의 개념을 도입할 필요가 있으므로 국민소득계정에서 저축이 어떻게 정의되는지 알아보자.

(1) 저축

이제부터 저축이라고 할 때에는 국민저축(national saving)의 의미로 사용한다. 국민저축은 민간저축(private saving)과 정부저축(public saving)의 합으로 정의된다. 민간저축(S_P)은 가처분소득에서 소비를 뺀 것으로 다음과 같다.

$$S_P = Y - T - C \tag{5.6}$$

5) 반대로 순수출이 (−)인 경우, 즉 수출보다 수입이 큰 경우에는 그만큼을 해외로부터 차입한 것이므로 순자본유입(net capital inflow)이 발생한다.

정부저축(S_G)은 재정흑자분을 나타내는 것으로 다음과 같다.

$$S_G = T - G \tag{5.7}$$

따라서 민간저축과 정부저축을 합한 국민저축은 다음과 같다.

$$S = S_P + S_G = (Y - T - C) + (T - G) = Y - C - G \tag{5.8}$$

결국 저축은 소득에서 민간의 소비와 정부지출을 뺀 것으로 정의되는 것이다.

그러면 저축은 어떻게 쓰이는 것인가? 식 (5.8)의 저축의 정의를 이용하면 국민소득계정을 다음과 같이 고쳐 쓸 수 있다. 단, 여기서는 폐쇄경제의 경우만 살펴보기로 한다.

$$Y = C + I + G \;\Rightarrow\; (Y - C - G =)\, S = I \tag{5.9}$$

폐쇄경제에서 저축은 투자와 일치한다. 소득 가운데 민간과 정부가 소비한 것을 뺀 저축이 투자로 연결되는 것이다.

(2) 국민경제의 순환

이제 국민소득의 생산 · 분배 · 지출 측면과 저축의 개념을 활용하여 국민경제의 순환 과정을 종합적으로 이해해 보자. **그림 5-3**에는 세 가지 경제주체인 가계, 기업, 정부가 네모로 표시되어 있으며, 세 가지 시장인 생산요소시장, 생산물시장, 금융시장(financial market)이 타원으로 표시되어 있다. 여기서 금융시장은 차입과 대부를 통해 자금이 중개되는 시장이다.

생산요소시장에서 가계는 생산요소를 제공하며 기업은 재화와 서비스를 생산하고 가계부문에 요소소득을 지급한다. 가계부문은 조세를 납부하고 소비하며 금융시장을 통해 남은 부분을 저축한다. 정부는 조세수입으로 재화와 서비스를 구입하는데, 금융시장을 통해 흑자 부분을 저축하거나 적자 부분을 차입한다. 가계와 정부 부문에 의해 금융시장에 유입된 저축은 투자지출에 쓰인다.[6]

---

6) 여기서는 논의의 단순화를 위해 해외부문을 제외하였다. 해외부문이 도입된 순환 과정에 대해서는 부록을 참고하라.

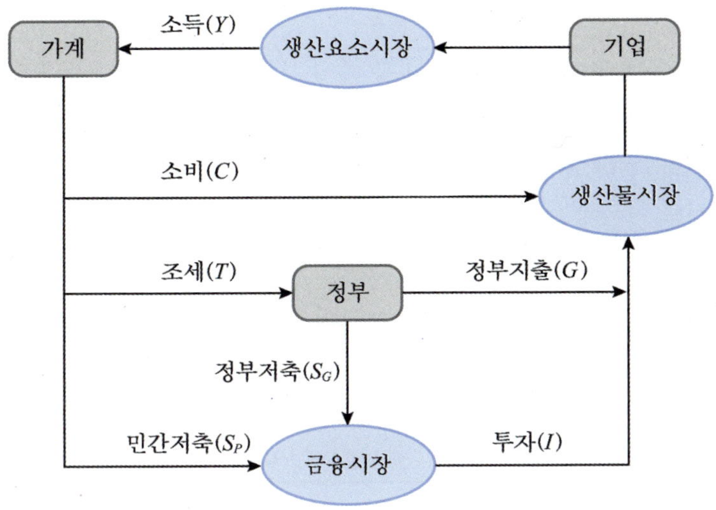

그림 5-3 국민경제의 순환

국민경제의 순환 과정을 나타내는 이 그림에는 화폐지급의 흐름이 화살표로 표시되어 있다. 기업은 생산요소를 제공한 가계에서 요소소득을 지급하며, 가계는 가처분소득의 일부를 소비하고 남은 부분을 저축한다. 한편, 정부는 조세수입으로 재화와 서비스를 구입하고, 흑자 부분을 저축하거나 적자 부분을 차입한다. 가계와 정부에 의해 금융자산으로 유입된 저축은 투자지출에 쓰인다.

부록 개방경제의 순환 과정

해외부문이 도입되면 국민경제의 순환 과정이 다소 복잡해진다. 개방경제의 국민소득계정은 $Y = C + I + G + NX$ 로 표시되는데, 저축이 $S = Y - C - G$ 로 정의된다는 것을 이용하면 다음의 관계를 얻는다.

$$Y = C + I + G + NX \;\Rightarrow\; (Y - C - G =)S = I + NX \qquad (5A.1)$$

개방경제에서의 저축은 투자와 순수출의 합이다. 순수출은 무역수지와 같은 개념이므로 순수출이 (+)인 것은 무역수지 흑자를 나타내고, 흑자분만큼 자본이 순유출됨을 의미한다. 반대로 순수출이 (−)인 것은 무역수지 적자를 나타내고, 적자분만큼 자본이 순유입됨을 의미한다. 즉, $NX > 0$ 이면 순자본유출(net capital outflow), $NX < 0$ 이면 순자본유입(net capital inflow)이 발생한다.

$$NX > 0 \;\Leftrightarrow\; Y > C + I + G \;\Leftrightarrow\; S > I \;\Leftrightarrow\; \text{순자본유출}$$

$$NX < 0 \Leftrightarrow Y < C+I+G \Leftrightarrow S < I \Leftrightarrow \text{순자본유입}$$

한편, 자금의 흐름이라는 관점에서 볼 때 순자본유출은 국내로 들어온 자금보다 국외로 나간 자금이 많다는 것인데, 결국 자금의 순유출분은 순수출에 대한 지출로 이어지게 된다. 반대의 경우인 순자본유입은 국외로 나간 자금보다 국내로 들어온 자금이 많다는 것인데, 결국 자금의 순유입분은 순수입(음의 순수출)으로 이어지게 된다.

따라서 개방경제의 국민경제순환에는 **그림 5A–1**과 같은 과정이 추가된다.

그림 5A–1 해외부문이 도입된 국민경제의 순환

해외부문이 도입되면 그림 5-3에 위와 같은 순환 과정이 추가된다. 화폐지금의 흐름이 화살표로 표시되어 있는데, 바깥쪽의 화살표는 순자본유출의 경우를, 안쪽 화살표는 순자본유입의 경우를 나타낸다.

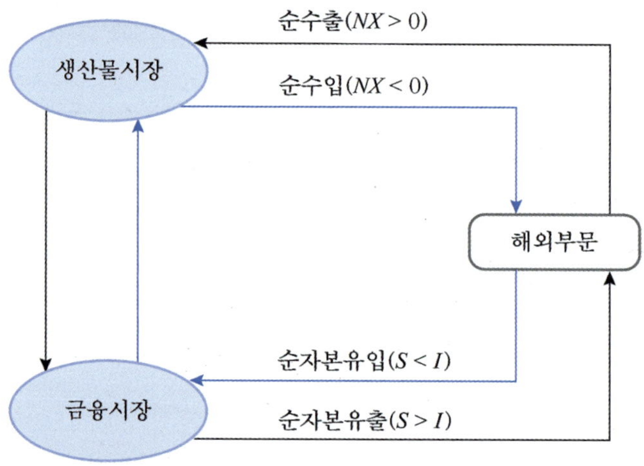

제1편 요약

01. 내생변수는 모형이 설명하고자 하는 변수이며, 외생변수는 모형 밖에서 주어진 변수이다. 거시경제모형은 외생변수가 내생변수에 어떠한 영향을 미치는가를 분석한다.

02. 대표적 소득지표인 *GDP*는 "일정 기간 동안에 한 나라의 국경 내에서 생산된 모든 최종 생산물의 시장가치"로 정의된다. *GDP*가 국경을 기준으로 정의되는 반면, *GNP*는 국민을 기준으로 계산된다. 한편, 새로운 소득지표인 실질 *GNI*는 무역손익을 반영한다.

$$\text{실질 } GNI = \text{실질 } GDP + \text{교역조건 변화에 따른 실질무역손익} + \text{실질 국외순수취 요소소득}$$

03. 잠재 *GDP*는 노동과 자본 등의 생산요소를 완전고용하여 달성할 수 있는 *GDP*, 또는 자연실업률 하에서의 *GDP*, 또는 추가적인 인플레이션 압력을 유발하지 않고 달성할 수 있는 *GDP*라고 정의된다.

04. 물가지수로는 소비자물가지수가 가장 표준적인 지표로 사용된다. 소비자물가지수에는 소비자가 구입하는 일정 품목들의 가격만 포함되는 반면, 명목 *GDP*를 실질 *GDP*로 나눈 *GDP* 디플레이터에는 국내에서 생산된 모든 재화와 서비스의 가격이 포함된다.

05. 실업률은 경제활동인구 가운데 적극적으로 일자리를 구해 보았으나 취업하지 못한 사람의 비율이다. 우리나라의 실업률은 구미 선진국에 비하여 상대적으로 낮게 나타나는 특징이 있는데, 농림·어업부문 취업자 비중이 상대적으로 높다는 점, 자영업주 및 무급가족종사자가 상대적으로 많다는 점, 실업보험제도 및 직업알선기능이 충분하지 못한 점 등이 그 원인으로 지적되고 있다.

06. 국민소득에 관한 문제는 *GDP*가 얼마만큼 생산되는가, 생산된 *GDP*를 누가 얼마만큼 가져갈 것인가, 사람들이 최종생산물인 *GDP*를 얼마나 구입할 의사가 있는가, 그리고 생산된 최종생산물이 그에 대한 지출의 합과 일치할 것인가이다.

07. 한 경제의 총생산함수는 $Y=F(K,\ L)$로 표기된다. 얼마만큼의 Y가 생산될 것인가는 K와 L의 양에 달려 있는데, 그 고용량은 다음과 같은 기업의 이윤극대화원리에 따라

정해진다.

$$MP_K = rp\,,\quad MP_L = w$$

08. 총생산물은 이윤, 이자, 지대, 임금 등으로 분배되는데, 어떤 형태로든 가계경제주체들에게 모두 돌아간다. 특히 생산함수가 규모에 대한 수익불변의 성질을 갖는 경우에는 다음의 관계가 성립한다.

$$Y = MP_K \cdot K + MP_L \cdot L = \text{자본소득} + \text{노동소득}$$

09. 지출 측면의 $GDP(Y)$ 는 다음과 같다.

폐쇄경제: $Y = C + I + G$

개방경제: $Y = C + I + G + NX$

10. 소비함수와 투자함수는 각각 다음과 같다.

소비함수: $C = C(Y - T,\ r)$

투자함수: $I = I(r)$

11. 투자는 형태에 따라 다음과 같이 분류된다.

투자 = 순투자 + 대체투자(감가상각)

투자 = 고정투자 + 재고투자(재고증감)

12. 정부지출의 규모는 정치적 과정을 거쳐 결정되므로 외생변수이며, 조세는 외생변수 또는 내생변수로 가정할 수 있다.

$G = \overline{G}$

$T = \overline{T}$ 또는 $T = T(Y)$

13. 순수출(NX)은 무역의 측면에서 보면 무역수지를 나타내지만, 국민소득계정에서 보면 국내총지출을 초과하는 총생산을 의미한다.

$$NX = Y - (C + I + G)$$

14. (국민)저축은 총생산에서 민간의 소비와 정부의 소비를 뺀 것으로 정의되며, 민간저축과 정부저축의 합으로 이루어진다.

$$S = Y - C - G = (Y - T - C) + (T - G) = S_P + S_G$$

15. 국민소득의 세 가지 측면, 생산 · 분배 · 지출의 측면에 저축의 개념을 추가하면, 국민경제의 순환 과정을 종합적으로 이해할 수 있다.

제1편 연습문제

선택형 문제

01 거시경제학자들은 경제모형을 사용한다 해도 자연과학자들과 같이 통제된 실험을 할 수가 없다. 그 이유는 무엇인가?

① 법에 위배되기 때문이다.

② 통제된 실험을 해 보았지만 모두 실패했기 때문이다.

③ 통제된 실험으로 얻을 수 있는 결과를 이미 알고 있기 때문이다.

④ 역사적으로 주어진 데이터를 사용할 수밖에 없기 때문이다.

02 다음 중 저량(stock)의 개념으로 볼 수 없는 것은?

① 소비자의 자산 ② 정부부채

③ 정부의 재정적자 ④ 주식시가 총액

03 다음 중 2014년도의 *GDP*에 포함되는 것은?

① 2015년 달력

② 2014년형 소나타

③ 2014년에 거래된 아파트 매매대금 총액

④ 2014년에 거래된 주식 매매대금 총액

04 2010년에 사과의 가격은 500원, 배의 가격은 1,000원이었으며, 사과와 배는 각각 4개씩 생산되었다. 2014년에 사과의 가격은 1,000원, 배의 가격은 2,000원으로 올랐으며, 사과와 배는 각각 3개와 5개가 생산되었다. 2010년을 기준으로 한 2014년의 실질 *GDP*는 얼마인가?

① 6,000원 ② 6,500원

③ 12,000원 ④ 13,000원

05 위의 4번 문제에서 2010년에서 2014년 사이의 경제성장률과 물가상승률(*GDP* 디플레이터 기준)은 각각 얼마인가?

① 25% − 116%
② 100% − 100%
③ 0% − 100%
④ 8.3% − 73%

06 위의 4번 문제에서 2010년에서 2014년 사이의 소비자물가 상승률은 얼마인가?

① 0%
② 73%
③ 100%
④ 116%

07 *GDP* 디플레이터의 계산에는 들어가지 않지만 소비자물가지수 산정에 포함되는 것은?

① 기업이 구매한 재화
② 정부가 구매한 재화
③ 수출한 재화
④ 수입된 재화

08 실업통계 기준에 따를 때 실업자로 분류되는 사람은?

① 자영업자
② 인턴사원
③ 부당해고자
④ 구직단념자

09 컴퓨터의 생산은 두 배로 늘어났지만 가격은 절반으로 하락하였다. *GDP* 디플레이터와 소비자물가지수에 미치는 영향으로 옳은 것은?

① *GDP* 디플레이터는 상승하지만 소비자물가지수에는 변함이 없다.
② *GDP* 디플레이터에는 변함이 없지만 소비자물가지수는 하락한다.
③ *GDP* 디플레이터와 소비자물가지수 모두 하락한다.
④ *GDP* 디플레이터와 소비자물가지수 모두 변함이 없다.

10 다음 중 공급충격의 예로 부적절한 것은?

① 기술혁신
② 대규모 지진
③ 흉작
④ 종합부동산세의 부과

11 실질임금과 실질자본임대가격이 측정되는 단위는?

① 원화 단위
② 최종생산물 단위
③ 노동 1단위
④ 자본 1단위

12 다음 중 경제적 이윤이 0이 되는 경우는?

① 모든 요소에 한계생산물이 지급되고, 수확체감의 법칙이 성립하는 경우
② 모든 요소에 한계생산물이 지급되고, 규모에 대한 수익불변이 성립하는 경우
③ 모든 기업이 이윤을 극대화하고, 모든 요소에 한계생산물이 지급되는 경우
④ 모든 기업이 이윤을 극대화하고, 수확체감의 법칙이 성립하는 경우

13 노동수요곡선이 상향 이동하였다면, 이는 어떤 경우에 해당하는가?

① 생산성의 상승
② 생산성의 하락
③ 근로의욕의 증가
④ 근로의욕의 감퇴

14 대체효과가 소득효과를 압도하는 경우에 이자율의 상승은 소비에 어떤 영향을 주는가?

① 증가한다.
② 감소한다.
③ 변함이 없다.
④ 위 보기 중에 답이 없다.

15 다음 가계의 지출 항목 중 국민계정상 소비에 포함되지 않는 것은?

① 내구재 구입
② 신축 아파트 구입
③ 비내구재 구입
④ 학원비 지출

16 재고투자가 마이너스 값을 갖는다는 것은 무엇을 의미하는가?

① 한 기간의 생산액이 판매액을 초과 – *GDP* 감소 요인으로 작용
② 한 기간의 생산액이 판매액을 초과 – *GDP* 증가 요인으로 작용
③ 한 기간의 생산액이 판매액에 미달 – *GDP* 감소 요인으로 작용
④ 한 기간의 생산액이 판매액에 미달 – *GDP* 증가 요인으로 작용

17 한 국가의 *GDP*에서 소비가 차지하는 비중이 60%, 투자가 25%, 정부지출이 20%, 수출이 45%를 차지한다면 이 국가의 국제수지 규모는?

① *GDP* 대비 5% 흑자이다.
② *GDP* 대비 5% 적자이다.
③ 균형이다.
④ 위의 보기 중에 답이 없다.

18 다음 중 *GDP*의 계산에 포함되는 것은?

① 자본재 생산액 ② 재고투자

③ 기존 주택의 거래량 ④ ①, ② 모두

19 국내 소재 외국기업이 벌어들인 이윤은?

① *GDP*와 *GNP*에 모두 포함된다.

② *GDP*에는 포함되지만 *GNP*에는 포함되지 않는다.

③ *GNP*에는 포함되지만 *GDP*에는 포함되지 않는다.

④ *GDP*와 *GNP*, 어디에도 포함되지 않는다.

20 작년에는 경제활동인구 1,000명 가운데 50명이 실업자였다. 올해에도 작년도의 실업자는 일자리를 구하지 못했으며, 그중 10명은 구직을 단념하였다. 다른 요인들에는 변화가 없다고 할 때, 작년과 올해의 실업률은 각각 얼마인가?

① 5% − 4% ② 5% − 5%

③ 4.8% − 4% ④ 5% − 4.04%

서술형 문제

01 다음 항목은 *GDP*의 계산에 포함되는가? *GDP* 측정의 문제점 및 한계점과 결부시켜 답하라.

(1) 대학생 A군이 받은 성적우수장학금

(2) 대학생 B군이 개인과외를 지도하고 받은 30만 원

(3) 디지털 TV 가격의 하락으로 인한 소비자잉여 증가분

(4) 재활용 쓰레기봉투 판매금액

02 다음은 우리나라의 *GDP*와 물가지수 통계이다.

(단위: 조원, 2005년 기준)

연도	2005	2006	2007	2008	2009	2010	2011	2012
실질 *GDP*	865.2	910.0	956.5	978.5	981.6	1,043.7	1,082.1	1,104.2
명목 *GDP*	865.2	908.7	975.0	1,026.5	1,065.0	1,173.3	1,235.2	1,272.5
소비자물가지수	100	102.2	104.8	109.7	112.8	116.1	120.7	123.4

(1) 연도별 경제성장률을 구하라.

(2) *GDP* 디플레이터 상승률과 소비자물가 상승률을 구하라.

(3) 위의 두 물가상승률을 비교해 보고, 차이가 있다면 그 이유에 대해 생각해 보라.

03 다음과 같은 요인은 경제의 총생산함수를 어떻게 변화시킬 것으로 기대하는가?

(1) 경쟁의 촉진과 구조조정의 추진

(2) 정보통신기술(IT)의 혁신

(3) 근로의욕 감퇴와 노동생산성 하락

(4) 선진 경영기업의 도입과 확산

04 "완전고용은 노동시장의 유연성을 전제로 한다."는 명제를 평가해 보라.

05 임금의 변화에 따른 노동의 공급 결정에 있어 대체효과와 소득효과가 서로 상쇄되는 경우에 노동의 공급곡선은 어떤 형태를 띠게 될 것인가?

06 국민계정상 생산, 분배, 지출 측면의 *GDP*는 모두 같다. 다음 식에서 세 번 등장하는 Y는 각각 어디에 해당하는가?

$$Y = F(K,\ L), \quad Y = C(Y - T) + I(r) + G$$

07 국민소득계정상(실질가치 기준) 작년에는 $C + I + G = 95$, $EX = 10$, $IM = 5$였다. 올해는 $C + I + G = 95$, $EX = 20$, $IM = 10$이다. 올해의 경제성장률은 얼마인가? 또한 '내수'의 성장률은 얼마인가?

08 한 국가의 총생산함수가 다음과 같이 콥-더글러스 생산함수로 근사될 수 있다고 하자.

$Y = AK^{\alpha}L^{1-\alpha}$. 단, 여기서 L은 15~64세의 생산가능인구수

이 국가의 자본-산출 계수(K/Y)는 3.0 인 것으로 알려져 있다. 현재 생산가능인구당 소득(Y/L)이 $30,000 정도라고 하자. 노동소득분배율은 0.7이다. 자본의 감가상각률은 연 5%이다.

(1) 노동의 한계생산성은 얼마인가?

(2) 자본의 한계생산성은 얼마인가?

09 다음과 같은 CES 생산함수를 고려하자(CES: Constant Elasticity of Substitution).

$Y = A[aK^{\frac{\sigma-1}{\sigma}} + (1-a)L^{\frac{\sigma-1}{\sigma}}]^{\frac{\sigma}{\sigma-1}}$, σ는 노동(L)과 자본(K)의 대체탄력성

(1) 자본의 한계생산성을 자본-산출계수(K/Y)의 함수로 나타내어 보라.

(2) 노동의 한계생산성을 1인당소득(Y/L)의 함수로 나타내어 보라.

(3) 자본-산출계수를 1인당자본(K/L)의 함수로 나타내어 보라.

(4) 자본소득분배율을 자본-산출계수의 함수로 나타내어 보라.

(5) 자본소득분배율을 1인당자본의 함수로 나타내어 보라.

제2편
국민소득 결정이론 : 단순모형

제2편의 개요

제2편에서는 균형국민소득이 어떻게 결정되는지 고전학파모형과 단순 케인즈모형으로 나누어 살펴본다. 원칙적으로 균형국민소득은 총수요와 총공급에 의해 결정되지만, 고전학파는 총공급을, 케인즈는 총수요를 더 중시하는 입장을 취한다. 실업에 대한 견해도 서로 다르다. 서로 대립되는 견해부터 소개하는 것이 혼란스러울 수도 있으나 거시경제를 깊이 이해하는 데 오히려 도움을 준다.

고전학파모형

제6장

우리는 제4장과 제5장에서 각각 생산 · 분배 측면의 GDP와 지출 측면의 GDP에 대해 살펴보았다. 국민소득계정상 세 측면의 GDP는 항등관계에 있지만, 이론적으로 접근하기 위해서는 수요 측면의 GDP와 공급 측면의 GDP로 분리할 필요가 있다. 우선 개념적으로 GDP의 생산 측면은 총공급(aggregate supply), GDP의 지출 측면은 총수요(aggregate demand)에 해당된다. 중요한 것은 총수요와 총공급의 균형에 관한 것인데, 과연 총수요와 총공급이 균형을 이루도록 하는 힘이 존재하는가와 힘이 존재한다면 그것은 무엇인가 하는 문제이다. 미시경제학에서는 수요와 공급에 의해 균형가격과 균형거래량이 결정되며, 만약 초과수요나 초과공급과 같은 불균형이 발생하면 신축적인 가격의 움직임에 의해서 해소된다고 본다. 고전학파는 거시경제의 균형에도 같은 논리를 적용한다.

6-1 총공급과 총수요

(1) 총공급

제4장에서 살펴본 것처럼 생산요소시장에서 균형노동량과 균형자본량이 결정되면 생산함수를 따라 그에 해당하는 GDP가 생산된다. 단, 여기서는 자본량은 이미 균형 수준을 달성하여 단기적으로 고정되어 있고($K=\overline{K}$) 노동량만 변할 수 있다고 해 보자. 자본량이 고정되어 있으므로 GDP를 생산하는 총생산함수는 다음의 식 (6.1)과 같아진다. 여기서는 공급 측면의 GDP라는 점을 명확히 하기 위해 Y^s로 표기한다.

$$Y^s = F(\overline{K},\ L) \tag{6.1}$$

단기적으로 GDP의 생산은 노동량 L에 달려 있다. 그런데 균형노동량은 노동시장에서의 수요와 공급에 의해 결정된다. 제4장에서 살펴본 것처럼 노동에 대한 수요와 공급은 실질임금(w)에 의존한다. 노동의 한계생산이 체감하면 노동수요곡선은 우하향하며, 노동의 공급에서 대체효과가 소득효과를 압도하면 노동공급곡선은 우상향한다.[1] 그리고 실질임금이 신축적으로 조정된다면 노동에 대한 수요와 공급은 일치하게 된다.

$$L^d = \underset{-}{L^d(w)}, \quad L^s = \underset{+}{L^s(w)}, \quad L^d = L^s \tag{6.2}$$

노동시장에서의 수요와 공급에 의해 균형임금과 균형고용량이 결정되면 경제 전체의 총생산량이 결정된다.

노동시장의 균형고용량은 균형임금 수준에서 일할 의사가 있는 사람들이 모두 고용되었다는 뜻에서 완전고용량이다. 이와 같이 노동을 포함한 모든 생산요소가 완전고용되어 산출되는 GDP를 완전고용 GDP 또는 잠재 GDP라고 한다. 물론 완전고용 상태에서도 해당 균형임금으로 일할 의사가 있지만 직장이 없는 사람은 여전히 실업 상태를 유지하므로 실업률이 0%인 것은 아니다.

자본량 $\overline{K}$와 함께 균형고용량 $\overline{L}$가 생산에 투입되면 이에 대응하는 총공급량은 다음과 같아진다.

$$Y^s = F(\overline{K},\ \overline{L}) = Y_n \tag{6.3}$$

이런 생산 과정을 거치면서 경제는 완전고용소득 수준 또는 잠재 $GDP(Y_n)$를 생산해 낸다. 그림 6-1에는 이 과정이 그래프로 요약되어 있다.

1) 만약 대체효과와 소득효과가 서로 상쇄되면 노동공급곡선은 수직이 된다. 그러나 노동공급곡선이 수직이라도 이하의 논의는 그대로 성립한다.

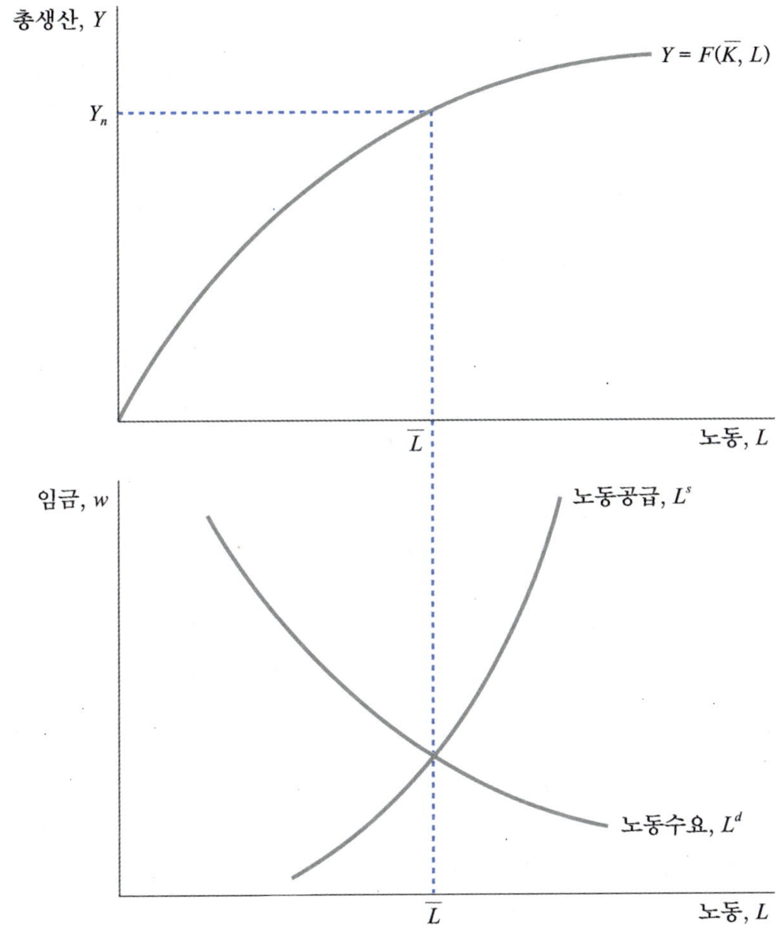

그림 6-1 노동시장의 균형과 잠재 *GDP*의 산출

노동시장에 아무런 제약요인이 없다면 노동의 수요와 공급에 의해 균형임금과 균형고용량이 결정되며(완전고용), 그에 대응하는 잠재 *GDP*(Y_n)가 산출된다.

(2) 총수요

총수요는 다음과 같이 소비, 투자, 정부지출의 합으로 정의된다. 단, 총공급과 구분하기 위해 총수요를 Y^d로 표기한다.

$$Y^d = C + I + G \quad (6.4)$$

제5장에서 살펴본 것처럼 소비수요가 가처분소득과 이자율의 영향을 받고, 투자수요가 이자율의 영향을 받는다는 점을 고려하면 위 식을 다음과 같이 고쳐 쓸 수 있다.

$$Y^d = C(Y - T,\ r) + I(r) + G \tag{6.5}$$

주의할 것은 소비수요에는 가처분소득 $Y-T$가 영향을 주는데, 고전학파 견해에 의하면 여기서의 소득 Y가 공급 측면에서 결정되는 소득이라는 것이다. 고전학파에서는 개별시장의 수요와 달리 경제 전체의 총수요가 공급과 명확하게 분리되지 않는다. 만약 소득 Y가 완전고용소득 수준이라면 가처분소득은 $Y_n - T$가 되고, 완전고용소득 수준에서의 총수요는 다음과 같아진다.

$$Y^d = C(Y_n - T,\ r) + I(r) + G \tag{6.6}$$

식 (6.6)에서도 알 수 있듯이 공급 측면에서 결정된 Y_n이 총수요의 일부인 소비의 결정요인에 포함된다.[2]

정부지출과 조세는 정책적으로 결정되는 변수이므로, 식 (6.6)에 따르면 총수요를 결정하는 요인들 가운데 이자율만이 자유롭게 움직일 수 있다는 것을 알 수 있다. 즉, 가처분소득과 정부지출 수준이 고정된 가운데, 이자율이 하락하면 소비수요와 투자수요가 늘고, 이자율이 상승하면 소비수요와 투자수요가 감소한다. 따라서 경제 전체의 총수요는 이자율의 감소함수가 된다.

세이의 법칙(Say's law)이란 "공급이 스스로 수요를 창조한다(Supply creates its own demand)"는 것이다. 거시경제적으로 잠재 GDP가 생산되는 과정에는 개별적인 재화와 서비스 시장에서 각각의 수요와 공급이 이미 균형을 이루고, 동시에 생산요소시장도 균형을 달성하는 과정이 다 포함되어 있다. 이 과정에는 경제주체들이 효용을 극대화하고 이윤을 극대화하는 행위가 모두 반영되어 있다. 따라서 경제 전체적으로 최적 수준의 생산이 이루어지고 생산물 가치만큼의 소득이 발생하며, 동시에 이 소득이 소비수요와 투자수요로 나타나는 것이므로 일반적인 과잉생산(초과공급)은 발생하지 않는다.

2) 총수요와 총공급을 명확히 구분하기 위해서는 소비를 이자율만의 함수, 즉 $C=C(r)$로 정의할 수도 있다.

6-2 거시경제의 균형

거시경제의 균형은 총공급과 총수요가 일치하는 것이므로 다음 식이 충족되는 상태이다.

$$Y^s = Y^d \tag{6.7}$$

그런데 고전학파모형에서 좌변의 총공급은 생산요소와 생산함수에 의해 완전고용소득 수준 Y_n으로 고정되므로 사실상

$$Y_n = Y^d \tag{6.8}$$

가 된다. 이 식은 완전고용소득 수준에서 총수요가 총공급과 일치하는 것이 고전학파모형에서의 거시경제 균형이라는 것을 말해 준다.

(1) 저축과 투자

제5장에서 설명한 바와 같이 국민저축 또는 저축(S)은 소득에서 소비와 정부지출을 차감한 것으로 정의된다. 완전고용소득 수준에서의 저축은 다음과 같다.

$$S = Y_n - C - G \tag{6.9}$$

한편, 투자는 식 (6.4)에 따라 다음과 같이 정의된다.

$$I = Y^d - C - G \tag{6.10}$$

따라서 완전고용소득 수준에서의 저축과 투자가 일치하면 $Y_n = Y^d$라는 것을 알 수 있다. 즉, 완전고용소득 수준에서 저축과 투자가 일치하면 완전고용소득 수준에서 총수요는 총공급과 일치한다.

거시경제의 균형, 즉 총수요와 총공급의 균형에 관한 이제까지의 논의를 정리해 보자. 고전학파모형에서는 공급 측면에서 완전고용소득 수준이 정해진다. 그러면 문제는 총수요가 그 완전고용소득 수준과 일치할 것인가이다. 그런데 완전고용소득 수준에서의 저축과 투자가 일치하면 총수요와 총공급이 일치하므로, 남은 문제는

과연 투자와 저축이 같아지게 될 것인가이다.

(2) 이자율과 거시경제의 균형

완전고용소득 수준에서의 총수요가 식 (6.6)과 같다는 것을 이용하면 거시경제의 균형식 (6.8)은 다음과 같아진다.

$$Y_n = C(Y_n - T,\ r) + I(r) + G \tag{6.11}$$

이 식에서 Y_n, T, G가 고정되어 있으므로 양변을 일치시켜 주는 역할을 하는 변수는 이자율(r)이라는 것을 알 수 있다. 그러나 이자율이 과연 어떤 과정을 통해 총공급과 총수요를 일치시켜 주는지 위의 식만으로는 직관적으로 이해하기 힘들다. 위 식에서 C와 G를 좌변으로 넘겨 다음과 같이 표현해 보자.

$$Y_n - C(Y_n - T,\ r) - G = I(r) \tag{6.12}$$

식 (6.12)의 좌변은 완전고용소득 수준에서의 저축을, 우변은 투자를 나타낸다. 그러면 저축과 투자는 어떤 메커니즘을 통해 일치하게 될 것인가? 우리는 저축과 투자가 모두 이자율의 함수이므로, 이자율이 양자를 일치시켜 주는 역할을 할 것이라는 것을 쉽게 짐작할 수 있다. 고전학파는 저축과 투자가 이자율에 의해 일치하게 되

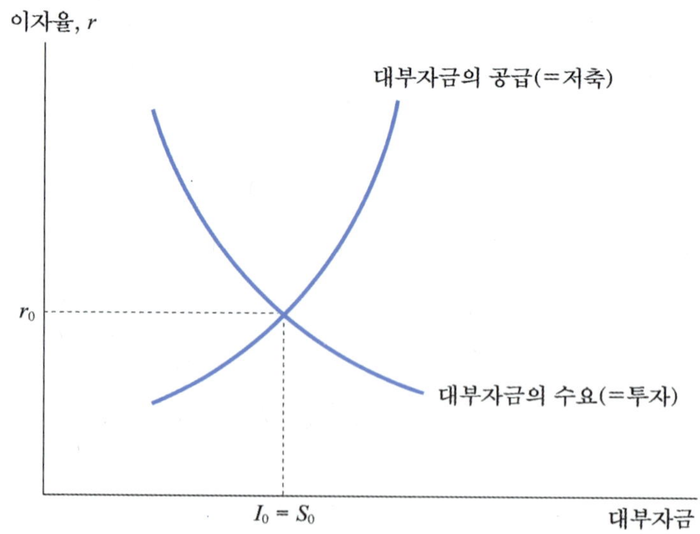

그림 6-2 이자율과 투자 · 저축의 균형

이자율은 대부자금의 수요와 공급에 의해 결정되는데, 투자는 대부자금의 수요이고 저축은 대부자금의 공급이므로, 결국 투자와 저축은 이자율에 의해 균형을 이루게 된다.

는 메커니즘을 좀 더 자연스럽게 설명하기 위해 대부자금(loanable funds)의 개념을 사용한다.

대부자금은 말 그대로 대여하거나 차입되는 자금이다. 그리고 대여와 차입 시 적용되는 가격이 바로 이자율이다. 이자율이 상승하면 대부자금에 대한 수요는 감소하고 대부자금의 공급은 증가한다. 반대로 이자율이 하락하면 대부자금 수요는 증가하고 대부자금 공급은 감소한다. 만약 대부자금 수요가 대부자금 공급을 초과하면 이자율은 상승하고, 대부자금 공급이 대부자금 수요를 초과하면 이자율은 하락한다. 이러한 과정을 거쳐 대부자금의 수요와 공급이 이자율에 의해 균형을 이루게 된다.

그런데 이를 실물경제 현상과 결부시켜 보면, 바로 저축이 대부자금의 공급이며 투자는 대부자금에 대한 수요라는 것을 알 수 있다. 가계는 은행에 예금을 하거나 채권을 구입함으로써 대부자금을 공급(＝저축)하고, 기업은 은행에서 대출을 받거나 채권을 발행함으로써 대부자금을 조달(＝투자)한다. 결국 이자율은 저축과 투자를 일치시켜 주는 역할을 한다. 만약 저축(＝대부자금의 공급)이 투자(＝대부자금의 수요)를 초과하면 이자율이 하락하고, 투자(＝대부자금의 수요)가 저축(＝대부자금의 공급)을 초과하면 이자율이 상승한다. 이자율은 이러한 과정을 통하여 대부자금 시장의 균형, 즉 저축과 투자의 균형이 이루어지게 한다.

이자율은 동시에 거시경제가 균형을 이루도록 해 준다. 고전학파모형에서 거시경제의 균형을 나타내는 식 (6.8)이 성립하지 않는다고 해 보자. 만약 $Y_n > Y^d$ 이면 $S > I$ 이므로 이자율이 하락하게 되고 총수요 Y^d 가 늘어나면서 균형을 회복한다. 만약 $Y_n < Y^d$ 이면 $S < I$ 이므로 이자율이 상승하게 되고 총수요 Y^d 가 감소하면서 균형을 회복한다. **그림 6-3**에는 이러한 관계가 그래프로 나타나 있다.

이상에서 우리는 고전학파의 거시경제 균형, 즉 총수요・총공급 균형이 이자율에 의해 달성됨을 확인하였다. 그런데 고전학파의 세계에서 총수요와 총공급의 역할은 대등하지 않다. 실제는 공급 측면에서 완전고용 GDP, 즉 잠재 GDP가 생산되며, 이자율이 신축적으로 움직이면서 총수요가 그 수준에 맞게 조절되는 과정을 거치게 된다. 사실상 수요보다 공급 측면이 더 중요한 것이다.

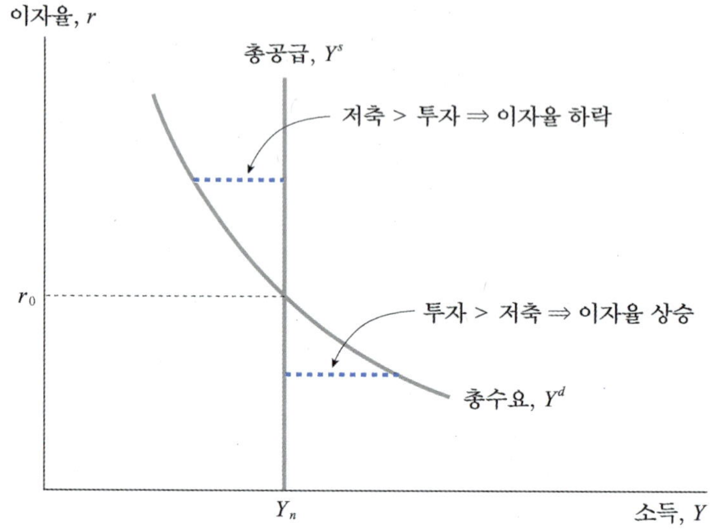

그림 6-3 이자율과 총수요 · 총공급의 균형

고전학파에서 총공급은 생산요소시장의 균형에 의해 잠재 *GDP* 수준으로 고정되며, 이자율과는 무관하다. 반면 소비와 투자가 이자율의 감소함수이므로 총수요도 이자율의 감소함수이다. 총수요와 총공급은 이자율의 조정으로 균형을 달성한다.

6-3 균형의 변화

(1) 재정정책의 효과

정부는 정책적 의사결정과정을 통해 정부지출의 수준(G)과 조세(T)의 수준을 결정한다. 따라서 경제 전체의 수요 측면에 직접적인 영향을 미칠 수 있다. 재정정책상의 변화는 균형상태에 변화를 가져오며, 새로운 균형을 찾아가는 과정에서 이자율이 변하게 된다. 예를 들어, 국방비의 증가, 사회간접자본의 확충 등 정부지출의 증가(ΔG)는 재화와 서비스에 대한 수요를 증가시킨다.

국민저축의 정의식 $S = Y - C - G$에서 알 수 있듯이, 정부지출이 조세의 증가 없이 이루어지는 경우에는 결국 국민저축이 감소하는 것을 의미한다. 고전학파의 세계에서 총생산물 Y는 여전히 균형생산요소의 양과 생산함수에 의해 결정되므로, 조세에 변화가 없다면 정부지출의 증가는 저축곡선이 그 증가분만큼 좌측으로 이동하는 것으로 나타난다. 저축곡선의 이동은 **그림 6-4**에 나타나 있다. 저축곡선의 좌측 이동으로 이자율이 상승하고 투자수요곡선을 따라 투자가 감소한다. 결국 정부지출의 증가는 이자율을 상승시키고 투자를 감소시키는데, 이러한 효과를 구축효과(crowding out effect)라고 한다. 정부의 지출이 민간의 투자를 몰아냈다는 의미이다.

이자율이 상승하는 과정을 좀 더 자세히 살펴보자. 정부가 정부지출의 증가를 차입으로 조달한다고 할 때, 이는 곧 정부저축의 감소를 의미하며 국민저축의 감소로 이어진다. 저축의 감소, 즉 대부자금 공급의 감소는 대부자금의 공급곡선을 정부지출의 증가분만큼 왼쪽으로 이동하게 한다. 따라서 애초의 이자율 수준에서 자금의 초과수요가 발생한다. 이는 정부지출의 증가분만큼 민간의 투자수요에 충당할 자금이 줄어든 것을 의미한다. 자금의 초과수요로 이자율이 상승하는데, 결국 자금의 초과수요가 사라지는 수준까지 상승하게 된다.

주의할 점은 **그림 6-4**에 의할 때 투자의 감소폭이 정부지출의 증가폭보다 작다는 것이다. 이는 이자율 상승으로 소비가 감소하기 때문이다.[3] 물론 투자의 감소분과 소비의 감소분을 합하면 정부지출 증가분과 일치한다. 정부지출이 증가하면 민간지출의 합계인 $C+I$가 그만큼 감소되고, 이자율 상승이 C와 I에 미치는 영향력의 정도에 따라 C와 I 간의 비중이 변화하게 된다.

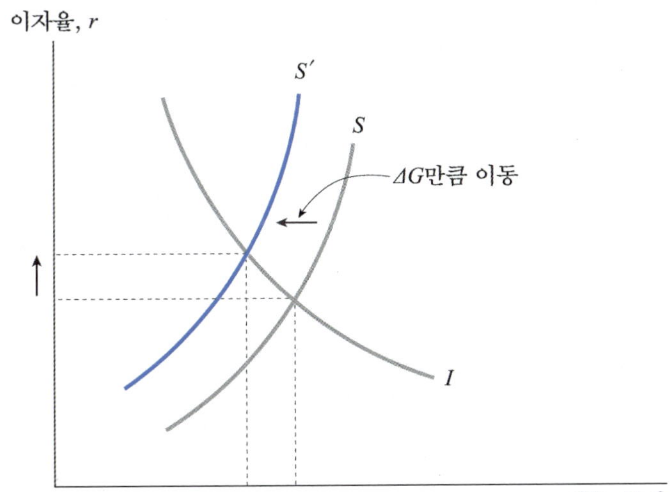

그림 6-4 정부지출 증가의 구축효과

정부지출 G의 증가는 정부지출의 증가분만큼(ΔG) 저축곡선을 왼쪽으로 이동시킨다($S=Y-C-G\Downarrow$). 그 결과 이자율이 상승하고 투자가 감소하는데, 정부지출의 확대가 민간지출을 감소시키는 효과를 구축효과라고 한다.

(2) 투자와 소비의 변화

재정정책뿐만 아니라 투자와 소비상의 독립적인 변화도 거시경제의 균형에 영향을 미친다. 먼저 기업들이 정부의 각종 규제완화 조치 등에 힘입어 장래의 사업전망을 밝게 보게 되어 투자수요가 늘어났다고 하자. 이러한 투자수요의 증가는 이자율

3) 만약 소비가 가처분소득에만 의존하고 이자율의 영향을 받지 않는다고 가정하면 저축도 이자율의 영향을 받지 않으며, 저축곡선은 수직이 된다. 저축곡선이 수직이면 정부지출의 증가는 소비에는 영향을 주지 않고 정확히 그만큼 투자를 감소시킨다.

과 무관하게 발생한 것이므로 투자수요곡선이 **그림 6–5**의 (a)에서처럼 바깥쪽으로 이동하게 된다. 투자수요의 증가는 곧 대부자금수요의 증가이므로 이자율이 올라간다. 한편, 이자율이 오르면서 우상향하는 저축곡선을 따라 저축이 증가하고 소비는 감소한다. 물론 현재의 국민총생산은 $Y = Y_n$ 으로 변함이 없다. 따라서 이는 투자와 소비의 비중을 바꾸어 놓을 뿐이지 당장 국민총생산을 증가시키지는 못한다. 그러나 투자와 저축이 증가하면, 이는 한 경제가 갖고 있던 자본의 양을 증가시키게 되므로(자본의 축적) 장기적으로 긍정적인 효과를 가져온다. 즉, 투자의 증가는 이번 기의 총생산을 증가시키지는 못하지만 다음 기를 포함한 미래의 생산능력을 증가시키게 된다.

이제 소비함수상의 변화를 가정해 보자. 소비절약 운동으로 소비수요가 줄고 저축곡선이 **그림 6–5**의 (b)에서처럼 바깥쪽으로 이동했다고 하자. 이는 대부자금의 공급이 늘어난 것이므로 이자율은 하락한다. 한편, 이자율이 내려가면서 우하향하는 투자곡선을 따라 투자가 증가한다. 물론 이 경우에도 현재의 총생산은 $Y = Y_n$ 으로 변함이 없다. 그러나 저축과 투자가 증가하면, 당장 이번 기의 총생산을 증가시키지는 못하지만 미래의 생산능력이 증가하며 이는 경제성장의 원동력이 된다. 이처럼 고전학파모형에서 절약은 미덕(virtue)이다.

그림 6–5 투자증가와 저축증가의 효과

투자의 독립적 증가는 투자곡선을 우측으로 이동시키며, 그 결과 투자와 저축이 증가하고 이자율이 상승한다. 저축의 독립적 증가는 저축곡선을 우측으로 이동시키며, 그 결과 투자와 저축이 증가하고 이자율은 하락한다.

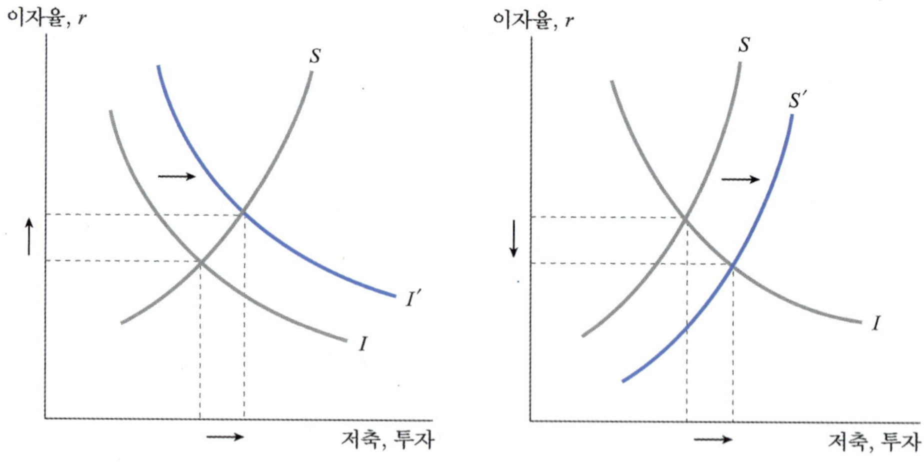

(a) 투자증가의 효과

(b) 저축증가의 효과

단순 케인즈모형

제7장

고전학파는 노동시장이든 상품시장이든 가격이 신축적으로 움직임으로써 경제가 완전고용 균형을 달성한다고 보았다. 그러나 대공황 당시에 활동했던 케인즈(Keynes)는 장기적인 경기침체의 원인이 만성적인 수요부족에 있다고 보았다. 생산된 것은 지출되기 마련이라는 고전학파의 사고가 지배하던 시기에 케인즈 이론의 등장은 가히 혁명적이었다. 케인즈는 만성적인 경기침체를 극복하기 위해서는 정부지출 증가, 투자촉진정책 등 적극적으로 수요팽창정책을 쓸 필요가 있다고 역설하였다. 경기침체를 극복하기 위해 수요를 진작시킬 필요가 있다는 처방은 오늘날에는 널리 받아들여지고 있으나, 경제의 공급 측면을 중시하던 고전학파적 사고가 지배하던 시기에 정반대로 수요 측면을 강조한 케인즈의 등장은 큰 반향을 불러일으켰다.

7-1 케인즈의 기본 가정

앞에서 설명한 고전학파의 거시경제모형은 가격의 신축성을 기반으로 한 미시경제학을 거시경제에 그대로 확장한 것이므로 논리적이고 명쾌하다. 그러나 케인즈가 체험하였던 대공황은 경기를 너무 오랜 시간 동안 깊게 침체시켰다. 고전학파가 말하는 완전고용 수준으로 되돌아가는 데 왜 그렇게 오랜 시간이 걸리는 것일까?

케인즈는 고전학파와는 전혀 다른 주장을 한다. 케인즈에 의하면 총수요가 국민소득을 결정하며, 총공급은 총수요가 어떤 수준인가에 좌우된다. 총수요가 부족하면 경제는 완전고용을 달성하지 못하며, 완전고용산출량도 생산해 낼 수 없다. 공급이 수요를 창조하는 것이 아니라, 수요가 공급 수준을 결정한다. 대공황과 같은 경기침체는 총수요가 부족하기 때문이다. 총수요 부족으로 인한 경기침체가 자연적으로 치유되기에는 너무 오랜 시간이 걸린다. 따라서 정부는 정부지출 확대나 조세감면과 같은 조치를 동원하여 총수요를 확대시켜 주어야 한다.

케인즈가 이러한 주장을 하는 것은 크게 다음 두 가지 가정을 전제로 거시경제를 바라보기 때문이다.

(1) 가격과 임금의 경직성

만약 가격이 신축적이라면 생산물의 초과공급이 발생할 때 가격이 하락하면서 생산물에 대한 수요가 다시 늘어나 균형을 회복한다. 임금이 신축적이라면 노동의 초과공급이 발생할 때 임금이 하락하면서 노동에 대한 수요가 다시 늘어나 균형을 회복한다. 그러나 가격과 임금이 경직적이면 생산물의 초과공급과 노동의 초과공급이 쉽게 해소되지 못한다. 경기침체와 고실업이 장기간 지속될 수 있는 것은 바로 이 때문이다.

(2) 잉여생산능력

케인즈에 의하면 경제는 대체로 생산능력은 넉넉한데 수요가 모자라서 생산시설이 충분히 가동되지 못하는 상태에 놓여 있다. 따라서 수요가 늘면 공급이 늘어날 수 있다. 세이의 법칙과 정반대로 "수요가 공급을 창출한다." 물론 잉여생산능력과 가격의 경직성은 서로 밀접하게 연관되어 있다. 잉여생산능력이 있으면 수요가 늘어나거나 줄더라도 가격이 별로 변하지 않을 것이기 때문이다.

케인즈는 총수요 대신 유효수요(effective demand)라는 말을 즐겨 썼다. 현대적으로 해석할 때 유효수요는 완전고용소득 수준 또는 잠재 GDP 수준에 미치지 못하는 수준의 총수요라고 보면 된다. 경제가 잠재 GDP 수준에 못 미치는 상태라면 수요의 증가가 생산으로 직결되므로 말 그대로 '유효한 수요'이다.

이제 케인즈 이론에서는 국민소득이 어떻게 결정되는지 구체적으로 살펴본다. 다만, 여기서는 생산물시장만을 분석하는 단순모형을 소개하기로 한다. 고전학파가 공급 측면을 강조하면서 총생산함수와 노동시장부터 이론을 전개해 나가는 것과는 대조적으로, 케인즈는 공급 측면의 분석이 부차적이라고 보았다.

7-2 계획된 지출과 실제 지출

케인즈는 경제가 잉여생산능력을 갖고 있으므로 경제주체가 지출하고자 하는 수준에 의해 소득이 결정된다고 보았다. 사람들이 지출을 증대시키면 기업은 더 많은 재화와 서비스를 생산하고 고용을 확대시키게 된다. 반대로 사람들이 지출을 축소하면 기업은 재화와 서비스의 생산을 줄이고 근로자들을 해고하기 시작한다. 케인즈의 소득결정모형은 이러한 논리를 모형화한 것이다.

케인즈는 거시경제를 분석함에 있어 고전학파처럼 생산함수와 노동시장의 분석에서 출발하지 않는다. 대신 지출의 중요성을 강조하는데, 특징적인 것은 경제의 지출 측면을 계획된 지출(planned expenditure)과 실제 지출(actual expenditure)로 구분하는 것이다. 이 두 가지는 서로 다른 값을 가질 수 있다. 예를 들어, 한 해가 시작되기 전에 경제주체들은 지출계획을 세우지만 그 해가 지나가면 실제의 지출 수준은 계획과 다를 수 있다. 실제 지출은 경제주체들이 일정 기간 동안 실제로 지출한 총액이기 때문에 제2장에서 소개한 국내총생산(GDP)과 같은 개념이다. 그러나 케인즈의 소득결정 이론에서 의미를 갖는 것은 사후적으로 기록된 것이 아니라 사전적으로 계획된 지출의 크기이다.

주지하는 바와 같이 폐쇄경제에서 지출 측면의 GDP는 다음과 같다.

$$Y = C + I + G \tag{7.1}$$

그런데 케인즈 이론에서 식 (7.1)은 단순히 지출 측면의 GDP를 정의한 식이 아니라, 좌변은 실제 지출, 우변은 계획된 지출을 나타낸다. 이 식은 항등식이 아닌 균형식이므로, 우변의 계획된 총지출 수준(PE)을 분리하여 다음과 같이 표현하는 것이 바람직하다.

$$PE \equiv C + I + G \tag{7.2}$$

따라서 거시경제의 균형은 다음과 같이 표현된다.

$$Y = PE \tag{7.3}$$

식 (7.3)의 좌변은 실제 지출 또는 실제 소득이며, 우변은 계획된 지출 수준이다. 케인즈에 따르면 계획된 지출이 소득에 미치지 못하면($Y > PE$) 소득이 점차 감소하고, 계획된 지출이 소득을 상회하면($Y < PE$) 소득이 점차 증가한다. 계획된 지출이 소득과 일치하면($Y = PE$) 소득이 변동하지 않고 균형이 달성된다. 단순 케인즈모형을 소득-지출 분석(income-expenditure analysis)이라고 부르기도 하는데, 이와 같이 소득과 계획된 지출의 균형에 의해 균형국민소득이 결정된다고 보았기 때문이다. 이제 케인즈의 소득-지출 분석에 대해 자세히 살펴보기로 하자.

7-3 균형소득의 결정

(1) 단순 케인즈모형에서의 소비와 투자

케인즈는 소비와 저축의 결정에서 이자율의 역할을 강조한 고전학파와는 달리 소비가 소득의 절대적 크기에 의해 결정되며, 소비와 소득 간에 안정적인 함수관계가 존재한다는 절대소득가설을 제기하였다. 특히 소득이 증가하면 소비도 증가하지만 증가된 소득의 전부가 소비로 지출되지는 않으며, 소득이 커질수록 상대적으로 소득에서 소비가 차지하는 비율은 작아진다는 점을 강조하였다.

이러한 특성을 반영하기 위해 소비함수를 다음과 같이 표현할 수 있다.

$$C = C(Y - T) = a + b(Y - T) \tag{7.4}$$

케인즈는 가처분소득 한 단위 변화에 따른 소비의 변화량 $\left(\dfrac{\Delta C}{\Delta(Y-T)}\right)$을 한계소비성향($MPC$: Marginal Propensity to Consume)이라 불렀다. 위 식에서처럼 소비함수를 1차함수의 형태로 놓는다면 한계소비성향 b는 소득 수준에 관계없이 일정하다. 한계소비성향은 0과 1 사이의 값을 갖는다.

투자에 관해서도 케인즈는 이자율의 역할을 강조한 고전학파 경제학자들과 견해를 달리한다. 투자의 기회비용으로서 이자율이 중요하긴 하지만, 투자로 인한 수익은 미래에 발생하는 것이므로 기업가는 투자를 결정할 때 무엇보다 미래에 대한 전망에 의존한다. 미래에 대한 전망을 바탕으로 투자할 충동을 느끼게 되는가가 중요하다. 그에 비해 이자율의 미세한 변동은 투자에 별다른 영향을 주지 못한다. 이와 같이 투자는 기업가의 투자심리에 의존하므로 기본적으로 매우 불안정한 경제변수이다. 모형의 관점에서 보면 투자 수준은 모형 내에서 결정되는 것이 아니라, 모형밖에서 주어지는 외생변수이다.

정부지출과 조세에 대해서는 고전학파모형에서처럼 고정되어 있다고 가정할 수 있다. 따라서 가계, 기업, 정부의 계획된 지출을 모두 합하면 다음과 같다.

$$PE = C(Y - T) + I + G \tag{7.5}$$

만약 소비함수를 1차함수의 형태로 가정하면 계획된 지출은 다음과 같이 표현된다.

$$PE = a + I + G + b(Y - T) \tag{7.6}$$

그림 7-1은 식 (7.6)을 이용하여 계획된 지출을 소득의 함수로 나타내고 있다. 외생변수들로 구성된 $a + I + G$가 절편이며, 직선의 기울기 b는 한계소비성향(MPC)이다.

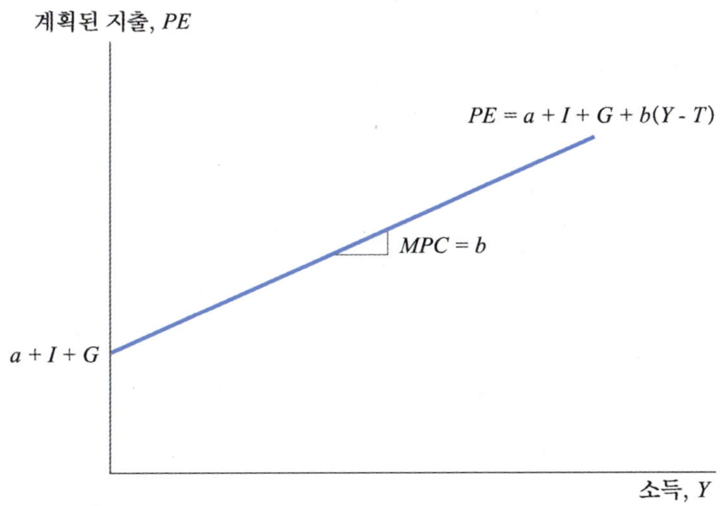

그림 7-1 계획된 지출

계획된 지출은 소비, 투자, 정부지출의 합이며, 이 가운데 소비가 소득의 영향을 받으므로 소득이 늘어나면서 증가하게 된다. 계획된 지출곡선의 기울기는 한계소비성향(MPC)이다. 소비함수가 $C = a + b(Y - T)$ 형태일 때, 계획된 지출곡선의 절편은 $a + I + G$이고 한계소비성향을 나타내는 기울기는 b이다.

단순 케인즈모형에서 계획된 지출은 이자율과 아무런 관련이 없다. 고전학파모형에서 이자율이 중요한 역할을 하는 것에 비하면 매우 큰 차이점이다. 가격이 신축적이지 않고 가격에 의한 조정 기능이 원활히 작동하지 않는다는 케인즈의 견해가 반영된 가정이기도 하다.

(2) 균형소득의 결정

실제 지출은 *GDP*와 같은 개념이므로 소득과도 같다.[1] 만약 어느 소득 수준에서 계획된 지출과 실제 지출이 일치한다면 소득(=실제 지출)이 변할 이유가 없다. 따라서 실제 지출(Y)과 계획된 지출(PE)이 일치하는 수준에서 균형국민소득이 결정된다.

그림 7–2의 45° 선은 $PE = Y$의 조건을 만족하는 직선이다. 어느 소득 수준에 해당되는 계획된 지출은 그 소득 수준보다 클 수도 작을 수도 있다. 따라서 계획된 지출 직선이 45° 선과 교차하는 A 점에서 균형국민소득이 달성된다(Keynesian Cross).

그러면 소득과 계획된 지출의 수준이 다른 경우에는 어떤 경로를 통해 균형에 도달할 수 있을까? 이 조정 과정에서 재고(inventory)가 중요한 역할을 한다. 만약 소득 수준이 Y_1이면 소득보다 계획된 지출 PE_1이 더 크다. 이때 기업들은 자신이 생산한 것보다 더 많은 양을 팔아야 하는데, 이는 재고를 내다 팔아야 함을 의미한다. 재

그림 7–2 소득–지출 분석: 케인지언 크로스

그림의 45° 선은 $PE = Y$의 조건을 만족하는 직선이다. 계획된 지출곡선이 45° 선과 교차하는 점에서 균형국민소득이 달성된다. 소득(=실제의 지출)이 계획된 지출의 수준과 다를 경우에는 재고의 조정으로 균형이 달성된다.

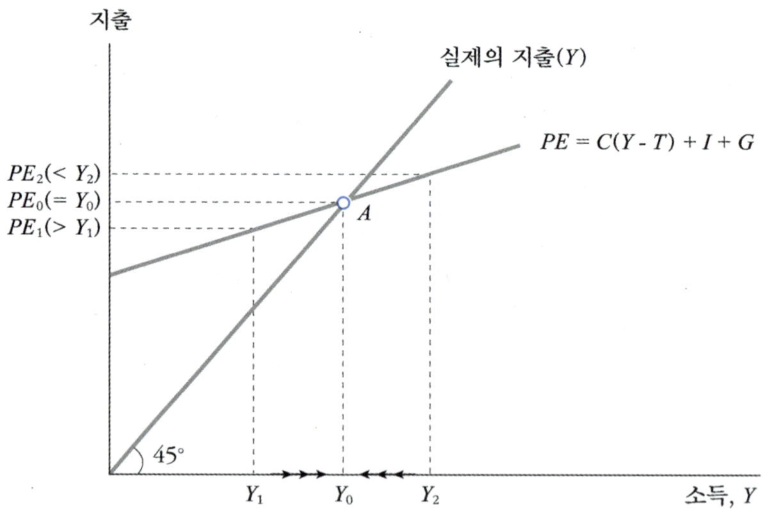

1) 국민계정상의 *GDP*는 생산 · 분배 · 지출의 세 측면에서 보아도 다 같은 *GDP*이자 국민소득(Y)이지만, 계획된 지출(PE)은 의도된(desired) 수준이므로 실현된 국민소득과는 개념적으로 다르다.

고량이 감소함에 따라 기업들은 노동자를 더 고용하여 생산을 증가시키며, 이 과정은 균형소득(Y_0)에 도달할 때까지 계속된다. 만약 소득 수준이 Y_2이면 계획된 지출 PE_2가 소득보다 작다. 이때 기업들은 생산한 것을 다 팔지 못하는데, 이는 재고가 쌓임을 의미한다. 기업들은 어느 수준 이상으로 재고가 쌓이는 것을 원치 않기 때문에 노동자 일부를 해고하여 생산을 감소시키고, 이 과정은 균형소득(Y_0)에 도달할 때까지 계속된다.

주의할 것은 여기서의 균형국민소득 Y_0는 고전학파의 전통에 따라 결정된 균형소득과 다르다는 점이다. 고전학파는 생산요소가 완전고용된다고 보았으나, 단순 케인즈모형은 가격의 경직성과 잉여생산능력을 가정하고 있으므로 생산요소가 완전고용될 필요가 없다. 단순 케인즈모형에서의 균형소득 수준은 완전고용 수준에 못 미칠 수도 있고, 완전고용 수준을 초과할 수도 있다.[2)]

7-4 승수효과

(1) 승수효과의 원리

국민소득을 변화시킬 수 있는 외생적인 요인이 발생하였을 때, 그 최초의 변화분을 상회하는 수준으로 국민소득이 변화되는 효과를 승수효과(multiplier effect)라고 한다.

예를 들어, 한계소비성향이 0.8인 경제에서 투자지출이 1조 원만큼 증가했다고 하자. 최초의 1조 원 증가분은 누군가의 소득으로 귀속되었으므로 그만큼 국민소득을 증가시킨다. 그런데 1조 원의 소득 증가는 8,000억 원의 소비를 창출하며, 이 8,000억 원은 또 누군가의 소득으로 귀속된다. 다시 6,400억 원의 소비가 창출되며, 이와 같은 과정이 연쇄적으로 작동한다면 궁극적으로 소득은 1조 원$\times(1+0.8+0.8^2+\cdots)$ = 1조 원$\times\left(\frac{1}{1-0.8}\right)$= 5조 원만큼 증가한다. 즉, 최초의 투자는 1조 원 증가했으나, 연쇄적인 소득 증가와 소비 증가의 과정을 거쳐 그 5배만큼의 소득을 창출해 내는 것이다.

이러한 과정을 단순 케인즈 모형에서 살펴보자. 균형소득은 총지출($PE = C+I+G$)과 소득(Y)이 일치하는 곳에서 결정된다. 소비, 투자, 정부지출을 합한 최초

2) 총수요가 과다한 경우에 균형소득이 완전고용 수준보다 커질 수 있는데, 이는 생산요소가 정상적인 수준을 넘어 가동되고 있다는 뜻이다.

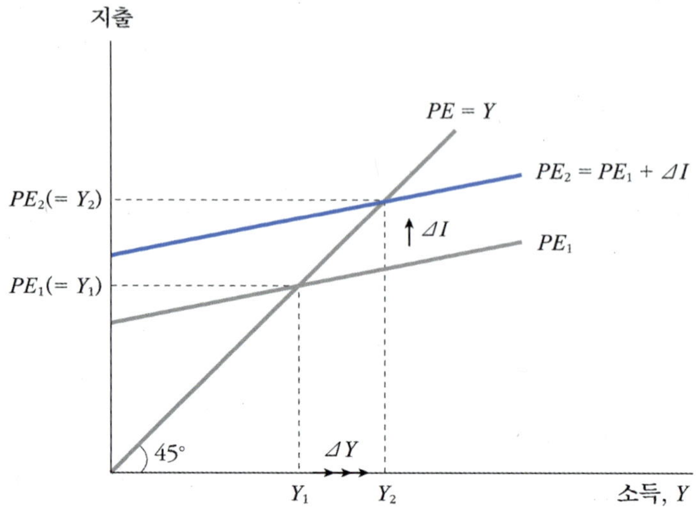

그림 7-3 투자증가의 승수효과

최초에 계획된 지출함수가 PE_1일 때, 어떤 이유로 투자가 $\varDelta I$ 만큼 증가하였다면 계획된 지출함수는 $\varDelta I$ 만큼 상향 이동하여 PE_2가 된다($PE_2 = PE_1 + \varDelta I$). 새로운 균형소득은 Y_1에서 Y_2로 증가하는데, 승수효과를 통해 최초의 투자증가분 $\varDelta I$ 보다 더 늘어나게 된다.

의 계획된 지출함수를 PE_1이라고 하자. 이때 투자가 어떤 이유로 ΔI 만큼 증가하였다면, 계획된 지출함수는 ΔI 만큼 상향 이동하여 PE_2가 된다($PE_2 = PE_1 + \Delta I$). 따라서 새로운 균형소득은 Y_1에서 Y_2로 증가하는데, 소득은 승수효과를 통해 늘어나게 된다.

최초의 투자증가분 ΔI는 소득을 우선 ΔI 만큼 증가시킨다. 한계소비성향이 $b\,(0 < b < 1)$라면, 이렇게 증가된 소득은 한계소비성향에 따라 $b\Delta I$ 만큼 소비된다. 따라서 소득은 $b\Delta I$ 만큼 증가하고, 소비는 다시 $b^2\Delta I$ 만큼 증가한다. 이 과정은 새로운 균형소득 Y_2에 도달할 때까지 계속된다.

$$\begin{aligned}\Delta Y &= \Delta I + b\Delta I + b^2\Delta I + b^3\Delta I + \cdots \\ &= (1 + b + b^2 + b^3 + \cdots)\Delta I \\ &= \frac{1}{1-b}\Delta I\end{aligned} \tag{7.7}$$

(2) 각종 승수효과

먼저 정부지출승수는 위에서 도출된 투자승수와 같다. 즉, 정부지출이 ΔG 만큼 증가하였을 때, 소득은 $\Delta Y = \dfrac{1}{1-b}\Delta G$ 만큼 증가한다.

재정정책의 효과에 관한 고전학파의 견해와 케인즈의 견해는 극단적으로 다르다. 가령 정부지출 증가의 효과에 대해 고전학파는 민간이 투자지출에 쓸 자원을 정부가 대신 사용하는 것에 불과하고 GDP에 전혀 영향을 미치지 못한다고 보는 반면, 케인즈는 승수효과를 통해 GDP를 증가시킨다고 본다.

그러면 조세승수는 어떠한가? 여기서는 조세가 소득 수준에 관계없이 일정액으로 징수되는 경우(정액세: lump-sum taxes)에 조세의 증가가 가져오는 승수효과를 살펴보기로 한다. 애초의 조세액이 T로 고정된 상태에서 ΔT만큼 증가하면 가처분소득이 ΔT만큼 감소하고 소비는 한계소비성향에 따라 $b\Delta T$만큼 감소한다. 이는 소득이 $b\Delta T$만큼 감소함을 의미하므로 소비가 다시 한계소비성향에 따라 $b^2\Delta T$만큼 감소한다. 이 과정은 새로운 균형소득이 달성될 때까지 계속된다. 즉,

$$\begin{aligned}\Delta Y &= -b\Delta T - b^2\Delta T - b^3\Delta T - \cdots \\ &= -(b+b^2+b^3+\cdots)\Delta T \\ &= -\frac{b}{1-b}\Delta T\end{aligned} \tag{7.8}$$

조세를 ΔT만큼 감면하는 경우에는 소득이 $\dfrac{b}{1-b}\Delta T$만큼 증가하게 된다. 정부지출을 ΔG만큼 증가시킬 때 소득이 $1/(1-b)$배만큼 증가하는 반면, 조세를 ΔT만큼 감면하는 경우에는 그보다 작은 소득이 $b/(1-b)$배만큼 증가한다. 이는 정부지출은 즉각 소득을 그만큼 증가시키지만, 조세감면의 경우는 가처분소득의 증가로 인한 소비 증가의 과정을 거쳐 작동되기 때문이다.

이상에서는 정부지출 승수효과와 조세 승수효과를 각각 살펴보았는데, 정부지출이 조세의 증가로 조달되는 경우에는 어떻게 되겠는가? 균형예산(balanced budget)을 유지하면서 정부지출과 조세를 같은 규모로 늘리는 경우의 승수효과를 균형예산승수라 한다. 역시 정액세를 가정하고 이 과정을 살펴보자. 정부지출 증가는 소득을 증가시키지만, 조세의 증가는 소득을 감소시킨다. 따라서 소득의 증가와 감소가 서로 상쇄되어 소득의 변화가 없어지는 것이 아닌가 하는 추측을 할 수도 있을 것이다. 그러나 결론적으로 균형예산승수는 정확히 1이다.

그 이유는 정부지출승수가 $1/(1-b)$이고 조세승수는 $-b/(1-b)$이므로 이 둘을 합하면 1이 되기 때문이다. 균형예산을 유지함에도 불구하고 소득이 증가하는 것은

정부지출의 증가는 그 증가분(ΔG)만큼 바로 소득을 증가시키는 반면, 조세의 증가는 가처분소득의 감소와 그로 인한 소비의 감소를 통해서만 소득을 감소시키기 때문이다. 한계소비성향이 1보다 작으므로 일차적 소득의 감소분은 애초의 조세 증가분보다 작다. 이 같은 차이가 승수효과의 과정에서 누적되므로 소득 증가효과가 소득 감소효과를 능가하게 된다.

실제로 여러 가지 형태의 승수를 구할 때에는 일일이 위와 같은 과정을 거치기보다 다음의 균형식, 즉 방정식을 풀어 해를 구하는 방식이 더 편리하다.

$$Y = a + I + G + b(Y - T) \tag{7.9}$$

위 식을 소득 Y에 대해 풀면 균형소득은 다음과 같이 구해진다.

$$Y = \frac{a}{1-b} + \frac{1}{1-b}I + \frac{1}{1-b}G - \frac{b}{1-b}T \tag{7.10}$$

즉, 내생변수인 소득 Y는 외생변수들의 값이 어떻게 주어지는가에 따라 달라진다. 또한 승수에 관해서는 $\frac{\Delta Y}{\Delta I} = \frac{\Delta Y}{\Delta G} = \frac{1}{1-b}$, $\frac{\Delta Y}{\Delta T} = \frac{-b}{1-b}$ 임을 쉽게 확인할 수 있다.

실업 : 고전학파 대 케인즈

제8장

실업의 원인과 대책에 대한 고전학파와 케인즈의 견해는 사뭇 다르다. 고전학파는 노동시장의 기능이 원활히 작동한다면 일시적이고 자발적인 실업만이 존재할 뿐이어서 실업은 별 문제가 될 것이 없다고 본다. 실업률이 높다면 노동시장의 기능에 어딘가 문제가 있다는 징후이므로, 노동시장의 기능을 복원시키는 조치들이 필요해진다. 그러나 케인즈의 경우에 실업은 총수요 부족으로 인한 경기침체가 근본적인 원인이므로 경기를 살리는 총수요 확대정책이 필요하다.

8-1 실업의 종류

(1) 마찰적 실업

실업 상태에 처한 사람은 자신이 원하는 임금과 근로조건을 제공하는 일자리를 찾기 위해 구직활동을 하게 되는데 이를 직장탐색(job search)이라고 한다. 직장탐색의 과정에서 발생하는 실업이 마찰적 실업(frictional unemployment)이다. 어느 순간이든지 빈 일자리(vacancy)는 존재하지만, 근로자는 자신에게 맞는 일자리를 구하려 하고, 기업 또한 마땅한 근로자를 찾고 있으므로 마찰적 실업은 불가피한 것이다. 따라서 마찰적 실업은 경기가 좋다고 해서 없어지는 것은 아니며 완전고용 상태에 놓여 있다고 해도 존재하는 실업이다.

(2) 구조적 실업

구조적 실업(structural unemployment)은 산업구조의 변화나 기술진보로 인해 특정한 기능을 가진 근로자에 대한 수요가 감소할 때 발생하는 실업이다. 사양산업에서 해고된 노동자, 기술진보로 인해 불필요해진 비숙련 노동자들이 구조적 실업의 희생자들이다. 신발이나 봉제 기술을 갖고 있었지만, 국제경쟁력 상실로 생산기지가 해외로 이전되면 이들은 일자리를 잃게 된다. 석탄에너지에 대한 의존도가 낮아지면서 광부가 일자리를 잃고, 디지털 카메라의 보급으로 사진사는 일자리를 잃는다.

구조적 실업이 마찰적 실업과 구별되는 특성은 실업이 장기화된다는 점이다. 자신이 가지고 있던 기능이 더 이상 필요 없어졌으므로 취업하기 위해 새로운 기술을 습득하여야 하기 때문이다. 은행산업의 대규모 구조조정으로 인해 해고된 전직 은행원이 정보통신산업이 성장한다고 해서 바로 취직될 수는 없다. 단순노동직을 구할 수도 있으나 쉽게 만족하기 어렵다. 구조적 실업자가 자신에게 맞는 새로운 일자리를 구하는 데에는 상당히 오랜 시간이 소요될 수 있다.

구조적 실업 역시 경기가 좋다고 해서 없어지는 것은 아니다. 경기가 좋더라도 사양산업은 있게 마련이고, 빠르든 느리든 산업구조의 개편이 이루어지고 있기 때문이다. 따라서 마찰적 실업과 마찬가지로 완전고용 상태라 할지라도 구조적 실업은 존재하게 된다.

(3) 경기적 실업

경기적 실업(cyclical unemployment)은 경기침체에 의해 발생하는 실업이다. 경기가 좋지 않으면 재고가 늘고 생산량이 줄어들기 때문에 노동에 대한 수요 또한 줄어든다. 경기침체에 직면한 기업은 단기적으로 자본투입량을 줄이기보다는 노동투입량을 줄이는 방법을 택하게 된다. 노동투입량을 줄이는 방법으로 노동자를 해고하지 않은 채 일률적으로 노동시간을 축소하는 방법을 쓸 수도 있지만, 실제로 기업은 일부 노동자를 해고하는 방법을 택하는 경향이 있다.

사실 마찰적 실업과 구조적 실업, 경기적 실업을 명확하게 구분하기는 쉽지 않다. 경기가 침체로 접어드는 시기에 산업의 재편과 구조조정(restructuring), 그로 인한 일자리의 미스매치(mismatch)가 심해질 수 있기 때문이다. 그러나 적어도 개념적으로는 마찰적 실업과 구조적 실업은 완전고용 상태에서도 발생하는 실업이고, 경기적 실업은 완전고용에 미달하는 상태에서의 실업으로 이해할 수 있다.

8-2 완전고용과 자연실업률

원칙적으로 노동시장이 균형을 이루면 균형임금에서 일하고자 하는 노동량이 노동수요에 맞게 모두 공급되므로, 이것이 곧 완전고용균형이 된다. 따라서 이 상태에서 고용되지 못한 사람들은 현재의 균형임금이 자신이 받고자 하는 수준보다 낮아 취업을 미루고 있거나, 다른 취업 기회를 찾고 있는 사람이 된다. 완전고용 상태라고 해도 실업률이 0%인 것은 아니다. 일부 근로자는 해고되거나 스스로 사직하여 일자리를 잃고 새로운 직업을 구하고 있기 때문이다. 이러한 현상은 자연스럽고도 정상적인 것이다. 그러면 어느 정도를 자연스럽고 정상적인 상태의 실업률로 볼 수 있을까?

여기서 자연실업률(natural rate of unemployment)의 개념을 이해해 보도록 하자. 물론 자연실업률을 명확히 정의하기는 쉽지 않다. 가장 단순하게 정의한다면 노동시장이 균형을 이루는, 즉 완전고용 상태에서의 실업률이 자연실업률이다. 좀 더 유연하게 정의한다면, 한 경제의 노동시장 구조 속에서 장기적으로 수렴해 가는 실업률로 정의된다. 물론 자연실업률은 시간과 구조를 초월하여 고정된 숫자로 주어지는 것은 아니다. 근로자가 새로운 일자리를 구하는 데 장애가 되는 요인들이 많다면 자연실업률은 높아지고, 반대의 경우라면 낮아질 수 있다. 그러나 중요한 것은 근로자가 새로운 일자리를 구하는 데 존재하는 장애의 정도가 주어졌을 때, 경제가 평균적으로 달성할 수 있는 실업률 수준이 자연실업률이라는 점이다.

이제 자연실업률이 어떻게 결정되는가 살펴보자. 매일 어떤 근로자는 직장을 잃거나 사직하는 반면 어떤 근로자는 새로이 일자리를 구한다. 새롭게 일자리를 찾은 사람이 직장을 잃은 사람보다 많다면 실업률은 내려갈 것이고, 반대의 경우는 올라가게 된다. 두 가지가 같은 경우에는 실업률은 일정하게 유지될 것이다.

이러한 동태적 과정을 분명하게 이해하기 위해 간단한 기호를 이용해 보자. L을 노동인구, E를 취업자 수, U를 실업자 수라고 하면, $L = E + U$ 이고, 실업률(u)은 U/L가 된다. 일정 기간 동안 노동인구가 고정되었다고 가정하고, 같은 기간 동안 고용된 노동자 중에서 직업을 잃는 비율을 s, 실업자 중에서 새로이 취업하는 비율을 f라고 하자. 즉, s는 실직률이고 f는 구직률이다. 그러면 일정 기간 동안 직장을 잃게 된 사람의 수는 sE이고, 새롭게 취업한 사람의 수는 fU이다.

만약 이 두 수가 같으면 실업률은 변하지 않고 일정하게 유지된다.

$$sE = fU \tag{8.1}$$

그런데 $E = L - U$이므로, 위의 식은

$$s(L - U) = fU$$

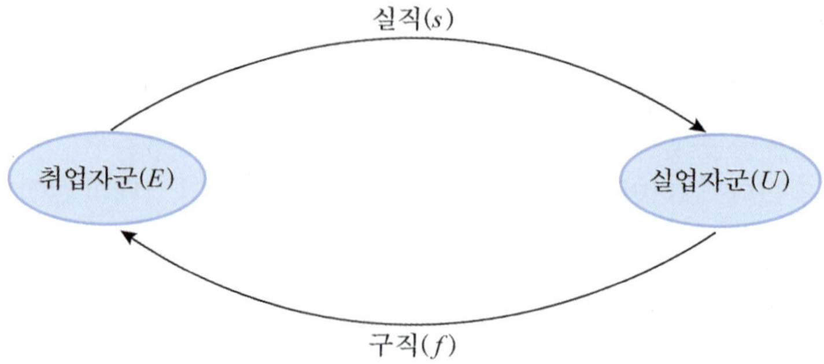

그림 8-1 취업과 실업의 순환

일정 기간 동안 취업자군(E) 가운데 s 비율만큼 직장을 떠나 실업자군(U)으로 유입된다. 반면 일정 기간 동안 실업자 가운데 f 비율만큼 새 직장을 구해 취업자군으로 유입된다. 실직률 s와 구직률 f가 실업률을 결정한다.

가 되고, 실업률($u = \frac{U}{L}$)을 구하기 위해 양변을 L로 나누면,

$$s\left(1-\frac{U}{L}\right) = f\frac{U}{L}, \text{ 또는 } s(1-u) = fu$$

가 된다. 실업률 u에 대해 정리하면,

$$u = \frac{s}{s+f} \tag{8.2}$$

가 된다. 이 식에 따르면 실업률(u)은 실직률(s)과 구직률(f)에 의해 결정된다. 물론 이때의 실업률은 안정상태의 실업률, 즉 실업률이 변하지 않고 일정하게 유지되는 경우의 실업률을 의미한다.

여기서 우리는 노동시장의 특성상 실직률이 높거나, 구직률이 낮은 경우에 (자연) 실업률이 높다는 것을 알 수 있다. 숫자 예를 들어 보자. 가령 매달 100명의 취업자 중 1명이 직장을 잃게 되어 실직률이 1%이고, 매달 100명의 실업자 중 24명이 새롭게 직장을 구하여 구직률이 24%인 경우를 보면, $s = 0.01$, $f = 0.24$이므로 실업률은 $u = \frac{0.01}{0.01+0.24} = 0.04$, 즉 4%가 된다. 실직률은 같은데, 구직률이 19%($f = 0.19$)로 하락하면 실업률은 5%가 되고, 구직률이 9%($f = 0.09$)로 하락하면 실업률은 10%로 상승한다. 구직률은 일정한데 실직률이 상승하는 경우에도 실업률은 상승한다.[1] 여기서 우리는 자연실업률을 낮게 유지하기 위해서는 실직률이 낮은 것

1) 재미있는 것은 실직률과 구직률이 같은 비율로 증가하거나 감소하는 경우에는 실업률이 변하지 않는다는 점이다. 예를 들어, 실직률과 구직률이 각각 $s = 0.01$, $f = 0.24$인 경우와 $s = 0.02$, $f = 0.48$인 경우를 비교해 보라. 두 경우 모두 자연실업률은 4%이지만 후자는 직장이동이 보다 활발하게 이루어지는 경우

도 좋지만 구직률을 높이는 것, 즉 마찰적 실업을 줄이는 것이 중요하다는 점을 알 수 있다.

직업소개 기능의 활성화, 실업자에 대한 재취업 훈련 등은 마찰적 실업을 줄여 자연실업률을 낮추는 역할을 한다. 그러나 직장을 잃은 뒤 일정 기간 동안 임금의 일부를 받도록 하는 실업보험(unemployment insurance)제도는 마찰적 실업의 규모를 늘리는 경향이 있다. 이 제도는 근로자를 보호하기 위해 만든 것이지만, 실업보험의 혜택이 너무 큰 경우에 근로자들은 쉽게 이직을 결정하고 구직에는 보다 느긋해질 수 있다.

유럽 국가들의 경우에는 실업보험 혜택에 있어 매우 관대하며, 다른 선진국들에 비해 실업률이 높은 것이 사실이다. 실업보험제도는 근로자들에게 소득에 관한 불확실성을 줄여주어 보다 안정적인 경제활동을 할 수 있도록 해 준다. 그러나 그 혜택이 지나칠 경우에 실업률이 높아지는 부작용을 낳는다. 따라서 적절한 선의 실업보험 혜택 수준을 정하는 것이 중요하며, 그 수준은 정치적 · 사회적 합의를 통해 정해지게 된다.

8-3 임금의 경직성과 실업

이상에서는 노동시장에서 수요와 공급이 일치하여 균형을 이루는 완전고용 상태와 그에 상응하는 개념인 자연실업률에 대해 살펴보았다. 그러나 때로는 실업률이 자연실업률 수준에서 벗어나 꽤 오랫동안 높게 유지되는 경우가 발생한다. 노동시장이 원활히 작동한다면 임금이 변동하면서 노동시장의 불균형을 해소하게 될 것이다. 가령 경기침체로 경기적 실업이 발생하는 경우에도 임금이 충분히 하락하면 그에 따라 다시 고용이 회복되고 실업률은 다시 낮아지게 될 것이다. 그러나 실제로는 이러한 과정이 빨리 진행되지 않는 경향이 있다. 임금이 신속하게 하락하지 않는 것이다.

이다.

그림 8-2에서처럼 어떠한 이유로 노동에 대한 수요곡선이 좌측으로 이동했다고 하자. 이때 예전의 임금 수준 w_0에서 노동의 초과공급이 발생한다. 임금이 신속하게 조정된다면 임금은 w_1으로 하락하고 고용 수준 L_1에서 새로운 균형이 달성된다. 이 과정에서 L_0L_1만큼의 고용이 감소하지만, 이는 자발적 실업(voluntary unemploy ment)이다. 전보다 낮아진 임금 수준을 받아들일 수 없는 사람들은 자발적으로 실업상태를 선택하며, 낮아진 임금 수준에도 일하기를 원하는 사람들만이 일자리를 얻어 일한다. 그러나 노동수요의 감소에도 불구하고 임금이 하락하지 않는다면 실업자 수는 L_0L_2로 늘어나며, 이들은 현재의 임금 수준에서 일하려 하지만 직장을 구할 수 없는 비자발적 실업(involuntary unemployment) 상태에 놓이게 된다.

결국 임금이 경직적인 경우에 실업률이 올라가는 것은 물론이고 비자발적 실업이 장기화됨으로써 실업 문제가 더욱 심각해질 수 있는 것이다. 그러면 임금은 어떤 경우에 경직적이게 되는가? 고전학파는 이에 대한 이유로 노동시장 내의 제도적 요인을 지적한다. 대표적인 것이 최저임금제와 노동조합이다.

법으로 정한 최저임금 수준이 너무 높다면 만성적인 노동의 초과공급이 발생하고 실업률은 쉽게 하락하지 않는다. 2021년 기준으로 우리나라의 최저임금 수준은 시간당 8,720원이며 대개 청년층이나 고령의 단순직 근로자가 그 적용을 받고 있다. 물론 대다수 근로자의 임금은 최저임금보다 높은 수준이어서 일반적으로는 실업률에 큰 영향을 미치지 않는 것으로 알려져 있다. 그러나 경기침체기에 10대와 비숙련 노

그림 8-2 노동수요 감소에 따른 실업: 자발적 실업 vs 비자발적 실업

노동수요곡선이 좌측으로 이동하면 예전의 임금 수준 w_0에서 노동의 초과공급이 발생한다. 임금이 신속하게 조정된다면 임금은 w_1으로 하락하고 L_0L_1만큼 고용이 감소하지만 비자발적 실업은 없고 고용의 감소폭도 작다. 그러나 임금이 경직적인 경우에는 L_0L_2만큼 고용이 대폭 감소하며, 바로 그만큼의 비자발적 실업이 발생한다.

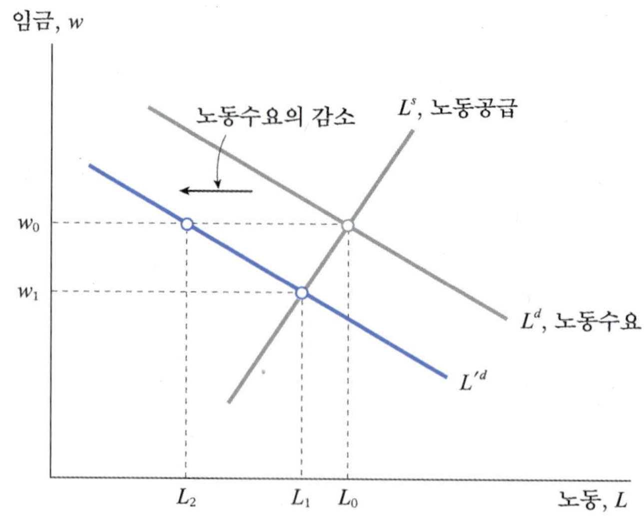

동자의 실업률이 전체 실업률보다 더 높다는 점은 주목할 만하다. 법으로 정한 최저 임금의 수준이 적절한지에 대해서는 항상 논란의 여지가 있으나, 만약 이 최저임금 수준보다 낮은 임금으로도 일할 의사가 있는 사람이 상당수 있다면 그 가운데 일부는 일자리를 찾을 수 없게 되고, 그만큼 실업률을 올리는 요인으로 작용한다.

노동조합의 단체교섭도 실업률에 영향을 미친다. 노동조합은 실업자가 아닌 현재 고용되어 있는 근로자, 그중에서도 노동조합에 가입한 자들의 이익을 대변한다. 낮은 임금을 감수할 의사가 있던 근로자도 노동조합에 가입하고 나면 단체교섭의 힘을 빌려 더 높은 임금을 요구할 수 있게 된다. 노동조합의 단체교섭에 의해 요구되는 임금 수준은 근로자 개개인이 마음속으로 수용하는 임금 수준보다 높다. 따라서 노동조합의 요구가 관철되더라도 타결된 임금 수준 또는 그보다 낮은 수준에서 일할 의사가 있음에도 불구하고 일자리를 얻지 못하는 근로자가 존재하게 된다. 즉, 성공적으로 타결된 단체교섭의 이면에는 노동의 초과공급 및 비자발적 실업이 존재하는 것이다.

고전학파적 사고에 따르면 원칙적으로 실업은 자발적인 것이며, 비자발적 실업이 문제가 된다면 그것은 최저임금이나 노동조합과 같이 노동시장의 기능을 왜곡하는 제도적 요인 때문이다. 고전학파에 의하면 마찰적 실업과 구조적 실업이 실업의 주된 형태이다. 그러나 불황기에 실업이 증가하는 사실을 어떻게 설명해야 하는가? 케인즈는 불황기의 실업을 마찰적 실업과 구조적 실업만으로 설명할 수 없다고 본다. 만약 최저임금제를 없애고 노동조합을 무력화시키면 실업문제가 해소될 수 있을까? 케인즈에 의하면 실업률이 높은 것은 노동시장의 문제라기보다는 경제 전체적으로 총수요가 부족하여 노동에 대한 수요가 작기 때문이다. 그리고 임금이 신축적으로 조정되지 않고 경직적이어서 노동에 대한 수요가 작더라도 임금이 신속하게 하락하지 않기 때문이다.

고전학파의 거시경제학은 신축적 가격의 거시경제학이자 완전고용의 거시경제학이다. 케인즈 경제학은 경직적 가격의 거시경제학이자 실업의 거시경제학이다.

케인즈 경제학은 임금과 가격이 신축적이지 않다는 믿음에서 출발한다. 앞 장에서 살펴본 소득-지출 분석 역시 그러한 믿음 하에, 노동의 실업과 자본의 유휴생산능력이 존재하는 경우를 가정한 것이었다. 이러한 경우에 경제의 산출 수준은 전적으로 총수요에 의해 결정되며, 실업률도 그에 따라 결정된다. 케인즈의 가정이 지나치게 단순하고 극단적이라고 생각될 수도 있지만, 대공황과 같은 장기적 경기침체나 비자발적 실업의 문제를 설명하기에는 고전학파 역시 한계가 있다는 것을 알게 된다.

부록 우리나라의 실업률과 경제성장률 추이

다음 **그림 8A-1**에는 1970년 이후 우리나라의 연간 실업률 추이가 나타나 있다. 실선은 실제의 실업률이며, 점선으로 표시된 것은 *HP* 필터를 적용한 실업률이다. *HP* 필터링(Hodrick-Prescott filtering)이란 실제의 데이터를 스무딩(smoothing)하는 기법 가운데 하나로 경제시계열 자료의 장기추세치를 구성하는데 흔히 사용되는 방법이다. 물론 이는 통계적 기법 가운데 하나에 불과하므로 자연실업률 추정에 직접 사용하기에는 무리가 있다. 자연실업률을 추정하는 방법에는 여러 가지 있을 수

그림 8A-1 우리나라의 실업률 추이(1970~2021)

(단위: %)
u: 실업률,
u_n: *HP* 필터를 적용한 실업률의 장기추세

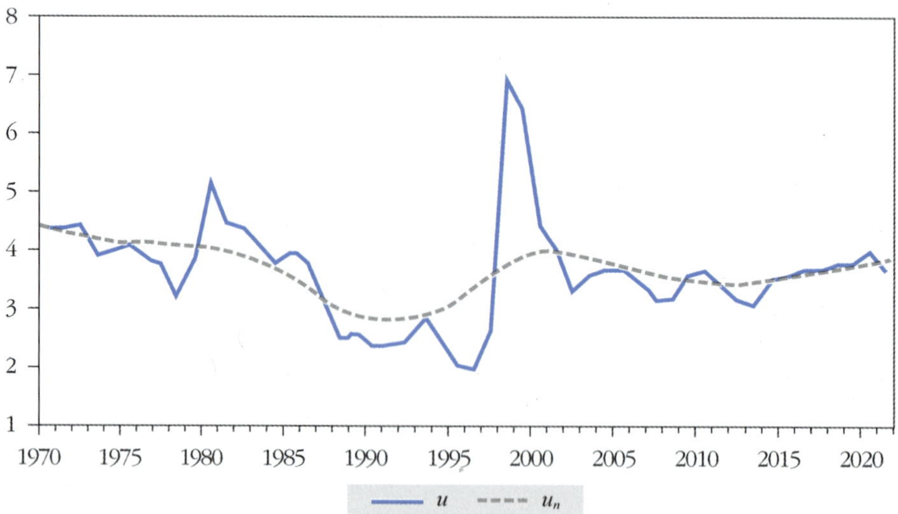

자료: 통계청. 단 1999년 이전은 구직기간 1주 기준임에 유의하기 바람

있다. 총생산함수를 분석하여 추정하는 방법도 있으며, 아주 간단한 방법으로는 해당 기간을 전후로 한 실제 실업률의 평균값을 사용하기도 한다. 다만 여기서는 실업률의 장기추세를 보여주는 데 도움을 주는 하나의 예시적 방법으로 *HP* 필터링을 이용한다.

우리나라의 실업률은 1970년대에는 약 4% 정도의 수준을 유지하다가 1970년대 말 제2차 오일쇼크와 국내정치적 혼란에 의한 경기침체기에 5%까지 상승하였다가 외환위기가 발생하기 전까지 꾸준히 낮아져 2%를 유지할 정도로 하락하였다. 외환위기 이후 크게 상승한 실업률은 2000년대 중반부터 약 3%대 수준에서 유지되다가 2020년 코로나19 충격으로 4%까지 높아졌으나 2021년에는 다시 3%대로 낮아졌다.

이 그림만으로 우리나라의 현재 자연실업률이 어느 정도 수준인가 판단하는 것은 불가능하다. 다만, 본문에서도 언급하였지만 자연실업률도 시간의 경과에 따라 변한다는 것은 분명해 보인다. 특히 1980년대 초반 이후 1990년 중반까지 실업률이 지속적으로 하락하는 추세를 보여 왔는데, 이는 단지 경기적 요인에 의해 실업률이 하락했다기보다 이 기간 동안 자연실업률 자체가 하락하는 추세를 보였다고 해석하는 것이 타당할 것이다.

한편, **그림 8A-2**는 1970년 이후 경제성장률 추이를 보여주는데, 역시 *HP* 필터링으로 구한 장기적 경제성장률 추세가 점선으로 표시되어 있다. 자연실업률과 대

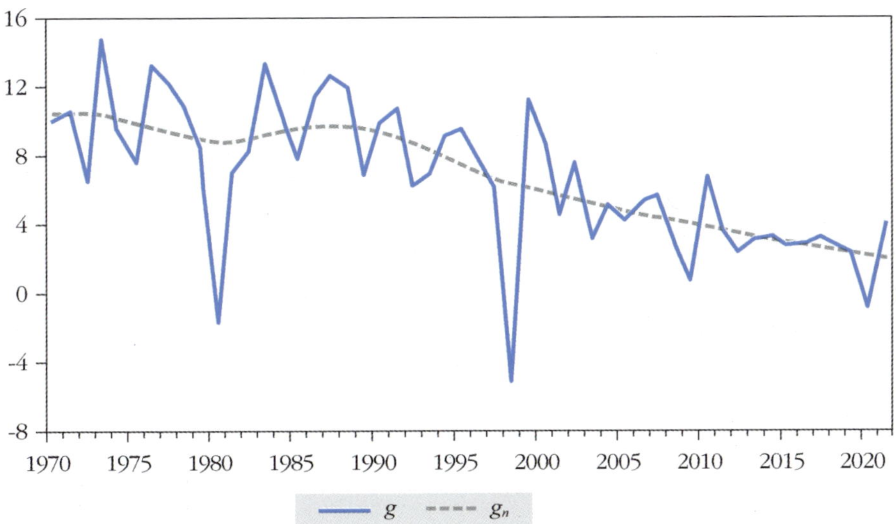

그림 8A-2 우리나라의 성장률 추이(1970~2021)

(단위: %)

g: 실질 *GDP* 성장률,

g_n: *HP* 필터를 적용한 성장률의 장기추세

자료: 한국은행.

응되는 개념이 바로 잠재 *GDP*이며, 성장률 개념으로는 잠재 *GDP* 성장률이다. 이 그림에서 점선으로 표시된 것은 우리나라 실질 *GDP* 성장률의 장기적 추세선이다. 물론 이것만으로 현재 우리나라의 잠재 *GDP* 성장률이 어느 정도인가 판단하는 것은 불가능하다. 다만, 장기적 추세를 볼 때 1970년대부터 1980년대 말까지 약 9% 정도의 잠재성장률을 유지하다가, 그 이후부터 급격하게 하락하기 시작하였다는 것은 분명해 보인다. 참고로 많은 경제학자들은 우리나라의 잠재성장률이 이미 2% 내외까지 내려갔다고 보고 있다.

앞의 두 그림으로부터 우리는 실제의 실업률과 경제성장률뿐만 아니라 장기적 지표인 자연실업률이나 잠재성장률도 시간이 흐르면서 변화해 간다는 것을 알 수 있다. 이를테면 우리는 과거에 2%대의 실업률과 8%대의 성장률이 정상적인 시대에 살았으나, 이제는 3%대의 실업률과 2% 내외의 성장률이 정상적인 시대를 살고 있는 것이다.

거시경제학에 있어 고전학파모형은 거시경제변수의 장기적 추세를 설명하는 데 보다 적합한 이론으로 알려져 있다. 케인즈는 자신의 경제학이 '일반이론'이고 고전학파 경제학이 '특수이론'이라고 하였으나, 그 이후의 케인즈주의 경제학은 장기적 추세보다는 단기적 변동을 설명하는 데 더 적합한 이론이라는 평가를 받는다. 그런데 거시경제의 단기적 변동을 관찰하고 분석하기 위해서는 실업률이나 경제성장률 등의 실제치를 장기 추세치에 대비해 보는 것이 매우 중요하다. 단기적 경기변동은 실제치나 장기 추세치 그 자체보다는 두 변수 간의 차이와 관계되기 때문이다.

제2편 요약

01. 고전학파는 시장에서 초과수요나 초과공급과 같은 불균형이 발생하면 신축적인 가격의 움직임에 의해서 해소된다고 본다. 고전학파는 총수요 · 총공급의 거시경제 균형에도 같은 논리를 적용한다.

02. 고전학파에 의하면 요소시장에서 노동을 포함한 모든 생산요소의 균형고용량이 결정되며 경제는 그에 대응하는 생산량을 산출한다. 요소시장 균형의 의미에 따르면, 이는 각 요소의 완전고용이 달성되고 그에 상응하는 잠재 GDP가 산출되는 것을 뜻한다.

03. $Y = C(Y - T,\ r) + I(r) + G$를 항등식이 아닌 균형식으로 볼 때, 좌변은 총공급, 우변은 총수요에 해당된다. 여기서 Y가 잠재 GDP, Y_n 수준으로 고정되면 총수요와 총공급의 균형은 이자율에 의해 달성된다.

04. $Y = C(Y - T,\ r) + I(r) + G$를 $Y - C(Y - T,\ r) - G = I(r)$로 바꾸어 보면 총수요와 총공급의 균형은 저축과 투자의 균형과 같은 의미라는 것을 알 수 있다.

05. 대부자금시장의 개념을 도입할 때 저축은 대부자금의 공급에 해당하므로 이자율의 증가함수, 투자는 대부자금의 수요에 해당하므로 이자율의 감소함수이다. 대부자금시장의 균형은 이자율에 의해 달성되므로 이자율이 저축과 투자를 일치시켜 주는 가격변수라는 것을 알 수 있다.

06. 저축과 투자의 균형은 총수요와 총공급의 균형과 마찬가지이므로 결국 고전학파모형에서 총수요와 총공급은 이자율 조정에 의해 달성된다.

07. 정부지출 G의 증가는 정부지출의 증가분만큼(ΔG) 저축곡선을 왼쪽으로 이동시킨다($S = Y - C - G\Downarrow$). 그 결과 이자율이 상승하고 투자가 감소하는데, 정부지출의 확대가 민간지출을 감소시키는 효과를 구축효과(crowding out effect)라고 한다.

08. 고전학파에 따르면 저축과 투자의 독립적인 증가는 이번 기의 총생산을 증가시키지는 못하지만 자본축적을 통해 다음 기를 포함한 미래의 생산능력을 확대시킨다.

09. 케인즈는 고전학파와 달리 총공급이 아닌 총수요가 소득을 결정한다고 본다. 세이의 법칙과 정반대로 "수요가 공급을 창출한다." 따라서 총수요가 부족하면 경제는 완전고용을 달성하지 못한다.

10. 총수요가 소득을 결정한다는 케인즈의 주장은 가격과 임금의 경직성과 그에 따른 잉여 생산능력의 존재에 바탕을 두고 있다.

11. 케인즈는 지출의 중요성을 강조하는데, 지출을 계획된 지출과 실제 지출로 구분한다. 실제 지출은 소득(Y)과 같은 개념이지만, 계획된 지출(PE)은 $C+I+G$의 의도된 수준이므로 서로 다른 값을 가질 수 있다.

12. 케인즈에 따르면 계획된 지출이 실제 지출과 일치할 때 균형이 결정된다. 계획된 지출이 소득에 미치지 못하면 소득이 점차 감소하고, 계획된 지출이 소득을 상회하면 소득이 점차 증가한다. 실제 지출(소득)과 계획된 지출의 개념으로 균형소득의 결정 과정을 분석하는 것을 소득-지출 분석이라고 한다.

13. 단순 케인즈모형에서 계획된 지출은 $PE=C(Y-T)+I+G$로서 소비는 가처분소득에만 의존하고 투자는 외생변수이다. 따라서 이자율은 계획된 지출에 영향을 주지 않는다.

14. (가처분)소득 한 단위 변화에 따른 소비의 변화량을 한계소비성향(MPC)이라 하며, 0과 1 사이의 값을 갖는다.

15. 국민소득을 변화시킬 수 있는 외생적인 요인이 발생하였을 때, 그 최초의 변화분을 상회하는 수준으로 국민소득이 변화되는 효과를 승수효과라고 한다. 승수효과는 '외생적 변화 ⇒ 소득변화 ⇒ 소비변화 ⇒ 소득변화 ⇒ …'의 과정을 통해 외생적 변화의 효과를 증폭시킨다.

16. $C=a+b(Y-T)$ 일 때, 투자지출승수와 정부지출승수는 $\frac{1}{1-b}$ 이며, 조세(정액세)승수는 $\frac{-b}{1-b}$ 이다. 한편, 균형예산승수는 1이다.

17. 직장탐색의 과정에서 발생하는 실업을 마찰적 실업이라 하며, 기술이나 산업구조의 변화로 특정 기능을 가진 근로자에 대한 수요가 감소할 때 발생하는 실업을 구조적 실업이라고 한다. 마찰적 실업과 구조적 실업은 완전고용 상태에서도 발생하는 실업이다.

18. 경기적 실업은 총수요 부족으로 인한 경기침체에 의해 발생하는 실업이다. 실제로 경기적 실업을 마찰적 실업 및 구조적 실업과 명확하게 구분하기는 쉽지 않으나, 개념적으로는 완전고용에 미달하는 상태에서의 실업으로 이해할 수 있다.

19. 자연실업률은 완전고용 상태에서의 실업률이다. 좀 더 유연하게는 한 경제의 노동시장 구조 속에서 장기적으로 수렴해 가는 실업률로 이해할 수 있다. 자연실업률은 주어진 노동시장 구조의 영향을 받으므로 시간의 흐름에 따라 달라질 수 있다.

20. 노동인구가 고정된 상태에서 일정 기간 동안 실직률이 s, 구직률이 f일 때 자연실업률은 $u=\frac{s}{s+f}$가 된다. 실직률이 높고 구직률이 낮은 경제는 자연실업률이 높다.

21. 임금이 신축적이면 경기침체로 노동수요가 줄어들더라도, 임금이 하락하면서 고용 감소폭이 축소된다. 그러나 임금이 경직적이면 임금이 그대로 유지되는 대신에 고용이 대폭 감소하고 그만큼 비자발적 실업이 발생한다.

22. 국민소득과 실업의 결정에 관한 고전학파와 케인즈의 견해는 대조적이다. 요컨대 고전학파의 거시경제학은 신축적 가격의 거시경제학이자 완전고용의 거시경제학이다. 이에 반해 케인즈 경제학은 경직적 가격의 거시경제학이자 실업의 거시경제학이다.

제2편 연습문제

선택형 문제

01 다음 중 폐쇄경제에서 민간저축(private savings)을 바르게 정의한 것은?

Y: 소득, C: 소비, I: 투자, G: 정부소비, T: 조세.

① $Y-C-G$ ② $Y-C-T$

③ $Y-C-I$ ④ $T-G$

02 고전학파적 시각에서 거시경제의 총수요와 총공급을 일치시키는 데 중요한 역할을 하는 시장은?

① 노동시장 ② 화폐시장

③ 대부자금시장 ④ 원자재시장

03 다음 중 구축효과(crowding out effect)가 작동한다는 증거로 사용될 수 있는 현상은?

① 역사적으로 보아 전쟁으로 군비지출이 높은 시기에 이자율이 높았다.

② 이자율이 높은 시기에 자본축적이 원활하게 이루어졌다.

③ 사회보장제도를 강화할수록 실업률이 증가했다.

④ 통화량 증가는 장기적으로 물가 상승으로 귀결되었다.

04 고전학파의 거시경제모형에서 투자수요의 감소가 유발하는 효과가 아닌 것은? 단, 소비는 소득과 이자율의 함수이다.

① 저축의 감소 ② 소비의 감소

③ 대부자금 수요량의 감소 ④ 대부자금 공급량의 감소

05 단순 케인즈모형에 의할 때, 의도된 지출 수준이 소득 수준을 상회하면?

① 소득이 감소한다. ② 의도된 지출이 감소한다.

③ 재고가 감소한다. ④ 물가가 상승한다.

06 다음 중 거시경제에 관한 고전학파와 케인즈의 견해를 서술한 것으로 옳지 않은 것은?

① 케인즈는 대부자금시장(loanable funds market)의 역할을 중시한다.

② 단순 케인즈모형에서 투자와 정부지출은 모두 외생변수이다.

③ 고전학파는 소비와 투자 모두 이자율에 민감하다고 보았다.

④ 고전학파에 의할 때 거시경제의 균형은 이자율의 조정에 의해 달성된다.

07 다음 중 케인즈의 승수효과가 작동하게 되는 예로 적절하지 않은 것은?

① 월드컵의 개최　② 한반도 핵위기 증대

③ 국민연금 징수율 인상　④ 정부예산의 효율적 집행

08 단순 케인즈모형에 따르면 투자가 증가함에 따라 소득이 ______한다. 한편, 고전학파의 대부자금설에 따르면 소득이 증가함에 따라 투자가 ______한다. 순서대로 짝 지운 것은?

① 증가 − 증가　② 감소 − 감소

③ 증가 − 감소　④ 감소 − 증가

09 단순 케인즈모형에서 $C = 400+0.8(Y-T)$, $I = 100$, $G = T = 200$일 때 균형국민소득은?

① 2,500　② 2,700

③ 3,000　④ 3,200

10 정부부문이 없는 한 경제에서 소득 수준에 따른 소비가 다음과 같이 주어지고, 투자는 소득에 관계없이 180으로 주어졌다. 다음 중 틀린 설명은?

국민소득	1500	1600	1700	1800	1900
소　비	1325	1420	1515	1610	1705

① 균형국민소득은 1600이다.

② 총지출 스케일의 기울기는 0.85이다.

③ 한계저축성향은 0.05이다.

④ 소득이 2000일 때 소비는 1800이다.

11 소비와 투자, 정부지출이 다음과 같이 결정되는 단순 케인즈모형에서, $C = a+b(Y-$

T), $I=\overline{I}$, $G=\overline{G}$, 조세가 $T=\overline{T}$가 아니라 $T=\overline{T}+tY$, $0<t<1$로 바뀌게 되면, 정부지출의 승수효과는 $T=\overline{T}$일 때에 비해

① 변하지 않는다.

② $\frac{1}{1-b}$ 보다 작아진다.

③ $\frac{1}{1-b}$ 보다 커진다.

④ $\frac{1}{1-a}$ 보다 작아진다.

12 정부부문이 없는 경제에서 소비함수가 $C=a+bY$일 때 저축함수는?

① $S=a+(1-b)Y$

② $S=-a+(1-b)Y$

③ $S=a-bY$

④ $S=-a+bY$

13 소비와 투자, 정부지출이 $C=a+b(Y-T)$, $I=\overline{I}$, $G=\overline{G}$, $T=\overline{T}$ 와 같이 주어진 단순 케인즈모형에서 균형국민소득은?

① $Y=\frac{1}{1-b}(a+b\overline{T}+\overline{I}+\overline{G})$

② $Y=\frac{1}{1-b}(a-b\overline{T}+\overline{I}+\overline{G})$

③ $Y=\frac{1}{1-b}(a-b\overline{T}+\overline{I}-\overline{G})$

④ $Y=\frac{1}{1-b}(a-b\overline{T}-\overline{I}-\overline{G})$

14 소비자의 비관적 전망에 의한 소비 위축이 국민소득과 투자에 미치는 영향을 고전학파 모형에서 바르게 짝 지운 것은?

① 국민소득: 감소, 투자: 감소

② 국민소득: 감소, 투자: 증가

③ 국민소득: 불변, 투자: 감소

④ 국민소득: 불변, 투자: 증가

15 소비자의 비관적 전망에 의한 소비 위축이 국민소득과 투자에 미치는 영향을 단순 케인즈모형에서 바르게 짝 지운 것은?

① 국민소득: 감소, 투자: 감소
② 국민소득: 감소, 투자: 불변
③ 국민소득: 불변, 투자: 감소
④ 국민소득: 불변, 투자: 불변

16 다음 중 완전고용 하에서 존재하는 실업으로 볼 수 없는 것은?

① 마찰적 실업
② 구조적 실업
③ 경기적 실업
④ 계절적 실업

17 다음 중 자연실업률을 상승시키는 요인으로 볼 수 없는 것은?

① 실업보험 적용기간의 연장
② 구직률의 하락
③ 이직률의 상승
④ 경기후퇴

18 다음 중 실업을 장기화시키는 요인으로 가장 적절하지 못한 것은?

① 높게 설정된 최저임금
② 경기침체의 장기화
③ 이직률과 구직률의 동시 하락
④ 경직적 임금

19 다음 중 임금이 신축적일 때 노동수요의 감소가 초래하는 현상은?

① 고용 하락 – 임금 하락
② 고용 하락 – 임금 증가
③ 고용 증가 – 임금 하락
④ 고용 증가 – 임금 증가

20 다음 중 임금이 경직적일 때 노동수요의 감소가 초래하는 현상은?

① 고용 하락 – 국민소득 감소
② 고용 하락 – 국민소득 불변
③ 고용 증가 – 국민소득 감소
④ 고용 증가 – 국민소득 불변

서술형 문제

01 국내에 체류하고 있는 외국인 노동자를 모두 해외로 추방하기로 결정하였다. 이 조치가 고용, 실질임금, GDP, 저축, 이자율에 미치는 효과를 고전학파 기본모형에 입각하여 분석하라(화폐부문은 고려하지 않아도 됨).

02 다음은 고전학파 시각에 입각한 거시경제모형이다.

GDP의 공급 :	$Y=50L^{1/2}$
노동의 공급 :	$L=10{,}000$
GDP에 대한 수요 :	$Y=C+I+G$
소비함수:	$C=250+0.75(Y-T)$
투자함수:	$I=1{,}000-50r$
정부지출:	$G=1{,}000$
조세:	$T=1{,}000$

* **참고**: 위의 총생산함수 형태 $Y=Af(L)$에는 자본(K)이 없으나, 현재의 자본량 수준이 계수 A의 크기를 결정한다고 해석하자.

(1) 생산함수로부터 노동의 한계생산성(MP_L)을 구하라.

(2) 위 모형에서 균형임금은 얼마인가?

(3) 위 모형에서 근로자의 임금총액은 얼마인가?

(4) 위 모형에서 기업의 이윤총액은 얼마인가?

(5) 이 경제의 저축함수를 구하시오.
($S=Y-C-G$).

(6) 균형이자율을 구하시오(여기서 이자율은 % 단위로 해석된다).

(7) 조세는 그대로이며($T=1{,}000$) 새로운 정부지출 수준이 1,200으로 증가하였다($\Delta G=200$). 새로운 균형이자율은 얼마인가?

(8) 위의 문제 (7)에서 이자율이 변하는 이유를 '그림'과 '말'로 설명하시오.

(9) 정부지출은 그대로이며($G=1{,}000$) 새로운 조세 수준이 800으로 감소하였다($\Delta T=-200$). 새로운 균형이자율은 얼마인가?

(10) 위의 문제 (9)에서 이자율이 변하는 이유를 '그림'과 '말'로 설명하시오.

(11) 위의 문제 (7)과 (9)에서 $\Delta G=-\Delta T$임에도 불구하고 이자율에 미치는 효과가 조금 다르게 나오는 이유는 무엇인가?

(12) 이제 정부지출과 조세의 수준을 모두 800으로 낮추기로 하였다($G=T=800$). 새로운 균형이자율은 얼마인가?

(13) $G=T=1{,}000$일 때에 비해, $G=T=800$의 경우에 균형이자율이 낮아지는 이유는 무엇인가?

(14) 위의 문제로부터 "작은 정부가 미래의 성장 잠재력을 제고시키는 데 유리하다."는 주장의 단서를 찾아보라.

03 다음은 고전학파 시각에 입각한 장기거시경제모형이다.

GDP의 공급: $Y = 5{,}000$

GDP의 수요: $Y = C + I + G$

정부지출: $G = 1{,}000$

조세: $T = 1{,}000$

소비함수: $C = 250 + 0.75(Y - T)$

투자함수: $I = 1{,}000 - 50r$

(1) 균형이자율, 소비, 투자, 정부지출, 저축액을 구하시오(여기서 이자율은 % 단위로 해석된다).

(2) 북핵실험에 따른 민간기업의 투자심리 악화로 투자가 100만큼 감소했다. 즉, $\Delta I = -100$. 새로운 균형이자율, 소비, 투자, 정부지출, 저축액을 구하시오.

(3) 정부가 투자의 감소에 대응하여 정부지출을 100만큼 증가시키기로 하였다. 즉, $\Delta I = -100$이고 $\Delta G = 100$. 새로운 균형이자율, 소비, 투자, 정부지출, 저축액을 구하시오.

04 한 경제의 완전고용소득수준은 6,000이다. 정부지출 수준은 1,200이다. 소비수요함수와 투자수요함수가 다음과 같다고 하자.

$C = 3{,}600 - 2{,}000r + 0.10Y, \quad I = 1{,}200 - 4{,}000r$

(1) 이 경제의 저축함수를 구하라.

(2) 완전고용소득수준이 6,000일 때 저축(S)과 이자율(r)은?

(3) 완전고용소득수준이 6,400으로 증가하였다. 완전고용소득수준이 6,000일 때에 비하여 저축(S)과 이자율(r)은 어떻게 변하는가? 이유를 간단히 쓰시오.

05 고전학파 시각에 입각한 장기거시경제모형에서

(1) 총수요곡선과 총공급곡선을 (소득, 이자율) = (Y, r) 평면에 도시하고, 그렇게 그린 이유를 간단히 설명해 보시오.

(2) 위의 그림을 이용해 투자 감소의 효과를 분석하시오.

(3) 위의 그림을 이용해 정부지출 증가의 효과를 분석하시오.

06 자연실업률(u_n)이 10%인 경제를 고려하자. 이 경제에서 구직률(f)은 이직률(s)의 몇 배인가?

07 실업보험 대상 근로자의 확대 및 실업보험급여의 인상의 효과를 고전학파 장기거시경제 모형의 시각에 의해 분석해 보시오. 특히, 다음 변수들에 미치는 효과를 중심으로 설명해 보시오.

(1) 자연실업률(u_n)

(2) 자연소득 수준(Y_n)

(3) 이자율(r)

(4) 투자(I)

(5) 저축(S)

08 단순 Keynes 모형에서 한 국가의 거시경제가 다음과 같다고 하자.

$C=200+0.75(Y-T)$, $I=200$, $G=T=100$.

(1) 균형소득을 구하라.

(2) 경제의 불확실성이 제거되고 미래에 대한 불안감이 완화되면서 국민들은 소비를 더 해도 괜찮다고 느끼게 되었다. 구체적으로 국민들은 소비성향을 현재의 75%에서 80%로 높이기로 하였다. 새로운 균형소득을 구하라.

(3) 새로운 균형소득은 (1)의 답에 비해 높은가, 낮은가? 그 이유를 승수효과의 원리를 이용해 설명하라.

제3편
화폐와 거시경제

제3편의 개요

제2편에서는 화폐가 없는 거시경제의 기본모형을 다루었지만 제3편에는 화폐가 도입된다. 화폐를 도입함으로써 '명목'과 '실질'을 구분하고 물가와 인플레이션을 분석할 수 있게 된다. 균형국민소득이나 실업에 대해 그러한 것처럼, 화폐가 도입된 거시경제에 대해서도 고전학파와 케인즈의 견해는 서로 다르다. 고전학파는 명목과 실질을 엄격히 구분하지만, 케인즈는 조금 다른 견해를 가지고 있다. 이자율이 어떻게 결정되는지에 대해서도 양측은 다른 각도에서 접근한다.

화폐와 금융시장

제9장

지금까지의 논의에서 화폐는 도입되지 않았다. 경제는 재화와 그것을 만드는 노동자와 기계 등 실물로 이루어져 있었고 화폐는 없었다. 시장도 상품시장과 노동시장만 존재하였다. 그러나 경제에는 화폐와 금융자산이 존재한다. 대개의 경우 화폐는 종이이거나 통장에 적혀 있는 숫자에 불과하지만 사람들은 여러 가지 이유로 화폐를 필요로 한다. 또 사람들은 화폐뿐만 아니라 채권과 주식과 같은 금융자산에도 투자한다. 따라서 완전한 거시경제모형을 구축하기 위해서는 화폐와 금융자산이 도입되어야 한다. 단, 화폐와 금융시장을 포함한 거시경제의 분석은 이후의 장에서 포괄적이고 반복적으로 진행되므로 이 장에서는 최소한의 내용만을 다룬다.

9-1 화폐의 기능

화폐는 크게 세 가지 기능을 수행한다. 화폐의 기본적인 기능은 '교환의 매개수단'이다. 화폐는 교환 과정에서 발생하는 불편과 거래비용을 절감하기 위해서 고안되었으므로 재화나 서비스의 교환을 원활하게 해 준다. 일상적인 거래에서 동전과 지폐가 널리 사용되지만, 오늘날에는 계좌이체, 당좌수표, 신용카드 등이 지불의 방법으로 흔히 사용된다. 따라서 입출금이 자유로운 예금통장에 들어 있는 잔고 역시 화폐로 간주된다. 우리는 흔히 어떤 자산이 유동성(liquidity)이 높거나 낮다고 말하는데, 이때 유동성이란 현금(또는 화폐)으로 전환될 수 있는 용이성을 의미한다. 따라서 화폐는 그 자체로 유동성이 가장 높은 자산이다.

화폐는 '계산단위'로서의 기능도 수행한다. 우리는 모든 경제적 계산을 화폐단위로 한다. 재화와 서비스 거래 및 금융거래의 가치에서부터, 기업의 회계정리, *GDP*의 계산 역시 화폐단위를 사용한다. 화폐와 같은 측정수단이 없다면 이와 같은 일은 사실상 불가능해진다.

화폐의 세 번째 기능은 '가치의 저장수단'이다. 물물교환 경제에서는 재화와 용역의 판매와 구매 행위가 동시에 이루어지지만, 화폐경제에서는 판매시점과 구매시점이 종종 분리된다. 사실 화폐경제에서의 판매행위는 화폐의 획득에 불과하다. 따라서 구매시점까지 최소한 단기적으로라도 그 화폐가 가치를 지니고 있어야 한다. 그런데 오늘날 대부분의 경제는 정부가 발행하는 법정화폐(fiat money)를 사용하므로 사람들은 화폐의 가치에 대한 신뢰를 갖게 되는 것이다. 화폐는 이와 같이 판매시점에서 구매시점 사이 동안 가치저장의 기능을 수행한다. 물론 화폐 이외에도 금이나 주식, 채권도 가치의 저장수단으로서 이용될 수 있다. 이들 자산은 일반적으로 화폐보다 우월한 가치저장수단일 수 있지만, 아무런 소득도 낳지 않는 화폐가 가치저장수단으로 주로 사용되는 것은 다른 자산에 비해 구매력이 비교적 안정적으로 유지되기 때문이다.

9-2 화폐의 측정: 통화지표

이제부터는 화폐와 통화라는 용어를 같은 의미로 혼용해서 쓰기로 한다. 흔히 통화라고 하면 지폐나 동전 같은 현금만을 떠올리기 쉽다. 그러나 은행예금은 물론 투자신탁회사나 상호저축은행에 맡겨 놓은 예금들도 필요한 경우 즉시 현금으로 인출할 수 있으므로 경우에 따라서는 이들도 통화에 포함시킬 수 있다. 따라서 통화는 현금 이외에 여러 가지 화폐적 기능이나 성격을 지닌 금융상품을 포괄하는 개념으로 볼 수 있다.

우리나라는 1951년부터 통화지표를 공식 편제하기 시작한 이래 여러 통화지표를 추가로 편제해 왔으나, 2002년부터는 IMF의 통화금융통계매뉴얼(2000년) 기준에 부합하는 새로운 개념의 통화지표로서 협의통화(M1) 및 광의통화(M2)를 개발하여 공표하였는데, 이들 지표는 금융기관이 취급하는 금융상품의 유동성 정도를 기준으로 그 포괄상품을 구성한 것이다.[1)]

첫째, M1은 화폐의 지급결제수단으로서의 기능을 중시한 지표로서 민간이 보유하고 있는 현금과 예금취급기관의 결제성예금 합계로 정의된다. 여기서 결제성예금

1) 한국은행은 M1(협의통화), M2(광의통화) 이외 Lf(금융기관유동성), L(광의유동성)을 매월 작성하여 발표하고 있다. Lf는 M2에 예금취급기관의 만기 2년 이상 정기예적금, 금융채, 금전신탁 등과 생명보험회사의 보험계약준비금, 증권금융회사의 예수금 등 상대적으로 유동성이 낮은 금융상품까지 포함하며, L은 Lf보다 금융상품 포괄범위가 넓은 광의유동성 지표로서 Lf에 기업 및 정부 등이 발행하는 기업어음, 회사채, 국공채 등 유가증권이 포함된다.

이란 예금취급기관의 당좌예금, 보통예금 등 요구불예금과 저축예금, 시장금리부 수시입출식예금($MMDA$: Money Market Deposit Account), 단기금융펀드(MMF: Money Market Fund) 등으로 구성된다. 비록 현금은 아니지만 결제성예금은 수표발행 등을 통해 지급결제수단으로 사용되거나 즉각적으로 현금과 교환될 수 있으며 기능 면에서 현금과 거의 같다고 볼 수 있기 때문에 M1에 포함된다.

둘째, M2는 M1보다 넓은 의미의 통화지표로서 M1에 포함되는 현금과 결제성예금뿐만 아니라 예금취급기관의 준결제성예금까지를 포함한다. 여기서 준결제성예금이란 정기예적금 및 부금, 거주자 외화예금 그리고 양도성예금증서, 환매조건부채권, 매출어음 등 시장형 금융상품, 만기 2년 미만 금전신탁, 단기금융펀드(MMF: Money Market Fund) 수익증권 등 실적배당형 금융상품, 금융채, 발행어음, 신탁형 증권저축 등을 포함한다. 다만, 유동성이 낮은 만기 2년 이상의 장기 금융상품은 제외한다. 이와 같이 M2에 기간물 정기예적금 및 부금 등 단기 저축성예금뿐만 아니라 시장형 금융상품, 실적배당형 금융상품 등을 포함하는 것은 이들 금융상품이 비록 거래적 수단보다는 저축수단으로 보유되지만 약간의 이자소득만 포기한다면 언제든지 인출이 가능하여 결제성예금과 유동성 면에서 큰 차이가 없다고 보기 때문이다. 또한 거주자 외화예금도 국내에서의 지급결제수단으로는 약간의 제약이 있지만 언제든지 원화로 바뀌어 유통될 수 있기 때문에 M2에 포함하고 있다.

M1 = 현금 + 결제성예금

M2 = M1 + 준결제성예금

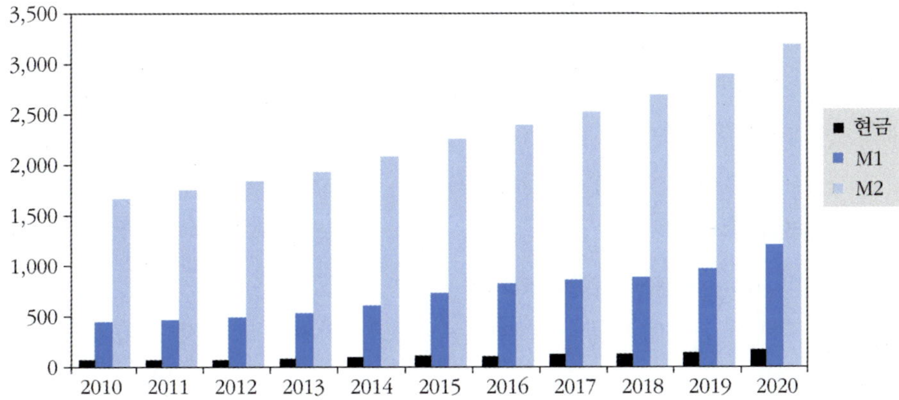

그림 9-1 우리나라의 통화지표: 2010~2020

(단위: 조원)

자료: 한국은행(통화지표, 말잔 기준)

그림 9-1에는 2010년부터 2020년까지 10여년간의 통화지표 추이가 나타나 있다. 2020년 말 기준으로 우리나라의 현금통화는 136조 원, M1은 1,198조 원, M2는 3,200조 원을 기록하고 있다.

실제 2020년 말 기준으로 보면 우리나라 국민 1인당 263만 원 정도의 현금을 보유하고 있다. M1은 1인당 2,313만 원이다. M1은 예금을 포함하는 금액이라 그렇다 치지만, 1인당 현금이 263만 원이라면 이는 꽤 큰 액수이다. 4인 가족으로 단위를 바꾸면 가구당 1,052만 원이 넘는 현금을 보유하고 있는 셈이다. 더욱이 신용카드가 활성화된 시대이므로 보통 사람이 지갑이나 금고에 평균적으로 그 정도의 현금을 갖고 있다고 보기는 쉽지 않다. 그러면 이러한 숫자를 어떻게 해석해야 할까? 첫째, 비록 정상적인 거래일지라도 상거래에서 현금으로 거래되는 비중이 아직도 높다는 것을 뜻한다. 특히, 우리나라는 소규모 자영업의 비중이 높기 때문에 현금수요가 높게 유지될 수 있다. 둘째, 현금의 일부는 마약거래, 뇌물수수, 사기거래 등과 같은 불법거래에 사용되며, 탈세를 목적으로 한 거래 및 자금수수에 광범위하게 사용된다. 더욱이 이러한 거래로 돈을 번 사람들에게는 현금이 최선의 가치저장수단이므로 현금에 대한 수요는 꾸준히 유지된다.

9-3 금융시장

금융(finance)이란 용어는 매우 광범위하게 사용되는데 일반적으로 자금잉여주체와 자금부족주체 간의 중개(intermediation) 행위로 정의된다. 즉, 자금이 남는 곳에서 자금이 필요한 곳으로 흘러 들어가게 하는 행위이다. 금융중개를 담당하는 기관을 금융중개기관(financial intermediary)이라 하고 금융행위가 이루어지는 시장을 금융시장(financial market)이라고 한다.

자금이 부족한 기업이 자금을 조달하는 데 쓰는 방법은 크게 세 가지이다. 대출(loan)을 받거나 채권(bond) 또는 주식(equity)을 발행하는 것이다. 자금잉여주체인 가계의 입장에서 보면 그것은 예금(deposit)하거나, 채권과 주식에 투자하는 것이다. 이 가운데 예금-대출은 은행을 위시한 금융중개기관을 매개로 이루어지는 중개

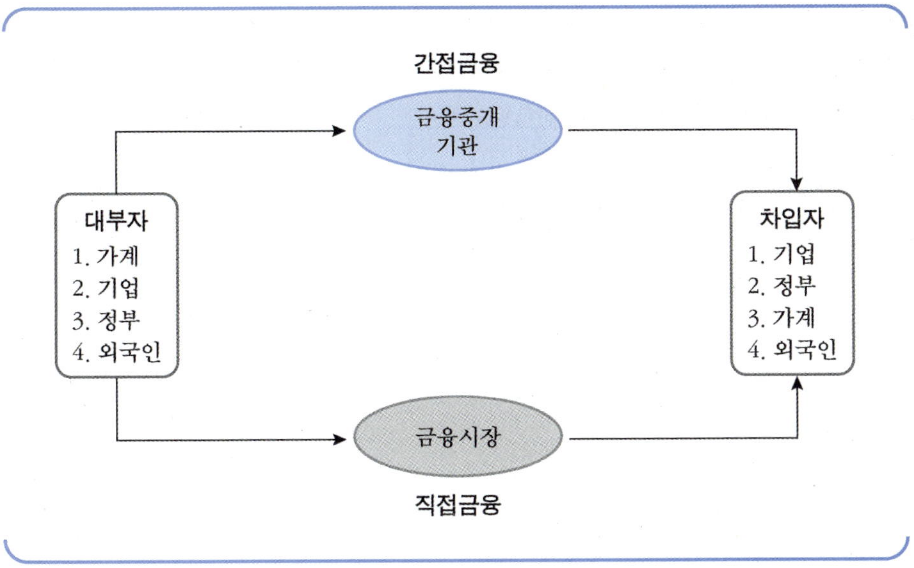

그림 9–2 지금순환도

행위이며, 채권과 주식의 거래는 금융시장에서 이루어지는 직접적인 금융행위이다. 전자를 간접금융, 후자를 직접금융이라고 부르며 **그림 9–2**에 나타나 있다.

예금, 채권, 주식은 모두 금융자산이다. 그런데 예금 가운데 결제성예금이나 준결제성예금은 화폐의 범주에 포함된다. 즉, 유동성이 높은 금융자산이 화폐로 간주되는 것이다. 그런데 사람들은 금융자산의 일부를 현금과 유동성이 높은 예금의 형태로 보유하지만, 나머지는 채권이나 주식에 투자한다. 여기서는 채권과 주식 가격의 결정원리를 간략히 살펴본다.

(1) 채권

채권은 정부, 기업, 금융기관 등이 자금조달의 목적으로 증권(security)의 형태로 발행하는 증서이다. 발행주체에 따라 정부가 발행하면 국채, 기업이나 금융기관이 발행하면 회사채, 금융채로 불린다. 채권은 발행방식에 따라 크게 이표채(coupon bond)와 할인채(discount bond)로 구분된다. 은행예금에 대해 원금과 이자가 지급된다면 채권에 대해서는 액면가(face value 또는 par value)와 이표가 지급된다.

예를 들어, **그림 9–3**에는 만기가 3년이고 분기마다 이표를 지급하는 이표채의 구조가 도시되어 있다. 이표채는 발행 시 액면가와 표면금리가 확정되어 있는데, 가령 액면가가 10,000원이고 표면금리(coupon rate)가 연 8%라면 매 분기마다 200원의 이표가 지급되고 만기시까지 총 12회의 이표가 지급되며, 만기에 도달하면 만기금액을 지급한다. 반면 할인채는 중간에 지급하는 이표가 없고 만기 시에 만기금액만 지급된다. 이러한 채권의 가격(P_B)은 다음과 같은 현재가치(present value) 식에 의

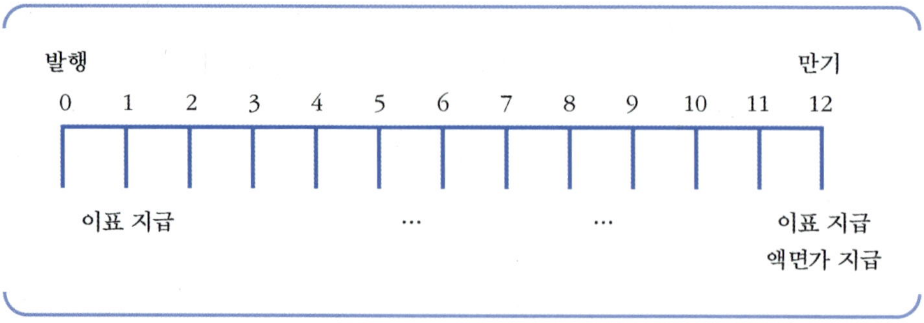

그림 9-3 3년 만기 이표채의 구조

해 구해진다.

$$P_B = \frac{C}{(1+i)} + \frac{C}{(1+i)^2} + \frac{C}{(1+i)^3} + \cdots + \frac{C}{(1+i)^n} + \frac{F}{(1+i)^n}$$

여기서 C는 이표, n과 F는 각각 만기와 액면가이며 i는 할인율(discount rate)이다. 할인채의 경우에는 $C=0$으로 놓으면 된다.

중요한 것은 이러한 채권이 발행 시를 포함하여 만기 전까지 언제든지 거래될 수 있다는 것이다. 발행 시부터 보유하여 만기까지 보유할 수도 있지만 중간에 사거나 파는 것이 가능한 것이다. 그리고 채권의 거래가격, 즉 채권가는 시장상황에 따라 얼마든지 변할 수 있다. 위의 식에서 C, n, F는 발행조건에 따라 미리 정해지는 반면에 P_B와 i는 시장상황에 따라 변한다.

여기서 우리는 만기수익률(YTM: Yield to Maturity)의 개념을 알아 둘 필요가 있다. 만기수익률이란 현재의 채권가격을 그 채권이 지급하는 지급액의 현재가치와 일치하게 만들어 주는 수익률로 정의되며, 위 식의 i에 해당한다. 그런데 위의 식에서 P_B와 i는 일대일로 대응된다. 채권의 가격 P_B가 하락하면 만기수익률 i가 상승하고, 채권의 가격 P_B가 상승하면 만기수익률 i가 하락하는 것이다.

채권투자자의 입장에서 높은 가격에 채권을 매입한다는 것은 낮은 수익률을 감수하는 것이고, 낮은 가격에 매입하는 것은 높은 수익률을 예상하는 셈이다. 우리가 이자율이라고 할 때 흔히 은행의 예금금리나 대출금리만을 떠올리기 쉬우나 채권의 수익률도 이자율의 한 종류이다. 다양한 은행금리를 포함해 다양한 종류의 채권수익률이 모두 이자율이며, 따라서 이자율의 종류는 무수히 많다. 다만 예금과 채권 등의 금융상품은 서로 대체관계에 있기 때문에 자금이 이동함에 따라 이자율은 대체로 같은 방향으로 움직이는 경향이 있다.

또한 채권은 안정성에 따라 그 값이 달라지게 된다. 채권의 발행자가 부도를 내면 액면가와 이표를 지급받지 못할 수도 있는데, 이와 같이 부도위험(default risk)이 클수록 채권의 값은 하락한다. 대신 채권의 수익률은 높은데, 이는 부도위험에 대한 보상(premium)이다. 일반적으로 한 국가 내에서 부도위험이 가장 작은 채권은 국채이며, 부도위험이 작은 만큼 수익률도 낮다. 국채수익률은 그 나라를 대표하는 이자율로 간주되고, 여타 채권에 대해서는 위험의 정도에 따라 그 위에 리스크 프리미엄(risk premium)이 얹어지게 된다.

(2) 주식

채권과는 달리 주식에는 만기가 없고 이표 대신 배당금(dividend)을 지불한다. 채권의 이표가 고정되어 있는 반면 주식의 배당금은 유동적이다. 통상 기업실적이 개선되면 배당금은 증가한다. 채권가격이 채권을 보유함으로써 받게 되는 현재와 미래의 이표 및 액면가의 현재가치인 반면, 주식가격은 주식을 보유함으로써 받게 되는 현재 및 미래의 모든 배당금의 현재가치로 정의된다. 단, 미래의 배당금은 현재에 확정된 것이 아니므로 예상치로만 존재한다.

$$P_s = \frac{D^e_{t+1}}{(1+k)} + \frac{D^e_{t+2}}{(1+k)^2} + \frac{D^e_{t+3}}{(1+k)^3} + \cdots$$

여기서 D^e_{t+j}는 미래시점 j의 예상 배당금이고, k는 할인율이다. 여기서 채권에서와는 달리 할인율을 i 대신 k로 쓴 것은 둘 다 리스크 프리미엄이 포함된 할인율이라는 점은 공통적이지만 채권에서의 할인율이 이자율로 통용되는 것과는 달리 주식에서는 기대수익률(expected return)이라는 용어를 쓰기 때문이다.

이상에서는 화폐 이외의 금융자산인 채권과 주식의 가격이 현재가치의 형태로 표현될 수 있음을 살펴보았다. 채권과 주식 모두 화폐의 대체물(substitute)이라는 점에서는 같지만, 거시경제학에서는 통상 화폐에다 채권까지만 추가하여 분석 대상으로 삼는다.[2] 거시경제학의 실물부문이 크게 상품시장과 노동시장으로 구성된다면, 금융부문은 화폐시장과 채권시장으로 구성된다. 그런데 화폐와 채권은 밀접한 대체관계에 있고 화폐시장과 채권시장 중 어느 한 시장이 균형을 이루면 다른 한 시장은 이면에서 자동으로 균형을 이루는 것으로 간주되므로, 금융부문을 한 시장만으로 구성하기도 한다.

표 9-1은 우리나라 채권시장과 주식시장의 규모를 보여주는데, 두 시장 모두

2) 채권은 크게 국채와 회사채로 구분될 수 있으므로 화폐를 대체하는 금융자산 중 리스크가 작은 순서대로 나열하면 국채, 회사채, 주식이며, 따라서 화폐와 가장 가까운 대체물은 국채로 간주된다.

2010년에서 2020년 사이에 규모 면에서 크게 성장하였다. 절대적 규모 면에서도 크게 성장하였으며, *GDP*에 대비하여서도 크게 성장했다는 것을 알 수 있다.

표 9-1 우리나라 채권시장과 주식시장의 규모

(단위: 조원, %)

	채권시장 거래대금	주식시장 시가총액	합계	명목 *GDP*	*GDP* 대비 비중(%)
2010년	585.2	1,239.9	1,825.1	1,322.6	138.0
2020년	2,141.1	2,366.1	4,507.2	1,933.2	233.1

주: 1) 채권시장의 거래대금은 국채, 지방채, 특수채, 회사채, 외국채를 합한 금액이며, 주식시장 시가총액은 코스피시장과 코스닥시장을 합한 금액임

자료: 한국은행

화폐와 물가

제10장

화폐가 도입되지 않았던 거시경제모형에서 이자율, 임금과 같은 가격변수들은 따로 지칭하지 않았어도 실질이자율과 실질임금을 의미하였다. 그러나 화폐가 도입되면 명목과 실질을 구분하는 것이 중요하고, 물가 수준(price level)에 대한 논의도 가능해진다.

10-1 화폐수량설

화폐가 국민소득, 물가 등의 경제변수와 어떤 관계를 갖고 있는가 하는 문제는 역사상 오랜 기간을 두고 논의되고 분석되었으나, 전통적인 이론은 역시 고전학파의 화폐수량설이다.

(1) 수량방정식

피셔(I. Fisher)에 의해 정리된 수량방정식(quantity equation)은 화폐가 가진 교환의 매개수단으로서의 기능을 중요시한다. 사람들은 재화와 서비스를 거래하기 위해 화폐를 소유한다. 그런데 재화와 서비스의 가격이 비싸지거나 더 많은 거래를 하려면 더 많은 화폐가 필요하거나 같은 양의 화폐라도 빈번하게 사용해야 한다. 화폐와 거래 간의 관계를 수식으로 나타내면 다음과 같은 수량방정식이 성립된다.

$$MV_T = PT \qquad (10.1)$$

수량방정식 우변의 T는 일정 기간 동안에 거래된 재화와 서비스의 총수량이다. 여기서 거래된 재화와 서비스는 최종생산물뿐만 아니라 원료와 중간생산물 등 거래된 것은 모두 포함된다. P는 이와 같은 거래에 적용된 전형적이고 평균적인 거래가격, 즉 물가 수준이다. 따라서 거래가격에 거래수량을 곱한 PT는 일정 기간 동안 교환된 화폐의 수, 즉 명목거래량과 같다. 수량방정식 좌변의 M은 통화량, 즉 일정 시점에 존재하는 화폐의 양이다. 그리고 V_T는 화폐의 거래유통속도(transactions velocity of money)로 화폐가 거래에 사용된 횟수를 뜻한다.

예를 들어, 재화 1개당 3,000원씩 받고 100개가 판매된 경우를 보면, 교환에 사용된 화폐의 수는 모두 합하여 PT=3,000원×100개=300,000원이다. 만약 존재하는 화폐의 양이 100,000원이면 유통속도는 $V=PT/M$=300,000/100,000=3이다. 즉, 통화량이 10만 원일 때, 일정 기간 동안 30만 원 상당의 거래가 발생하면 화폐는 같은 기간 동안 3번 소유주가 바뀐 것이고, 따라서 3번 유통된 셈이다. 만약 통화량은 여전히 10만 원인데 개당 3,000원에 200개가 판매되거나, 개당 6,000원에 100개가 판매된다면 유통속도는 두 배인 6으로 올라간다.

수량방정식은 그 정의상 언제나 성립하는 항등식이다. 관련 네 변수 중 어느 하나가 변하면 등식을 유지하기 위해 다른 변수들도 변하게 된다. 예를 들어, 좌변의 통화량이 증가하고, 유통속도가 불변이라면 우변의 가격이나 거래 수가 증가하여야 한다.

고전학파 경제학자들은 화폐의 유통속도 V_T는 사회의 구매관습과 소비관습 등에 따라 결정되는 것으로 단기에서는 일정한 값을 갖는다고 생각하였다. 그리고 거래량은 생산량과 일정한 비례관계를 갖는다고 가정하였다. 그런데 고전학파에서는 국민경제의 생산 수준은 완전고용 수준이며, 단기적으로 변동하지 않으므로 거래량 역시 단기적으로 일정하다고 가정하였다. 결국 위의 수량방정식에서 V_T와 T가 단기적으로 일정하다면 M과 P는 일대일로 대응되며, 통화량의 증대는 단지 물가 수준만 상승시킬 뿐이다.

위의 수량방정식이 실제로 거시경제의 분석을 위해 사용될 경우에는 거래 수 T가 실질소득 Y로 대체되어 다음과 같은 형태를 띠게 된다.

$$MV=PY \tag{10.2}$$

여기서 유통속도 V는 거래가 아닌 소득에 대해서 정의되었으므로 소득유통속도(income velocity of money)의 개념으로 바뀐다. 거래에 몇 번 사용되었는가가 아니라 소득에 대비하여 몇 번 사용되었는가를 의미한다. 역시 고전학파적 사고에 따라 V와 Y가 단기적으로 일정하다면 M과 P는 비례관계를 맺는다.

(2) 화폐수요와 수량방정식

마샬(A. Marshall)은 사람들이 화폐를 보유하는 것은 거래에 있어서의 편리함 때문이라고 생각하였다. 그는 재화와 용역에 대한 수요가 존재하듯이 화폐에 대해서도 수요의 개념을 적용시킬 수 있다고 생각했다. 화폐수요(demand for money)는 예상거래액에 의하여 영향을 받지만, 예상거래액은 소득 수준에 비례하기 때문에 결국 화폐수요는 소득 수준에 의해 결정된다. 또한 그는 화폐수요와 소득 수준 간에 일정한 비례관계가 있다고 보아 다음과 같은 관계식을 도출하였다.

$$M^d = kPY \tag{10.3}$$

여기에서 Y는 실질국민소득, P는 물가 수준이므로 PY는 명목소득을 나타내고, k는 국민소득과 화폐수요 간의 비례관계를 결정하는 계수로서 '마샬의 k'라고 한다.

한편 실질화폐, 즉 화폐를 가지고 실제로 구입할 수 있는 재화와 서비스의 양은 M/P으로 나타낼 수 있는데, 이를 실질화폐잔고(real money balances)라 부르기도 한다. 실질화폐잔고는 화폐의 구매력을 측정하는 것이기도 한데, 실질화폐잔고의 개념으로 화폐수요를 나타내 보면 사람들이 소유하고 싶어하는 실질화폐잔고의 양은 다음과 같이 표현된다.

$$\left(\frac{M}{P}\right)^d = kY \tag{10.4}$$

식 (10.3)이 명목화폐수요가 명목소득에 비례함을 나타내는 한편, 식 (10.4)는 실질화폐수요가 실질소득에 비례함을 나타낸다.

여기서 화폐의 수요와 공급이 일치한다는 조건을 추가하고($M = M^d = M^s$), $V = 1/k$로 놓으면 위의 식은 고전학파의 화폐수량설로 환원된다.[1]

$$MV = PY \tag{10.5}$$

고전학파의 화폐수량설은 이후 프리드먼(M. Friedman)에 의해 신화폐수량설로 발전하는데, 프리드먼은 화폐를 일종의 상품으로 보고 개인의 효용극대화원리에 입각하여 화폐수요이론에 접근하였으며 화폐수요에 영향을 미치는 많은 요인

1) 여기서 화폐의 공급수준은 중앙은행이 통제할 수 있다고 가정한다. 실제로 중앙은행이 화폐의 공급량을 어떻게 관리하는지에 대해서는 이후에 자세히 검토될 것이다.

들을 포괄적으로 고려하였다. 그러나 화폐수요에 영향을 주는 여러 요인 가운데 소득의 역할이 가장 중요하며, 나아가 화폐수요함수가 매우 안정적이라는 것을 강조함으로써 역시 고전학파와 유사한 시사점을 도출하였다.

마샬의 이론은 사람들이 화폐를 보유하고자 하는 동기를 명시적으로 분석함으로써 화폐수요이론의 발전에 기여하였다. 그러나 화폐수요가 결국 소득과 비례관계를 맺는다고 간주함으로써 고전적 화폐수량설로 환원되는 결과를 가져왔다.

그림 10-1에는 통화지표 M1에 대해 M1/명목 $GDP(=M1/PY)$로 정의된 '마샬의 k' 추이가 그려져 있다. 1970년에 0.10에 불과했던 이 값은 2005년 0.35에 이르게 될 때까지 지속적으로 상승하는 추세를 보이다가 2008년 글로벌 금융위기 당시 0.27까지 하락하였다. 이후 꾸준한 상승세를 나타내며 2020년에는 0.55까지 높아졌다. 이 자료로 판단할 경우 우리나라에서는 화폐수요가 안정적이라는 마샬과 프리드먼의 견해가 지지되지 못하고 있다.

그림 10-1 우리나라 마샬의 k (1970~2020)

k: M1/명목 GDP

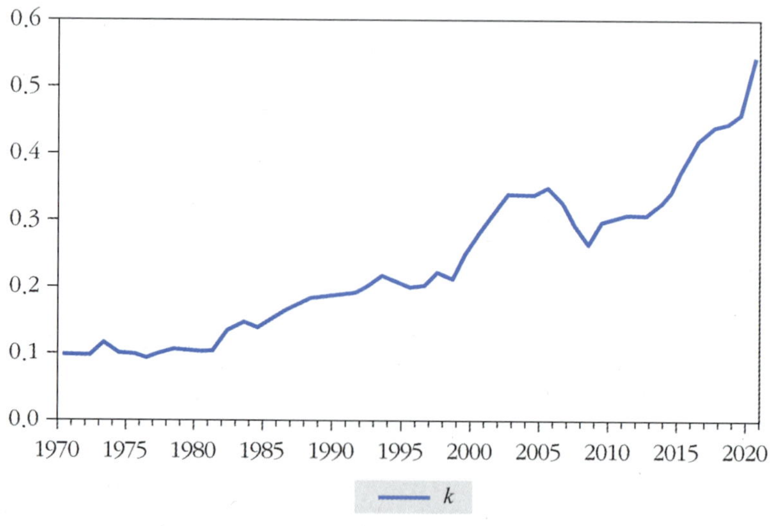

(3) 화폐와 인플레이션

고전학파의 화폐수량설은 물가결정이론으로서의 의미를 갖고 있다. 식 (10.5)에서 소득과 소득유통속도가 일정하면 물가(P)는 통화량에 의해 결정된다. 앞서 살펴본 바와 같이 고전학파모형에 의하면 실질국민소득은 생산요소의 양과 생산함수에 의해 결정된다. 따라서 실질소득 Y가 고정되고 소득유통속도가 변하지 않는다면 물가는 통화량에 의해 결정된다.

식 (10.2)를 % 변화율로 다시 정의하면 다음과 같다.[2)]

$$\frac{\Delta M}{M} + \frac{\Delta V}{V} = \frac{\Delta P}{P} + \frac{\Delta Y}{Y} \tag{10.6}$$

즉, 통화량 증가율에 소득유통속도의 변화율을 더한 것은 물가상승률(인플레이션율)과 실질국민소득 증가율(경제성장률)을 더한 것과 같아진다. 만약 유통속도와 실질소득이 통화량과 무관하게 일정하다면, $\frac{\Delta V}{V} = \frac{\Delta Y}{Y} = 0$이 되어 $\frac{\Delta M}{M}$(통화증가율)이 곧 $\frac{\Delta P}{P}$(인플레이션율)가 된다.[3)] 그런데 통화증가율은 중앙은행이 결정하므로 결국 인플레이션의 궁극적 책임은 중앙은행에 있다는 결과가 나온다. 대부분의 국가에서 인플레이션을 억제하기 위해 중앙은행이 통화를 제한적으로 공급하는 이유는 바로 여기에 있다.

그림 10-2는 1970년 이후 우리나라 M2 증가율의 장기추세 및 *GDP* 디플레이터 상승률의 장기추세를 보여주고 있다. 1970년대만 해도 우리나라의 인플레이션율은 20% 내외를 기록했으나, 1980년대 중반에 접어들면서 10% 이내로, 1990년대 후반부터는 5% 이내로, 그리고 2000년대는 2% 이내, 2010년대 들어서는 1%대로 점차 감소하였다. 그림에서 확인되듯이 인플레이션율이 감소하는 배경에는 통화증가율의 지속적인 감소가 있었다는 것을 알 수 있다.

물가가 극심하게 오르는 현상을 초인플레이션(hyper-inflation)이라 하는데, 그 대표적인 예는 1920년대의 독일이다. 제1차세계대전이 끝난 직후 패전국이었던 독일은 재원을 조달할 방법이 없어서 지폐를 발행하는 수단을 택했다. 그 결과 물가가 천문학적으로 상승하여 경제가 마비되는 비극을 낳았다. 최근에도 베네수엘라와 같은 국가는 2,000%가 넘는 인플레이션을 기록한 바 있다. 초인플레이션의 원인은, 물론 화폐를 과다하게 찍어내는 데 있다. 그런데 화폐를 과다하게 찍어낼

---

2) $MV = PY$라는 식은 매 기간마다 성립하므로 시간을 명시적으로 고려하고 시간을 t로 표기하면 $M_t V_t = P_t Y_t$가 된다. 양변에 자연로그를 취하고 시간 t에 대해 미분하면 식 (10.6)이 얻어진다.

3) 여기서 물가는 소비자물가지수나 생산자물가지수처럼 품목별 가격을 조사하여 종합한 것이 아니고 명목국민소득을 이용해 구하는 *GDP* 디플레이터이며, 따라서 인플레이션율은 *GDP* 디플레이터의 상승률이다.

수밖에 없는 것은 정부의 재정과 관계된다. 정부의 재정적자가 극도로 심해지면 정부의 신용도가 추락하게 되고 채권의 발행을 통한 자금의 조달이 불가능해진다. 이렇게 되면 결국 정부가 스스로 파산하지 않는 이상 돈을 더 찍어내야 하는 악순환에 빠지게 된다. 이러한 상황 속에서 경제의 안정적인 성장을 기대한다는 것은 지극히 어려운 일이다. 초인플레이션의 경험은 화폐의 공급량이 물가와 직결되어 있음을 실감나게 보여준다.

그림 10-2 우리나라 통화증가율과 인플레이션율의 장기추세 (1971~2020)

M2G: M2 증가율의 장기추세치, GDEF: *GDP* 디플레이터 상승률의 장기추세치. 통화증가율과 인플레이션율의 실제치 자체가 아니라 HP(Hodrick-Prescott) 필터를 사용하여 각각의 추세치를 구한 것임.

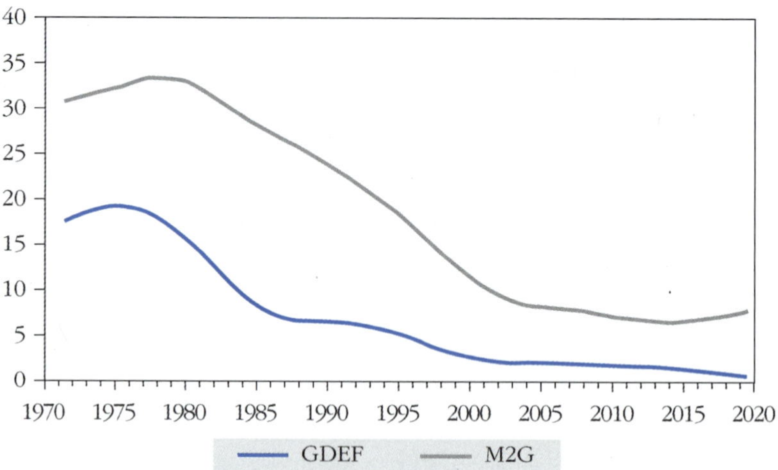

(4) 고전적 이분법

고전학파의 화폐수량설에 흐르고 있는 철학은 실질국민소득은 경제에 주어진 자원(생산요소)의 양과 생산기술에 의해 결정되고 화폐는 단지 물가만을 결정할 뿐이라는 것이다. 경제는 시장기능 혹은 가격기능에 의해 완전고용을 달성하므로 화폐가 실질국민소득에 변화를 줄 여지가 없다.

우리는 미시경제이론에서 2개 혹은 N개의 재화를 가정할 때, 상대가격(relative price)만이 중요함을 알았다. 화폐는 거래를 위한 수단일 뿐, 재화 간의 교환비율, 즉 상대가격을 변화시키지는 못한다. 여기서 물가가 오른다는 것은 재화 간의 상대가격은 변하지 않은 채 모든 재화에 있어 명목가격만이 같은 비율로 오른다는 것을 의미한다. 이처럼 실질변수(real variables)와 명목변수(nominal variables)가 서로 독립적으로 결정되는 것을 고전적 이분법(classical dichotomy)이라 한다.

고전학파는 화폐는 단지 실물부문을 가리고 있는 베일(veil)에 불과하다고 믿었다. 통화량의 변화가 실질소득과 같은 실질변수에 영향을 주지 못한다는 것을 화폐의 중립성(monetary neutrality)이라 한다. 물론 이와 반대로 통화량의 변화가 총생산량에 영향을 미친다고 보는 견해도 존재하는데, 이는 이후에 논의하기로 한다.

10-2 인플레이션과 이자율

이자율에는 실질이자율(real interest rate)과 명목이자율(nominal interest rate)이 있다. 인플레이션은 실질이자율과 명목이자율을 구분해 주는 역할을 한다. 우리가 현실에서 흔히 5%다, 6%다 하는 이자율은 명목이자율이다. 예를 들어, 1억 원을 연 5%의 이자율로 예치하면 1년 후에는 1억 5백만 원의 원리금이 발생하며, 명목적으로 5%만큼 화폐소득이 증가한다. 그러나 중요한 것은 화폐의 양 자체가 아니라 화폐로 재화와 용역을 구매할 수 있는 능력, 즉 구매력(purchasing power)이다. 명목이자율이 5%라 할지라도 인플레이션율이 8%라면 구매력은 3%만큼 감소하는 결과를 가져온다. 명목이자율은 화폐소득이 기간당 몇 % 증가하는가를 나타내는 반면, 실질이자율은 구매력이 몇 % 증가하는가를 나타내 준다. 물론 인플레이션이 전혀 없는 경우라면 명목이자율과 실질이자율은 정확히 일치한다.

실질이자율(r)은 명목이자율(i)에서 인플레이션율(π)을 뺀 것이다. 즉, 명목이자율은 실질이자율에 인플레이션율을 합한 것이 된다.

$$i = r + \pi \qquad (10.7)$$

위의 식을 경제학자 피셔(I. Fisher)의 이름을 붙여 피셔 방정식이라고 부른다. 우리는 앞서 고전학파의 소득결정이론에서 실질이자율(r)에 의해 생산물시장이 균형을 이룬다는 것을 알았다. 또한 화폐수량설에 의해 통화량 증가율($\Delta M/M$)이 인플레이션율($\pi = \Delta P/P$)을 결정한다는 것을 알았다. 이제 명목이자율(i)은 피셔 방정식에 따라 실질이자율에 인플레이션율을 합한 것으로 결정된다. 실질이자율은 실물부문(real sector)의 균형에 따라 화폐부문(monetary sector)과는 독립적으로 결정되고, 인플레이션율은 통화증가율과 일대일로 대응하면서 화폐부문에서 결정된다. 결과적으로 명목이자율은 인플레이션율과 일대일로 대응한다.

그런데 식 (10.7)은 명목이자율과 인플레이션 간의 관계를 사후적(ex-post)으로 표현한 것이다. 즉, 일정 기간 동안에 실현된 명목이자율과 실현된 인플레이션과의 관계를 나타낸다. 그러나 우리가 은행에 예금할 때나 돈을 대출해 줄 때, 그리고 돈을 차입할 때에는 계약기간 동안에 인플레이션율이 어떻게 될지 알 수 없다. 그럼에도 불구하고 명목이자율은 사전적(ex-ante)으로 정해져야 한다. 미래의 인플레이션율을 확실하게 알 수는 없어도 그에 대한 예상은 할 수 있다. 이제 π를 실현된 인플레이션율이라 하고 π^e를 예상인플레이션율이라고 한다면, 사전적 실질이자율은 $i-\pi^e$가 되고 사후적 실질이자율은 $i-\pi$가 된다. 피셔 방정식의 사전적 형태는 다음과 같이 표현된다.

$$i = r + \pi^e \tag{10.8}$$

통상 피셔 방정식이라 하면 예상인플레이션율이 포함된 식 (10.8)을 가리키며, 식 (10.7)은 피셔 방정식의 사후적 형태라고 이해하면 된다.

그림 10-3에는 1988년 이후 우리나라의 인플레이션율과 명목이자율이 나타나 있는데, 두 변수가 밀접한 관계를 가지고 움직이고 있음을 보여준다. 물론 실현된 인플레이션율을 사용한 그래프라는 점에 유의해야 한다. 실질이자율과 예상인플레이션율은 실제로 관찰되지 않는 변수이기 때문에 실질이자율을 계산할 때에는 흔히 명목이자율에서 실현된 인플레이션율을 차감하는 방법을 사용한다.

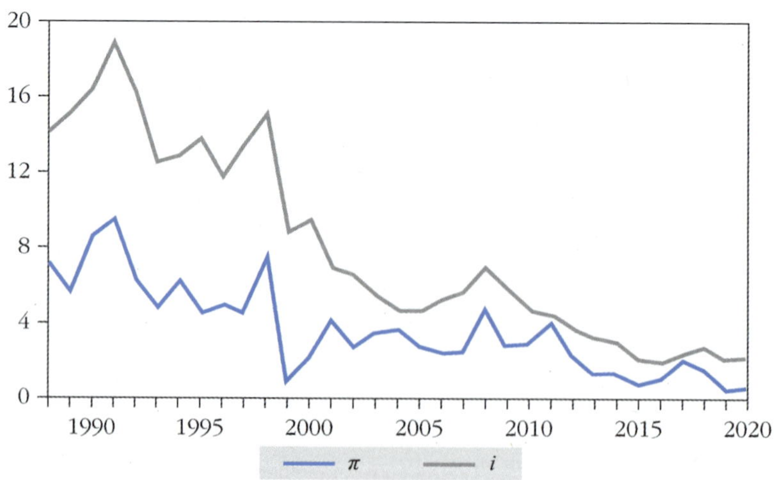

그림 10-3 우리나라 명목이자율과 인플레이션율 (1988~2020)

(단위: %)
π: 소비자물가상승률,
i: 회사채수익률

이자율 : 고전학파 대 케인즈

제11장

제6장에서 살펴본 것처럼 이자율은 고전학파모형에서 거시경제의 균형 달성에 결정적인 역할을 하는 변수였다. 실질이자율은 저축과 투자를 일치시키는 수준에서 결정되며 명목이자율은 피셔 관계식으로부터 도출되었다. 그러나 단순 케인즈모형에서는 실질이든 명목이든 이자율이 등장하지 않았다. 이자율에 대한 케인즈의 견해는 무엇인가? 균형소득의 결정이나 실업률의 결정에 대한 고전학파와 케인즈의 견해는 매우 큰 차이를 보였다. 이 장에서는 이자율에 대해서도 서로 다른 두 견해를 소개한다.

11-1 저축 · 투자와 이자율

앞서 살펴본 바와 같이 고전학파는 금융거래가 이루어지는 시장을 대부자금시장(loanable funds market)으로 단순화하였다. 대부자금의 대여와 차입 시에 적용되는 가격이 바로 이자율인데, 이자율이 조절됨으로써 대부자금의 수요와 공급이 서로 일치하게 된다. 가계는 은행에 예금을 하거나 채권을 구입함으로써 대부자금을 공급(=저축)하고, 기업은 은행에서 대출을 받거나 채권을 발행함으로써 대부자금을 조달(=투자)하므로, 이자율은 저축과 투자를 일치시켜 주는 역할을 한다. 결국 이자율은 저축과 투자라는 두 힘에 의해 결정된다. 어떤 이유로 저축이 늘거나 투자가 부진하면 이자율은 하락하고, 저축이 줄거나 투자가 활성화되면 이자율은 상승한다.

그러면 저축과 투자의 규모를 결정하는 근원적인 요인은 무엇일까? 먼저 저축부터 살펴보면, 저축은 '기다림에 대한 보상'의 성격을 가지고 있다. 이번 기에 소비하지 않고 저축하면 다음 기에 이자수입을 얻게 되고 그 수입으로 다음 기에 소비를 더 많이 할 수 있게 되니, 이것이 바로 기다린 것에 대한 보상인 것이다. 즉, 경제주체인 가계가 현재보다 미래를 더 중요시하는 태도를 갖게 되면 저축이 늘고 그에 따라 이자율은 하락하게 된다.

우리나라 국민들은 외환위기를 겪으면서 구조조정, 정리해고, 명예퇴직, 신용불량, 개인파산 등의 용어에 익숙해지게 되었다. 이웃 나라 일본 국민들은 거품붕괴로 인한 장기침체를 겪으면서 재산이 절반 이하로 줄어들고 생활형편이 전보다 나빠질 수 있다는 것을 체험했다. 이러한 경험은 사람들로 하여금 더 절약해서 미래에 대비해야 한다는 생각을 하게 만든다.

이처럼 가계가 미래에 대하여 어떠한 태도를 가지는가가 저축의 규모를 결정하는데, 이를 수식을 이용하여 현재와 미래 두 기간을 사는 소비자의 효용극대화 문제로 살펴보기로 하자. $U(\cdot)$를 통상적인 형태의 효용함수, C_1을 현재소비, C_2를 미래소비라 하고 ρ를 할인율(discount rate)이라고 하자.

$$U(C_1)+\frac{1}{1+\rho}U(C_2) \qquad (11.1)$$

위 식은 현재와 미래의 소비로부터 얻는 효용의 합계를 나타낸다. 여기서 할인율은 시장에서 객관적으로 주어지는 것이 아니라 가계의 심리적·주관적 요인에 좌우되는 값으로, 미래보다 현재를 중시할수록 큰 값을 가지며 할인율이 클수록 위 식의 두 번째 항의 값이 작아진다. 일정한 조건 하에서,[1] 할인율의 상승은 현재소비를 증가시키고 저축을 감소시키는 한편, 할인율의 하락은 현재소비를 감소시키고 저축을 증가시키게 된다. 이와 같이 한 경제의 저축규모를 결정하는 요인은 가계의 효용극대화 문제 속에 놓여 있으며, 특히 미래에 대한 태도가 어떠한가에 달려 있다.

그러면 투자의 규모를 결정하는 근원적인 요인은 무엇일까? 이는 기업의 이윤극대화 과정에서 나온다. 투자는 실물자본(physical capital)을 증대시키는 행위이므로 자본의 생산성이 얼마나 클 것인가가 중요하다. 정확히 말하면 투자의 규모는 자본의 한계생산성(MP_K: Marginal Productivity of Capital)에 달려 있다.[2] 자본의 한계생산성이 높을수록 투자규모는 증대된다. 반면 기술혁신이 지연되고 자본의 한계생산성이 낮은 경제는 투자가 부진하며, 이는 이자율을 낮추는 요인으로 작용한다.

대체로 선진국으로 진입할수록 이자율이 낮아지는 경향을 보이는데, 저축성향이

1) 여기서는 설명의 편의상 효용극대화 문제의 일부만을 직관적으로 조명하고 있다. 엄밀한 분석은 시장에서 주어진 이자율과 효용함수의 형태에 따라 달라지게 된다.

2) 엄밀하게는 비용조건인 이자율과 자본재 가격의 영향도 받는다.

일정하다고 가정할 때, 선진국일수록 그간 축적된 자본의 양이 많아서 자본의 한계 생산성이 낮기 때문이라 해석할 수 있다.[3] 반면 성장하는 경제는 자본의 생산성이 높아 투자가 활발하고 그에 따라 이자율이 높게 유지되는 경향을 보인다.

장기적 시각에서 볼 때 한 경제의 이자율은 저축과 투자의 힘에 의해 결정되고, 저축과 투자를 움직이는 힘은 경제주체들의 미래에 대한 태도와 그 경제의 생산성에 달려 있다. 고전학파의 이자율 결정이론은 장기적 시각에 기초한 것으로, 한 경제의 실질이자율이 장기적으로 어떤 추세를 가지고 움직일 것인가에 대한 기초적 분석의 틀을 제공한다.

그림 11-1은 1988년 이후 우리나라의 실질이자율을 보여주는데, 실질이자율의 하락 추세를 쉽게 확인할 수 있다. 외환위기 및 금융시장의 불안으로 이자율이 급등했던 1990년대 말을 예외적인 경우로 본다면, 우리나라의 실질이자율은 최근 30년 동안 지속적으로 하락하는 추세를 보여 왔다고 할 수 있다.

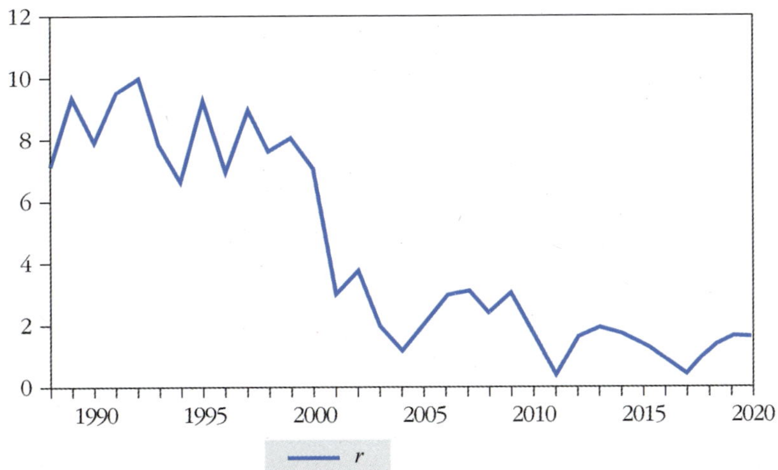

그림 11-1 우리나라의 실질이자율(1988~2020)

(단위: %)

r: 실질이자율 = 회사채수익률 −소비자물가상승률

---

3) 물론 기술혁신(technological innovations)과 지식자본(knowledge capital)의 축적으로 자본의 생산성을 높은 수준으로 유지시켜 투자규모가 줄어들지 않을 수도 있다.

저축과 투자의 관점에서 이자율의 흐름을 보는 고전학파의 견해는 **그림 11-1**과 같은 이자율의 장기적 추세를 설명하는 데 적합하다. 우리나라의 경우에 외환위기 이전까지 높은 증가세를 지속하던 투자는 그 이후 크게 둔화되었다. 외환위기 이후 수익성 높은 신규 투자처를 찾지 못하는 가운데 기업들이 생산시설의 해외이전을 추진하는 등 국내투자수요가 크게 감소하였는데, 결국 이러한 경향이 이자율을 하락시키는 중요한 요인으로 작용한 것이다.[4)]

11-2 유동성선호와 이자율

고전학파의 이론은 실물경제현상과 결부시켜 실질이자율의 장기적 추세를 전망한 것이다. 고전학파의 이자율 결정이론은 실질이자율 결정이론이므로 화폐가 도입되지 않아도 된다. 화폐가 도입되면 명목이자율은 피셔 관계식에 따라 실질이자율에다 예상인플레이션율을 더해 주면 된다. 화폐적 요인은 실질이자율의 결정과 무관하다. 그러나 케인즈는 이자율의 결정에 화폐적 요인이 중요하다는 점을 강조하면서 '유동성선호설'을 주장하였다.

케인즈에 따르면 사람들에게는 유동성 자체를 선호하는 성향이 있다. 사람들은 일상적으로 재화와 용역을 구입하기 위해 화폐를 사용하기도 하지만, 주식, 부동산 등에 대한 투자에도 사용한다. 자산거래에도 화폐가 필요한데, 예를 들어 채권을 팔아 주식을 사거나 주식을 팔아 부동산을 구입하는 것이 가능하지만, 시간이 적지 않게 소요되고 또 투자시기를 놓칠 가능성도 있기 때문에 자산의 일부를 유동성이 높은 화폐로 보유하게 된다. 특히 머지않아 채권이나 주식의 가격이 오를 것이라고 예상되는 경우에는, 적기에 신속하게 투자하기 위해서 자산의 일정 부분을 화폐 형태로 보유하는 것이 유리하다. 이처럼 경제주체들에게는 유동성선호(liquidity preference)의 심리가 존재한다.

4) 물론 저축도 이자율의 장기적 추세에 영향을 준다. 다만, 소비나 저축은 투자에 비해 안정적인 움직임을 보이는 변수이므로 투자수요의 역할이 상대적으로 더 중요한 경우가 많다. 여기서 한 가지 덧붙일 사항은, 외환위기 이후 자본시장 개방에 의해 해외자본유입이 활발하게 이루어진 것도 이자율 하락 요인으로 작용하였다는 점이다.

케인즈 경제학의 체계는 실로 방대하지만 그 이전의 고전학파와 차별되는 세 가지 주요 가설로 한계소비성향, 승수효과, 유동성선호를 들 수 있다.

케인즈에 따르면 사람들이 유동성 높은 화폐를 보유하는 동기는 다음 세 가지로 구분된다. 첫째는 거래적 동기(transactions motive)로서 거래를 수행하는 지불수단으로 화폐가 보유된다. 둘째는 예비적 동기(precautionary motive)로서 불확실한 미래에 대비하기 위하여 화폐를 보유한다. 예기치 않은 일이 발생하여 화폐가 긴급히 필요할 수 있기 때문이다. 예를 들어, 명품 소비를 즐기는 사람은 로데오 거리를 걷다가 갑자기 사고 싶은 물건을 발견할 수 있으며, 건강이 좋지 않은 사람은 갑작스럽게 병원에 입원할 수 있으므로 평소에 화폐를 좀 더 많이 준비해 두어야 할지 모른다. 셋째는 투기적 동기(speculative motive)로서 이는 케인즈 화폐이론의 가장 독특한 측면이다. 투기란 가격이 오를 것을 기대하고 가격이 오르기 전에 사서 비쌀 때 팔고자 하는 행위이다. 그런데 적기에 투기를 하기 위해서는 유동성이 높은 화폐를 어느 정도 보유하고 있어야 한다. 화폐의 대체자산을 채권으로 한정해 보자. 현재 이자율이 높고 채권가격이 낮으면, 채권가격이 다시 상승할 가능성이 크므로 사람들은 화폐보유를 줄이고 채권비중을 높이려고 할 것이다. 그러나 현재의 이자율이 너무 낮고 채권가격이 너무 높다면, 사람들은 채권가격이 장차 하락할 것이라 생각하므로 채권을 보유하는 대신 화폐를 보유하고자 한다. 화폐를 보유하고 있으면서 이자율이 상승하고 채권가격이 하락할 때를 기다리는 것이다. 결국 사람들은 투기적 동기에 의해 유동성이 가장 높은 화폐를 보유하는 경향이 있으며, 투기적 동기에 의한 화폐수요에 가장 큰 영향을 주는 변수는 이자율이다.

투기적 동기뿐만이 아니라 거래적 동기 및 예비적 동기로 화폐를 보유하는 데에도 이자율이 영향을 미친다. 어떤 경우라도 화폐를 보유하는 기회비용은 이자율이기 때문이다. 다만, 거래적 동기 및 예비적 동기로 화폐를 보유하는 경우에는 소득 수준이 보다 큰 영향을 미칠 것이다.

케인즈에 따르면 이자율은 '유동성을 포기한 데 따른 대가'이다. 화폐를 보유하면 유동성을 얻지만 대신 이자수입을 포기해야 하고, 화폐 대신 채권과 같은 수익자산을 보유하면 유동성을 잃지만 이자수입을 얻는다. 화폐수량설에 입각한 화폐수요이론은 화폐수요가 소득에 비례한다는 아주 단순한 구조로 되어 있다. 화폐를 보유하지 않고 채권을 구입하거나 화폐의 범주에 속하지 않는 예금 등에 예치하면 이자수입을 얻을 수 있으므로 화폐보유의 기회비용은 이자율이다.

미시경제이론에서 개별상품의 수요를 다룰 때, 상품의 수요를 결정하는 요인으로 가장 중요한 것은 그 상품의 가격과 소득이었다. 화폐 역시 하나의 상품처럼 간주하면 화폐에 대한 수요는 화폐를 보유하기 위해 치러야 하는 가격, 즉 화폐의 기회비용과 소득에 의해 결정될 것이다. 화폐수량설에서는 화폐를 실물거래를 뒷받침하는 교환의 수단으로만 파악하였기 때문에 화폐보유의 기회비용이 발생한다는 측면이 경시되었던 것이다. 그러나 완전한 형태의 화폐수요함수에는 그것을 결정하는 요인으로 소득 이외에 이자율이 포함된다.

그런데 여기서 화폐보유의 기회비용이 실질이자율이 아니라 명목이자율이라는 점에 유의할 필요가 있다. 왜 그러한지 인플레이션이 존재하는 경제를 생각해 보자. 화폐를 보유하면 인플레이션이 그만큼 화폐의 구매력을 떨어뜨리므로 예상실질수익률은 $-\pi^e$이다. 이자를 지급하는 자산을 보유하면 예상실질수익률은 실질이자율 r이다. 따라서 수익률 차는 $r-(-\pi^e)=r+\pi^e$, 즉 명목이자율 i이다. 따라서 이자지급자산을 보유하면 화폐를 보유하는 것에 비해 실질적으로 i만큼 더 수익률을 올릴 수 있으므로, 화폐보유의 기회비용은 명목이자율인 것이다.

$$\left(\frac{M}{P}\right)^d = L(i,\ Y) \tag{11.2}$$

위의 식은 실질잔고에 대한 수요가 명목이자율과 실질소득의 영향을 받는다는 것을 표현하며 L은 화폐수요함수를 표기하기 위한 것으로, 유동성(liquidity)의 L자를 딴 것이다. 여기서 화폐의 명목잔고 대신 실질잔고를 고려하는 것은 물가(P)가 오름에 따라 화폐의 구매력이 떨어지는 것을 보전하는 명목화폐수요(M^d)의 증가는 분석상 별 의미가 없기 때문이다. 실질잔고수요는 명목이자율에 대하여 감소함수이며 소득에 대해서는 증가함수가 된다.

한편, 명목화폐의 공급이 $M^s=M$으로 주어지면 실질화폐공급 수준은 M/P이 되고, 이는 균형에서 실질화폐수요 $L(i,\ Y)$와 일치한다.

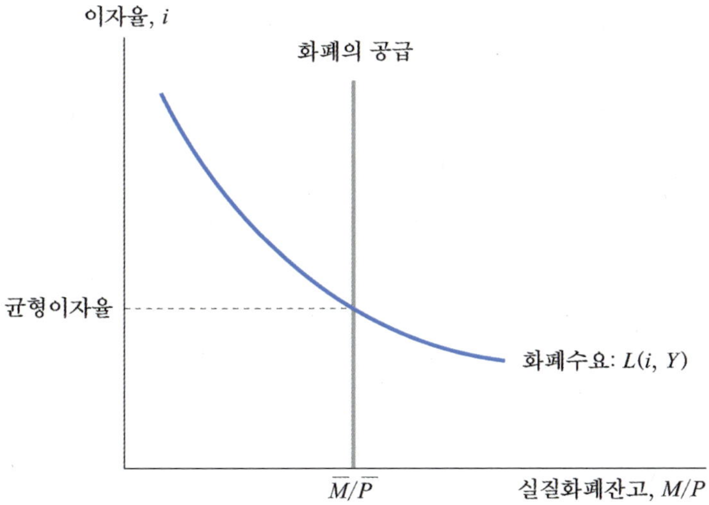

그림 11–2 화폐의 수요 · 공급과 이자율의 결정

화폐의 공급은 이자율과 무관하게 결정되므로 수직이며, 화폐수요는 이자율의 감소함수이므로 우하향한다. 균형이자율에서 화폐의 수요와 공급이 일치한다.

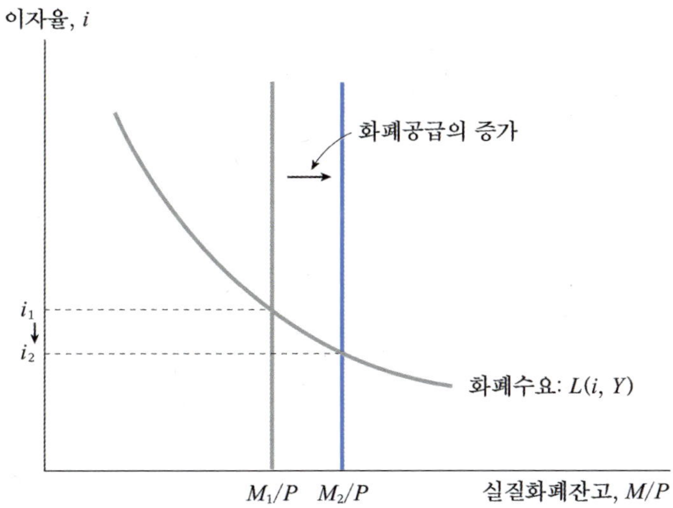

그림 11–3 화폐공급의 증가와 이자율의 하락

화폐의 공급이 증가하면($M_1 \to M_2$) 화폐의 공급곡선이 우측으로 이동한다. 화폐공급의 증가로 채권가격이 상승하고 이자율이 하락한다($i_1 \to i_2$).

$$\frac{M}{P} = L(i,\ Y) \tag{11.3}$$

식 (11.2)가 화폐수요함수를 표현한 식인 반면, 식 (11.3)은 화폐수요와 공급의 일치에 관한 균형식이라는 차이가 있다. 그림 11–2에는 화폐의 수요와 공급에 의해 이자율이 결정되는 과정이 그래프로 나타나 있다. 화폐수요곡선은 우하향하지만 화폐의 공급은 이자율과 무관하게 결정되므로 화폐공급곡선은 수직이며, 두 곡선이 만나는 점에서 이자율이 결정된다.

이제 화폐 수요와 공급이 변화함에 따라 이자율이 어떻게 변하는지를 살펴보자. 먼저 **그림 11–3**에서와 같이, 화폐공급이 증가하는 경우에 화폐공급곡선이 우측으로 이동하고, 원래의 이자율 수준에서 화폐의 초과공급이 발생한다. 그러면 화폐의 초과공급상태란 무엇을 의미하는가? 사람들이 원하는 화폐보유량 수준 이상으로 화폐가 공급되는 것이므로, 사람들은 이제 불필요한 화폐를 처분하려고 할 것이다. 그런데 화폐를 어떻게 처분한다는 것일까? 우리는 이전의 논의에서 화폐와 가장 가까운 대체물은 채권이라고 하였다. 따라서 사람들은 적정보유량 이상의 화폐로 채권을 구입하려 한다. 이는 채권에 대한 수요를 증가시키므로 채권의 가격이 상승하게 된다. 채권가격 상승은 채권수익률의 하락, 즉 이자율의 하락을 뜻한다. 결국 화폐공급의 증가는 이자율 하락을 가져오며 새로운 이자율 수준에서 화폐의 초과공급이 해소된다.

그러면 화폐수요가 증가하는 경우에는 어떻게 될까? **그림 11–4**에서와 같이, 화폐공급 수준이 일정할 때 화폐수요의 증가는 화폐의 초과수요가 발생함을 의미한다. 사람들이 원하는 만큼의 화폐를 보유하지 못한다면, 채권을 매각하여 화폐로 전환하려고 할 것이다. 이 과정에서 채권가격이 하락하고 이자율이 상승하며, 새로운 이자율 수준에서 화폐의 초과수요가 해소된다. 이와 같이 이자율은 화폐의 수요와

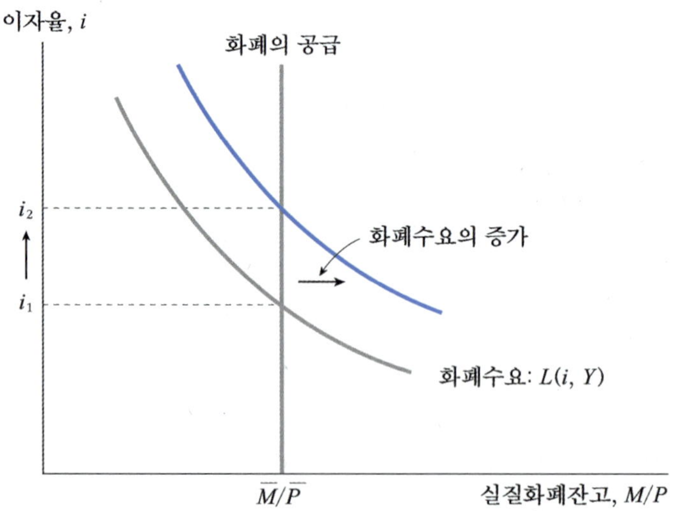

그림 11–4 화폐수요의 증가와 이자율의 상승

화폐수요가 증가하면 화폐수요곡선이 우측으로 이동한다. 화폐공급이 변함이 없는 상태에서 화폐의 초과수요가 발생함을 의미한다. 이자율은 화폐의 초과수요를 해소시키는 수준까지 상승한다($i_1 \rightarrow i_2$).

공급에 의해 결정되며, 화폐의 수요와 공급이 만나는 시장을 화폐시장(money market)이라 한다. 화폐시장은 금융시장의 일부로서 시장의 반응과 조정속도가 매우 빠르다. 따라서 위와 같은 변화요인이 발생하였을 때 (명목)이자율은 신속하게 조정된다.

케인즈는 화폐가 이자율에 미치는 영향에 주목하면서 이자율이 화폐시장에서 결정됨을 강조하였다. 그런데 화폐시장의 이면에는 채권시장이 있고, 거시경제 분석의 목적상 금융자산이 화폐와 채권만으로 이루어 질 때, 화폐시장이 균형이면 채권시장도 균형을 이루게 된다. 화폐(M)와 채권(B)으로 구성된 금융자산의 수요가 $M^d + B^d$이고, 공급이 $M^s + B^s$라면 균형조건은 $M^d + B^d = M^s + B^s$이고, 화폐의 초과수요($M^d - M^s$)는 다른 한편으로 채권의 초과공급($B^s - B^d$)이 된다. 따라서 화폐시장의 균형($M^d = M^s$)은 채권시장도 균형($B^d = B^s$)을 이루고 있음을 의미한다.

11-3 유동성 효과와 예상인플레이션 효과

이자율 결정에 대한 고전학파와 케인즈의 차이는, 고전학파는 이자율이 저축과 투자가 만나는 대부자금시장에서 결정되는 반면, 케인즈는 화폐의 수요와 공급이 만나는 화폐시장과 그 이면의 채권시장에서 동시에 결정된다고 보았다는 점이다.

그런데 고전학파의 대부자금시장을 채권시장으로 보면 어떻게 될까? 대부자금시장은 채권시장보다 포괄적인 개념이지만, 채권시장이 그중 가장 대표적인 시장이므로 개념적으로 양자를 같은 것으로 보아도 좋을 것이다. 대부자금시장을 채권시장으로 한정한다면 고전학파에서도 이자율은 채권시장에서 결정되는 셈이다. 그렇다면 고전학파나 케인즈 모두 이자율은 채권시장에서 결정되기 때문에 견해의 차가 없는 것일까? 그렇지 않다. 고전학파에서 화폐는 물가와 인플레이션에만 영향을 미치므로 단지 명목이자율 수준만을 변하게 할 뿐이다.

고전학파와 케인즈의 차이를 화폐공급 증가가 이자율에 미치는 영향을 중심으로 살펴보자. 케인즈의 경우에 화폐공급의 증가는 명목이자율을 하락시킨다. 화폐공급 증가로 인한 화폐의 초과공급이 대체자산인 채권의 수요를 증가시켜 채권가격의 상승과 이자율 하락을 가져온다. 화폐공급 증가로 명목이자율이 하락하는 현상을 유동성 효과(liquidity effect)라 한다. 그런데 고전학파에 따르면 화폐공급의 증가는 인플레이션에 대한 예상을 일으키는데, 채권은 명목적으로 고정된 소득을 지급하는 증권이므로 채권수요가 감소하게 된다. 따라서 채권가격은 하락하고 명목이자율은 상승한다. 이를 예상인플레이션 효과(anticipated inflation effect)라고 하는데, 유동성 효과와 정반대로 작용하는 셈이다.

예상인플레이션 효과는 피셔 관계식에 그대로 나타난다. 즉, $i = r + \pi^e$ 이므로, 통화공급이 증가하여 π^e 가 상승하면 실질이자율의 변화는 없이 명목이자율 i 만 상승하는 것이다. 그러면 유동성 효과를 피셔 관계식에 비추어 해석하면 어떻게 되는가? 케인즈적 견해는 단기적으로는 물가가 고정되어 있거나, 통화공급이 증가하여도 예상인플레이션이 즉각 상승하지는 않는다는 것이다. 따라서 명목이자율과 실질이자율이 동시에 하락하게 된다.

통화공급의 증가가 명목이자율에 어떠한 영향을 주는가에 대해서는 많은 실증분석이 이루어졌다. 유동성 효과가 압도적이라면 통화공급의 증가는 명목이자율을 하락시키고, 예상인플레이션 효과가 압도적이라면 명목이자율은 상승한다. 이와 같이 케인즈적 견해와 고전학파적 견해는 상반된 결과를 예측하는데, 실증분석 결과는 대체로 유동성 효과를 지지하고 있다. 그런데 유동성 효과는 가격의 경직성(price stickiness)을 전제로 하는 것이다. 명목통화량의 증가가 명목이자율뿐만 아니라 실질이자율도 하락시킬 수 있다는 결과는 고전학파의 생각대로 명목과 실질이 엄격히 분리되지는 않는다는 것을 의미한다. 명목통화량의 변화가 실질이자율에 영향을 준다면, 소비와 투자의 변화를 통해 실물경제에 그 효과가 파급되며 화폐의 중립성과 고전적 이분성은 성립하지 않는다.

부록 예상인플레이션과 물가

화폐수량설에 의하면 화폐의 수요와 공급에 의해 물가(P)가 결정되고 물가의 상승률인 인플레이션율이 결정된다. 그런데 인플레이션은 피셔 관계식을 통해 명목이자율에 영향을 주는데, 명목이자율은 화폐보유의 기회비용이므로 다시 화폐의 수요에 영향을 미치는 피드백(feedback) 효과를 가진다.

피셔 관계식을 수용할 때, 화폐시장의 균형식은 다음과 같이 표현된다.

$$\frac{M}{P} = L(r + \pi^e,\ \ Y) \tag{11A.1}$$

이 균형식은 실질잔고에 대한 수요가 예상인플레이션율의 영향을 받는다는 것을 보여준다. 예상인플레이션율이 높아지면 명목이자율이 상승하는데, 이에 따라 경제 주체들은 자산을 화폐로 보유하는 비중을 줄이려고 할 것이다.

이상과 같이 화폐수요를 결정하는 요인에 명목이자율을 포함시키고 명목이자율이 실질이자율과 예상인플레이션율로 이루어진다는 것을 고려하면, 단순히 화폐수요가 소득에 비례한다고 보았던 화폐수량설보다는 복잡한 결론이 도출된다. 화폐수량설에서는 예상인플레이션율을 고려하지 않으므로 경제의 물가 수준은 단순히 현재의 통화량에 의해 결정된다. 인플레이션율 역시 현재의 통화증가율에 의해 결정된다. 그러나 화폐수요에 예상인플레이션율을 명시적으로 고려하면 현재의 인플레이션율은 미래의 통화증가율에도 영향을 받게 된다. 식 (11A.1)을 볼 때, 실물시장에서 실질이자율 r과 실질국민소득 Y가 결정되어 고정된 상태에서, 현재의 통화공급량이 M으로 결정되었다 할지라도 π^e, 즉 예상인플레이션율의 존재 때문에 명목이자율이 고정되지 않으며, 따라서 현재의 통화량과 물가가 일대일로 대응하지 않는다.

만약 중앙은행이 내년도 혹은 향후에 통화공급을 증가시키겠다는 발표를 하면, 현재의 통화공급량에는 변함이 없지만 사람들은 미래의 통화공급 증가가 인플레이션율을 상승시킬 것이라고 예상하게 되며, 따라서 현재의 명목이자율이 상승하게 된다. 명목이자율의 상승은 화폐수요를 감소시키며 식 (11A.1)의 우변인 $L(r+\pi^e, Y)$가 감소한다. 화폐시장이 균형을 이루기 위해서는 좌변, 즉 화폐의 실질공급(M/P)이 감소해야 하는데 현재의 통화량(M)에는 변함이 없으므로 물가(P)가 상승하여 실질잔고가 줄어든다. 현재의 통화량에는 변함이 없이 미래의 통화량이 증가한다는 발표와 그에 따른 예상만으로도 현재의 물가가 오르는 결과가 나온다. 결국 현재의 물가는 현재의 통화량뿐만 아니라 미래의 통화량에도 영향을 받게 된다.[5] 즉, 화폐수요가 단지 소득에만 의존한다는 가정을 넘어 명목이자율의 영향을

5) 미래의 통화량 증가가 현재의 물가에 미치는 영향에 대한 자세한 분석은 이 책의 수준을 넘어서므로 생략한다. 다만 이상의 논의와 같이 현재의 물가가 현재의 통화량에 더하여 미래의 통화량에도 영향을 받는다고 했으므로 현재의 물가(상승률)는 현재의 통화량(증가율)과 미래의 통화량(증가율)의 어떤 가중

받는다는 것을 감안하면, 현재의 물가 수준은 현재의 통화량뿐만 아니라 미래 통화량의 영향도 받는다.

평균에 의해 결정될 것이라는 것을 짐작할 수 있다.

제3편 요약

01. 화폐는 교환의 매개수단, 계산단위, 가치저장수단이라는 세 가지의 기본적인 기능을 수행한다.

02. 우리나라의 통화지표는 크게 M1(협의통화)과 M2(광의통화)로 구분된다. M1은 현금에 결제성예금을 합한 것으로, M2는 M1에다 준결제성예금까지 더한 것으로 정의된다.

03. 금융은 일반적으로 자금잉여주체와 자금부족주체 간의 중개행위이다. 금융중개를 담당하는 기관을 금융중개기관이라 하고 금융행위가 이루어지는 시장을 금융시장이라고 한다.

04. 채권의 가격은 이표(C), 만기(n), 액면가(F), 할인율(i)이 주어질 때, 다음과 같이 결정된다. $P_B=\frac{C}{(1+i)}+\ \cdots\ +\frac{C}{(1+i)^n}+\frac{F}{(1+i)^n}$. 채권의 가격과 채권의 수익률(이자율)은 반대로 움직인다.

05. 다양한 은행금리를 포함해 다양한 종류의 채권수익률이 모두 이자율이며, 따라서 이자율의 종류는 무수히 많다. 그러나 이자율은 대체로 같은 방향으로 움직이는 경향이 있다.

06. 주식의 가격은 미래의 예상배당금(D^e_{t+j})과 할인율 k가 주어질 때, 다음과 같이 결정된다. $P_s=\frac{D^e_{t+1}}{(1+k)}+\frac{D^e_{t+2}}{(1+k)^2}+\ \cdots$. 채권에서의 할인율이 이자율로 통용되는 것과는 달리 주식에서는 기대수익률이라는 용어를 쓴다.

07. 고전학파의 화폐수량설은 $MV_T=PT$ 또는 $MV=PY$로 표현된다. 여기서 T는 일정기간 동안에 거래된 재화와 서비스의 총수량이므로 V_T는 거래유통속도, Y는 실질소득이므로 V는 소득유통속도라고 구분한다.

08. 고전학파는 국민경제의 생산 수준은 완전고용 수준이며 단기적으로 변동하지 않으므로 거래량 역시 일정하다고 가정하였다. 또한 유통속도가 사회의 구매관습과 소비관습

등에 따라 결정되는 것으로서 단기적으로 일정하다고 보았다. 따라서 통화량과 물가는 일대일로 대응된다.

09. 명목화폐를 물가로 나눈 것을 실질화폐잔고 또는 실질잔고라 부른다. 마샬은 실질잔고에 대한 수요를 명시적으로 고려하여 그 수요가 $\left(\frac{M}{P}\right)^d = kY$로 표시될 수 있다고 했다. 그러나 k(마샬의 k)가 일정하다는 가정으로 마샬의 화폐수요이론 역시 화폐수량설로 환원된다.

10. 변화율로 화폐수량설을 표시하면 $\frac{\Delta M}{M}+\frac{\Delta V}{V}=\frac{\Delta P}{P}+\frac{\Delta Y}{Y}$이다. 유통속도와 실질소득이 일정하면, 통화증가율이 곧 인플레이션율이 된다.

11. 실질변수와 명목변수가 서로 독립적으로 결정되는 것을 고전적 이분법이라 하며, 통화량의 변화가 실질변수에 영향을 주지 못한다는 것을 화폐의 중립성이라 한다.

12. 피셔 관계식에 따르면 실질이자율(r), 명목이자율(i), 인플레이션율(π) 간에는 다음과 같은 관계가 성립한다.

사전적 형태: $i = r + \pi^e$

사후적 형태: $i = r + \pi$

13. 고전학파에 따르면 실질이자율은 저축과 투자에 의해 결정되며 명목이자율은 피셔 관계식에 의해 결정된다. 케인즈에 따르면 이자율은 화폐의 수요와 공급에 의해 결정되며, 가격이 경직적이므로 실질이자율과 명목이자율을 엄밀하게 구분하는 것은 별 의미가 없다.

14. 고전학파에 따르면 저축은 '기다림에 대한 보상'의 성격을 가지므로 사람들이 미래를 얼마나 중시하는 태도를 갖고 있는가에 따라 그 규모가 결정된다. 한편, 투자는 자본의 한계생산성이 얼마나 높은가에 의존한다. 고전학파의 이론은 이자율의 장기추세를 설명하는 데 보다 적합하다.

15. 케인즈는 이자율의 결정에 화폐적 요인이 중요하다는 점을 강조하면서 유동성선호설을 주장하였다. 사람들이 유동성을 선호하는 이유는 다양한데, 거래적 동기, 예비적 동기, 투기적 동기가 작용한다.

16. 고전학파의 이자율이 '기다림에 대한 대가'라면, 케인즈의 이자율은 '유동성을 포기한 데 따른 대가'이다.

17. 화폐보유의 기회비용은 실질이자율이 아니라 명목이자율이다. 실질화폐잔고에 대한 수요는 $\left(\frac{M}{P}\right)^d = L(i,\ Y)$로 표현된다.

18. 케인즈에 따르면 이자율은 화폐시장에서 결정되는데, 화폐시장의 이면에는 채권시장이 존재한다. 금융자산이 화폐와 채권만으로 이루어질 때, 화폐시장이 균형이면 채권시장도 균형을 이루게 된다.

19. 화폐공급의 증가(감소)는 이자율을 하락(상승)시킨다. 반면 화폐수요의 증가(감소)는 이자율을 상승(하락)시킨다.

20. 화폐공급의 증가로 명목이자율이 하락하는 것을 유동성 효과라고 한다. 그러나 고전학파에 의하면 화폐공급의 증가가 예상인플레이션을 상승시켜 명목이자율이 상승하는데, 이를 예상인플레이션 효과라고 한다.

21. 유동성 효과는 가격의 경직성을 전제로 한다. 통화량의 증가가 명목이자율 및 실질이자율을 하락시킴으로써 실물경제에 그 효과가 파급되므로, 결과적으로 화폐의 중립성과 고전적 이분성은 성립하지 않는다.

제3편 연습문제

선택형 문제

01 영구적으로 매년 1억 원의 임대수입을 창출하는 빌딩의 가격은 대략 얼마인가? 단, 감가상각과 인플레이션은 없으며, 이자율이 5%라고 하자.

① 5억 원 ② 10억 원
③ 20억 원 ④ 50억 원

02 다음 중 2002년에 개정된 통화지표 M1에 포함되는 것은?

① 만기 2년 이하의 정기예금 ② 투신사 MMF
③ 표지어음 ④ CD

03 다음 중 채권가격과 이자율의 관계를 바르게 설명한 것은?

① 채권가격이 상승하면 이자율이 서서히 상승하기 시작한다.
② 채권가격이 상승하면 이자율이 서서히 하락하기 시작한다.
③ 채권가격의 상승은 이자율의 즉각적 상승을 의미한다.
④ 채권가격의 상승은 이자율의 즉각적 하락을 의미한다.

04 다음 중 대부자금(loanable funds)의 공급과 관계되는 주요 금융행위는?

① 은행저축, 채권투자 ② 은행저축, 채권발행
③ 은행대출, 채권투자 ④ 은행대출, 채권발행

05 거시경제학에서 '저축'을 정의하는 방식으로 올바른 것은?

① 은행저축액
② 은행저축액 + 채권투자액
③ 은행저축액 + 채권투자액 + 주식투자액
④ 국민소득 − 민간과 정부의 소비

06 화폐수요함수가 $\left(\frac{M}{P}\right)^d = kY$로 주어지는 고전학파 장기거시모형에 관한 서술로 옳은 것은?

① 화폐의 소득유통속도는 k이다.

② 물가는 소득유통속도에 반비례한다.

③ 통화가 증가하면 이자율이 하락한다.

④ 다른 조건이 일정할 때, 유통속도가 하락하면 물가가 하락한다.

07 화폐의 유통속도가 일정한 것은 화폐의 실질잔고(real balances)에 대한 수요가?

① 소득에만 의존하는 경우이다.

② 이자율에만 의존하는 경우이다.

③ 소득과 이자율에 모두 의존하는 경우이다.

④ 소득과 이자율과는 무관하게 결정되는 경우이다.

08 내년도의 경제성장률이 4%로 전망되고, 인플레이션 목표치는 3%±1%이다. 화폐의 유통속도는 ±1% 내외로 변동할 것이 예상된다. 중앙은행은 내년도 통화공급증가율 목표를 어떤 수준으로 잡아야 하겠는가?

① 7% ② 7%±1%

③ 7%±2% ④ 7%±4%

09 인플레이션율이 3%일 때, 실질이자율 5%를 적용한 거래로 볼 수 없는 것은?

① 쌀 100가마를 빌리고 나중에 105가마를 갚았다.

② 1억 원을 빌려주고 1억 800만 원을 돌려 받았다.

③ 1,000만 원을 갚는다는 조건으로 926만 원을 빌렸다.

④ 100만 원 상품권을 빌려주고 100만 원과 5만 원의 상품권을 받기로 했다.

10 다음 중 장기적으로 이자율의 하락 추세를 유발할 것으로 생각되는 요인은?

① 기술진보에 의한 생산성 향상

② 경제성장 전망에 따른 미래소득 증가 예상

③ 고령화사회로의 급속한 진입 예상

④ 각종 규제완화로 인한 투자의 활성화

11 다음 중 이자율의 하락 요인으로 작용하는 현상으로 가장 적절하지 않은 것은?

① 저축의 증가 ② 채권수요의 증가
③ 통화공급의 증가 ④ 불확실성의 증가

12 통화공급의 증가가 금융시장에 미치는 영향으로 볼 수 없는 것은?

① 채권에 대한 초과수요 발생 ② 화폐의 초과수요 발생
③ 이자율 하락 ④ 채권가격 상승

13 다음 중 화폐의 중립성을 지지하는 데 쓰이는 개념으로 적절하지 않은 것은?

① 화폐수량설 ② 피셔 관계식
③ 예상인플레이션 효과 ④ 유동성 효과

14 고전학파모형에서 이자율 결정에 영향을 주는 요인은?

① 투자수요 ② 저축성향
③ 재정적자 ④ ①, ②, ③ 전부

15 고전학파모형에서 화폐의 초과공급이 초래하는 현상은?

① 총수요 증가와 물가 하락 ② 총수요 증가와 물가 상승
③ 총수요 감소와 물가 하락 ④ 총수요 감소와 물가 상승

16 고전학파모형에서 이자율에 민감하게 반응하는 변수가 아닌 것은?

① 소비 ② 투자
③ 저축 ④ 화폐수요

17 케인즈의 유동성선호설에 의하면 화폐유통속도는?

① 이자율의 증가함수이다.
② 이자율의 감소함수이다.
③ 이자율과 무관하다.
④ 화폐유통속도가 정의되지 않는다.

18 실질국민소득의 증가가 이자율을 증가시키는 효과가 있음을 보여주는 이론은?

① 고전학파의 화폐수량설 ② 고전학파의 대부자금설

③ 케인즈의 유효수요이론 ④ 케인즈의 유동성선호설

19 고전학파의 대부자금설에 비추어 볼 때, 예상인플레이션 증가가 명목이자율을 상승시키는 경로를 바르게 연결한 것은?

① 대부자금수요 증가 – 대부자금공급 증가

② 대부자금수요 증가 – 대부자금공급 감소

③ 대부자금수요 감소 – 대부자금공급 증가

④ 대부자금수요 감소 – 대부자금공급 감소

20 다음 중 초인플레이션 현상을 설명하기에 적합한 이론은?

① 고전학파의 화폐수량설 ② 고전학파의 대부자금설

③ 케인즈의 유효수요이론 ④ 케인즈의 유동성선호설

서술형 문제

01 당신은 현재 1억 원의 빚을 지고 있다. 당신은 연 7.2%의 이자율로 이 빚을 내년부터 10년간 매년 균등분할상환하기로 하였다. 당신이 매년 갚아나가야 할 (균등한) 금액($=C$)을 구하는 식을 세워 보시오. 금액 C는 대략 얼마인가?

02 화폐수량설이 성립하는 경제를 가정하자. 소득유통속도는 0.5이고 실질총생산은 완전고용 수준인 10,000으로 고정되어 있다. 물가는 2.0이다.

(1) 명목화폐에 대한 수요를 구하라.

(2) 중앙은행이 통화공급량을 50,000으로 정하였다. 완전고용소득 수준에는 변함이 없고 물가가 신축적으로 변할 때, 물가 수준은?

(3) 중앙은행이 통화공급량을 60,000으로 정하였다. 새로운 물가 수준은?

03 통화당국이 이자율과 통화량을 동시에 변화시킬 수 없음을 그래프(가장 간단한 형태)를 이용해 설명해 보라.

04 예상인플레이션의 증가가 채권의 가격과 명목이자율에 미치는 효과를 다음 두 가지 틀로 분석해 보라.

(1) 채권의 수요와 공급에 미치는 효과

(2) 피셔 관계식

05 화폐수요함수가 다음과 같은 형태로 주어졌다고 하자.

$$\left(\frac{M}{P}\right)^d = Y \cdot L(i)$$

(1) 경제성장률이 5% 증가할 때 명목화폐수요는 몇 % 증가하는가? 단, 물가는 2% 상승하고 명목이자율에는 변화가 없다고 하자.

(2) 유통속도를 명목이자율 i에 대한 함수로 나타내어 보라. 이자율은 유통속도에 어떠한 영향을 주는가?

06 '화폐수요함수'라는 분석의 틀을 이용하여 이자율이 왜 경기순응적(pro-cyclical)인지 설명하시오. 단, 반드시 그래프를 이용하고 좌표축과 변수명, 함수형태 등을 명확히 표시하시오. 참고: 경기순응적(pro-cyclical)이란, 어떤 경제변수의 값이 경기와 같은 방향으로 움직이는 것을 뜻하는 경제용어이다.

07 물가의 상승과 예상물가상승률의 상승이 명목화폐수요에 미치는 효과는 어떻게 다르며, 왜 다른가?

08 실질잔고에 대한 수요가 다음과 같다고 하자.

$$\left(\frac{M}{P}\right)^d = L(r+\pi^e,\ \ Y) = 0.01\frac{Y}{r+\pi^e}$$

실질소득은 $Y=1{,}500$으로 시간의 경과에 무관하게 변함이 없으며, 실질이자율은 $r=0.05$이다.

(1) 명목통화량은 매기마다 10%씩 증가하며, 사람들은 이 증가율이 향후에도 지속되리라고 믿는다. 현재의 명목통화공급량이 $M=3{,}000$이라면 현재의 물가 수준은 얼마인가?

(2) 중앙은행은 앞으로 통화공급량을 매기마다 15%씩 증가시킬 것이라고 발표하였다. 현재의 물가는 어떻게 변하겠는가?

09 투자함수와 저축함수가 다음과 같다고 하자.

$I = a_0 + a_1 Y - br$

$S = c_0 + c_1 Y$

(1) 저축과 투자의 균형을 가져오는 이자율은 얼마인가?

(2) 어떤 조건 하에서 이자율과 소득이 같은 방향으로 움직이는가?

(3) $a_1 = 0$인 경우에 이자율은 소득의 증가함수인가, 감소함수인가?

10 다음 서술들은 외견상 틀린 것처럼 보일 수 있으나 이론적으로 정당화될 수 있다. 그 근거를 밝혀 보시오.

(1) "이자율이 하락하면 투자가 증가한다. 한편 투자가 증가하면 이자율이 상승한다."

(2) "지난해에는 고용(employment)이 감소하면서 실질임금이 하락했으나, 올해는 고용이 감소하면서 실질임금이 상승했다."

11 "시장에서 결정된 이자율에 의해 자금이 효율적으로 배분된다."는 뜻은 무엇인가?

제4편
거시경제의 수요 측면

제4편의 개요

제2편과 제3편에서는 거시경제의 기본모형을 소개하면서 고전학파와 케인즈의 견해를 균형 있게 다루었다. 그러나 제4편에서는 케인즈적 견해에 비중을 두고 거시경제의 총수요 측면을 다룬다. 특히 케인즈주의 거시경제학의 표준적 이론인 $IS-LM$ 모형에 대해 자세히 살펴본다. $IS-LM$ 모형은 경기변동 현상을 이해하는 데 매우 유용한 도구이자, 재정정책이나 통화정책과 같은 거시경제정책의 효과를 분석하는 출발점이 된다.

$IS-LM$ 곡선의 도출 제12장

제7장에서 살펴본 단순 케인즈모형의 핵심은 총수요가 국민소득을 결정하고, 총수요상의 작은 변화가 승수효과의 작동으로 증폭된다는 것이었다. 또한 단순모형에 존재하지 않았던 이자율은 화폐시장에서 결정되었다. 만약 단순모형의 가정을 완화하여 투자가 이자율의 영향을 받는다는 가정을 받아들이면 생산물시장과 화폐시장은 이자율을 통해 서로 관련을 맺게 된다. 영국의 경제학자 힉스(J. Hicks)는 이러한 아이디어를 $IS-LM$ 분석이라는 틀로 정형화하였다. 여기서 IS는 투자(investment)와 저축(saving)을, LM은 유동성(liquidity)과 화폐(money)를 나타낸다. $IS-LM$ 분석에 따르면 생산물시장과 화폐시장의 균형을 통해 이자율과 국민소득이 동시에 결정된다.

12-1 생산물시장과 IS곡선

(1) IS 곡선의 도출

IS곡선은 투자와 저축이 일치하여 생산물시장(goods market)의 균형을 이루는 이자율과 실질국민소득의 조합을 나타낸다.[1] 단순 케인즈모형의 소득-지출 분석에서는 투자가 외생적으로 주어졌으나, 투자가 이자율의 감소함수라고 하면 다음과 같은 모형을 얻을 수 있다.

$$Y = C(Y-T) + I(r) + G \tag{12.1}$$

이제 IS곡선을 도출하기 위해 투자함수로부터 시작하여 보자. 그림 12-1 (a)에는 투자가 이자율의 감소함수로 나타나 있다. 이자율이 r_1에서 r_2로 증가하면 투자

1) 여기서 생산물시장이란 원래 재화와 서비스 시장을 모두 포함하는 개념인데, 편의상 생산물시장이나 상품시장으로 줄여서 표현한다.

는 $I(r_1)$에서 $I(r_2)$로 줄어든다. 줄어드는 투자의 양을 $\Delta I = I(r_1) - I(r_2)$라 하면, **그림 12–1** (b)에서 계획된 총지출이 ΔI만큼 감소한다. 이는 승수효과를 통해 소득을 Y_1에서 Y_2로 감소시키는데, 소득의 감소분($\Delta Y = Y_1 - Y_2$)은 $\frac{1}{1-MPC}\Delta I$이다. 이와 같이 이자율의 상승은 투자를 감소시키고 소득을 감소시킨다. 반대로 이자율의 하락은 투자를 증가시키고 소득을 상승시킨다. 따라서 이자율과 국민소득은 역의 관계를 갖게 되는데, 이를 표현한 것이 **그림 12–1** (c)의 *IS*곡선이다.

그림 12–1 *IS*곡선의 도출

그림 (a)에서 이자율이 r_1에서 r_2로 상승하면 계획된 투자가 감소한다. 계획된 투자의 감소는 그림 (b)에서 그만큼 계획된 지출의 감소로 나타나며 승수효과를 거쳐 균형소득이 Y_1에서 Y_2로 감소한다. 그림 (c)는 이자율과 소득 간의 이러한 음(−)의 관계를 *IS*곡선으로 표시한다.

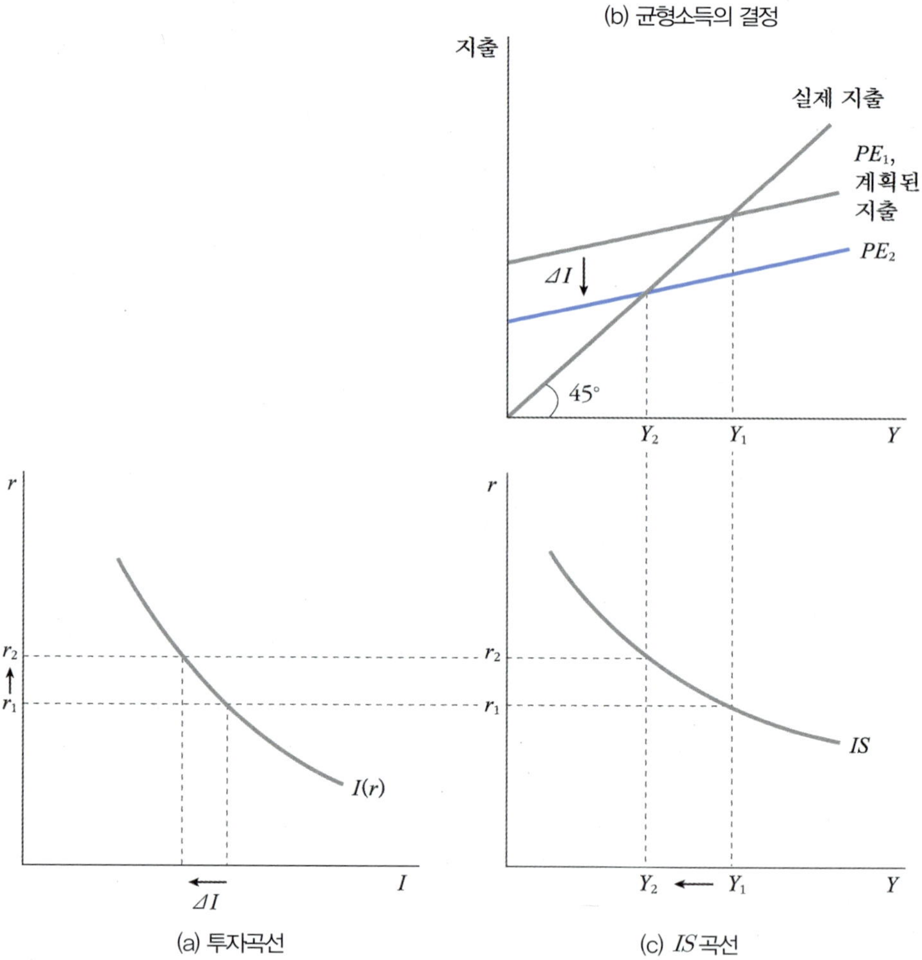

단순 케인즈모형의 $Y=C(Y-T)+I+G$에서는 내생변수가 Y 하나뿐이므로 이 식 하나로 균형소득 해(solution)가 구해진다. 그러나 IS 관계식에는 내생변수가 Y와 r 둘이므로 두 변수 간의 관계만 알 수 있다. 한편, 고전학파모형의 $Y=C(Y_n-T, r)+I(r)+G$에서는 총공급에 의해 Y가 고정되므로 그에 상응하는 균형이자율이 도출된다.

(2) IS곡선의 이동

그림 12–2에는 정부지출의 효과가 나타나 있다. 정부지출이 G_1에서 G_2로 ΔG만큼 증가하면, 소득은 승수효과에 의해 $\frac{1}{1-MPC}\Delta G$만큼 증가한다. 여기서 주의할 것은 이것이 이자율이 일정한 수준으로 고정된 상태에서의 효과라는 것이다. 동일한 이자율 수준에서 소득이 Y_1에서 Y_2로 증가하기 때문에 IS곡선은 바깥으로 이동한다. 반대로 정부지출이 감소하면 동일한 이자율 수준에서 소득이 감소하므로 IS곡선은 안쪽으로 이동하게 된다.

IS곡선을 이동하게 하는 요인은 정부지출의 변화 이외에도 여러 가지가 있을 수 있다. 우선 조세의 효과를 보면, 조세의 증가는 승수효과에 의해 소득을 감소시키므로 IS곡선이 안쪽으로 이동한다.

IS곡선이 재정정책에 의해서만 이동하는 것은 아니다. 이자율과 관계없이 투자가 증가하거나 감소하는 경우에도 IS곡선이 이동한다. 기술혁신에 의해 자본의 생산성이 증가하는 경우에 투자가 증가되며, 투자에 대한 세제상의 혜택이 주어지거나 투자 승인이나 허가에 관한 행정절차의 간소화도 투자를 촉진시킬 수 있다. 이 같은 경우에 IS곡선은 바깥쪽으로 이동한다. 소비자가 자신의 생활형편이나 미래의 수입에 대해 얼마나 확신을 가지는가(consumer confidence)도 IS곡선을 이동하게 만든다. 어떤 이유로 미래에 대해 비관적인 전망이 팽배해지면 IS곡선이 안쪽으로 이동한다.

경제주체들이 미래를 낙관적으로 보는가 비관적으로 보는가 등 미래에 대한 전망은 IS곡선 자체를 움직이는 중요한 요인이다. 소비와 투자를 결정하는 요인으로 가처분소득과 이자율이 가장 중요하긴 하지만, 실제로는 다양한 요인이 복합적으로 작용한다. 예를 들어, 경기침체기로 접어드는 과정에는 경제주체들의 미래에 대한 비관적 전망이, 경기회복기로 접어드는 과정에는 낙관적 전망이 팽배한 경우가 많다. 많은 경우에 주가(stock price)가 이러한 전망들을 반영하는 경향이 있으며, 그 결과는 소비와 투자 등 총지출의 변화로 현실화된다.

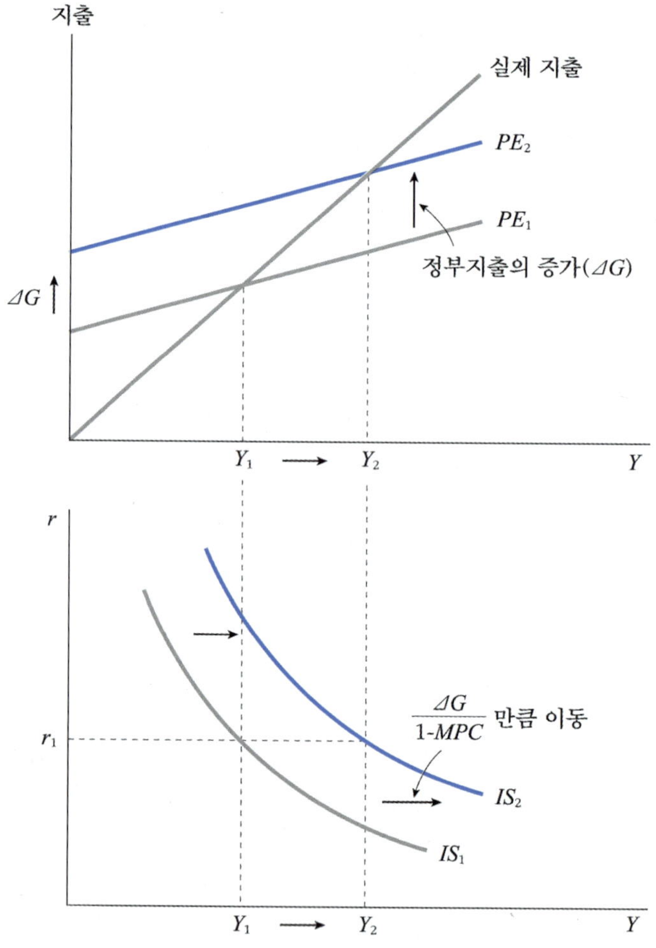

그림 12-2 정부지출의 증가와 *IS*곡선의 이동

정부지출이 G_1에서 G_2로 ΔG 만큼 증가하면, 소득은 승수효과에 의해 $\Delta G/(1-MPC)$만큼 증가한다. 동일한 이자율 수준에서 소득이 Y_1에서 Y_2로 증가하므로 *IS*곡선은 그만큼 바깥으로 이동한다.

12-2 화폐시장과 LM곡선

(1) LM곡선의 도출

화폐시장의 균형은 화폐수요량이 경제 내에 존재하는 화폐의 공급량과 일치하는 경우에 달성된다. 명목화폐잔고의 공급은 중앙은행이 결정하는데, 단기적으로 물가가 고정되어 있으면 실질화폐잔고에 대한 공급(M/P)도 결정하는 셈이다. 한편, 경제주체들의 실질화폐잔고에 대한 수요는 소득과 이자율의 영향을 받으며 소득의 증가함수, 이자율의 감소함수가 된다.

실질잔고에 대한 수요는 이미 살펴본 바와 같이 실질이자율이 아니라 명목이자율의 영향을 받는다. 명목이자율(i)은 실질이자율(r)에다 예상인플레이션(π^e)을 합한 것이다. 그런데 IS곡선은 실질이자율과 소득 간의 관계로 정의된 것이므로 우리가 사용해야 하는 이자율은, 생산물시장에서는 실질이자율(r), 화폐시장에서는 명목이자율(i)로 서로 다른 것이다.

그러면 이러한 문제를 어떻게 처리해야 하는가? 결국 하나의 이자율로 통일해야 하는데, 여기서는 일단 문제를 단순화하기 위해 물가 수준 P가 고정되어 있고 예상인플레이션(π^e)은 무시할 수 있다고 가정한다. 예상인플레이션을 무시한다는 것은 $\pi^e=0$ 또는 $\pi^e=c$(상수)로 취급할 수 있다는 뜻이다. 원래 $IS-LM$ 모형은 물가가 고정된 단기 분석에 해당하는 모형이므로 이러한 가정이 그리 어색한 것은 아니다.

이와 같이 예상인플레이션을 무시하는 경우에 화폐수요함수는 다음과 같이 실질이자율의 함수로 표현된다.

$$\left(\frac{M}{P}\right)^d = L(r, Y) \tag{12.2}$$

그리고 화폐의 수요와 공급이 일치하면, $\left(\frac{M}{P}\right)^d = \left(\frac{M}{P}\right)^s = \frac{M}{P}$이므로

$$\frac{M}{P} = L(r, Y) \tag{12.3}$$

가 된다.

그림 12-3에는 화폐시장이 균형을 이루도록 하는 이자율과 국민소득의 조합, 즉 LM곡선이 도시되어 있다. **그림 12-3** (a)는 화폐시장의 균형을 나타낸다. 물가(P)가 고정되어 있는 상태에서 실질화폐공급은 중앙은행이 결정하므로 이자율과 관계없이 고정되며, 이는 수직의 화폐공급곡선으로 표시된다. 반면 실질화폐에 대

그림 12-3 LM곡선의 도출

소득 수준이 Y_1일 때 화폐시장의 균형을 이루는 이자율은 r_1이다. 소득 수준이 Y_2로 상승하면 화폐수요가 증가하고 새로운 균형이자율은 r_2가 된다. 따라서 화폐시장의 균형을 이루는 이자율과 소득의 조합을 나타내는 LM곡선은 그림 (b)에서와 같이 우상향한다.

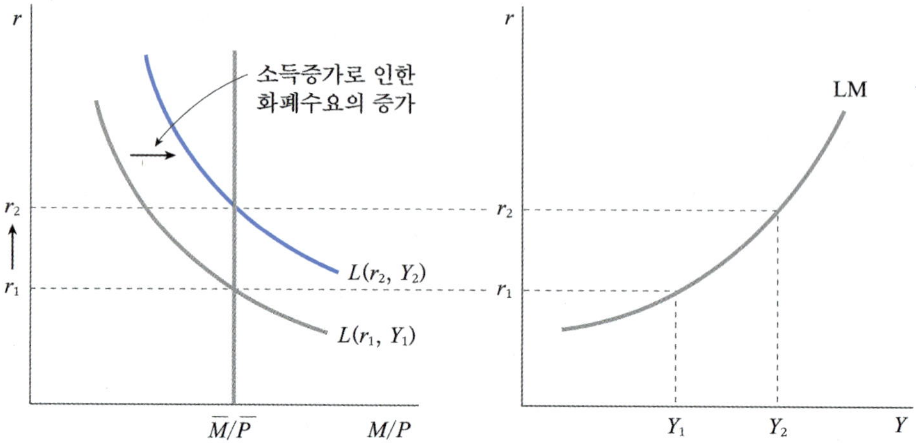

(a) 화폐시장 (b) LM곡선

한 수요는 이자율과 소득의 영향을 받는데, 종축을 이자율로 정하였으므로 이자율이 하락(상승)하면 실질화폐수요가 증가(감소)하여 우하향하는 수요곡선을 얻을 수 있다.

화폐의 수요는 소득의 영향도 받는다. 그러나 종축을 이자율로 정하였으므로 소득이 변하면 화폐수요함수 자체가 이동(shift)하게 된다. 소득 수준이 Y_1이라 할 때 균형실질이자율은 r_1이 된다. 소득 수준이 Y_2로 상승하면 화폐수요가 증가하고 이는 화폐수요함수가 상향 이동하는 것으로 나타나며 새로운 균형실질이자율은 r_2가 된다. 따라서 이자율과 국민소득의 조합을 나타내는 LM곡선은 **그림 12-3** (b)에서와 같이 우상향하게 된다.

소득이 증가하면 화폐수요가 증가하는데, 화폐의 공급이 고정되어 있으므로 소득 증가에 따른 화폐수요 증가를 상쇄하려면 이자율이 상승하는 수밖에 없다. 즉, 화폐 공급량이 일정한 상태에서 소득의 증가는 화폐의 초과수요를 가져오지만 이자율이 상승하여 초과수요가 0으로 회복되고 화폐시장의 균형이 유지된다. 경제가 LM곡선상에 있으면, 이와 같이 화폐시장에 균형이 유지되고 있다는 뜻이다.

(2) LM곡선의 이동

화폐공급은 중앙은행이 결정하는데, 화폐공급량의 변화는 LM곡선을 이동시킨다. **그림 12-4**를 통해 화폐공급 증가의 효과를 살펴보자. 화폐공급량이 M_1에서 M_2로 증가하면 새로운 균형이자율은 r_1에서 r_2로 하락한다. 화폐공급이 증가하면 애초의 균형이자율 r_1에서 사람들이 보유하고자 하는 화폐의 양보다 화폐공급이 많

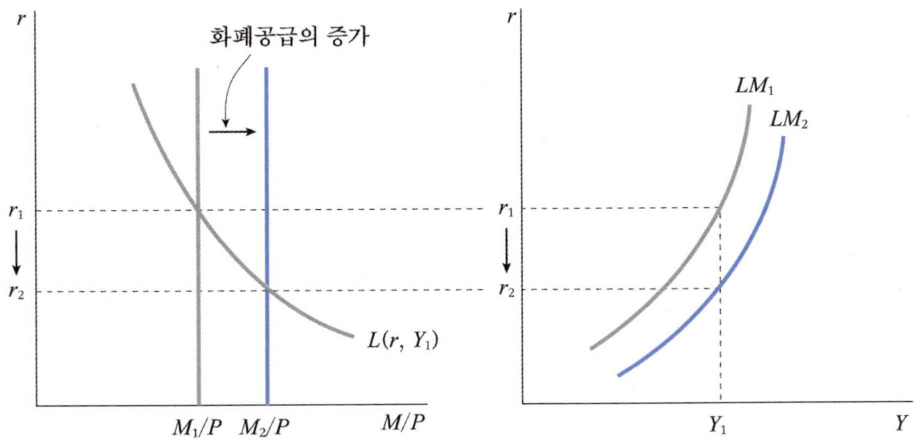

(a) 화폐시장 (b) *LM*곡선

그림 12-4 화폐공급의 증가와 *LM*곡선의 이동

화폐공급량이 M_1에서 M_2로 증가하면 새로운 균형이자율은 r_1에서 r_2로 하락한다. 일정한 소득 Y_1은 낮아진 이자율 r_2와 결합되므로 화폐공급의 증가는 *LM*곡선이 아래로(바깥으로) 이동하는 것으로 나타난다.

아진다. 즉, 화폐의 초과공급이 발생하는데 사람들은 불필요한 화폐를 채권으로 바꾸려 할 것이고 이는 채권의 가격을 상승시켜 이자율이 하락한다. 이자율이 충분히 하락하면 사람들의 화폐수요가 다시 늘어나 화폐의 초과공급이 해소된다. 소득이 Y_1으로 일정하다고 하면, 일정한 소득 Y_1은 이제 낮아진 이자율 r_2와 결합된다. 따라서 화폐공급의 증가는 *LM*곡선이 아래로(바깥으로) 이동하는 것으로 나타난다.

반대로 화폐의 공급이 감소하면 이자율이 상승하고 *LM*곡선은 위로(안쪽으로) 이동한다. *LM*곡선을 이동시키는 요인은 화폐공급의 변화 외에도 여러 가지가 있다. 우선 물가의 변화를 들 수 있다. 물가가 상승(하락)하면 실질화폐공급이 감소(증가)하여 실질화폐공급이 변하기 때문이다. 따라서 물가가 상승(하락)하면 *LM*곡선은 위로(아래로) 이동한다. **그림 12-4**는 화폐공급의 증가로 *LM*곡선이 바깥으로 이동하는 것을 보여주고 있지만, 물가가 하락하는 경우에도 마찬가지로 *LM*곡선이 바깥으로 이동한다.

화폐공급뿐만 아니라 화폐수요의 변화도 *LM*곡선을 이동시킨다. 예를 들어, 현재의 이자율과 소득 수준 하에서 화폐수요가 감소했다고 해 보자. 가령 다양한 금융상품의 출현은 화폐보유의 필요성을 감소시킨다. 수익을 제공하면서도 화폐로 전환하는 데 크게 비용이 들지 않는 금융상품이 개발된다면 사람들은 이전보다 화폐를 덜 보유해도 좋다고 생각할 것이다. 화폐수요의 감소는 더 낮은 이자율과 결부되며, 이러한 변화는 *LM*곡선이 바깥으로(아래로) 이동하는 것으로 나타난다. 반면 화폐수요의 증가는 *LM*곡선을 안쪽으로(위로) 이동시킨다. 금융시장이 불안하여 금융상품에 대한 투자를 꺼리게 되는 경우에 사람들은 안전하면서도 유동성이 높은 화폐의 비중을 높이려고 할 것이다. 이럴 경우에 채권 등의 자산가격이 하락하고 이자율은 올라간다.

12-3 $IS-LM$ 균형

지금까지 우리는 $IS-LM$의 구성요소에 대해 살펴보았는데, $IS-LM$ 모형은 결국 다음 두 식으로 표현된다.

$$Y = C(Y-T) + I(r) + G$$
$$\frac{M}{P} = L(r,\ Y) \tag{12.4}$$

이 모형에서 재정정책과 관련된 정부지출 G와 조세 T, 화폐의 공급량 M, 그리고 고정된 물가 P는 모두 외생변수로 간주된다. 반면 이자율 r과 소득 Y는 내생변수이다. 그림 12–5는 IS곡선과 LM곡선을 함께 보여주는데, 두 곡선이 교차하는 점에서 균형이 달성된다. 이 점에서 생산물시장과 화폐시장이 동시에 균형을 이루는 이자율과 소득이 결정된다. 즉, 이 점에서 계획된 지출과 실제 지출이 일치하며, 동시에 실질화폐잔고에 대한 수요와 공급이 일치한다.

그림 12–5의 균형점은 생산물시장과 화폐시장이 동시에 균형을 이루는 점이다. 경제학에서는 경제가 균형에서 벗어난 경우에 어떤 과정을 거쳐 균형을 회복하는가를 중요하게 다룬다. 어떤 이유로 경제가 $IS-LM$ 균형점을 벗어나 있는 경우에 어떤 과정을 거쳐 균형으로 다시 돌아가겠는가? 우선 IS곡선과 LM곡선을 분리하여

유의해야 할 점은 $IS-LM$ 모형은 거시경제의 단기적 변동을 분석하기 위한 도구라는 것이다. 단순 케인즈모형과 유동성선호이론에서 확장되어 도출된 $IS-LM$ 모형은, 기본적으로 경제 내에 추가적 생산능력이 존재하여 국민소득이 총수요에 의해 결정된다는 믿음에서 출발한 것이다. $IS-LM$ 모형은 총수요 및 그에 따른 단기적 경기변동에 관한 이론이다.

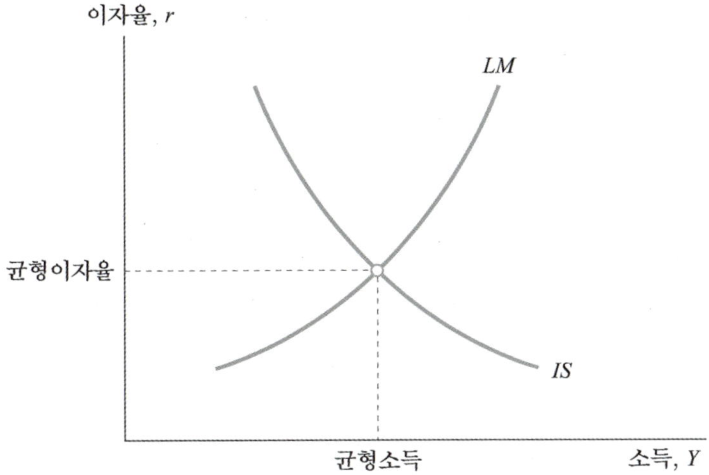

그림 12-5 *IS*−*LM* 균형

*IS*곡선과 *LM*곡선이 교차하는 점에서 생산물시장과 화폐시장이 동시에 균형을 이룬다. 즉, 이 점에서 계획된 지출과 실제 지출이 일치하며 실질화폐잔고에 대한 수요와 공급이 일치한다.

생각해 보자.

경제가 *IS*곡선의 좌측에 놓여 있어 현재의 이자율이 생산물시장의 균형을 이루게 하는 수준보다 낮으면, 이는 계획된 지출이 실제의 지출보다 큰 상태임을 의미한다. 단순 케인즈모형에서 살펴보았듯이 이러한 상태에서는 생산(소득)이 증가하게 되므로, 경제는 *IS*곡선을 향해 우측으로 이동하게 된다. 반대로 경제가 *IS*곡선의 우측에 놓여 있어 현재의 이자율이 생산물시장의 균형을 이루게 하는 수준보다 높으면 계획된 지출이 실제의 지출보다 작으므로 경제는 *IS*곡선을 향해 좌측으로 이동하게 된다.

그러면 경제가 *LM*곡선을 벗어나 있는 경우는 어떻게 되겠는가? 경제가 *LM*곡선의 위에 놓여 있어 현재의 이자율이 화폐시장의 균형을 이루게 하는 수준보다 높으면, 이는 화폐수요가 화폐의 공급량보다 작은 상태임을 의미한다. 이는 화폐의 초과공급과 채권의 초과수요 상태이므로 채권가격 상승과 이자율 하락으로 해소된다. 즉, 경제는 *LM*곡선을 향해 아래로 이동하는 것이다. 반대로 경제가 *LM*곡선의 아래에 놓여 있어 현재의 이자율이 화폐시장의 균형을 이루게 하는 수준보다 낮은 상태라면, 이는 화폐의 초과수요와 채권의 초과공급 상태이므로, 불균형은 채권가격 하락과 이자율 상승으로 해소된다. 즉, 경제는 *LM*곡선을 향해 위로 이동한다.

그림 12-6은 이러한 과정들을 요약하고 있다. 균형에서 벗어나 있는 부분은 모두 네 개의 영역인데, 어떤 이유로 경제가 각 영역에 속하게 되면 이자율과 소득이 균형을 회복하는 방향으로 움직이게 된다.

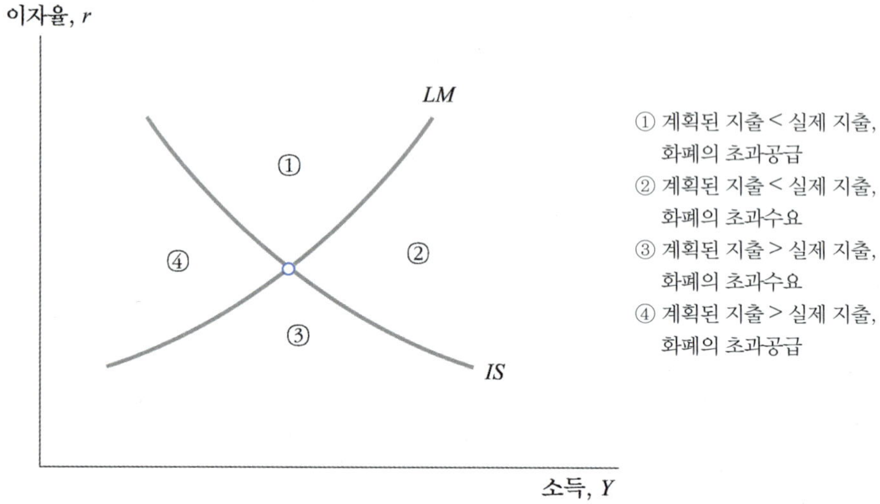

그림 12-6 $IS-LM$ 균형으로의 회복

경제가 $IS-LM$ 균형에서 벗어나 있는 부분은 모두 네 개의 영역인데, 어떤 이유로 경제가 각 영역에 속하게 되면 이자율과 소득이 균형을 회복하는 방향으로 움직이게 된다.

실제로 균형을 회복하는 과정에 얼마나 많은 시간이 소요될 것인지 사전적으로 알기는 어렵다. 다만, 생산물시장과 화폐시장의 속성을 생각해 볼 때 화폐시장과 그 이면에 있는 채권시장의 조정속도가 훨씬 빠를 것이라고 짐작할 수 있다. 경제가 $IS-LM$ 균형에서 이탈한 경우 이자율이 빠르게 조정되고 소득은 상대적으로 서서히 조정되는 것으로 보는 것이 타당하다.

$IS-LM$ 모형과 재정 · 통화정책 제13장

앞 장에서 소개된 $IS-LM$ 식을 살펴보면 재정정책과 관련된 정부지출 G와 조세 T, 통화공급 M, 물가 P는 외생변수인 반면, 소득, 소비, 투자, 이자율을 나타내는 Y, C, I, r은 모형 내에서 결정되는 내생변수이다. 물가가 고정되어 있다고 가정했기 때문에 P는 외생변수로 취급되지만 정책당국의 조작에 의해 변경이 가능한 변수는 아니다. 반면 T, G, M은 정책에 의해 변경이 가능한 정책변수이자 외생변수이다. 이 장에서는 재정정책과 통화정책의 효과를 살펴본다.

13-1 재정정책과 통화정책의 효과

(1) 재정정책의 효과

앞 장에서 이미 정부지출이 증가(감소)하면 IS곡선이 밖(안)으로 이동하며, 통화량을 증가(감소)시키면 LM곡선이 밖(안)으로 이동한다는 것을 알았다. 이제 생산물시장과 화폐시장을 동시에 고려하는 경우에 정부지출과 통화량의 변화가 어떠한 효과를 가져오는지 살펴보자. 먼저 정부지출 증가의 효과를 살펴보자. **그림 13-1**에는 정부지출의 증가로 IS곡선이 바깥으로 이동하는 경우가 도시되어 있다.

우리는 정부지출의 증가가 승수효과를 통해 국민소득을 증가시킨다는 것을 알고 있다. 단순 케인즈모형의 소득-지출 분석에 의하면, 정부지출의 증가(ΔG)는 국민소득을 $\frac{1}{1-MPC}\Delta G$ 만큼 증가시킨다. 그러나 이는 이자율에 변화가 없는 경우에만 성립한다. 화폐시장을 함께 고려할 경우에는 **그림 13-1**에서처럼 균형은 A점에서 B점으로 이동한다. 여기서 우리는 이자율이 r_1에서 r_2로 상승하였음을 알 수 있다. 만약 생산물시장만을 고려하였다면 이자율에 변화가 없는 상태에서 소득이 더 크게 증가했을 것이나, 화폐시장까지 고려하는 경우는 이자율이 상승하고 투자수요(I)가 감소되어 소득이 Y_2까지만 증가한다.

그러면 정부지출의 증가는 왜 이자율을 상승시키는 것인가? 이를 두 가지 측면에서 생각해 보자. 우선 $IS-LM$ 모형에서 정부지출의 증가는 소득을 증가시키는 방

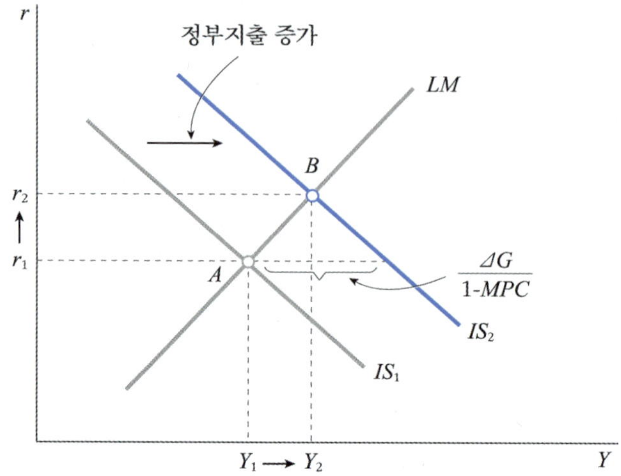

그림 13-1 *IS*−*LM* 모형에서의 정부지출 증가의 효과

정부지출의 증가(ΔG)로 *IS*곡선은 $\Delta G/(1-MPC)$만큼 우측으로 이동한다. 그러나 소득 증가로 화폐수요가 상승하면서 이자율이 r_1에서 r_2로 상승한다. 이자율 상승으로 인한 투자지출의 감소가 정부지출의 증가 효과를 부분적으로 상쇄하므로 소득은 Y_2까지만 증가한다.

향으로 작용하는데, 소득이 증가하면 화폐수요가 증가한다. 화폐수요가 증가하면 이자율이 상승한다. 화폐의 공급에는 변화가 없으므로 이자율이 상승해서 화폐의 수요량과 공급량이 원래의 수준을 유지하게 된다. 이는 정부지출의 변화가 소득의 변화를 통해 화폐수요와 이자율에 영향이 미치는 과정이다. 그런데 실제로는 정부지출의 증가가 이자율을 직접적으로 상승시키는 과정이 병행된다. 정부지출의 증가가 국채발행을 통해 조달된다고 하자. 국채공급의 증가는 국채가격을 하락시키며, 채권가격과 역의 관계에 있는 이자율이 상승한다. 결국 이 두 가지 과정을 통해 이자율이 상승하고, 이자율의 상승은 투자수요를 감소시킨다. 이자율 상승으로 인한 투자지출의 감소가 정부지출의 증가 효과를 부분적으로 상쇄하기 때문에 정부지출의 증가는 국민소득을 $\frac{1}{1-MPC}\Delta G$ 만큼 증가시키는 것이 아니고 Y_2까지만 증가시킨다.[1]

정부지출의 증가가 *IS*곡선을 바깥으로 이동시키는 반면, 정부지출의 감소는 *IS*곡선을 안쪽으로 이동시킨다. 한편, 조세의 증가도 *IS*곡선을 안쪽으로 이동시키는 요인인데, 조세의 증가는 승수 효과를 통해 소득을 감소시킨다. 생산물시장만을 고려

1) 만약 정부지출의 증가가 전액 조세를 통해 조달된다면, 정부지출의 증가가 국채시장을 통해 이자율을 직접적으로 상승시키는 효과는 없을 것이다. 그러나 이자율은 여전히 상승하는데, 정부지출로 인한 소득의 증가가 화폐수요를 증가시켜 이자율을 상승시키는 효과가 있기 때문이다. 단순 케인즈모형에서 균형예산승수는 1로서, 그렇지 않은 경우의 승수인 $\frac{1}{1-MPC}$보다 작다. 이는 *IS*곡선이 바깥으로 이동하는 정도가 훨씬 작아짐을 의미한다.

하면 조세의 증가(ΔT)는 소득을 $\frac{MPC}{1-MPC}\Delta T$ 만큼 감소시킨다. 그런데 화폐시장을 동시에 고려하면 소득의 감소는 화폐수요를 감소시켜 이자율이 하락하므로 투자 수요가 증가하게 된다. 투자 증가로 인한 소득의 증가는 조세 증가로 인한 소득의 승수적 감소를 부분적으로 상쇄시킨다. **그림 13-2**는 조세 증가로 *IS*곡선이 안쪽으로 이동하여, 결과적으로 국민소득이 감소하고 이자율이 하락함을 보여주고 있다.

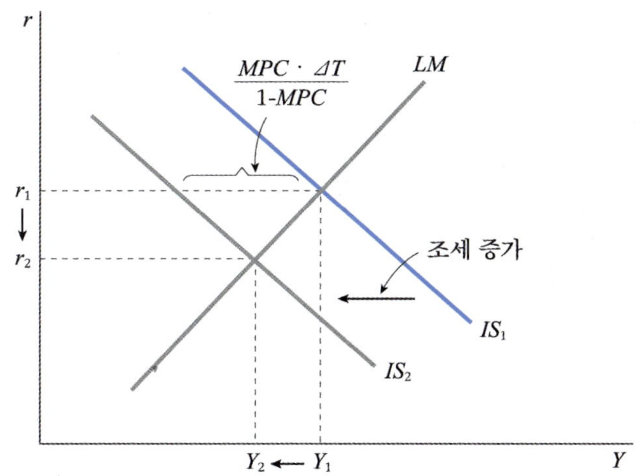

그림 13-2 *IS*−*LM* 모형에서의 조세 증가의 효과

조세의 증가(ΔT)로 *IS*곡선이 $MPC \cdot \Delta T/(1-MPC)$ 만큼 좌측으로 이동한다. 그러나 소득 감소로 화폐수요가 감소하면서 이자율이 r_1에서 r_2로 하락한다. 이자율 하락에 인한 투자지출의 증가가 조세 증가에 의한 소득 감소 효과를 부분적으로 상쇄하므로 소득은 Y_2까지만 하락한다.

(2) 통화정책의 효과

이제 통화정책의 효과를 살펴보자. **그림 13-3**에 나타나 있듯이 통화량이 증가하면 *LM*곡선은 바깥으로 이동한다. 앞에서도 설명하였지만 통화공급이 증가하면 애초의 균형이자율에서 사람들이 보유하고자 하는 화폐의 양보다 통화량이 많아진다. 즉, 화폐의 초과공급이 발생하므로 채권수요가 증가하고 이자율은 하락한다. 화폐시장만을 고려하면 통화공급 증가 효과는 이자율을 하락시키는 것으로 끝날 것이다. 그런데 생산물시장을 고려하면 이자율의 하락은 투자를 증가시키고 소득을 증가시킨다. 즉, 통화량 증가는 이자율을 하락시키고 소득을 증가시킨다. 반대로 통화량의 감소는 *LM*곡선을 안쪽으로 이동시키는데, 이 경우에 이자율은 상승하고 소득은 감소한다.

정부지출과 통화량의 증가가 모두 국민소득을 증가시키는 방향으로 작용하지만 이자율에 미치는 효과는 서로 다르다는 것을 알 수 있다. 정부지출의 증가는 이자율을 상승시키고 통화공급의 증가는 이자율을 하락시킨다. 또한 정부지출의 감소는 이자율을 하락시키지만 통화공급의 감소는 이자율을 상승시킨다. 그러면 이자율에 변화를 가져오지 않고 소득을 증가시킬 수 있는 방법은 없을까? 이는 재정정책과 통화정책의 정책조합(policy mix)을 통해 가능하다.

정부지출을 늘리면서 동시에 통화공급량을 증가시키는 경우를 살펴보자. 정부지출의 증가는 *IS*곡선을 바깥으로 이동시키며, 통화공급의 증가 역시 *LM*곡선을 바깥으로 이동시킨다. 그림 13-4에는 이러한 정책의 효과가 도시되어 있는데, 결과적

그림 13-3 *IS*－*LM* 모형에서의 통화공급 증가의 효과

통화공급량이 증가하면 *LM*곡선이 바깥으로 이동하며 이자율이 r_1에서 r_2로 하락한다. 이자율의 하락으로 투자가 증가하며 승수효과에 의해 소득이 Y_1에서 Y_2로 증가한다.

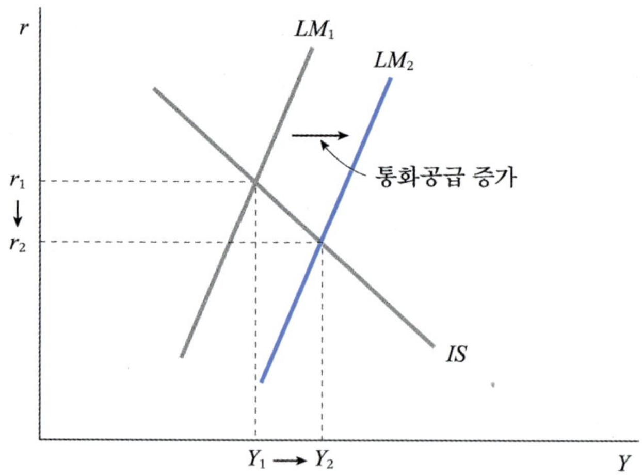

그림 13-4 재정정책과 통화정책의 조합: 이자율 고정과 소득 증가

정부지출의 증가로 *IS*곡선이 바깥으로 이동하며, 통화공급의 증가로 *LM*곡선도 바깥으로 이동한다. 그림에는 이자율에 변화가 없는 경우가 나타나 있는데, 정부지출 증가에 의한 이자율 상승 압력을 통화공급 증가의 효과가 정확히 상쇄하기 때문이다.

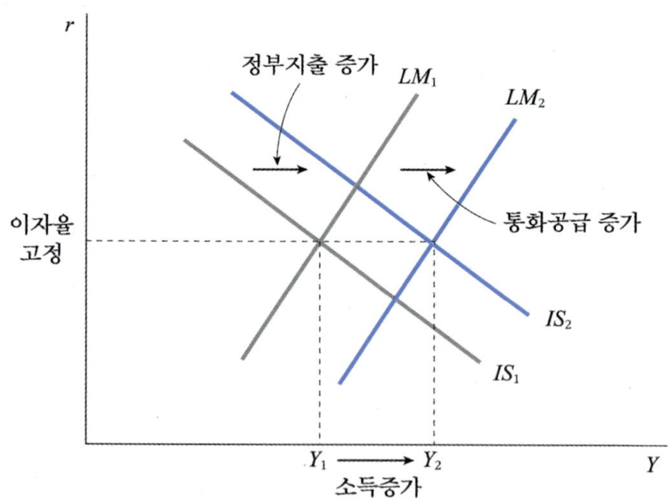

으로 이자율에는 변화가 없고 소득만 증가한 것으로 나타나 있다. 정부지출의 증가는 이자율을 상승시키는데, 동시에 통화공급의 증가가 이자율을 하락시켜 이자율에 미치는 효과가 중화되기 때문이다.

위의 예는 정책상의 변화에도 불구하고 이자율을 고정시키기 위한 방법이었다. 이제 소득을 고정시키는 정책조합에 대해 알아보자. 조세를 증가시키거나 정부지출을 삭감하는 긴축적인 재정정책을 고려해 보자. 물론 두 경우에 있어 소득을 감소시키는 승수효과상의 차이는 있으나, *IS*곡선을 안쪽으로 이동시킨다는 점에서는 같다. 이는 소득을 감소시키는데, 소득을 과거의 수준으로 안정시키기 위해서는 통화공급을 증가시키면 된다. 통화공급이 증가하면 소득 감소가 억제되어 이전의 소득 수준을 회복하지만, 이자율은 더 하락하게 된다. 그림 13–5에서 보듯이 소득은 고정되지만 이자율은 r_1에서 r_2로 하락한다.

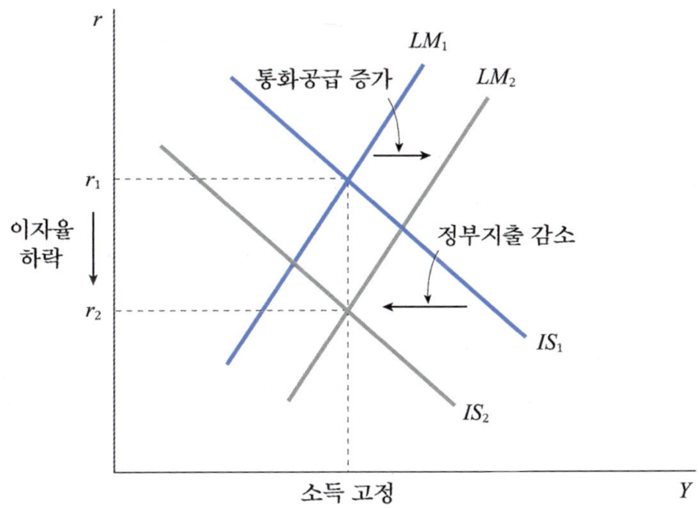

그림 13–5 재정정책과 통화정책의 조합: 소득 고정과 이자율의 하락

정부지출의 감소로 *IS*곡선이 안쪽으로 이동하며, 통화공급의 증가로 *LM*곡선은 바깥쪽으로 이동한다. 그림에는 소득에 변화가 없는 경우가 나타나 있는데, 정부지출 감소에 의한 소득 하락 압력을 통화공급 증가의 효과가 정확히 상쇄하기 때문이다.

13-2 *IS–LM* 곡선의 여러 형태

(1) *IS*곡선의 여러 형태

식 (12.1)은 *IS*곡선의 가장 기본적 형태이다. 만약 소비가 가처분소득뿐만 아니라 이자율의 영향을 받는다는 가정을 추가하면 소비함수는 $C=C(Y-T,\ r)$이

되고, 이자율이 하락할 때 투자뿐만 아니라 소비도 증가하므로 IS곡선의 기울기가 보다 평평해지는 모습을 보이게 된다. 한편, 투자가 이자율뿐만 아니라 소득에 의해서도 영향을 받는다고 가정할 수 있다. 소득이 증가한다는 것은 기업의 매출 증가를 뜻하므로 매출 증가에 직면한 기업은 시설을 확장하거나 기계를 더 구입할 수 있다. 이러한 경우 투자함수는 $I=I(r,\ Y)$가 되고, 이자율이 하락할 때 투자의 증가폭이 더 커지게 된다. 이상 두 경우는 모두 총수요가 이자율에 보다 민감하게 변하도록 해준다.

반면에 소비나 투자가 이자율에 비탄력적(inelastic)으로 반응한다면, IS곡선의 기울기는 가파른 형태를 띠게 된다. 극단적으로 단순 케인즈모형에서와 같이 소비와 투자가 이자율의 영향을 전혀 받지 않으면 IS곡선은 수직이다. 특히 케인즈는 투자가 예측 불가능하게 불규칙적으로 움직이는 측면을 강조하였는데, 기업가가 미래에 대하여 어떻게 전망하며 낙관주의와 비관주의의 어느 편에 서는가가 중요하다고 보았다. 투자에는 기업가의 결단이 필요하며 케인즈는 이를 기업가의 동물적 충동(animal spirit)이라고 표현한 바 있다. 따라서 케인즈적 견해에 충실한다면 투자는 이자율에 크게 의존하지 않게 되고, IS곡선은 가파른 형태를 띠게 된다.

(2) LM곡선의 형태

IS곡선의 모양이 소비와 투자가 이자율에 얼마나 민감한가에 달려 있듯이 LM곡선의 모양은 화폐수요가 이자율에 얼마나 민감한가에 달려 있다. 여기서 고전학파의 대표적 화폐이론인 화폐수량설을 떠올리게 되는데, 고전학파에 의하면 화폐수요는 이자율과 무관하므로 LM곡선은 수직이 된다. 수량방정식 $MV=PY$에서 유통속도 V가 일정하다는 가정은 화폐수요가 이자율과 무관하다는 가정과 같은 것이다.

그러나 화폐수요가 이자율의 감소함수인 이상, LM곡선은 우상향하게 된다.[2] 만약 화폐수요가 이자율에 대해 아주 민감하게 반응한다면 LM곡선의 기울기는 평평해진다. 화폐수요가 이자율에 민감하다는 것은, 이자율이 조금만 하락해도 채권의 비중을 크게 낮추고 그 대신 화폐보유의 비중을 크게 높인다는 의미이다. 이와 같은 현상은 이자율이 매우 낮은 수준에서 발생할 가능성이 크다. 이자율, 특히 명목이자율은 0% 이하로 떨어질 수 없다. 만약 이자율이 0%에 가까울 정도로 낮은 수준이라면, 채권가격은 이미 높아질 대로 다 높아진 상태이므로 굳이 채권을 보유할 이유

2) 화폐수요가 이자율의 감소함수인 것은 유통속도가 이자율의 증가함수라고 하는 것과 같다. 예를 들어, 이자율이 상승하면 화폐수요가 감소하는데, 이는 이전보다 더 적은 화폐로도 같은 규모의 재화와 용역 거래가 가능하다는 것이므로 유통속도가 증가함을 의미한다.

가 없고 자산의 대부분을 유동성이 높은 화폐로 보유하는 것이 나을 것이다. 이와 같은 현상을 유동성 함정(liquidity trap)이라고 한다. 이처럼 이자율이 0%에 가까운 상태에서는 통화정책이 효과를 발휘하기 힘들다. 통화의 공급을 증가시켜도 이자율이 내려가는 것에 한계가 있는데다 사람들은 늘어난 유동성을 그대로 보유하고 말뿐이므로, 통화정책이 총수요를 자극하지 못하고 경기침체의 늪에서 벗어나지 못하는 것이다.[3)]

통화정책의 수행방식도 LM곡선의 기울기에 영향을 준다. 지금까지 우리는 중앙은행이 통화의 공급량을 조절하는 방식으로 통화정책을 수행한다고 가정했다. 통화량을 조절하면 그에 맞추어 이자율이 자연스럽게 오르내린다. 그런데 나라마다 다르기는 하지만 최근 우리나라를 비롯한 현대 중앙은행은 직접 이자율을 조절하는 방식을 사용하고 있다. 물론 이자율의 조절은 통화량 조절을 통해 이루어진다. 이자율 설정이 단지 명령으로 되는 것으로 아니고, 중앙은행이 이자율을 특정 목표 수준까지 낮추려면 통화량 공급을 늘려야 하고 특정 수준까지 올리려면 통화량 공급을 줄여야 한다. 얼마나 늘리고 줄여야 하는지 상황에 따라 달라질 수밖에 없는데, 예를 들어 0.5%포인트를 조절하기 위해 20조원의 통화량 증감이 필요할 수도 있고 50조

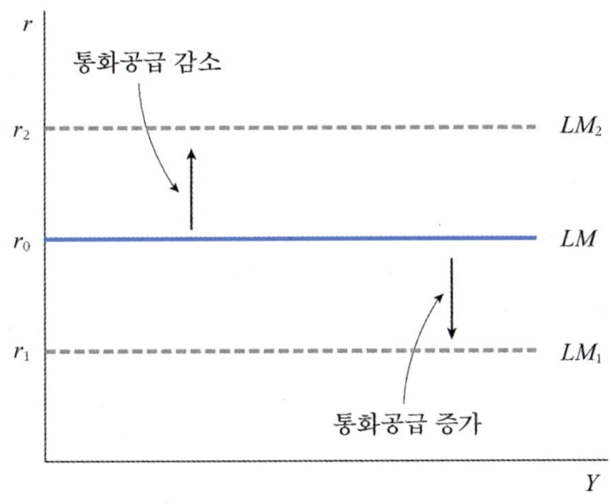

그림 13-6 수평의 LM곡선

중앙은행이 이자율을 결정하며, 그 이자율 수준에서 화폐시장이 균형을 이루도록 통화공급량을 조절한다.

3) 설사 이자율이 0이라고 하더라도 팽창적 통화정책이 효과를 거둘 수 있다는 주장도 있다. 이에 관한 대표적인 학자는 Paul Krugman인데, 그는 팽창적 통화정책으로 인플레이션 기대심리를 자극하면 실질이자율이 마이너스로 떨어질 것이므로 투자가 촉진될 것이라고 주장한다. 게다가 팽창적 통화정책으로 자국 환율이 평가절하되면 수출이 촉진될 것이므로, 이자율 0에서도 통화정책이 효력을 발휘할 수 있다.

원의 증감이 필요할 수도 있다. 목표 수준을 유지해 나가기 위해서는 통화량의 상시적 미세조정도 필요할 것이다. 이같이 중앙은행이 이자율을 일정한 수준에서 유지할 수 있다고 가정하면, LM곡선은 수평선 모양을 띠게 된다. 따라서 소득, 이자율 평면에서 이자율을 인하하는 확장적 통화정책은 LM곡선의 하방 이동, 이자율을 인상하는 긴축적 통화정책은 LM곡선의 상방 이동으로 표시할 수 있다.

13-3 $IS-LM$ 곡선의 형태와 재정 · 통화정책의 상대적 유효성

$IS-LM$ 모형은 기본적으로 재정정책과 통화정책이 유효함을 보여주는 모형이다. 그러면 재정정책과 통화정책 중 어느 정책이 더 유효할 것인가? 이는 바로 앞서 살펴본 $IS-LM$ 곡선의 형태와 관계되는데, 이는 투자수요와 화폐수요가 이자율에 얼마나 민감한가에 달려 있다.

먼저 재정정책의 상대적 유효성에 대해 살펴보자. 확장적 재정정책은 총수요를 증대시키지만, 이자율을 상승시키기 때문에 부분적으로 총수요 증대가 억제된다. 재정정책의 효과가 작은 경우는 첫째, 투자수요가 이자율에 민감하여 확장재정으로 인한 이자율 상승이 투자수요를 억제하는 정도가 큰 경우이며, 이는 IS곡선이 평평한 경우에 해당한다. 둘째, 화폐수요의 이자율에 대한 민감도가 낮아서 LM곡선이 가파른 경우이다. 확장재정은 소득과 이자율을 상승시키는 방향으로 작용하므로, 소득 증가에 의해 화폐수요가 늘고 이자율 상승으로 화폐수요가 감소하게 되는데, 화폐수요가 이자율에 민감하지 않으므로 화폐수요가 이전의 수준으로 유지되기 위해서는 이자율이 크게 올라야 한다.

재정정책의 효과가 큰 경우는 첫째, 투자수요가 이자율에 민감하지 않아 확장재정으로 인한 이자율 상승이 투자수요를 억제하는 정도가 작은 경우이며, 이는 IS곡선이 가파른 경우에 해당한다. 둘째, 화폐수요의 이자율에 대한 민감도가 커서 LM곡선이 평평한 경우이다. 확장재정은 소득과 이자율을 상승시키는 방향으로 작용하므로, 소득 증가에 의해 화폐수요가 늘고 이자율 상승으로 화폐수요가 감소하게 되는데, 화폐수요가 이자율에 민감하므로 화폐수요가 이전의 수준으로 유지되기 위해서는 이자율이 조금만 올라도 된다.

이제 통화정책의 상대적 유효성에 대해 살펴보자. 확장적 통화정책은 이자율 하락을 통해 총수요를 증대시킨다. 통화정책의 효과가 작은 경우는 첫째, 투자수요가

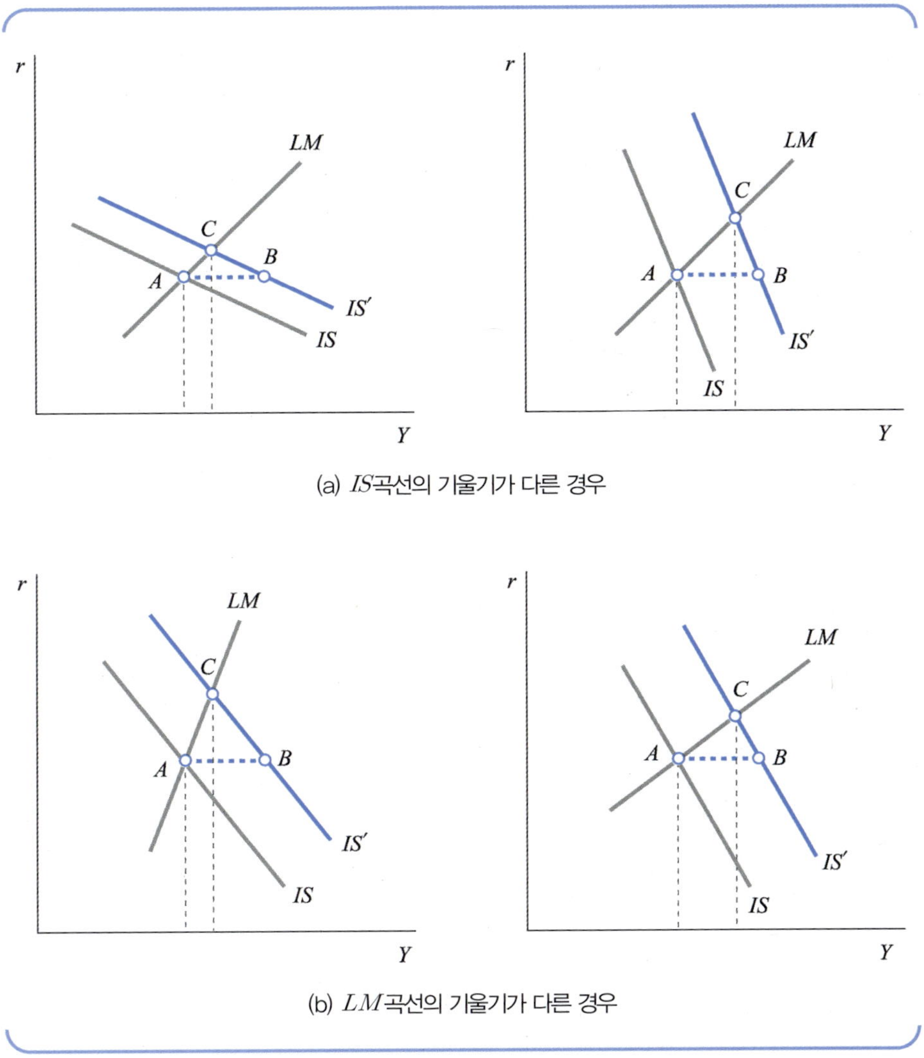

그림 13-7 재정정책의 상대적 유효성

네 가지 그래프에서는 *IS*곡선이 우측으로 모두 같은 크기만큼 이동하고 있다. 재정정책의 효과는 결과적으로 소득이 얼마나 증가하는가로 나타나는데, 이는 *IS*곡선과 *LM*곡선의 기울기에 따라 달라진다. *A*점에서 *B*점까지의 거리는 같지만 소득이 증가하는 정도는 두 곡선의 기울기에 따라 다르다.

이자율에 민감하지 않아 확장통화정책에 의한 이자율 하락에도 불구하고 투자가 크게 늘어나지 않는 경우이다. 둘째, 화폐수요의 이자율 민감도가 높아서 *LM*곡선이 평평한 경우인데, 통화공급을 증가시켜도 이자율이 별로 낮아지지 않으므로 총수요 확대는 미미하다.

통화정책의 효과가 큰 경우는 첫째, 투자수요가 이자율에 민감하여 확장통화정책에 의한 이자율 하락으로 투자가 크게 늘어나는 경우이며, 이때 IS곡선의 기울기는 평평해 진다. 둘째, 화폐수요의 이자율 민감도가 낮아서 *LM*곡선이 가파른 경우인데, 통화공급을 조금만 증가시켜도 이자율이 낮아지고 총수요가 확대된다.

그림 13-8 통화정책의 상대적 유효성

네 가지 그래프에서는 *LM*곡선이 우측으로 모두 같은 크기만큼 이동하고 있다. 통화정책의 효과는 결과적으로 소득이 얼마나 증가하는가로 나타나는데, 이는 *IS*곡선과 *LM*곡선의 기울기에 따라 달라진다. *A*점에서 *B*점까지의 거리는 같지만 소득이 증가하는 정도는 두 곡선의 기울기에 따라 다르다.

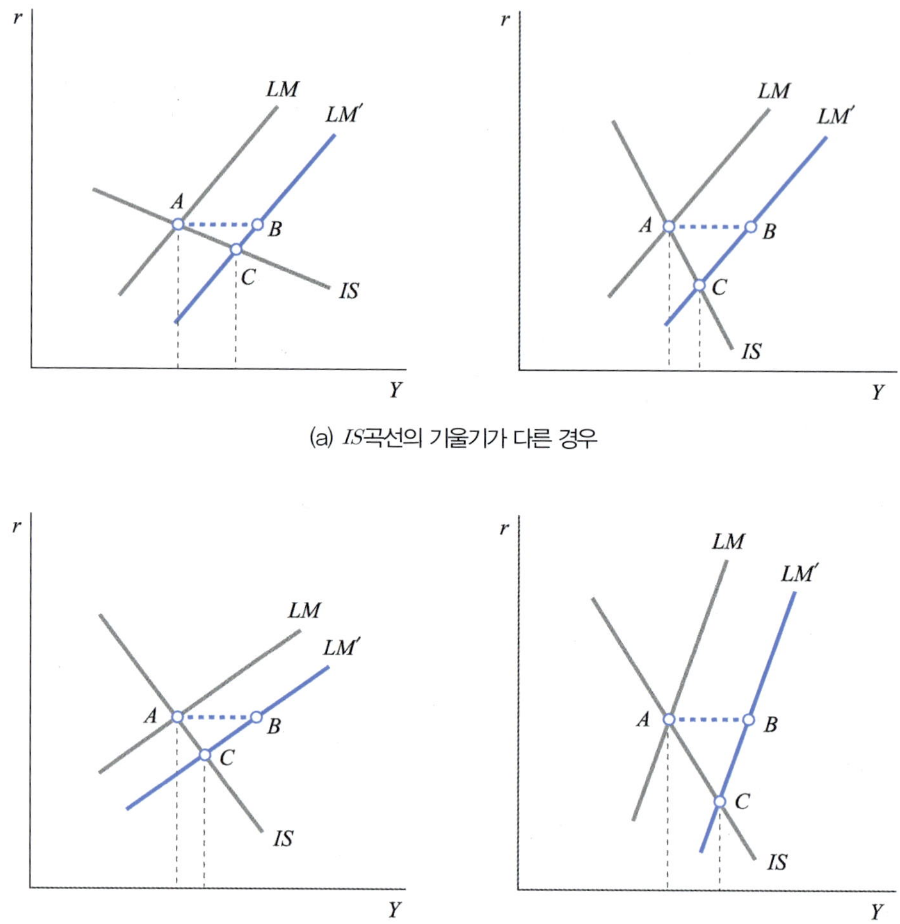

(a) *IS*곡선의 기울기가 다른 경우

(b) *LM*곡선의 기울기가 다른 경우

부록 코로나 경제 위기에 대한 IS-LM 분석

이제까지 우리는 IS-LM 모형을 이용하여 재정 · 통화정책의 효과를 분석해 보았다. 이를 2020년에 발생한 코로나 경제위기에 적용해볼 수 있을까? 여기서는 블랑샤르(O. Blanchard)의 이론적 분석을 중심으로 논의해 보기로 한다.[4)]

4) Blanchard, "The COVID economic crisis," 2020.

지금까지는 경제 전체를 하나의 동질적 부문으로 보고 접근했는데, 이제 이러한 가정을 완화하여 경제가 이질적 특성을 지닌 두 부문으로 이루어져 있다고 해 보자. 첫째는 코로나19의 충격을 직접 받는 부문이다. 이는 주로 대면서비스 부문인데, 예를 들자면 식당이나 호텔 등을 생각할 수 있다. 이를 '취약부문(affected sector)'이라고 하고, 동 부문의 소득(생산)을 X라고 하자. 둘째는 비대면 업무를 수행할 수 있어 코로나19의 충격을 직접 받지 않는 부문으로 '비취약부문(non-affected sector)'이라고 정의하고, 이 부문의 소득(생산)은 Z로 표시하자. 우선 두 부문 모두 애초에 IS-LM 균형 상태에 있었다고 가정하면 **그림 13A-1**의 (a)는 취약부문의 균형을, (b)는 비취약부문의 균형을 보여준다. 두 부문 모두 IS곡선이 우하향하는 모습을 나타내고 있으며, 이는 이자율이 하락할수록 각 부문에 대한 수요가 증가하는 것을 보여준다. 물론 이자율에 대한 반응 정도는 부문별로 다를 수 있다. 한편 여기서는 LM곡선이 수평의 형태를 띠는 것으로 가정한다. 이는 앞서 살펴본 LM곡선의 여러 형태 중 하나인데, 이 경우 이자율은 통화당국에 의해 특정 수준으로 결정되며 취약부문과 비취약부문에 모두 동일하게 적용된다. 두 부문 모두 균형 상태에 있다고 가정했으므로 각각 IS곡선과 LM곡선이 교차하는 수준인 X_n과 Z_n 만큼 소득(생산)을 얻고 있다.

그림 13A-1

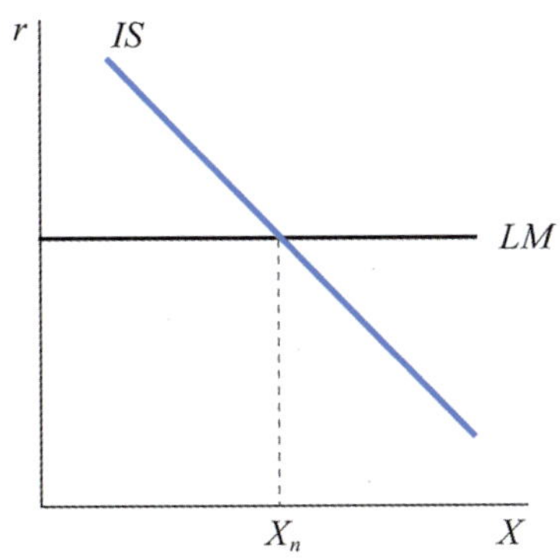

(a) 취약부문

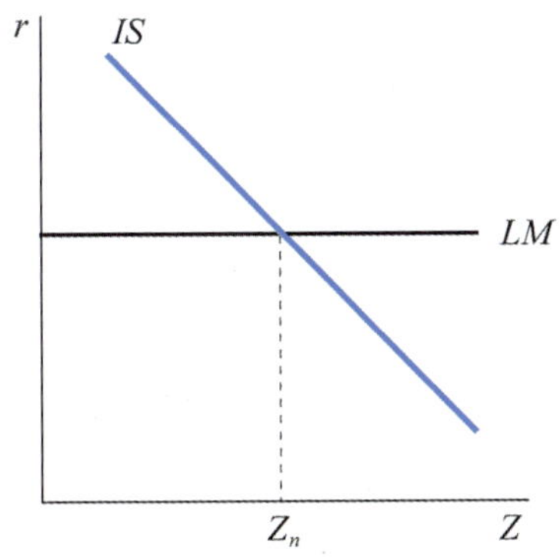

(b) 비취약부문

이제 코로나19 충격의 경제적 영향을 분석해 보자. 우선 감염병에 대응하기 위하여 정부가 통행 제한이나 영업시간 제한과 같은 사회적 거리두기를 시행한다면 취약부문은 직접 영향을 받을 것이다. 이 경우 취약부문의 소득(생산)은 IS곡선 및 LM

곡선과 관계없이 사회적 거리두기의 강도에 따라 조정되며, **그림 13A-2**의 (a)에서 볼 수 있듯이 X'_n까지 하락하게 된다. 즉, 코로나19 충격으로 취약부문의 균형은 A에서 B로 이동한다.[5)]

반면 비대면 업무가 가능한 비취약부문은 사회적 거리두기 강화의 영향을 직접 받지는 않는다. 다만, 비취약부문의 IS곡선은 다음 세 가지 효과의 크기에 따라 우측이나 좌측으로 이동할 수 있다. 첫째는 비취약부문의 생산물이 취약부문 생산물의 대체재 역할을 할 수 있는 경우이다. 예를 들어 거리두기 강화로 극장에 갈 수 없다고 하더라도 집에서 넷플릭스를 시청하는 것은 가능하다. 외식을 줄이면 식료품 직접 소비가 늘어난다. 이런 경우에는 비취약부문에 대한 수요가 증가하면서 동 부문의 IS곡선이 우측으로 이동할 수 있다. 두 번째 고려 사항은 거리두기 강화로 "취약부문"에 종사하는 사람들이 실직하는 경우이다. 취약부문 종사자들의 소득이 감소하면 자연스럽게 비취약부문 생산물에 대한 수요도 줄어들 것이다. 이러한 효과는 비취약부문의 IS곡선을 좌측으로 움직이게 한다. 셋째는 코로나19 팬데믹으로 인한 불확실성이다. 감염병이 얼마나 오래 지속될지 잘 모르는 상황에서 소비자들은 불확실한 미래에 대비하기 위해 소비를 줄이고 저축을 늘리려고 할 수 있다. 이는 비취약부문에 대한 수요를 감소시키고, 결국 동 부문의 IS곡선은 좌측으로 움직이게 된다. 종합적으로 볼 때, 특히 팬데믹 초기에는 첫 번째보다 두 번째 및 세 번째 요인의 영

그림 13A-2

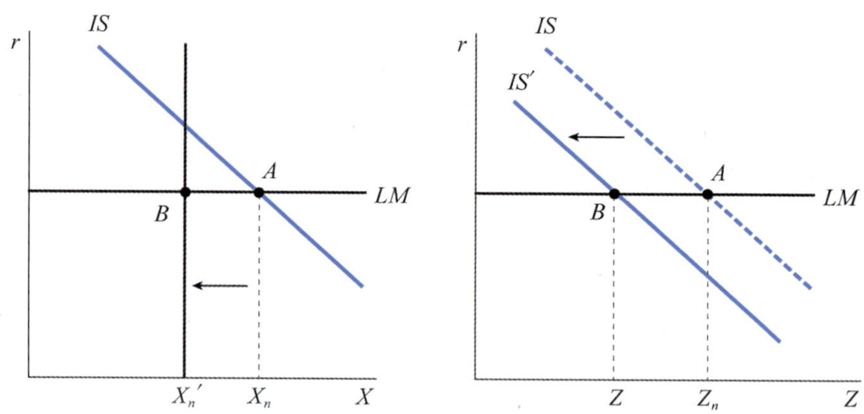

(a) 취약부문 (b) 비취약부문

5) 엄밀하게 말해 B점에서 화폐시장은 균형을 이루고 있지만, '취약부문' 생산물시장은 그렇지 않다. IS곡선 아래에 위치하므로 실제지출(actual expenditure)이 계획된 지출(planned expenditure)보다 낮은 상태이다.

향이 훨씬 커서 비취약부문의 IS곡선은 좌측으로 이동하게 된다. **그림 13A–2**의 (b)에서 보듯이 비취약부문의 IS곡선이 좌측으로 이동하면 이자율 수준의 변화 없이 균형은 A에서 B로 움직이게 된다. 이에 따라 동 부문의 소득(생산량)은 Z_n에서 Z로 감소한다.

지금까지는 정부의 대응이 전혀 없는 상황을 가정했지만, 이는 코로나19 발생 이후 각국 정부가 적극적으로 대처한 현실을 고려하면 비현실적인 가정이다. 이제 코로나19 충격에 대한 완화적인 재정 · 통화정책의 효과를 살펴보자. 우선 정부의 재정지출 확대(적자 재정)를 통해 취약부문에 속한 기업들의 파산과 실업 사태를 완화할 수 있다. 이 경우 비취약부문에 대한 수요 감소를 어느 정도 축소시킬 수 있다. **그림 13A–3**에는 이러한 과정이 나타나 있다. 만약 정책 대응 없었다면 코로나19 충격으로 비취약부문의 IS곡선은 IS'까지 움직이고 균형은 A에서 B로 이동하며, 비취약부문의 소득(생산)은 Z_n에서 Z로 줄어든다. 이때 정부가 재정정책을 통해 가계와 기업의 소득을 어느 정도 보충해 준다면 IS곡선은 우측으로 이동($IS' \rightarrow IS''$)하며, 수요의 급격한 위축을 방지할 수 있다. 한편 완화적 통화정책은 재정정책의 효과를 증대시켜 준다. 중앙은행이 이자율을 인하하여 LM곡선이 아래쪽으로 이동($LM \rightarrow LM'$)하면 새로운 균형은 C로 이동한다. 결과적으로, 코로나 충격으로 소득이 Z까지 급격히 감소할 수 있었으나, 적절한 재정 · 통화정책이 사용될 경우 부정적 충격을 완화하며 균형소득을 상당 부분 회복($Z \rightarrow Z'$)시킬 수 있다. 물론 취약부문 및 비취약부문 모두 얼마나 빨리 자연산출 및 자연실업 수준으로 회복할지는 감염병의 진정 속도와 정책 대응의 강도에 달려 있을 것이다.

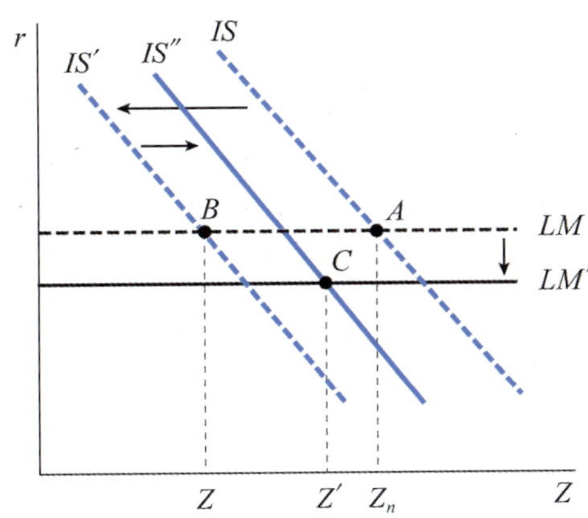

그림 13A–3

제14장

물가, 예상인플레이션과 $IS-LM$ 모형

앞의 두 장에서는 IS곡선과 LM곡선을 도출하고, 재정 · 통화정책의 상대적 유효성에 대하여 살펴보았다. 이제까지의 $IS-LM$ 분석에서는 물가(P)의 효과를 고려하지 않았으며 예상인플레이션(π^e)을 무시할 수 있다고 가정하였다. 이제 이러한 가정을 완화해 보자.

14-1 물가와 $IS-LM$ 모형: 총수요곡선의 도출

가격변수의 하나인 이자율 하락이 투자수요를 증가시키고, 그에 따라 총수요를 증가시키는 관계는 IS곡선으로 표현된다. 그러면 물가의 상승이나 하락은 총수요에 어떤 영향을 미칠 것인가? $IS-LM$ 관계식을 다시 써 보자.

$$Y = C(Y-T) + I(r) + G$$
$$\frac{M}{P} = L(r, Y) \tag{14.1}$$

물가(P)는 LM곡선의 식에 들어가 있다. 앞 장의 $IS-LM$ 분석에서는 LM곡선에 들어가 있는 물가가 고정되어 있다고 가정하고 논의를 전개하였다. 그런데 $IS-LM$ 관계식을 자세히 들여다보면, 가격변수로는 이자율과 물가, 둘만이 존재한다는 것을 알 수 있다. $IS-LM$ 곡선은 가격변수 중의 하나인 물가를 고정시켜 놓고 이자율(r)과 소득(Y)의 관계를 살펴본 것이다.

이자율과 소득의 관계 대신 물가와 소득의 관계를 살펴보면 총수요곡선(AD: Aggregate Demand curve)을 얻을 수 있다. 물론 주의할 것은 물가가 LM곡선의 식에만 들어가 있다고 해서 LM곡선만을 이용해 총수요곡선을 도출해서는 안 된다는 점이다. 소득은 이자율이라는 연결고리를 통해 생산물시장과 화폐시장에서 동시에 결정되므로 물가와 소득의 관계도 두 시장을 동시에 고려해야 얻을 수 있다.

$IS-LM$ 모형을 통해 총수요곡선을 도출함에 있어 주의해야 할 것은 물가(P)가 변하면 LM곡선 자체가 이동한다는 것이다. 물가가 상승하면 실질통화공급량(M/P)이 감소하여 LM곡선이 좌측으로 이동한다. 반면 물가가 하락하면 실질통화공급량(M/P)이 증가하고 LM곡선은 우측으로 이동한다. LM곡선을 좌우로 움직이게 한다는 점에서 물가의 상승(하락)은 통화량 감소(증가)의 효과와 일치한다.

그림 14-1에는 $IS-LM$ 모형을 이용하여 총수요곡선을 도출하는 과정이 나와 있다. 그림 (a)에는 애초의 물가 수준 P_1에서 IS곡선과 $LM(P_1)$곡선이 교차하는 점에서 생산물시장과 화폐시장의 동시 균형이 이루어지고 소득 수준은 Y_1으로 결정된다. 어떤 이유로 물가가 P_2로 상승했다고 하면 LM곡선은 좌측으로 이동하여 $LM(P_2)$가 된다. 따라서 새로운 소득 수준은 Y_2로 감소한다. 이 과정을 (Y, P) 평면에 옮겨 놓은 것이 그림 (b)이다. 물가의 상승은 소득의 감소를 가져 오며, 이는 총수요곡선이 우하향함을 의미한다.

물가의 상승은 실질통화공급이 줄어들었음을 의미하고, 이렇게 되면 화폐시장에서 이자율이 상승한다. 이자율의 상승은 투자수요를 위축시키고 소득을 감소시킨다. 반대로 물가가 하락하면 실질통화공급이 증가하고, 이는 화폐시장에서 이자율을 하락시킨다. 이자율의 하락은 투자수요를 증가시키고 소득을 증가시킨다.

그러면 우하향하는 총수요곡선(AD곡선) 자체를 이동시키는 요인은 무엇일까? 총수요곡선은 $IS-LM$ 모형에서 물가를 움직여 가면서 도출되었으므로 물가 이외

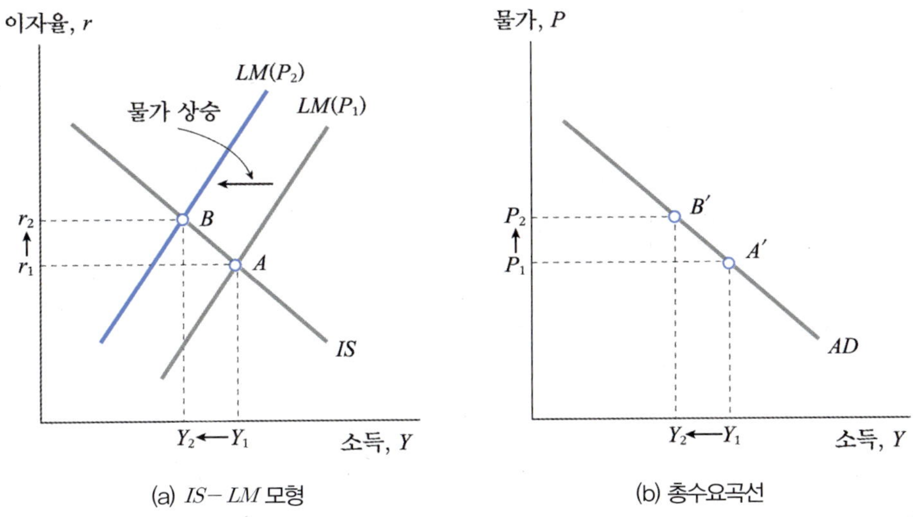

(a) $IS-LM$ 모형

(b) 총수요곡선

그림 14-1 $IS-LM$ 모형에 의한 총수요곡선의 도출

그림 (a)는 물가 수준이 P_1에서 P_2로 상승하면 실질화폐잔고가 감소하여 LM곡선이 위로 이동하는 것을 보여준다. 그 결과 균형소득은 Y_1에서 Y_2로 감소한다. 이 과정을 (Y, P) 평면에 옮겨 놓은 것이 그림 (b)이다. 물가의 상승으로 소득이 감소하며, 이는 총수요곡선이 우하향함을 의미한다.

의 변수가 변화하여 IS곡선이나 LM곡선이 이동하면 AD곡선도 이동하게 된다. 즉, 물가가 고정된 상태에서 IS곡선이나 LM곡선이 이동하면 AD곡선도 이동하는 것이다. 결론부터 말하면 $IS-LM$ 모형에서 소득을 증가시키도록 하는 요인이 발생하면 AD곡선은 우측으로 이동하고, 소득을 감소시키도록 하는 요인이 발생하면 AD곡선은 좌측으로 이동한다.

예를 들어, 통화공급이 증가하면 LM곡선은 우측으로 이동하고 AD곡선도 우측으로 이동한다. 통화공급이 감소하면 LM곡선은 좌측으로 이동하고 AD곡선도 좌측으로 이동한다. 정부지출을 증가시키거나 조세를 축소하면 IS곡선이 우측으로

그림 14-2 재정 · 통화정책과 총수요곡선의 이동

확장적 재정정책은 IS곡선과 AD곡선을 우측으로 이동시킨다. 확장적 통화정책은 LM곡선과 AD곡선을 우측으로 이동시킨다. 물가가 P_0로 고정되어 있는 상태에서 총수요가 Y_0에서 Y_1으로 증가한다.

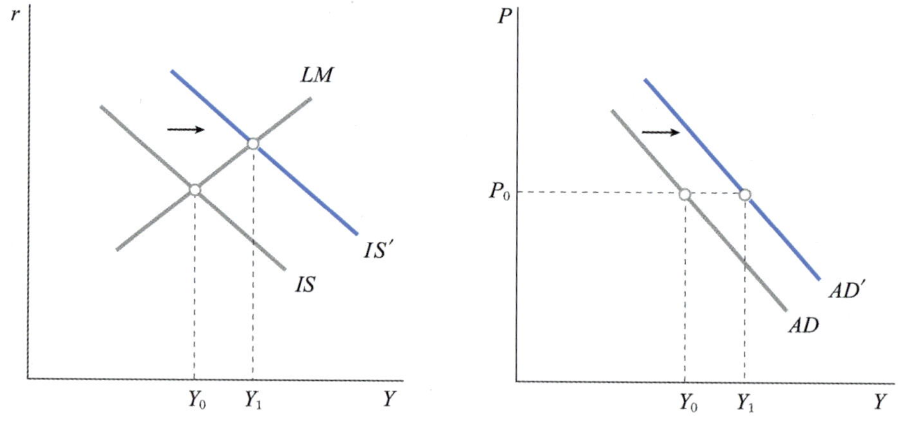

(a) 확장적 재정정책

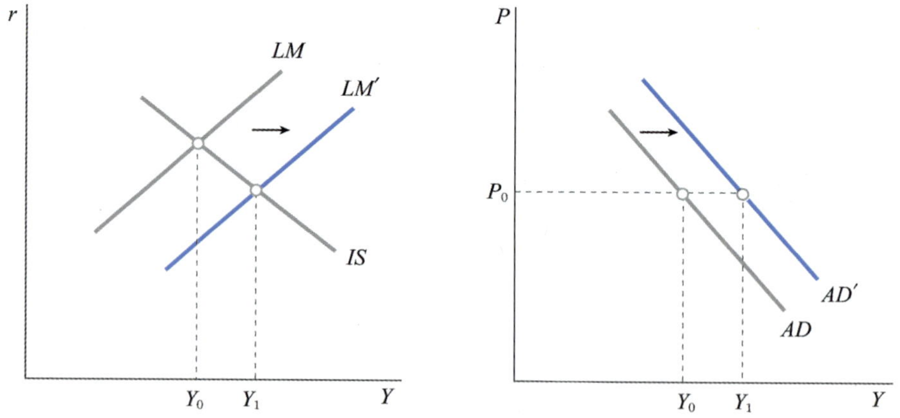

(b) 확정적 통화정책

이동하고 AD곡선도 우측으로 이동한다. 정부지출을 감소시키거나 조세를 증가시키면 IS곡선이 좌측으로 이동하고 AD곡선도 좌측으로 이동한다. 즉, 확장적 통화정책은 총수요곡선을 우측으로 이동시키고 긴축적 통화정책은 총수요곡선을 좌측으로 이동시킨다. 확장적 재정정책은 총수요곡선을 우측으로 이동시키고 긴축적 재정정책은 총수요곡선을 좌측으로 이동시킨다. **그림 14-2**의 (a), (b)에는 각각 확장적 통화정책과 재정정책의 효과가 나타나 있다. 물가가 P_0로 고정되어 있는 상태에서 총수요는 Y_0에서 Y_1으로 증가한다.

14-2 예상인플레이션과 $IS-LM$ 모형

원칙적으로 IS곡선에는 실질이자율, LM곡선에는 명목이자율이 적용되어야 하지만, 하나의 이자율로 통일하기 위해 예상인플레이션(π^e)을 무시할 수 있다고 가정한 바 있다. 이제 이와 같은 가정을 완화하여 명목이자율과 실질이자율이 예상인플레이션에 의해 분리될 수 있다고 가정해 보자. 즉, 이자율에 관해 피셔 관계식이 성립한다고 가정하면 $IS-LM$ 모형은 다음과 같다.

$$Y = C(Y-T) + I(r) + G$$
$$\frac{M}{P} = L(i, Y) \qquad (14.2)$$
$$i = r + \pi^e$$

식 (14.2)는 피셔 관계식이 추가된 $IS-LM$ 모형이다. 피셔 관계식을 활용하면, $IS-LM$ 모형은 실질이자율에 대해 정의되는가 명목이자율에 의해 정의되는가에 따라 다음 두 가지 형태를 띠게 된다.

$$Y = C(Y-T) + I(r) + G$$
$$\frac{M}{P} = L(r+\pi^e, Y) \qquad (14.3)$$

$$Y = C(Y-T) + I(i-\pi^e) + G$$
$$\frac{M}{P} = L(i, Y) \qquad (14.4)$$

식 (14.3)은 실질이자율에 대해, 식 (14.4)는 명목이자율에 대해 정의된 *IS*− *LM* 모형이다. 앞선 두 개의 장은 $\pi^e = 0$이라는 가정이 도입된 식 (14.3)을 사용한 것이다.[1]

이제 예상인플레이션이 변하는 경우에 발생하는 효과를 두 가지 형태의 *IS*− *LM* 모형으로 살펴보자. 식 (14.3)에는 예상인플레이션이 *LM*곡선의 식에, 식 (14.4)에

그림 14-3 예상인플레이션 증가의 효과

그림 (a)에서는 예상인플레이션이 증가하는 만큼($\Delta\pi^e > 0$) *LM*곡선이 아래로 이동하며, 그 결과 실질이자율이 하락하고 소득은 증가한다. 그림 (b)에서는 예상인플레이션이 증가하는 만큼($\Delta\pi^e > 0$) *IS*곡선이 위로 이동하며, 그 결과 명목이자율이 상승하고 소득은 증가한다. 두 그림의 결과는 동일한데, 예상인플레이션 증가로 실질이자율은 하락하지만 명목이자율은 상승한다. 단, 명목이자율은 예상인플레이션 증가폭보다는 작게 상승한다.

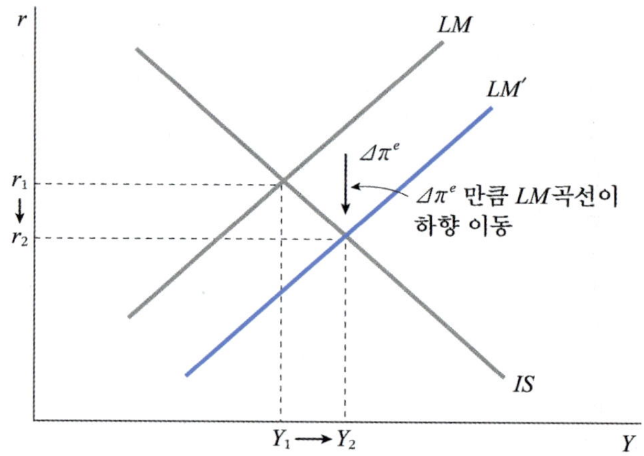

(a) 실질이자율에 대해 정의된 *IS*–*LM* 모형을 통해 본 효과

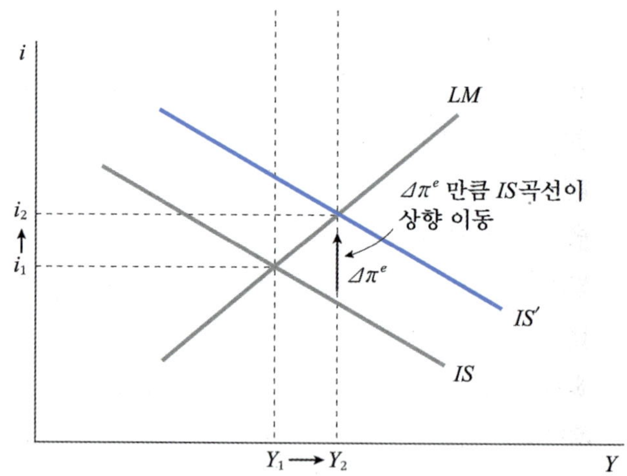

(b) 명목이자율에 대해 정의된 *IS*–*LM* 모형을 통해 본 효과

1) 이와 같은 가정이 반드시 $\pi^e = 0$을 의미하는 것은 아니다. 만약 π^e가 언제나 일정하다는 가정을 도입하면 명목이자율과 실질이자율은 항상 π^e 만큼 차이가 나는 것에 불과하므로 어느 이자율을 사용하든 상관이 없다.

는 *IS*곡선의 식에 들어가 있으므로, 예상인플레이션이 변할 때 식 (14.3)을 사용하면 *LM*곡선이 이동하고, 식 (14.4)를 이용하면 *IS*곡선이 이동하게 된다는 점에 유의해야 한다.

먼저 식 (14.3)을 사용하는 경우부터 살펴보자. 예상인플레이션이 증가하는 경우($\Delta\pi^e > 0$)에 *LM*곡선이 움직이게 된다. 예상인플레이션의 증가로 명목이자율이 상승하는데, 이는 화폐수요를 감소시킨다. 화폐수요의 감소는 *LM*곡선을 아래로 이동시키며, 그 결과 실질이자율이 하락하고 소득은 증가한다. 이때 실질이자율이 하락하더라도 명목이자율은 이전보다 상승한다.

같은 내용이지만 식 (14.4)를 사용하는 경우를 살펴보자. 예상인플레이션이 증가하는 경우($\Delta\pi^e > 0$)에 *IS*곡선이 움직이게 된다. 예상인플레이션의 증가는 실질이자율의 하락을 의미하는데, 이는 투자를 증가시킨다. 투자의 증가는 *IS*곡선을 위로 이동시키며, 그 결과 명목이자율이 상승하고 소득은 증가한다. 비록 명목이자율이 상승하더라도 실질이자율은 이전에 비해서 낮아진다.

만약 예상인플레이션이 하락하면 소득이 감소하게 된다. 특수한 상황이지만 예상인플레이션이 음(－)인 경우도 발생할 수 있다. 이는 인플레이션율이 하락하는 정도가 아니라 물가 수준 자체가 하락하는 과정에서 일어나는 현상이다. 물가가 하락하는 현상을 디플레이션(deflation)이라고 하는데, 디플레이션에 대한 예상은 실질이자율을 상승시켜 총수요를 위축시키므로 경기침체가 가속화된다. 실제로 대공황이나 1990년대 일본의 예에서 경기침체가 장기화되고 회복이 더디게 나타난 데에는 디플레이션 예상이 한몫을 한 것으로 알려져 있다.

14-3 물가 조정과 *IS*－*LM* 모형

표준적인 *IS*－*LM* 분석에서는 물가가 고정되어 있어서 물가 변화 없이도 소득이 증가하거나 감소할 수 있다고 본다. 그러나 정부지출이 증가하거나 통화량이 증가하여 소득이 증가하는 과정에서 물가가 상승하면, 소득 증가의 효과는 물가가 고정된 경우보다 작아진다. 애초의 수요 증가가 그대로 실현되지 않고 일부 또는 전부가 물가 상승으로 흡수되기 때문이다. 특히 경제가 이미 완전고용 수준을 달성하고 있다면, 그 상태에서의 확장적인 재정정책과 통화정책이 물가를 자극하지 않고 소득만 증가시킨다고 보기 어렵다. 경제는 일시적으로 완전고용 수준을 넘어설 수 있으나 정상적인 생산능력을 초과하는 상태가 오래 갈 수는 없으며 공급상의 애로 때문에 물가가 상승하게 된다.

이제 경제가 완전고용 상태에 있을 때 $IS-LM$ 곡선의 변화가 소득의 변화를 가져오지만, 시간이 경과하면서 물가가 변화하는 경우를 분석해 보기로 하자. 그림 14-4의 (a)는 경제가 완전고용소득 수준 Y_n에 놓여 있는 상태에서 확장적인 재정

그림 14-4 재정 · 통화정책과 물가의 조정

그림 (a)는 확장적인 재정정책으로 소득이 완전고용 수준 Y_n을 넘어 Y_1으로 증가하지만, 물가가 상승하면서 LM곡선이 안쪽으로 이동하는 것을 보여준다. 소득은 다시 Y_n으로 돌아오지만 이자율은 r_0에서 r_1으로 상승하게 된다. 그림 (b)는 확장적인 통화정책으로 LM곡선이 바깥으로 이동하여 소득이 Y_1으로 증가하지만, 물가가 상승하면서 LM곡선이 다시 안쪽으로 이동하는 것을 보여준다. 소득과 이자율은 각각 원래의 수준인 Y_n과 r_0로 돌아온다.

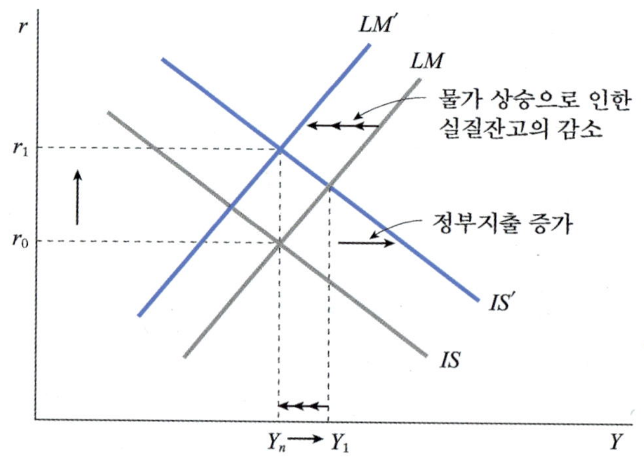

(a) 확장적 재정정책과 물가의 조정

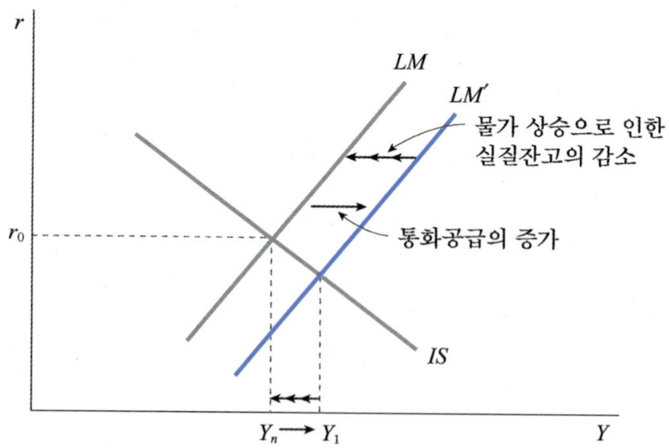

(b) 확장적 통화정책과 물가의 조정

정책으로 *IS*곡선이 바깥으로 이동하고 소득이 Y_1으로 증가하는 경우가 나와 있는데, 경제가 정상적인 생산능력을 초과하여 생산하고 있는 것이므로 물가가 서서히 상승하기 시작한다. 물가의 상승은 실질통화공급(M/P)을 감소시키므로 *LM*곡선이 안쪽으로 이동하게 된다. *LM*곡선은 소득 수준이 다시 Y_n으로 돌아올 때까지 이동하며, 소득은 원래의 수준으로 돌아오지만 이자율은 r_0에서 r_1으로 상승하게 된다.

그림 14–4의 (b)는 확장적인 통화정책으로 *LM*곡선이 바깥으로 이동하고 소득이 Y_1으로 증가하는 경우가 도시되어 있는데, 역시 경제가 정상적인 생산능력을 초

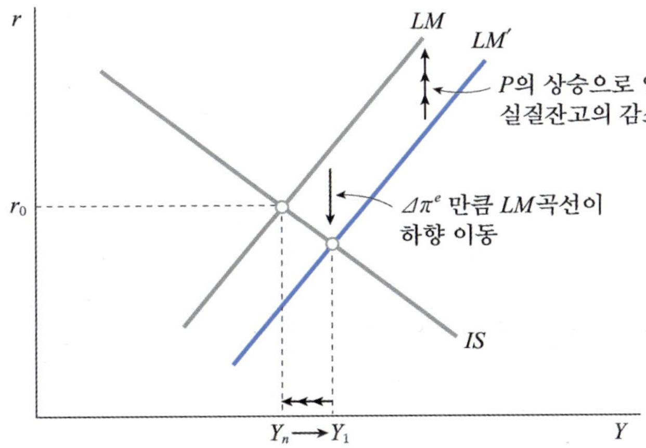

(a) 실질이자율에 대한 정의된 *IS*－*LM* 모형을 통해 본 효과

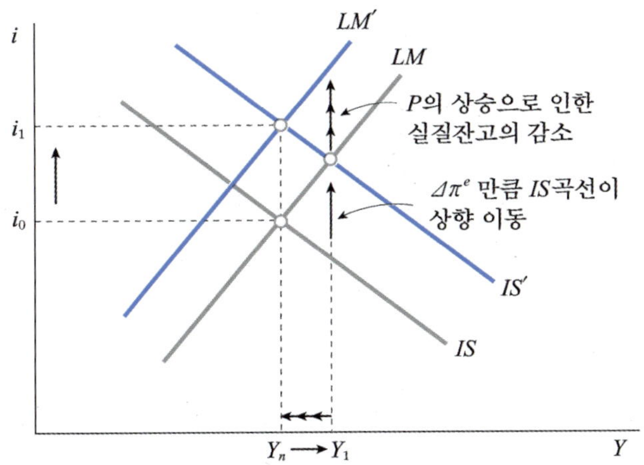

(b) 명목이자율에 대해 정의된 *IS*－*LM* 모형을 통해 본 효과

그림 14–5 예상인플레이션 증가와 물가의 조정

그림 (a)처럼 실질이자율로 표시한 *IS*－*LM* 모형에서는 예상인플레이션 증가($\Delta\pi^e$)로 *LM*곡선이 바깥으로 이동하지만 물가상승으로 *LM*곡선이 다시 안쪽으로 이동하여 최초의 완전고용 균형점 (Y_n, r_0)로 되돌아온다. 그림 (b)처럼 명목이자율로 표시한 *IS*－*LM* 모형에서는 예상인플레이션의 증가로 *IS*곡선이 바깥으로 이동하지만, 물가상승으로 *LM*곡선이 안쪽으로 이동하면서 완전고용소득 수준으로 돌아가고 명목이자율은 i_1으로 상승한다. 그러나 명목이자율은 예상인플레이션만큼 상승한 것이므로($i_1 = i_0 + \Delta\pi^e$) 실질이자율의 변동은 없다.

과하여 생산하고 있는 것이므로 물가가 서서히 상승하고, LM곡선이 안쪽으로 이동하게 된다. LM곡선은 소득이 다시 Y_n으로 돌아올 때까지 이동하며, 소득과 이자율 모두 원래의 수준으로 돌아온다.

그러면 예상인플레이션의 효과는 어떠한가? 앞에서 살펴본 바와 같이 예상인플레이션이 증가하면 소득이 증가하는데, 물가가 상승하는 과정에서 LM곡선이 안쪽으로 이동하여 원래의 소득 수준으로 되돌아온다. 실질이자율도 원래의 수준으로 돌아온다. $IS-LM$ 모형을 실질이자율에 대해 정의하는 경우에는 예상인플레이션 증가로 LM곡선이 바깥으로 이동하지만, 물가 상승으로 인한 실질잔고의 감소로 LM곡선이 다시 안쪽으로 이동하게 되므로 실질이자율의 변동은 없다(그림 14-5의 (a)). 한편, $IS-LM$ 모형을 명목이자율에 대해 정의하는 경우에는 예상인플레이션의 증가로 IS곡선이 바깥으로 이동하지만, 물가 상승으로 인한 실질잔고의 감소로 LM곡선이 안쪽으로 이동하게 된다. 이때 명목이자율이 상승하지만 예상인플레이션만큼 상승한 것이므로, 역시 실질이자율의 변동은 없다(그림 14-5의 (b)).

부록 수식으로 표현한 $IS-LM$ 모형

이제까지는 그래프를 이용하여 $IS-LM$ 모형을 살펴보았으나, 간단한 수식으로 $IS-LM$ 모형을 표현해 보기로 하자.

(1) IS곡선

소비함수와 투자함수는 직선의 형태를 가정하며, 다음 세 개의 식으로부터 IS곡선의 식을 도출할 수 있다.

$$Y = C + I + G \quad \text{: 국민소득계정}$$
$$C = a + b(Y - T) \quad \text{: 소비함수}$$
$$I = c - dr \quad \text{: 투자함수}$$

위의 식에서 b는 한계소비성향이며, d는 투자가 이자율에 얼마나 민감하게 반응하는가를 나타내 주는 계수이다. 소비함수와 투자함수를 국민소득계정식에 대입하여 소득 Y에 대해 정리하면 다음과 같은 결과를 얻는다.

$$Y = \frac{a+c}{1-b} - \frac{d}{1-b}r + \frac{1}{1-b}G - \frac{b}{1-b}T$$

이자율에 대한 기울기가 음수이므로 소득과 이자율이 역의 관계를 가진다는 것을 확인할 수 있다. 이자율 계수 $\frac{-d}{1-b}$는 *IS*곡선 기울기의 역수인데, d가 커지면 투자가 이자율에 민감한 경우이므로 *IS*곡선은 평평해진다. 반대로 d가 작아지면 투자가 이자율에 둔감한 경우이고 *IS*곡선은 가파르게 된다. 극단적으로 d가 0인 경우에 *IS*곡선은 수직이다. 이 경우는 단순 케인즈모형에 해당된다.

한편, *IS*곡선의 기울기는 한계소비성향 b에도 의존하는데, b가 클수록 *IS*곡선은 평평해진다. 한계소비성향이 클수록 승수가 커서, 이자율 변화에 따른 소득의 변화가 커지기 때문이다. 또한 G와 T 앞의 계수 $\frac{1}{1-b}$과 $\frac{-b}{1-b}$는 각각 재정지출승수와 조세승수이다.

위의 식은 소득에 대해 정리한 것이나, 이자율에 대해 정리하면 다음과 같은 식을 얻을 수 있으며, *IS*곡선의 기울기뿐만 아니라 재정지출과 조세가 이자율에 어떤 영향을 주는지도 쉽게 분석할 수 있다.

$$r = \frac{a+c}{d} - \frac{1-b}{d}Y + \frac{1}{d}G - \frac{b}{d}T$$

(2) *LM*곡선

직선의 화폐수요함수를 가정하면 *LM*곡선을 다음과 같이 표현할 수 있다.

$$\frac{M}{P} = kY - hr$$

여기서 k는 소득이 증가할 때 화폐수요가 얼마나 증가하는가를, h는 이자율이 상승할 때 화폐수요가 얼마나 감소하는가를 나타내 준다. 위의 식을 r에 대해 정리하면 다음과 같다.

$$r = \frac{k}{h}Y - \frac{1}{h}\frac{M}{P}$$

소득에 대한 계수 $\frac{k}{h}$가 양수이므로 *LM*곡선의 기울기가 양수임을 알 수 있으며, 기울기에 대한 정보도 이 계수에 담겨 있다. k가 크거나 h가 작으면 기울기가 가파르고, k가 작거나 h가 크면 기울기는 평평해진다. 즉, 화폐수요가 소득에 민감하고 이자율에 둔감할수록 기울기는 가파르고, 소득에 둔감하고 이자율에 민감할수록 기울기는 평평해진다.

(3) 총수요곡선

$IS-LM$ 식으로부터 총수요 식을 도출하기 위해서는 두 식을 모두 만족시키는 소득 Y를 구해야 한다. LM 식에서 구한 이자율 r을 IS 식에 대입하면 다음과 같다.

$$Y=\frac{a+c}{1-b}-\frac{d}{1-b}\left(\frac{k}{h}Y-\frac{1}{h}\frac{M}{P}\right)+\frac{1}{1-b}G-\frac{b}{1-b}T$$

위의 식을 Y에 대해 다시 정리하면,

$$Y=\frac{z(a+c)}{1-b}+\frac{d}{(1-b)[h+dk/(1-b)]}\frac{M}{P}+\frac{z}{1-b}G-\frac{zb}{1-b}T$$

이며, 여기서 $z=\dfrac{h}{[h+dk/(1-b)]}$는 0과 1 사이의 값이다.

위 식이 바로 $IS-LM$ 모형에 의해 도출된 총수요 식이며, 물가와 소득이 역의 관계를 맺고 있음을 보여준다. 물가가 오르면 실질통화공급이 감소하여 소득이 감소한다. 외생변수인 M, G, T가 변하면 총수요곡선 자체가 이동하게 된다.

참고적으로 만약 화폐수요함수가 고전학파가 가정하는 것처럼 이자율의 영향을 받지 않는다면, $h=0$이며 화폐시장 균형식은 수량방정식의 형태인 $\dfrac{M}{P}=kY$가 된다. 만약 $h=0$이면 $z=0$이므로, G와 T가 총수요에 영향을 주지 않는다는 것을 확인할 수 있다. 한편, 위 식에 이를 대입하면 $Y=\dfrac{1}{k}\dfrac{M}{P}$으로 단순화된다. 이는 바로 고전학파의 총수요곡선이며 결국 수량방정식으로 환원된다는 것을 알 수 있다.

제4편 요약

01. 단순 케인즈모형(소득-지출 분석)에 투자가 이자율의 영향을 받는다는 가정을 추가하여 IS곡선을 얻는다. 유동성선호이론으로부터 LM곡선이 도출된다. $IS-LM$곡선으로부터 총수요곡선이 도출된다.

02. IS곡선은 $Y=C(Y-T)+I(r)+G$ 식을 만족하는 (Y, r)의 조합이며, (Y, r) 평면에서 우하향하는 기울기를 가진다.

03. 화폐수요는 명목이자율의 영향을 받으므로 LM곡선은 $M/P=L(i,\ Y)$식을 만족하는 (Y, i)의 조합이지만, 예상인플레이션(π^e)을 무시하는 경우에 $M/P=L(r,\ Y)$식을 만족하는 (Y, r)의 조합으로 볼 수 있다. LM곡선은 (Y, r) 평면에서 우상향하는 기울기를 가진다.

04. $IS-LM$ 모형은 다음 두 식으로 표현되며, IS곡선과 LM곡선이 교차하는 점에서 균형이 달성되고, 생산물시장과 화폐시장이 동시에 균형을 이룬다.
IS: $Y=C(Y-T)+I(r)+G$
LM: $M/P=L(r,\ Y)$

05. $IS-LM$ 모형에서 외생변수는 G, T, M, P이다. 이 가운데 T, G, M은 정책에 의해 변경이 가능한 정책변수이다.

06. $IS-LM$ 모형에서 정부지출이 증가하면 소득이 증가하고 이자율이 상승한다. 조세가 증가하면 소득이 감소하고 이자율이 하락한다. 이자율의 변화는 승수효과를 부분적으로 상쇄하는 역할을 한다.

07. 통화공급이 증가하거나 화폐수요가 감소하면 소득이 증가하고 이자율이 하락한다. 통화공급이 감소하거나 화폐수요가 증가하면 소득이 감소하고 이자율이 상승한다.

08. $IS-LM$ 모형에 따르면 바람직한 소득과 이자율 수준을 달성하기 위해 재정정책과 통화정책의 조합을 사용할 수 있다.

09. 소비나 투자가 이자율에 탄력적(비탄력적)으로 반응하면, IS곡선이 평평한(가파른) 형태를 띠게 된다. 화폐수요가 이자율에 탄력적(비탄력적)으로 반응하면, LM곡선이 평평한(가파른) 형태를 띠게 된다.

10. 투자가 이자율이 아닌 '야성적 충동'에 의존한다는 케인즈의 견해는 수직의 IS곡선과 관계된다. 한편, 낮은 이자율 수준에서 대부분의 자산을 화폐로 보유하게 되는 유동성 함정은 수평의 LM곡선과 관련된다.

11. 재정정책의 효과가 큰 경우는 IS곡선이 가파르거나 LM곡선이 평평한 경우이다. 재정정책의 효과가 작은 경우는 IS곡선이 평평하거나 LM곡선이 가파른 경우이다.

12. 통화정책의 효과가 큰 경우는 IS곡선이 평평하거나 LM곡선이 가파른 경우이다. 통화정책의 효과가 작은 경우는 IS곡선이 가파르거나 LM곡선이 평평한 경우이다.

13. 물가가 하락(상승)하면 실질화폐잔고가 증가(감소)하고 LM곡선이 우측(좌측)으로 이동하고 소득이 증가(감소)한다. 따라서 (소득, 물가) 평면에 정의된 총수요곡선은 우하향한다.

14. 총수요곡선은 $IS-LM$ 모형으로부터 도출되므로, IS곡선이나 LM곡선이 이동하면 총수요곡선도 이동한다.

15. 예상인플레이션(π^e)을 도입하면 $IS-LM$ 모형은 다음 두 형태로 표현된다.
실질이자율로 표현: $Y=C(Y-T)+I(r)+G,\ M/P=L(r+\pi^e,\ Y)$.
명목이자율로 표현: $Y=C(Y-T)+I(i-\pi^e)+G,\ M/P=L(i,\ Y)$.

16. 예상인플레이션이 증가(감소)하면 명목이자율이 상승(하락)하고 실질이자율은 하락(상승)하며 소득은 증가(감소)한다.

17. 경제가 완전고용 상태에 있을 때 IS곡선 또는 LM곡선 상의 변화가 소득의 변화를 가져온다. 그러나 소득이 완전고용 수준을 넘어서면 물가가 서서히 상승하며, 소득이 완전고용 수준을 밑돌면 물가가 서서히 하락한다. LM곡선이 물가와 반대 방향으로 움직이면서 경제는 완전고용 수준으로 되돌아간다.

제4편 연습문제

선택형 문제

01 소비함수가 $C=100+0.75\,Y_d$(Y_d는 가처분소득) 이라고 하자. 25단위의 조세 증가는 IS곡선을 어느 방향으로 얼마나 이동시킬 것인가?

① 75단위 우측 이동 ② 100단위 우측 이동
③ 75단위 좌측 이동 ④ 100단위 좌측 이동

02 만약 이자율이 IS곡선 상이 아닌 IS곡선의 위에 위치하면?

① 저축과 투자가 일치한다. ② 저축이 투자를 초과한다.
③ 투자가 저축을 초과한다. ④ 재정적자가 발생한다.

03 단순 케인즈모형에서처럼 투자가 외생변수라면 IS곡선의 모양은 어떻게 되겠는가?

① IS곡선은 수직이다. ② IS곡선은 수평이다.
③ IS곡선은 우하향하지만 평평하다. ④ IS곡선은 우하향하지만 가파르다.

04 화폐수요함수가 $M^d=40+0.2\,Y-10r$이라고 하자. 화폐의 공급량이 10단위 증가하면 LM곡선은 우측으로 얼마나 이동하는가?

① 10단위 ② 40단위
③ 50단위 ④ 100단위

05 화폐수요함수가 $M^d=PY(10-2r)$이라고 하자. 다음 중 옳은 서술은?

① (실질)화폐수요의 소득탄력성이 1이다.
② (실질)화폐수요의 소득탄력성이 10이다.
③ (실질)화폐수요의 소득탄력성이 -2이다.
④ 화폐의 유통속도(V)는 $(10-2r)$이다.

06 다음 중 $IS-LM$ 모형에서 IS곡선을 움직이는 요인으로 보기 힘든 것은?

① 기업에 대한 투자세액공제제도의 확충

② 소비절약 운동의 확대

③ 세수확대를 위한 세원의 추가 발굴

④ 경기부양을 위한 금리인하 조치

07 만약 이자율이 LM곡선 상이 아닌 LM곡선의 아래에 위치하면?

① 화폐의 수요와 공급은 일치한다.

② 화폐의 수요가 공급을 초과한다.

③ 화폐의 공급이 수요를 초과한다.

④ 화폐의 수요가 증가한다.

08 고전학파의 화폐수량설이 성립한다면, LM곡선의 모양은 어떻게 되겠는가?

① 우상향한다. ② 우하향한다.

③ 수평이다. ④ 수직이다.

09 화폐수요가 어떤 이자율수준 r^* 이하에서는 무한대(infinite)이고, r^* 이상에서는 0이라고 하자. 이 경우에 LM곡선은 ________ 이고 __________ 은 효과가 없다.

① 수직 – 재정정책 ② 수직 – 통화정책

③ 수평 – 재정정책 ④ 수평 – 통화정책

10 $IS-LM$ 균형이 자연소득 수준 이상에서 형성된 경우, 장기적으로는 ________이(가) __________하는 과정을 거쳐 자연소득 수준으로 돌아가게 된다.

① 이자율 – 상승 ② 이자율 – 하락

③ 물가 – 상승 ④ 물가 – 하락

⑤ 통화량 – 증가

11 (소득, 명목이자율) 평면에서 정의된 $IS-LM$ 모형에서 예상인플레이션율이 상승하면,

① IS곡선이 왼쪽으로 이동한다.

② IS곡선이 오른쪽으로 이동한다.

③ LM곡선이 왼쪽으로 이동한다.

④ LM곡선이 오른쪽으로 이동한다.

⑤ 두 곡선 모두 움직이지 않는다.

12 $IS-LM$ 모형에서 통화당국이 통화공급을 줄이게 되면, 사람들은 채권을 ________ 하고, 이자율이 ________하며, 투자와 소득은 ________ 한다.

① 매입 – 하락 – 감소　　② 매입 – 상승 – 감소
③ 매각 – 상승 – 증가　　④ 매각 – 상승 – 감소
⑤ 매각 – 하락 – 감소

13 통화당국이 이자율을 인상시키려면, 통화당국은 국채를 ________ 해야 하고, ________ 곡선은 ________ 으로 이동한다.

① 매각 – LM – 왼쪽　　② 매각 – LM – 오른쪽
③ 매입 – LM – 왼쪽　　④ 매각 – LM – 오른쪽
⑤ 매입 – IS – 왼쪽

14 $IS-LM$ 모형에서 소득이 자연소득 수준보다 클 경우에, 물가는 ________ 하고 ________ 곡선은 ________ 으로 이동한다.

① 상승 – IS – 오른쪽　　② 하락 – LM – 오른쪽
③ 하락 – LM – 왼쪽　　④ 상승 – LM – 오른쪽
⑤ 상승 – LM – 왼쪽

15 화폐의 유통속도가 일정한 것은 실질잔고(real balances)에 대한 수요가

① 소득에만 의존하는 경우이다.
② 이자율에만 의존하는 경우이다.
③ 소득과 이자율에 모두 의존하는 경우이다.
④ 채권을 화폐로 전환하는 데 드는 비용이 일정한 경우이다.
⑤ 채권의 위험도가 일정한 경우이다.

16 $IS-LM$ 모형에서 통화당국이 통화공급을 확대하면, 사람들은 채권을 ________ 하고, 이자율이 ________ 하며, 투자와 소득은 ________ 한다.

① 매입 – 하락 – 증가　　② 매입 – 상승 – 감소
③ 매출 – 상승 – 증가　　④ 매출 – 상승 – 감소
⑤ 매출 – 하락 – 감소

17 상대적으로 LM곡선이 가파르고 IS곡선이 평평한 경우에 효과적인 정책은?

① 통화공급의 변경 ② 재정지출의 변경

③ 균형재정 하의 재정정책 ④ 조세의 변경

18 정부가 국채를 발행하면서 중앙은행으로 하여금 인수하도록 하고 재정지출을 확대하였다. 이러한 정책이 $IS-LM$ 모형 하에서 소득과 이자율에 미치는 효과는?

① 소득은 증가하고 이자율은 하락

② 소득은 증가하고 이자율도 상승

③ 소득은 증가하지만 이자율에 미치는 효과는 불확실

④ 이자율은 증가하지만 소득에 미치는 효과는 불확실

19 금융시장 불안으로 유동성선호가 증가하는 경우를 $IS-LM$ 모형으로 분석하면?

① IS곡선의 좌측 이동 – 이자율 하락 ② IS곡선의 우측 이동 – 이자율 상승

③ LM곡선의 좌측 이동 – 이자율 상승 ④ LM곡선의 우측 이동 – 이자율 하락

20 구축효과의 부작용을 염려하는 케인즈주의자들이 경기침체를 극복하고자 할 때 선호하는 거시경제정책은?

① 확장적 재정정책

② 긴축적 재정정책과 확장적 통화정책의 병행

③ 확장적 재정정책과 확장적 통화정책의 병행

④ 확장적 재정정책과 긴축적 통화정책의 병행

서술형 문제

01 $IS-LM$ 모형에서 각 변수의 함수형태와 값들이 다음과 같이 주어졌다. 균형소득과 균형이자율을 구하시오.

$C=40+0.6(Y-T)$

$I=7-2r$

$G=40$

$T=50$

$$\left(\frac{M}{P}\right)^d = 0.2Y - 2.5r$$

$M^s = 25$

$P = 1$

02 한 국가의 거시경제가 다음과 같다고 하자.

$C = 200 + 0.75(Y - T)$

$I = 200 - 25r$

$G = T = 100$

$$\left(\frac{M}{P}\right)^d = Y - 100r$$

$M^s = 1{,}000$

$P = 2.0$

(1) 균형소득과 균형이자율을 구하라.

(2) 새로운 정부지출이 100에서 150으로 증가하였다(조세는 그대로). 새로운 균형소득과 균형이자율을 구하라.

(3) 정부지출이 100으로 유지되는 가운데 통화공급량이 1,000에서 1,200으로 증가하였다. 새로운 균형소득과 균형이자율을 구하라.

(4) 정부지출이 100, 통화공급량이 1,000으로 유지되는 가운데, 물가가 2.0에서 4.0으로 증가하였다. 새로운 균형소득과 균형이자율을 구하라.

(5) (4)번에서 물가가 상승하면 왜 수요 측면의 국민소득이 감소하는지 그 이유를 설명하라.

03 우리나라의 투자수요함수와 화폐수요함수를 추정한 결과 모두 이자율에 비탄력적인 것으로 나타났다. 이러한 상황이 소득을 증가시키기 위한 재정정책과 통화정책의 규모 및 이자율 변화에 주는 시사점은 무엇인가? $IS-LM$ 그래프를 이용하여 설명하라.

04 통화공급 증가의 효과에 대한 다음 물음에 답하라.

(1) 이자율, 소득, 물가에 미치는 효과를 $IS-LM$ 그래프를 이용하여 설명하라.

(2) 만약 통화공급 증가의 효과가 시간적으로 '이자율 변화 ⇒ 소득 변화 ⇒ 물가 변화' 순으로 나타난다면, 이는 어떤 가정들을 반영하는 것인가?

05 A, B, C국의 LM 관계식은 $\frac{M}{P} = L(r,\ Y)$로 모두 같다. 그러나 IS 관계식은 다음과 같이 서로 다르다.

A국: $Y = C(Y - T) + I(r) + G$

B국: $Y = C(Y - T,\ M/P) + I(r) + G$

C국: $Y = C(Y - T,\ M/P) + I(r, Y) + G$

A국은 표준적인 경우이며, B국에는 실질잔고가 소비에 양(+)의 영향을 주는 실질잔고 효과가 존재하고, C국에서는 실질잔고 효과에 더하여 소득 증가가 투자 증가를 가져오는 가속도 원리가 작동한다.

(1) A, B, C국 모두 총수요 부족으로 인한 경기침체를 겪고 있을 때, 경기침체에서 가장 빨리 회복하는 국가는 어느 국가인가?

(2) 경기가 회복되는 과정에서 B국은 A국과 어떻게 다른 모습을 보이는가?

06 글로벌 금융위기 직후 전개된 경제상황에 비추어 다음 물음에 답하라. 단, 주요 이론을 언급하며 설명하시오.

(1) 주택가격의 하락이 경제 전체의 소비와 투자에 미치는 효과는 각각 어떠한가?

(2) 금융시장의 불안(instability)이 화폐수요에 미치는 효과는 어떠한가?

(3) 이상의 논의를 종합하여 주택가격 하락 및 금융시장 불안이 거시경제에 미치는 효과를 $IS-LM$ 그래프로 표현해 보시오.

07 다음은 어느 국가의 (실질)화폐수요함수, (실질)통화공급함수, 그리고 IS 곡선의 관계식이다. 단, 여기서는 이자율로 명목이자율(i)을 사용하며, 물가가 경직적이라고 가정한다.

(가) 화폐시장: $\left(\frac{M}{P}\right)^d = 10 - 2i + Y,\quad M^s = 40,\quad P = 1$(고정)

(나) IS 곡선의 식: $i = 27 - Y$

(다) 자연소득수준(Y_n): $Y_n = 30$

(1) LM 식을 도출하고 LM곡선을 (Y, i) 평면에 그래프로 표시하라.

(2) IS곡선을 그래프에 도시하라. $IS-LM$ 모형에 의할 때 이 경제의 소득과 이자율은 얼마가 될 것인가?

(3) 만약 경기침체로 IS곡선이 좌측으로 이동하여 $i = 21 - Y$로 변했다면, 이 경제의 소득과 이자율은 얼마가 될 것인가? (단, LM곡선은 위의 식 (가)와 동일)

(4) 만약 확장적 통화정책으로 LM 곡선이 우측으로 이동하여 $\left(\frac{M}{P}\right)^d = 10 - 2i + Y,$

$M^s=46$, $P=1$(고정)로 변했다면, 이 경제의 소득과 이자율은 얼마가 될 것인가? (단, *IS*곡선은 위의 식 (나)와 동일)

(5) 위의 식 (가), (나), (다)로 이루어진 이 경제가 자연소득수준을 달성하기 위한 정책은 무엇인가 논하라.

08 한 국가의 경제가 어떤 이유로 은행위기(banking crisis)를 겪으면서 금융중개기능이 크게 둔화되어 대규모 경기침체에 빠지게 되었다. 위기에 대처하기 위해 중앙은행이 통화공급을 충분히 늘려 정책금리를 0%로 인하하였다. 그럼에도 불구하고, 경제의 산출수준은 자연수준을 밑돌고 있다. 이 경제의 $IS-LM$ 관계식은 다음과 같다.

$$IS:\ Y = C(Y-T,\ \theta) + I(i+x, \theta) + G$$

$$LM:\ \frac{M}{P} = L(Y, i)$$

거시경제모형의 표준적인 기호를 따르되, i는 정책금리, x는 국채 또는 주요 채권의 리스크 프리미엄, θ는 가계 및 기업의 경제활동 신뢰지수를 나타낸다는 점에 유의하자. (참고: 여기서 정책금리란 단기금융시장금리 가운데 하나로 미국의 연방기금금리(federal funds rate), 우리나라의 한국은행 기준금리에 해당된다.)

(1) 경제가 '유동성함정'에 빠져 있는 상황을 (Y, i) 평면에 도시하시오.

(2) 정부가 지급불능(insolvency) 위기에 빠진 은행의 자본을 확충해 주는 조치를 취했다. (정부가 재정자금으로 은행의 주식 지분을 매입함) 이 조치가 어느 정도 효과를 발휘하여 은행 대출이 재개되고 금융중개기능이 회복되기 시작하였다. 이 효과를 $IS-LM$ 그래프를 이용하여 분석하시오.

(3) 정책금리를 제로 수준으로 내린 중앙은행은 더 나아가 장단기 국채, 기업어음 등을 금융시장에서 직접 매입하는 '양적완화(quantitative easing)' 정책을 취했다. 이 정책이 어느 정도 효과를 발휘하여 금융중개기능이 회복되기 시작하였다. 이 효과를 $IS-LM$ 그래프를 이용하여 분석하시오.

제5편
총수요 · 총공급모형

제5편의 개요

제5편에서는 총수요 · 총공급모형을 구축하여, 그것을 경기변동 현상을 분석하는 틀로 삼는다. 논의의 출발점은 총공급곡선이 어떠한 형태를 갖고 있는가이다. 불행하게도 거시경제학은 총공급곡선의 형태에 대해 합의를 이루지 못하고 있다. 따라서 이 편에서는 다소 지루하고 복잡할 수 있지만 총공급곡선과 관련된 다양한 견해들을 소개한다. 필립스곡선은 총공급곡선과 동전의 양면 관계이므로 함께 살펴본다. 총수요 · 총공급모형은 경기변동 현상을 이해하고 거시경제 안정화 정책의 효과를 분석하는 핵심적인 이론 틀이다.

제15장 단기와 장기

거시경제학에서는 국민소득이라는 다소 추상적인 개념과, 재화 간의 상대가격이 아닌 물가 수준을 다루고 있기 때문에 총수요와 총공급곡선을 도출하는 데 보다 세심한 주의를 기울여야 한다. 앞서 살펴본 바와 같이 총수요곡선은 생산물시장과 화폐시장이 균형을 이루도록 하는 물가와 소득의 조합으로 정의되었다. 그런데 총공급이 물가 수준과 어떤 관계를 맺는가에 대해서는 고전학파의 견해와 케인즈의 견해가 크게 엇갈린다. 고전학파는 가격의 신축성을, 케인즈는 가격의 경직성을 가정하는데, 어떤 가정을 따르는가에 따라 총공급곡선의 형태가 달라진다.

15-1 신축적 가격 하의 총수요 · 총공급

(1) 고전학파의 총수요곡선

앞에서는 $IS-LM$ 모형으로 총수요곡선을 도출하였으나, 고전학파적 시각에서 총수요곡선에 접근하면 $IS-LM$ 모형은 적절하지 않다. 대신 화폐수량설을 이용하면 총수요곡선이 간단히 도출된다. 수량방정식 $MV=PY$의 식에서 통화량 M과 유통속도 V가 고정되었을 때, 소득 Y와 물가 P가 역의 관계를 맺기 때문이다.

그러면 수량방정식을 총수요곡선으로 간주할 수 있는 경제적 의미는 무엇인가? 수량방정식은 $Y=V\dfrac{M}{P}$으로 고쳐 쓸 수 있으므로 총수요가 화폐의 실질잔고 수준 $\dfrac{M}{P}$에 의존하게 된다. 화폐의 실질잔고는 화폐의 구매력을 나타내는데, 가령 물가 P가 상승하여 화폐의 구매력이 감소하면 총수요가 감소하고, 물가가 하락하여 화폐의 구매력이 증가하면 총수요가 증가한다.

그림 15-1은 수량방정식으로부터 도출된 총수요곡선을 보여준다. 총수요곡선(AD곡선: Aggregate Demand curve)은 통화량이 증가하거나 유통속도가 증가할 때 바깥으로 이동한다. 화폐의 실질잔고가 증가하거나, 화폐가 더 빨리 유통된다는 것은 총수요의 증가를 의미한다. 반대의 경우에는 총수요곡선이 안쪽으로 이동한다. 만약 중앙은행이 통화공급을 줄이거나 어떤 이유로 유통속도가 감소한다면 총수요

는 위축된다.

그림 15-1 수량방정식에 의거한 총수요곡선

고전학파의 경우는 수량방정식 자체가 총수요곡선 역할을 한다$\left(Y = V\dfrac{M}{P}\right)$. 물가가 상승하면 실질화폐잔고가 줄어들어 총수요가 감소하므로 총수요곡선은 우하향한다. 총수요곡선은 통화량이 증가하거나 유통속도가 증가할 때 우측으로 이동하며, 통화량이 감소하거나 유통속도가 감소할 때 좌측으로 이동한다.

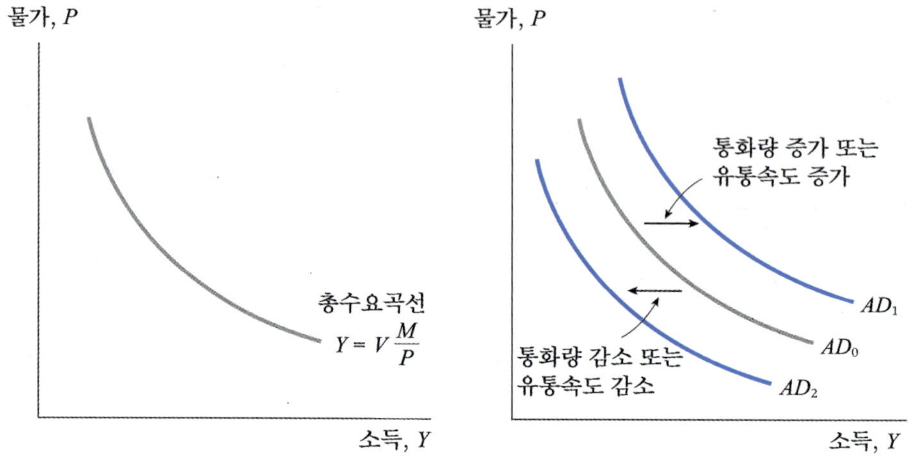

(a) 총수요곡선의 형태　　(b) 총수요곡선의 이동

(2) 고전학파의 총공급곡선

총공급곡선(AS곡선: Aggregate Supply curve)은 각각의 물가 수준에 상응하는 실질 국민소득(GDP)의 공급량을 나타낸다. 개별기업이라면 상품 가격이 올라갈 때 생산량을 늘리려고 하는데, 이 관계가 바로 개별기업의 공급곡선이다. 그리고 산업의 공급곡선은 개별기업의 공급곡선을 수평으로 합한 것이다.[1] 따라서 총공급곡선, 즉 대표적인 상품의 공급곡선도 우상향하는 것으로 생각하기 쉽다. 그러나 주의를 요하는 것은 총공급곡선을 유도할 때의 종축은 개별상품의 가격이 아니라 물가수준이라는 것이다.

분석의 편의를 위해 완전경쟁시장을 가정하고 기업의 이윤극대화 원리를 생각해 보자. 그리고 대표적 상품이 완전경쟁시장에서 대표적 기업에 의해 공급되고 있다고 해 보자. 이 대표적 기업은 대표적 가격(물가)이 변함에 따라 다음을 고려할 것이다.

$$\text{한 단위 추가 생산으로 얻는 한계이윤} = \text{가격} - \text{한계비용} \qquad (15.1)$$

만약 대표적 가격이 상승하였을 때, 한계비용에 변함이 없다면 대표적 기업은 생

1) 엄밀하게 이야기하면, 이는 산업의 단기공급곡선이다. 장기적으로는 기업의 진입과 퇴출, 그리고 생산요소 가격의 변화 여부까지 고려해야 한다.

산을 늘릴 것이다. 그러나 생산비용을 구성하는 요인들에는 임금, 임대료, 원자재 가격 등이 있는데, 만약 이러한 생산요소 가격의 변동률이 물가의 변동률과 정확히 같다면, 실질적인 기업의 이윤은 전과 마찬가지가 되어 생산량을 변동시킬 유인이 없다. 모든 기업이 이와 같다면 총공급은 전반적인 물가 수준과는 관계가 없으므로 총공급곡선은 수직이다. 이러한 결과는 가격이 신축적인 경우에 성립하는 것이다. 가격이 신축적이면 생산요소 가격은 물가와 같은 비율로 즉시 변동할 것이며, 이때의 총공급곡선은 수직이 되고 총수요 증가의 효과는 물가를 상승시키는 것으로 끝나고 말 것이다.

우리는 앞에서 고전적 이분법을 살펴본 바 있다. 고전적 이분법에 따르면 경제의 실질 총생산물 수준은 공급 측면에서 결정되고, 물가는 화폐부문에서 결정되었다. 여기서 공급 측면이란 생산요소의 고용량과 생산함수였다. 생산요소가 완전고용되고 생산함수상의 개선이 이루어지지 않는다면 더 이상 생산물이 증가할 여지가 없다. 따라서 경제가 완전고용을 달성하고 가격이 신축적인 경우의 총공급곡선은 **그림 15-2**에서와 같이 완전고용소득 수준에서 수직이다.[2)]

$$\begin{aligned} Y &= F(\overline{K},\ \overline{L}) \\ &= \overline{Y}\ (= Y_n) \end{aligned} \qquad (15.2)$$

경제가 완전고용을 달성하고 가격이 신축적인 경우의 총공급곡선을 장기총공급곡선(LAS곡선: Long-run Aggregate Supply curve)이라 부른다. 식 (15.2)는 경제의 총생산물이 노동과 자본의 양, 그리고 생산기술에 의해 결정되고, 물가와는 관계가 없음을 나타낸다. 장기총공급곡선은 물가에 의존하지 않고 수직선이므로 총수요곡선이 이동한다 해도 이는 물가만을 변화시킬 뿐 균형 총생산물 수준은 Y_n으로 변함이 없다.

2) 미시경제학에서 개별상품의 공급곡선은 통상 우상향한다. 가격이 상승함에 따라 공급량이 증가한다는 것인데, 공급량이 증가한다는 것은 결국 놀고 있거나 다른 곳에서 쓰이고 있던 생산요소가 추가적으로 생산에 투입되는 것이다. 그러나 거시경제학은 국민경제 전체를 다룬다. 예를 들어, A부문에서 쓰이고 있던 생산요소가 B부문에 투입되어 B부문의 생산이 증가한다면, 이는 곧 A부문의 생산이 감소한다는 것을 의미한다. 즉, 국민경제적 입장에서 한정된 자원을 갖고 이를 생산에 동원하는 한 경제 전체의 생산물 크기에는 변함이 없을 것이다. 따라서 경제 전반의 가격 수준이 상승한다고 해서 실질 GDP가 증가한다고 바로 추론할 수 없는 것이다.

그림 15-2 장기총공급곡선과 물가의 결정

장기총공급곡선(LAS곡선)은 물가와 관계없이 완전고용소득 수준 Y_n에서 수직이다. 그림 (b)에서처럼 총수요가 증가한다 하더라도 물가만 상승할 뿐, 소득은 변하지 않는다.

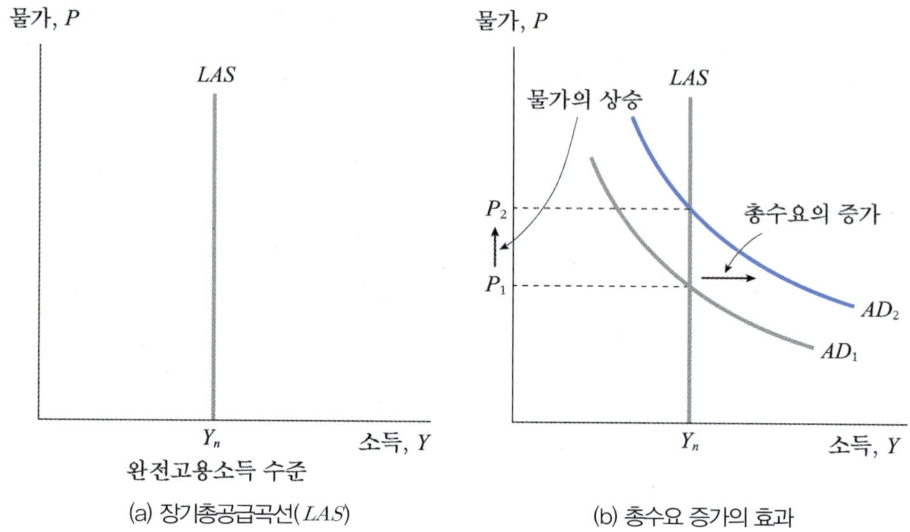

15-2 경직적 가격 하의 총수요 · 총공급

고전학파의 거시경제학은 완전고용의 경제학이다. 그런데 완전고용 상태에서 언제나 잠재 *GDP*를 산출해 내는 모형으로는 경기변동 현상을 쉽게 설명할 수 없다. 대부분의 경제학자들은 경기변동이 잠재 *GDP* 자체의 변동이 아니라 실제 *GDP*가 잠재 *GDP* 수준에 비해 올라가거나 내려가면서 변동하게 되는 현상으로 본다. 따라서 경기변동을 이해하기 위해서는 완전고용이 보장되지 않는 모형이 필요하게 된다. 완전고용의 달성을 보장하는 가정은 가격의 신축성이므로, 경기변동을 이론적으로 도출해 내기 위해서는 가격이 신축적이라는 가정에 수정이 가해져야 한다. 케인즈주의자들은 가격의 경직성(price stickiness)을 가정한다.

이제 총수요곡선을 이용하여 가격이 신축적인 경우와 경직적인 경우에 결과가 어떻게 달라질 수 있는가를 살펴보기로 하자. **그림 15-3**과 **그림 15-4**에는 총수요 위축으로 총수요곡선이 좌측으로 이동하는 경우가 나타나 있다. 먼저 **그림 15-3**에서처럼 가격이 신축적이면 총공급곡선이 수직이므로 소득은 변하지 않고 물가만 하락한다. 총수요가 감소하더라도 물가가 하락함으로써 총수요가 다시 예전의 수준을 회복하기 때문에 경제는 여전히 잠재 *GDP* 수준을 산출해 낸다.

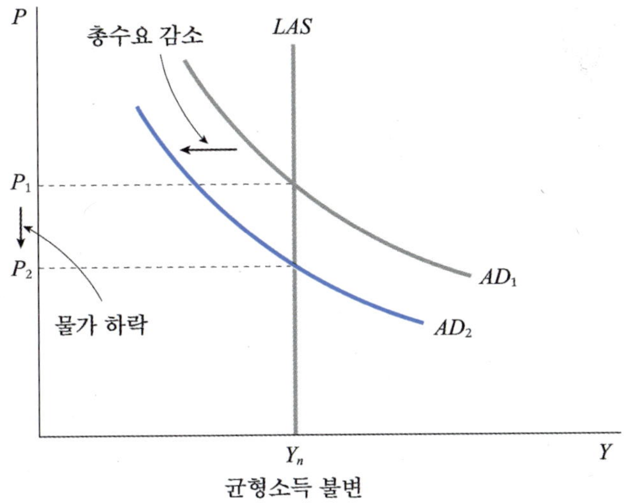

그림 15-3 총수요 감소의 효과: 가격이 신축적인 경우

가격이 신축적이면 총공급곡선은 수직이다. 총수요가 감소하더라도 물가가 하락함으로써 총수요가 다시 예전의 수준을 회복하며 경제는 여전히 잠재 *GDP* 수준을 산출해 낸다.

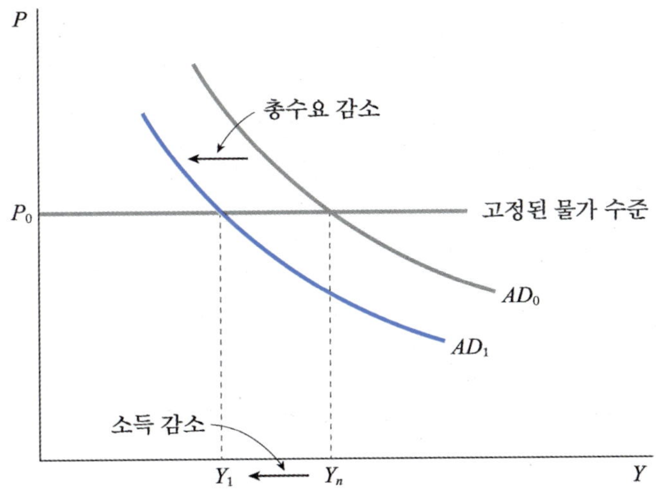

그림 15-4 총수요 감소의 효과: 가격이 고정된 경우

모든 가격이 고정된 경우에 총공급곡선은 수평이다. 총수요 위축으로 총수요곡선이 좌측으로 이동하는 경우에 소득은 잠재 *GDP* 수준 Y_n보다 낮은 Y_1으로 줄어든다. 고정된 물가 수준 P_0에서 기업들은 판매할 수 있는 양인 Y_1만큼만 생산하고, 경제는 불황에 빠진다.

만약 가격이 경직적이면 어떻게 될까? 극단적으로 모든 가격이 완전히 경직적이어서 고정된 경우라면 **그림 15-4**에서처럼 총공급곡선은 수평이 된다. 총수요 위축으로 총수요곡선이 좌측으로 이동하는 경우에 소득은 Y_1으로 줄어들며, 이는 잠재 *GDP* 수준 Y_n에 미달한다. 종전의 물가 수준 P_0에서 기업들은 판매할 수 있는 양인 Y_1만큼만 생산하게 된다. 이는 잠재 *GDP* 수준(완전고용소득 수준)에 못 미치는 생산량이므로 노동에 대한 수요가 줄어든다. 노동시장에서도 임금이 경직적이면

비자발적인 실업이 발생한다. 이처럼 상품 가격과 임금이 고정되어 있으면 총수요가 감소할 때 과잉설비와 비자발적 실업이 발생한다.

그러면 가격은 왜 경직적인가? 물론 가격은 수요 · 공급의 원리에 따라 결정된다. 이론적으로 볼 때 수요 변화에 따른 가격의 반응은 자명하다. 수요가 증가하면 가격이 상승하고 수요가 감소하면 가격은 하락한다. 수요의 변화에 따라 가격을 조정하는 것은 기업의 이윤극대화 원리에 부합하는 것이다. 그러나 적어도 단기적으로 가격은 매우 서서히 반응하는 반면 생산과 판매는 즉각적으로 반응한다는 점에 주목할 필요가 있다.

예를 들어, 자동차 회사는 새 모델이 출시될 때에만 가격을 변동시킨다. 섣불리 가격을 올리거나 내리면 다른 기업과의 경쟁에서 불리한 위치에 놓이게 될 수 있으며, 또 가격을 바꾸기 위해서는 카탈로그와 가격표를 인쇄하고 홍보하는 비용도 든다. 극장은 개봉한 영화의 인기가 좋다고 해서 중간에 가격을 올리지 않으며, 인기가 없다고 해서 가격을 금방 내리지도 않는다. 영화표의 가격은 개봉 전에 이미 정해지고(pre-determined) 한동안 변하지 않는다. 어느 중국집의 자장면이 맛있어서 일손이 달릴 정도로 주문이 밀린다고 가격을 바로 올리지는 않는다. 대신 배달원을 더 고용해서 한 그릇이라도 더 팔려고 한다. 이처럼 실제로 가격은 그리 자주 바뀌지 않으며, 생산비용과 수요 조건이 현저하게 변할 경우에만 조정이 이루어진다.

실제로 공업제품 가격의 경직성에 관한 칼튼(D. W. Carlton)의 실증연구에 따르면, 조사대상 11개 제품군 가운데 3개의 제품군(시멘트, 철강, 화학)은 평균적인 가격변경 기간이 1년을 상회한다. 또 다른 3개의 제품군(유리, 종이, 타이어)의 가격변경 기간은 6개월을 상회하는 것으로 나타났다. 또한 시케티(S. Cecchetti)는 1953년부터 1979년까지 잡지 가격의 변화를 조사하였는데, 저인플레이션 기간이었던 1953~65년 동안 잡지 가격은 평균적으로 7년 반에 한 번 바뀌었을 뿐이며, 인플레이션율이 높았던 1970년대에도 3년에 한 번 정도만 바뀌었을 뿐이다.

> 주식시장이나 채권시장, 금시장 등과 같이 가격이 수요와 공급 변동에 따라 시시각각 변하는 시장도 있지만, 대부분의 재화와 용역시장에서는 생산자에 의하든, 도매상이나 소매상에 의하든 가격의 경직성이 상당 기간 존재한다.

총수요곡선과 달리 총공급곡선은 가격이 신축적인가 경직적인가, 또는 장기인가 단기인가에 따라 다른 모습을 보이게 되는데, 가격이 경직적인 단기의 총공급곡선을 단기총공급곡선(SAS곡선: Short-run Aggregate Supply curve)이라 부른다. 만약 가격이 완전히 고정되어 변하지 않는 경우에 단기총공급곡선은 수평이다. 이때 소득은 단순 케인즈모형이나 $IS-LM$ 모형에서처럼 수요 측면에서 결정된다. 그리고 기업들은 수요되는 양을 생산할 수 있는 만큼만 노동을 고용하게 된다.

15-3 단기에서 장기로

다시 말하지만 경제의 산출 수준과 고용 수준이 전적으로 총수요에 의해 결정되는 현상은 가격이 조정되지 않는 단기에서만 성립하는 것이다. 거시경제학에서의 단기란 가격이 경직적인 기간을 의미하는 것으로, 실제로 어느 정도의 시간을 뜻하는가에 대해서는 정설이 없다. 경제학자들은 대략 수개월에서 1년 정도의 기간을 단기로 본다. 장기는 물론 그 이상의 기간이다.[3] 장기적으로 가격은 신축적으로 움직이며 완전고용이 달성되고 총공급곡선은 수직이다. **그림 15–5**에는 3개의 곡선, 즉 총수요곡선(AD), 장기총공급곡선(LAS), 단기총공급곡선(SAS)이 있다. 물론 장기균형은 이 세 곡선이 만나는 점에서 달성된다.

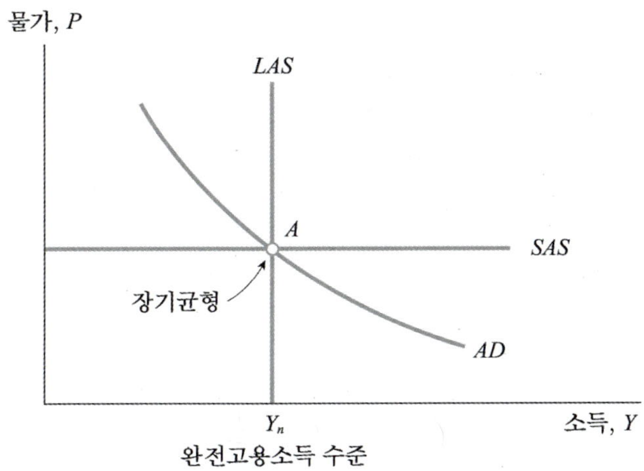

그림 15–5 총수요곡선과 장·단기 공급곡선

단기적으로 모든 가격이 고정된 경우에 단기총공급곡선은 수평이다. 장기적으로 가격은 신축적으로 움직이며 완전고용을 달성하고 총공급곡선은 수직이다. 경제는 총수요곡선(AD), 장기총공급곡선(LAS), 단기총공급곡선(SAS)이 만나는 A 점에서 장기균형을 이룬다.

3) 학자들에 따라 기간을 단기, 중기, 장기로 구분하거나, 또는 단기, 장기, 최장기로 구분하기도 한다.

만약 경제가 단기적으로 장기균형인 A 점에서 이탈해 있다면 어떻게 될까? **그림 15–6**에서 총수요 부족으로 B점에 놓인 경제는 생산량과 고용이 완전고용 수준 이하이므로 불경기를 경험한다. 그러면 경제는 계속 B점에 머무를 것인가? 그렇지 않다. 시간이 흐르면서 가격과 임금이 하락하면서 단기총공급곡선이 아래로 이동한다. 그리고 단기균형점은 총수요곡선을 따라 이동하며 최종적으로 C 점에 도달하여

그림 15–6 불황에서의 물가 하락과 새로운 장기균형의 달성

총수요 부족으로 B점에 놓인 경제는 불황을 경험한다. 그러나 가격이 하락하면서 수평의 단기총공급곡선이 서서히 아래로 이동한다. 단기균형점은 총수요곡선을 따라 이동하며 최종적으로 C점에서 새로운 장기균형을 달성한다.

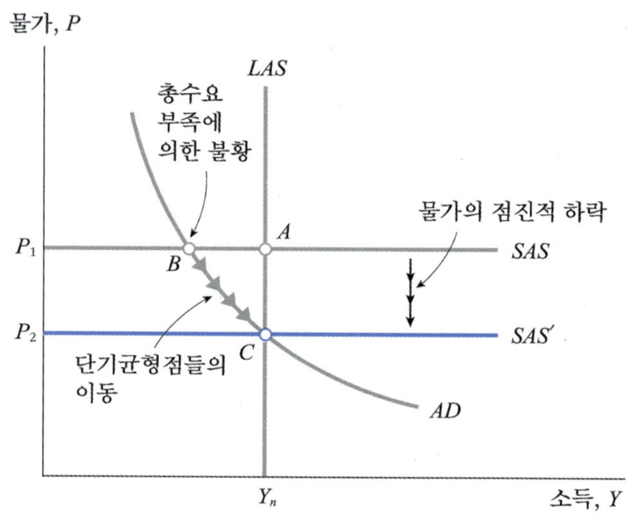

그림 15–7 호황에서의 물가 상승과 새로운 장기균형의 달성

총수요 확대로 B점에 놓인 경제는 호황을 경험한다. 그러나 가격이 상승하면서 수평의 단기총공급곡선이 서서히 위로 이동한다. 단기균형점은 총수요곡선을 따라 이동하며 최종적으로 C점에서 새로운 장기균형을 달성한다.

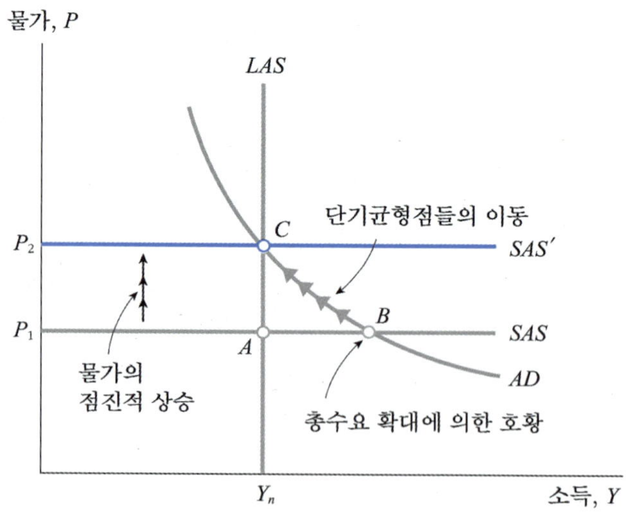

새로운 장기균형을 달성한다. 생산량과 고용은 다시 완전고용 수준을 회복하지만 물가 수준은 이전보다 낮아진다.

그림 15–7은 반대의 경우이다. 경제는 B점에서 호경기를 누리고 있다. 그러나 경제는 이 같은 호경기를 지속할 수 없다. 시간이 흐르면서 가격과 임금이 상승하면서 단기총공급곡선이 위로 이동하고 총수요곡선을 따라 C점에 도달하면 새로운 장기균형을 달성한다. 생산량과 고용은 다시 완전고용 수준으로 돌아가지만 물가 수준은 이전보다 높아진다.

장기균형에서 이탈하여 호경기와 불경기를 경험하고 있는 경제는 결국 가격의 조정 과정을 거치면서 서서히 장기균형으로 회복된다. 이처럼 경제는 균형으로 회복하는 능력을 갖고 있다. 만약 불경기에 처한 경우라면 경제가 조정되기를 기다릴 수 있다는 것이다. 물론 시간이 얼마나 걸릴지 정확히 알 수 없다. 그러나 실업자들에겐 수개월에서 1년 정도의 기간도 매우 고통스러운 시간이며, 판매부진을 겪는 기업에겐 문을 닫거나 부도를 맞기에 충분한 시간이다. 케인즈가 말한 대로 "장기에 우리는 모두 죽고 없을 것이다." 정책당국도 불경기에 처했을 때 참고 기다리기보다는 총수요 확대 정책을 취하는 쪽을 택하는 경향이 있다.

그림 15–8의 (a)와 (b)는 각각 경제가 불황과 호황을 경험하는 경우에, 정책당국이 경기역행적(counter-cyclical)인 정책을 써서 대응하는 경우를 보여준다.[4] 경기역행적 정책이라는 용어는 경기와 반대되는 방향으로 작용하는 정책을 말하는데, 그림 15–8의 (a)는 불황에 대하여 정책당국이 총수요 확대 정책으로, 그림 15–8의 (b)는 호황에 대하여 총수요 억제 정책으로 대응하는 경우를 보여준다. 만약 이러한 정책이 성공적이라면 경제는 좀 더 빨리 장기균형을 회복할 수 있다.

이와 같이 단기적인 경기변동을 완화시키기 위해 취하는 거시경제정책을 안정화 정책(stabilization policy)이라고도 하는데, 그 구체적 내용과 효과에 대해서는 이후의 장들에서 자세히 살펴보기로 한다.

4) 참고로 경기순응적(pro-cyclical)은 경기와 같은 방향으로 움직인다는 뜻이며, 비경기적(acyclical)이라는 용어는 경기와 무관하게 움직인다는 뜻이다.

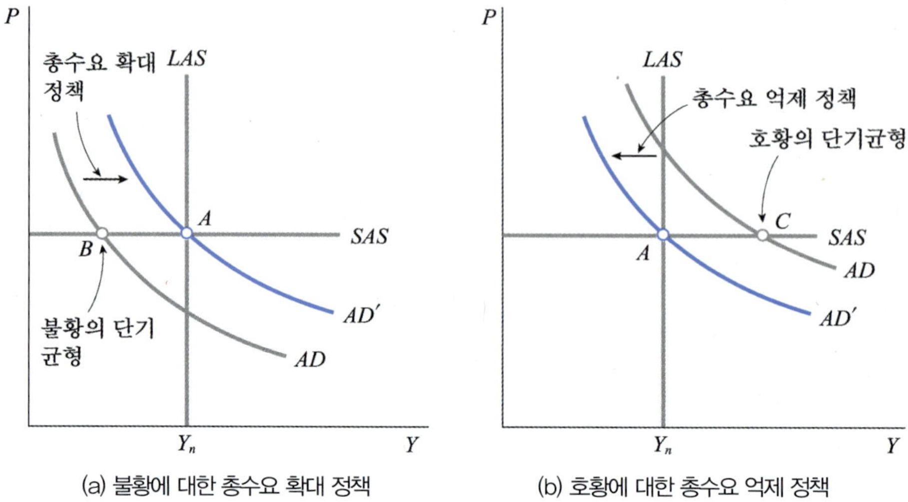

그림 15-8 정책당국의 대응과 장기균형의 달성

그림 (a)는 불황에 빠진 경우에 (B점) 정책당국이 총수요 확대 정책으로 대응하는 경우를 보여준다. 그림 (b)는 호황을 경험하는 경우에(C점) 정책당국이 총수요 억제정책으로 대응하는 경우를 보여준다. 이러한 정책이 성공적이면 경제는 좀 더 빨리 장기균형(A점)을 회복할 수 있다.

제16장

총공급곡선의 도출 Ⅰ: 착오와 불완전정보

단기총공급곡선이 수평의 형태를 보이는 것은 가격이 미리 정해진 상태로 전혀 변하지 않는 경우이다. 즉, 수평의 단기총공급곡선은 가격이 완전히 경직적인 극단적인 경우에 해당한다. 비록 단기일지라도 가격이 완전히 고정되지는 않고 어느 정도 신축적으로 움직인다면 생산이 증가하면서 가격도 상승하게 될 것이다. 이 경우에 총공급곡선은 우상향하게 된다. 다른 각도에서 보면, 총공급곡선이 우상향한다는 것은 어떤 이유로 가격이 상승할 때 각 기업들이 생산하고자 하는 총생산물의 양이 늘어난다는 것이다. 이제 우상향하는 총공급곡선을 도출하는 근거에 대해 자세히 생각해 보기로 하자. 우선 이 장에서는 경제주체들이 착오를 일으키거나 물가에 대한 정보가 부족하다는 가정을 도입하며, 다음 장에서는 임금과 가격 자체가 서서히 조정될 수밖에 없는 보다 근본적인 이유를 탐색해 본다.

16-1 총공급곡선의 형태

물가는 상대가격이 아니라 가격의 절대적인 수준에 불과하다. 만약 가격이 충분히 신축적이며, 또 모든 가격 변화를 충분히 감지하고 예견할 수 있다면 단지 물가수준이 오르내린다고 해서 기업이 생산량을 변화시키려 할까? 물가 상승이 기업의 생산을 촉진하기 위해서는 기업으로 하여금 물가 상승이 이윤 증대에 유리한 기회를 제공한다고 믿게끔 하는 메커니즘이 있어야만 할 것이다. 사실 물가에 대하여 우상향하는 총공급곡선을 도출하는 것은 그리 간단한 일이 아니며, 경제학자들은 아직도 총공급을 설명하는 최선의 방법이 무엇인지에 대한 합의에 도달하지 못했다. 다만 총공급곡선의 형태가 예상치 못한 물가의 변동에 의존하며, 단기적으로 우상향한다는 데에는 동의하고 있다.

결론부터 말하자면 총공급곡선은 일반적으로 다음과 같이 표현된다.[1)]

$$Y = Y_n + \alpha(P - P^e) \qquad (16.1)$$

여기서 Y_n은 완전고용소득 수준이며, P^e는 예상물가 수준이다. 장기총공급곡선은 $Y = Y_n$이므로 Y는 P와 무관하지만, 식 (16.1) 형태의 총공급곡선에 따르면 Y는 P와 같은 방향으로 움직인다.

그림 16-1은 우상향하는 총공급곡선을 보여준다. 만약 예상물가가 실제의 물가 P와 동일하면($P = P^e$), $Y = Y_n$이므로 총공급곡선이 장기총공급곡선과 교차하고 완전고용 수준을 산출한다. 그러나 실제의 물가가 예상물가에서 벗어날 경우에 생산량은 완전고용 수준과 달라진다. 예를 들어, $P > P^e$이면 총생산이 완전고용 수준을 초과한다. 예상외로 물가가 상승할 경우에 생산량이 증가하며, 식 (16.1)의 α는 그 민감도를 나타내 주는 계수이다.

총공급곡선의 형태는 식 (16.2)의 형태로도 표현될 수 있다. 소득이 완전고용 수준과 일치하는 경우에 물가는 예상물가 수준과 일치하지만, 소득이 완전고용 수준을 초과하면 상승한다.

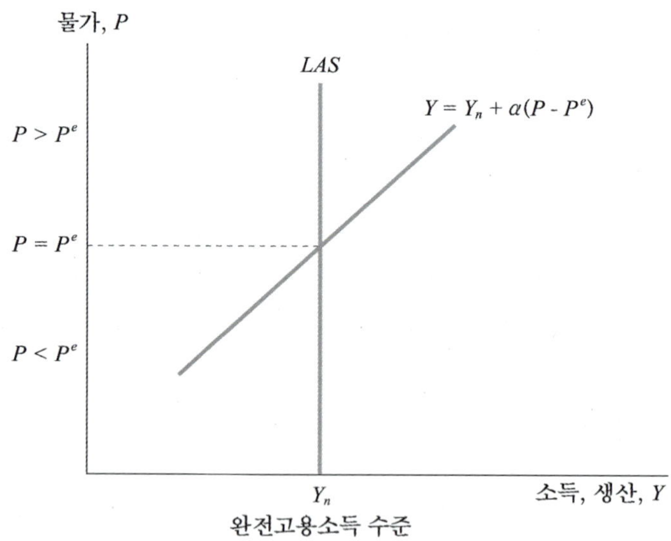

그림 16-1 우상향하는 총공급곡선

총공급곡선은 일반적으로 $Y = Y_n + \alpha(P - P^e)$로 표시된다. 만약 $P = P^e$이면 총공급곡선이 장기총공급곡선(LAS)과 교차하고 완전고용 수준을 산출한다. 실제의 물가가 예상물가에서 벗어날 경우에 생산량은 완전고용 수준과 달라지는데, $P > P^e$이면 총생산이 완전고용 수준을 초과하며, $P < P^e$이면 총생산이 완전고용 수준에 미치지 못한다.

1) 수평의 총공급곡선과 마찬가지로 우상향하는 총공급곡선도 단기의 총공급곡선이다. 즉, 단기 총공급곡선은 수평이거나 우상향한다. 두 경우 모두 가격이 비신축적인 경우인데, 가격이 완전히 고정되어 있으면 수평의 형태, 가격이 어느 정도 조정될 여지가 있는 경우에는 우상향하는 형태를 띤다.

$$P = P^e + \beta(Y - Y_n) \tag{16.2}$$

그림 16-1에 나타난 총공급곡선은 하나의 예상물가 수준과 결부되어 있다. 또한 식 (16.2)로부터 예상물가 수준이 상승할 때 총공급곡선이 예상물가가 상승한 만큼 위로 이동한다는 것을 알 수 있다.

경제학자들은 총공급곡선의 식이 왜 식 (16.1) 또는 (16.2)의 형태를 가지는가에 대해 다양한 이론을 제시하고 있다.

16-2 근로자의 착오

노동을 수요하는 기업과 노동을 공급하는 근로자의 관심사는 명목임금이 아니라 실질임금이다. 명목임금에 대해 관심을 가진다면 과연 그것이 물가 수준을 얼마나 잘 반영하고 있는가이다.

명목임금을 W라고 할 때, 기업의 노동수요는 실질임금 $w(= W/P)$에 의존한다. 기업은 물가를 잘 관찰하고 있으므로 명목임금과 실질임금의 관계에 대해 착오를 일으키지 않는다.

$$L^d = L^d\left(\frac{W}{P}\right) \tag{16.3}$$

만약 근로자도 기업과 마찬가지로 명목과 실질에 대해 착오를 일으키지 않는다면 오로지 실질임금에 따라 노동공급을 결정할 것이므로, 고전학파의 가정대로 완전고용과 그에 상응하는 소득 수준을 달성한다. 그리고 수직의 장기총공급곡선이 도출된다.

그러나 근로자 착오모형(worker misconception model)은 기업과 근로자에 대해 비대칭적인 가정을 도입한다. 기업은 물가의 움직임을 잘 관찰하고 언제나 적절히 대처하므로 노동에 대한 수요는 실질임금 W/P에 의존한다. 반면 근로자의 노동공급곡선은 실질임금 W/P가 아닌, 예상실질임금 W/P^e에 의존한다고 가정한다. 근로자 착오모형에 의하면, 근로자들은 자신의 명목임금은 잘 알고 있지만 일반 물가의 움직임을 정확히 파악하기 어렵기 때문에 물가가 얼마나 오르고 내리는지 예상에 의존할 수밖에 없다. 따라서 노동공급 의사는 다음과 같이 예상실질임금에 의존하게 된다.

$$
\begin{aligned}
L^s &= L^s\left(\frac{W}{P^e}\right) \\
&= L^s\left(\frac{W}{P}\cdot\frac{P}{P^e}\right) \\
&= L^s\left(w\cdot\frac{P}{P^e}\right) \qquad (16.4)
\end{aligned}
$$

여기서 예상실질임금 $\frac{W}{P^e}$를 $w \cdot \frac{P}{P^e}$로 전환한 이유는 w 변화에 의한 노동공급곡선상의 움직임과 $\frac{P}{P^e}$ 변화에 의한 노동공급곡선 자체의 이동을 구분하기 위해서이다. 노동공급곡선을 실질임금 w에 대하여 표현한다면, w의 변화는 노동공급이 곡선을 따라 변하는 것이 되고, $\frac{P}{P^e}$의 변화는 곡선 자체를 이동시키는 요인이 된다. 실질임금에 대하여 그려진 노동공급곡선은 하나의 $\frac{P}{P^e}$ 수준과 결부된다.

이와 같은 점을 염두에 두고 물가가 상승한 경우를 생각해 보자. 기업은 물가가 상승한 것을 정확히 파악하여 물가가 상승한 만큼 명목임금을 올리지만, 실질임금에는 변함이 없으므로 기업의 노동수요곡선은 이동하지 않는다. 근로자 역시 물가가 상승한 정도를 정확히 파악하였다면($P^e = P$), 물가가 상승한 만큼 명목임금을 요구하여 실질임금을 유지하기 때문에 노동공급곡선도 이동하지 않는다. 즉, **그림 16–2**의 (a)에서처럼 노동수요곡선과 노동공급곡선 모두 변함이 없고, 전과 같이 그대로 완전고용을 달성한다.

그런데 물가가 상승하여 기업이 전보다 높은 명목임금을 제시할 때, 근로자들은 기업이 새로 제시하는 명목임금에서 자신의 실질임금이 상승하였다고 착오(misperception)를 일으킬 수 있다.[2)] 이는 근로자들이 인식하는 물가 수준이 실제의 물가 수준에 미치지 못하는 경우이다($P^e < P$). 실질임금이 올라갔다고 착오를 일으킨 근로자들은 노동의 공급을 증가시킨다. **그림 16–2**의 (b) 역시 노동시장을 실질임금에 대해 나타낸 것이므로 P가 상승할 때 $P^e < P$가 되면 $\left(\frac{P}{P^e}\uparrow\right)$, 노동공급곡선 자체가 바깥으로 이동한다. 그 결과 고용과 생산이 증가한다.[3)]

---

2) 명목임금의 변화를 실질임금의 변화로 착각하는 등 경제주체들이 명목가치와 실질가치를 혼동하는 현상을 화폐환상(money illusion)이라고 한다. 근로자 착오모형을 화폐환상모형이라 부르기도 한다.

3) 그림 16-2의 (b)를 자세히 살펴보면 물가가 상승하고 소득이 증가하면서 실질임금이 감소한다는 것을 알 수 있다. 그러나 대부분 국가의 통계에 의하면 실질소득이 증가할 때, 실질임금(W/P)도 함께 상승하는 경향이 있으므로 착오모형은 경험적 사실과 일치하지 않는다는 문제가 있다.

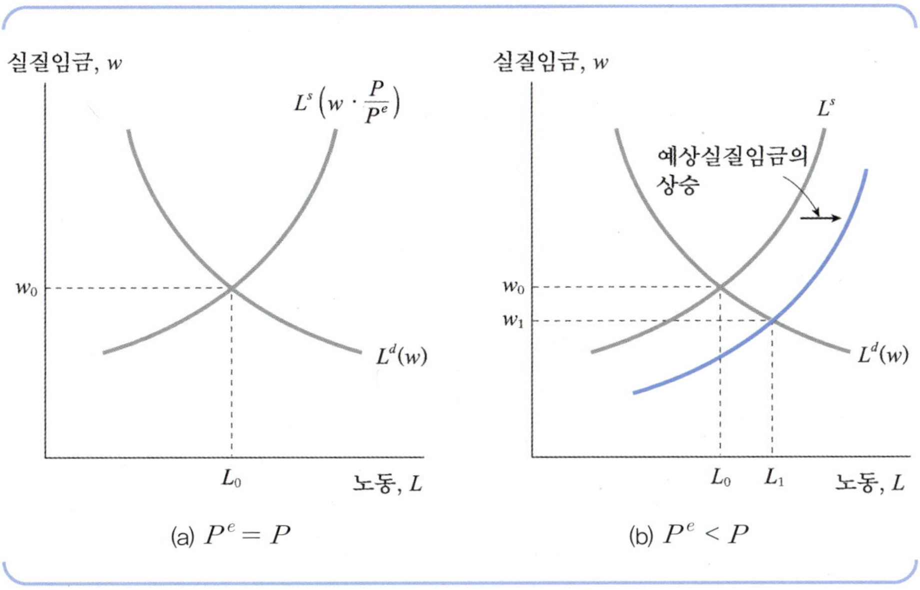

그림 16-2 물가상승이 노동시장에 미치는 효과

물가가 상승하더라도 노동수요곡선은 변하지 않는다. 그림 (a)는 근로자가 물가가 상승한 정도를 정확히 파악하여($P^e = P$) 노동공급곡선 역시 변함이 없는 경우이다. 따라서 실질임금(w_0)과 고용량(L_0)은 변하지 않는다. 그림 (b)는 근로자들이 인식하는 물가가 실제 물가에 미치지 못하는 경우이다($P^e < P$). 명목임금 상승으로 실질임금이 올라갔다고 착오를 일으킨 근로자들은 노동의 공급을 증가시키고 고용이 L_1으로 증가한다. 실질임금은 w_1으로 하락한다.

이와 같은 과정을 간단한 예를 들어 직관적으로 이해해 보자. 어떤 이유로 물가가 10% 상승했다고 하자. 물가가 10% 상승했으므로 명목임금이 10% 상승하더라도 기업은 이전과 똑같은 양의 노동을 고용할 의사가 있다. 달리 말해 이미 고용된 근로자들에게 명목임금을 10% 더 지급할 의사를 갖게 된다. 그런데 여기서 근로자들이 착오를 일으킨다는 것은 기업이 10% 인상된 명목임금을 제시할 때 실질임금이 오른 것으로 인식한다는 것이다. 이것은 실제로 P가 10% 상승했음에도 불구하고, 가령 근로자들이 인식하는 P^e가 5%밖에 오르지 않는 경우에 해당된다. 실질임금이 상승했다고 착오를 일으킨 근로자는 노동공급을 늘리게 되며, 그 결과 균형고용량과 총생산량이 증가한다.

그림 16-3에는 우상향하는 총공급곡선(AS: Aggregate Supply curve)이 도출되는 과정이 나타나 있다. 주의할 것은 총공급곡선은 총생산 Y와 물가 P 사이의 관계이므로 하나의 총공급곡선에는 하나의 고정된 예상물가 P^e가 결부되어 있다는 것이다. 따라서 총공급곡선을 도출할 때에는 P가 변하더라도 P^e는 불변이라고 가정해야 한다. 예를 들어, 물가가 10% 상승하더라도 예상물가의 상승률은 0%라고 간주된다.

그림의 A점은 물가 수준 P_0에서 완전고용소득 수준 Y_n이 공급된다는 것을 나타낸다. 이 A점은 노동시장의 A'점에 해당되며 균형고용량은 L_0이다. 그리고 이때의 예상물가 수준은 실제물가 수준과 같다($P^e = P_0$). 어떤 이유로 물가가 P_1으로

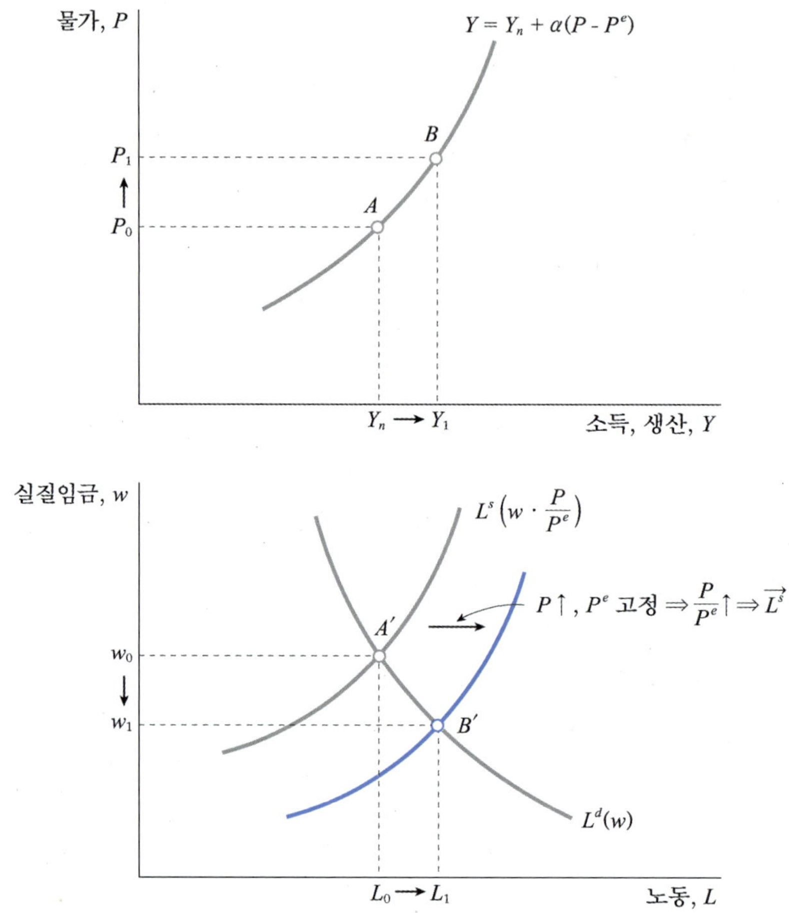

그림 16-3 근로자 착오모형에 의한 총공급곡선의 도출

그림의 A점은 P_0에서 완전고용 수준의 산출량 Y_n이 공급된다는 것을 나타낸다. 이 A점은 노동시장의 A'점에 해당되며 균형고용량은 L_0이다. 이때의 예상물가 수준은 실제물가 수준과 같으며($P^e = P_0$), 어떤 이유로 물가가 P_1으로 상승할 때에도 고정되어 있다. 물가 상승으로 P/P^e가 상승한 것이므로 노동공급곡선이 우측으로 이동하며 고용과 생산이 증가한다. 이는 각각 노동시장에서의 B'점과 생산물시장에서의 B점에 해당된다.

상승할 때에도 예상물가는 $P^e = P_0$로 고정되어 있다. 결국 $\frac{P}{P^e}$가 상승한 것이므로 노동공급곡선이 우측으로 이동하며 고용과 생산이 증가한다. 이는 각각 노동시장에서의 B'점과 생산물시장에서의 B점에 해당되므로, 결국 총공급곡선은 A점과 B점을 지나면서 우상향하는 형태를 띠게 된다. 즉, 총공급곡선은 식 (16.1)의 형태를 띠게 된다.

총공급곡선을 도출하기 위해 어쩔 수 없이 P가 변하더라도 P^e는 불변이라고 가정했지만, 이는 좀 비현실적이다. 실제로는 P가 변할 때 P^e도 같은 방향으로 움직이게 될 것이다. 그러면 앞에서 든 예처럼 P가 10% 상승할 때 P^e가 5% 오르는 것을 그래프로 표현하면 어떻게 되겠는가? 일단 우상향하는 총공급곡선이 5%에 해당하는 크기만큼 위로 이동한다. **그림 16-4**에 따르면 물가가 P_0에서 P_1으로 상승할 때

P^e도 함께 상승한다. 다만 새로운 P^e는 착오에 의해 P_1까지 상승하지는 못한다 ($P_0 < P^e < P_1$). 노동공급곡선은 우측으로 이동하지만 P^e가 고정되었을 경우보다는 작게 이동하여 노동시장은 C'점에서 균형을 이룬다. 새로운 균형고용량 L_2로부터 Y_2만큼의 산출량이 공급되는데, 이는 생산물시장의 C점에 해당한다.

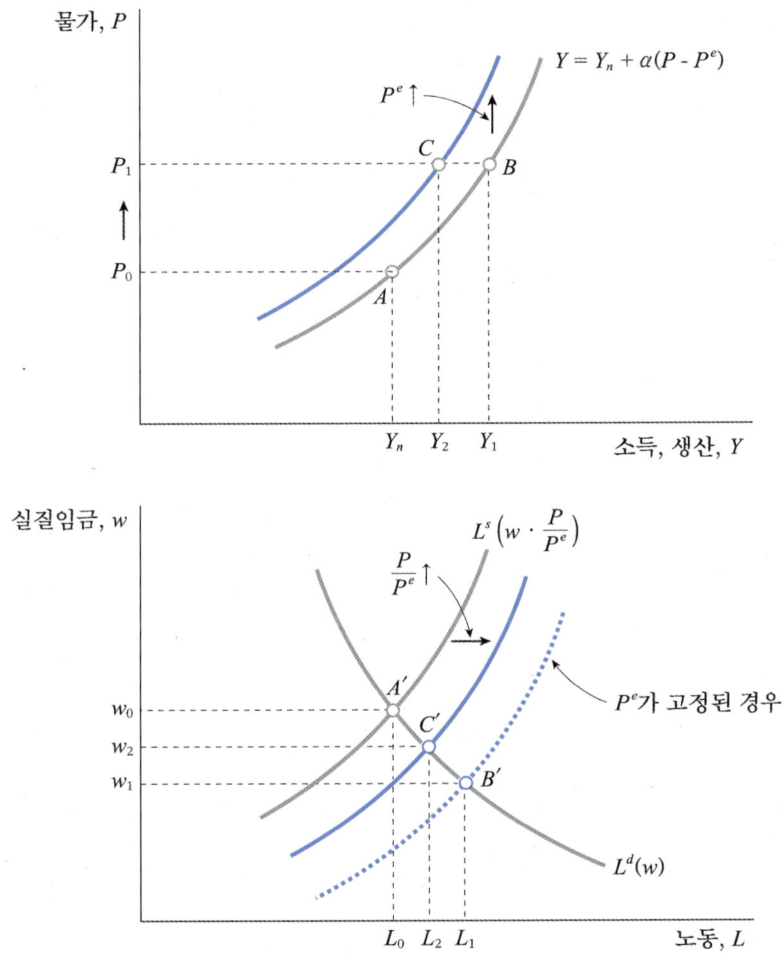

그림 16-4 물가 상승에 따른 예상물가의 상승과 총공급곡선의 이동

물가가 P_0에서 P_1으로 상승할 때 P^e도 함께 상승한다. 다만 새로운 P^e는 착오에 의해 P_1까지 상승하지는 못한다($P_0 < P^e < P_1$). 노동공급곡선은 우측으로 이동하지만 P^e가 고정되었던 그림 16-3의 경우보다는 작게 이동하여 노동시장은 C'점에서 균형을 이룬다. 새로운 균형고용량 L_2로부터 Y_2만큼의 산출량이 공급되는데, 이는 생산물시장의 C점에 해당한다.

16-3 생산자의 불완전정보

이상에서 생산자는 물가를 정확히 관찰하지만 근로자들은 물가에 대한 정보가 부족하여 명목임금의 상승(하락)을 실질임금의 상승(하락)으로 오인할 수 있다고 가정하였다. 생산자가 알고 있는 것을 근로자는 정확히 모른다는 것인데, 생산자와 근로자 사이에 지속적으로 이러한 비대칭성이 존재한다는 것은 사실 매우 강한 가정이다.

조금 다른 각도에서 보면, 물가에 대한 정보 부족 문제는 생산자에게도 일어날 수 있다. 근로자들이 물가의 변화를 정확히 관찰하고 예상할 수 없듯이 생산자도 물가의 변화를 정확히 관찰하기 힘들다. 물가가 특정 재화의 가격이 아니라 전반적인 가격 수준이기 때문이다. 근로자가 자신의 명목임금이 물가에 비해 얼마나 오르는가에 관심이 있는 것과 마찬가지로 생산자는 자신이 만드는 상품의 가격이 물가에 비해 얼마나 오르는가에 관심이 있다.

혼자서 아이스크림 가게를 운영하는 사람이 있다고 해 보자. 그는 아이스크림을 제조하고 동시에 판매한다. 이때 아이스크림의 가격은 그의 명목임금이나 마찬가지이다. 그의 실질임금은 아이스크림 가격을 물가로 나눈 것이므로 그의 관심은 물가에 대한 아이스크림의 상대가격이 오르는가 내리는가에 있다. 그가 이윤극대화의 원리에 따라 행동하고 있다면, 아이스크림의 상대가격이 상승할 때 더 만들어 팔고 상대가격이 하락할 때 덜 만들어 팔 것이다.

그가 아이스크림의 가격이 오른 것을 관찰했다고 하자. 이것은 경제 전체적으로 물가가 올라서 같은 비율만큼 오른 것일 수도 있고, 특별히 자신이 판매하는 아이스크림에 대한 수요가 증가해서 아이스크림의 가격만 오른 것일 수도 있다. 불완전정보모형은 생산자가 자신이 만드는 제품의 가격은 관측할 수 있지만, 일반 물가는 정확히 알 수 없다고 가정한다. 아이스크림 가게 주인은 아이스크림 이외의 가격에 대한 정보가 부족하기 때문에 일반 물가 수준의 변동과 상대가격의 변동을 정확히 구별하기 힘들다는 것이다.

정보가 부족하여 물가 수준을 정확히 알 수 없는 아이스크림 가게 주인은 물가 수준을 예상하려고 할 것이다. 특히 자신이 직접 관찰하는 아이스크림의 가격과 경험을 바탕으로 물가 수준을 추측한다. 만약 그가 직접 관찰하는 아이스크림 가격이 10% 상승하고, 물가도 10% 인상된 것이라고 판단하면 그는 아이스크림의 생산량을 변경시킬 유인이 없다. 그러나 만약 물가가 5% 인상된 것으로 판단하면, 그는 상대가격이 변하였다고 생각하여 아이스크림 생산을 증가시키려 할 것이다.

이러한 논리는 경제 전체에 그대로 적용될 수 있다. 실제로 통화공급이 10% 증가하여 모든 제품의 가격이 일제히 10% 상승했다고 하자. 그러나 개별적인 생산자는 각기 자신의 제품 가격이 10% 상승한 것만 관찰한다. 정보 부족으로 물가에 대해 정확히 알지 못하는 개별생산자들이 물가상승률을 5%로 추측했다고 해 보자. 경제 내의 생산자들은 모두 자기 제품의 상대가격이 올랐다고 생각하고 생산을 증가시키며, 모든 생산자들이 생산을 증가시키므로 경제의 총생산물이 증가한다. 물가예측오차를 $P-P^e$로 나타낸다면 총공급곡선은 식 (16.1)의 형태를 띠게 된다.

이러한 관계를 좀 더 구체적으로 살펴보기로 하자. 다음은 동일한 조건을 가진 생산자 $i(=1, \cdots, T)$의 공급조건을 수식으로 표현하고 있다.

$$y_i^* = c(P_i - P) \tag{16.5}$$

위 식은 생산자 i가 물가 수준 P에 대한 정보가 완전할 경우에 이윤극대화를 달성하는 최적생산량 y_i^*를 공급하는 관계를 보여 준다. 최적생산량은 자신의 제품 가격 P_i가 모든 재화의 평균적인 가격에 비해 얼마나 높은가를 나타내는 P_i-P와 민감도 계수 c에 달려 있다.

그런데 생산자들은 자기 제품 이외의 가격들, 즉 물가 수준에 대하여 완전히 알기 어렵다. 이러한 불완전정보의 상황에서 생산자들은, 제한된 정보이긴 하지만 자신에게 주어진 정보를 바탕으로 물가 수준을 예측하여 생산량을 결정하려 할 것이다. 생산자 i가 자신의 제품 가격 P_i에 대한 관찰을 바탕으로 물가에 대한 예상치를 P^e로 형성하면 생산자 i는 실제로 다음과 같은 식에 의해 생산량 y_i를 결정할 것이다.[4)]

$$y_i = c(P_i - P^e) \tag{16.6}$$

위의 두 식에 의하면 개별생산자 i의 실제생산량과 최적생산량 간의 차이는

$$y_i - y_i^* = c(P - P^e) \tag{16.7}$$

가 된다. 그리고 모든 생산자 i에 대하여 그 차이를 합하면,

$$\Sigma y_i - \Sigma y_i^* = \Sigma\, c(P - P^e) \tag{16.8}$$

4) 자신의 제품 가격만 관찰할 수 있다는 것을 제외하면, 생산자는 모두 동일한 조건을 가지며 물가에 대해서도 동일한 수준으로 예측한다고 가정한다. 물론 엄밀하게는, 각 생산자가 자신의 제품 가격을 토대로 물가 수준을 예측하는 데 있어, 관찰한 제품 가격이 같은 한 예상물가도 같다는 가정이 필요하다.

가 된다.

개별생산자의 실제생산량을 합한 총생산량을 $\sum y_i = Y$라 하고, 완전정보 하에서 개별생산자의 최적생산량을 합한 것을 $\sum_i y_i^* = Y_n$으로 정의할 수 있다. 개별적인 최적생산량의 합을 Y_n으로 표시한 것은 이것이 바로 자연소득 수준에 해당하는 개념이기 때문이다. 한편, 식 (16.8)의 우변은 $Tc(P-P^e)$와 같으므로, 계수를 $Tc=\gamma$로 놓으면, 식 (16.8)은 $Y=Y_n+\gamma(P-P^e)$가 되어 식 (16.1)과 같이 우상향하는 공급곡선의 형태를 도출할 수 있게 된다.[5]

생산자의 불완전정보에 의해 도출된 총공급곡선이 우상향한다는 것을 직관적으로 이해하면 결국 다음과 같은 것이다. 실제로는 전반적으로 물가가 상승했음에도 불구하고, 개별생산자는 자신의 제품 가격이 상승한 것이 물가 상승 때문인지 아니면 유독 자신의 제품에 대한 수요가 증가해서인지 정확히 분간하기 힘들다. 따라서 개별생산자는 진실이 그 중간 정도가 된다고 추측하고 생산을 다소 늘리게 된다. 모든 개별생산자가 이와 같이 조금씩 생산을 늘리게 되므로 결과적으로 경제 전체의 총생산이 적지 않게 증가하는 것이다.

근로자의 실질임금에 대한 착오(misperception) 때문에 $P\neq P^e$인 상태가 나올 수 있듯이 생산자의 상대가격에 대한 불완전정보(imperfect information) 때문에 $P\neq P^e$인 상태가 발생할 수 있다. 특히 실제의 물가 P가 오르고 내릴 때, 착오나 불완전정보로 인해 근로자나 생산자의 P^e가 실제로 P가 변한 만큼 완전히 따라잡지 못하는 상황이 발생한다. 즉, 물가가 오를 때에는 $P>P^e$가 되어 생산이 증가하고, 물가가 내릴 때에는 $P<P^e$가 되어 생산이 감소한다. 따라서 물가가 오르면 총생산이 증가하고 물가가 내리면 총생산이 감소하는 결과가 나온다.

5) 여기서 α 대신 γ를 쓴 이유는 식 (16.1)의 α가 다양한 모형에서 도출된 총공급함수를 포괄적으로 표현하는 데 쓰인 계수인데 비해 γ는 생산자의 불완전정보모형에 해당하는 계수임을 구분하기 위해서이다. 그런데 또한 $\gamma=Tc$이기 때문에 γ가 생산자의 수 T에 따라 변하는 문제가 발생한다. 이는 총공급곡선을 가능한 한 쉽게 도출하는 과정에서 발생한 문제인데, 생산량 Y와 Y_n을 '평균생산량' 개념으로 이해하면 총공급곡선의 의미는 그대로 살리면서 계수가 생산자수에 따라 변하는 문제를 피해 갈 수 있다.

총공급곡선의 도출 II: 임금과 가격의 경직성

제17장

앞 장에서는 착오나 불완전정보에 기초하여 우상향하는 총공급곡선을 도출할 수 있었다. 그러나 뒤집어 생각해 보면 착오나 불완전정보가 없다면 총공급곡선은 다시 고전학파가 가정한 수직의 형태로 환원된다.[1] 그러나 케인즈적 견해를 보다 충실히 발전시키려는 경제학자들은 착오나 정보의 불완전성에 의존하지 않고도 총공급곡선이 우상향한다는 근거를 찾으려 한다. 이들은 착오나 불완전정보 없이도 임금과 가격이 경직적일 수 있다는 데 초점을 맞춘다. 이 장에서는 임금과 가격의 경직성에 기초하여 우상향하는 총공급곡선을 도출하는 방법을 소개한다.

17-1 임금의 경직성과 총공급곡선

케인즈 이후의 경제학자들은 단순히 임금이 경직적이라고 가정하는 대신 임금이 왜 느리게 조정되는가에 대한 다양한 근거를 찾으려고 노력했다. 많은 경우에 명목임금은 노사간의 장기계약으로 고정되며, 경제상황이 변하더라도 신속하게 조절되지 않는다. 임금은 경제상황에 따라 시시각각 변하는 가격변수에 불과할 수도 있지만, 그 수준이 공정한가에 대해 끊임없이 논란을 일으키는 사회적 변수이기도 하다. 근로자는 자신의 임금이 하락하는 것을 수치스럽게 여기며, 그 부작용을 아는 경영자는 임금을 함부로 인하하지 않으려 한다.

(1) 단체교섭과 효율임금

임금은 여러 방식으로 결정된다. 개개인으로서의 근로자는 유보임금(reservation wage)을 갖고 있다. 유보임금이란 그 수준에서 일하거나 일하지 않거나 무차별(indifferent)하게 느끼는 임금인데, 일자리를 찾는 근로자는 유보임금보다 높은 임금을 제시하는 기업을 선택한다. 한편, 기업은 근로자와 일일이 협상하기보다는 정

1) 근로자 착오모형은 그 뿌리가 케인즈에 있긴 하지만 통화론자인 프리드먼(M. Friedman)이 지지한 모형이며, 불완전정보모형은 새고전학파(new classical)인 루카스(R. Lucas)에 의해 고안된 것이다.

해진 임금 수준을 제시하고 근로자가 받아들이거나 포기하거나 하도록 한다.

그러나 많은 경우에 임금은 경영자와 노동조합 간의 단체교섭(collective bargaining)에 의해 결정된다. 노사 간의 임금교섭은 기업 차원일 수도 있지만 산업차원에서 진행되기도 한다. 단체교섭으로 결정된 임금은 근로자 개개인의 유보임금 수준보다 높을 수밖에 없다. 근로자들은 일하거나 일하지 않거나 무차별한 수준의 임금보다는 일하는 것이 훨씬 나은 수준의 임금을 받으려고 한다. 또한 노동조합은 낮은 임금으로도 일할 의사가 있는 외부자(outsider)보다는 기존 조합원(insider)의 이익을 위해 협상하게 된다.

단체교섭에 의해 결정되는 임금이 유보임금에 비해 얼마나 높은 수준인가는 노조의 협상력(bargaining power)에 달려 있다. 협상력은 단지 조직력과 투쟁력일 수도 있지만, 결국은 크게 두 가지의 경제적 요인에 의해 좌우된다. 첫째는 근로자의 숙련도이다. 숙련도가 높은 집단의 협상력이 높은 이유는 기업이 마땅히 대체할 인력을 찾기가 어렵기 때문이다. 둘째는 노동시장의 상황인데, 실업률이 낮은 상태에서는 대체인력을 구하기 어렵기 때문에 노조의 협상력이 강해지고 임금은 높게 설정된다. 반대로 불경기이고 실업률이 높은 상태라면 협상력은 약해지고 상대적으로 낮은 임금을 수용하게 된다.

단체교섭에 의한 임금 인상은 근로자의 요구에 의한 것이지만, 기업 스스로의 선택에 의해 유보임금을 상회하는 임금을 지급할 수도 있다. 기업은 근로자들이 생산성을 최대한 발휘하기를 원하며, 높은 임금을 지급하는 것이 이러한 목표를 달성하는 데 도움을 준다고 믿기도 한다. 기업은 근로자가 오래 근무하면서 직장에 적응하고 맡은 직무에 몰입하기를 원하는데, 만약 유보임금 수준만을 지급하게 되면 근로자가 쉽게 직장을 떠나버릴 수도 있다는 것을 잘 안다. 기업 측에서도 잦은 입사와 퇴사는 바람직하지 않은 것이다. 따라서 유보임금보다 높은 수준의 임금을 지급하여 직장을 그만둘 유인을 없애주고 직무에 몰두하여 생산성을 높이게 하는 것이 더 낫다. 근로자에게 최소한의 임금만 지급할 수도 있지만, 근로자가 임금에 대비한 효율성을 최대한 발휘하도록 하는, 이른바 효율임금(efficiency wage)을 지급하는 것이다.[2)]

임금이 단체교섭이나 효율임금 기준에 따라 지급되면 유보임금 수준보다 높아지게 된다. 문제는 이렇게 되면 노동시장에서 불균형이 발생한다는 점이다. 노동시장의 상황을 나타낸 **그림 17-1**에서 노동공급곡선은 개별적인 경제주체의 노동공급

2) 효율임금에 대해서는 이 책의 마지막 편에서 자세히 논의된다.

의사를 수평으로 합쳐 놓은 것이다. 만약 단체교섭이 없거나 기업이 효율임금을 지급할 유인이 없다면, 노동시장의 균형은 A점에서 이루어질 것이다. 그러나 단체교섭이나 효율임금 요인에 의해 유보임금 수준보다 높은 수준의 임금(w_1)이 지급된다면 B점에 놓이게 된다.[3] B점에서는 노동의 초과공급, 즉 비자발적 실업이 발생하고 있다. 그러나 임금은 w_1 이하로 쉽게 하락하지 않는다. 한편으로는 노동조합이 그것을 막고 있고, 다른 한편으로는 기업 스스로가 임금 하락이 자칫 효율성 하락으로 이어질 것을 염려하기 때문이다.

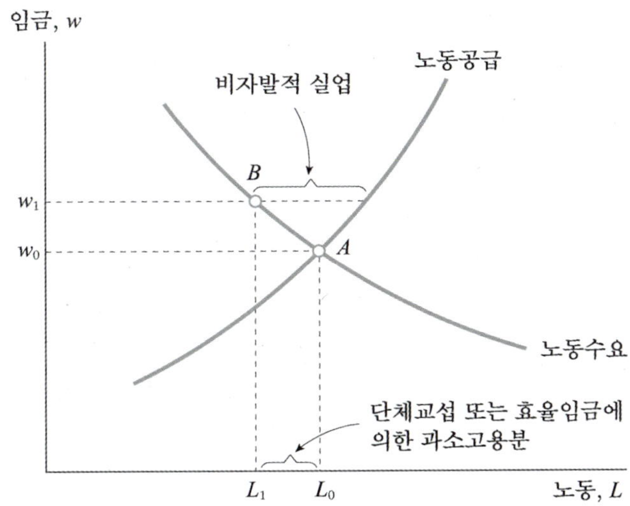

그림 17-1 단체교섭과 효율임금에 의한 노동시장의 불균형

노사 간의 단체교섭이 없거나 기업 스스로 근로자에게 효율임금을 지급할 유인이 없다면, 노동시장의 균형은 A점에서 이루어진다. 그러나 단체교섭이나 효율임금 요인에 의해 유보임금 수준보다 높은 수준의 임금(w_1)이 지급된다면 B점에 놓이게 된다. B점에서는 노동의 초과공급, 즉 비자발적 실업이 발생한다.

(2) 임금계약

임금계약모형(wage contract model) 또는 경직적 임금모형(sticky wage model)은 장기 임금계약으로 인해 명목임금이 상당 기간 동안 경직적일 수밖에 없다는 것을 강조한 모형이다. 임금계약모형에 의하면 계약기간의 명목임금은 노사 간의 임금협상에 따라 사전에 결정된다. 노사 양측은 모두 목표로 삼는 실질임금을 갖고 있다. 양측이 목표로 삼는 실질임금은 노동시장에서의 수요와 공급을 일치시키는 균형실질임금일 수 있으나, 앞서 살펴본 단체교섭과 효율임금으로 인해 균형실질임금보다 높아질 수도 있다. 노사 양측은 목표실질임금 w^T에다 예상물가 수준 P^e를 반영하여 계약된 명목임금 W를 설정한다.

3) 만약 경제가 단체교섭이나 효율임금 요인 없이 B점에 놓였다면 임금이 하락하여 균형점 A로 돌아가게 될 것이다.

$$W = w^T \times P^e \tag{17.1}$$

적어도 계약기간 동안에 노동의 공급은 계약임금 수준에서만 이루어지므로 노동공급은 W에서 완전탄력적이 된다. 반면 기업이 얼마만큼의 노동력을 고용할지는 사전에 모두 결정되지 않는다. 계약임금 W는 사전에 결정되지만, 기업은 실제로 관측되는 물가의 수준을 보고 고용량을 결정할 수 있다. 기업의 노동수요는 사후적인 실질임금인 $\frac{W}{P}$에 의해 다음과 같이 결정된다.

$$L^d = L^d\left(\frac{W}{P}\right) \tag{17.2}$$

이 식에 따르면 실질임금이 낮아질수록 고용이 증가한다. 생산량은 생산함수에 의해 결정되므로, 고용이 증가하면 생산은 늘고 고용이 감소하면 생산은 줄어든다.

그런데 식 (17.1)을 실질임금으로 표현하면 다음과 같다.

$$\frac{W}{P} = w^T \times \frac{P^e}{P} \tag{17.3}$$

이 식에 따르면 계약임금 W는 고정되어 있으므로 실제물가 P가 예상물가 P^e와 다를 경우에, 실제의 실질임금 $\frac{W}{P}$는 목표실질임금 w^T에서 벗어나게 된다. 임금을 계약할 당시 P^e가 설정되었으나, 그 후에 P가 상승하면 실질임금이 하락하여 고용이 늘고, P가 하락하면 실질임금이 증가하여 고용이 줄어든다. 이와 같이 물가수준이 예상물가 수준에서 벗어나면 생산량은 자연소득 수준에서 벗어나고, 총공급곡선은 식 (16.1)과 같은 형태를 갖게 된다.[4)]

4) 여기서 완전고용소득 수준이라는 용어 대신 자연소득 수준이라는 용어를 사용한 이유는 다음과 같다. 단체교섭과 효율임금으로 인해 경제는 언제나 완전고용에 미달하여 불완전고용과 비자발적인 실업을 경험하게 될 가능성이 있다. 만약 이와 같은 현상이 '자연스럽다'면 총공급곡선의 기준이 되는 소득 수준을 완전고용소득 수준이 아닌 평균적인 불완전고용 수준에 해당하는 자연소득 수준으로 정의할 필요가 있다.

17-2 경직적 가격과 총공급곡선

케인즈는 본래 명목임금의 경직성을 강조하였다. 이는 근로자 착오모형의 극단적인 경우에 해당하는데, 명목임금이 고정되어 있으면 총공급곡선은 우상향한다. 그러나 근로자들이 자신의 임금과 관련하여 물가의 변동에 지대한 관심을 갖고 있는 요즈음에는 명목임금이 경직적이라는 가설은 설득력이 약할 수밖에 없다.

이에 비해 경직적 가격모형(sticky price model)은 명목임금의 경직성 대신 상품가격의 경직성에 초점을 맞춘다. 가격경직성의 대표적 논거는 메뉴비용(menu cost)이다. 메뉴비용이란 글자 그대로는 가격표 제작비용이다. 가격을 변경하기 위해서는 우선 가격표를 바꾸어야 하고 그 외에 가격이 바뀌었음을 알리는 여러 수단을 동원해야 하는데, 실제의 메뉴비용은 이런 과정에 소요되는 모든 비용을 포괄한다.

시장수요가 증가하여 가격을 올릴 수 있는 경우라도, 기존에 만들고 배포하였던 가격표나 카탈로그 등을 전부 교체하여 새로 인쇄하고 배포하고 홍보하는 데 적지 않은 비용이 든다. 가격을 변경하는 데에도 비용이 드는 것이다. 예를 들어, 가격변동 요인이 생겨서 실제로 가격을 바꾸면 1,000만 원의 추가적인 이윤이 발생한다고 하자. 그런데 만약 가격을 변경하는데 드는 포괄적인 의미의 메뉴비용 역시 1,000만 원이 든다면 기업은 가격을 바꾸는 번거로움을 택하지 않을 것이다. 기업들은 가격변동 요인이 절실하지 않는 한 가격을 쉽게 바꾸려 하지 않을 것이다.

메뉴비용이론 등 경직적 가격모형에 따르면 기업은 수요의 변화가 있는 경우에도 즉각 가격을 변화시키지 않는 경향이 있다. 메뉴비용과는 다른 이야기이지만, 많은 경우에 가격은 생산자와 소비자 간의 계약과도 같은 것이어서 쉽게 바뀌지 않는 경향이 있다. 가령 시장수요가 증가했다 할지라도 기업은 소비자를 존중하기 위해 일정 기간 동안 가격을 올리지 않는다.

그러면 개별기업의 이와 같은 행동이 어떻게 총공급곡선을 우상향하게 만드는 것일까? 이를 알아보기 위해 어느 정도의 독점력을 갖고 가격을 책정하는 기업의 행위를 분석해 보자.[5] 그리고 가격을 책정하는 방식이 다른 두 종류의 기업이 있다고 하자. 첫 번째 유형의 기업은 시장여건의 변화에 따라 그때그때 가격을 신축적으로 책정하고, 두 번째 유형의 기업은 시장여건을 예상하여 미리 가격을 정하고 이를 바꾸지 않는다고 해 보자. 만약 경제에 두 번째 유형의 기업만 있다면 가격은 미리 설정

5) 독점력을 가진 기업은 비용조건뿐만 아니라 자신이 직면하는 수요조건에 의해서 공급가격을 책정한다. 이에 비해 완전경쟁기업은 가격을 조절할 능력이 없으며, 가격수용자로 행동한다.

된(predetermined) 수준에서 고정되고 총공급곡선은 수평이 될 것이다. 그러나 직관적으로 결론부터 말하자면, 경제에는 첫 번째 유형의 기업도 존재하기 때문에 총공급곡선은 우상향하게 된다.

두 유형의 기업이 존재하는 경제의 물가를 대문자 P로 표시하고 개별기업이 받고자 하는 가격을 소문자 p로 표시하자. 첫 번째 유형의 기업은 다음과 같은 원칙에 입각하여 가격을 책정한다.

$$p_1 = P + b(Y - Y_n), \quad b > 0 \tag{17.4}$$

여기서 $Y - Y_n$은 자연소득 수준을 초과하는 공급량이다. 이를 생산하는 데는 한계비용이 상승하기 때문에 기업은 더 높은 가격을 받기 원할 것이다. 일반 물가 수준(P)보다 $b(Y - Y_n)$만큼을 더 받으려고 한다. 그리고 이 기업은 $Y - Y_n$의 값에 따라 그때그때 신축적으로 가격을 조정한다.

한 번 책정한 가격을 바꾸지 않는 두 번째 유형의 기업은 애초에 가격을 다음과 같이 책정하여 고정시킨다.

$$p_2 = P^e + b(Y^e - Y_n^e) \tag{17.5}$$

이 기업은 한 번 책정한 가격을 바꾸지 않으므로 미리 가격을 책정할 때 신중을 기할 것이다. 따라서 P와 $Y - Y_n$의 값이 어떻게 될지 미리 예상해야 한다. 이 기업의 소득이 평균적으로 자연소득 수준에서 결정될 것이라고 예상한다고 해 보자. 따라서 $b(Y^e - Y_n^e)$는 0이 되고, 식 (17.5)는

$$p_2 = P^e \tag{17.6}$$

가 된다.

결국 경제 전체의 평균적인 가격 수준, 즉 물가는 이 두 기업이 받고자 하는 가격의 가중평균으로 결정될 것이다. 만약 가격을 미리 정하여 바꾸지 않는 기업과 그때그때 신축적으로 가격을 정하는 기업의 비중이 $s : (1 - s)$라면 물가는 다음과 같이 결정된다.

$$P = sP^e + (1 - s)[P + b(Y - Y_n)]$$

이를 P에 대해 다시 정리하면,

$$P = P^e + \frac{(1-s)b}{s}(Y - Y_n) \tag{17.7}$$

이 된다. 이 식을 Y에 대해 정리하면 바로 식 (16.1)과 같은

$$Y = Y_n + \alpha(P - P^e),\ \ \alpha = \frac{s}{(1-s)b} \tag{17.8}$$

의 형태를 갖게 된다.

예상물가 수준이 실제의 물가 수준보다 낮으면 총생산물의 공급은 자연소득 수준을 넘어설 수 있다. 그 정도는 α에 달려 있는데, α의 값은 경직적 가격을 책정하는 기업의 비중(s)이 클수록, 그리고 신축적 가격을 책정하는 기업일지라도 비용 증가 요인을 가격에 적게 반영할수록, 즉 b가 작을수록 커진다. 만약 가격을 경직적으로 책정하는 기업만 존재한다면($s=1$) 가격은 $P=P^e$에서 고정되고 총공급곡선은 수평이 된다. 이 경우에는 총수요가 증가할 때 물가상승 없이도 생산이 증가할 수 있다. 그러나 가격을 신축적으로 책정하는 기업의 존재 때문에 물가가 상승한다. 따라서 총수요 증가의 일부는 물가 상승으로, 일부는 공급 증가로 흡수된다.

경제 내에 가격을 경직적으로 책정하는 기업과 신축적으로 책정하는 기업의 비중이 고정된 것은 아니다. 이는 경제상황에 따라 달라질 수 있다. 예를 들어, 20~30% 정도의 고인플레이션 국가와 2~3%의 저인플레이션 국가를 비교해 보자. 인플레이션율이 20~30%에 달하는 국가는 인플레이션율의 변동도 심한 경향을 보이는데, 이러한 상황에서 가격을 경직적으로 책정한다면 이는 어리석은 일일 것이다. 그러나 2~3%대의 저인플레이션 상황에서는 2% 또는 3% 수준의 예상인플레이션율을 정해 놓고 그에 맞게 가격을 책정하여 바꾸지 않는 것도 나쁘지 않은 방법이다. 따라서 고인플레이션 국가는 대부분의 기업이 가격을 신축적으로 설정하므로 총공급곡선은 수직에 가까워질 것이며, 저인플레이션 국가는 가격을 경직적으로 책정하는 기업도 상당수에 달하므로 총공급곡선의 기울기가 훨씬 낮아질 것이다.

경직적 가격모형에서 총수요 증가로 물가가 상승할 때 총공급이 늘어나는 이유는

경제주체가 착오나 정보 부족으로 인해 물가가 상승하는 것을 정확히 인식하지 못해서가 아니다. 가격을 미리 책정해 놓고 변경하지 않는 기업들이 존재하기 때문이다. 이러한 기업은 물가 변화를 관찰하지 못해서가 아니라 가격의 변동요인이 생기더라도 실제로 가격을 바꾸기란 쉽지 않은 일이므로 미리 책정해 놓은 것뿐이다. 물론 장기적으로는 가격을 변화시키겠지만, 적어도 단기적으로 가격을 고정시킨 것은 기업 스스로의 선택에 의한 것이다.

17-3 총공급곡선의 이동

우리는 두 개의 장에 걸쳐 다양한 방법을 통해 우상향하는 총공급곡선을 도출하였다. 총공급곡선의 식을 다시 써 보자.

$$Y = Y_n + \alpha(P - P^e), \quad \alpha > 0 \tag{16.1}$$

예상물가 수준이 실제의 물가 수준과 항상 같을 경우에는($P = P^e$) 총공급곡선의 형태가 $Y = Y_n$이 됨을 알 수 있다. 이는 근로자나 생산자 모두 물가의 움직임을 언제나 정확히 인식하고, 또 이를 임금과 가격의 설정에 즉각 반영하는 경우에 해당된다. 그러나 단기적으로는 위에서 설명한 대로 예상물가 수준과 실제의 물가 수준 간에 차이가 발생하고($P \neq P^e$) 생산물의 공급은 물가의 영향을 받게 된다. 따라서 단기적으로는 총수요의 증감에 따라 국민소득이 증감할 수 있는데, 이를 가능하게 해주는 것이 우상향하는 총공급곡선인 것이다.

우상향하는 총공급곡선 역시 단기총공급곡선(SAS곡선)이며 우상향하는 형태가 SAS곡선의 일반적인 형태라고 할 수 있다. 가격이 완전히 고정되어 변하지 않는 경우의 SAS곡선은 수평이며, 수평의 SAS곡선은 SAS곡선의 특수한 형태라고 할 수 있다. 경제의 총공급곡선은 **그림 17-2**와 같이 표현된다. 장기총공급곡선은 자연소득 수준 Y_n에서 수직이며, 경제는 A점에서 균형을 이루고 있다. A점에서는 균형물가 수준과 예상물가 수준이 일치한다. 반면 단기총공급곡선은 우상향한다. 단기적으로 예상물가 수준이 고정된 상태에서 물가의 상승은 총생산물의 공급을 증가시킨다.

물가(P)가 변하면 SAS곡선을 따라 총생산물의 공급이 증가하지만, 예상물가

(P^e)의 변화는 SAS곡선 자체를 이동시킨다. 하나의 예상물가 수준(P^e)은 하나의 SAS곡선과 결부되어 있다. 가령 예상물가가 P_0^e에서 P_1^e로 하락하면 SAS곡선은 아래로 이동하고 B점에서 장기균형을 이룬다. 예상물가가 P_0^e에서 P_2^e로 상승하면 SAS곡선은 위로 이동하고 C점에서 장기균형을 이룬다. 여기서 중요한 것은 예상물가가 변함에 따라 실제물가가 변하게 된다는 것이다. 가령 근로자들이 물가가 오른다고 예상하여 높은 명목임금을 요구하고, 생산자들이 물가가 오른다고 생각하여 높은 가격을 책정하려고 하면 실제로 물가가 오르게 되는 것이다.

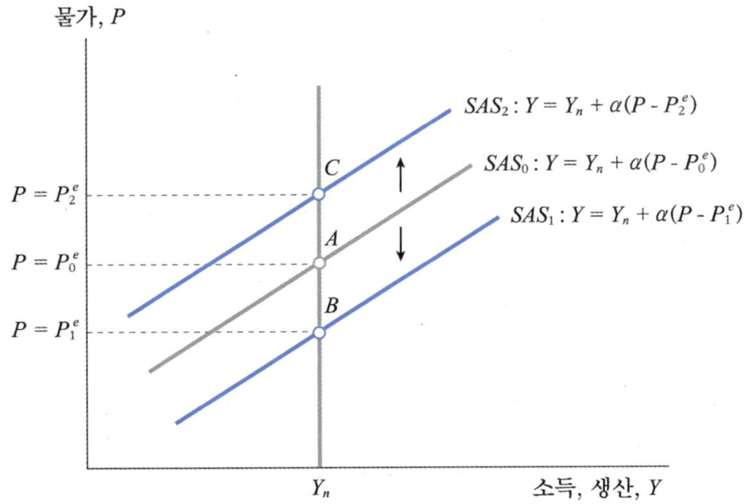

그림 17-2 단기총공급곡선의 이동

SAS곡선은 우상향하며, P^e가 고정된 상태에서 P의 상승은 총생산물 Y의 공급을 증가시킨다. 예상물가(P^e)의 변화는 SAS곡선 자체를 이동시킨다. 예상물가가 P_0^e에서 P_1^e로 하락하면 SAS곡선은 아래로 이동하고 B점에서 장기균형을 이룬다. 예상물가가 P_0^e에서 P_2^e로 상승하면 SAS곡선은 위로 이동하고 C점에서 장기균형을 이룬다.

부록 불완전경쟁과 총공급곡선

제16장과 제17장에서는 착오, 불완전정보, 계약, 경직적 가격 설정 등 다양한 방법에 의해 총공급곡선이 우상향할 수 있다는 것을 보였다. 여기서 추가로 소개할 불완전경쟁모형은 총공급곡선이 우상향하는 것을 입증하기 위해 상품시장과 노동시장이 완전경쟁적이라는 가정을 버린다. 실제로 완전경쟁적 상품시장은 일부에 지나지 않고, 노동시장 역시 일반 상품과는 다른 특성을 갖고 있으므로 불완전경쟁을 가정하는 것이 현실을 더 잘 반영하는 것일 수 있다.

상품시장이 불완전경쟁적이면 생산자가 가격을 책정하는 독점력을 갖고 있으며, 가격은 한계비용(MC)을 상회한다. 경제학에서는 가격이 한계비용을 얼마나 상회하는가를 종종 마크업(mark-up)으로 정의하는데, 독점력이 높을수록 마크업(μ)이 커진다.

$$P = (1+\mu)MC \tag{17A.1}$$

논의를 단순화하기 위해 생산함수가 다음과 같은 형태를 따른다고 가정해 보자. 물론 이는 자본이 없거나 자본량이 고정된 단기에 해당한다.

$$Y = L \tag{17A.2}$$

생산요소는 노동(L)뿐이고, 한 단위의 산출물을 추가로 생산하기 위해서는 노동 한 단위가 필요하므로 한계비용은 임금 W와 같다. 따라서 식 (17A.1)은 다음과 같이 바뀌게 된다.

$$P = (1+\mu)W \tag{17A.3}$$

위 식은 상품시장이 불완전경쟁적인 경우에 가격이 임금과 마크업에 의해 결정됨을 보여준다. 생산비용인 임금이 하락하거나, 시장구조가 경쟁적으로 변화하여 마크업이 감소하면 가격이 인하된다. 반대의 경우에는 가격이 인상된다.

그러면 임금은 어떻게 결정되는가? 물론 장기적으로 임금은 노동시장의 수급에 따라 신축적으로 결정될 것이다. 그러나 단기적으로 임금은 노사 간의 협상에 의해 결정되어 일정 기간 동안 변하지 않는다. 명목임금을 결정하는 요인은 많지만 가장 중요한 것은 물가에 대한 예상과 실업률이다. 실제의 물가가 아니라 예상물가가 중요한 것은, 장기간의 임금계약이 체결될 때 향후의 물가에 대해서는 알 수가 없으므로 예상물가에 의존할 수밖에 없기 때문이다. 한편, 실업률은 노동조합의 협상력에 크게 영향을 미친다. 높은 실업률은 협상력을 약화시키고 낮은 임금을 감수하게 만들며, 반대로 낮은 실업률은 협상력을 강화시켜 높은 임금을 요구하게 한다.

예상물가와 실업률 이외에도 명목임금 설정에 영향을 주는 요인은 많을 것이다. 가장 대표적인 것은 실업보험 혜택이다. 실업보험제도 자체가 없다면 근로자들은 낮은 임금을 감수해야 할지 모른다. 그러나 실업보험의 혜택이 충분하다면 직장을 그만두고 다른 일자리를 찾는 데 따르는 비용이 작아지므로 낮은 임금을 감수하지 않으며, 그 결과 임금은 상승하게 된다. 노동조합 가입률도 영향을 줄 수 있다. 임금 계약이 개별적으로 이루어지지 않고 단체교섭에 의해 설정되는 비율이 높을수록 임금은 상승하는 경향을 보일 것이다.

이와 같은 논의를 종합적으로 반영할 때, 임금설정 관계식을 다음과 같이 표현할 수 있다.

$$W = P^e F(\underset{-}{u},\ z) \qquad (17A.4)$$

명목임금(W)은 예상물가(P^e)와 실업률(u), 그리고 나머지 요인들(z)에 의해 결정된다. 그런데 실업률과 산출량(Y)은 반대로 움직이므로, 다음과 같이 고쳐 쓸 수 있다.

$$W = P^e G(\underset{+}{Y},\ z) \qquad (17A.5)$$

식 (17A.3)에서 실질임금은 $\frac{W}{P} = \frac{1}{1+\mu}$이고, 식 (17A.4)와 식 (17A.5)에서 예상 실질임금은 $F(u,\ z)$ 또는 $G(Y,\ z)$로 표현되므로, 예상물가 수준과 실제의 물가 수준이 일치한다면($P = P^e$), $\frac{1}{1+\mu} = F(u,\ z)$ 또는 $\frac{1}{1+\mu} = G(Y,\ z)$가 성립한다. 여기서 이 식을 만족시키는 실업률 수준을 u_n, 그리고 산출량 수준을 Y_n으로 표시하면, 이는 바로 자연실업률과 그에 대응하는 자연소득 수준으로 간주된다.

$$\frac{1}{1+\mu} = F(u_n,\ z) \quad \text{또는} \quad \frac{1}{1+\mu} = G(Y_n,\ z) \qquad (17A.6)$$

마지막으로 가격설정 관계식 (17A.3)과 임금설정 관계식 (17A.5)를 결합하면 다음의 식을 얻는다.

$$P = (1+\mu)P^e G(Y,\ z) \qquad (17A.7)$$

이 식은 산출량 Y와 물가 P가 같은 방향으로 움직이는 총공급 관계를 나타낸다. 소득의 증가는 실업률을 감소시키므로, 근로자들의 협상력이 강화되어 명목임금이 상승하고, 이는 물가 상승으로 이어진다. 한편, 예상물가가 상승하면 근로자들은 더 높은 명목임금을 요구하게 되고 가격이 상승하는데, 이는 총공급곡선의 상향 이동으로 나타난다.

예상물가와 실제물가가 같으면, 식 (17A.6)에 의해 소득은 자연소득 수준과 같아진다. 예상물가가 실제물가와 항상 같다면, 총공급곡선은 자연소득 수준 Y_n에서 수직이다. 단기적으로 예상물가와 실제물가가 같지 않은 경우에 소득은 자연소득 수준을 이탈할 수 있으며, $P > P^e$인 경우에 $Y > Y_n$이고, $P < P^e$인 경우에 $Y < Y_n$가 된다. 결국 식 (17A.7)은 총공급곡선을 나타내는 식 (16.1)과 같은 의미를 가진다.

기대형성과 총공급곡선

제18장

다양한 각도에서 도출된 단기총공급곡선 $Y = Y_n + \alpha(P - P^e)$에는 경제주체의 물가에 대한 기대가 반영되며, 하나의 단기총공급곡선에는 물가에 대한 하나의 기대 수준이 결부된다. 물가에 대한 기대(P^e)가 어떻게 형성되는가에 따라 단기총공급곡선의 위치가 결정된다. 실제로 P와 P^e가 다르면, Y가 Y_n과 다르다는 것인데, 이는 경제가 자연소득 수준을 이탈하여 경기변동을 겪고 있다는 의미이다. 또 P와 P^e가 다르더라도 그 격차가 얼마나 빨리 해소되는가는 경기변동 현상이 오래 지속되는가 빨리 해소되는가와 관계된다. 따라서 경제주체가 P^e를 어떻게 형성하는가는 매우 중요한 문제이다. 이 장에서는 기대형성에 관한 대표적 가설인 적응적 기대가설과 합리적 기대가설을 중심으로 이 문제를 살펴본다.

18-1 통화주의와 적응적 기대

프리드먼(M. Friedman)을 주축으로 한 통화주의는 그 이론의 일부가 케인즈적 요소를 포함하고 있으나, 기본적인 시각은 고전학파와 크게 다를 바가 없다. 통화론자(monetarist)들은 케인즈주의의 시장개입정책을 지속적으로 비판하였으며 각국의 거시경제정책 수립에 큰 영향을 주었다. 단, 이들은 거시경제에서 통화의 중요성을 강조한다는 측면에서 고전학파와 차별화되기 때문에 통화주의라는 별개의 명칭을 얻게 되었다.

$IS-LM$ 모형에서 살펴본 바와 같이 케인즈주의에 따르면 재정정책과 통화정책은 모두 효과가 있다. 그러나 통화론자들은 재정정책의 효과를 부정한다. 고전학파의 이론에 따르면 정부지출의 증가는 이자율을 상승시키고 민간의 투자를 그만큼 위축시킨다. 구축효과 때문에 재정정책은 통화량의 증가를 수반하지 않는 한 전혀 효과를 거둘 수 없게 된다. 이러한 이유로 통화론자들은 재정정책의 효과를 믿지 않는다. 다만 통화정책이나 통화량의 변화를 수반하는 재정정책은 단기적으로는 효과

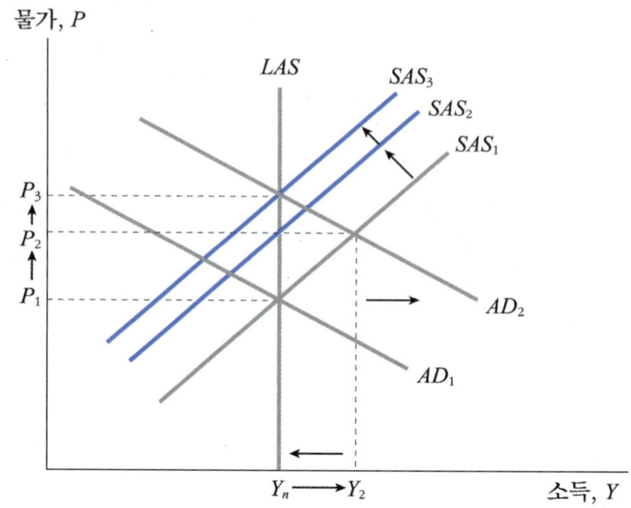

그림 18–1 총수요 증가에 따른 단기공급곡선의 이동.

통화공급의 증가는 총수요를 AD_1에서 AD_2로 증가시킨다. 이에 따라 단기적으로는 소득이 증가하고 물가는 P_1에서 P_2로 상승한다. 시간이 경과함에 따라 사람들은 예상물가 수준을 조정하며 단기총공급곡선은 SAS_2로 상향 이동한다. 실제의 물가와 예상물가가 상승하는 과정은 단기총공급곡선이 장기총공급곡선과 만나는 SAS_3로 상향 이동할 때까지 계속된다. 단기적으로 Y_2까지 증가하였던 소득은 결국 장기균형소득인 Y_n으로 돌아가며, 물가는 P_3로 상승한다.

를 가져올 수 있다.[1)]

예를 들어, 통화량의 증가는 총수요를 증가시키는데,[2)] 그 효과는 **그림 18–1**을 이용해 설명할 수 있다. 통화공급의 증가는 총수요를 AD_1에서 AD_2로 증가시킨다. 이에 따라 단기적으로는 소득이 증가하고 물가는 P_1에서 P_2로 상승한다. 통화론자들은 통화공급의 단기적 효과를 부정하지 않는다. 대신 시간이 경과함에 따라 사람들이 물가 상승에 적응하고 예상물가 수준을 조정한다고 본다. 이제 사람들은 예상물가 수준을 $P^e = P_2$로 상승 조정하며, 이에 따라 단기총공급곡선은 SAS_1에서 SAS_2로 상향 이동한다. 단기적으로 증가하였던 소득은 다시 감소하며, 실제의 물가는 더욱 상승한다. 사람들은 다시 예상물가 수준을 상승 조정하며, 이에 따라 단기총공급곡선은 다시 위로 이동한다. 이 과정은 단기총공급곡선이 장기총공급곡선과 만나는 SAS_3로 상향 이동할 때까지 계속될 것이다. 사람들은 결국 물가 상승에 적응하게 되고 단기적으로 증가하였던 소득은 다시 장기균형소득인 Y_n으로 돌아간다.

통화론자들은 적응적 기대(adaptive expectation)를 가정한다. **그림 18–1**에서처

1) 통화량의 변화를 수반하는 재정정책이란 정부가 재정지출 소요자금의 일부를 중앙은행에서 차입하는 경우로 이해하면 된다. 반면 순수한 재정정책이란 조세나 국채발행을 통해 지출자금을 충당하는 경우이다.

2) 통화론자들은 통화량의 증가가 반드시 이자율을 하락시키고 투자를 증가시키는 경로만을 통해 총수요를 증가시킨다고 보지 않는다. 통화량의 증가는 이자율의 경로를 통하지 않고도 실질잔고효과 등을 통해 직접 소비와 투자 등 총수요를 증가시킨다.

럼 SAS곡선이 상향 이동하여 최종적으로 SAS_3에 도달하는 적응적 기대의 과정이 나타나 있다. 맨 처음 예기치 못한 통화량의 증가로 소득이 증가하지만 사람들은 물가가 상승하는 것을 서서히 인식하게 되고, 그에 따라 예상물가 수준을 상향 조정한다. 따라서 장기적으로는 소득이 다시 줄어들고 총수요의 증가가 자연소득 수준을 변화시키지는 못한다.

이러한 시각에서 통화론자들은 정부가 시장에 그때그때 재량적으로(discretionary) 개입하기보다는 정해 놓은 준칙(rule)에 따라 행동할 것을 권고한다. 특히 통화공급 증가율을 실물경제가 성장하는 속도에 맞게 일정한 수준으로 정해 놓을 것을 권고한다. 만약 정부가 통화공급을 예측이 불가능한 방법으로 자주 늘렸다 줄였다 하면, 경제에는 불확실성(uncertainty)이 증가하고 경제주체들은 물가 예측에 큰 혼동을 일으키게 되며, 이 때문에 실물경기가 위축될 수도 있다. 가령 통화당국이 통화공급을 자주 그리고 불규칙하게 증가시키면 인플레이션에 대한 불확실성이 높아지면서 경제주체들이 과도한 물가 상승을 예상할 수도 있다. 즉, 그림 18-1에서 SAS곡선이 SAS_3를 넘어서 상향 이동할 수도 있으며, 이 경우에는 소득이 도리어 감소하게 된다. 통화론자의 이러한 견해는 고전학파와 매우 유사하며, 통화당국이 자연소득 수준이 증가하는 추세에 맞춰 통화량을 안정적으로 확대 공급해야 한다는 결론이 나오게 된다.

18-2 합리적 기대

케인즈가 고전학파를 비판하면서 임금 및 가격의 경직성과 수요 측면을 강조하는 거시경제학을 정립한 반면, 통화론자들은 정부의 시장개입을 정당화하는 케인즈주의를 반박하고 나섰다. 그러나 통화론자들이 통화정책과 같은 시장개입정책이 전혀 무효하다고 주장했던 것은 아니었다. 적어도 단기적으로는 유효하다. 다만 사람들이 적응적으로 기대해 나가는 과정에서 통화공급 증가와 같은 총수요 확대정책은 점차 효력을 잃게 된다. 여기서 사람들이 얼마나 빨리, 정확하게 물가의 변화를 기대하는가가 매우 중요해진다. 사람들이 물가의 변화 및 변화요인에 매우 느리게 반응한다면 정부의 총수요 관리정책은 상당 기간 효력을 발휘할 것이다. 반대로 사람들이 물가의 변화 및 변화요인에 매우 신속하고 정확하게 반응한다면 정부의 총수요 관리정책은 단기적으로 별다른 효력을 갖지 못할 것이다.

현대경제학에서 기대(expectation)의 역할은 대단히 중요하다. 새고전학파(new classicals)는 케인즈의 시장 개입주의 및 통화론자들의 적응적 기대가설을 동시에 비판하면서, 경제주체의 합리성을 가정한 합리적 기대가설(rational expectations hypothesis)을 발전시켰다. 합리적 기대가설은 1950년대 말과 1960년대 초에 형성되기 시작하였으며 뮤스(J. Muth)에 의해 제시되었으나 큰 주목을 받지 못하다가, 1960년대 말부터 루카스(R. Lucas), 사전트(T. Sargent), 배로(R. Barro) 등의 연구가 진전되면서 현대거시경제학에 큰 영향을 미치게 되었다.

합리적 기대론자들은 경제주체들이 자신에게 주어진 모든 정보를 효율적으로 이용하여 경제여건의 변화에 대응하므로 물가의 예상 등에 있어 체계적이고 지속적인 실수를 범하지 않는다고 가정한다. 예를 들어, 경제주체들은 이상에서 설명한 $AD-AS$ 모형을 잘 이해하고 있다. 통화공급이 증가하면 물가가 오를 것이라는 것을 잘 알고 있으며, 통화의 공급이 증가되는 순간 또는 통화공급 증가가 발표되는 순간 예상물가 수준을 즉각 조정하게 된다. 이를테면 경제주체들은 경제모형을 통해 통화가 k_1% 증가하면 물가는 k_2% 증가할 것이라는 것을 알고 있다. 물론 예측에 오류가 발생하기도 하지만, 경제주체들은 평균적으로 정확한 예상을 한다.[3] 설사 이번 기에 예측에 오류를 범했다 해도, 그 오류가 시정되지 않고 다음 기까지 계속되지는 않는다.

통화공급 증가의 효과를 예로 들어 보자. 그리고 사람들이 이러한 정책을 미리 예상하고 있었다고 해 보자. **그림 18-2**에서 통화공급의 증가는 총수요를 AD_1에서 AD_2로 증가시킨다. 그런데 사람들은 통화공급의 증가로 물가가 P_1에서 P_2로 상승할 것이라는 것을 예상하고 있었기 때문에, 예상물가 수준(P^e)을 P_2로 즉각 조정하며, 단기총공급곡선은 SAS_2로 즉각 상향 이동한다. 그 결과 소득은 전혀 증가하지 않고 물가만 P_1에서 P_2로 증가한다. 물가 상승의 예상은 실제의 물가 상승으로 실현된다. 예상된 통화공급의 증가는 단기적으로도 아무런 효과를 가져오지 못한다. 이는 합리적 기대론자들이 주장하는 정책의 무효성(policy ineffectiveness)이다.

그러나 예상하지 못한 통화공급의 증가는 단기적으로 효과를 거둘 수 있다. 경제주체들이 통화공급의 증가를 전혀 예측하지 못했을 경우에 **그림 18-3**에서와 같이 경제는 A점에서 B점으로 일시적으로 이동할 수 있다. 그러나 예측상의 오류가 시정

3) 모든 경제주체들이 경제모형을 이해하고 평균적으로 정확한 예상을 한다는 것이 비현실적으로 느껴질지 모른다. 그러나 실제로는 모든 경제주체가 경제를 잘 이해할 필요는 없다. 오늘날에는 소수의 전문가 집단에 의한 분석과 예측이 매스컴 등 여러 경로를 타고 경제주체들에게 신속하게 전달된다. 경제를 잘 이해하지 못하는 사람이라 할지라도 이러한 분석과 예측에 기초하여 자신의 경제행위를 합리적으로 조정할 수 있는 것이다.

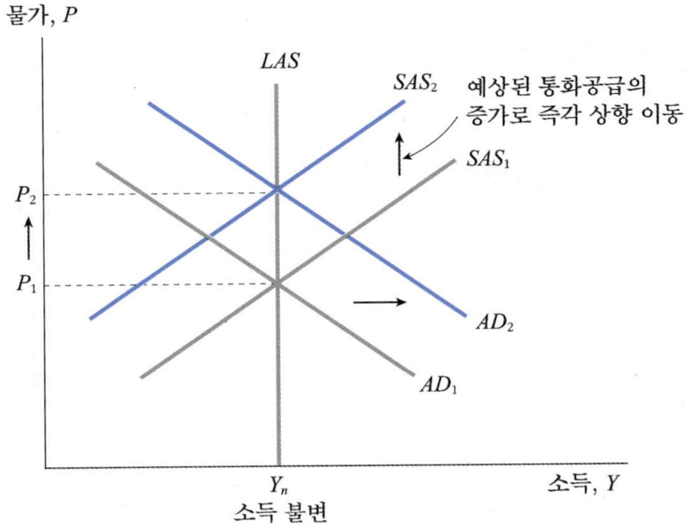

그림 18-2 예상된 통화공급 증가의 효과

통화공급의 증가는 총수요를 AD_1에서 AD_2로 증가시킨다. 그러나 통화공급 증가가 예상되었다면 예상물가 수준(P^e)을 P_2로 즉각 조정하며, 단기총공급곡선은 SAS_2로 즉각 상향 이동한다. 그 결과 소득은 전혀 증가하지 않고 물가만 P_1에서 P_2로 증가한다. 예상된 통화공급의 증가는 단기적으로도 아무런 효과를 가져오지 못한다.

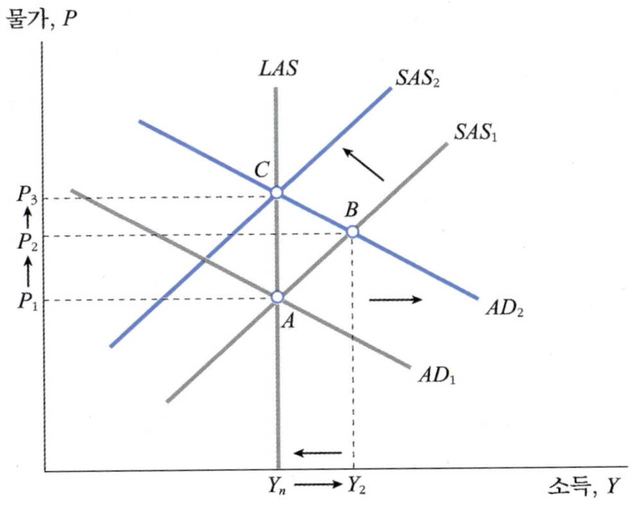

그림 18-3 예상하지 못한 통화공급 증가의 효과

통화공급의 증가는 총수요를 AD_1에서 AD_2로 증가시킨다. 예상하지 못한 통화공급 증가였다면 사람들이 미처 P^e를 조정하지 못한 상태이므로 경제는 A점에서 B점으로 일시적으로 이동한다. 그러나 예측상의 오류가 시정되고 나면, P^e를 상향 조정하게 되고 경제는 C점으로 이동한다. 합리적 기대가설에 의하면 경제가 B점에서 C점으로 옮겨가는 과정은 통화론자들에 비해 매우 신속하다.

되고 나면, 경제주체들은 예상물가 수준을 즉각 상향 조정하게 되고 경제는 신속하게 C점으로 이동한다. 이 경우에 경제가 A점에서 B점을 거쳐 C점으로 최종적으로 옮겨가는 과정은 이전의 **그림 18-1**과 유사하다. 그러나 합리적 기대론자들의 가정은 통화론자들의 가정보다 급진적이다. 통화론자들은 적응적 기대를 가정함으로써, 경제주체들이 물가의 변화에 뒤늦게 반응하고 나아가 예측에 체계적인 실수를 범한다고 가정한 반면, 합리적 기대론자들은 사람들의 기대가 미래지향적(forward looking)이고 신속하게 변한다고 본다. 과거의 실수를 반복하지 않으므로 경제가 B점에서 C점으로 옮겨가는 과정도 통화론자와는 달리 매우 신속하다.

합리적 기대가설에 의하면 오로지 예상하지 못한 정책만이 효과를 거둘 수 있으며, 예상하지 못한 정책이라도 일시적인 것으로 그친다. 현대거시경제학은 합리적 기대가설에 큰 영향을 받았다. 특히 합리적 기대가설은 통화공급 충격과 같은 수요 측면의 충격이 경제에 일시적인 효과만을 미친다는 것을 매우 설득력 있게 지적하였다. 오늘날 합리적 기대가설에 동의하지 않는 경제학자들도 수요 측면의 충격이 일시적(temporary)이라는 데에는 동의하게 되었다.

18-3 기대형성의 수학적 표현

기대형성의 가장 단순한 형태는 정태적 기대(static expectation)이다. 정태적 기대는 이미 실현된 값을 그대로 예상치로 사용하는 것이다. P^e_{t+1}를 t기에 $t+1$기의 물가를 예측한 값이라고 할 때, 물가에 대한 정태적 기대는 다음과 같이 정의된다.

$$P^e_{t+1} = P_t \tag{18.1}$$

즉, 이번 기에 실현된 값으로 다음 기의 물가예상을 하는 것이며 모든 기에 대하여 성립하므로 $P^e_t = P_{t-1}$으로 표현할 수도 있다. 예를 들어, 올해의 물가상승률이 3%였으니 내년에도 3%가 될 것이라고 기대하는 것이다. 평상시 물가 수준의 변동이 그다지 심하지 않거나 케인즈학파가 가정하는 것처럼 가격의 경직성이 존재하는 경우에는, 그 형태가 매우 단순함에도 불구하고 정태적 기대는 유용한 가정이 될 수 있다.

한편, 통화론자가 가정한 적응적 기대(adaptive expectation)는 과거의 자료를 바탕으로 미래에 대한 기대를 점진적으로 수정해 나가는 것을 말한다. 예를 들어, 지난 해에 올해의 물가상승률을 3%로 예측하였는데 실제는 5%가 되었다면, 예측오차는 +2%이다. 다음 해의 물가상승률을 예측할 때에는 예측오차의 일부, 가령 1%를 수정하여 물가상승률이 4%가 될 것이라고 기대한다. 여기서 P_t^e와 P_{t+1}^e를 각각 $t-1$기와 t기에 다음 기의 물가를 예측한 값이라고 할 때 적응적 기대는 다음과 같이 정의된다.

$$P_{t+1}^e = P_t^e + \lambda(P_t - P_t^e), \quad 0 < \lambda < 1 \tag{18.2}$$

사람들은 지난 기에 형성한 예측치(P_t^e)에다가 예측오차($P_t - P_t^e$)의 일부를 조정하여 다음 기의 물가를 예측한다. λ는 예측오차의 얼마만큼을 조정하는가를 나타내는 계수로 1에 가까울수록 예측오차를 대부분 수정하게 된다. 이 식도 모든 기에 대하여 성립하므로 $P_t^e = P_{t-1}^e + \lambda(P_{t-1} - P_{t-1}^e)$ 등을 이용하여 계속 대입해 나가면 다음과 같은 식을 얻는다.

$$P_{t+1}^e = \lambda\sum_{i=0}^{\infty}(1-\lambda)^i P_{t-i} \tag{18.3}$$

즉, 적응적 기대에 의한 예상물가는 과거에 실현된 물가의 가중평균으로 이루어지게 된다.

결국 적응적 기대는 과거의 물가자료만을 이용하게 되는데, 문제는 이렇게 되면 물가예상에 있어 체계적이고 지속적인 실수를 범할 수 있다는 점이다. 예를 들어, 실제의 물가상승률이 증가한 경우를 살펴보자. 과거 오랜 기간 동안 3%의 물가상승률을 경험하고 예상물가도 3%로 안정되어 있다가 어떤 이유로 물가상승률이 5%로 상향된 다음에 그대로 지속된다고 하자. 조정계수 λ가 0.5인 경우에 첫해에는 예측오차가 2%이므로 그 절반을 수정하여 4%로 예상물가를 조정한다. 다음 해에는 예측오차가 1%이므로 0.5%만큼 조정하여 4.5%로 예상물가를 수정한다. 그 다음 해에는 4.75%로 수정할 것이다. 그러나 여전히 실제의 물가상승률은 5%이므로 연속해서 과소 예측의 실수를 범하게 된다. 과연 사람들이 이렇게 지속적인 실수를 범할 수 있을까?

합리적 기대는 사람들이 주어진 모든 정보를 효율적으로 이용하여 예상하므로 적어도 체계적이고 반복적인 실수를 범하지는 않는다고 가정한다. 예를 들어, 물가를 예상하는 경우에도 유독 과거의 물가자료만을 이용하는 것이 아니라, 이용 가능한 모든 정보 Ω_t를 이용하여 예측한다는 것이다. 현재까지의 모든 정보 Ω_t에는 물가 자료뿐만 아니라 물가에 영향을 줄 수 있는 경제적 정보가 모두 포함된다. 합리적 기대는 다음과 같이 정의된다.

$$P^e_{t+1} = E[P_{t+1}/\Omega_t] \tag{18.4}$$

여기서 $E[\cdot/\Omega_t]$는 정보집합 Ω_t에 의거한 조건부 기대치(conditional expectation)를 나타낸다. 예측오차(ϵ)를 $\epsilon_{t+1} = P_{t+1} - P^e_{t+1}$로 정의할 때 사전적으로 예측오차는 0, 즉 $E[\epsilon_{t+1}/\Omega_t] = 0$가 된다. 물론 사후적으로 예측오차는 0으로 실현되지 않을 수 있다.[4] 예를 들어, 사람들이 통화공급 증가를 예상하지 못하였다면 물가에 대한 예측오차가 (+)가 되고, 이 경우에는 통화공급의 증가가 생산을 증대시키는 효과를 가진다. 합리적 기대가설에 의하면 총수요의 변화는 사람들이 그것을 예상하지 못하여 미처 예상물가에 반영하지 못하는 경우에 한해 일시적으로 생산량을 증대시킬 뿐이다.

4) 예측오차가 항상 0인 경우를 완전예견(perfect foresight)이라고 한다.

총수요 · 총공급 충격과 경기변동 제19장

과거의 자료들을 살펴볼 때, 경제는 일정한 경로를 따라 성장하는 것이 아니라 순환적으로 변동해 왔다는 것을 알게 된다. 우리는 흔히 호경기가 극에 달한 때를 경기정점(peak), 불경기가 극에 달한 때를 경기저점(trough)이라고 부른다. 또한 호경기에서 불경기로 전환하는 기간을 경기후퇴기(recession)라고 하며, 불경기에서 호경기로 접어드는 것을 경기회복기(recovery)라고 한다.[1] 그러면 이러한 경기변동 현상에 대하여 어떻게 이론적으로 접근할 수 있을까?

총수요 · 총공급모형에 의하면 거시경제의 균형은 총수요와 단기총공급에 의해 결정되며, 단기적으로 소득이 완전고용소득 수준 이상 또는 이하에서 결정될 수 있고 실업률은 자연실업률 수준에서 벗어날 수 있다. 특히 수평 또는 우상향하는 단기총공급곡선은 경제가 단기적으로 변동(fluctuation)할 수 있음을 보여 주는 매우 유용한 도구이다. 바로 우리가 지금까지 전개해 왔던 총수요 · 총공급모형을 통해 경기변동 현상을 이해해 보는 것이다.

19-1 총수요 충격과 경기변동

총수요 충격(aggregate demand shock)은 여러 가지 요인에 의해 발생한다. 재정 · 통화정책과 같은 정책적 요인에 의해 촉발되기도 하며, 개방된 경제에서는 수출 여건상의 변화와 같은 해외 요인이 작용한다. 또 분간하기는 어렵지만 투자자와 소비자의 기대심리에 의해서 촉발되기도 한다. 예를 들어, 호경기를 지나 불경기가 찾아올 것이라는 경제주체들의 기대심리는 그 자체로 총수요를 위축시키는 요인이다.

우리는 $IS-LM$ 모형으로부터 총수요곡선을 유도하였으며, 가격의 경직성 및

1) 불경기의 심화 정도가 크고 기간이 긴 현상을 공황(depression)이라고 한다.

물가 예상에 대한 다양한 가정으로부터 총공급곡선을 도출하였다. 우하향하는 총수요곡선은 $IS-LM$ 곡선에 의존하지 않고도 고전학파의 화폐수량설로부터 도출될 수 있었다. 그러나 총공급곡선은 가격에 대한 가정에 따라 매우 다양한 형태를 가진다는 것을 알 수 있었다. 가격이 완전히 신축적일 경우에는 수직이며, 이미 정해진 수준에서 일정 기간 동안 고정된 경우에는 수평이었다. 그리고 그 중간적인 형태로 우상향하는 총공급곡선을 도출하였는데, 이를 위해 예상물가의 개념을 도입한 바 있다.

우리는 앞에서 총공급곡선의 형태와 결부시켜 단기와 장기의 개념을 도입하였는데, 단기총공급곡선은 수평이거나 우상향하는 두 가지 형태를 가지며, 장기총공급곡선은 수직이라고 정리할 수 있다. **그림 19-1** (a)에는 총수요 · 총공급모형이, **그림 19-1** (b)에는 그에 대응하는 $IS-LM$ 모형이 나타나 있다. 장기총공급곡선(LAS)은 자연소득 수준 Y_n에서 수직이며, 단기총공급곡선은 지난 기에 이미 정해진 물가 수준 P_0에서 수평이거나(SAS_A) 우상향(SAS_B)하고 있다. 장기균형은 총수요곡선(AD)과 장 · 단기 총공급곡선이 교차하는 E점에 이루어진다. 한편, IS곡선과 LM곡선 또한 자연소득 수준 Y_n에서 교차하고 있다(E'점).

총수요곡선이 $IS-LM$ 모형에서 도출되었으므로 총수요 충격은 크게 IS 충격(IS shock)과 LM 충격(LM shock)으로 구분할 수 있다. 이제 재정정책 등의 IS 충격과 통화정책 등의 LM 충격의 파급효과를 총수요 · 총공급모형과 그 이면의 $IS-LM$ 모형을 통해 살펴보기로 하자. 또한 총공급곡선을 수평인 경우와 우상향

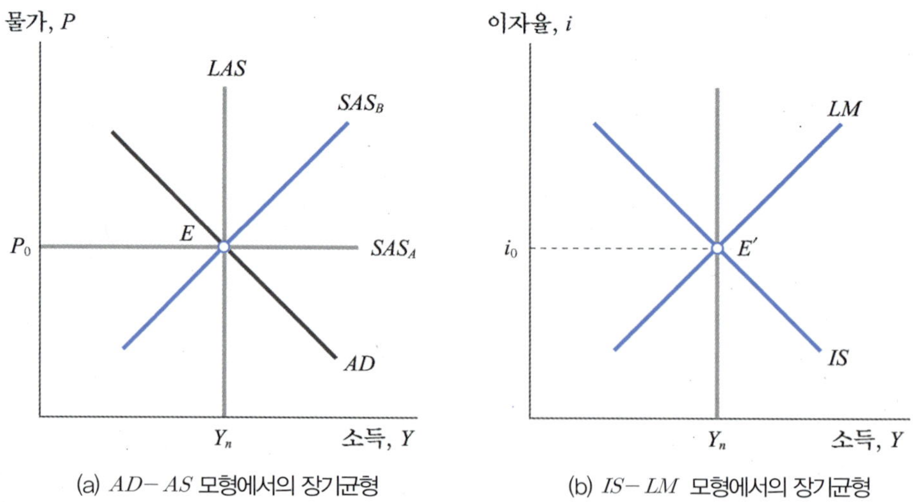

(a) $AD-AS$ 모형에서의 장기균형

(b) $IS-LM$ 모형에서의 장기균형

그림 19-1 $AD-AS$ 모형과 $IS-LM$ 모형에서의 장기균형

장기총공급곡선은 자연소득 수준 Y_n에서 수직이며, 단기총공급곡선은 정해진 물가 수준 P_0에서 수평이거나(SAS_A) 우상향하고(SAS_B) 있다. 장기균형은 총수요곡선(AD)과 장 · 단기 총공급곡선이 교차하는 E점에서 이루어진다. 한편, IS곡선과 LM곡선 또한 자연소득 수준 Y_n에서 교차하고 있다(E' 점).

하는 경우로 나누어 분석해 본다. 단, 여기서 $IS-LM$ 모형은 명목이자율에 대해 표시하기로 했다.

(1) IS 충격의 파급효과

IS 충격은 단지 재정정책상의 변화만을 지칭하는 것이 아니라 국민계정상 지출 측면을 구성하는 소비(C), 투자(I), 정부지출(G), 순수출(NX) 항목을 직접적으로 변경시키게 하는 모든 충격을 포괄한다. 여기서는 불경기를 유발하는 IS 충격, 즉 어떤 이유로 IS곡선이 좌측으로 이동하는 경우의 파급효과에 대해 살펴보기로 한다.

불경기를 유발하는 IS 충격이 발생하여 IS곡선이 좌측으로 이동하였다고 하자.

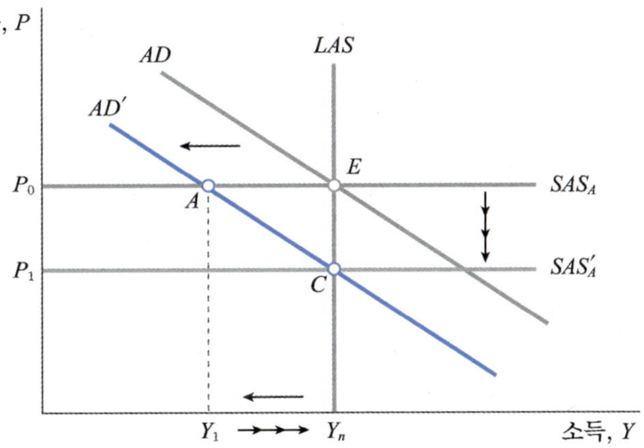

(a) $AD-AS$ 모형

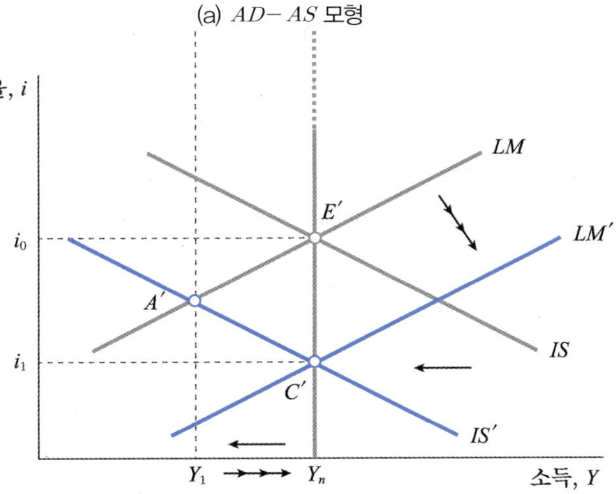

(b) $IS-LM$ 모형

그림 19-2 부정적인 IS 충격의 파급효과: 단기총공급곡선이 수평인 경우

부정적인 IS 충격이 발생하면 그림 (a)의 AD곡선과 그림 (b)의 IS곡선이 좌측으로 이동한다. 물가가 고정되어 단기총공급곡선(SAS_A)이 수평인 경우에 단기균형은 각각 A점과 A'점으로 이동하며 소득이 크게 하락한다($Y_n \rightarrow Y_1$). 그러나 불황의 단기균형에서 총수요가 Y_n보다 작기 때문에 물가가 하락하고 SAS_A곡선이 아래로 이동하기 시작한다. 총수요는 점차 회복되며 생산은 자연소득수준 Y_n에 도달할 때까지 증가하게 된다. 동시에 실질화폐잔고 $\left(\frac{M}{P}\right)$의 증가로 LM곡선도 아래로 이동한다. 최종적으로 경제는 C점과 C'점의 새로운 장기균형에 도달한다.

이에 따라 AD곡선도 좌측으로 이동하며, 물가가 완전히 고정된 경우에 생산은 그림 19–2 (a)의 SAS_A곡선을 따라 줄어들어 A점으로 이동하고 이 점은 그림 19–2 (b) $IS-LM$ 곡선상의 A'점에 해당한다. 생산은 Y_1까지 줄어든다. 그러나 불황의 단기균형에서 총수요가 Y_n보다 작기 때문에 물가가 하락하고 SAS_A곡선이 아래로 이동하기 시작한다. 총수요는 점차 회복되며, 생산은 자연소득 수준 Y_n에 도달할 때까지 증가하게 된다. 동시에 실질화폐잔고$\left(\frac{M}{P}\right)$의 증가로 LM 곡선도 아래로 이동한다. 최종적으로 경제는 C점과 C'점의 새로운 장기균형에 도달한다.[2)]

그러면 총공급곡선이 우상향하는 경우의 효과는 어떻게 다른가? 마찬가지로 부정적인 IS 충격은 IS곡선과 AD곡선을 모두 좌측으로 이동시킨다. 단기균형은 그림 19–3 (a)의 SAS_B곡선을 따라 B점으로 이동하는데, 물가 하락이라는 상쇄효과에 의해 생산은 Y_1이 아닌 Y_2까지만 줄어든다. 한편, 물가의 하락과 그에 따른 실질화폐잔고의 증가로 LM곡선이 LM'까지 이동하고 B'점에서 균형을 이루게 된다.

그러나 불황의 단기균형에서 총수요가 Y_n보다 작기 때문에 물가가 추가로 하락하고 예상물가(P^e)도 하향 조정되므로 SAS_B곡선이 아래로 이동하기 시작한다. 동시에 실질화폐잔고의 증가로 LM곡선도 아래로 이동하면서 총수요는 점차 회복되며, 생산은 자연소득 수준 Y_n에 도달할 때까지 증가한다. 최종적으로 경제는 C점과 C'점의 새로운 장기균형에 도달한다.

지금까지 우리는 부정적인 IS 충격에 의해 소득이 줄어들었다가 자연소득 수준으로 회복하는 과정을 단기총공급곡선이 수평인 경우와 우상향하는 경우를 구분하여 살펴보았는데, 이로부터 가격의 경직성이 심하거나 물가에 대한 사람들의 예상이 느리게 조정될수록 불경기가 오래 지속된다는 사실을 확인하게 된다.

---

2) 그래프를 이용한 이상의 교과서적 분석에서는 경기후퇴기에 절대적인 소득 수준이 감소하는 것으로 되어 있으나, 실제로는 경제성장률이 점차 둔화되는 것으로 이해하는 것이 바람직하다. 경기변동의 현실적인 모습은 경제성장률이 잠재성장률 또는 자연성장률을 중심으로 변동하는 것이기 때문이다.

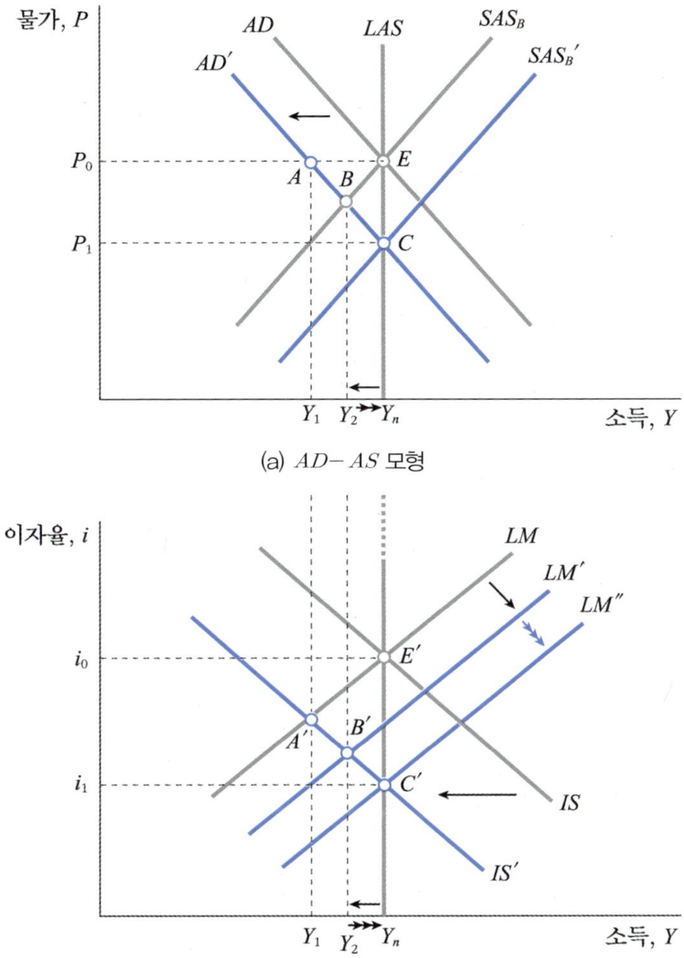

(a) $AD-AS$ 모형

(b) $IS-LM$ 모형

그림 19-3 부정적인 *IS* 충격의 파급효과: 단기총공급곡선이 우상향하는 경우

부정적인 *IS* 충격이 발생하면 그림 (a)의 *AD*곡선과 그림 (b)의 *IS*곡선이 좌측으로 이동한다. 단기총공급곡선(SAS_B)이 우상향하는 경우에 단기균형은 각각 *B*점과 *B′* 점으로 이동한다. 이때 물가 하락으로 실질화폐잔고가 증가하므로($LM \rightarrow LM'$), 소득의 하락폭은 상대적으로 작다($Y_n \rightarrow Y_2$). 소득이 Y_n보다 작기 때문에 물가가 추가로 하락하고 예상물가(P^e)도 하향 조정되므로 SAS_B곡선이 아래로 이동한다. 동시에 실질화폐잔고의 증가로 *LM*곡선도 아래로 이동한다($LM' \rightarrow LM''$). 최종적으로 경제는 *C*점과 *C′*점의 새로운 장기균형에 도달한다.

(2) *LM* 충격의 파급효과

*LM*곡선은 화폐시장의 균형조건을 나타내므로 *LM* 충격은 화폐시장의 수요와 공급상에 변화가 발생하는 것을 의미한다. 가장 빈번하게 발생하는 예는 통화당국에 의해 통화공급량이 변화하는 경우이지만, 화폐수요상의 변화도 *LM*곡선을 이동시킨다. 예를 들어, 금융시장 불안요인으로 인하여 채권투자의 불확실성이 증가하였다면, 이는 채권에 비해 상대적으로 안전한 자산인 화폐의 수요를 증가시킨다.[3)]

3) 우리는 금융시장이 불안한 경우에 사람들이 채권이나 주식 등 장기투자를 꺼리고 화폐를 포함하여 만기가 짧은 금융상품에 대한 선호도가 증가하는 경우를 종종 경험하게 된다. 매스컴에서는 이러한 상황에 대해 "시중에 단기 부동자금이 떠다닌다."는 표현을 쓰기도 한다.

화폐수요 증가로 LM곡선과 AD곡선이 모두 좌측으로 이동한다. 물가가 완전히 고정된 경우에 생산은 그림 19–4 (a)의 SAS_A곡선을 따라 줄어들어 A 점으로 이동하고, 이 점은 그림 19–4 (b) $IS-LM$ 곡선상의 A' 점에 해당한다. 생산은 Y_1으로 줄어든다. 그러나 불황의 단기균형에서 총수요가 Y_n보다 작기 때문에 물가가 하락하고 SAS_A곡선이 아래로 이동하기 시작한다. 총수요는 점차 회복되며, 생산은 자연소득 수준 Y_n에 도달할 때까지 증가하게 된다. 최종적으로 경제는 C점과 E' 점에 해당하는 장기균형에 도달한다.

총공급곡선이 우상향하는 경우도 부정적인 LM 충격은 LM곡선과 AD곡선을

그림 19–4 부정적인 LM 충격의 파급효과: 단기총공급곡선이 수평인 경우

최초에 경제는 E점과 E' 점의 장기균형에 놓여 있다. 이때 부정적인 LM충격이 발생하면 그림 (a)의 AD 곡선과 그림 (b)의 LM곡선이 모두 좌측으로 이동한다. 단기총공급곡선(SAS_A)이 수평인 경우에 단기균형은 각각 A점과 A'점으로 이동하며 소득이 크게 하락한다($Y_n \to Y_1$). 그러나 총수요가 Y_n보다 작기 때문에 물가가 하락하고 SAS_A 곡선이 아래로 이동하기 시작한다. 동시에 실질화폐잔고의 증가로 LM곡선도 아래로 이동한다. 총수요가 점차 회복되어 생산은 자연소득 수준 Y_n에 도달할 때까지 증가한다. 최종적으로 경제는 C점과 E' 점의 장기균형에 도달한다.

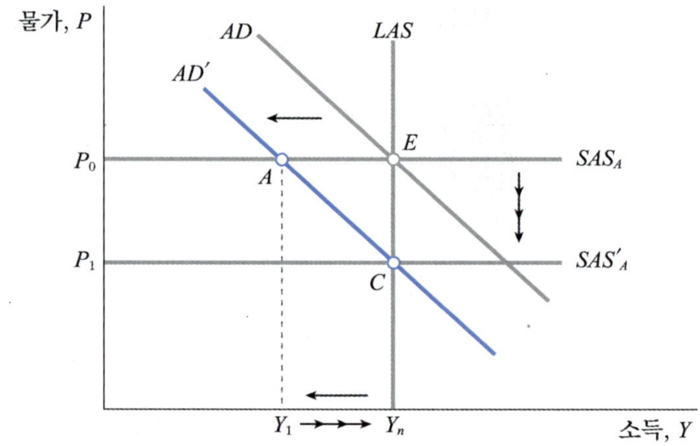

(a) $AD-AS$ 모형

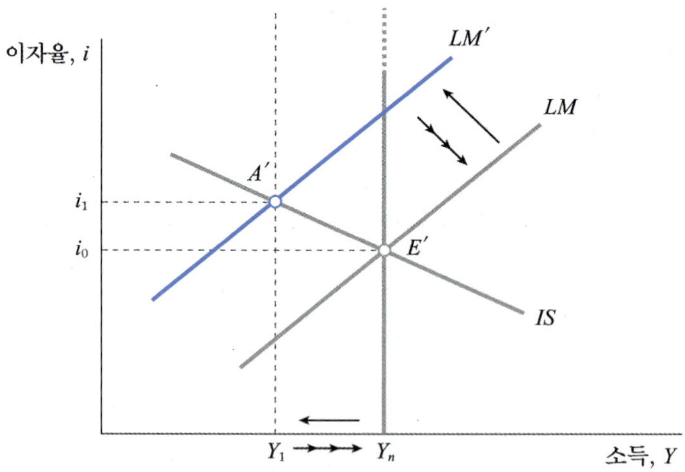

(b) $IS-LM$ 모형

모두 좌측으로 이동시킨다. 단기균형은 **그림 19-5** (a)의 SAS_B곡선을 따라 B점으로 이동하는데, 물가가 하락하므로 생산은 Y_1이 아닌 Y_2까지만 줄어든다. 한편, 물가 하락에 따른 실질화폐잔고의 증가로 LM곡선이 LM''까지 이동하고 B'점에서 균형을 이루게 된다.

이 경우에도 불황의 단기균형에서 총수요가 Y_n보다 작기 때문에 물가가 추가로 하락하고 예상물가(P^e)도 하향 조정되므로 SAS_B곡선이 아래로 이동하기 시작한다. 동시에 실질화폐잔고의 증가로 LM곡선도 아래로 이동하면서 총수요는 점차 회복되며, 생산은 자연소득 수준 Y_n에 도달할 때까지 증가한다. 최종적으로 경제는

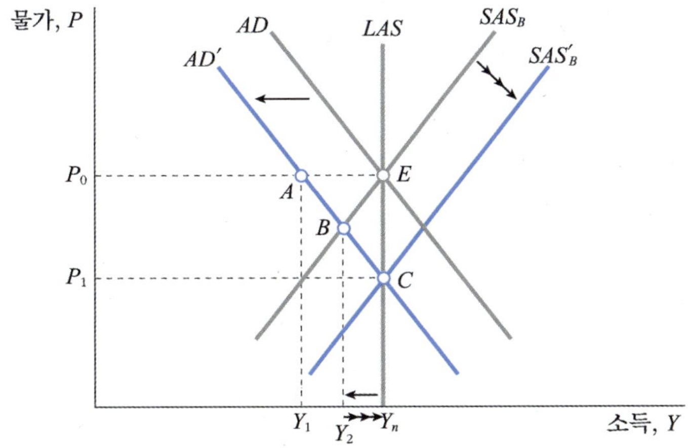

(a) $AD-AS$ 모형

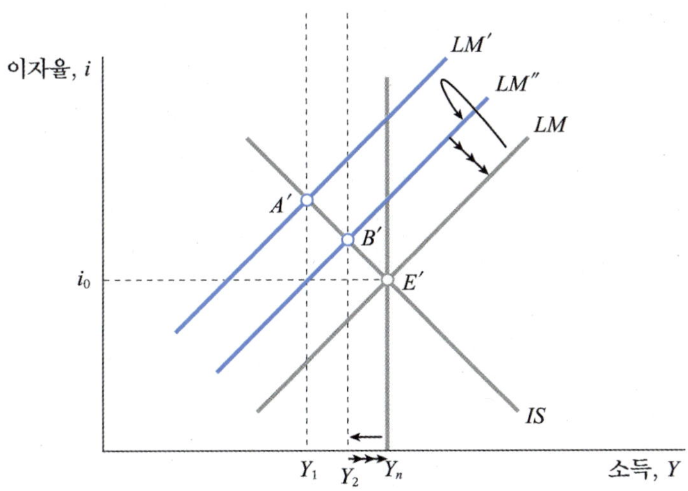

(b) $IS-LM$ 모형

그림 19-5 부정적인 LM 충격의 파급효과: 단기총공급곡선이 우상향하는 경우

최초에 경제는 E점과 E'점의 장기균형에 놓여 있다. 이때 부정적인 LM충격이 발생하면 그림 (a)의 AD곡선과 그림 (b)의 LM곡선이 모두 좌측으로 이동한다. 단기총공급곡선(SAS_B)이 우상향하는 경우에 단기균형은 각각 B점과 B'점으로 이동한다. 이때 물가 하락으로 실질화폐잔고가 증가하므로($LM' \rightarrow LM''$), 소득의 하락폭은 상대적으로 작다($Y_n \rightarrow Y_2$). 소득이 Y_n보다 작기 때문에 물가가 추가로 하락하고 예상물가(P^e)도 하향 조정되므로 SAS_B곡선이 아래로 이동한다. 동시에 실질화폐잔고의 증가로 LM곡선도 아래로 이동한다($LM'' \rightarrow LM$). 총수요가 점차 회복되어 생산은 자연소득 수준 Y_n에 도달할 때까지 증가한다. 최종적으로 경제는 C점과 E'점의 장기균형에 도달한다.

C점과 E'점에 해당하는 장기균형에 도달한다.

이상에서 부정적인 IS 충격과 LM 충격은 모두 생산을 감소시켜 불경기를 유발하지만, 모두 물가가 하락하는 과정을 거치면서 점차 회복되어 가는 메커니즘이 존재한다는 것을 알았다. 단, 이자율에 미치는 파급효과는 서로 다르다. 부정적인 IS 충격의 경우에 생산 감소, 물가 하락과 함께 이자율도 하락하지만, 부정적인 LM 충격의 경우에는 생산 감소, 물가 하락과 함께 이자율의 상승을 목격하게 된다. 반대로 긍정적인 IS 충격에 의해 호경기를 경험하게 되었다면 이자율은 상승하고, LM 충격에 의해 호경기를 경험하게 되었다면 이자율은 하락하는 모습을 보인다.[4)]

19-2 총공급 충격과 경기변동

케인즈 경제학이 등장하던 1930년대 이후부터 1960년대까지만 해도 경기변동은 대개 총수요 측면에서 발생하는 것으로 알려져 있었다. 그러나 1970년대에 들어서면서 총공급 충격의 중요성이 새롭게 인식되기 시작했다. 총공급 충격(aggregate supply shock)은 일차적으로 총공급곡선을 이동시키게 하는 충격이다. 총공급 충격은 물가 수준에 직접적으로 영향을 주는 요인에 의해 발생하므로 가격 충격(price shock)이라고도 한다.

1973년과 1979년 두 차례의 유가 충격(oil price shock)은 총공급곡선을 위로 이동시켰다. **그림 19-6**에는 유가 충격과 같은 비우호적인(unfavorable)인 총공급 충격의 효과가 도시되어 있다. 천재지변으로 인해 농산물의 수확량이 감소되면서 물가가 상승하는 경우도 비우호적인 공급 충격의 예가 된다. 비우호적인 공급 충격에 의해 SAS곡선은 상향 이동하며, 물가는 P_0에서 P_1으로 상승하며 생산은 감소한다 ($A \rightarrow B$).

스태그플레이션(stagflation)은 생산량은 감소하는데(stagnation) 물가는 상승하는(inflation) 현상으로, 사람들은 소득 감소와 생계비 증가의 고통을 감내해야 한다. 그러면 이와 같은 총공급 충격이 발생하고 난 뒤에 경제에는 어떤 변화가 발생하는

4) 총수요 충격에 의해 경기변동이 발생하는 경우에 충격의 근원에 따라 이자율은 상승할 수도 하락할 수도 있다. 반드시 그런 것은 아니지만, 경험적으로는 이자율이 대체로 경기와 같은 방향으로 움직이는 것으로 나타난다. 단기적으로 총수요 충격이 경기변동을 좌우한다고 하면, 평균적으로 LM 충격보다는 IS 충격이 상대적으로 강하게 작용한다는 증거로 해석될 수 있다.

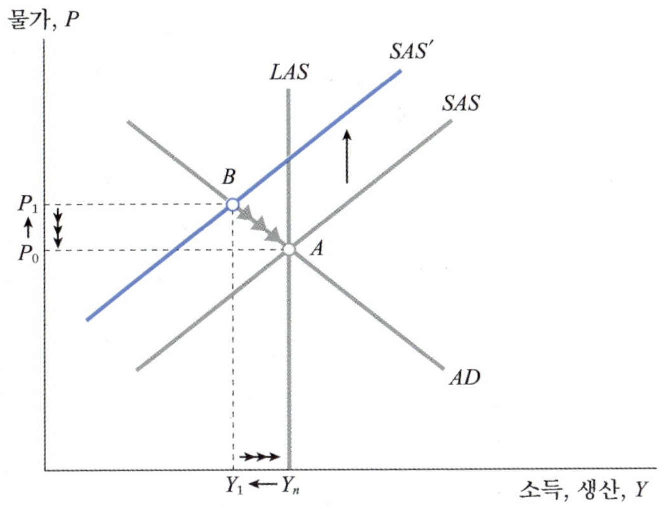

그림 19-6 비우호적 공급 충격

비우호적인 공급 충격에 의해 *SAS*곡선은 상향 이동하며, 물가는 P_0에서 P_1으로 상승하며 생산은 Y_1으로 감소한다. 경제는 스태그플레이션을 경험한다. 자연소득 수준 이하로 생산하고 있으므로 물가가 점차 하락하면서 경제는 *AD* 곡선을 따라 서서히 *A*점으로 이동해 간다.

가? 총공급 충격에도 불구하고 자연소득 수준 Y_n에는 변함이 없다고 가정해 보자.[5] 총공급 충격에 의해 자연소득 수준 이하로 생산하고 있으므로 실업이 증가하고 임금과 물가가 점차 하락한다. 임금과 물가가 하락하면서 경제는 *AD*곡선을 따라 다시 *A*점으로 이동해 갈 것이다.

미국의 경우에 1973년 1차 유가 충격이 발생한 이후에 실업률이 8%로 치솟았지만 약 2년간이나 정책대응을 하지 못하고 있었다. 그동안 경험하지 못했던 공급 측면의 충격이기 때문에 어떻게 해야 할지 모르기도 했지만, 총수요 확대정책으로 대응하면 추가적인 인플레이션이 예상되었기 때문이었다. 다소 늦긴 했지만 1975~76년 기간 동안 미국 정부는 총수요 확대정책을 사용했고 경제는 회복되기 시작했지만, 역시 인플레이션은 불가피했다.

이처럼 공급 측면에서 비우호적인 충격이 발생하는 경우에 총수요 확대책으로 대응하면 경기는 회복될 수 있으나 물가 상승이라는 후유증을 남기게 된다. **그림 19-7**에는 비우호적인 공급 충격에 대해 중앙은행이 총수요를 확대시켜 생산의 감소를 방지하는 경우를 보여준다. 균형점은 *A*점에서 *C*점으로 이동하여 자연소득 수준을 그대로 유지할 수 있지만, 경제는 P_2로 상승한 물가 수준을 영원히 감수해야만 한다.

5) 비우호적인 충격에 의해 자연소득 수준 자체가 감소할 수도 있다. 예를 들어, 유가 충격의 경우에 기업들이 석유 투입량을 감소시키면 자본을 이전처럼 효율적으로 사용하지 못할 수 있기 때문이다.

그림 19–7 비우호적인 충격에 대한 총수요 확대정책

비우호적인 공급 충격에 의해 *SAS*곡선이 상향 이동한다. 중앙은행이 총수요 확대책으로 대응하면 *AD*곡선이 이동하여 균형점은 *A*점에서 *C*점으로 이동하며 자연소득 수준을 그대로 유지할 수 있지만, 경제는 P_2로 상승한 물가 수준을 영원히 감수해야만 한다.

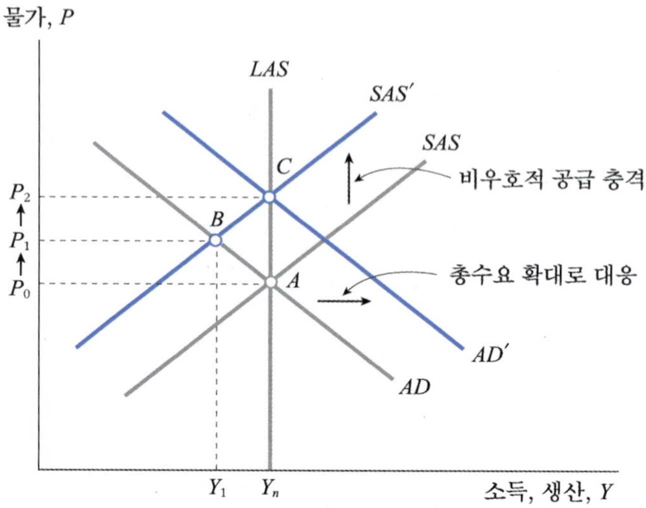

공급 측면에서 1990년대에는 1970년대와는 정반대의 경험을 하게 된다. 정보통신기술(IT)상의 혁신은 1970년대의 유가 충격과 같이 극적인 변화를 미친 것은 아니지만 총공급곡선을 바깥으로 이동시킨 것으로 평가되고 있다. 이와 같이 총공급에 우호적(favorable)인 충격이 발생하면 *SAS*곡선이 바깥으로 이동한다.

그림 19–8에 의하면 우호적인 공급 충격으로 인해 물가는 P_0에서 P_1으로 하락

그림 19–8 우호적 공급 충격

우호적인 공급 충격이 발생하면 *SAS*곡선이 하향 이동한다. 물가는 P_0에서 P_1으로 하락하며 소득은 Y_1으로 증가하고 경제는 *B*점으로 이동한다. 만약 자연소득 수준에 변함이 없다면 물가가 상승하면서 경제는 *AD*곡선을 따라 다시 *A*점으로 서서히 이동해 갈 것이다.

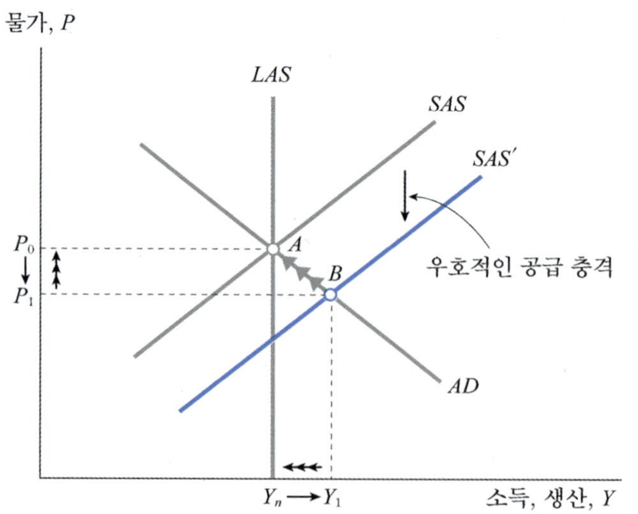

하며 소득은 Y_1으로 증가한다. 경제는 B점으로 이동하여 최초의 완전고용균형에서 벗어나게 된다. 우호적인 공급 충격은 국제 원자재 가격이 하락하거나 풍작으로 인해 수확량이 증가하는 경우에 발생하기도 한다. 생산성의 증대도 총공급곡선을 우측으로 이동시키는 요인이며, 우호적인 공급 충격에 의해 경제는 소득 증가와 생계비 감소라는 혜택을 누리게 된다.

그러면 이와 같은 총공급 충격이 발생하고 난 뒤에는 어떻게 되겠는가? 앞에서와 같이 총공급 충격에도 불구하고 자연소득 수준 Y_n에는 변함이 없다고 가정해 보자. 총공급 충격에 의해 자연소득 수준 이상에서 생산하고 있으므로 실업이 감소하고 임금은 상승한다. 임금과 물가가 상승하면서 경제는 AD곡선을 따라 다시 A점으로 이동해 갈 것이다.

그러나 총공급 충격이 풍작이나 일시적인 유가 하락에 의한 것이 아니라 생산성을 지속적으로 증가시키게 하는 항구적 충격이라면(permanent productivity shock),[6] 자연소득 수준 자체가 증가하게 된다. 즉, 장기총공급곡선이 우측으로 이동하게 되는 것이다. **그림 19–9**는 자연소득 수준을 상승시키는 항구적인 공급 충격의 효과를 보여준다. 경제는 B점에서 저물가의 새로운 장기균형을 달성한다.

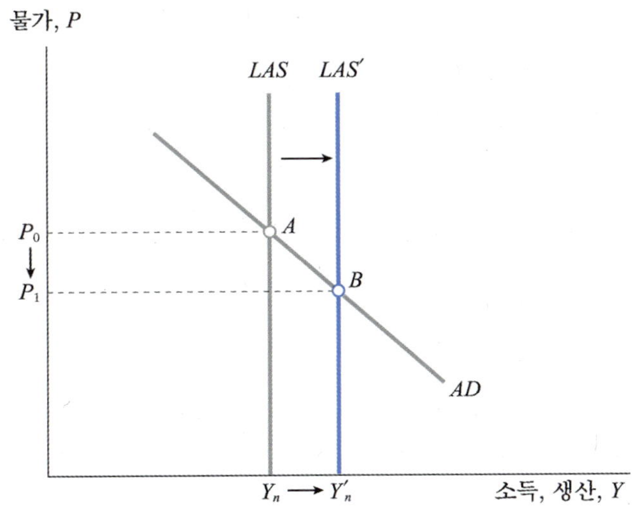

그림 19–9 자연소득수준을 증가시키는 항구적 공급 충격

총공급 충격이 일시적인 것이 아니라 생산성을 지속적으로 증가시키게 하는 항구적 충격이라면 자연소득 수준 자체가 Y_n에서 Y_n'으로 증가하고 LAS곡선이 우측으로 이동한다. 경제는 A점에서 B점으로 이동하여 저물가의 새로운 장기균형을 달성한다.

6) IT 혁명은 노동과 자본을 예전보다 효율적으로 사용하게 한다는 점에서 생산성을 증가시키는 효과가 있다.

총수요와 자연소득 수준을 동시에 변화시키는 요인에 대해서도 생각해 볼 수 있다. 대표적인 예는 인구의 변화이다. 총인구와 생산인구가 비례관계에 있으며 노동생산성이 일정하다고 가정하면, 인구의 증가(감소)는 자연소득 수준을 증가(감소)시킨다. 한편 지출 측면에서 볼 때, 인구의 증가(감소)는 그만큼 총수요를 증가(감소)시키는 요인으로 작용한다. 즉, 인구의 변화는 총수요와 총공급 곡선을 같은 방향으로 서서히 이동시킨다.

코로나19 감염병 사태도 총수요와 자연소득 수준을 동시에 변화시키는 요인으로 볼 수 있다. 코로나19 사태는 정상적인 노동공급을 제약하는 요인으로 작용하였다. 감염에 의한 사망, 격리, 휴직, 조기은퇴 등은 노동공급을 축소시켰고, 영업 제한과 사회적 거리두기 조치 등은 생산활동을 직접 제약하였다. 생산요소의 정상적인 투입과 가동 수준 자체가 낮아진 것이므로 자연소득 수준의 하락 현상이 발생한 것이라 볼 수 있다. 한편 지출 측면에서 볼 때, 코로나19 팬데믹은 총수요를 크게 위축시켰다. 일차적으로 생산활동 축소에 따른 소득 감소가 수요를 위축시켰고, 그에 더하여 감염 위험에 대한 불안감, 미래소득의 불확실성 확대 등이 소비를 줄이고 예비저축을 늘리는 방향으로 작용했다. 즉, 코로나19 사태는 총수요와 총공급 곡선을 동시에 좌측으로 이동시켰다.

다만, 코로나19 사태가 추세적 인구감소와 다른 점은 부정적 영향의 지속성이다. 감염병에 대처하는 능력과 방식에 따라 달라지기는 하겠지만, 감염병 사태는 항구적으로 지속되지는 않는다. 즉, 경제에 미치는 부정적 영향은 일시적이며, 예상보다 오래간다고 해도 긴 시계에서 보면 준일시적일 뿐이다. 총수요 · 총공급 모형의 틀 안에서 분석할 때, 코로나19 사태는 두 곡선을 모두 좌측으로 이동시켰다가 감염 확산이 진정되면서 두 곡선을 다시 우측으로 이동시키는 충격으로 해석할 수 있다.

필립스곡선 제20장

1958년 영국의 경제학자 필립스(A. Phillips)는 1861년부터 1957년까지의 영국 자료를 이용하여 인플레이션(실제로 필립스는 명목임금의 변화율을 사용함)과 실업률 간에 역의 관계가 성립한다는 것을 보여주었다. 사뮤엘슨(P. Samuelson)과 솔로우(R. Solow)는 1900년부터 1960년까지의 미국 자료를 이용하여 유사한 결과를 얻어냈다. 그 후로 인플레이션과 실업의 관계를 나타낸 곡선이 필립스곡선(Phillips curve)으로 불리게 되었으며, 많은 경제학자들과 정책담당자들이 경제안정화를 위한 중요한 도구로 사용하게 되었다. 필립스곡선은 실업률을 낮추기 위해서는 높은 인플레이션을 감수해야 하며 물가안정을 위해서라면 실업률 상승이 불가피하므로 실업률과 인플레이션을 동시에 낮출 수 없다는 것을 말해 주는 것이었다.

그런데 대공황기의 예외적인 기간을 제외하고 수십 년 동안 성립하던 인플레이션과 실업의 역관계가 1970년대 들어서면서 사라지게 되었다. 이 시기에는 높은 인플레이션과 높은 실업률이 동시에 나타났다. 특히 프리드먼(M. Friedman)을 위시한 통화론자들은 필립스곡선이 예측하는 관계가 깨졌다고 주장하였다. 그러나 필립스곡선에 담긴 의미를 중시하는 학자들은 오늘날에도 그 관계가 여전히 성립하고 있다고 주장한다. 사실 필립스가 발견한 것은 앞서 살펴본 거시경제의 총공급 관계인데, 시대에 따라 조금씩 다른 양상을 보여주는 것은 사람들이 인플레이션에 대한 기대를 어떻게 형성하는가에 대한 가정과 밀접하게 결부된다.

20-1 필립스곡선의 도출

이론적으로 필립스곡선은 총공급곡선으로부터 유도되며, 많은 경우에 총공급곡선과 같은 의미로 사용된다. 그런데 총공급곡선을 필립스곡선으로 전환하는 데에는 약간의 기술적 문제가 따른다. 앞에서 제시되었던 총공급곡선의 식은 물가 및 GDP와 같이 수준(level)변수로 정의되었으므로, 필립스곡선에 적합한 형태로 표현하기 위해서는 이를 변화율로 바꾸어 주어야 한다. 로그(logarithm)의 성질을 이용하면 변화율로의 전환이 용이하므로, 필립스곡선을 도출하기 위해 총공급곡선의 형태를 조금 변형하여 제시해 보도록 한다.[1)]

$$y = y_n + \alpha(p - p^e) \tag{20.1}$$

여기서 식 (16.1)과 달리 소득과 물가를 소문자로 표기한 것은 각각 이미 로그가 취해진 소득, 로그가 취해진 물가를 표시하기 위해서이다. 소득이 아닌 물가에 대해 다시 정리하면 다음과 같다.

$$p = p^e + \frac{1}{\alpha}(y - y_n) \tag{20.2}$$

로그물가 수준을 인플레이션율로 전환하기 위해서는 양변에 전기의 로그물가 수준 p_{-1}을 빼주면 된다.

$$p - p_{-1} = p^e - p_{-1} + \frac{1}{\alpha}(y - y_n)$$

현재의 로그물가 수준과 지난 기의 로그물가 수준과의 차이 $p - p_{-1}$은 인플레이션 π를 의미하고, 예상물가 수준에 대한 로그값과 지난 기의 로그물가 수준과의 차이 $p^e - p_{-1}$은 예상인플레이션 π^e를 의미한다.

$$\pi = \pi^e + \frac{1}{\alpha}(y - y_n) \tag{20.3}$$

로그의 성질을 이용하여 물가 수준을 인플레이션으로 전환하였으나, 소득 수준을 실업률로 전환하기 위해서는 오쿤의 법칙(Okun's law)을 이용해야 한다. 오쿤의 법

---

1) 경제학이나 금융학 분야에서는, 자연로그(natural logarithm)를 취한 변수를 자주 사용하게 된다. 로그의 성질 중 몇 가지만 살펴보면 다음과 같다. $\ln(1)=0$, $\ln(abc)=\ln a+\ln b+\ln c$, $\ln(a/b)=\ln a-\ln b$, $\ln a^n = n\ln a$. 이처럼 로그는 비선형(nonlinear)의 관계식을 선형(linear)으로 바꾸는 데 유용하게 쓰인다. 또한 x가 0에 가까울 정도로 작은 수일 경우에 $\ln(1+x)\approx x$의 관계가 성립하는데, 이 성질은 수준변수를 변화율로 바꿀 경우에 자주 사용된다. 가령 어떤 변수 Y의 변화율은 $(Y_t - Y_{t-1})/Y_{t-1} = g_t$로 정의될 수 있는데, $Y_t = (1+g_t)Y_{t-1}$으로 바꾸어 쓰고 양변에 로그를 취하여 정리하면 $\ln Y_t - \ln Y_{t-1} = \ln(1+g_t)$가 된다. 여기서 변화율 g_t가 0에 가까운 작은 수라면 $\ln Y_t - \ln Y_{t-1} \approx g_t$가 된다. 즉, 어떤 변수에 로그를 취하고 차분(difference)하면 변화율로 근사(approximation)되는 것이다.

칙은 실업률과 소득증가율이 부(－)의 관계를 맺고 있음을 말해 준다. 여기서는 소득이 자연 수준에서 이탈한 정도 $y-y_n$과 실업률이 자연실업률 수준에서 이탈한 정도 $u-u_n$이 다음과 같이 부의 관계를 맺고 있다는 것이다.

$$y-y_n=-\theta(u-u_n) \tag{20.4}$$

식 (20.4)를 식 (20.3)에 대입하면 다음과 같이 표현된다.

$$\pi=\pi^e-\beta(u-u_n) \tag{20.5}$$

여기서 $\beta=\theta/\alpha$이며, β는 인플레이션이 실업률의 변화에 얼마나 민감하게 반응하는가를 나타낸다.

원래 필립스가 최초로 발견한 경험적인 관계는 예상인플레이션을 고려하지 않았으므로, 필립스곡선의 고전적 형태는 다음과 같았다.

$$\pi=-\beta(u-u_n) \tag{20.6}$$

그러나 통화주의 및 합리적 기대가설의 기여로 인하여 식 (20.5)와 같은 필립스곡선, 즉 예상이 부가된(expectations-augmented) 필립스곡선이 도출된 것이다.[2] 한 걸음 더 나아가 국제유가의 변동과 같은 외생적인 공급 충격 또는 가격 충격까지 감안하면 필립스곡선은 다음과 같이 수정된다.

$$\pi=\pi^e-\beta(u-u_n)+v \tag{20.7}$$

여기서 공급 충격(supply shock) 또는 가격 충격(price shock)으로 정의되는 v는 평균적으로는 0의 값을 가지지만, 예상치 못하게 (＋) 또는 (－)의 값을 가질 수 있는 확률적 오차항(error term)이다.

위의 식 (20.7)은 최근까지 발전된 형태의 필립스곡선으로, 인플레이션이 다음 세 가지 요소에 의존함을 말해 준다: 예상인플레이션, 실제의 실업률이 자연실업률에서 이탈한 정도, 공급충격.

2) 예상인플레이션이 부가된 필립스곡선의 도출은 1960년대 프리드먼(M. Friedman)과 펠프스(E. Phelps)의 연구에 의한 것이다.

필립스곡선은 기본적으로 총공급곡선과 동일한 경제적 의미를 갖고 있으며, 이 둘은 동전의 양면과 같다. 총공급곡선에 의하면 생산량의 변화가 예상하지 못한 물가의 변화로 나타나는 반면, 필립스곡선에 의하면 실업률의 변화가 예상하지 못한 인플레이션의 변화로 나타난다. **그림 20-1**은 식 (20.7)의 필립스곡선을 나타낸다.

실업률이 자연실업률 수준과 일치할 경우에 실제의 인플레이션은 예상인플레이션과 공급 충격의 합($\pi^e + v$)이다. 계수 β는 기울기이며 실업률이 1% 감소할 때 인플레이션이 몇 % 증가하는가를 나타내 준다. 이는 정책당국자에게 주어진 상충관계(tradeoff)를 잘 보여준다. 물론 정책당국은 단기적으로 인플레이션을 유발하는 방식으로 실업률을 낮출 수 있다. 특히 예상치 못한 인플레이션($\pi > \pi^e$)을 통해 실업률을 자연실업률 이하로 낮출 수도 있다($u < u_n$).

예를 들어, 재정 · 통화정책에 의해 총수요가 증대되고 실업률이 낮아지는 경우에 경제는 **그림 20-2**의 단기필립스곡선 $PC(\pi^e = \pi_0)$를 따라 A점에서 B점으로 이동한다. 그러나 이는 사람들의 예상인플레이션율이 변하지 않는 경우에만 가능하다. 사람들은 시간의 경과에 따라 인플레이션에 대한 예상을 조절하며, 예상인플레이션율을 상향 조정하면 단기필립스곡선은 $PC(\pi^e = \pi_1)$로 이동하며 경제는 C점의 새로운 장기균형을 달성한다. 단기필립스곡선이 상향 이동하면서 실업률이 다시 자연실업률 수준으로 돌아가는 것이다.

그림 20-1 단기필립스곡선

실업률이 자연실업률(u_n) 수준과 일치할 경우에 실제의 인플레이션은 예상인플레이션과 공급 충격의 합($\pi^e + v$)이다. 계수 β는 기울기이며 실업률이 1% 감소할 때 인플레이션이 몇 % 증가하는가를 나타낸다. 정책당국은 단기필립스곡선 상에서 단기적으로 인플레이션과 실업률의 조합을 선택할 수 있다.

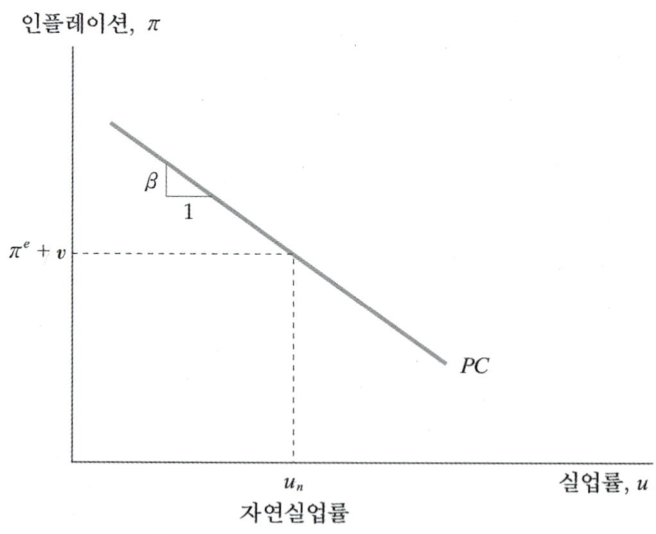

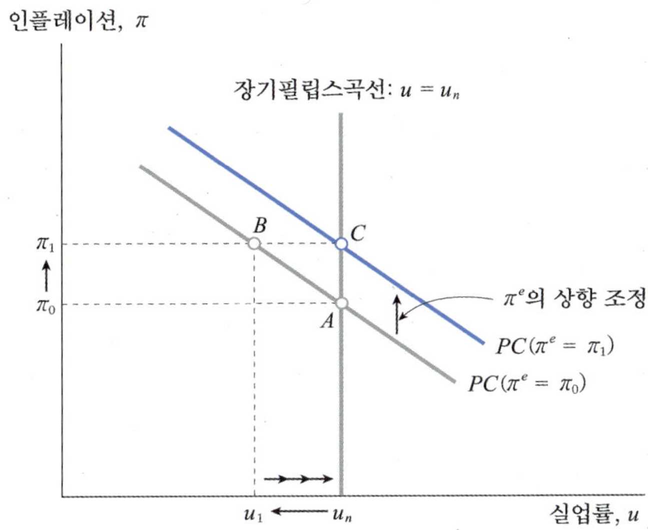

그림 20-2 단기필립스곡선과 장기필립스곡선

재정 · 통화정책에 의해 총수요가 증대되고 실업률이 낮아지는 경우에 경제는 기존의 단기필립스곡선을 따라 A점에서 B점으로 이동한다. 그러나 이는 사람들의 예상인플레이션율(π^e)이 변하지 않는 경우에만 가능하다. 사람들이 예상인플레이션율을 상향 조정하면 단기필립스곡선은 위로 이동하며 경제는 C점으로 이동한다. 단기필립스곡선이 상향 이동하면서 실업률이 다시 자연실업률 수준으로 돌아간다. 장기필립스곡선은 자연실업률(u_n) 수준에서 수직이다.

인플레이션과 실업의 상충관계는 단기적으로만 유효하며, 실업률을 자연실업률 이하로 영원히 낮출 수는 없다. 장기적으로 고전학파의 이분법은 성립하고 인플레이션과 실업의 상충관계는 더 이상 성립하지 않게 된다. 장기총공급곡선에 대응하는 장기필립스곡선은 자연실업률 수준 u_n에서 수직이다. 단기총공급곡선은 우상향하지만 장기총공급곡선이 자연소득 수준에서 수직인 것과 마찬가지이다.

20-2 필립스곡선의 활용

(1) NAIRU

예상이 부가된 필립스곡선의 식 (20.7)에서 인플레이션에 대한 예상(π^e)이 바로 전기의 인플레이션(π_{-1})이며, 공급 충격이 발생하지 않는다고 가정하면 필립스곡선은 다음과 같이 변하게 된다.

$$\pi - \pi_{-1} = -\beta(u - u_n) \qquad (20.8)$$

실업률의 변화는 인플레이션율 자체보다는 인플레이션율의 변화(change in inflation)에 영향을 미치게 된다. 실업률이 자연실업률 수준보다 높아지면 인플레이션율이 하락하게 되며, 실업률이 자연실업률 수준보다 낮아지면 인플레이션율이 상승하게 된다. 만약 실업률이 자연실업률 수준과 같으면 인플레이션율에는 변동이 없다.

식 (20.8)은 자연실업률에 대한 또 다른 해석을 가능하게 한다. 식 (20.7)까지 유도하는 과정에서 자연실업률 u_n은 인플레이션과 관계없이 정의되어 주어진 변수였다. 그런데 식 (20.8)에서의 자연실업률이란 인플레이션율이 일정한 수준으로 유지되는 경우의 실업률이다. 사실 자연소득 수준(또는 완전고용소득 수준) 및 그에 상응하는 자연실업률의 크기를 독립적으로 측정하는 것은 쉬운 일이 아니다. 식 (20.8)에 따라 NAIRU(NonAccelerating Inflation Rate of Unemployment)라는 개념을 도입하는 것도 바로 이 때문이다. NAIRU는 인플레이션을 가속화시키지 않을 정도의 실업률이다. 즉, NAIRU 이하로 실업률을 낮추기 위해서는($u < u_n$) 인플레이션율의 증가($\pi > \pi_{-1}$)를 감수해야 한다.

케인즈학파가 제안한 개념인 NAIRU는 인플레이션을 가속화시키지 않고 달성할 수 있는 최소 수준의 실업률이며, 안정적인 수준으로 유지되는 실업률이라는 점에서 자연실업률과 같은 개념으로 쓰이게 되었다. 1970년대에 발생한 스태그플레이션 현상은 그동안 적극적인 총수요 관리정책을 주장해 온 케인즈학파로 하여금 통화주의적 견해를 수용하게 하는 계기가 되었다. 총수요 확대정책으로 실업률을 낮출 수 있지만 어느 수준에 도달하면 인플레이션이 가속화되고 단기필립스곡선이 더 이상 유효하지 않다는 점을 인정하게 된 것이다.[3)]

(2) 디스인플레이션과 희생률

소득에 대해서는 자연소득 수준, 실업률에는 자연실업률이란 개념이 쓰이지만 인플레이션에 대해서는 자연인플레이션이란 개념이 없다. 자연실업률에 대응하는 인플레이션율은 높을 수도 있고 낮을 수도 있다. 경제가 완전고용을 달성하고 있더라도 경우에 따라 심한 인플레이션을 겪을 수 있는 것이다. 통화당국은 평상시에도 꾸준히 물가안정을 위해 노력하지만, 인플레이션율 자체를 낮추기 위한 정책을 쓰기도 하는데 이를 디스인플레이션 정책(disinflation policy)이라 부른다.

---

3) 원칙적으로 자연실업률(natural rate of unemployment)은 노동시장이 균형을 이루는, 즉 완전고용 상태에서의 실업률로 정의된다. 이처럼 자연실업률은 인플레이션과는 독립적으로 정의되어야 하지만, 케인즈학파가 제안한 NAIRU는 인플레이션에 대비하여 정의된다는 점에서 차이가 있다. 물론 자연실업률이든 NAIRU든 정확하게 측정하기 어렵다는 점은 마찬가지이다.

인플레이션의 해악은 다양한 각도에서 지적될 수 있다. 명백한 해악은 예상되지 못한 인플레이션이 부(wealth)를 채권자로부터 채무자로 이전시킨다는 것이다. 예상치 못한 인플레이션이 실질이자율을 하락시켜 채무자의 실질적인 상환부담을 덜어주기 때문이다. 인플레이션이 예상되는 경우에는 별다른 해악이 없을 것 같지만 그렇지 않다.

첫째는 소위 구두창비용(shoe-leather costs)이다. 예상된 인플레이션은 명목이자율을 상승시켜 화폐수요를 감소시킨다. 화폐수요가 감소한다는 것은 그만큼 돈을 찾으러 은행을 더 많이 다닌다는 것을 의미한다.

둘째는 메뉴비용이다. 가격이 오를 때마다 가격을 바꿔 주어야 하기 때문이다. 구두창비용과 메뉴비용은 당장 두드러지게 나타나는 반면 전체적인 비용은 그리 크지 않을 수 있다. 그러나 다음 두 가지 비용은 사람들이 잘 인지하지 못하는 사이에 경제를 구조적으로 취약하게 만드는 측면을 갖고 있다.

조세의 왜곡이 바로 그중 하나이다. 세금은 대개 명목가치를 기준으로 부과되는데, 인플레이션율을 반영하여 조세체계를 그때그때 적절하게 수정하는 것이 쉽지 않기 때문이다. 예를 들어, 소득세 구간이 명목으로 고정되어 있을 때에는, 실질임금에 변함이 없어도 단지 인플레이션에 의해 명목임금이 상승하였다는 이유만으로 더 많은 세금을 내야하는 일이 발생한다. 세율구간 상승효과에 의해 조세가 자동적으로 증가하는 현상이 나타나고, 안정적인 세입원을 확보하고자 하는 정부는 세입이 자동적으로 늘어나는 상태를 방치하는 경향을 보이게 된다. 더 큰 문제는 수월하게 증가하는 세입 때문에, 사람들이 잘 모르는 사이에 정부지출의 낭비가 조장될 수 있다는 것이다.

다른 하나는 인플레이션이 사람들의 경제행위와 금융행위에 광범위한 왜곡을 초래한다는 점이다. 일반적으로 모든 재화의 가격이 일제히 같은 비율로 상승하는 것은 아니기 때문에, 인플레이션이 진행되는 과정에서 상대가격체계가 흔들리게 된다. 상대가격체계의 혼란은 효율적인 자원배분을 저해한다. 한편, 높은 인플레이션은 인플레이션의 변동성도 함께 증가시키는 경향이 있는데, 이는 경제주체들의 재무설계에 혼란을 가져온다. 따라서 금융자산에 대한 수요가 위축되고 금융부문의 발전이 제한된다. 금융중개가 활성화되지 못하면 결과적으로 투자와 성장에 부정적인 영향을 주게 된다.

장기적으로 인플레이션율을 낮추기 위해서는 통화공급 증가율을 낮추어야 한다. 그러나 디스인플레이션 정책은 경기침체와 실업률 증가라는 고통을 수반하기 때문에 경기가 급속하게 냉각될 것을 우려하는 통화당국은 점진주의 전략(gradualism)을 취하는 경향이 있다. 예를 들어, 인플레이션율을 5%에서 2%로 하향 조정하고 싶다면 매년 1%씩 하향 조정하여 3년 후에 최종적으로 2%를 달성하는 것이다. 물론 3년간은 실업률의 증가를 감수해야 한다. 그런데 애초의 실업률이 3%였는데 디스인플레이션 기간 동안 실업률이 각각 4.5%, 4%, 3.5%로 증가했다면 3년 동안 실업률 증가분의 누적치는 1.5%+1%+0.5%=3%가 된다. 인플레이션율을 5%에서 2%로 내리는 데 치른 비용은 그 과정에서 증가한 실업률의 누적치 3%로 측정될 수 있다. 디스인플레이션에 수반되는 비용을 희생률(sacrifice ratio)이라 부르는데, 인플레이션율 1%를 낮추는 데 발생하는 실업률 증가분의 누적치로 정의된다.[4] 위의 예에서는 (1.5%+1%+0.5%)/3=1%이다. 점진주의전략을 사용하면 각 기간의 실업률 증가폭은 작지만 그 기간이 길어진다는 단점이 있다.

점진주의 대신 취할 수 있는 전략은 급랭전략(cold turkey strategy)이다. 위의 예에서처럼 실업률이 3%인 상태에서 인플레이션율을 5%에서 2%로 하향 조정하고 싶다고 하자. 급랭전략은 가령 디스인플레이션 목표를 1년 만에 달성하는 것이다. 그 과정에서 실업률이 6%로 상승했다고 하면 희생률은 3%/3=1%로 점진주의전략에서의 희생률과 같다. 실업률 증가폭이 매우 크지만 단기에 그치므로 희생률로 측정된 비용은 마찬가지인 것이다.

그림 20-3에서 현재의 인플레이션율이 π_0이고 단기필립스곡선은 A점을 통과하는 $PC(\pi^e=\pi_0)$라고 하자. 그런데 통화당국이 현재의 인플레이션율 π_0가 너무 높다고 판단하여 인플레이션 목표를 π_1으로 낮추고 그에 부합하는 통화정책을 실시한다고 하자. 그러나 경제가 단기필립스곡선을 따라 움직인다면 디스인플레이션 정책은 불가피하게 실업률을 증가시킬 것이다.

여기서 점진주의에 입각하여 디스인플레이션 정책을 실시하면, 예상물가 수준이 서서히 하락하면서 경제는 A점에서 화살표를 따라 C점을 향해 서서히 이동하게 될 것이다. 점진주의전략이란 인플레이션을 한꺼번에 π_0에서 π_1으로 낮추는 것이 아니라 여러 기간에 걸쳐 점차적으로 낮추는 것이므로, 예상인플레이션율(π^e)도 서서히 하향 조정되면서 단기필립스곡선이 서서히 아래로 이동한다. 즉, π와 π^e가 서서히 하락하면서 경제는 **그림 20-3**의 화살표로 표시된 동태적 이동경로를 거쳐 저

4) 희생률은 실업률 증가분의 누적치 대신 생산량 감소분의 누적치로 정의되기도 한다.

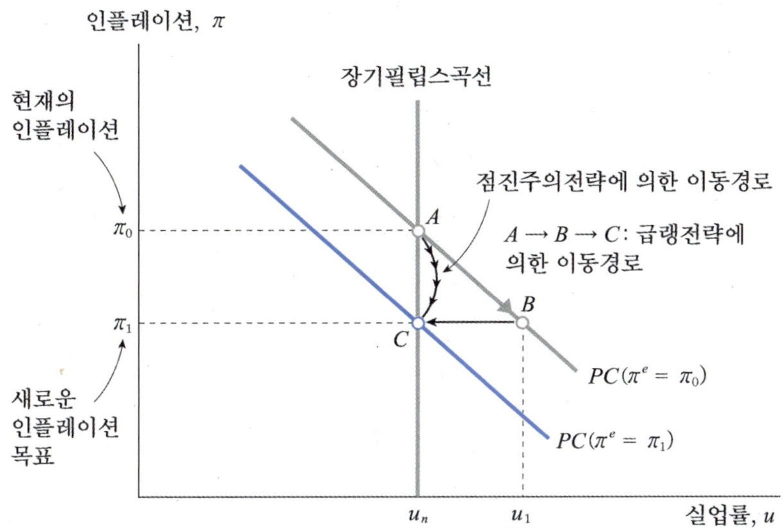

그림 20-3 디스인플레이션의 효과: 점진주의 vs 급랭전략

디스인플레이션 정책의 목표는 경제를 A점에서 C점으로 옮겨 놓는 것이다. 점진주의전략이란 인플레이션을 여러 기간에 걸쳐 점차적으로 낮추는 것이므로, π와 π^e가 서서히 하락하면서 경제는 화살표로 표시된 동태적 경로를 따라 서서히 C점으로 이동한다. 그러나 급랭전략을 선택하면 경제는 단번에 B점으로 이동하고 디스인플레이션의 목표를 달성하지만 실업률은 u_1으로 크게 상승한다. 물론 장기적으로는 π^e 하락으로 C점으로 이동한다.

인플레이션(π_1)의 새로운 장기균형점 C에 도달하는데, 이 과정에서 완만한 경기침체와 실업률 증가를 경험한다.

그러나 급랭전략을 선택하면 A점에 놓여 있던 경제는 종전의 단기필립스곡선 $PC(\pi_0)$를 따라 한꺼번에 B점으로 이동하고 실업률은 u_1으로 상승한다. 급랭전략으로 단번에 저인플레이션을 달성하지만 극심한 경기침체와 실업률 증가를 경험한다. 물론 장기적으로는 예상인플레이션율 하락으로 단기필립스곡선이 $PC(\pi^e = \pi_1)$로 하향 이동하면서 경제는 역시 새로운 장기균형점 C로 이동한다.

그러나 급랭전략을 취하는 경우에 경제가 위와 같이 $A \rightarrow B \rightarrow C$로 이동하지 않고, 장기필립스곡선을 따라 신속하게 움직인다면 디스인플레이션 정책은 실업률을 증가시키지 않고 바로 인플레이션율을 낮출 수 있다. 즉, 사람들이 통화당국의 안정화정책을 신뢰하여 예상인플레이션을 즉각 π_1으로 낮춘다면 경제는 실업률의 증가라는 고통을 수반하지 않고 A점에서 C점으로 바로 이동할 수 있다. 물론 현실적으로 디스인플레이션 정책이 실업률 상승이라는 비용을 전혀 치르지 않고 달성될 수 있는 것은 아니다. 결국 디스인플레이션에 따른 경제적 비용, 즉 희생률의 정도는 디스인플레이션 정책에 대한 신뢰도(credibility)에 달려 있다.

루카스(R. Lucas)와 사전트(T. Sargent)와 같은 합리적 기대론자들은 점진적인 디스인플레이션(slow disinflation)은 신뢰도가 낮다고 생각한다. 오랜 기간에 걸쳐 경기침체를 유발하기 때문에 정책 자체가 중도에 포기되기 쉽기 때문이다. 차라리 급속한 디스인플레이션(fast disinflation)이 낫다. 반면 피셔(S. Fischer)와 테일러(J. Taylor)와 같은 케인즈주의자들은 급속한 디스인플레이션은 경기를 지나치게 악화시키므로 경제주체들이 디스인플레이션에 따른 물가 하락에 적응할 기간을 가질 수 있도록 점진적인 디스인플레이션이 바람직하다고 주장한다.

부록 우리나라의 필립스곡선과 오쿤의 법칙

우리나라의 필립스곡선 추정에 관한 연구들을 살펴보면, 대체로 인플레이션과 실업률 간의 상충관계가 일관되게 발견되지 않고 있다. 이를 두고 우리나라에서는 필립스곡선이 성립하지 않는다고 결론 내릴 수도 있다. 그러나 공급 충격의 영향 등을 고려할 때 우리나라에서 필립스곡선이 무용하다고 보기에는 무리가 있다.

우리나라에서는 1970년대 두 차례의 오일쇼크와 1990년대 말 외환위기라는 커다란 충격이 발생한 바 있으므로, 두 차례의 오일쇼크 여파가 지나간 이후인 1983년 이후의 자료만을 살펴보기로 하자. 그런데 1998년 외환위기 당시에는 환율 상승으로 인한 인플레이션율 상승 때문에 고인플레이션과 고실업을 동시에 경험한 바 있다. 1998년을 제외하면 **그림 20A-1**과 같은 그래프를 얻을 수 있다. 이 그래프(1983~2020년)는 실업과 인플레이션이 서로 상충관계를 맺고 있음을 분명히 보여주고 있다. 즉, 오일쇼크와 외환위기요인을 적절히 제거하면 우리나라에서도 필립스곡선의 관계가 성립한다고 볼 수 있다.

한편, 우리나라에서 오쿤의 법칙을 추정하면 어떻게 될까? 1983년부터 2020년까지의 연간 자료를 이용해 우리나라에서의 오쿤의 법칙을 추정하면 다음과 같은 결과를 얻는다.

$$u - u_n = -0.11(g - g_n) \qquad (20A.1)$$

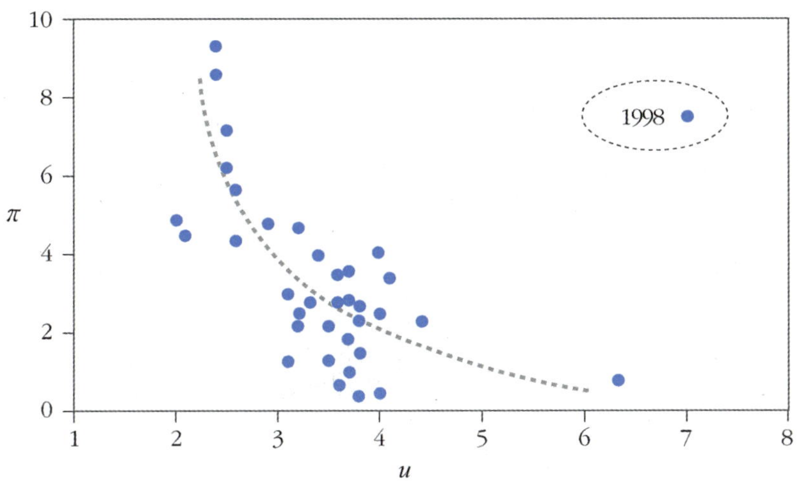

그림 20A-1 우리나라의 실업률과 인플레이션 (1983~2020)

(단위: %)
u: 실업률, π: 인플레이션

자료: UN data explorer, 한국은행 국민계정.

위 식은 본문의 식 (20.4)를 그대로 이용한 것은 아니다. 실업률이 자연실업률에서 이탈한 정도를 종속변수로 놓고, 소득 수준 대신에 경제성장률(g)이 잠재성장률(g_n)에서 이탈한 정도를 독립변수로 놓고 회귀분석한 것이다. 여기서 자연실업률과 잠재성장률은 HP 필터를 적용한 장기추세치이다.

추정결과에 따르면 경제성장률이 잠재성장률을 1% 하회할 때 실업률이 0.11% 상승하는 것으로 나타나고 있다. 한편, 미국의 경우에 동일한 식의 계수가 -0.41로 추정되는데, 이는 경제성장률이 잠재성장률을 1% 하회할 때, 실업률이 0.41% 상승한다는 것을 뜻한다. 미국의 경우에는 경기와 고용이 높은 상관관계를 맺고 있는데, 이는 채용과 해고가 자유롭게 이루어지는 미국적 현실이 반영된 결과로 보인다. 이에 비해 우리나라에서는 경기변동이 고용에 미치는 효과가 매우 낮다는 것을 알 수 있다. 우리나라 경제는 불황에 빠져도 실업률이 크게 상승하지 않는 장점이 있는 반면, 호황으로 전환되어도 실업률이 별로 하락하지 않는 단점을 동시에 갖고 있는 셈이다.

제5편 요약

01. 케인즈적 접근에서는 $IS-LM$ 모형으로 총수요곡선이 도출되지만, 고전학파에서는 화폐수량설을 통해 총수요곡선이 도출된다. 수량방정식 $MV=PY$의 식에서 통화량 M과 유통속도 V가 고정되었을 때, 소득 Y와 물가 P가 역의 관계를 맺기 때문이다.

02. 총공급이 물가 수준과 어떤 관계를 맺는가에 대해서는 고전학파의 견해와 케인즈의 견해가 크게 엇갈린다. 고전학파는 가격의 신축성을, 케인즈는 가격의 경직성을 가정하는데, 어떤 가정을 따르는가에 따라 총공급곡선의 형태가 다르게 나타난다.

03. 고전학파의 총공급은 전반적인 물가 수준과는 관계가 없으므로 총공급곡선은 수직이다. 고전학파의 가정에 따라 가격이 신축적인 경우에 경제는 완전고용을 달성하므로 고전학파의 총공급곡선은 $Y=Y_n$ 이며, 이를 장기총공급곡선(LAS곡선)이라 부른다.

04. 케인즈주의자들은 가격의 경직성을 가정한다. 극단적으로 모든 가격이 완전히 경직적이어서 고정된 경우라면 총공급곡선은 수평이 된다. 가격이 경직적인 단기의 총공급곡선을 단기총공급곡선(SAS곡선)이라 부른다. 이 경우에 소득은 단순 케인즈모형이나 $IS-LM$ 모형에서처럼 수요 측면에서 결정된다.

05. 경제의 장기균형은 총수요곡선(AD), 장기총공급곡선(LAS), 단기총공급곡선(SAS)이 만나는 점에서 달성된다.

06. 장기균형에 비해 단기균형의 생산량이 작은 경우에는 물가가 하락하면서 생산이 증가한다. 장기균형에 비해 단기균형의 생산량이 큰 경우에는 물가가 상승하면서 생산이 감소한다. 이와 같이 단기균형이 장기균형으로부터 이탈한 경우에는 물가가 조정되면서 서서히 장기균형을 회복한다.

07. 경제가 장기균형으로부터 이탈한 경우에 정책당국은 경기역행적 안정화정책을 실시할 수 있다. 이러한 정책이 성공적이라면 경제는 좀 더 빨리 장기균형을 회복할 수 있다.

08. 가격이 완전히 고정된 경우의 단기공급곡선은 수평이지만, 일반적으로 단기총공급곡

선은 다음과 같이 우상향하는 형태를 띤다. $Y = Y_n + \alpha(P - P^e)$. 만약 $P = P^e$이면 경제는 완전고용 수준을 산출하며, $P > P^e$이면 총생산이 완전고용 수준을 초과하고, $P < P^e$이면 완전고용 수준에 미달한다.

09. 하나의 단기총공급곡선에는 하나의 예상물가 수준(P^e)이 결부되어 있다. 따라서 P^e가 상승(하락)하면 SAS곡선이 위로(아래로) 이동한다.

10. 근로자 착오모형에서 기업은 물가를 잘 관찰하여 명목임금과 실질임금의 관계에 대해 착오를 일으키지 않지만, 근로자들은 명목임금은 잘 알고 있지만 일반물가의 움직임을 정확히 인식하지 못하므로 물가가 얼마나 오르고 내리는지 예상에 의존할 수밖에 없다. 따라서 근로자의 노동공급 의사는 예상실질임금에 의존하게 된다.

11. 근로자 착오모형에서 기업의 노동수요함수는 $L^d = L^d\left(\frac{W}{P}\right)$인 반면, 근로자의 노동공급함수는 $L^s = L^s\left(\frac{W}{P^e}\right) = L^s\left(w \cdot \frac{P}{P^e}\right)$이다. 따라서 P^e가 고정된 경우에 P가 상승하면 L^s가 증가하고 산출량 Y가 증가한다.

12. 생산자 불완전정보모형은 생산자가 자신이 만드는 제품의 가격은 관측할 수 있지만, 일반 물가에 대해서는 정확한 정보가 없다고 가정한다. 따라서 생산자 i의 공급곡선은 $y_i = c(P_i - P^e)$이며, 모든 생산자에 대해서는 $Y = Y_n + \gamma(P_i - P^e)$의 총공급곡선이 도출된다.

13. 생산자의 불완전정보모형에 의하면 실제로 물가가 상승했을 때, 개별 생산자는 이것이 물가 상승 때문인지 자신의 제품에 대한 수요가 증가해서인지 분간하기 힘들다. 개별 생산자는 가격이 상승한 것이 어느 정도는 자신의 제품에 대한 수요 증가 때문이라고 추측하고 생산을 다소 늘리게 된다. 모든 생산자가 이와 같이 행동하면 전체적으로 총생산이 증가하게 된다.

14. 많은 경우에 임금은 노사 간의 단체교섭에 의해 결정된다. 또한 기업은 근로자에게 최소한의 임금만 지급할 수도 있지만, 근로자로 하여금 임금에 대비한 효율성을 최대한 발휘하도록 하는 효율임금을 지급하기도 한다. 임금이 단체교섭이나 효율임금 기준에 따라 지급되면 유보임금 수준보다 높아지게 된다.

15. 임금계약모형에 의하면 계약기간의 명목임금은 노사 간의 임금협상에 따라 사전에 결정된다. 계약기간 동안에 노동의 공급은 계약임금 수준에서만 이루어지므로 노동공급은 정해진 임금 수준에서 완전탄력적이 된다. 반면 기업은 실제로 관측되는 물가의 수준을 보고 고용량을 결정한다. 따라서 물가 상승에 의해 실질임금이 낮아질수록 고용이 증가한다.

16. 경직적 가격모형은 명목임금의 경직성 대신 상품 가격의 경직성에 초점을 맞춘다. 가격 경직성의 대표적 논거는 메뉴비용(menu cost)이다. 또한 가격은 생산자와 소비자 간의 계약과도 같은 것이어서 쉽게 바뀌지 않는 경향이 있다. 따라서 기업들은 가격변동요인이 절실하지 않는 한 가격을 쉽게 바꾸려 하지 않는다.

17. 경직적 가격모형에 의하면 시장여건의 변화에 따라 그때그때 가격을 신축적으로 책정하는 기업과 시장여건을 예상하여 미리 가격을 정하고 이를 바꾸지 않는 기업이 존재한다. 만약 경제에 두 번째 유형의 기업만 있다면 가격은 미리 설정된 수준에서 고정되고 총공급곡선은 수평이 되지만, 첫 번째 유형의 기업도 존재하기 때문에 총공급곡선은 우상향하게 된다.

18. 단기총공급곡선 $Y = Y_n + \alpha(P - P^e)$에는 물가에 대한 하나의 기대 수준이 결부된다. 물가에 대한 기대(P^e)가 어떻게 형성되는가에 따라 단기총공급곡선의 위치가 결정된다.

19. 정태적 기대는 이미 실현된 값을 그대로 예상치로 사용하는 것이다. 물가에 대한 정태적 기대는 $P^e_{t+1} = P_t$로 표현된다. 평상시 물가 수준의 변동이 심하지 않거나 케인즈학파가 가정하는 것처럼 가격의 경직성이 존재하는 경우에는 정태적 기대가 유용한 가정이 될 수 있다.

20. 통화론자가 가정하는 적응적 기대는 과거의 자료를 바탕으로 미래에 대한 기대를 점진적으로 수정해 나가는 것을 말한다. 적응적 기대는 다음과 같이 정의된다. $P^e_{t+1} = P^e_t + \lambda(P_t - P^e_t)$, $0 < \lambda < 1$. 즉, 사람들은 지난 기에 형성한 예측치(P^e_t)에다가 예측오차($P_t - P^e_t$)의 일부를 조정하여 다음 기의 물가를 예측한다.

21. 정태적 기대와 적응적 기대는 과거의 물가자료만을 이용하게 되는데, 문제는 물가예상

에 있어 체계적이고 지속적인 실수를 범할 수 있다는 점이다. 이에 비해 합리적 기대는 사람들이 주어진 모든 정보를 효율적으로 이용하여 예상하므로 체계적이고 반복적인 실수를 범하지는 않는다고 가정한다.

22. 합리적 기대는 현재까지 이용 가능한 모든 정보 Ω_t를 이용하여 예측한다는 것이다. $P^e_{t+1} = E[P_{t+1}/\Omega_t]$. 예측오차($\epsilon$)를 $\epsilon_{t+1} = P_{t+1} - P^e_{t+1}$로 정의할 때 사전적으로 예측오차는 0, 즉 $E[\epsilon_{t+1}/\Omega_t] = 0$가 된다.

23. 합리적 기대가설에 의하면 예상된 통화공급 증가는 예상물가 수준을 즉각 상향시키므로 생산에 아무런 영향을 주지 못한다. 통화공급 증가가 예상되지 못한 경우에 한해 일시적으로 생산이 증가할 수 있다. 그러나 이 경우에도 예상물가수준이 신속하게 조정되면서 경제는 신속하게 장기균형으로 돌아간다.

24. 경기변동을 일으키는 충격은 크게 총수요 충격과 총공급 충격으로 나누어진다. 총수요 충격으로 인해 경제는 단기적으로 자연소득 수준에서 이탈할 수 있다. 소득이 자연소득 수준을 넘어서면(호황) 물가가 상승하고, 소득이 자연소득 수준을 밑돌면(불황) 물가가 하락하는 과정을 거쳐 다시 자연소득 수준으로 돌아간다.

25. 가격의 경직성이 심하거나 물가에 대한 사람들의 예상이 느리게 조정될수록 호황 또는 불황이 오래 지속된다.

26. 비우호적인 총공급 충격이 발생할 때 경제는 물가 상승과 소득 감소라는 스태그플레이션을 경험한다. 총공급 충격에도 불구하고 자연소득 수준에 변함이 없다면 물가가 하락하면서 서서히 장기균형으로 이동한다. 만약 중앙은행이 총수요확대정책으로 대응하면 자연소득 수준을 빨리 회복할 수 있지만 한층 더 높아진 물가 수준을 영원히 감내해야만 한다.

27. 우호적인 공급 충격이 발생하면 경제는 소득 증가와 물가 하락이라는 혜택을 누리게 된다. 만약 자연소득 수준에 변함이 없다면 물가가 상승하면서 원래의 장기균형으로 이동해 가지만, 자연소득 수준 자체가 증가한 경우에는 저물가 고소득의 새로운 장기균형을 달성한다.

28. 인플레이션과 실업률 간에 역의 관계가 성립한다. 필립스곡선은 우상향하는 총공급곡선과 오쿤의 법칙으로부터 도출된다.

29. 필립스곡선의 고전적 형태는 $\pi = -\beta(u-u_n)$이지만, 예상인플레이션을 고려하면 $\pi = \pi^e - \beta(u-u_n)$이 되고, 공급 충격(또는 가격 충격)까지 감안하면 $\pi = \pi^e - \beta(u-u_n) + v$로 수정된다.

30. 인플레이션과 실업의 상충관계는 단기적으로만 유효하며, 실업률을 자연실업률 이하로 영원히 낮출 수는 없다. 장기적으로 고전학파의 이분법은 성립하고 장기총공급곡선에 대응하는 장기필립스곡선은 자연실업률 수준에서 수직이다.

31. NAIRU는 인플레이션을 가속화시키지 않을 정도의 실업률이다. NAIRU는 인플레이션을 가속화시키지 않고 달성할 수 있는 최소 수준의 실업률이며, 안정적인 수준으로 유지되는 실업률이라는 점에서 자연실업률과 같은 개념으로 쓰이게 되었다.

32. 통화당국은 평상시에도 꾸준히 물가안정을 위해 노력하지만, 인플레이션율 자체를 낮추기 위한 정책을 쓰기도 하는데 이를 디스인플레이션 정책이라 부른다. 단기필립스곡선에 의하면 디스인플레이션 정책은 경기침체와 실업률 증가라는 고통을 수반한다.

33. 디스인플레이션 정책에는 점진주의전략과 급랭전략이 있다. 점진주의전략을 사용하면 각 기간의 실업률 증가폭은 작지만 경기침체의 기간이 길어진다는 단점이 있다. 급랭전략을 선택하면 단번에 저인플레이션을 달성하지만 극심한 경기침체와 실업률 증가를 경험한다.

34. 만약 사람들이 통화당국의 디스인플레이션 정책을 신뢰하여 예상인플레이션을 즉각 조정하여 낮춘다면 경제는 실업률의 증가라는 고통을 수반하지 않고도 저인플레이션을 달성할 수 있다.

제5편 연습문제

선택형 문제

01 단순 케인즈모형에서 가정하는 총공급곡선의 형태는?

① 총공급곡선은 수평이다. ② 총공급곡선은 수직이다.

③ 총공급곡선은 우상향한다. ④ 총공급곡선은 우하향한다.

02 $IS-LM$ 모형에서 국제유가 상승의 충격은 어떤 형태로 나타나는가?

① IS곡선의 좌측 이동 ② IS곡선의 우측 이동

③ LM곡선의 좌측 이동 ④ LM곡선의 우측 이동

03 다음 중 고전학파의 총수요곡선을 우측으로 이동시킬 수 있는 것은?

① 정부지출의 증가 ② 조세의 감소

③ 통화량의 증가 ④ ①, ②, ③ 모두

04 다음 중 (소득, 물가) 평면에서 우하향하는 총수요곡선을 도출하는 데 동원되는 이론이나 효과로 가장 적합하지 못한 것은?

① 화폐수량설 ② 케인즈의 소득-지출 분석

③ $IS-LM$ 분석 ④ 실질잔고효과

05 (소득, 물가) 평면에서 우하향하는 총수요곡선과 우상향하는 총공급곡선을 가정할 때, 장기균형에서 시작하여 총수요곡선이 왼쪽으로 이동하면(총수요 위축),

① 소득은 감소하고, 물가가 서서히 상승한다.

② 소득은 감소하고, 물가가 서서히 하락한다.

③ 소득은 감소하고, 물가는 변하지 않는다.

④ 소득은 증가하고, 물가는 변하지 않는다.

⑤ 소득은 증가하고, 물가가 서서히 상승한다.

06 고전학파의 총공급곡선이 수직이 되는 이유는?

① 생산량이 고용의 증가함수이기 때문이다.

② 물가가 하락하면 실질임금도 하락하여 실질임금의 변화가 없기 때문이다.

③ 명목임금이 하방으로 경직적이기 때문이다.

④ 노동자들이 화폐환상(money illusion)에 빠지기 때문이다.

07 다음 중 총공급곡선이 우상향하는 논거로 사용하기에 적합한 것은?

① 물가가 하락할 때 실질임금도 하락한다.

② 물가가 상승하여도 개별재화 간 상대가격에는 변화가 없다.

③ 생산자는 판매가격을 물가에 연동(index)시킨다.

④ 개별기업은 수요가 위축될 경우에 가격을 인하하는 대신 고용과 산출을 줄인다.

⑤ 물가가 하락할 때, 근로자들은 물가 하락폭만큼 명목임금을 적게 요구한다.

08 총공급곡선과 필립스곡선에 대한 설명으로 옳은 것은?

① 명목변수 간의 관계를 나타낸다.

② 실질변수 간의 관계를 나타낸다.

③ 예상한 변수와 예상치 못한 변수 간의 관계를 나타낸다.

④ 경직적 가격변수와 신축적 가격변수 간의 관계를 나타낸다.

⑤ 명목변수와 실질변수 간의 관계를 나타낸다.

09 일국 경제가 인플레이션 발생과 실업의 증가를 동시에 경험하게 된 것으로 생각되는 경우는?

① 총수요 불변, 총공급 감소

② 총수요 불변, 총공급 증가

③ 총수요 증가, 총공급 불변

④ 총수요 감소, 총공급 불변

10 유가의 상승과 같은 부정적인 총공급 충격(adverse supply shock)이 발생하였을 때, 통화당국이 안정화정책의 원칙에 따라 대응하면?

① 소득 감소폭은 축소되고 물가 상승폭은 확대된다.

② 소득 감소폭은 축소되고 물가 상승폭도 축소된다.

③ 소득 감소폭은 확대되고 물가 상승폭은 축소된다.

④ 소득 감소폭은 확대되고 물가 상승폭도 확대된다.

11 실업에 관한 설명으로 옳지 않은 것은?

① 사회보장제도가 확충될수록 탐색적 실업이 늘어난다.

② 자연실업률은 정부의 거시경제정책과 관계없이 노동시장의 구조적 특성 등에 의해 결정된다.

③ 필립스곡선은 총공급곡선과 대응관계를 맺는다.

④ 우하향하는 단기필립스곡선은 경제에 가해지는 충격이 주로 공급 측면에서 발생한다는 시각에 입각하고 있다.

12 다음 중 $AD-AS$ 모형에 관한 서술로 옳지 않은 것은?

① $AD-AS$곡선은 모든 상품의 개별적인 수요-공급곡선을 수평으로 합하여 얻어진다.

② 이자율이 하락하면 총수요가 증가한다.

③ 실제물가와 예상물가 수준이 같으면 총공급곡선이 자연소득 수준에서 수직이다.

④ 노동공급의 결정에 있어 임금 변화에 따른 소득효과와 대체효과가 언제나 상쇄되면 AS곡선은 수직이다.

⑤ AD곡선의 기울기는 투자수요의 이자율탄력성에 의존한다.

13 단기총공급곡선에 관한 설명으로 옳은 것은?

① 예상물가 수준이 하락하면 단기총공급곡선은 좌향 이동한다.

② 우상향하는 단기총공급곡선은 오쿤의 법칙(Okun's law)을 도출하는 근거가 된다.

③ 경직적 가격을 가정하면 단기총공급곡선은 수직에 가까워진다.

④ 생산자가 물가와 상대가격에 혼동을 일으키면 단기총공급곡선은 수평에 가까워진다.

14 다음 중 우상향하는 총공급곡선을 도출하는 데 쓰이는 가정이 아닌 것은?

① 근로자 오인(worker misperception)

② 가격에 대한 불완전정보

③ 명목임금의 하방경직성

④ 이자율을 매개로한 저축-투자의 균형

15 일국 경제가 인플레이션 발생과 실업의 감소를 동시에 경험하게 된 것으로 생각되는 경우는?

① 총수요 불변, 총공급 감소 ② 총수요 불변, 총공급 증가

③ 총수요 증가, 총공급 불변 ④ 총수요 감소, 총공급 불변

16 경기변동이 주로 총수요 변동에 의해 이루어지고, 특히 총수요 가운데에서도 투자의 변동에 의해 주도된다고 보는 케인즈주의의 견해에 따를 때 소득, 물가, 이자율의 상관관계 중 가장 타당성이 큰 것은?(경기순응적(pro-cyclical)은 소득과 같은 방향, 경기역행적(counter-cyclical)은 소득과 반대방향으로 움직이는 것을 뜻한다.)

① 물가: 경기순응적, 이자율: 경기순응적
② 물가: 경기순응적, 이자율: 경기역행적
③ 물가: 경기역행적, 이자율: 경기순응적
④ 물가: 경기역행적, 이자율: 경기역행적

17 통화론자들의 정책운용 방향과 가장 부합하는 것은?

① 준칙주의보다는 재량주의를 선호한다.
② 통화정책은 예상치 않은 시기에 전격적으로 단행해야 한다.
③ 경제상황에 관계없이 통화증가율을 일정하게 한다.
④ 재정정책은 통화정책 효과를 상쇄시켜야 한다.

18 합리적 기대이론에 관한 설명 중 옳지 않은 것은?

① Friedman의 k% rule을 뒷받침한다.
② Lucas와 Sargent 등에 의해 발전되었다.
③ 재정정책보다 화폐정책이 우월하다고 주장한다.
④ 예측 못한 통화공급의 변화는 실질산출을 변화시킨다.

19 다음 중 필립스곡선에 대한 설명으로 맞는 것은?

① 장기노동계약자 비중이 높을수록 단기필립스곡선은 가파른 기울기를 가진다.
② 자연실업률이 상승하면 필립스곡선이 하향 이동한다.
③ 예상물가상승률이 상승하면 필립스곡선이 하향 이동한다.
④ 장기필립스곡선이 단기필립스곡선보다 더 가파른 기울기를 가진다.

20 중앙은행이 화폐공급을 증가시킬 때 경제주체들이 이를 미리 예견하고 있었다면, 가장 가능성이 높은 결과는 무엇인가?

① 실질총생산의 증가 ② 실질총생산의 감소
③ 명목총생산의 증가 ④ 명목총생산의 감소

서술형 문제

01 물가(price level)의 결정에 관한 이론을 고전학파와 케인즈주의로 나누어 설명하라.

02 화폐의 유통속도 증가가 물가와 소득에 미치는 결과를 총수요-총공급모형에 입각해 분석하고, 고전학파모형과 케인즈주의모형에서 결과가 어떻게 다른지 설명하라.

03 다음 글은 소비와 투자 등 총수요 위축으로 인한 경기침체가 발생하였을 때, 정부의 개입 없이 자동적으로 경기가 회복되는 메커니즘을 서술하고 있다. 빈 칸에 들어갈 낱말을 채워 보시오.

> "고전학파의 경우 총수요가 총공급에 미달하는 경우 (　　) 하락으로 총수요가 회복된다. 케인즈주의에 따르면 총수요가 총공급에 미달하는 경우 (　　) 하락으로 총수요가 회복된다. 단, 고전학파에 따르면 가격이 (　　)적이므로 총수요가 신속히 회복된다. 그러나 케인즈주의에 의하면 가격이 (　　)적이므로 총수요는 서서히 회복된다."

04 국제유가가 급등한 상황을 가정해 보자. 전통적인 총수요-총공급($AD-AS$) 모형에 의할 때, 국제유가의 상승은 소득을 감소시키고 물가를 상승시키는 것으로 알려져 있다. 그런데 무역비중이 높은 가운데 원유수입 의존도가 높으며, 대내외 상대가격 변화에 민감한 소규모개방경제에서는 물가상승폭은 미미하지만 상대적으로 소득감소폭이 크게 나타날 수 있다. 그 이유를 설명해 보시오.

05 한 국가의 거시경제가 다음과 같다고 하자.

$C=200+0.75(Y-T)$

$I=200-25r$

$G=T=100$

$\left(\frac{M}{P}\right)^d=Y-100r$

$M^s=1{,}000$

$P=2.0$

(1) 균형소득과 균형이자율을 구하라.

(2) 물가가 2.0에서 2.5로 25% 상승하였다. 새로운 균형소득과 균형이자율을 구하라.

(3) (2)번에서 물가가 상승하면 왜 수요 측면의 국민소득이 감소하는지 그 이유를 설명하시오.

06 한 국가의 거시경제가 위의 문제 5번과 같다고 하자.

(1) 새로운 정부지출이 100에서 150으로 증가하였다(조세는 그대로). 물가가 변하지 않는다는 가정 하에 새로운 균형소득과 균형이자율을 구하라.

(2) 정부지출이 100으로 유지되는 가운데 통화공급량이 1,000에서 1,200으로 증가하였다. 물가가 변하지 않는다는 가정 하에 새로운 균형소득과 균형이자율을 구하라.

(3) 총수요 조건에 추가되는 총공급 조건이 다음과 같다($AD-AS$ 모형). AS: $Y^s = Y_F = 1,100$, Y_F는 완전고용소득 수준. 문제 (1)과 (2)의 정책효과를 평가하시오.

07 한 국가의 거시경제가 위의 문제 5번과 같으며, 단기총공급곡선(SAS)의 식은 다음과 같다.

$$SAS:\ Y^s = 1,100 + (P - P^e)$$

(1) 정부지출이 100으로 유지되는 가운데 통화공급량이 1,000에서 1,200으로 증가하였다. 소득이 완전고용 수준에 머무른다면, 새로운 물가 수준은?

(2) 통화량이 증가하였을 때, 모든 경제주체가 (1)번에서와 같이 물가가 올라갈 것이라고 믿는다면 SAS곡선은 어떻게 변하는가?

08 한 경제의 단기총공급곡선이 $y = y_n + (p - p^e)$ 이고, $u - u_n = -\delta(y - y_n)$ 와 같은 오쿤의 법칙(Okun's law)을 따른다고 하자. 단, 여기서 u는 실업률, y와 p는 각각 실질 GDP와 물가 수준의 자연대수값이며, 하첨자 n은 각 변수의 자연 수준임을 의미한다. 이 경제의 필립스곡선을 도출해 보라.

09 필립스곡선의 형태가 다음과 같다고 하자. $\pi = 2 - 0.5(u - u_n)$, π, u, u_n은 각각 인플레이션율과 실업률, 자연실업률이다. 한편, 실업률과 경제성장률 간에는 다음과 같은 관계가 성립한다. $g - g_n = -2(u - u_n)$, g, g_n은 각각 경제성장률과 자연성장률이다. 모든 변수는 % 단위로 측정된다. 이 경제의 희생률(sacrifice ratio)은 얼마인가? 여기서 희생률이란 인플레이션율을 1% 감소시키기 위해서 몇 %의 실업률 증가를 감수해야 하는지를 나타낸다.

제6편
경제성장

제6편의 개요

거시경제학은 크게 보아 경기변동과 경제성장, 이 두 가지 문제에 대해 답할 수 있어야 한다. 성급한 결론일수 있지만, 우리는 경기변동보다는 경제성장에 대해 상대적으로 더 많이 알게 되었다. 제6편은 경제성장의 요인을 분석한다. 경제성장에 관한 표준적이고 대표적 이론은 솔로우모형이다. 솔로우모형은 자본축적과 기술진보에 의해 경제가 어떻게 얼마나 성장할 수 있는가를 보여준다. 또한 최근에 발전한 내생적 성장이론은 경제성장의 요인을 좀 더 명확히 이해할 수 있게 해 준다.

경제성장의 요인과 성장회계

제21장

지금까지 우리는 총수요·총공급모형을 통해 거시경제의 균형이 어떻게 달성되는가를 살펴보았으며, 경기변동 현상 역시 총수요·총공급모형의 틀에서 분석하였다. 이제는 경제성장의 문제를 다룬다. 경제성장의 문제는 경제학을 공부하는 사람 이외에도 많은 사람들의 관심사이며, 현대거시경제학이 중요하게 다루는 분야이다. 경제성장이론에서는 장기적으로 경제가 어떤 경로를 따라 성장해 나가는지를 분석한다.

21-1 경제성장의 요인과 성장회계

단기적으로는 총수요와 총공급상의 변화에 따라 경기가 변동하게 되지만, 장기적으로 한 국가가 어느 정도의 소득 수준을 달성하는가는 생산요소의 양과 생산함수 등 경제의 공급능력에 의해 좌우된다. 한 경제가 생산할 수 있는 능력은 노동과 자본 등 생산요소의 양과 각 요소들의 생산성에 달려 있다. 생산요소의 증가는 동일한 생산함수상에서 더 많은 산출물을 가져오며, 생산성의 증가는 생산함수 자체를 위로 이동시켜 같은 양의 생산요소를 투입하더라도 더 많은 양을 생산할 수 있게 해 준다. 이제 생산함수를 통해 성장의 요인을 좀 더 자세히 규명해 보자.

$$Y = AF(K,\ L) \tag{21.1}$$

만약 부존 자본량과 노동량에 변함이 없고 생산성도 그대로라면 생산량은 매기마다 일정하고, 경제성장률은 0이 될 것이다. 결국 경제가 성장하려면 K와 L, 그리고 생산성 계수 A가 증가하여야 한다. 그런데 위의 모든 변수들은 수준(level)으로 표현되어 있으므로 이를 변화율로 바꾸어 생각하면 편리할 것이다. 이렇게 함으로써 경제가 몇 % 성장하였는데 각 요소가 그중 몇 % 기여하였는가 하는 식으로 성장의 요인을 분석할 수 있기 때문이다.

먼저 생산성 A의 증가를 살펴보자. 다른 요인이 일정할 때 생산성 증가의 효과를 살펴보는 것이므로 자본과 노동의 양은 일정하다고 하자. 생산성 A는 $F(K, L)$과 곱해져 생산물을 이루는데 $F(K, L)$이 일정하므로 생산성 A가 k% 증가하면 생산량 Y도 역시 k% 증가하게 되고, 따라서 다음과 같은 식이 성립한다.

$$\frac{\Delta Y}{Y} = \frac{\Delta A}{A}$$

이제 자본의 증가를 살펴보자. 자본의 증가가 성장에 기여하는 정도를 보기 위해 노동의 양 및 생산성 수준에는 변함이 없다고 하자. 예를 들어, 자본의 한계생산이 생산물 5단위이고, 자본이 2단위만큼 증가하였다면 자본 2단위 증가로 인한 총생산의 증가분은 5×2=10이다. 이 관계는 다음과 같이 표현된다.

$$\Delta Y = MP_K \cdot \Delta K$$
$$=(\text{추가자본 1단위당 5개의 한계생산물}) \times (\text{자본 2단위 추가})$$
$$=\text{10단위의 생산물}$$

양변을 Y로 나누고 정리하면 다음과 같다.

$$\frac{\Delta Y}{Y} = \frac{MP_K \cdot K}{Y}\frac{\Delta K}{K}$$

여기서 우변의 첫 번째 항은 생산물 가운데 자본소득($MP_K \cdot K$)을 산출물로 나눈 것이므로 소득 가운데 자본소득이 차지하는 비율, 즉 자본소득 분배율이 된다. 두 번째 항은 자본의 증가율이다.

다음으로 노동의 증가를 살펴보자. 이번에는 노동의 증가가 성장에 기여하는 정도를 보기 위해 자본의 양과 생산성 수준에는 변함이 없다고 하자. 예를 들어, 노동의 한계생산이 생산물 3단위이고, 노동이 5단위만큼 증가하였다면 노동 5단위 증가로 인한 총생산의 증가분은 3×5=15가 된다. 이 관계는 다음과 같이 표현된다.

$$\Delta Y = MP_L \cdot \Delta L$$
$$=(\text{추가노동 1단위당 3개의 한계생산물}) \times (\text{노동 5단위 추가})$$
$$=\text{15단위의 생산물}$$

마찬가지로 양변을 Y로 나누고 정리하면 다음과 같다.

$$\frac{\Delta Y}{Y}=\frac{MP_L \cdot L}{Y}\frac{\Delta L}{L}$$

여기서 우변의 첫 번째 항은 생산물 가운데 노동소득($MP_L \cdot L$)을 산출물로 나눈 것이므로 노동소득 분배율이 된다. 두 번째 항은 노동의 증가율이다.

이제 생산성, 자본, 노동이 모두 변한다고 하자. 생산물의 증가율($\Delta Y/Y$), 즉 경제성장률은 세 가지 증가율의 합으로 표현된다.

$$\frac{\Delta Y}{Y}=\frac{\Delta A}{A}+\frac{MP_K \cdot K}{Y}\frac{\Delta K}{K}+\frac{MP_L \cdot L}{Y}\frac{\Delta L}{L} \qquad (21.2)$$

여기서 $\frac{MP_K \cdot K}{Y}$와 $\frac{MP_L \cdot L}{Y}$은 각각 자본소득 분배율, 노동소득 분배율인데 한계생산의 정의가 각각 $MP_K=\frac{\Delta Y}{\Delta K}$, $MP_L=\frac{\Delta Y}{\Delta L}$임을 이용하면,

$$\frac{MP_K \cdot K}{Y}=\frac{\frac{\Delta Y}{Y}}{\frac{\Delta K}{K}}=\frac{Y\text{의 \% 변화율}}{K\text{의 \% 변화율}}$$

$$\frac{MP_L \cdot L}{Y}=\frac{\frac{\Delta Y}{Y}}{\frac{\Delta L}{L}}=\frac{Y\text{의 \% 변화율}}{L\text{의 \% 변화율}}$$

임을 알 수 있다. 즉, 자본소득 분배율은 산출물의 자본량 변화에 대한 탄력성(elasticity)이며 노동소득 분배율은 산출물의 노동량 변화에 대한 탄력성이라는 것을 알 수 있다. 탄력성을 각각 a_K, a_L이라 정의하면 경제성장률$\left(\frac{\Delta Y}{Y}\right)$은 다음과 같이 표현된다.

$$\frac{\Delta Y}{Y}=\frac{\Delta A}{A}+a_K\frac{\Delta K}{K}+a_L\frac{\Delta L}{L} \qquad (21.3)$$

식 (21.3)에 따르면 경제성장률은 세 가지 요인의 기여도로 분해된다. 즉, 생산성의 기여도$\left(\frac{\Delta A}{A}\right)$, 자본의 기여도$\left(a_K\frac{\Delta K}{K}\right)$, 그리고 노동의 기여도$\left(a_L\frac{\Delta L}{L}\right)$로 분해된다. 이와 같이 성장률을 몇 가지 요인의 합으로 표현하는 것을 성장회계(growth accounting)라고 한다.

여기서 유의할 점이 하나 있는데, 생산성증가율 $\frac{\Delta A}{A}$ 를 흔히 총요소생산성(TFP: Total Factor Productivity) 증가율이라고 부른다는 것이다. '총'이라는 용어를 쓰는 이유는, 어느 한 요소의 생산성이 아니라 바로 계수 A가 자본과 노동의 생산성에 모두 영향을 미치기 때문이다.

21-2 규모에 대한 수익불변의 가정과 성장회계

경제성장이론에서는 생산함수를 분석하게 되는데, 주로 규모에 대한 수익불변의 성질을 가진 생산함수를 이용한다. 생산요소의 증가비율과 정확히 같은 비율로 생산량이 증가하는 경우를 규모에 대한 수익불변(CRS: Constant Returns to Scale)이라 하며, 다음과 같이 표현된다.

$$\lambda Y = AF(\lambda K,\ \ \lambda L) \tag{21.4}$$

여기서 λ는 양수이며, 자본과 노동이 모두 λ배만큼 증가하였을 때, 생산량도 λ배만큼 증가함을 의미한다.[1] 제4장에서도 살펴보았듯이 생산함수가 규모에 대한 수익불변의 성질을 가지는 경우에 다음과 같은 관계가 성립한다.

$$Y = MP_K \cdot K + MP_L \cdot L \tag{21.5}$$

즉, 기업의 경제적 이윤은 0이 되고 경제의 총생산물은 각 요소에게 그들의 한계생산성에 따라 자본소득과 노동소득으로 모두 처분된다.[2]

경제학에서 규모에 대한 수익불변의 생산함수로는 다음과 같은 콥-더글러스(Cobb-Douglas) 생산함수가 가장 널리 쓰인다.

$$Y = AK^{\alpha}L^{1-\alpha} \tag{21.6}$$

---

1) 식 (21.4)의 성질을 가진 함수를 1차 동차 생산함수라고 부르기도 한다.

2) 식 (21.5)를 수학적으로 증명하기 위해서는 $\lambda Y = Af(\lambda L,\ \ \lambda K)$를 λ에 대하여 미분하고 이를 $\lambda = 1$에서 평가하면 된다.

식 (21.6)에서 자본과 노동이 모두 λ배만큼 증가하면 $A(\lambda K)^{\alpha}(\lambda L)^{1-\alpha} = A\lambda^{\alpha}K^{\alpha}\lambda^{1-\alpha}L^{1-\alpha} = A\lambda^{\alpha}\lambda^{1-\alpha}K^{\alpha}L^{1-\alpha} = \lambda AK^{\alpha}L^{1-\alpha} = \lambda Y$가 되므로, 콥-더글러스 생산함수가 규모에 대한 수익불변의 성질을 가진다는 것을 확인할 수 있다.

한편, 콥-더글러스 생산함수에서는 자본의 한계생산성과 노동의 한계생산성이 다음과 같이 구해진다.[3]

$$MP_K = \frac{\partial Y}{\partial K} = \alpha AK^{\alpha-1}L^{1-\alpha} = \frac{\alpha AK^{\alpha}L^{1-\alpha}}{K} = \frac{\alpha Y}{K}$$

$$MP_L = \frac{\partial Y}{\partial L} = (1-\alpha)AK^{\alpha}L^{-\alpha} = \frac{(1-\alpha)AK^{\alpha}L^{1-\alpha}}{L} = \frac{(1-\alpha)Y}{L} \quad (21.7)$$

식 (21.7)을 식 (21.5)에 대입하면 다음과 같은 식을 얻는다.

$$Y = \alpha Y + (1-\alpha)Y \quad (21.8)$$

위의 식 우변의 첫째 항은 $MP_K \cdot K$로 자본소득이며, 둘째 항은 $MP_L \cdot L$로 노동소득이다. 따라서 콥-더글러스 생산함수에서는 소득이 $\alpha : 1-\alpha$ 비율로 자본소득과 노동소득으로 분배되며, 생산함수상의 계수인 α는 자본소득 분배율, $1-\alpha$는 노동소득 분배율이라는 중요한 경제적 의미를 갖게 된다.

또한 콥-더글러스 생산함수에서는 성장회계식이 다음과 같이 표현된다.

$$\frac{\Delta Y}{Y} = \frac{\Delta A}{A} + \alpha\frac{\Delta K}{K} + (1-\alpha)\frac{\Delta L}{L} \quad (21.9)$$

예를 들어, 자본소득 분배율과 노동소득 분배율이 각각 0.3과 0.7로 시간의 경과와 관계없이 일정하고, 자본의 공급량이 3%, 노동의 공급량이 2% 증가하고, 생산성이 2% 증가하였다면 경제성장률은 2%+0.3×3%+0.7×2%=4.3% 만큼 증가하게 된다. 이처럼 성장회계는 경제성장에 관한 분석을 편리하게 해 준다. 가령 어떤 연도에 경제가 4% 성장하였을 때, 노동의 증가율이 1.5%이고 자본의 증가율이 3%였다면 총요소생산성의 증가가 성장에 기여한 정도는

3) 각 요소의 한계생산성을 구하기 위해서는 각 요소에 대해 편미분하여 편도함수(partial deriva- tive)를 구하면 된다. 어느 변수에 대한 편미분이란 그 변수 이외의 모든 변수를 상수로 놓고 미분하는 것을 말한다.

$$\frac{\Delta A}{A} = \frac{\Delta Y}{Y} - \alpha \frac{\Delta K}{K} - (1-\alpha)\frac{\Delta L}{L}$$
$$= 4\% - 0.3 \times 3\% - 0.7 \times 1.5\% = 2.05\%$$

가 된다.

표 21-1에는 우리나라를 포함한 몇몇 국가에 대한 성장회계의 예가 수록되어 있다. 노동의 기여분과 자본의 기여분을 합한 것은 생산요소의 양적 투입에 의한 것이므로 양적 기여분이라 할 수 있고 생산성 증가율은 질적 기여분이라 할 수 있는데, 우리나라는 1966~90년의 고도성장에도 불구하고 대부분(84%)이 양적 성장에 의존하였음을 알 수 있다.

싱가포르의 경우는 더욱 심각하였다. 경제성장은 전적으로 요소의 양적 투입에 의한 것이었으며, 이 기간 동안 생산성 증가율은 마이너스를 기록하였다. 실제로 싱가포르에서는 1966~90년 기간 사이에 투자가 *GDP*에서 차지하는 비중이 11%에서 40%로 높아졌다. 그러나 요소의 축적은 무한히 지속될 수 없는 것이다. 크루그먼(P. Krugman)은 1996년 *Foreign Affairs* 라는 잡지의 기고문에서 표 21-1과 같은 영(A. Young)의 연구를 소개하면서 싱가포르의 요소축적에 의한 성장이 곧 둔화될 것이라고 전망하기도 했다.4)

표 21-1 아시아 4개국의 성장요인 분석

(%, 괄호 안은 백분비)

국가	기간	경제성장률	노동기여분	자본기여분	생산성 증가율
한국	1966~90	10.3	4.5 (44)	4.1 (40)	1.7 (16)
대만	1966~90	9.4	3.6 (39)	3.2 (34)	2.6 (27)
홍콩	1966~90	7.3	2.0 (27)	3.0 (41)	2.3 (32)
싱가포르	1966~90	8.5	2.7 (31)	6.2 (73)	−0.4 (−4)
미국	1948~02	3.6	1.2 (33)	1.2 (33)	1.2 (34)

자료: 한국, 대만, 홍콩의 자료는 A. Young, "The Tyranny of Numbers: Confronting the Statistical Realities of the East Asian Growth Experience," *The Quarterly Journal of Economics*(1995)에서 발췌. 미국 자료는 G. Mankiw, "Macroeconomics," *Worth Publishers*(2007)에서 발췌.

4) 크루그먼이 촉발한 논쟁에 크게 자극받은 싱가포르 정부는 그 후 생산성을 증대시키기 위해 대대적인 노력을 기울이기 시작했다. 노점상에 대한 교육훈련 프로그램 제공 등에서 적극적인 외자유치까지를 포괄하는 정책은 일단 성공적인 것으로 평가되고 있다.

21-3 성장률의 정의와 측정

경제성장이론은 시간의 흐름에 따라 경제변수가 어떻게 변하는가에 관심을 가지므로 시간의 흐름에 따른 변화를 측정하는 방법을 미리 알아 둘 필요가 있다. 첫 번째 방법은 이번 기와 다음 기 사이의 변화량을 측정하는 것으로 차분(difference)이라고 한다. 어떤 변수 x_t와 x_{t-1}간의 차이는 통상 다음과 같이 Δx_t로 표시한다.

$$\Delta x_t = x_t - x_{t-1} \tag{21.10}$$

예를 들어, 2020년 우리나라의 총인구(x_t)는 51,829,136명으로 2019년의 51,779,203명에 비해 $\Delta x_t = x_t - x_{t-1} = 51{,}829{,}136 - 51{,}779{,}203 = 49{,}933$명 증가하였다. 어떤 변수의 증가율은 $\dfrac{x_t - x_{t-1}}{x_{t-1}} = \dfrac{\Delta x_t}{x_{t-1}}$로 정의되는데, 이 예에서는 49,933/51,779,203≈0.096%가 된다.

변화율을 측정하는 두 번째 방법은 연속 시간(continuous time)에서 시간에 대한 도함수를 계산하는 것이다. 연속적으로 측정되는 어떤 변수 x_t의 시간에 대한 도함수는 변수 위에 점을 찍어 다음과 같이 표시된다.

$$\dot{x}_t = \frac{dx_t}{dt} \tag{21.11}$$

이 경우에 증가율은 $\dfrac{\dot{x}_t}{x_t} = \dfrac{\frac{dx_t}{dt}}{x_t}$로 정의되고, 보통 변수 위에 모자를 씌워 다음과 같이 표시한다.

$$\hat{x}_t = \frac{\dot{x}_t}{x_t} \tag{21.12}$$

경제데이터를 연속 시간에서 다루는 것이 다소 비현실적일 수도 있으나, 분석의 편리함 때문에 자주 사용된다. 특히 연속 시간에서의 자연로그(natural logarithm) 함수는 경제분석에 매우 유용하게 사용된다. 어떤 변수 x_t에 자연로그를 취하고 시간에 대해 미분하면 다음과 같이 연속 시간에서의 증가율 정의와 같아진다.

$$\frac{d}{dt}(\ln x_t) = \frac{d(\ln x_t)}{dx_t} \cdot \frac{dx_t}{dt} = \frac{1}{x_t} \cdot \frac{dx_t}{dt} = \frac{\dot{x}_t}{x_t} \tag{21.13}$$

즉, $\hat{x}_t = \frac{d}{dt}(\ln x_t)$가 된다.

이와 같은 성질은 곱하기나 나누기 형태로 되어 있는 변수의 증가율을 구하는 데 편리하게 사용된다. 예를 들어, $x_t y_t$의 증가율은 $\ln x_t y_t = \ln x_t + \ln y_t$ 임을 이용하면 $\hat{x}_t + \hat{y}_t$이 되어 각 변수의 증가율의 합으로 표시된다.[5] 또한 $\frac{x_t}{y_t}$의 증가율은 $\ln \frac{x_t}{y_t} = \ln x_t - \ln y_t$ 임을 이용하면 $\hat{x}_t - \hat{y}_t$이 되어 증가율의 차이로 표시된다.

생산함수가 $Y_t = A_t K_t^{\alpha} L_t^{1-\alpha}$와 같이 콥-더글러스 형태로 주어지는 경우에도 위의 성질을 이용하면 증가율을 쉽게 구할 수 있다. 로그를 취하면

$$\ln Y_t = \ln A_t + \alpha \ln K_t + (1-\alpha)\ln L_t$$

가 되고, 양변을 시간에 대해 미분하면 생산의 증가율은 다음과 같이 표현된다.

$$\frac{\dot{Y}_t}{Y_t} = \frac{\dot{A}_t}{A_t} + \alpha \frac{\dot{K}_t}{K_t} + (1-\alpha)\frac{\dot{L}_t}{L_t} \tag{21.14}$$

이 식은 바로 식 (21.9)에서 정의한 성장회계식과 대응된다. 정확히 같은 것은 아니지만 연속 시간에서 정의된 식 (21.14)는 이산 시간(discrete time)에서 정의된 식 (21.9)와 근사적으로 일치한다.

한편, 자연로그의 성질 가운데 경제데이터의 분석에 자주 사용되는 것은 다음과 같다.

$$\ln(1+g) \approx g, \quad g\text{는 0과 가까운 작은 수} \tag{21.15}$$

앞에서 살펴본 대로 변수 x_t의 증가율은 $\frac{x_t - x_{t-1}}{x_{t-1}}$으로 정의되는데, 증가율을 g로 표시하면 다음과 같다.

$$\frac{x_t - x_{t-1}}{x_{t-1}} = g \tag{21.16}$$

5) 참고로 이와 같은 성질을 화폐수량방정식 $MV = PY$에 적용하면 M증가율 + V증가율 = P증가율 + Y증가율의 관계를 얻는다.

위 식은 $x_t = (1+g)x_{t-1}$으로 다시 쓸 수 있는데, 양변에 로그를 취하면 다음과 같다.

$$\ln x_t = \ln(1+g) + \ln x_{t-1} \tag{21.17}$$

식 (21.15)의 성질을 이용하여 위 식을 정리하면 다음과 같아진다.

$$\ln x_t - \ln x_{t-1} = \ln(1+g) \approx g \tag{21.18}$$

즉, 변수 x_t의 증가율은 $\ln x_t$의 차분(log difference)으로 근사되는 것이다. 이 관계를 이용하여 앞에서 예로 든 인구증가율을 구해 보면 다음과 같다.

$$\ln(51{,}829{,}136) - \ln(51{,}779{,}203) = \ln(51{,}829{,}136/51{,}779{,}203) \approx 0.096\%$$

두 가지 방법으로 구한 인구증가율이 매우 유사하다는 것을 알 수 있다. 따라서 시계열 자료의 분석에서 변수 값들이 크게 차이가 나지 않을 때에는 로그 차분으로 증가율을 정의해 사용하는 경우가 많다. 로그의 성질을 알아 두면 경제변수를 수리적으로 분석하는 데 편리해지며, 특히 다음 장 이후에서 전개되는 경제성장이론을 이해하는 데 큰 도움이 된다.

부록 우리나라의 성장회계

최근 우리나라의 경제성장요인들에는 어떤 변화가 일어나고 있을까? 표 21A-1을 이용해 2010년부터 2019년까지의 기간에 대해 성장회계식을 계산해 보기로 하자. 2019년도의 실질 *GDP*는 2015년 실질가격을 기준으로 1,852.7조 원을 기록하고 있는데, 우리나라의 실질자본스톡 규모는 대략 7,385.4조 원 정도로 추산된다. 9년 동안 경제성장률은 29.9%($g = 3.4\%$)[6]를 기록했으며, 자본은 38.5%, 취업자수

6) $\ln(1+g)^9 = 0.299$ $\ln(1+g) = 0.0332$ $1+g = e^{0.0332}$ $1+g = 1.034$ $g = 0.034$ $g = 3.4\%$
9년간의 연평균 증가율

는 12.9%, 취업시간을 감안한 노동공급(취업자수 × 평균취업시간)은 1.6% 증가하였다.

노동소득분배율은 전체 생산중에서 노동을 제공한 대가로 가계에게 분배되는 비율을 의미한다. 임금을 받는 취업자의 경우에는 피용자보수가 이에 해당하며 자영업자의 경우에는 해당 가계의 영업잉여중 2/3를 노동소득으로, 나머지 1/3을 자본소득으로 간주할 수 있다. 즉 노동소득분배율은 피용자보수와 가계의 영업잉여중 2/3를 더한 값을 총부가가치로 나누어 계산할 수 있으며, 2010년부터 2019년까지 우리나라 노동소득분배율의 평균은 0.54이다. 이에 따라 우리나라의 총생산함수 형태를 $Y=AK^{0.46}L^{0.54}$으로 근사시킬 수 있다. 단 L은 취업시간을 감안한 노동공급이다. 성장회계식을 적용해 보면 이 기간 동안 총요소생산성의 증가율은 29.9%−0.46×38.5%−0.54×1.6%=11.33%이다. 또한 각 요인이 성장에 기여한 비중을 백분비로 보면 자본의 기여도가 59.2%, 총요소생산성이 37.9%, 노동이 2.9%이다. 2010년 이후부터 최근까지의 성장에는 자본투입의 기여도가 절반 이상을 차지하는 가운데 질적투입기여도(=총요소생산성기여도) 또한 상당한 영향을 미친 것으로 나타났다. 반면 취업시간을 감안한 노동투입의 기여도는 큰 폭으로 감소하였다.

표 21A-1 우리나라의 생산함수 관련 주요 거시경제변수

구분	*GDP*	자본스톡	총취업자	주당 평균 취업시간	노동소득 분배율
연도 \ 단위	조원	조원	천명	시간	%
2010	1,426.,6	5,332.1	24,033	45.2	52.86
2015	1,658.0	6,370.1	26,178	43.7	54.34
2019	1,852.7	7,385.4	27,123	40.7	56.02
2020	1,836.9	7,621.8	26,904	39.0	54.01

자료: 한국은행 및 통계청 자료로부터 저자추산. 금액자료는 2015년 기준. 실질자본스톡은 고정자산 기준. 2020년 노동소득분배율은 2010~2019년 평균.

자본축적과 솔로우모형 제22장

경제성장의 모형으로 가장 대표적인 것은 솔로우(Solow)모형이며, 이 모형은 자본축적과 인구증가, 기술진보 등이 시간에 걸쳐 어떻게 경제성장에 영향을 주는가를 분석한다.[1] 이 장에서는 솔로우 성장모형을 중심으로 경제성장의 문제에 접근하기로 한다. 단, 이 장에서는 자본축적과 인구증가의 문제를 중심으로 설명하고 기술진보의 문제는 다음 장에서 다룬다.

22-1 자본의 축적

경제의 총생산함수는 다음과 같으며 앞 장에서 소개한 바와 같이 규모에 대한 수익불변을 가정한다.

$$Y = F(K,\ \ L), \qquad \lambda Y = f(\lambda K,\ \ \lambda L),\ \ \lambda\text{는 양수} \tag{22.1}$$

규모에 대한 수익불변을 가정하면 총생산함수를 다음과 같이 1인당 생산함수로 쉽게 전환할 수 있다. 즉, 자본과 노동을 각각 $1/L$배만큼 증가시키면 다음과 같이 생산물도 $1/L$배가 된다.

$$\frac{Y}{L} = F\left(\frac{K}{L},\ \ 1\right) \tag{22.2}$$

식 (22.2)는 1인당 산출물 Y/L가 1인당 자본량 K/L의 함수라는 것을 나타낸다. 이제 1인당 산출과 자본을 소문자로 바꾸어 쓰면, 1인당 생산함수를 다음과 같이 표현할 수 있다.

1) 솔로우는 1956년에 발표한 논문, "A Contribution to the Theory of Economic Growth," *Quarterly Journal of Economics* 가 경제성장이론에 크게 기여한 바를 인정받아 1987년에 노벨 경제학상을 수상하였다.

$$y = f(k) \tag{22.3}$$

즉, $f(k) = F(k,\ 1)$로 정의하는 것이다. 그림 22-1은 1인당 생산함수의 형태를 보여준다. 문제는 함수의 기울기인데, 이 기울기는 자본의 한계생산을 나타낸다. 자본의 한계생산은 체감하므로 1인당 생산곡선은 오목한 형태를 갖게 된다.[2] 1인당 자본이 축적되어 감에 따라 1인당 산출이 증가하지만, 수확체감의 법칙이 작동하기 때문에 1인당 소득의 증가 정도는 점점 감소한다.

그림 22-1 솔로우모형의 생산함수

솔로우모형은 생산함수 $Y=F(K,\ L)$을 1인당 생산함수 $y=f(k)$로 전환한다. 생산함수의 기울기는 (1인당) 자본의 한계생산을 나타낸다($MP_k = MP_K$). 자본의 한계생산이 체감하므로 1인당 생산곡선은 오목한 형태를 갖게 된다. 즉, 1인당 자본이 축적되어 감에 따라 1인당 산출이 증가하지만, 그 증가 정도는 점점 감소한다.

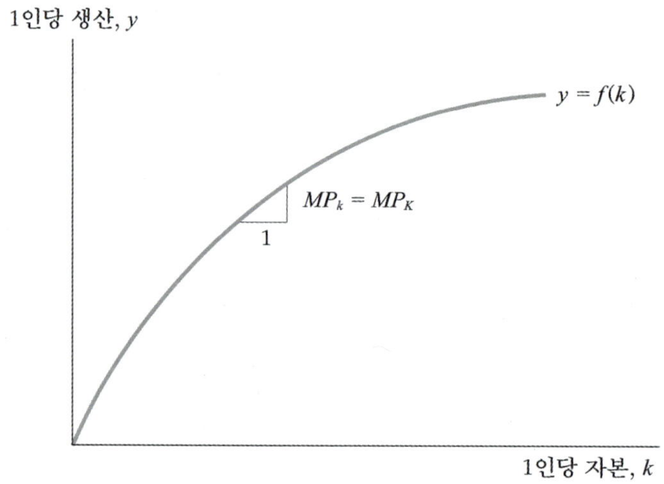

생산을 1인당으로 전환한 것처럼 소비(c)와 투자(i)도 1인당으로 표시된다. 논의를 단순화하기 위해 정부부문이 없다면 1인당 생산물에 대한 수요는

$$y = c + i \tag{22.4}$$

로 표현된다. 솔로우모형은 케인즈의 가정을 받아들여 소비성향이 존재한다고 본다. 따라서 1인당 소비는 $c = (1-s)y$로 표시할 수 있는데, s는 0과 1 사이의 값을 갖는 저축성향이다.[3] 또한 솔로우모형은 거시경제의 균형에 대해서는 고전학파의

2) 식 (22.3)을 $Y = Lf(K/L)$로 표현하고, K에 대해 미분하면 $\partial Y/\partial K = L(\partial f/\partial k)(1/L) = \partial f/\partial k$가 된다. 따라서 $MP_K = MP_k$가 성립한다. 즉, 총생산함수에서의 자본의 한계생산성과 1인당 생산함수에서의 1인당 자본의 한계생산성은 일치한다.

가정을 받아들인다. 즉, 투자와 저축이 일치하여 총수요와 총공급이 항상 균형을 이룬다.

$$I = sY \text{ 또는 } i = sy \tag{22.5}$$

그림 22-2는 1인당 생산, 1인당 소비, 1인당 저축(=투자) 간의 관계를 그래프로 보여준다.

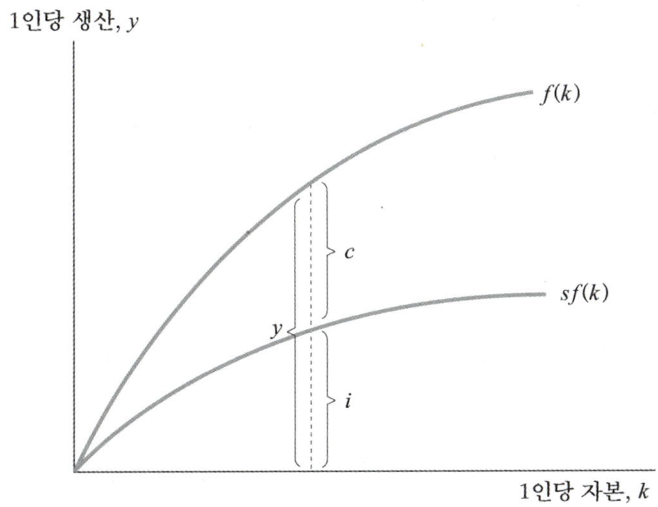

그림 22-2 1인당 생산, 소비, 투자

1인당 자본 k가 주어지면 1인당 산출 $y = f(k)$가 얻어지고, 1인당 산출은 저축률 s에 의해 $s : 1-s$의 비율로 투자와 소비로 배분된다. 1인당 투자(=저축)는 $i = sf(k)$이고 1인당 소비는 $c = f(k) - sf(k)$이다.

매 시기마다 총수요와 총공급이 일치한다고 가정하므로 시간의 경과에 따라 생산이 얼마나 증가할 수 있는지가 논의의 핵심이 된다. 결국 생산요소인 자본과 노동이 시간에 따라 얼마나 증가할 수 있는가를 살펴보아야 한다.

먼저 자본의 증가, 즉 자본축적(capital accumulation)에 대해 살펴보자. 자본의 축적은 투자와 감가상각(depreciation)에 의해 결정된다. 투자에 의해 자본이 증가하지만 동시에 감가상각분만큼 자본이 감소한다.

$$\dot{K} = I - \delta K = sY - \delta K \tag{22.6}$$

3) 저축성향 s를 1인당 저축과 혼동하지 말기 바란다.

여기서 $\dot{K}=\dfrac{dK}{dt}$ 는 자본의 순증가분을 나타내는데, 이는 총투자 I에서 감가상각분 δK를 빼 준 값이다. 감가상각분은 이미 존재하고 있는 총자본량 K에다 감가상각률 δ를 곱한 것이다. 총자본의 증가율은 식 (22.6)의 양변을 K로 나누어 주면 된다.

$$\frac{\dot{K}}{K}=\frac{I}{K}-\delta=s\frac{Y}{K}-\delta \tag{22.7}$$

한편, 1인당 자본 $k=\dfrac{K}{L}$의 증가율은

$$\frac{\dot{k}}{k}=\frac{\dot{K}}{K}-\frac{\dot{L}}{L}$$

인데 $n\equiv\dfrac{\dot{L}}{L}$를 인구증가율로 정의하면,

$$\frac{\dot{k}}{k}=\frac{\dot{K}}{K}-n$$

이 된다. 여기에 식 (22.7)을 대입하면 $\dfrac{\dot{k}}{k}=s\dfrac{Y}{K}-n-\delta$가 되는데, $\dfrac{Y}{K}=\dfrac{Y/L}{K/L}=\dfrac{y}{k}$이므로 1인당 자본의 증가율은 다음과 같아진다.

$$\frac{\dot{k}}{k}=s\frac{y}{k}-(n+\delta)=\frac{sf(k)}{k}-(n+\delta) \tag{22.8}$$

한편, 양변에 k를 곱해 주면 1인당 자본의 순증가분에 대하여 다음과 같이 표현할 수 있다.

$$\dot{k}=sy-(n+\delta)k=sf(k)-(n+\delta)k \tag{22.9}$$

식 (22.6)이 총자본의 축적을 나타내는 식이라면 식 (22.9)는 1인당 자본의 축적을 나타내는 식이다. 식 (22.9)에서 인구증가율 n이 차감되는 형태로 들어가는 것은 인구증가에 따라 1인당 자본이 줄어드는 자본희석(capital dilution) 현상이 일어나기 때문이다. 식 (22.9)에서 $sf(k)$는 1인당 저축이며, $(n+\delta)k$는 인구증가와 감가상각으로 인한 1인당 자본의 감소분이다. 따라서 $(n+\delta)k$는 자연적으로 감소하는 1인당 자본을 나타낸다.

그림 22-3은 식 (22.9)를 그래프로 표현하고 있다. $sf(k) > (n+\delta)k$, 즉 1인당 저축이 1인당 자본의 자연적 감소분을 초과하면 $\dot{k} > 0$이므로 1인당 자본은 순증가하게 된다. 경제발전의 초기단계에 1인당 자본이 k_1 수준이었다면 1인당 자본은 점차 증가하며, $sf(k) > (n+\delta)k$의 조건이 유지되는 한 계속 증가한다. 축적된 자본은 생산에 투입되고 산출물을 증가시킨다. 산출물이 증가하면서 저축이 증가하므로 다시 자본이 축적된다. 그러나 1인당 자본이 무한히 증가할 수는 없다. 자본의 한계생산이 점차 감소함에 따라 소득 증가가 둔화되므로 저축의 증가분도 점차 감소하기 때문이다. 자본이 k^* 수준에 도달하면 $sf(k) = (n+\delta)k$가 되어 1인당 저축이 1인당 자본의 자연적 감소분과 일치하고, 그 순간부터 1인당 자본은 더 이상 증가하지 않는다. 만약 초기단계에 1인당 자본이 k^* 수준을 초과하는 경우라면 ($\dot{k} < 0$) 1인당 자본은 점차 줄어들어 결국에는 k^* 수준으로 떨어지게 될 것이다.

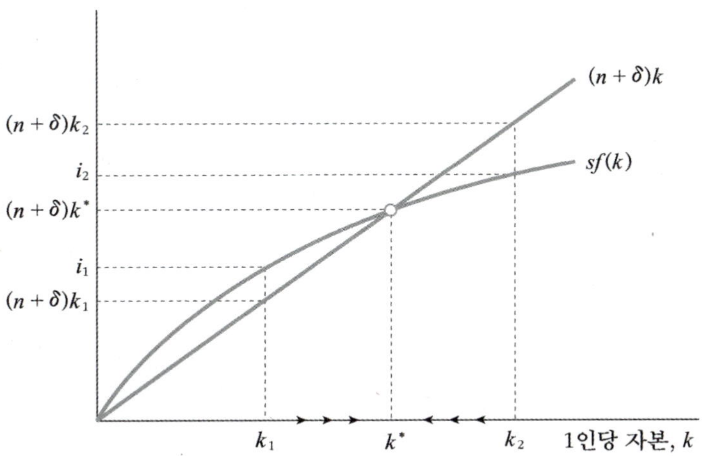

그림 22-3 솔로우모형의 균제상태

자본이 k^* 수준에 도달하면 1인당 저축($sf(k)$)이 1인당 자본의 자연적 감소분($(n+\delta)k$)과 일치하고, 1인당 자본은 더 이상 변하지 않는다. 1인당 자본이 k^*보다 작은 경우에는 1인당 자본이 점차 증가하고 1인당 자본이 k^*를 초과하는 경우에는 1인당 자본이 점차 줄어들어 결국 k^* 수준으로 수렴한다.

간단한 예를 들어 1인당 자본이 어떻게 k^* 수준에 도달하는지를 살펴보자. 경제의 총생산함수가 $Y = K^{1/2}L^{1/2}$이라고 할 때 1인당 생산함수는 $Y/L = (K^{1/2}L^{1/2})/L$이므로, $y = k^{1/2}$이다. 그런데 1인당 자본량 k^* 수준에서는 $sf(k^*) - (n+\delta)k^* = 0$, 즉 $k^*/f(k^*) = s/(n+\delta)$이다. 1인당 생산함수가 $y = k^{1/2}$이므로 $k^{*1/2} = s/(n+\delta)$를 이용해 k^*를 구할 수 있다.

이제 저축률 s가 0.2, 인구증가율은 0.01, 감가상각률이 0.04라고 해 보자. 이때 $k^{*1/2} = 4$이므로 $k^* = 16$이 된다. 만약 초기의 1인당 자본이 4, 즉 $k = 4$이면

$\dot{k}= sf(k) - (n+\delta)k = 0.2 \times 4^{1/2} - 0.05 \times 4 = 0.2 > 0$이 되어 다음 기의 자본량은 $k=4.2$가 된다. 자본의 양을 4.2로 놓고 새로운 자본의 양을 구하면 또다시 자본의 양이 증가할 것이다. 이와 같은 과정을 무수히 반복하면서 $k^*=16$에 도달하게 된다.

만약 초기의 자본이 $k=25$라면 $\dot{k}= sf(k) - (n+\delta)k = 0.2 \times 25^{1/2} - 0.05 \times 25 = -0.25 < 0$이 되어 다음 기의 자본량은 $k=24.75$로 감소한다. 자본의 양을 24.75로 놓고 새로운 자본의 양을 구하면 또다시 자본의 양이 감소할 것이다. 역시 이와 같은 과정을 무수히 반복하면서 $k^*=16$에 도달하게 된다.

1인당 자본이 k^* 수준에 도달하면($\dot{k}=0$) 1인당 자본과 1인당 소득은 더 이상 증가하지 않는다. 1인당 자본이 k^* 수준보다 낮은 데서 출발하면 1인당 소득이 점차 증가하지만, 1인당 자본이 k^* 수준에 도달하면 1인당 소득이 정체하게 되는 것이다. 물론 1인당 소득이 정체한다고 해서 경제 전체의 성장이 멈추는 것은 아니다. 경제 전체의 자본과 소득은 인구증가율만큼 증가하게 된다.

$$\frac{\dot{k}}{k} = \frac{\dot{y}}{y} = 0 \Rightarrow \frac{\dot{K}}{K} - \frac{\dot{L}}{L} = \frac{\dot{Y}}{Y} - \frac{\dot{L}}{L} = 0, \ \frac{\dot{K}}{K} = \frac{\dot{Y}}{Y} = n \qquad (22.10)$$

이와 같이 자본과 소득이 일정한 비율(여기서는 인구증가율)로 증가하는 경우를 "균제상태(steady state)에 있다." 또는 "균형성장경로(balanced growth path)를 따른다."고 한다.

22-2 저축률과 인구증가율의 변화

만약 경제가 이상과 같은 과정을 거쳐 균제상태에 도달하였다면 $y^*=f(k^*)$에서 1인당 생산물, 즉 1인당 국민소득이 일정하게 될 것이다. 그러면 1인당 국민소득이 증가하도록 하는 요인은 무엇인가? 식 (22.9)를 보면 균제상태의 1인당 자본량을 변화시키는 요인은 저축률 s, 감가상각률 δ, 인구증가율 n이라는 것을 알 수 있다. 저축률이 높을수록, 감가상각률과 인구증가율은 낮을수록 균제상태에서의 1인당 자본량과 소득이 높아진다. 여기서 감가상각률이 변한다는 가정은 다소 비현실적이므로 저축률과 인구증가율의 변화가 미치는 효과만을 살펴보기로 한다.

(1) 저축률의 변화

저축률이 상승하였다고 해 보자. 저축률이 s_1인 경우에서 경제가 균제상태에 도달하였다고 하고, 그때의 자본량이 k_1^*라고 하자. 저축률이 s_1에서 s_2로 증가하면 $sf(k)$곡선이 **그림 22-4**에서와 같이 위로 이동한다. 초기의 자본량 k_1^* 수준에서 $sf(k_1^*) > (n+\delta)k_1^*$이므로 1인당 자본이 순증가하며 궁극적으로 새로운 균제상태의 자본량인 k_2^*에 도달하게 된다.

솔로우모형에서는 저축률이 균제상태의 자본량을 결정하는 데 핵심적인 역할을 한다. 한 경제의 저축률이 높으면 자본량이 크고 그에 따라 생산도 많아지며, 저축률이 낮으면 자본량이 작고 그에 따라 생산도 작아진다. 저축률이 낮은 상태에 있다가 증가하면, 자본축적으로 경제가 빠르게 성장한다. 물론 고성장은 새로운 균제상태에 도달하기 이전까지만 가능하다. 다시 새로운 균제상태에 도달하면 아무리 저축률이 높다고 해도 높은 수준의 소득을 유지할 수 있을 뿐, 1인당 소득으로 측정한 경제성장은 멈추게 된다. 물론 균제상태에서도 경제 전체적으로는 인구증가율만큼 성장할 수 있다.

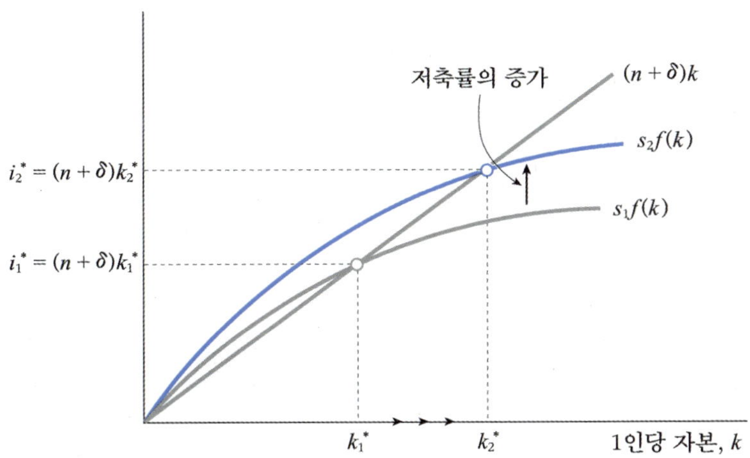

그림 22-4 저축률 증가의 효과

저축률이 s_1에서 s_2로 증가하면 $sf(k)$곡선이 위로 이동한다. 초기의 자본량 k_1^* 수준에서 $sf(k_1^*) > (n+\delta)k_1^*$이므로 1인당 자본이 순증가하며, 궁극적으로 새로운 균제상태의 자본량인 k_2^*에 도달하게 된다.

(2) 인구증가율의 변화

식 (22.9)에 따르면 인구증가율이 증가하면 균제상태에서의 1인당 자본은 감소한다. **그림 22-5**에는 인구증가율 증가의 효과가 나와 있다. 인구증가율이 n_1에서 n_2로 증가하면 $(n+\delta)k$선이 위로 이동하고, 균제상태에서의 1인당 자본량은 k_1^*에서 k_2^*로 감소한다.

솔로우모형에서 인구증가율의 역할은 양면성을 띤다. 인구증가율의 긍정적 효과는 균제상태에 도달할지라도 지속적인 성장을 가능하게 한다는 점이다. 비록 1인당 소득은 정체한다 하더라도, 가령 인구증가율이 0%인 국가는 국가 전체의 경제규모 역시 정체하지만, 인구증가율이 1%인 국가는 매년 1%씩 성장할 수 있다. 부정적인 효과는 **그림 22-5**의 경우처럼 인구증가율이 증가하는 경우에 1인당 자본량과 소득 수준이 낮아진다는 것이다. 가난한 국가일수록 대체로 인구증가율이 높다는 사실은 솔로우모형의 예측과 부합하는 측면이 있다. 인구증가율이 높은 경우에 1인당 자본의 양을 높은 수준으로 유지하기 어렵기 때문이다.

그림 22-5 인구증가의 효과

인구증가율이 n_1에서 n_2로 증가하면 $(n+\delta)k$선이 위로 이동하고, 균제상태에서의 1인당 자본량은 k_1^*에서 k_2^*로 감소한다. 인구증가율이 상대적으로 높으면 1인당 자본과 소득 수준이 낮아진다.

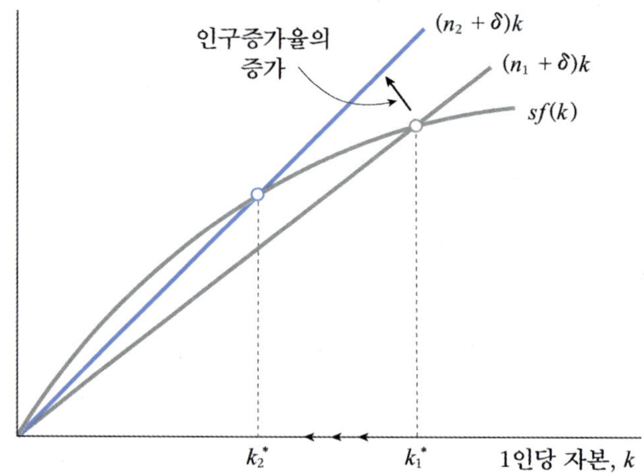

22-3 소득격차이론으로서의 솔로우모형

(1) 균제상태에서의 비교

앞의 **그림 22-4**에서는 저축률의 증가가 균제상태의 1인당 소득을 증가시키는 것을 보여주었다. 여기서 콥-더글러스 생산함수를 이용하면 균제상태 간의 비교가 수월해진다. $Y=AK^{\alpha}L^{1-\alpha}$인 콥-더글러스 생산함수의 양변을 L로 나누어 1인당 생산함수로 전환하면 $y=Ak^{\alpha}$가 된다. 균제상태에서의 1인당 자본량을 구하기 위해 식 (22.9)를 이용해 보자.

$$sAk^{\alpha}-(n+\delta)k=0 \tag{22.11}$$

이 식을 k에 대해 풀면 다음과 같이 균제상태의 1인당 자본을 구할 수 있다.

$$k^* = \left(\frac{sA}{n+\delta}\right)^{\frac{1}{1-\alpha}} \tag{22.12}$$

균제상태의 1인당 자본을 1인당 생산함수에 대입하면 다음과 같이 균제상태에서의 1인당 소득을 구할 수 있다.

$$y^* = Ak^{*\alpha} = A\left(\frac{sA}{n+\delta}\right)^{\frac{\alpha}{1-\alpha}} = A^{\frac{1}{1-\alpha}}\left(\frac{s}{n+\delta}\right)^{\frac{\alpha}{1-\alpha}} \tag{22.13}$$

이 식을 통해 국가 간의 소득격차를 설명해 볼 수 있다. 계산과 논의를 단순화하기 위해 어떤 두 국가가 다른 모든 계수들은 동일한데, 저축률만 다르다고 해 보자. 균제상태에서 제1국의 1인당 소득이 y_1^*, 제2국의 1인당 소득이 y_2^*라고 하고, 각국의 저축률이 각각 s_1과 s_2라고 할 때 두 국가의 1인당 소득의 비율은 다음과 같이 나타내어진다.

$$\frac{y_1^*}{y_2^*} = \left(\frac{s_1}{s_2}\right)^{\frac{\alpha}{1-\alpha}}$$

이 관계식을 이용하면 두 국가의 소득격차를 정량화할 수 있다. 제1국의 투자율이 40%, 제2국의 투자율이 10%라고 하고, 자본소득 분배율 α가 1/3이라고 하면 $\frac{y_1^*}{y_2^*} = (4)^{\frac{1}{2}} = 2$가 되므로 투자율이 높은 제1국의 1인당 소득은 제2국의 두 배가 된다는 것을 알 수 있다.

(2) 균제상태로 가는 과정에서의 비교

균제상태 간의 비교도 중요하지만, 균제상태 이전에서 출발한 국가가 균제상태로 수렴(convergence toward the steady state)하는 과정에서 어떤 특징을 보이는가도 중요하다. 가장 중요한 것은 자본의 축적이므로 저축과 투자를 빠르게 증가시키는 나라의 성장률이 더 높다는 점이다. 예를 들어, 소득 수준은 같지만 저축률이 다르다면 저축률이 높은 나라의 성장률이 더 높을 것이다.

만약 저축률은 동일하지만 소득 수준이 서로 다르면 어떻게 될 것인가? 이 경우에는 소득이 작은 국가의 성장이 더 빠르다. 솔로우모형이 가정하고 있는 한계생산 체감의 법칙 때문에 1인당 자본과 소득 수준이 낮은 상태에서의 한계생산성이 더 크므로, 소득이 작은 국가의 성장률이 더 높다. 다른 조건이 일정할 때 소득이 높은 국가는 한계생산성이 낮기 때문에 천천히 성장하게 된다. 선진국으로 갈수록 대체로 성장률이 낮아지는 것을 관찰할 수 있는데, 이는 솔로우모형의 예측과 부합한다.4)

22-4 황금률

이상에서는 생산함수와 저축률, 인구증가율, 감가상각률 등 몇 가지 주어진 조건을 이용해 경제가 자연스럽게 균제상태에 도달하는 과정을 묘사하였다. 주어진 조건에 따라 국가마다 다른 균제상태에 도달할 수 있는데, 여러 가지 균제상태 중 어느 것을 선택할 것인가, 즉 어떠한 균제상태가 가장 바람직한가 하는 문제는 생각하지 않았다.

이제 한 경제가 저축률을 임의로 결정할 수 있다고 가정해 보자. 주어진 조건들 가운데 생산함수, 인구증가율, 감가상각률은 정책적으로 쉽게 바꿀 수 있는 것이 아니므로 고정되어 있다고 본다. 물론 한 경제의 저축률도 정책적으로 쉽게 바꿀 수 있는 성질의 것은 아니지만, 여러 정책을 통해 정책당국이 저축률에 영향을 미칠 수 있다고 해 보자. 주어진 조건 하에서 저축률을 임의로 조절할 수 있다면 균제상태도 임의로 조절할 수 있게 된다.

그러면 어떤 기준을 가지고 최적의 균제상태를 선택할 것인가? 무엇보다 사람들은 여러 가지 균제상태 가운데 자신들의 소비가 극대화되는 상태를 가장 선호할 것이다. 만약 정책당국에 의해 저축률이 조정되어 여러 균제상태 가운데 소비가 극대화되는 균제상태에 도달할 수만 있다면, 그것이 가장 바람직할 것이다. 자본축적의 황금률(the golden rule of capital accumulation)이란 바로 소비가 극대화되는 균제상태를 말하며, 그때의 자본량을 k_g^*로 표기하기로 하자.

4) 여기서 다른 조건이 일정하다는 뜻은 저축률, 인구증가율, 인적자본의 수준 등 경제성장의 주요 요인들을 통제하고 분석하는 것을 의미한다. 이러한 경우에 초기소득 수준이 낮은 국가의 성장률이 높게 나오게 되는데 이를 조건부 수렴(conditional convergence)이라고 한다. 미국의 경제학자 배로(R. Barro)는 경제성장요인들을 통제할 경우에는 국가 간 수렴속도가 약 2%이나, 그렇지 않을 경우에는 수렴의 증거를 발견할 수 없었다.

그러면 자본축적의 황금률 k_g^*를 어떻게 찾을 수 있을까? 이를 찾기 위해서는 우선 경제가 균제상태에 놓여 있는 경우를 모아 놓고, 그 중에서 소비 수준을 가장 크게 만드는 자본축적 수준을 고르면 된다. 1인당 소득이 $y=c+i$이므로 1인당 소비는

$$c=y-i$$

이다. 여기서 $y=f(k)$이고 $i=sf(k)$이며, 균제상태에서 $sf(k^*)=(n+\delta)k^*$이므로 균제상태에서의 1인당 소비 c^*는 다음과 같이 표현된다.

$$c^*=f(k^*)-(n+\delta)k^* \tag{22.14}$$

식 (22.14)를 볼 때, c^*는 k^*에 따라 증가할 수도 감소할 수도 있으므로 자본축적의 황금률을 찾는 문제는 c^*를 극대화하는 k^*를 찾는 문제이다. **그림 22-6**은 생산량 $f(k^*)$와 자본감소분 $(n+\delta)k^*$를 각각 도시하고 있는데, 그림상으로 소비는 그 차이가 된다(그림의 횡축이 k가 아니고 k^* 임에 주의하라).

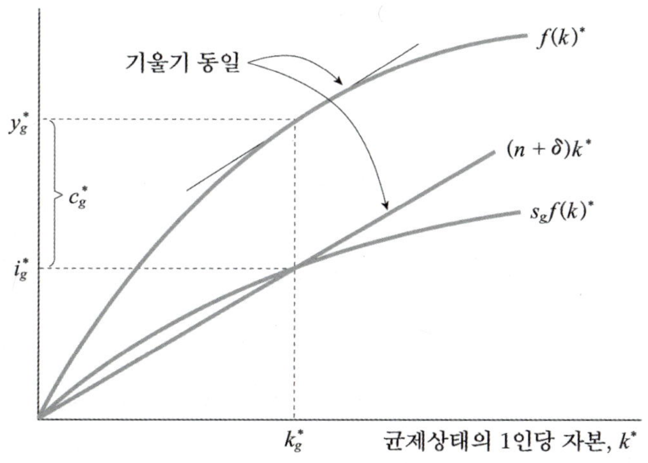

그림 22-6 자본축적의 황금률

그림의 횡축은 균제상태에서의 1인당 자본이므로 종축의 $f(k^*)$는 그에 상응하는 균제상태의 1인당 생산량이다. 균제상태에서 1인당 소비는 $c^*=f(k^*)-(n+\delta)k^*$이므로 $f(k^*)$의 기울기가 $(n+\delta)$와 같아질 때 소비가 극대화된다. 이때의 k_g^*를 자본축적의 황금률이라 하며, k_g^*를 가능하게 하는 저축률이 s_g이다. 저축률이 s_g보다 낮거나 높으면, 비록 균제상태를 달성한다고 해도 소비의 극대화를 이룰 수 없다.

여기서 황금률을 찾기 위한 방법으로 k^*를 조금씩 증가시켜 보자. 처음 단계에서는 $f(k^*)$의 기울기가 $(n+\delta)k^*$의 기울기, 즉 $(n+\delta)$보다 커서 $f(k^*)$가 $(n+\delta)k^*$

보다 더 크게 증가하므로 c^*가 증가한다. 만약 k^*가 계속 증가하여 $f(k^*)$의 기울기가 $(n+\delta)$와 같아지면 더 이상 c^*가 증가할 여지가 없어지며 소비는 극대화된다. 이때의 k_g^*를 자본축적의 황금률이라 하며, 그때의 소비 수준은 c_g^*로 표시할 수 있다.[5]

여기서 주의할 것은 경제가 자동적으로 황금률의 균제상태에 도달하는 것은 아니라는 것이다. 황금률의 상태에 도달하기 위해서는, 저축률 s를 그렇게 되도록 정해주어야 한다. 만약 저축률이 이 수준(s_g)보다 낮으면 자본축적 수준은 황금률 수준 k_g^*보다 작고, 저축률이 s_g보다 높으면 자본축적 수준은 k_g^*보다 커져서 소비의 극대화를 이룰 수 없다.

황금률 논의가 주는 교훈 중의 하나는 저축률이 높고 자본축적이 많이 된다고 무조건 좋은 것은 아니라는 점이다. 저축률이 낮으면 자본과 생산이 적어 소비도 적어진다. 그러나 저축률이 너무 높으면, 생산량은 많지만 저축하고 남은 소비가 적어지는 문제가 있다. 한 경제의 후생(welfare) 수준을 1인당 소득이 아닌 1인당 소비로 본다면 황금률은 매우 중요한 의미를 가진다.

부록 고령화와 경제성장률

인구증가율이 높은 빈국들의 경우는 인구를 억제하는 정책이 1인당 소득 수준, 즉 1인당 복지 수준을 높이는 데 도움이 될 것이다. 그러나 인구증가율이 낮은 수준으로 안정된 국가들은 굳이 출산을 억제하는 정책을 펴지는 않는다. 오히려 출산을 장려하는 정책을 쓰는 경향이 있다. 그 이유는 고령화 현상과도 관계된다. 특히 우리나라는 저출산 · 고령화가 급속히 진행되고 있다. 만약 솔로우모형을 그대로 따른다면 이는 1인당 소득을 증가시키는 데 긍정적일 것이다. 그러나 문제는 그렇게 간단하지 않다. 총인구 가운데 근로자의 수가 더 중요하기 때문이다.

총인구를 L, 근로연령(working age)에 속한 인구를 L_W라고 하면 1인당 소득은 다음과 같이 표현될 수 있다.

5) 수학적으로 $c^* = f(k^*) - (n+\delta)k^*$를 극대화하는 방법은 c^*를 k^*에 대해 미분하여 도함수를 0으로 놓으면 되므로, 황금률 k_g^*는 $dc^*/dk^* = f'(k^*) - (n+\delta) = 0$, 즉 $f'(k^*) = n+\delta$를 만족시킨다.

$$\frac{Y}{L} = \frac{Y}{L_W} \cdot \frac{L_W}{L} \qquad (22A.1)$$

여기서 $\frac{Y}{L_W}$는 근로연령인구 1인당 소득이고 $\frac{L_W}{L}$는 총인구에서 근로연령인구가 차지하는 비율이다.[6)]

근로연령인구 1인당 소득을 y_W라고 하고, 총인구에서 근로연령인구가 차지하는 비율을 l_W라고 하면 식 (22A.1)은 $y = y_W \cdot l_W$가 되는데, 이를 증가율로 바꾸면 다음과 같다.

$$\hat{y} = \hat{y}_W + \hat{l}_W \qquad (22A.2)$$

즉, 1인당 소득증가율($\hat{y}$)은 근로자 1인당 소득증가율($\hat{y}_W$)에다 근로연령비율의 증가율($\hat{l}_W$)을 더한 것이다. 고령화가 진행되는 경우에 $\hat{l}_W$의 값은 마이너스가 되는데, 만약 근로자 1인당 소득증가율이 0이라면 1인당 소득증가율 또한 마이너스가 된다. 즉, 1인당 소득이 감소하는 것이다. 따라서 솔로우모형의 예측처럼 인구증가율의 감소가 1인당 소득을 증가시킬 수 있다고 하여도, 인구증가율의 감소가 고령화와 함께 진행된다면 1인당 소득이 감소할 수도 있는 것이다.

6) 여기서 근로연령인구는 경제활동인구라고도 하는데, 보통 15~64세 인구 또는 20~64세 인구로 정의된다.

제23장 기술진보와 솔로우모형

기술진보를 명시적으로 고려하지 않았던 솔로우 기본모형에서 경제성장의 원동력은 자본축적이었다. 그러나 경제가 균제상태에 도달하면 1인당 자본은 더 이상 증가하지 않고 경제는 인구증가율(n)만큼만 성장한다. 인구증가율이 0%인 사회는 성장률도 0%이다. 따라서 솔로우 기본모형은 경제성장의 과정을 잘 묘사하고 있지만 다른 한편으로는 다소 암울한 결론을 내포하고 있다.

23-1 일시적 기술진보의 효과

자본축적 이외의 경제성장의 원동력은 기술진보(technological progress)이다. 이상의 논의에서는 한 경제가 보유하고 있는 생산기술에 변함이 없다고 하였다. 기술이 진보하도록 하는 데에는 여러 가지 요인이 있겠으나, 기술진보란 결국 같은 양의 생산요소를 투입하였을 때 이전보다 더 많은 산출물을 생산한다는 뜻이다. 즉, 한 경제가 보유하는 생산함수가 개선되는 것을 의미하며, 이는 생산함수가 위로 이동하는 것으로 나타난다.

예를 들어, **그림 23-1**에서 최초의 생산함수가 $y=f_1(k)$였다면 기술진보에 의해 새로운 생산함수는 $y=f_2(k)$로 개선된다. 같은 양의 k로 더 많은 산출물을 생산해 내므로 생산함수가 위로 이동하는 것이다. 1인당 생산함수가 위로 이동하면서 1인당 저축곡선도 $sf_1(k)$에서 $sf_2(k)$로 이동한다. 최초의 자본량이 균제상태의 k_1^*라면 기술진보에 의해 같은 k_1^*를 갖고 이전보다 더 많이 생산하게 되므로 저축률이 이전과 같아도 1인당 저축과 자본의 양이 증가한다. 이러한 과정이 계속되다가 새로운 균제상태에 도달하면서 1인당 자본은 k_2^*에서 멈추게 된다.

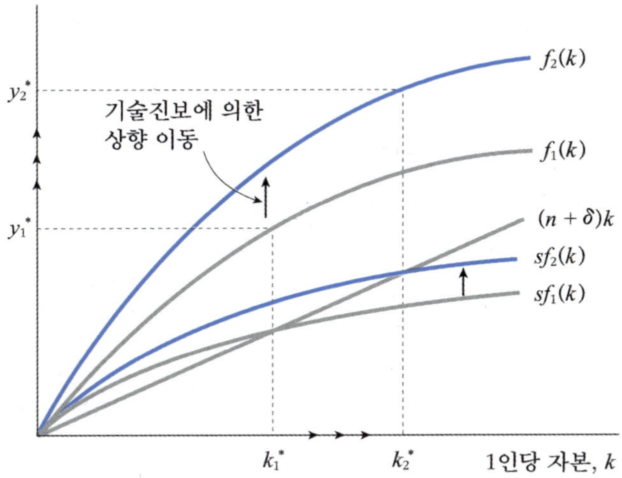

그림 23-1 일시적 기술진보의 효과

최초의 생산함수가 $y=f_1(k)$였다면 기술진보에 의해 새로운 생산함수는 $y=f_2(k)$로 개선된다. 1인당 저축곡선도 $sf_1(k)$에서 $sf_2(k)$로 이동한다. 새로운 균제상태에 도달하면서 1인당 자본은 k_2^*에서 멈추게 된다.

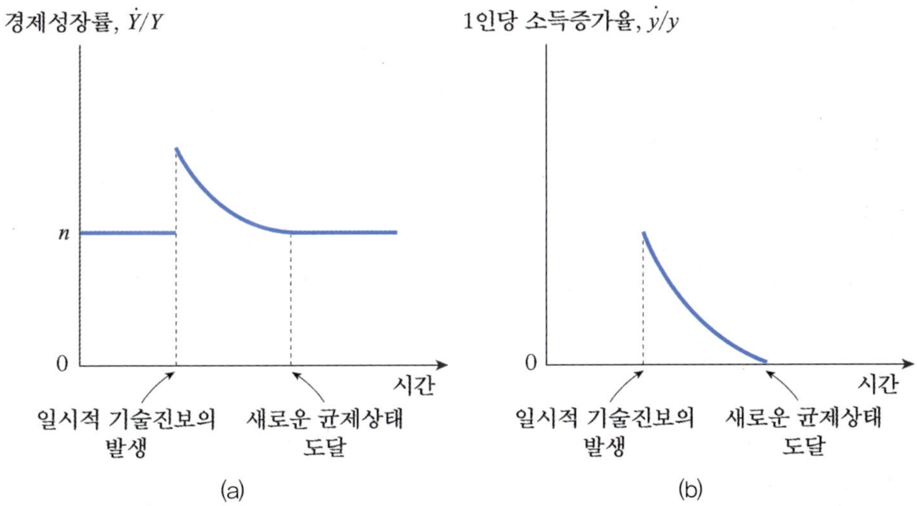

그림 23-2 일시적 기술진보로 인한 소득증가율의 시간경로

그림 (a)는 기술진보의 발생으로 경제성장률이 인구증가율 n을 넘어서지만, 성장률이 점차 감소하면서 다시 새로운 균제상태에 도달하면 다시 인구증가율로 돌아오는 것을 보여준다. 그림 (b)는 기술진보 발생으로 1인당 소득증가율이 0을 넘어서지만, 증가율이 점차 감소하면서 다시 새로운 균제상태에 도달하면 1인당 소득이 다시 정체함을 보여준다.

그림 23-2는 일시적 기술진보가 발생했을 때 새로운 균제상태에 도달하는 과정에서 소득증가율이 어떻게 변해 가는가를 보여주고 있다. 그림 (a)는 기술진보의 발생으로 경제성장률이 인구증가율 n을 넘어서지만, 성장률이 점차 감소하면서 다시 새로운 균제상태에 도달하면 다시 인구증가율로 돌아오는 것을 보여준다. 그림 (b)는 기술진보 발생으로 1인당 소득증가율이 0을 넘어서지만, 증가율이 점차 감소하면서 다시 새로운 균제상태에 도달하면 1인당 소득이 다시 정체함을 보여준다. 즉,

일시적 기술진보가 발생하면 새로운 균제상태에 도달하기 전까지만 1인당 소득이 증가한다.

23-2 지속적 기술진보의 도입

솔로우모형을 살펴보면서 지금까지는 생산요소인 자본 · 노동과 산출량 사이의 관계는 변하지 않는다고 가정하였다. 기술진보는 이 관계를 변화시킨다. 그런데 기술진보가 일시적으로 그치는 것이 아니라 꾸준히 일어나면서 한 사회의 생산능력을 확장시켜 나가는 경우에는 어떻게 되겠는가?

기술진보를 가정하지 않은 솔로우모형의 균제상태에서, 생산은 단지 인구증가율만큼만 증가하고 1인당 소득은 정체된다. 그러나 이는 역사적 사실과 부합하지 않으며 대부분의 국가들에서 1인당 소득은 증가하여 왔다. 그러면 경제가 균제상태에 머무르더라도 1인당 소득이 꾸준히 증가하기 위해서는 어떠한 가정이 도입되어야 하는가? 솔로우는 노동의 효율성을 지속적으로 증가시키는 기술진보를 가정함으로써 이 문제를 풀어냈다.

기술진보를 생산함수에 도입하는 방식은 다양하다. 성장회계를 다룰 때처럼 생산함수를 $Y = AF(K,\ L)$로 가정하면 A가 바로 생산성 또는 기술진보를 나타내는 계수이며, 자본과 노동의 생산성에 동시에 영향을 미친다는 점에서 총요소생산성이라고 부른다.[1] 그러나 솔로우는 기술진보를 도입할 때 식 (21.6) 대신 생산함수를 다음과 같이 가정하였다.

$$Y = F(K,\ AL) \tag{23.1}$$

위 식에서의 A는 총요소생산성이 아니라 노동의 효율성(efficiency of labor)을 나타낸다. 같은 양의 노동 L을 투입하더라도 A값이 커지면 생산량이 늘어나기 때문이다. 또한 AL은 노동량 또는 노동자의 수 L과 노동의 효율성 A를 함께 고려하여

1) 생산함수를 $Y = AF(K,\ L)$로 정의하고 A값이 점차 커지는 형태의 기술진보를 힉스 중립적(Hicks neutral) 기술진보라고 부르기도 한다. 힉스는 자본-노동의 비율이 일정하다는 전제 하에서 기술진보 문제를 다루었는데, 자본-노동의 비율이 일정할 때 자본과 노동의 한계생산성은 모두 A에 비례한다. 콥-더글러스 생산함수를 가정하면 이를 쉽게 확인해 볼 수 있다.

측정된 효율노동(efficient labor)을 의미한다.

노동의 효율성이 증가하면 실제로 노동이 증가한 것과 같은 효과를 낸다. 기술진보를 도입하면서 이와 같이 다소 추상적인 개념을 도입하는 이유는 위 생산함수가 1인당 소득 $\frac{Y}{L}$ 와 1인당 자본스톡 $\frac{K}{L}$ 는 계속 증가하여 왔는데 자본계수 $\frac{K}{Y}$ 는 대체로 일정하다는 역사적 사실을 보다 잘 반영하기 때문이다. 1인당 소득은 $\frac{Y}{L} = \frac{Y}{K} \cdot \frac{K}{L}$ 와 같이 분해되므로 자본계수가 일정할 때 1인당 소득은 1인당 자본과 같은 속도로 증가하며, 노동의 효율성 또한 같은 속도로 증가하게 된다.[2)]

노동의 효율성 A에 대한 가장 단순한 가정은 A가 일정한 증가율 g로 증가한다는 것이다. 예를 들어, $g=0.02$인 경우에 실제의 노동 L의 각 단위는 매년 2%씩 더 효율적이 되는데, 이는 마치 노동력이 2% 증가한 것과 같은 효과를 가져오기 때문이다. 이와 같이 노동의 효율성이 증가하는 형태로 기술진보를 가정하는 것을 노동증가형(labor augmenting) 기술진보라고 한다. 노동 L은 n율로, 노동 1단위당 효율성은 g율로 증가한다면 효율노동 AL은 $n+g$율로 증가한다.

23-3 기술진보를 고려한 솔로우모형

기술진보를 노동증가형으로 나타내어 노동을 L이 아닌 효율노동 AL의 관점에서 바라보면 이전과 유사한 방법으로 기술진보 하의 솔로우모형을 도출할 수 있다. 단, 경제를 노동 1단위가 아닌 효율노동 1단위의 관점에서 분석해야 하므로 지금까지의 표기를 다소 수정해야 한다. 이제 $k=\frac{K}{AL}$ 는 1인당 자본이 아니라 효율노동 1단위당 자본이며, $y=\frac{Y}{AL}$ 는 1인당 산출이 아니라 효율노동 1단위당 산출이다. 노동의 효율성 A를 1로 가정하면 k와 y는 이전의 정의와 같은 것이므로 이러한 표기가 완전히 새로운 것은 아니다. 그러나 노동의 효율성 A가 변할 경우에는 k와 y가 실제의 1인당 자본이나 소득을 뜻하는 것이 아니라는 점에 유의해야 한다.

전과 같은 방식을 적용하여 기술진보를 가정한 솔로우모형의 균제상태를 도출해

2) 생산함수가 $Y=K^{\alpha}(AL)^{1-\alpha}$와 같이 콥-더글러스 형태인 경우를 살펴보자. 여기서 자본계수는 $\frac{K}{Y}=\frac{K}{K^{\alpha}(AL)^{1-\alpha}}=\left(\frac{K}{AL}\right)^{1-\alpha}=\left(\frac{1}{A}\cdot\frac{K}{L}\right)^{1-\alpha}$ 가되므로, 1인당 자본 $\frac{K}{L}$와 노동의 효율성 A가 같은 속도로 증가하면 자본계수 $\frac{K}{Y}$가 일정하게 유지된다.

보자. 식 (23.1)에 규모에 대한 수익 불변을 가정하면 총생산함수를 다음과 같이 효율노동 1단위당 생산함수로 전환할 수 있다. 자본과 노동을 각각 $\frac{1}{AL}$ 배만큼 증가시키면 생산량도 $\frac{1}{AL}$ 배가 된다.

$$\frac{Y}{AL} = F\left(\frac{K}{AL},\ 1\right) \tag{23.2}$$

식 (23.2)는 효율노동 1단위당 산출물 $\frac{Y}{AL}$ 가 효율노동 1단위당 자본량 $\frac{K}{AL}$ 의 함수라는 것을 나타낸다. 이제 효율노동 1단위당 산출과 자본을 소문자로 바꾸어 쓰면, 효율노동 1단위당 생산함수를 다음과 같이 표현할 수 있다.

$$y = f(k) \tag{23.3}$$

즉, $f(k) = F(k, 1)$로 정의하는 것이다.

이제 효율노동 1단위당 자본의 축적에 대해 살펴보자. 경제 전체의 자본축적은 다음과 같이 경제 전체의 투자와 감가상각(depreciation)에 의해 결정된다.

$$\dot{K} = I - \delta K = sY - \delta K \tag{23.4}$$

경제 전체의 자본축적 식인 식 (23.4)는 기술진보의 가정 여부와는 상관없이 동일하다. 총자본의 증가율 역시 동일한데, 식 (23.4)의 양변을 K로 나누어 주면 된다.

$$\frac{\dot{K}}{K} = \frac{I}{K} - \delta = s\frac{Y}{K} - \delta \tag{23.5}$$

효율노동 1인당 자본 $k = \frac{K}{AL}$ 의 증가율은

$$\frac{\dot{k}}{k} = \frac{\dot{K}}{K} - \frac{\dot{A}}{A} - \frac{\dot{L}}{L}$$

인데 $g = \frac{\dot{A}}{A}$ 를 기술진보율, $n = \frac{\dot{L}}{L}$ 를 인구증가율로 정의하면,

$$\frac{\dot{k}}{k} = \frac{\dot{K}}{K} - g - n$$

이다. 여기에 식 (23.5)를 대입하면 $\frac{\dot{k}}{k} = s\frac{Y}{K} - \delta - g - n$이 되고, $\frac{Y}{K} = \frac{y}{k}$ 이

므로 효율노동 1단위당 자본의 증가율은 다음과 같아진다.

$$\frac{\dot{k}}{k} = s\frac{y}{k} - (n+\delta+g) = \frac{sf(k)}{k} - (n+\delta+g) \tag{23.6}$$

또한 양변에 k를 곱해 주면 효율노동 1인당 자본의 순증가분에 대하여 다음과 같이 표현된다.

$$\dot{k} = sy - (n+\delta+g)k = sf(k) - (n+\delta+g)k \tag{23.7}$$

식 (23.7)은 효율노동 1인당 자본의 축적을 나타내는 식이다. 효율노동 1단위를 일정하게 유지하기($\dot{k}=0$) 위한 투자(= 저축, $sf(k)$)에는 세 가지 항목이 포함된다. 즉, 새로운 노동자에게 공급하는 nk, 감가상각된 자본을 대체하는 δk, 그리고 "기술진보로 창출된 효율적 노동자"에게 공급하는 gk가 필요하다. 여기서 처음 두 항인 $(n+\delta)k$는 인구증가와 감가상각으로 인해 감소하는 부분을 보전하는 것인 반면, gk는 기술진보에 의해 가상적으로 증가하는 효율적 노동자에게 제공되는 부분이다.

그림 23-3은 기술진보가 도입된 솔로우모형에서의 균제상태를 도시하고 있다. 기술진보를 포함시켜도 균제상태를 분석하는 틀은 변하지 않는다. 단, 기술진보가 도입된 솔로우모형에서는 효율노동 단위로 분석하므로, 실제의 노동자 단위로 바꾸어 그 의미를 생각해 볼 필요가 있다.

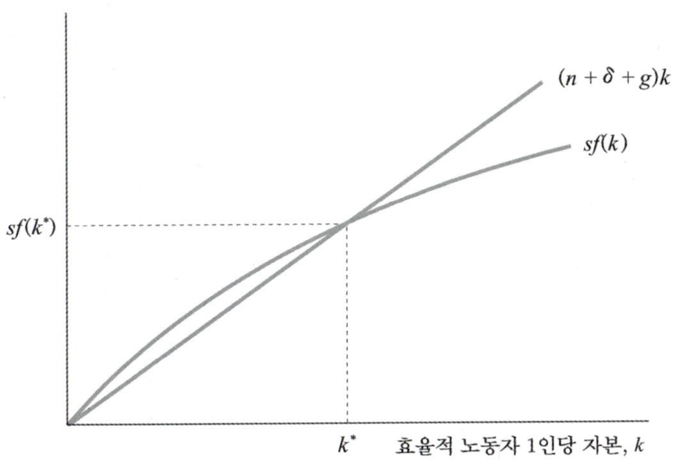

그림 23-3 지속적인 기술진보와 솔로우 성장모형

그림에서 k는 효율노동 1단위당 자본의 양이며, $sf(k)$는 효율노동 1단위당 투자이다. 경제가 균제상태에 있기 위해서는 투자 $sf(k)$가 인구증가와 감가상각으로 인한 k의 감소분($=(n+\delta)k$)과 기술진보에 의한 k의 감소분($=gk$)을 상쇄시켜야 한다.

그림 23–3의 균제상태($k=k^*$)에서는 효율노동 1단위당 자본과 생산량이 일정하다. 즉, $\frac{\dot{k}}{k}=0$, $\frac{\dot{y}}{y}=0$이다. 그런데 $\frac{\dot{k}}{k}=\frac{\dot{K}}{K}-\frac{\dot{L}}{L}-\frac{\dot{A}}{A}=\frac{(\dot{K/L})}{K/L}-g$이므로 균제상태에서 $\frac{(\dot{K/L})}{K/L}-g$이다. 또 $\frac{\dot{y}}{y}=\frac{\dot{Y}}{Y}-\frac{\dot{L}}{L}-\frac{\dot{A}}{A}=\frac{(\dot{Y/L})}{Y/L}-g$이므로 균제상태에서 $\frac{(\dot{Y/L})}{Y/L}-g$이다. 다시 말해 균제상태에서 1인당 자본$\left(\frac{K}{L}\right)$과 1인당 소득$\left(\frac{Y}{L}\right)$은 g율로 증가한다.[3]

기술진보를 고려하면 1인당 소득이 지속적으로 증가하는 현상을 설명할 수 있다. 기술진보를 가정하지 않은 경우에는 단지 균제상태에 도달하기 전까지만 1인당 소득이 증가할 수 있었다. 그러나 모형에 기술진보를 도입하면 균제상태에 도달한 이후에도 1인당 소득이 지속적으로 증가한다. 생활수준을 지속적으로 향상시키기 위해서는 저축에 의한 자본축적만으로는 한계가 있으며 오직 기술진보만이 그것을 가능하게 한다는 뜻이다.

23-4 경제성장에 대한 시사점

(1) 황금률에 의거한 저축률의 평가

기술진보를 도입하지 않은 모형에서 자본축적의 황금률은 1인당 소비를 극대화하는 균제상태였다. 기술진보를 도입하면 황금률의 기준도 수정되어야 하는데, 균제상태 가운데 효율노동 1단위당 소비가 극대화되는 수준으로 자본이 축적되어야 한다. 황금률 하에서의 효율노동 1단위당 소비(c^*)는 다음과 같다.

$$c^*=f(k^*)-(n+\delta+g)k^* \tag{23.8}$$

앞 장에서 소개한 것과 같은 논리로 다음의 조건 하에서 균제상태의 소비가 극대화된다.

---

3) 한편, 경제 전체의 성장률은 $\frac{\dot{Y}}{Y}=n+g$가 된다.

$$MP_K = n + \delta + g \qquad \text{또는} \qquad MP_K - \delta = n + g$$

즉, 황금률 하에서 감가상각을 제한 자본의 순한계생산물 $MP_K - \delta$는 총산출량의 증가율 $n + g$와 같다.

한 경제가 황금률의 균제상태에 있는지, 또는 그 위나 아래에 있는지 알아보려면 자본의 순한계생산물 $MP_K - \delta$와 경제성장률 $n + g$의 크기를 비교해 보면 된다. 한계생산 체감의 법칙이 작용하므로, $MP_K - \delta > n + g$이면 황금률 수준으로 도달하기 위해 저축률이 증가되는 것이 바람직하고, $MP_K - \delta < n + g$이면 저축률이 감소되는 것이 바람직하다.[4)]

(2) 경제성장 촉진정책

솔로우모형을 종합해 볼 때 우리는 경제성장의 요인이 저축에 의한 자본의 축적과 기술진보에 있음을 확인하였다. 그런데 한 경제의 저축률이란 개별경제 주체들의 저축과 소비 간의 합리적 선택의 결과로 결정되는 것이므로 정책당국에 의해 쉽게 변할 수 있는 성질의 것이 아니다. 저축을 증가시키기 위한 대표적인 정책수단은 이자소득세의 감면 등 자본에 대한 과세를 낮추어 저축을 유도하는 것이나, 많은 연구들은 그 효과가 크지 않다는 것을 보여주고 있다. 소비를 절약하고 저축을 장려하는 캠페인도 있을 수 있으나 장기적 효과는 별로 없을 것이다. 민간의 저축이 이처럼 쉽게 증가할 수 없다면 또 다른 방법은 정부저축을 늘리는 것인데, 이는 정부가 지출의 효율성을 높이고 소위 '작은 정부'를 지향하는 것이다.

따라서 경제성장정책의 핵심은 생산성의 증가 또는 기술진보에서 찾아야 하며, 대표적인 방법은 다음과 같다. 첫째, 사회간접자본(social overhead capital) 또는 경제의 하부구조(infrastructure)에 대한 투자를 확충하는 것이다. 고속도로, 항만, 공항, 정보통신 네트워크 등의 시설을 효과적으로 건설함으로써 경제 전체의 생산성을 향상시킬 수 있을 것이다. 물론 이러한 대규모 시설은 건설 및 관리가 비효율적으로 이루어질 소지가 많으나, 비효율성을 슬기롭게 극복한다면 경제의 공공자본으로서 생산성을 향상시키는 데 기여할 것이다. 둘째는 인적자본(human capital)에 대한 투자이다. 솔로우모형에서는 노동을 질적인 면에서 균일하다고 보았으나, 효율성의

---

4) 우리는 제4장과 21장의 부록에서 2019년도를 기준으로 우리나라 자본의 한계생산성(MP_K)을 계산해 본바 있다. 콥-더글러스 형태의 생산함수를 가정하였을 때, MP_K가 0.110($= \alpha\frac{Y}{K} = 0.440 \times 0.251$)이라는 숫자를 얻었는데, 감가상각률 6% 내외를 가정할 때 자본의 순한계생산이 0.05(5%) 정도라는 것을 의미한다. 따라서 경제성장률($n+g$) 3% 내외를 가정할 때 자본을 증가시킬 여지가 있으나 그리 크지 않다는 것을 말해준다. 물론 한국경제가 이미 '균제상태'에 도달하였는지에 대해서는 보다 세밀한 분석이 필요하다.

측면에서 볼 때 노동은 숙련도에서 큰 차이가 나게 마련이다. 교육 및 기타 수련과정을 통해 노동력의 질적 향상을 도모할 수 있다. 셋째는 연구개발(R&D) 투자에 대한 지원과 환경의 조성이다. 산학협동의 환경을 조성한다든지, 기초과학에 대한 연구비를 지원한다든지 하는 정책이 R&D 촉진정책에 속한다. 이 밖에 정부가 특정 산업을 선정하여 집중 지원하는 방법이 있다. 그러나 이는 주로 경제개발의 초기단계에서 사용하는 방식으로 경제의 규모가 커지고 정부의 역할보다는 시장기구의 역할이 중요해지는 시점에 도달하면 정책추진이 정당화되기 힘든 측면이 있다.

내생적 성장이론

제24장

솔로우모형에서 1인당 소득의 지속적인 성장은 기술진보에 의해 가능하지만, 단순히 기술진보를 가정한 것에 불과하여 그것이 어디에서 비롯되는지는 알 수 없었다. 따라서 경제성장의 과정을 완전히 이해하기 위해서는 기술진보 자체를 설명할 수 있는 모형이 필요하다. 이러한 시도를 하고 있는 최근의 연구들을 일컬어 내생적 성장이론(endogenous growth theory) 또는 신성장이론(new growth theory)이라고 한다. 여기서는 내생적 성장이론으로 분류될 수 있는 몇 가지 주요 모형을 살펴본다.

24-1 기본모형: AK 모형

사실 솔로우모형과 같이 수확체감의 법칙이 작용하는 표준적인 생산함수를 가정하면 지속적 성장을 설명하기 곤란한 측면이 있다. 특히 자본의 한계생산성이 체감하기 때문에 물적 자본축적에 의한 성장은 한계에 봉착한다. 물론 기술진보에 의해 문제가 해결되기는 하지만, 솔로우모형의 취약성은 기술진보가 단지 외생적으로 주어진다는 것이다. 이와 같은 문제를 회피하기 위해 르벨로(S. Rebelo)는 AK 모형을 제안한다. 이는 내생적 성장이론의 기본모형이라고 부를 수 있는 모형으로, 다음과 같이 매우 단순한 생산함수를 가정한다.

$$Y = AK \tag{24.1}$$

여기서 Y는 생산량, K는 자본량, A는 자본 1단위당 산출량을 나타내 주는 상수인데, 이 생산함수는 자본에 대해 수확체감 하는 성질을 갖고 있지 않다. 자본이 늘어나기만 하면 산출은 얼마든지 증가하는 것이다.

한편, 이전과 마찬가지로 소득의 일정 부분을 저축(=투자)한다면 시간이 흐름에 따라 자본축적은 다음과 같이 진행된다.

$$\dot{K} = sY - \delta K \tag{24.2}$$

자본량의 변화($\dot{K}$)는 투자(sY)에서 감가상각(δK) 부분을 제한 것과 같다. 식 (24.2)의 양변을 K로 나누면 $\frac{\dot{K}}{K} = s\frac{Y}{K} - \delta = sA - \delta$가 되는데, 생산함수로부터 $\frac{\dot{Y}}{Y} = \frac{\dot{K}}{K}$의 관계가 성립하므로 소득의 증가율은 다음과 같아진다.

$$\frac{\dot{Y}}{Y} = \frac{\dot{K}}{K} = sA - \delta \tag{24.3}$$

이 식에 따르면 $sA > \delta$이면 외생적 기술진보를 가정하지 않더라도 소득이 지속적으로 증가할 수 있다. 인구증가율이 n일 때 1인당 소득$\left(\frac{Y}{L}\right)$의 증가율은 $\frac{\dot{Y}}{Y} - n$이므로, 1인당 소득의 증가율은 다음과 같다.

$$\frac{\dot{y}}{y} = \frac{\dot{Y}}{Y} - n = sA - (n + \delta) \tag{24.4}$$

따라서 $sA > n + \delta$이면, $\frac{\dot{y}}{y} > 0$가 되어, 1인당 소득도 영원히 증가할 수 있다. 즉, 외생적인 기술진보에 대한 가정을 도입하지 않더라도 저축률(투자율)이 일정 수준으로 유지되기만 하면 지속적 성장이 가능한 것이다.

그러나 실제 생산함수가 이렇게 단순한 형태를 하고 있는가? 또한 1인당 자본이 무한히 증가할 수 있겠는가? 자본에 대한 수확체감의 가정을 포기할 수 있는가? 당연히 이러한 의문들이 제기될 수 있다. 이에 대한 대답은 생산함수 $Y = AK$에서 자본 K를 어떻게 해석하는가에 달려 있다. 여기서 K를 공장이나 기계설비 등 물적자본으로 간주하면 수확체감의 법칙을 가정하는 것이 당연하겠지만, 내생적 성장을 지지하는 사람들은 K를 폭넓게 해석한다.

가장 좋은 예는 K 안에 물적자본뿐만 아니라 지식(knowledge)이 포함된다고 보고 지식을 자본의 한 형태로 간주하는 것이다. 지식은 재화와 용역의 생산에 필요한 중요 요소일 것이다. 그런데 이러한 지식자본(knowledge capital)에 대해 수확체감의 법칙이 작용한다고 가정하는 것은 자연스럽지 않다. 사실 과학기술의 놀라운 발전을 생각할 때, 지식에 대해서는 도리어 수확체증의 법칙이 작용한다고 해도 과언이 아니다. 따라서 지식을 자본의 한 형태로 본다면 지식자본을 포함하는 포괄적 의미의 자본에 대해 수확불변의 가정을 하는 것이 이상하지 않으며, 오히려 장기적인 성장을 설명하는 데 더 적합할지 모른다.

24-2 인적자본의 역할: 루카스모형

AK 모형이 내생적 성장이론의 가장 간단한 예이지만 내생적 성장이론은 이보다 훨씬 복잡한 형태로 진전되었다. 루카스(R. Lucas)는 성장의 원동력으로서 인적자본(human capital)의 역할을 강조하였다. 인적자본이 단순노동과 다른 점은, 인적자본은 비용을 수반하는 투자를 통해 축적된다는 것이다.

루카스 인적자본모형의 구조를 간략히 설명하면 다음과 같다. 루카스의 생산함수에는 인적자본이 명시적으로 포함되며 경제에는 두 종류의 자본, 즉 물적자본(K)과 인적자본(H)이 존재한다. 이 두 종류의 자본은 단순노동(L)과 결합하여 다음과 같이 최종재화를 생산해 낸다.

$$Y = F(K, H, AL) = K^{\alpha} H^{\beta} (AL)^{1-\alpha-\beta}, \alpha, \ \beta > 0, \alpha + \beta < 1 \quad (24.5)$$

물적자본과 인적자본은 각각 소득의 일부가 투자됨으로써 다음과 같이 축적된다.

$$\dot{K} = s_K Y, \quad \dot{H} = s_H Y \quad (24.6)$$

한편, 단순노동은 솔로우모형에서와 같이 인구증가율(n)에 따라 증가하며, 단순노동의 효율성(A)도 시간이 흐름에 따라 일정한 율(g)로 증가한다.

$$\dot{L} = nL, \quad \dot{A} = gA \quad (24.7)$$

루카스 인적자본모형에서 내생적 성장이 가능한 이유는 소득에 비례하여 인적자본이 증가하고, 그것이 물적자본 및 단순노동의 생산성을 지속적으로 향상시키기 때문이다. 이상과 같은 모형의 구조에서 균제상태를 도출하는 것은 이 책의 수준을 넘어선다. 다만, 균제상태에서의 성장률에 물적자본과 인적자본에 투자되는 생산량의 비중인 s_K와 s_H가 영향을 미치게 될 것이라는 점은 분명하다.

24-3 지식자본의 역할: 로머의 R&D 모형

루카스의 인적자본모형이 자본을 물적자본과 인적자본 두 종류로 구분한 반면, 로머(Romer)는 경제 내의 노동력을 두 종류로 구분한다. 솔로우모형의 기술진보 계수 A를 지식으로 보고 노동력의 일부가 지식을 생산하는 데 투입된다고 가정하는 것이다. 즉, 노동(L)은 최종재 생산인력(L_Y)과 지식을 생산하는 R&D 인력(L_A)으로 나누어진다. 경제의 물적자본(K)과 최종재 생산인력, 그리고 지식(A)이 결합되어 다음과 같이 최종재가 생산된다.

$$Y = F(K,\ AL) = K^{\alpha}(AL_Y)^{1-\alpha}, \quad 0 < \alpha < 1 \tag{24.8}$$

물적자본의 축적과 인구증가에 대한 가정은 솔로우모형과 같으나, 노동력이 분리되는 것이 특징적이다.

$$\dot{K} = sY - \delta K,\ \ \frac{\dot{L}}{L} = n,\ L = L_A + L_Y \tag{24.9}$$

한편, 지식 A는 R&D 인력 L_A에 의해 생산되지만, 기존의 지식스톡이 얼마나 많은가에도 영향을 받는다. 즉, 다음과 같이 R&D 인력의 투입과 기존의 지식스톡이 많을수록 지식의 축적이 빠르게 일어난다.

$$\dot{A} = A(L_A,\ A) \tag{24.10}$$

기존의 지식스톡(A)이 새로운 지식($\dot{A}$)의 창출에 도움을 준다는 것은 뉴턴(Newton)의 "내가 다른 사람보다 더 멀리 보게 된 것은 거인의 어깨 위에 서 있었기(standing on shoulders) 때문이다."라는 말로 잘 대변된다.

로머모형의 균제상태를 도출하는 것은 이 책의 수준을 넘어서지만, 직관적인 설명은 가능하다. 지식 생산함수인 식 (24.10)에 적절한 가정을 도입하면 균제상태에서의 성장률을 도출할 수 있는데, R&D 인력의 증가율이 높을수록, 지식이 효율적으로 생산될수록, 그리고 기존 지식의 지식 창출효과가 높을수록 균제상태에서의 성장률이 높아진다. 결국 로머모형은 R&D 인력에 의한 지식의 생산이라는 아이디어를 도입하여 솔로우모형에서의 기술진보를 내생화함으로써, 경제가 지속적으로 성

장할 수 있는 가능성에 희망을 주었다.[1)]

1) 또한 솔로우모형에서는 인구증가율이 높으면 1인당 소득 수준이 낮아지지만, 로머모형에서는 인구증가에 비례하여 R&D 인력이 증가하는 한 인구증가가 소득 수준을 향상시킨다.

제6편 요약

01. 생산함수가 $Y=AF(K,\ L)$일 때 경제성장률 $\left(\frac{\Delta Y}{Y}\right)$은 다음과 같이 표현된다. $\frac{\Delta Y}{Y}=\frac{\Delta A}{A}+a_K\frac{\Delta K}{K}+a_L\frac{\Delta L}{L}$, a_K, a_L은 각각 Y의 K와 L에 대한 탄력성. 여기서 $\frac{\Delta A}{A}$를 총요소생산성 증가율이라고 부른다.

02. 생산함수가 규모에 대한 수익불변의 성질을 갖고 있으면, 다음 식이 성립한다. $Y=MP_K\cdot K+MP_L\cdot L$. 즉, 총생산물은 각 요소에게 그들의 한계생산성에 따라 자본소득과 노동소득으로 모두 처분된다.

03. 생산함수가 $Y=AK^{\alpha}L^{1-\alpha}$와 같은 콥-더글러스 형태이면, $MP_K=\frac{\alpha Y}{K}$, $MP_L=\frac{(1-\alpha)Y}{L}$이므로 $Y=\alpha Y+(1-\alpha)Y$가 되어, α는 자본소득 분배율, $1-\alpha$는 노동소득 분배율이라는 의미를 갖게 된다.

04. 성장회계식은 성장의 요인을 분해하는 데 쓰이며, 콥-더글러스 생산함수에서는 다음과 같다. $\frac{\Delta Y}{Y}=\frac{\Delta A}{A}+\alpha\frac{\Delta K}{K}+(1-\alpha)\frac{\Delta L}{L}$.

05. 연속 시간에서 변수 x_t의 증가율은 $\hat{x}_t=\frac{\dot{x}_t}{x_t}$, $\dot{x}_t=\frac{dx_t}{dt}$로 정의된다. 또한 $\frac{d}{dt}(\ln x_t)=\frac{d(\ln x_t)}{dx_t}\cdot\frac{dx_t}{dt}=\frac{1}{x_t}\cdot\frac{dx_t}{dt}=\frac{\dot{x}_t}{x_t}$이므로, $\hat{x}_t=\frac{d}{dt}(\ln x_t)$가 된다.

06. 연속 시간에서 생산함수가 $Y_t=A_tK_t^{\alpha}L_t^{1-\alpha}$로 주어지는 경우에, 성장회계식은 $\frac{\dot{Y}_t}{Y_t}=\frac{\dot{A}_t}{A_t}+\alpha\frac{\dot{K}_t}{K_t}+(1-\alpha)\frac{\dot{L}_t}{L_t}$이다.

07. 솔로우모형은 자본축적과 인구증가, 기술진보 등이 시간에 걸쳐 어떻게 경제성장에 영향을 주는가를 분석한다. 솔로우모형은 크게 기술진보를 가정하지 않은 모형과 외생적 기술진보를 도입한 모형으로 구분된다.

08. 기술진보를 가정하지 않은 솔로우모형은 규모에 대한 수익불변의 성질을 가진 총생산함수 $Y=F(K,\ L)$에서 출발하여 1인당 생산함수 $y=f(k)$를 분석한다.

09. 기술진보를 가정하지 않은 솔로우모형에 의하면 1인당 자본 k는 다음 식에 따라 축적된다. $\dot{k}=sf(k)-(n+\delta)k$.

10. 경제는 1인당 저축 $sf(k)$가 1인당 자본의 자연적 감소분 $(n+\delta)k$와 일치하는 k^*에서 균제상태에 도달한다. 균제상태에서는 1인당 자본과 1인당 소득은 더 이상 증가하지 않으며, 경제 전체의 자본과 소득은 인구증가율만큼 증가한다.

11. 균제상태 이전에서 출발하여 균제상태로 수렴하는 과정에서 국가마다 다른 특징을 보인다. 초기소득 수준은 같지만 저축률이 다르면 저축률이 높은 나라의 성장률이 더 높다. 저축률은 동일하지만 초기소득 수준이 서로 다를 경우에는 낮은 소득에서 출발한 국가의 성장속도가 더 빠르다.

12. 자본축적의 황금률이란 여러 균제상태 가운데 소비가 극대화되는 균제상태를 말한다. 자본축적의 황금률을 달성하기 위해서는 저축률이 그에 맞게 조절되어야 한다. 기술진보를 가정하지 않은 솔로우모형에서는 황금률 하에서 $MP_K=n+\delta$ 또는 $MP_K-\delta=n$이 성립한다.

13. 외생적 기술진보를 가정한 솔로우모형은 규모에 대한 수익불변의 성질을 가진 총생산함수 $Y=F(K,\ AL)$에서 출발하여 효율노동(AL) 1인당 생산함수 $y=f(k)$를 분석한다. 여기서 $y=\frac{Y}{AL}$, $k=\frac{K}{AL}$, $\frac{\dot{A}}{A}=g$.

14. 기술진보를 가정한 솔로우모형에 의하면 효율노동 1단위당 자본 k는 다음 식에 따라 축적된다. $\dot{k}=sf(k)-(n+\delta+g)k$.

15. 기술진보를 가정한 솔로우모형에서 효율노동 1단위를 일정하게 유지하기 위한 투자(=저축)에는 새로운 노동자에게 공급하는 nk, 감가상각된 자본을 대체하는 δk, 그리고 '기술진보로 창출된 효율적 노동자'에게 공급하는 gk가 포함된다.

16. 기술진보를 가정한 솔로우모형의 균제상태에서는 1인당 자본$\left(\frac{K}{L}\right)$과 1인당 소득 $\left(\frac{Y}{L}\right)$은 g율로 증가한다. 즉, 기술진보를 가정하지 않은 모형과는 달리 균제상태에 도달한 이후에도 1인당 소득이 지속적으로 증가할 수 있다.

17. 기술진보를 가정한 솔로우모형에서는 균제상태에서 효율노동 1단위당 소비가 극대화되도록 자본이 축적되는 것이 황금률이며, $MP_K = n+\delta+g$ 또는 $MP_K-\delta = n+g$가 성립한다.

18. 솔로우모형에서 1인당 소득의 지속적인 성장은 기술진보에 의해 가능하지만, 기술진보가 어디에서 비롯되는지는 알 수 없다는 단점이 있다. 내생적 성장이론 또는 신성장이론은 기술진보의 자체를 설명하려고 한다.

19. 르벨로의 AK모형은 $Y = AK$와 같은 단순한 생산함수를 통해 외생적인 기술진보에 대한 가정 없이도 저축률(투자율)이 일정 수준으로 유지되기만 하면 지속적 성장이 가능하다는 것을 보여준다.

20. 루카스의 인적자본 모형은 성장의 원동력으로서 인적자본의 역할을 강조한다. 자본이 물적자본과 인적자본으로 구분되며, 인적자본은 비용을 통해 축적된다는 점에서 단순노동과 차별화된다. 루카스모형에서 내생적 성장이 가능한 것은 소득에 비례하여 인적자본이 증가하고, 그것이 물적자본 및 단순노동의 생산성을 지속적으로 향상시키기 때문이다.

21. 로머의 R&D 모형은 기술진보 계수 A를 지식으로 보고 노동력의 일부가 지식을 생산하는 데 투입된다고 가정한다. 경제 내의 노동력은 최종재 생산인력과 지식을 생산하는 R&D 인력으로 나누어진다. 로머모형에서는 R&D 인력의 증가율이 높을수록, 지식이 효율적으로 생산될수록, 그리고 기존 지식의 새로운 지식창출효과가 높을수록 성장률이 높아진다.

제6편 연습문제

선택형 문제

01 상품시장이 완전경쟁적인 경제의 총생산함수가 다음과 같다. $Y = AK^{\alpha}L^{1-\alpha}$, K는 자본, L은 노동, A와 $\alpha(0 < \alpha < 1)$는 표준적인 계수. 다음 중 옳지 않은 것은?

① 균형에서 기업의 이윤은 0이다.

② 총생산의 노동에 대한 탄력성은 $1-\alpha$이다.

③ 노동에 대해 수확체감의 법칙이 작용한다.

④ 자본량 자체(K)는 노동생산성의 크기에 영향을 미치지 않는다.

⑤ GDP 가운데 자본에게 돌아가는 소득의 비중, 즉 자본소득 분배율은 α이다.

02 경제의 총생산함수가 다음과 같다. $Y = AK^{\alpha}L^{1-\alpha}$, K는 자본, L은 노동, A와 α $(0 < \alpha < 1)$는 표준적인 계수. 여기서 A 또는 A의 증가율($= \Delta A/A$)에 해당되는 용어로 가장 부적절한 것은?

① 경영의 효율성

② 총요소생산성

③ 기술진보

④ 솔로우 잔차(Solow residuals)

⑤ 노동생산성

03 한 경제의 총생산함수가 $Y = AK^{\alpha}L^{1-\alpha}$로 주어져 있다. 여기서 K는 자본, L은 노동, A와 $\alpha(0 < \alpha < 1)$는 표준적인 계수이다. 이 경제의 노동소득 분배율은 0.6, 자본소득 분배율이 0.4라고 하자. 내년도의 인구증가율은 1%, 올해의 투자규모로 보아 내년도의 자본증가율은 5%로 추정된다. 한편, 생산성증가율은 과거의 추세로 보아 2%로 예상된다. 내년도의 경제성장률은 얼마로 추정되는가?

① 3.0%

② 3.8%

③ 4.6%

④ 5.0%

⑤ 5.4%

04 자본계수$\left(\frac{K}{Y}\right)$가 2.5이고, 감가상각이 GDP에서 차지하는 비율이 10%일 때, 자본의 감가상각률(δ)은 얼마인가?

① 0.10
② 0.05
③ 0.04
④ 0.025

05 한 경제의 총생산함수가 $Y = AK^{\alpha}L^{1-\alpha}$로 주어져 있다. 여기서 K는 자본, L은 노동, A와 $\alpha(0 < \alpha < 1)$는 표준적인 계수이다. 이 경제의 노동소득 분배율은 0.6, 자본소득 분배율이 0.4라고 하자. 또한 현재 자본계수$\left(\frac{K}{Y}\right)$가 2.5이며 감가상각률은 0.05이다. 이 경제의 자본의 한계생산성은 얼마인가?

① 0.16
② 0.10
③ 0.04
④ 0.025

06 한 경제의 총생산함수가 문제 5와 같이 주어져 있을 때, 1인당 생산함수의 형태는? 단, 1인당 자본(K/L)을 k로 표시한다.

① $y = k^{\alpha}$
② $y = Ak^{\alpha}$
③ $y = Ak^{1-\alpha}$
④ $y = Ak$

07 다음 중 자본계수 K/Y의 증가율을 1인당 자본(k)의 증가율과 1인당 소득(y)의 증가율을 사용하여 바르게 표현한 것은?

① $\frac{\dot{k}}{k} + \frac{\dot{y}}{y}$
② $\frac{\dot{k}}{k} - \frac{\dot{y}}{y}$
③ $\frac{\dot{k}}{k} \times \frac{\dot{y}}{y}$
④ $\frac{\dot{k}}{k} \div \frac{\dot{y}}{y}$

08 솔로우모형에서 투자가 감가상각액을 초과하는 경우에 자본스톡은 ________ 하고 산출은 ________ 한다.

① 증가 – 증가
② 증가 – 감소
③ 감소 – 증가
④ 감소 – 감소

09 다음 중 솔로우모형을 전개하는 데 반드시 필요한 조건이 아닌 것은?

① 1차 동차의 총생산함수
② 저축 = 투자의 조건
③ 총생산 = 총수요의 조건
④ 소비성향의 존재
⑤ 효용극대화 또는 소비극대화의 가정

10 기술진보를 명시적으로 가정하지 않는 솔로우(Solow)의 경제성장모형에 대한 설명으로 적절하지 않은 것은?

① 균제상태(steady state)에서는 1인당 자본량이 일정하다.
② 선진국에 진입할수록 경제성장률이 둔화된다.
③ 인구증가는 1인당 소득의 감소요인이다.
④ 경제는 자동적으로 균제상태(steady state)에 도달한다.
⑤ 경제는 자동적으로 자본축적의 황금률(golden rule)에 도달한다.

11 인구증가와 기술진보가 없는 솔로우모형에서 1인당 생산함수가 $y = k^{\frac{1}{2}}$ 이며 저축률과 감가상각률이 각각 0.2, 0.1일 때, 균제상태(steady state)의 1인당 자본과 1인당 소득을 바르게 짝 지운 것은?

① 1 − 1　　② 4 − 2
③ 9 − 2　　④ 16 − 4

12 기술진보가 없는 솔로우모형의 균제상태에서 1인당 소득의 증가율은? 단, n, δ는 각각 인구증가율과 감가상각률이다.

① 0　　② n
③ g　　④ $n+\delta$

13 기술진보를 가정한 솔로우모형의 균제상태에서 1인당 소득의 증가율은? 단, n, δ, g는 각각 인구증가율, 감가상각률, 기술진보율이다.

① 0　　② n
③ g　　④ $n+g$
⑤ $n+\delta+g$

14 인구증가와 기술진보가 없는 솔로우모형에서 1인당 생산함수가 $y = k^{\frac{1}{2}}$ 이며 저축률과 감가상각률이 각각 0.2, 0.1일 때, 이 경제의 균제상태는 자본축적의 황금률을 달성하고 있는가? 만약 그렇지 않다면 저축률은 증가해야 하는가 감소해야 하는가?

① 자본축적의 황금률을 달성하고 있다.
② 자본축적의 황금률을 달성하지 못하고 있다. 저축률이 증가해야 한다.
③ 자본축적의 황금률을 달성하지 못하고 있다. 저축률이 감소해야 한다.
④ 문제의 조건만으로는 알 수 없다.

15 솔로우모형에서 경제가 인구증가율 양(+)의 균제상태에서 인구증가율 0의 균제상태로 이전하였을 때, 총소득 증가율과 1인당 소득증가율은 어떻게 되는가?

① 총소득 증가율: 감소, 1인당 소득증가율: 감소
② 총소득 증가율: 감소, 1인당 소득증가율: 이전과 동일
③ 총소득 증가율: 이전과 동일, 1인당 소득증가율: 감소
④ 총소득 증가율: 이전과 동일, 1인당 소득증가율: 이전과 동일

16 콥-더글러스 생산함수와 기술진보율 g를 가정한 솔로우모형에서 기술진보가 실질임금과 자본의 실질임대료(real rental price of capital)에 미치는 효과는?

① 실질임금: g율로 증가, 자본의 실질임대료: g율로 증가
② 실질임금: g율로 증가, 자본의 실질임대료: 변화 없음
③ 실질임금: 변화 없음, 자본의 실질임대료: g율로 증가
④ 실질임금: 변화 없음, 자본의 실질임대료: 변화 없음

17 기술진보를 가정한 솔로우모형과 내생적 성장이론의 공통점으로 볼 수 있는 것은?

① 자원의 일부가 기술축적에 동원된다.
② 자본의 한계생산이 체감한다.
③ 균제상태에서 1인당 소득이 증가할 수 있다.
④ 저축률의 차이가 균제상태에서 1인당 소득 차이를 설명한다.

18 다음 중 경제성장에 관한 AK 모형의 시사점으로 가장 적절한 것은?

① 기술진보 없이는 지속적인 성장이 불가능하다.
② 지속적 성장을 위해서는 효율적인 R&D 투자가 중요하다.
③ 지속적 성장을 위해서는 인적자본의 구축이 필수적이다.
④ 자본의 개념을 포괄적으로 정의하면 자본의 한계생산성은 체감하지 않는다.

19 다음 중 Solow 모형과 Lucas 모형을 함께 고려한 성장회귀분석(growth regression)에서 중요한 역할을 하지 못할 것으로 예상되는 설명변수는?

① 투자율
② 인플레이션율
③ 국민의 학력 수준
④ 초기소득

20 고전학파 장기거시모형과 경제성장이론이 전반적으로 시사하는 바와 가장 거리가 먼 것은?

① 소비보다는 저축이 미덕이다.

② 경제정책 중 근로자에 대한 실업보험 확대 적용보다는 기업에 대한 투자유인책이 더 중요하다.

③ 실질임금의 지속적인 증가를 위해서는 기술진보가 가장 중요하다.

④ 기업의 경쟁력 강화를 위해 때로는 인플레이션을 유발하여 실질임금을 낮추는 것이 좋다.

서술형 문제

01 생산함수가 $Y = AK^{\alpha}L^{1-\alpha}$로 주어질 때, 경제성장률은 $\frac{\Delta Y}{Y} = \frac{\Delta A}{A} + \alpha\frac{\Delta K}{K} + (1-\alpha)\frac{\Delta L}{L}$로 이루어진다. 한편, 화폐수량설에 의하면 $\frac{\Delta M}{M} + \frac{\Delta V}{V} = \frac{\Delta P}{P} + \frac{\Delta Y}{Y}$의 관계가 성립한다. 한편, 이 경제의 노동소득 분배율은 0.5, 자본소득 분배율도 0.5라고 하자.

(1) 내년도의 인구증가율은 1%, 올해의 투자규모로 보아 내년도의 자본증가율은 5%로 추정된다. 한편, 생산성 증가율은 과거의 추세로 보아 2%로 예상된다. 내년도의 경제성장률은 얼마로 추정되는가?

(2) 내년도의 물가상승률을 3%로 하기 위해서는 통화공급목표를 어떻게 설정해야 하는가? 단, 화폐의 유통속도에는 변함이 없다고 하자.

02 생산함수가 다음과 같다고 하자.

$Y = AK^{0.4}L^{0.6}$ 또는 $y = Ak^{0.4}$, $y = Y/L$, $k = K/L$.

1인당 자본 k가 매년 2%씩 증가하고 있으나 경제 전체적으로는 자본-산출 계수(=K/Y)가 일정하게 유지되고 있다고 하자. 이 경제는 총요소생산성 증가율이 연 몇 %로 유지되고 있는 것인가?

03 Solow 모형에서 경제의 1인당 총생산함수가 다음과 같다고 하자. $y = 3k^{\frac{1}{2}}$, k는 1인당 자본. 감가상각률은 0.1이고 인구증가율은 0.05이다. 총저축은 다음과 같다. $S = 0.3Y$, Y는 총소득.

(1) Steady state에서의 1인당 자본, 소득, 소비 수준을 구하라.

(2) 저축률이 0.3에서 0.4로 증가하였다. 새로운 정상상태에서의 1인당 자본, 소득, 소비 수준을 구하라.

(3) 저축률은 0.3으로 변함이 없는데, 기술진보로 생산함수가 $y=4k^{\frac{1}{2}}$ 로 바뀌었다. 새로운 정상상태에서의 1인당 자본, 소득, 소비 수준을 구하라.

(4) 위의 (2)와 (3)을 비교할 때, 어떤 상태가 경제를 위해 더 바람직한가?

04 기술진보가 없는 Solow 모형에서 경제의 1인당 총생산함수가 다음과 같다고 하자. $Y=K^{\frac{1}{2}}L^{\frac{1}{2}}$, k는 1인당 자본(K/L). 감가상각률은 δ이고 인구증가율은 n, 저축률은 s이다.

(1) 이때, steady state에서의 1인당 소득이 $y^*=\frac{s}{n+\delta}$ 임을 증명하시오.

(2) A국과 B국의 생산함수는 동일하며, 양국의 인구증가율과 감가상각률도 동일하다. 단, 저축률의 경우는 A국이 높다고 하자. 구체적인 숫자는 다음과 같다.

$y=k^{\frac{1}{2}}$, $n_A=0.01$, $\delta_A=0.04$, $s_A=0.3$, $n_B=0.01$, $\delta_B=0.04$, $s_B=0.2$.

현재 A국과 B국의 1인당 자본은 $k=4$로 같다고 한다. 양국이 미래의 언젠가에 steady state에 도달한다고 했을 때, 그때의 1인당 소득은 현재에 비해 각각 몇 배가 되어 있겠는가? 풀이 과정까지 쓰시오. 만약 풀지 못하겠다면 정성적인(qualitative) 차이점만 그림을 그려 직관적으로(intuitively) 설명하시오.

05 인구증가와 기술진보가 없는 솔로우모형에서 1인당 생산함수가 $y=k^{\frac{1}{2}}$ 이며 저축률과 감가상각률이 각각 0.2, 0.1일 때, 이 경제의 균제상태는 자본축적의 황금률을 달성하고 있는가? 만약 그렇지 않다면 저축률은 증가해야 하는가 감소해야 하는가?

06 기술진보를 가정한 Solow 모형: 현재 1인당 소득$\left(\frac{Y}{L}\right)$이 \$10,000, 1인당 자본장비율$\left(\frac{K}{L}\right)$이 \$30,000, 기술진보율 $g=0.01$, 인구증가율 $n=0.01$, 감가상각률 $\delta=0.10$, 저축률 $s=0.30$인 경제를 가정해 보자.

(1) 균제상태(steady state)에서의 자본-산출 계수$\left(=\frac{K}{Y}\right)$를 구하라.

(2) 균제상태(steady state)에서 총자본 K의 증가율$\left(=\frac{\dot{K}}{K}\right)$을 구하라.

(3) 균제상태(steady state)에서 총소득 Y의 증가율$\left(=\frac{\dot{Y}}{Y}\right)$을 구하라.

07 AK모형에 대한 다음 물음에 답하라.

(1) AK모형을 도출하고 1인당 성장률을 구하라.

(2) 현재 우리나라의 자본-산출 계수(K/Y)는 약 3.0이다. 그리고 우리나라의 GDP 가운데 감가상각(=고정자본소모)이 차지하는 비율은 15%이고 인구증가율은 0%라고 하자. 1인당 경제성장률 4%를 지속적으로 달성하기 위해서는 저축률이 어느 수준으로 유지되어야 하겠는가?

08 솔로우(Solow)의 수렴가설(convergence hypothesis)이 현실경제에 맞는다고 하면, 아프리카의 경제성장률이 선진국의 경제성장률보다 높아야 한다. 그러나 1960~92년 기간 동안의 1인당 평균성장률은 선진국의 경우 2.6%인 반면에 아프리카의 성장률은 0.3%에 불과하다.

(1) 대표적인 경제성장모형인 솔로우모형에서 수렴가설이란 무엇인가?

(2) 최근의 내생적 성장이론 관점에서 솔로우모형 및 수렴가설을 비판해 보라.

(3) 내생적 성장이론의 관점에서 지속적인 경제성장을 유도하기 위한 정부의 정책대안들을 검토해 보라.

09 한 국가의 총생산함수가 다음과 같이 콥-더글러스 형태로 근사될 수 있다고 하자.

$Y = AK^{\alpha}L^{1-\alpha}$. 단, 여기서 L은 15~64세의 생산가능인구 수

이 국가의 자본-산출 계수(K/Y)는 3.0 정도이며, 생산가능인구당 소득(Y/L)은 \$30,000 정도이다. 총산출에서 노동소득이 차지하는 비율은 70%이며, 자본의 감가상각률은 연 6%이다. 시장 형태는 완전경쟁이다.

(1) 노동의 한계생산성은 얼마인가?

(2) 자본의 한계생산성은 얼마인가? 자본의 순한계생산성은 얼마인가?

향후 수년간 생산가능인구가 정체 상태에 머무른다고 가정하자. 또한 투자(I)가 $GDP(Y)$에서 차지하는 비율은 27%로 유지된다고 가정하자(저축률도 27%).

(3) 잠재성장률 3.0%를 유지하기 위해서는 총요소생산성 증가율이 매년 얼마가 되어야 하는가?

(4) 매년 잠재성장률 3%를 달성한다고 할 때, 이 국가의 자본-산출 계수(K/Y)는 증가할 것인가, 감소할 것인가, 아니면 같은 수준을 유지할 것인가?

10 일국의 생산함수가 다음과 같이 콥-더글러스 형태로 근사된다고 하자.

$Y = K^{\alpha}(AL)^{1-\alpha}$,

여기서 A는 (노동증가형) 기술진보를 나타내는 계수이며, 실질임금을 w, 자본의 실질임대료를 rp로 표시한다. 시장 형태는 완전경쟁이며, 자본의 감가상각은 없다.

(1) 노동의 한계생산성($\partial Y/\partial L$)은 노동의 평균생산성(Y/L)에, 자본의 한계생산성($\partial Y/\partial K$)은 자본의 평균생산성(Y/K)에 비례함을 보이시오.

(2) 총생산에서 노동소득이 차지하는 비율(노동소득분배율)과 총생산에서 자본소득이 차지하는 비율(자본소득분배율)이 각각 일정하게 유지됨을 보이시오.

(3) 1인당 자본(K/L)이 일정하게 유지되는 경우 1인당 소득($y = Y/L$) 증가율은 얼마인가?

(4) 시간의 경과에 따라 자본－산출 계수(K/Y)가 증가하기 위한 조건은 무엇인가?

(5) 자본－산출 계수(K/Y)가 일정하게 유지되는 경우 1인당 소득(Y/L) 증가율은 얼마인가?

(6) 임금 증가율과 자본 임대료(rental rate of capital) 증가율을 각각 1인당 자본($k = K/L$)의 증가율과 기술진보율($\dot{A}/A$)의 함수로 표시하라.

(7) 기술진보가 일어나지 않는 경우에($\dot{A}/A = 0$), 1인당 자본($k = K/L$)이 증가함에 따라 임금은 상승하지만 자본의 임대료는 하락함을 보여라. (위 (6)의 답에 기초하여 답함)

11 노동증진적(labor-augmenting) 기술진보를 가정한 Solow 모형에 입각하여 다음 물음에 답하라.

(1) 균제상태(steady state)에서의 자본/산출 계수를 구하라.

(2) 자본의 감가상각률(δ)과 인구증가율(n)이 모두 0이라고 하자. 또한 균제상태를 가정한다. s(저축률)$=0.18$, g(기술진보율)$=0.03$, α(자본소득분배율)$=0.3$ 일 때, 자본/산출 계수와 자본의 수익률(r)은 각각 얼마인가?

(3) 다른 조건은 불변인데, 자본소득분배율(α)이 0.36으로 상승하면 위 (2)의 답은 어떻게 바뀌는가?

(4) 다른 조건은 불변인데, 기술진보율(g)이 0.015로 하락하면 위 (2)의 답은 어떻게 바뀌는가?

12 다음과 같은 CES 생산함수를 가정해 보자.

$$Y = A[aK^{\frac{\sigma-1}{\sigma}} + (1-a)L^{\frac{\sigma-1}{\sigma}}]^{\frac{\sigma}{\sigma-1}}$$

(1) 위 생산함수에서 자본/산출 계수(K/Y)를 1인당 자본(K/L)의 함수로 표시하라.

(2) 한계생산력설이 성립한다는 가정 하에 자본소득분배율 $S_K (= \frac{rK}{Y})$ 을 구하라. 단, 자본/산출 계수(K/Y)의 함수로 표시하라.

(3) 위 생산함수에서 σ는 노동과 자본 간의 대체탄력성을 나타내는 계수이다. 자본/산출 계수가 상승할 때, 자본소득분배율은 상승하는가 하락하는가? 이에 대한 답은 σ에 따라 어떻게 달라지는가?

13 소득불평등이 경제성장에 미치는 효과는 어떠한가? 물적자본의 축적, 인적자본의 축적에 미치는 효과를 중심으로 서술하라.

제7편

거시경제학의 미시경제적 기초

제7편의 개요

제7편은 거시경제학 이면에 있는 미시경제적 현상을 다룬다. 거시경제학은 국민경제 전체를 통틀어 하나의 분석 대상으로 삼기 때문에 경제주체들의 행태를 아주 단순한 함수 형태로 추상화하게 된다. 미시경제학은 경제주체들의 합리적 선택과 최적화 문제를 다루는데, 별개의 경제학이 아닌 이상 거시경제학도 미시경제적 기초 위에 서 있어야 함은 물론이다. 집계변수와 그들 간의 관계 속에 숨어 있는 미시경제원리를 잘 이해할 때 거시경제 현상도 잘 이해할 수 있게 된다. 지금까지의 분석에서는 소비함수, 투자함수, 화폐수요함수 등에 대해 가장 단순한 형태만을 사용하였지만, 이 편에서는 그 이면에 있는 내용들을 좀 더 깊이 살펴본다.

소비이론 I : 기본모형

제25장

소비는 *GDP*에서 가장 큰 비중을 차지하므로 소비의 변동은 경기변동을 결정하는 기본적인 요소이다. 이미 케인즈의 단순모형에서 살펴본 바와 같이 한계소비성향은 각종 승수의 크기를 결정하며, $IS-LM$ 분석에서 다룬 바와 같이 소비자 신뢰(consumer confidence)의 변화는 총수요상의 충격을 가져온다. 또한 장기적인 측면에서 소비는 경제성장에도 영향을 미치는데, 솔로우모형에서의 저축률은 균제상태의 자본과 소득의 수준을 결정하는 중요한 요소이다.

지금까지 우리는 소비가 가처분소득에 의존한다는 매우 단순한 소비함수를 가정하였다. 그러나 소비가 국민경제에서 차지하는 비중과 역할이 큰 만큼 소비이론은 거시경제학의 주요 관심사였으며, 많은 경제학자들이 소비이론을 발전시켜 왔다. 이 가운데 이 장에서는 케인즈의 절대소득 가설, 프리드먼(M. Friedman)의 항상소득 가설, 모딜리아니(F. Modigliani)의 생애주기 가설을 살펴본다. 그리고 다음의 두 장에서는 다기간 선택모형 등 소비와 관련된 다양한 이론과 견해를 소개한다.

25-1 케인즈의 절대소득 가설

소비와 저축이 이자율의 함수라는 고전학파 경제학자들의 견해와는 달리 케인즈는 1936년에 발표된 그의 저서 「일반이론」에서 소비는 단기적으로는 소득의 절대적 크기에 의해 결정되며, 소비와 소득 간에는 안정적이고 예측 가능한 함수관계가 존재한다는 절대소득 가설을 제기하였다. 케인즈는 당시 엄밀한 통계적 분석을 시도할 수 없었으나, 소비 행태에 담겨 있는 경제적 · 심리적 측면을 감안하여 다음과 같이 추론하였다.

첫째, 소득이 1원 증가할 때 증가하는 소비를 나타내는 한계소비성향(*MPC*: Marginal Propensity to Consume)이 존재하며, 그 값은 0과 1 사이의 값을 가진다. 이는 소비자의 심리법칙으로 소득이 증가할 때 소비를 증가시키지만 소득이 증가한

만큼 증가시키지는 않는다는 것이다. 둘째, 소비가 소득에서 차지하는 비중인 평균소비성향(APC: Average Propensity to Consume)은 소득이 증가함에 따라 감소한다. 부자는 가난한 사람보다 더 많은 양을 저축할 뿐만 아니라 더 높은 비율로 저축한다. 셋째, 이자율은 소비에 중요한 역할을 하지 않는다. 이론적으로는 영향을 미칠 수 있으나 이자율의 역할은 부차적이며 상대적으로 중요하지 않다.

세 가지 추론에 입각한 소비함수를 다음과 같이 표현할 수 있다. 편의상 가처분소득을 표시하기 위한 조세 T는 생략하기로 한다.

$$C = a + bY \qquad (25.1)$$

여기서 a는 상수이며 b는 소비함수의 기울기$\left(\dfrac{\Delta C}{\Delta Y}\right)$로서 한계소비성향($0 < b < 1$)을 의미한다. 그림 25-1에서 보듯이 이 소비함수는 케인즈가 가정한 세 가지 속성을 만족시키는데, 한계소비성향이 0과 1 사이이므로 소득이 증가하면 소비도 그에 따라 증가하되 평균소비성향은 점차 감소한다.

평균소비성향은 다음과 같이 나타낼 수 있다.

$$APC = \frac{C}{Y} = \frac{a}{Y} + b \qquad (25.2)$$

그림 25-1 케인즈의 소비함수

케인즈에 따르면 소비는 현재소득에 의존하며, 한계소비성향(MPC)이 0과 1 사이이므로 소득이 증가하면 소비도 그에 따라 증가하지만 평균소비성향(APC)은 점차 감소한다. $C=a+bY$일 때, $MPC=b$, $APC=\dfrac{C}{Y}=\dfrac{a}{Y}+b$이다.

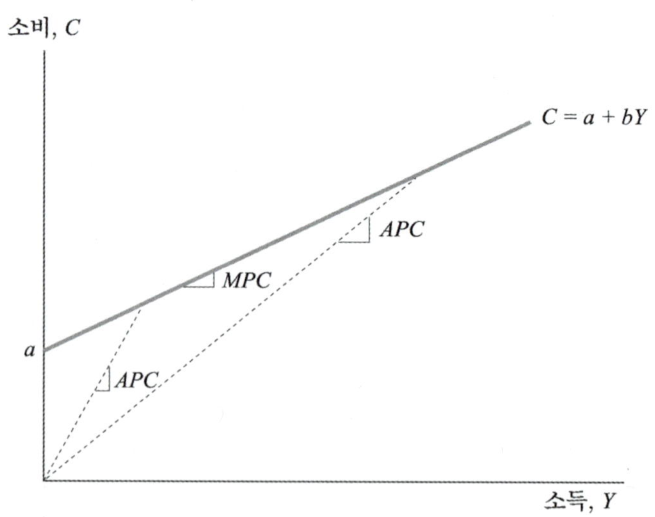

즉, Y가 증가함에 따라 $\frac{a}{Y}$가 감소하므로 평균소비성향은 감소한다. 물론 이자율은 소비함수에 포함되지 않는다.

케인즈가 규정한 소비함수가 주는 의의는, 우선 현재의 소비가 다른 무엇보다도 현재의 소득에 의존한다는 것이다. 이자율 및 기타 요인들은 별로 중요하지 않다. 또한 케인즈의 이론체계에서 총수요가 결정적인 역할을 하는 만큼 소비도 매우 중요한 역할을 하는데, 소득이 증가함에 따라 평균소비성향이 감소할 것이라는 추론은 자본주의의 미래에 대해 다소 불안한 예측을 불러일으키기도 했다. 경제가 발전하고 소득이 증가함에 따라 저축률이 상승하기 때문에 경제는 상대적으로 부진한 소비로 인해 장기침체에 빠질 위험성을 갖게 되기 때문이다.

25-2 쿠즈네츠가 발견한 소비의 수수께끼

케인즈의 이론이 발표되고 난 뒤 제2차세계대전 중에는 정부지출이 급격히 증대됨에 따라 경제가 급속히 팽창하였다. 그런데 케인즈의 절대소득 가설을 따르는 많은 경제학자들은 전쟁이 끝나고 정부의 전쟁물자 구입이 중단되면 경제는 불황에 빠져들 것이라고 예측하였다. 그러나 결과는 그렇지 않았다. 전쟁이 종식됨에 따라 그동안 억제되었던 민간부문의 수요가 급속히 증가하였고 저축률은 증가하지 않았다. 소득이 증가하면서 평균소비성향이 하락할 것이라는 케인즈의 예측은 빗나갔다.

이와 같은 사실은 1946년에 발표된 쿠즈네츠(S. Kuznets)의 연구결과로 확인되었다. 쿠즈네츠는 1869년부터 1929년까지의 자료를 바탕으로 소비가 소득에 차지하는 비중, 즉 평균소비성향이 안정적이라는 사실을 발견했다. 이 기간 동안 소득은 눈에 띄게 증가했지만 평균소비성향은 하락하지 않았다. 이는 케인즈가 우려했던 지속적인 불경기의 가능성이 없다는 것을 의미한다.

쿠즈네츠는 광범위한 통계적 분석을 통해 소비이론이 규명해야 할 세 가지 중요한 사실을 지적하였다. 첫째, 가계조사 연구에 따르면 소득이 증가함에 따라 APC가 감소한다. 즉, 어느 시점을 선택하여 가구별 소득-소비 분포를 보면 소득이 높아질수록 APC가 감소한다. 둘째, 시간의 흐름을 따라 소비의 장기적인 추세를 관찰하면 장기에 걸친 평균소비성향은 하락하지 않는다. 이는 장기소비함수가 **그림 25-2**와 같이 원점을 통과하는 직선이 된다는 것을 의미한다. 셋째, 평균소비성향은 단기적 경기변동에 따라 크기가 달라진다. 호황일 때에는 APC가 장기 평균보다 낮고 침체기에는 APC가 장기 평균보다 높다. 이와 같이 소비성향은 단기와 장기에 따라 다른 모습을 보이는데 단기소비함수는 장기소비함수에 비해 기울기가 낮은 모습을 보인다.

쿠즈네츠의 발견 가운데 가계 자료 및 단기 시계열 자료상에서 소득이 증가할수록 APC가 감소한다는($MPC < APC$) 것은 케인즈의 소비이론과 부합하였으나, 장기 시계열 자료에서 APC가 일정하다는($MPC = APC$) 결과는 케인즈 소비이론과 배치되는 것이었다. 당시 가계 자료나 단기 시계열 자료를 통해 케인즈의 소비이론이 광범위하게 받아들여졌으나, 쿠즈네츠와 같이 장기 자료를 사용하는 경우에 왜 다른 결과가 나오는지는 일종의 수수께끼였다. 이와 같은 현상을 설명하기 위해 여러 가지 소비이론들이 전개되었는데, 대표적인 것을 두 가지만 소개하면 프리드먼(M. Friedman)의 항상소득 가설과 앤도(A. K. Ando)와 모딜리아니(F. Modigliani)의 생애주기 가설이다.

그림 25-2 장·단기 소비함수

소비의 장기적인 추세를 관찰하면 평균소비성향은 일정하므로 장기소비함수는 원점을 통과하는 직선이다. 평균소비성향은 단기적 경기변동에 따라 크기가 달라지는데, 호황일 때에는 APC가 장기 평균보다 낮고 침체기에는 APC가 장기평균보다 높다. 단기소비함수는 장기소비함수보다 기울기가 작다.

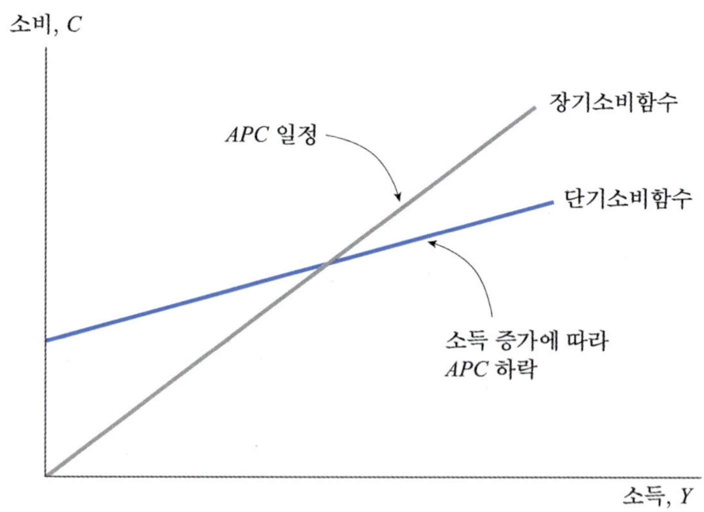

25-3 프리드먼의 항상소득 가설

프리드먼(M. Friedman)은 1957년 항상소득 가설을 발표하면서 쿠즈네츠가 제기한 수수께끼를 해결했다. 소비는 현재소득에 의존하는 것이 아니라 항상소득(permanent income)에 의존한다. 그에 따르면 소득은 항상소득과 임시소득(transitory income)으로 구성된다. 항상소득은 앞으로 평생 동안 벌어들일 것으로 예상되는 평균적인 소득이다. 반면에 임시소득은 미리 예상할 수 없는 일시적인 소득이다. 임시소득은 양일 수도 음일 수도 있지만 평균적으로는 0이다. 가령 전례 없이 연말 보너스로 300만 원을 받았다면 이는 임시소득이다. 그러나 예상대로 승진을 하고 월급이 25만 원 올라 연소득이 300만 원 증가하게 되었다면 이는 항상소득이 증가한 것이다.

실제의 소득은 다음과 같이 항상소득(Y_P)과 임시소득(Y_T)의 합으로 분해 된다.

$$Y = Y_P + Y_T \tag{25.3}$$

항상소득 가설에 의하면 소비는 기본적으로 항상소득과 일정한 비례관계에 있다. 프리드먼은 소비가 임시소득보다는 항상소득과 일정한 비례관계에 있다고 보았다.

$$C = kY_P \tag{25.4}$$

여기에서 k는 소비와 항상소득 간의 비율을 나타내는 상수이다. 항상소득 가설을 보다 명확히 파악하기 위해서 임시소득이 장기와 단기의 소비에 미치는 효과를 알아보자. 먼저 식 (25.3)을 식 (25.4)에 대입하여 양변을 Y로 나누면 평균소비성향 APC를 구할 수 있다.

$$APC = \frac{C}{Y} = \frac{kY_P}{Y} = \frac{k(Y - Y_T)}{Y} = k\left(1 - \frac{Y_T}{Y}\right) \tag{25.5}$$

위의 식에서 보듯이 k가 일정하더라도 실제 소득에 포함되어 있는 항상소득의 비중이 클수록 APC도 커진다.

식 (25.5)를 이용하여 쿠즈네츠가 제기한 세 가지 사실을 설명해 보자. 첫째, 가계자료에서 발견되는 현상부터 설명해 보면, 만약 모든 가계가 각기 항상소득만큼만 벌고 있다면 소득계층별 APC에는 차이가 없을 것이다. 그러나 가계의 소득에는 임시소득이 포함되어 있다. 임시소득이 양인 가계의 APC는 낮아지고, 임시소득이 음인 가계의 APC는 높아진다. 소득이 높은 가계는 일반적으로 임시소득이 양이어서 $\frac{Y_T}{Y} > 0$, 소득이 낮은 가계는 일반적으로 임시소득이 음이어서 $\frac{Y_T}{Y} < 0$라면, 소득이 높은 가계일수록 평균적으로 APC가 낮아지는 것이다.

둘째, 단기 시계열 자료상의 특성을 보면, 임시소득은 일반적으로 호경기에 증가하고 불경기에 감소한다. 반면 항상소득은 단기간에 크게 변화하지 않는다. 따라서 APC는 임시소득이 증가하는 호경기에 작아지고, 임시소득이 감소하는 불경기에 커진다. 셋째, 장기 시계열상의 특징을 볼 때 장기적으로 호황과 불황이 번갈아 일어나면서 임시소득이 평균적으로 0이 되기 때문에 APC가 일정하게 유지된다.

프리드먼의 항상소득 가설은 항상소득과 임시소득이라는 개념을 이용함으로써 **그림 25-2**에 있는 것과 같은 장기소비함수와 단기소비함수의 특성을 조화롭게 설명한다는 평가를 받게 되었다.

25-4 모딜리아니의 생애주기 가설

앤도(A. K. Ando), 브룸버그(R. E. Brumberg), 모딜리아니(F. Modigliani)는 1950년대에 일련의 공동 연구들을 발표하면서 생애주기(life-cycle) 가설을 제시하였다. 이들 역시 쿠즈네츠의 수수께끼를 해결하고자 노력하였다. 이들은 프리드먼과 마찬가지로 소비가 현재소득에 의존하는 것이 아니라 미래지향적(forward looking)으로 결정된다고 보았다. 프리드먼이 항상소득의 개념을 주창한 반면, 모딜리아니는 전 생애에 걸쳐 소득이 낮은 시기와 높은 시기가 있다는 점에 주목하고 소비자들이 이러한 소득의 불균등을 조절하려는 유인을 갖고 있다는 점을 부각시켰다.

보통의 경우에 사람들은 청년기에 경제활동을 시작함으로써 소득을 얻지만 그 규모가 크지 않기 때문에 부채를 지거나 약간의 저축밖에 할 수 없다. 그러나 가장 높은 소득을 얻는 장년기에는 그동안의 부채를 모두 상환할 뿐만 아니라 노년기에 대비한 저축을 한다. 은퇴하고 난 뒤에는 청·장년기의 저축으로 소비생활을 한다. 사람들은 은퇴하더라도 생활 수준이 급격히 낮아지지 않기를 바라기 때문에 일하는 동안 충분히 저축해 놓고자 한다.

그림 25-3은 경제활동이 가능한 기간 동안의 소득과 소비의 추세를 나타내고 있

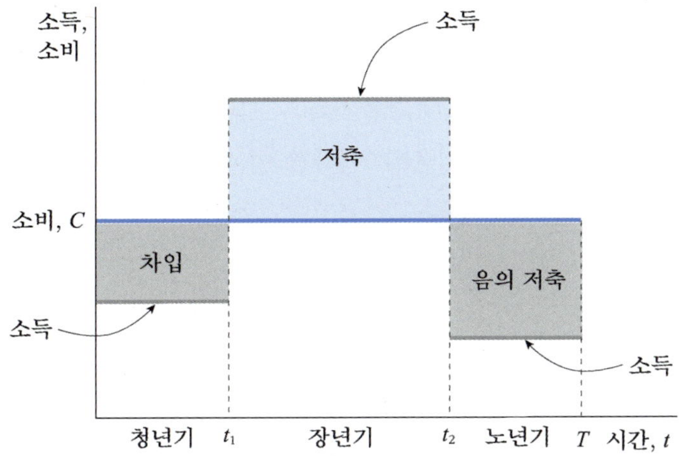

그림 25-3 생애주기에 걸친 소득과 소비의 변화

횡축은 경제활동이 가능한 기간이며, 종축은 시점에 따른 소득과 소비의 크기를 나타낸다. 편의상 이자율은 0%이고 소비는 전 생애에 걸쳐 평준화되며 유산을 남기지 않는다고 가정한다. 청년기와 노년기에는 소비가 소득보다 많다. 경제활동이 가장 왕성한 장년기인 t_1 에서 t_2 까지는 소비성향이 상대적으로 낮다. 그림에서 청년기의 차입과 노년기의 음(−)의 저축의 합은 장년기의 저축과 일치한다.

다. 횡축은 경제활동이 가능한 기간을 시간으로 표시하고, 종축은 시점에 따른 소득과 소비의 크기를 나타낸다. 청년기인 0시점에서 t_1 시점까지는 소득이 상대적으로 낮은 수준이므로 소비가 소득보다 많다. 이러한 현상은 노년기인 t_2시점과 T시점 사이에도 마찬가지이다. 그러나 경제활동이 가장 왕성한 장년기인 t_1 에서 t_2까지는 소비성향이 상대적으로 낮다. 이 그림은 소득이 상대적으로 많은 시기의 저축으로 소득이 낮은 시기의 소비를 충당함을 의미한다.

간단한 예를 들어 생애주기 가설이 주는 시사점을 확인해 보자. 청년기와 장년기, 노년기가 각각 20년씩이라고 해 보자. 청년기와 장년기에 일하고 은퇴를 하면 노년기에 접어든다. 물려받은 자산은 하나도 없으며 청년기에 매년 2,000만 원, 장년기에 매년 6,000만 원을 벌고, 은퇴 후에는 매년 1,000만 원의 연금을 수령한다고 해 보자. 논의를 단순화하기 위해 이자율이 0%라고 하면, 전 생애에 걸친 소득은 다음과 같다.

$$(20\times 2{,}000\text{만 원})+(20\times 6{,}000\text{만 원})+(20\times 1{,}000\text{만 원})=18\text{억 원}$$

극단적인 가정이긴 하지만 만약 평생에 걸쳐 똑같은 소비 수준을 유지하고자 한다면 이 사람은 매년 3,000만 원(=18억 원/60년)을 소비하게 된다. 따라서 청년기에는 매년 1,000만 원의 빚을 지지만 장년기에는 매년 3,000만 원을 저축해야 하며, 노년기에는 저축으로 축적한 자산에서 매년 2,000만 원씩 꺼내 써야 한다.

생애주기 가설에 의하면 생애 가운데 어느 시점에 얼마만큼 소비할 수 있는가는 현재의 자산이 얼마이며, 앞으로 일할 기간과 소득은 얼마이고, 또 얼마나 생존하는가에 달려 있다. 현재의 자산을 W, 앞으로 일할 기간을 N, 매기의 소득을 Y, 남은 생존기간을 T라고 하면, 전 생애에 걸친 소득은 모두 $W+NY$이다. 또한 평생에 걸쳐 똑같은 양의 소비를 하고 이자율이 0이라면, 이 사람의 소비함수는 다음과 같다.

$$C=\frac{(W+NY)}{T}=\frac{1}{T}W+\frac{N}{T}Y \tag{25.6}$$

예를 들어, 어느 소비자가 앞으로 50년 더 생존하고($T=50$), 그 가운데 30년 동안 일할 것으로 예상된다면($N=30$), 소비함수는 $C=0.02W+0.6Y$와 같다. 여기서 우리는 한 개인의 소비가 소득뿐만 아니라 부(wealth)에도 의존한다는 사실을 확인할 수 있다. 생존기간의 역수인 $\frac{1}{T}$은 부의 한계소비성향이며, 생존기간 가운데 일하는 시간이 차지하는 비중인 $\frac{N}{T}$은 소득의 한계소비성향이다.

만약 모든 개인이 이와 같은 방식으로 소비를 한다면 경제 전체의 소비함수도 같은 형태를 띠게 된다. 결국 소비는 다음과 같이 부와 소득에 의존한다.

$$C=\alpha W+\beta Y \tag{25.7}$$

케인즈의 소비함수와 비교해 볼 때, 절편인 αW는 단지 고정된 상수가 아니라 부의 수준에 의존하는 매우 의미 있는 변수로 바뀐다.

게다가 생애주기 가설에 입각한 소비함수를 이용하면 쿠즈네츠의 수수께끼도 해결할 수 있다. 먼저 가계별 자료를 볼 때, 소득이 높은 가계는 장년층일 가능성이 크고 장년층의 소비성향은 낮으므로, 소득이 높을수록 소비성향이 낮다는 것이다. 시계열 자료상의 장·단기 소비함수의 특징을 비교하기 위해 식 (25.7)의 양변을 소득 Y로 나누어 평균소비성향을 구하면 다음과 같다.

$$\frac{C}{Y}=\alpha\frac{W}{Y}+\beta \tag{25.8}$$

단기적으로 부(wealth)가 소득과 일대일로 비례하여 변한다고 보기는 힘들다. 호황기와 같이 일시적으로 소득이 증가하는 경우에는$\left(\frac{W}{Y}\text{ 하락}\right)$ 미래를 대비한 저축의 증가로 말미암아 평균소비성향이 하락한다. 그러나 장기적으로는 부와 소득이 비례하여 증가하게 되므로 $\left(\frac{W}{Y}\text{ 불 변}\right)$ 평균소비성향은 일정하게 유지된다.

케인즈 소비함수에 입각한 예측은, 소득이 증가하면서 평균소비성향이 하락하여 소비 부진에 경기침체가 발생할 수 있다는 것인데, 이는 **그림 25-4**에서 소비곡선이 고정된 경우에 해당하는 것이다. 그러나 부가 소비에 미치는 효과를 고려하면 소득 증가에 따라 부도 증가하고 그에 따라 소비도 증가하게 되므로 소비 부진에 의한 경기침체를 우려하지 않아도 된다. 이는 **그림 25-4**에서 소비곡선이 부의 증가에 따라 상향 이동하는 경우이다.

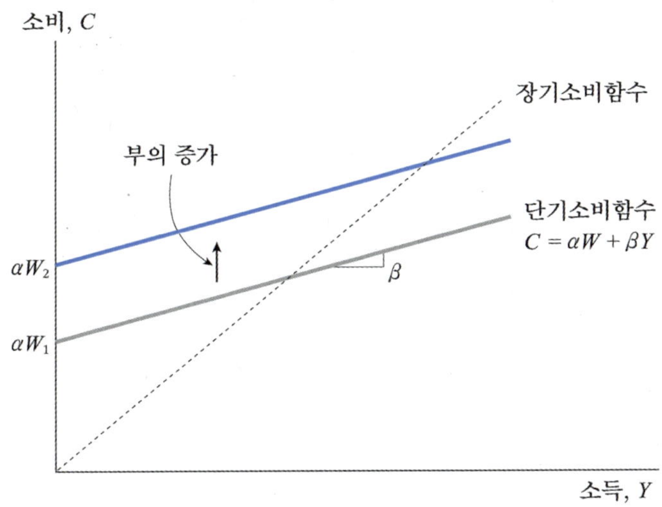

그림 25-4 부의 변화와 소비함수의 이동

생애주기 가설에 입각한 소비함수는 $C=\alpha W+\beta Y$와 같다. 단기소비함수는 부(W)가 고정되었다고 가정한다. 부가 W_1에서 W_2로 상승하면 단기소비함수가 위로 이동한다. 장기적으로 부와 소득이 함께 움직이므로 시간의 경과에 따라 단기소비함수는 끊임없이 이동한다.

생애주기 가설의 장점은 미래지향적인 소비자의 행태를 생애주기라는 개념을 사용하여 매우 현실감 있게 묘사했다는 점이다. 그리고 소득뿐만 아니라 부가 소비에 영향을 미친다는 점을 이론적으로 명확히 도출해 냈다. 그 밖에도 생애주기 가설은 소비에 관한 다양한 예측을 가능하게 했다.

생애주기 가설은 한 경제의 인구분포 형태가 저축률에 영향을 준다는 점을 시사한다. 예를 들어, 경제활동인구에 비해 노년층을 포함한 비경제활동인구의 비중이 클수록 소비성향이 높고 저축률은 낮아질 것이다. 고령화 사회로 진입하면 저축률이 하락하게 되어 장기적으로 자본축적과 경제성장에 부정적인 영향을 준다. 베이비 붐 세대가 은퇴하는 시점에 도달하게 되면 그들이 노후를 위해 자산을 처분하려는 경향이 나타나 주택을 포함한 자산의 가격이 하락하게 될 것이라는 예측도 가능하다.

그러나 생애주기 가설에도 문제가 없는 것은 아니다. 많은 연구들은 실제로 노년층들이 생애주기 가설의 예측과 달리 자산을 신속하게 처분하지 않는다는 점을 발견했다. 노년층들은 예상보다 오래 살지 모른다는 걱정과 치료비가 비싼 질병에 걸릴지도 모른다는 걱정 때문에 예비적 저축(precautionary saving)을 한다. 예비적 저축으로 불확실성에 대비하는 것이다. 상속과 기부의 동기도 중요하다. 자손을 위해 유산을 남기거나 기부를 하려는 사람들은 비록 수명이 얼마 남지 않았더라도 소비하기 위해 자산을 처분하지는 않는다.

소비이론 Ⅱ: 다기간 선택

제26장

우리는 앞 장에서 케인즈의 소비이론을 비롯한 몇 가지 전통적인 소비이론을 살펴보았다. 국민계정상의 소비 항목은 결국 개별적인 소비자의 소비를 모두 합쳐 놓은 것이다. 따라서 소비와 같은 거시경제현상을 잘 이해하기 위해서는 개별적인 소비자의 합리적 선택 문제에서 출발하여 분석할 필요가 있다. 이와 같은 방법론은 투자나 실업과 같은 거시경제 문제들을 이해하는 데에도 적용될 수 있다. 거시경제현상을 분석하기 위해 이를 구성하고 있는 개별 경제주체의 의사결정 문제로부터 출발하여 접근하는 것을 거시경제학의 미시경제적 기초(microeconomic foundation of macroeconomics)라 부른다. 이 장에서는 소비에 관한 몇 가지 문제들을 미시경제적 기초에 입각하여 분석해 본다.

26-1 소비이론의 미시경제적 기초: 기간 간 선택

거시경제학에서의 저축은 소득에서 소비를 뺀 것으로 정의되므로, 소비와 저축은 동전의 양면이다.[1] 따라서 소비이론은 소비와 저축 간의 선택이론이다. 또한 저축은 미래의 소비를 위한 것이므로 소비이론은 현재소비와 미래소비 간의 선택의 문제를 취급하게 된다. 현재소비와 미래소비 간의 선택과 같이 현재와 미래 간의 여러 기간에 대한 의사결정을 기간 간 선택(intertemporal choice)이라 한다.

(1) 두 기간에 걸친 예산제약

여기서는 기간 간 소비선택의 문제를 단순화하여 이론의 핵심에 수월하게 접근하기 위해 두 기간 동안만 생존하는 소비자를 상정하기로 한다. 두 기간은 청·장년기와 노년기를 나타내는 것으로 해석할 수 있으며, 각각 현재와 미래 또는 1기와 2기로 부르기로 한다. 경제 내의 소비자들 가운데에는 현재소득의 일부를 저축하여 미래

1) 국민저축의 경우에는 민간과 정부의 소비를 뺀 것($S = Y - C - G$)이다.

에 소비하고자 하는 사람도 있고, 현재소득보다 더 소비하기를 원하여 차입해서 소비한 뒤 미래에 갚고자 하는 사람도 있다. 이런 사람들 간에 대차거래가 이루어진다.[2)]

대차거래에는 이자가 적용되는데 이자율을 r로 나타내고, 현재소비, 미래소비, 현재소득, 미래소득을 각각 C_1, C_2, Y_1, Y_2로 표시하자. 현재의 저축(S_1)은 다음과 같이 정의된다.

$$S_1 = Y_1 - C_1 \tag{26.1}$$

그리고 미래의 소비는 미래의 소득에 저축의 원리금을 합한 것이므로

$$C_2 = Y_2 + (1+r)S_1 \tag{26.2}$$

이 된다. 물론 이렇게 정의된 저축이 항상 양일 필요는 없다. 대부자의 경우에는 $S_1 > 0$이지만, 차입자의 경우는 $S_1 < 0$이기 때문이다. 미래 시점에 대부자는 소득보다 많은 소비를, 차입자는 소득보다 작은 소비를 하게 될 것이다. 식 (26.1)의 S_1을 식 (26.2)에 대입하여 정리하면 다음과 같이 두 기간 간의 예산제약조건이 구해진다.

$$C_1 + \frac{C_2}{1+r} = Y_1 + \frac{Y_2}{1+r} \tag{26.3}$$

이 예산제약식은 두 기간에 걸친 소비의 현재가치가 두 기간에 걸친 소득의 현재가치와 동일해져야 함을 의미한다. 좌변과 우변이 등식으로 성립하는 것은 두 기간에 걸친 소득을 다 소비하고 유산을 하나도 남기지 않는다는 뜻이다.

그림 26-1은 식 (26.3)에 따른 예산선을 보여주고 있다. 그림에서 A점은 소득점으로 1기와 2기에 각각 버는 소득 Y_1과 Y_2를 표시한다. 예산선은 이 점을 통과하며, 1기에 최대한 소비할 수 있는 소득의 양은 $Y_1 + \frac{Y_2}{1+r}$이고, 2기에 최대한 소비할 수 있는 양은 $Y_2 + (1+r)Y_1$이다. 대차거래가 가능하면 소비자는 소득점 A를 포함하여 예산선상의 모든 점을 선택할 수 있다.

예산선의 기울기는 $-(1+r)$이다. 현재소비를 한 단위 증가시키기 위해서는 미

2) 현실적으로 이러한 대차거래는 금융기관이나 금융시장을 통해 이루어진다. 금융기관인 은행을 이용하는 경우에 차입자는 대출을 받고 대부자는 예금을 한다. 금융상품인 채권을 이용한다면 차입자는 채권을 발행하며 대부자는 채권을 매입한다.

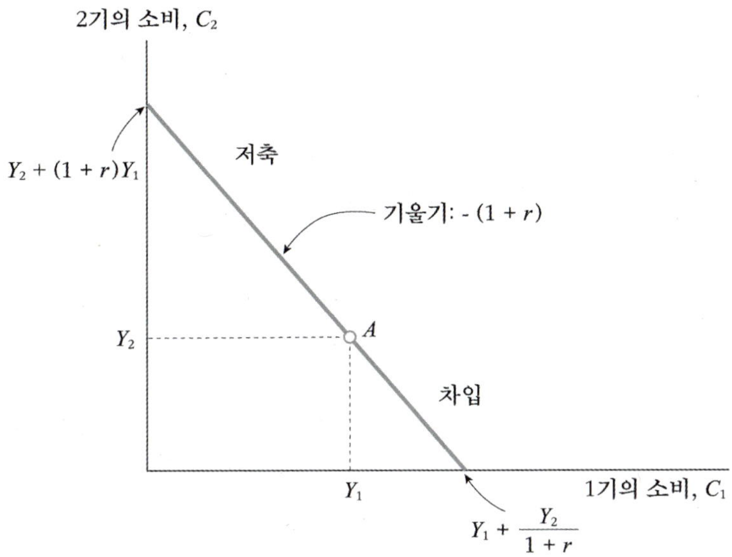

그림 26-1 소비자의 예산제약

그림은 소비자의 예산제약선 $C_1 + \frac{C_2}{1+r} = Y_1 + \frac{Y_2}{1+r}$ 를 보여주고 있다. 그림에서 A점은 소득점으로 1기와 2기에 각각 버는 소득 Y_1과 Y_2를 표시한다. 대차거래가 가능하면 소비자는 소득점 Y를 포함하여 예산선상의 모든 점을 선택할 수 있다. 예산선의 기울기는 $-(1+r)$이며, 현재소비 1단위는 미래소비 $(1+r)$단위와 교환된다.

래소비를 $(1+r)$단위 줄여야 한다. 또한 현재소비를 한 단위 줄이고 저축하면 미래소비를 $(1+r)$단위 늘릴 수 있다. 어느 경우든 현재소비 1단위는 미래소비 $(1+r)$단위와 교환되므로 예산선의 기울기인 이자율은 현재소비와 미래소비 간의 교환비율을 나타낸다. 이때 이자율이 상승하면 어떻게 되겠는가? 이자율이 상승하면 현재소비를 늘리기 위해 더 많은 양의 미래소비를 희생해야 하므로 이자율의 상승은 현재소비가 미래소비에 비해 상대적으로 비싸진다는 것을 뜻한다.

(2) 소비자의 선호와 최적의 선택

예산선의 점들 가운데 어떤 점을 선택하는가는 소비자의 선호에 달려 있다. 미래소비에 비해 현재소비를 더 선호하는가, 아니면 그 반대인가, 또는 고루 소비하는 것을 선호하는가는 개별소비자의 선호에 달려 있다. 2기간 효용함수의 한 예로 다음과 같은 형태를 생각할 수 있다.

$$U(C_1) + \frac{1}{1+\rho} U(C_2) \tag{26.4}$$

여기서 $U(\cdot)$는 통상적인 형태의 효용함수이며 두 기간에 걸친 효용은 각 기간에 얻는 효용의 합으로 이루어진다. 단, 현재 시점을 기준으로 할 때 미래소비에서 얻는 효용을 할인할 필요가 있는데, 위 식에서의 ρ가 바로 할인율(discount rate)이다.[3]

할인율이 클수록 식 (26.4)의 두 번째 항의 값이 작아지는데, 이는 미래소비보다 현재소비를 더 중시한다는 뜻이다. 반대로 할인율이 작아질수록 미래소비를 중시하는 성향이 높아지며, 극단적으로 할인율이 0이면 현재소비와 미래소비 간의 선호 차이가 없어지게 된다.

위의 효용함수는 (C_1, C_2) 평면에서 무차별곡선으로 나타난다. 무차별곡선은 소비자를 동일하게 만족시키는(효용함수의 값이 같은) C_1과 C_2의 조합이다. 그리고 무차별곡선의 기울기는 현재소비 1단위를 증가시키기 위해 미래소비를 얼마나 포기해야 하는지, 또는 현재소비 1단위 포기하면 그 대가로 미래소비를 얼마나 요구하는지를 나타낸다. 이 기울기를 한계대체율(MRS: Marginal Rate of Substitution)이라 부른다.[4]

최적의 소비조합은 무차별곡선의 기울기, 즉 한계대체율과 예산선의 기울기가 같아지는 점에서 이루어지므로 최적조건은 다음과 같다.

$$MRS = 1 + r \tag{26.5}$$

(3) 소비의 평준화

그림 26-2 (a)와 (b)는 모두 소비자균형을 나타내고 있는데, 그림 (a)는 대부자가 되는 균형을, 그림 (b)는 차입자가 되는 균형을 보여준다. 이와 같이 현재소득과 미래소득의 차이가 발생하는 경우에 소비자는 대부나 차입을 통해 두 기간의 소비에 큰 차이가 발생하지 않도록 조절하려는 성향을 갖는다. 이와 같이 소비자가 다기간 소비의 선택 시 매 기간 비슷한 규모로 소비하려는 성향을 소비의 평준화(consumption smoothing)라고 한다.[5] 국민계정상 소비는 국민소득에 비해 변동성이 작은 경향을 보여주는데, 이는 소비 평준화의 속성과 관계된다고 할 수 있다.

---

3) 효용함수를 $U(C_1)+\beta U(C_2)$로 표시할 수도 있는데, 여기서 β를 할인인자(discount factor)라 부른다.

4) 미시경제학의 소비자이론에서처럼 여기서도 표준적인 경우에 한계대체율 체감의 법칙이 작용한다.

5) 현재소득과 미래소득이 다른 경우에$(Y_1 \neq Y_2)$, 한계효용이 체감하고 이자율이 0이라면 $U(Y_1)+U(Y_2) < U\left(\frac{Y_1+Y_2}{2}\right) + U\left(\frac{Y_1+Y_2}{2}\right) = 2U\left(\frac{Y_1+Y_2}{2}\right)$가 성립한다. 즉, 소득에 맞추어 들쭉날쭉 소비하기보다 평균적인 소비 수준을 반복해서 유지하는 것이 효용을 증가시킨다.

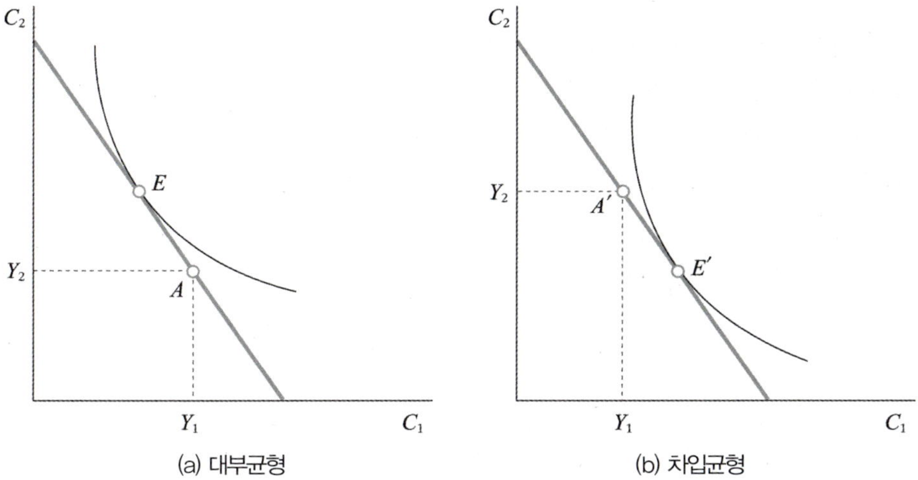

그림 26-2 소비자의 최적선택

현재소비와 미래소비의 최적조합은 무차별곡선의 기울기, 즉 한계대체율과 예산선의 기울기가 같아지는 점에서 이루어진다 ($MRS = 1 + r$). 그림 (a)는 대부자가 되는 균형을, 그림 (b)는 차입자가 되는 균형을 보여준다.

26-2 소득효과와 대체효과

소비자는 무차별곡선과 예산선이 접하는 점에서 최적의 소비조합을 선택하므로 주어진 소득과 선호에 따라 대부자 또는 차입자가 될 수 있다. 그런데 현재소득, 미래소득, 이자율의 변화는 최적소비조합을 변화시키며, 일반적인 재화의 소비에서와 마찬가지로 소득효과와 대체효과가 발생한다.

(1) 소득효과

현재소득이 증가할 경우에 예산선이 우측으로 평행 이동한다. 현재소비와 미래소비는 모두 정상재(normal goods)이므로 현재소비와 미래소비가 모두 증가한다. 미래소득이 증가하는 경우에도 예산선이 우측으로 평행 이동한다. 이 경우에도 현재소비와 미래소비가 모두 증가한다. 유의할 점은 현재소득에 변화가 없음에도 불구하고 미래소득이 변하면 현재의 소비도 변한다는 것이다. 소득이 현재에 늘든지 미래에 늘든지 소비자는 두 기간 사이에 차입하거나 대부할 수 있으므로 소득 발생시기와 현재에 얼마를 소비할 것인가는 관련이 없다. 즉, 현재의 소비는 현재소득만이 아닌 현재소득과 미래소득의 현재가치 $\left(Y_1 + \dfrac{Y_2}{1+r}\right)$에 의존한다. 이는 현재의 소비가 현재의 소득에 의해 결정된다는 케인즈의 절대소득 가설과 상치되는 결과이다.

이와 같은 소득효과의 분석으로부터 소비가 미래지향적(forward looking)이라는

그림 26-3 현재소득과 미래소득의 증가

최초의 소득조합은 A점이고 소비의 최적조합은 B점이라고 하자. 그림 (a)에서와 같이 현재소득이 증가하거나, 그림 (b)에서와 같이 미래소득이 증가하는 경우에 예산선은 우측으로 평행이동한다. 현재소비와 미래소비는 모두 정상재이므로 두 경우 모두 현재소비와 미래소비가 증가하며, 새로운 최적소비조합은 C점과 D점 사이에서 이루어진다.

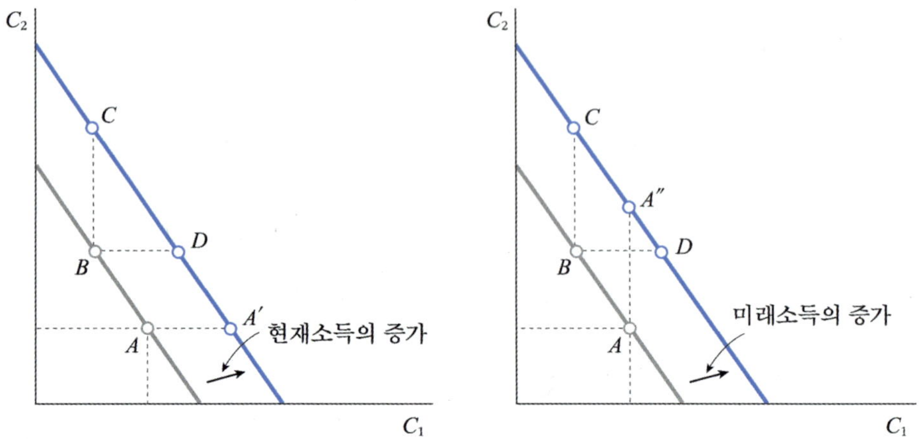

(a) 현재소득의 증가($A \rightarrow A'$) (b) 미래소득의 증가($A \rightarrow A''$)

점을 확인할 수 있다. 사실 케인즈 이후의 대표적 소비이론인 항상소득 가설과 생애주기 가설 모두 현재의 소비가 현재소득뿐만 아니라 미래에 발생하는 소득에 의해서도 영향을 받는다는 점에 착안한 것이다.[6)]

(2) 대체효과

이자율이 변하면 소비자균형도 변한다. 이자율 변화는 예산선을 변화시키는데, 이자율이 변하더라도 주어진 소득점은 변하지 않으므로 예산선이 소득점을 중심으로 회전하면서 기울기가 변한다. **그림 26-4**와 같이 이자율이 상승하면 소득점을 중심으로 기울기가 가파르게 변하며, 이자율이 하락하면 소득점을 중심으로 기울기가 평평해진다.

미시경제학의 소비자선택이론에서 가격이 변할 때 발생하는 가격효과를 대체효과와 소득효과로 나누어볼 수 있듯이, 여기서도 이자율 변화로 인한 총효과는 대체효과와 소득효과로 나누어진다. 먼저 대체효과를 살펴보자. 대체효과는 언제나 가격과 반대 방향으로 작용한다. 이자율이 상승하면 현재소비가 미래소비에 비해 상대적으로 비싸지므로 현재소비를 줄이게 된다. 반대로 이자율이 하락하면 현재소비가 미래소비에 비해 상대적으로 싸지므로 현재소비를 늘린다. 이자율 변화에 따른 대체효과는 소비자가 대부자인가 차입자인가와는 상관없이 일정한 방향으로 작용

6) 소비의 다기간 선택모형은 케인즈와 동 시대에 활동했던 경제학자 피셔(I. Fisher)에 의해 개발된 것이다. 피셔 관계식으로 유명한 그는 당대 최고의 경제학자이자 대중에게도 널리 알려진 인물이었다.

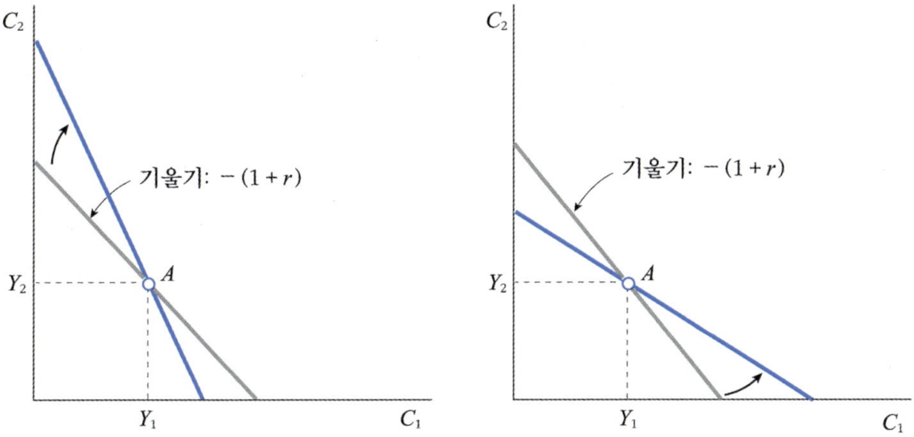

그림 26-4 이자율 변화에 따른 예산선의 변화

이자율이 변하면 예산선이 소득점인 A점을 중심으로 회전하면서 기울기가 변한다. 그림 (a)에서처럼 이자율이 상승하면 A점을 중심으로 기울기가 가파르게 변한다. 그림 (b)에서처럼 이자율이 하락하면 A점을 중심으로 기울기가 평평해진다.

한다.

그러나 이자율 변화에 따른 소득효과는 다소 복잡하며, 대부자와 차입자의 경우에 다르게 나타난다는 점에 유의해야 한다. 먼저 이자율이 상승하는 경우부터 살펴보자. 만약 소비자가 대부자라면 이자율의 상승으로 미래에 더 많은 이자수입이 생기므로 (+)의 소득효과가 발생한다. 만약 소비자가 차입자라면 이자율 상승 때문에 미래에 더 많은 이자지급을 해야 하므로 (−)의 소득효과가 발생한다. 그러면 이자율이 하락하는 경우에는 어떻게 될까? 대부자에게는 미래의 이자수입이 줄어들기 때문에 (−)의 소득효과가 발생하고 차입자에게는 미래의 이자지급 부담이 감소하므로 (+)의 소득효과가 발생한다. **표 26-1** (a)와 (b)에는 이자율 변화에 따른 종합적인 효과가 정리되어 있다.

표 26-1에서 알 수 있듯이 이자율 변화에 의해 대체효과와 소득효과가 같은 방향으로 작용하면 소비의 변화를 예측할 수 있으나, 대체효과와 소득효과가 반대 방향으로 작용하면 소비의 변화를 예측할 수 없다. 예를 들어, 현재 저축을 하고 있는 대부자의 경우 이자율이 상승할 때 대체효과에 의하면 현재소비를 줄이지만 소득효과에 의해 소비를 늘리게 되므로 현재소비에 대한 최종적 효과는 두 효과의 상대적 크기에 의존한다. 그런데 특이한 점은 미래의 소비에 대해서는 두 효과 모두 소비를 증가시키므로 미래소비는 반드시 증가한다는 것이다. **그림 26-5**에는 대부자의 경우에 이자율 상승이 미래의 소비를 증가시키는 효과가 있음을 보여준다. 단, 현재소비에 미치는 효과는 소비자의 선호에 따라 반대로 나타날 수 있다는 것도 보여준다.

표 26-1 이자율 변화가 현재소비와 미래소비에 미치는 효과

(a) 이자율이 상승하는 경우

	현재소비	미래소비
대부자	대체효과 ↓ 소득효과 ↑ ⇒ ?	대체효과 ↑ 소득효과 ↑ ⇒ ↑
차입자	대체효과 ↓ 소득효과 ↓ ⇒ ↓	대체효과 ↑ 소득효과 ↓ ⇒ ?

(b) 이자율이 하락하는 경우

	현재소비	미래소비
대부자	대체효과 ↑ 소득효과 ↓ ⇒ ?	대체효과 ↓ 소득효과 ↓ ⇒ ↓
차입자	대체효과 ↑ 소득효과 ↑ ⇒ ↑	대체효과 ↓ 소득효과 ↑ ⇒ ?

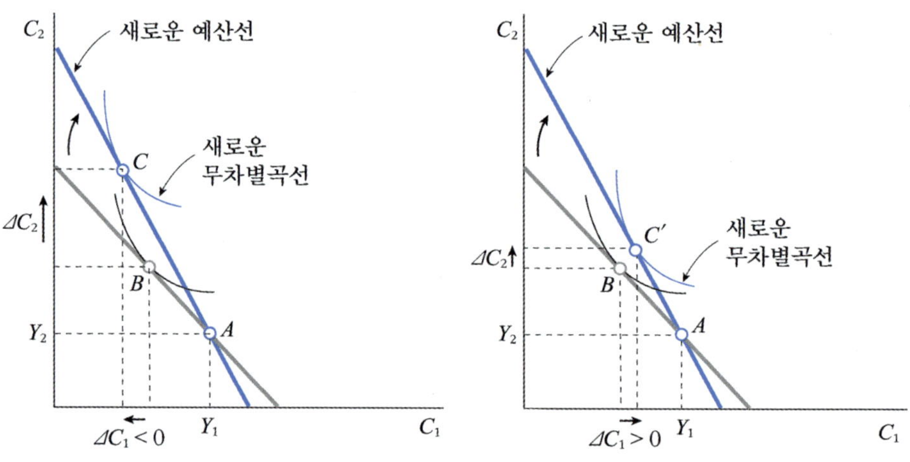

그림 26-5 이자율 상승의 효과: 대부자의 경우

소득점인 A점이 주어질 때 대부자는 B점을 선택하고 있다. 이때 이자율이 상승하면 A점을 중심으로 예산선의 기울기가 가파르게 변한다. 그림 (a)는 소비자균형이 C점으로 이동하면서 현재소비는 줄고 미래소비는 늘어나는 경우를 보여준다. 그림 (b)는 소비자균형이 C'점으로 이동하면서 현재소비와 미래소비가 모두 늘어나는 경우를 보여준다. 현재소비의 방향은 알 수 없으나 미래소비는 두 경우 모두 증가한다.

(3) 이자율 변화가 경제 전체의 저축에 미치는 효과

이상에서 살펴본 대로 이자율 변화가 개별적인 소비자의 소비와 저축에 미치는 효과는 소비자가 현재 차입자인가 대부자인가에 따라 달라진다. 그렇다면 이자율 변화가 경제 전체의 소비와 저축에 미치는 효과는 어떠할 것인가? 여기서 우리는 단순하지만 그럴듯한 가정을 도입할 수 있다. 만약 경제 전체적으로 대부자의 수와 차입자의 수가 동일하다면 상반되는 소득효과는 서로 상쇄되며, 대체효과만 남게 된다.[7] 따라서 다른 요인들이 일정할 때, 이자율이 상승하면 경제 전체의 저축은 증가

7) 우리는 종종 이자율이 하락하면 이자수입에 주로 의존하는 노령인구의 수입이 줄어들며 이것이 소비부진과 경기침체의 요인이 된다는 말을 하곤 한다. 그러나 이자율의 하락은 노령인구에게는 (−)의 소

하며 이자율이 하락하면 경제 전체의 저축은 감소한다고 가정할 수 있다.

26-3 합리적 기대와 소비의 임의보행 가설

1970년대 말 미국의 경제학자 홀(R. Hall)은 다기간 선택모형을 토대로 소비함수 무용론을 주장하여 큰 반향을 불러일으켰다. 이상에서 다룬 소비모형에 합리적 기대(rational expectations)를 도입하면 소비의 변화를 예측할 수 없다는 것이다.

내용을 자세히 살펴보기 위해 식 (26.4)의 효용함수와 소비자 균형조건의 식 (26.5)를 활용해 보자. 한계대체율(*MRS*)은 각각의 한계효용의 비율로 나타낼 수 있다. 만약 한계대체율이 2라면 이는 현재소비 1단위를 증가시키는 데 미래소비 2단위를 포기해도 좋다는 것인데, 그럴 의사가 있다는 것은 현재소비의 한계효용이 미래소비의 한계효용에 비해 두 배 높기 때문이다. 따라서 효용함수가 식 (26.4)와 같다면 현재소비와 미래소비 간의 한계대체율은 다음과 같아진다.

$$MRS = \frac{\text{현재소비의 한계효용}}{\text{미래소비의 한계효용}} = \frac{U'(C_1)}{\frac{1}{1+\rho}U'(C_2)} = \frac{(1+\rho)U'(C_1)}{U'(C_2)} \tag{26.6}$$

여기서 $U'(C_1)$과 $U'(C_2)$는 각각 $\frac{\Delta U(C_1)}{\Delta C_1}$과 $\frac{\Delta U(C_2)}{\Delta C_2}$를 나타내며, 표기상 모두 각 기간별 한계효용의 의미를 갖고 있다. 단, 미래의 한계효용은 현재 시점에서 평가해야 하므로 현재 시점에서 본 미래소비의 한계효용은 $U'(C_2)$가 아니라 $\frac{1}{1+\rho}U'(C_2)$라는 점에 주의할 필요가 있다.

이제 소비자 균형조건의 식 (26.5)는 다음과 같이 변환되며,

$$\frac{(1+\rho)U'(C_1)}{U'(C_2)} = 1+r \tag{26.7}$$

이를 다시 정리하면 다음과 같다.

득효과를 주지만, 차입자의 위치에 놓인 경제주체들에게는 (+)의 소득효과를 준다는 점을 간과해서는 안 된다. 게다가 대체효과에 의하면 이자율의 하락은 현재소비를 증가시킨다. 따라서 이자율 하락이 소비 부진의 주요한 원인이라는 견해에는 이론적 근거가 없는 것이다.

$$\frac{U'(C_1)}{U'(C_2)} = \frac{1+r}{1+\rho} \tag{26.8}$$

만약 이자율과 할인율이 같다면($r=\rho$), 위 식은 다음과 같이 단순해진다.

$$U'(C_1) = U'(C_2) \tag{26.9}$$

이와 같이 기간별 한계효용이 같다면 결국 각 기간의 소비도 같아야 할 것이다($C_1 = C_2$). 즉, 현재소비와 미래소비를 같도록 하여 항상 일정한 소비 수준을 유지하는 것이 최적의 소비계획임을 말해 준다.[8)]

사실 이상에서는 논의를 단순화하기 위해 확실성의 세계를 가정했다. 불확실성(uncertainty)을 도입하고 기대효용(expected utility)함수를 가정하여 위와 같은 방식으로 최적화 조건을 도출하면 식 (26.9)는 다음과 같이 변한다.

$$U'(C_1) = E_1[U'(C_2)] \tag{26.10}$$

여기서 $E_1[\cdot]$은 현재(1기)의 모든 정보를 이용한 합리적 기댓값을 나타낸다. 위 식은 소비의 한계효용에 대해 성립하는 것으로 되어 있지만, 적절한 형태의 효용함수를 가정하면 소비 수준 자체에 대해 다음과 같은 식이 성립하게 된다.[9)]

$$C_1 = E_1[C_2] \tag{26.11}$$

즉, 현재소비는 미래소비의 예측치이다. 달리 말하면 미래소비에 대한 합리적 예측치는 현재의 소비 수준 그 자체인 것이다. 그만큼 현재의 소비 수준에는 수많은 정보가 담겨 있다. 왜 그런가? 소비자는 앞으로 예상되는 평생소득을 계산하여 시간의 흐름에 맞게 소비계획을 세우는데, 현재의 소비 수준도 바로 그러한 복잡하고 치밀한 계획의 일환으로 결정된 것이기 때문이다. 이처럼 현재소비에는 장래의 소득과 경제상황에 대한 모든 정보가 담겨 있다.

한편, 식 (26.11)은 다음과 같이 나타낼 수 있다.

---

8) 물론 이와 같은 결과는 $r=\rho$일 때 성립하는 것이다. 식 (26.8)에 따르면 $r>\rho$일 때에는 $C_1 < C_2$이며 $r<\rho$일 때에는 $C_1 > C_2$이다. 즉, 이자율과 할인율에 따라 소비를 증가시키거나 감소시키는 것이 최적일 수 있다.

9) 예를 들어, 2차함수 형태의 효용함수를 가정해서 식 (26.11)을 도출해 보라.

$$C_2 = C_1 + \epsilon_2 \tag{26.12}$$

여기서 ϵ_2는 1기에는 예측될 수 없었지만 2기에 발생한 충격이다. 이제 첨자를 바꾸어 일반화시키면, 위 식을 다음과 같이 고쳐 쓸 수 있다.[10]

$$C_{t+1} = C_t + \epsilon_{t+1} \tag{26.13}$$

여기서 ϵ_{t+1}은 $t+1$기에 발생한 충격으로 t기에는 예측될 수 없다. 예를 들어, $\epsilon_{t+1} < 0$이면 $t+1$기에 예기치 못한 소득의 감소요인이 발생하여 소비가 감소한 부분을 나타낸다. 그러나 ϵ_{t+1}은 t기에는 예측될 수 없으므로 $E_t[\epsilon_{t+1}] = 0$의 특성을 갖는다. 소비의 변화를 예측할 수 없다는 뜻에서 소비가 임의보행(random walk)을 따른다고 말하기도 한다.

소비가 임의보행을 따른다는 식 (26.13)의 의미를 다시 한번 생각해 보면 다음과 같다. 소비자는 언제나 평생소득에 대한 기대를 바탕으로 소비를 선택하며, 한계효용이 체감하는 효용함수를 가지고 있는 한 소비를 평탄하게 유지하려고 한다. 시간이 지나면서 소비자는 미처 예상하지 못했던 뉴스를 접하게 되며 그에 따라 소비계획을 다시 조정한다. 그러나 예상치 못한 충격이 발생하지 않는 한 소비계획을 수정하지 않는다. 그것은 이미 합리적으로 선택된 소비계획이기 때문이다.[11] 예를 들어, 어떤 직장인 A씨가 예상치 못하게 명예퇴직을 하게 되었다면 A씨는 소비계획을 다시 세우고 당장 지금부터 소비를 줄일 것이다. 그러나 승진을 예상하였던 B씨가 예상대로 승진을 하였다면 그는 소비를 증가시킬 이유가 없다. 승진할 것을 예상하여 미리 소비를 상향 조정해 놓았기 때문이다.

합리적 기대에 입각한 소비이론은 경제정책에도 중요한 시사점을 준다. 오직 기대하지 못한 정책 변화만이 소비를 변화시킨다. 우리나라는 부동산에 대한 투기적 수요를 억제하기 위해 종합부동산세를 도입한 바 있다. 만약 종합부동산세 적용을 받게 되는 소비자가 합리적 기대에 입각하여 소비계획을 세웠다면 그는 국회에서 종합부동산세 관련법이 통과되는 순간에 소비계획을 수정했을 것이다. 이미 소비계

10) 이상에서는 논의를 단순화하기 위해 두 기간만을 사는 소비자를 가정했으나, $T(>0)$기 또는 무한대의 기간을 사는 소비자를 가정해도 일정한 조건 하에서 인접한 두 기간에 대해서는 같은 균형조건이 성립한다.

11) 이번 기에 아무런 충격이 발생하지 않았다면($\epsilon_t = 0$), 이번 기의 소비는 전기의 소비와 같다($C_t = C_{t-1}$).

획을 다시 세워놓았으므로 실제 종합부동산세를 납부하는 시점에 와서 소비를 변화시킬 이유는 없다.[12)]

경제주체들이 합리적 기대를 한다면 경제정책은 실제의 집행뿐만 아니라 경제주체의 기대를 통해서도 경제에 영향을 미칠 수 있다. 그러나 사람들이 과연 합리적 기대를 하는가에 대한 의문이 제기될 수 있고, 또한 기대란 것을 직접 관찰하기 힘들기 때문에 경제정책의 변화가 실제로 경제에 어떤 변화를 가져오는지를 정확히 구분하여 알기는 힘들다.

12) 이와 같이 홀의 이론에 따르면 소비자는 예측할 수 있는 소득의 변화가 발생한 경우 소비 지출을 변화시키지 않는다. 소득 증가라는 정보에 대응하여 이미 소비를 조절해 놓았기 때문이다. 그러나 소득과 소비에 관한 실증분석 결과들에 따르면 사람들은 예측 가능한 소득의 변화에 대해서도 반응하는 것으로 나타나고 있다. 이것은 일부 사람들이 합리적 기대를 하지 않는다는 점을 시사하는 것이기도 하다. 일부 소비자들은 자신의 미래소득을 예측할 때 합리적 기대를 하기보다는 단지 현재소득에 기초하여 예측한다. 현재소득이 변할 때 마치 평생소득이 크게 변한 것처럼 행동하고 그에 따라 소비를 변화시킨다는 것이다.

제27장 소비이론 Ⅲ: 재정정책과 소비

이상에서는 살펴본 것처럼 합리적인 소비자는 미래지향적(forward looking)으로 소비계획을 세우며, 다기간 소비를 정할 때 정부정책의 내용과 결과까지를 종합적으로 고려한다. 이러한 논의의 중심에는 리카도 동등정리(Ricardian equivalence)가 있다. 리카도 동등정리에 따르면 재정정책상의 변화는 총수요의 가장 큰 구성요소인 소비를 변화시키지 못한다. 이 장에서는 리카도 동등정리를 소개하고 소비와 관련된 여러 문제를 검토해 본다.

27-1 리카도 동등정리

일찍이 고전학파 경제학자인 리카도(D. Ricardo)는 현재가치의 개념을 이용하여 정부지출의 재원을 조세로 충당하든 국채발행으로 충당하든 동일하다는 점을 지적한 바 있다. 지금에 와서 이러한 주장이 크게 논란의 대상이 될 만한 것은 아니지만, 새고전파 경제학자인 배로(R. Barro)는 리카도의 견해를 정부의 재정정책이 총수요를 확대시키지 못한다는 이론으로 발전시켰다. 리카도의 견해를 재해석 내지 확대해석한 셈이다.

(1) 정부의 예산제약

리카도 동등정리는 정부도 예산제약에 직면한다는 가정에서 출발한다. 만약 1기간 예산제약에 직면한다면 $G \leq T$, 즉 정부지출(G)은 조세수입(T) 범위 내에서 이루어져야 한다. 그러나 정부가 조세수입 범위를 넘어 지출하기 위해서는 국채를 발행해야 하고 소비자나 기업이 채무에 대한 원리금을 상환해야 하듯이 정부도 언젠가는 부채를 상환해야 하므로 정부도 결국 예산제약의 범위 내에서만 지출해야 한다.

논의의 단순화를 위해 두 기간만 존재하는 정부를 가정하면 정부의 예산제약은 다음과 같다.

$$G_1 + \frac{G_2}{1+r} = T_1 + \frac{T_2}{1+r}, \quad r\text{은 이자율} \tag{27.1}$$

다기간 예산제약에 직면한 정부가 확대 재정정책을 시행하기 위한 방법은 크게 두 가지이다. 첫째는 재정지출을 확대하는 것인데, 현재의 조세 규모(T_1)를 그대로 둔 채 현재의 재정지출(G_1)을 증가시키기 위해서는 결국 미래의 조세(T_2)를 증가시켜야 한다. 둘째는 조세의 감면인데, 현재와 미래의 재정지출 규모를 그대로 둔 채 현재의 조세(T_1)를 감면하기 위해서는 결국 미래의 조세(T_2)를 증가시켜야 한다.

(2) 미래지향적 소비자와 리카도 동등정리

정부가 도입되었으므로 소비자의 예산제약도 조세부담을 반영해야 한다. 조세를 부담하며 두 기간만 존재하는 소비자의 예산제약은 다음과 같다.

$$\begin{aligned} C_1 + \frac{C_2}{1+r} &= Y_1 - T_1 + \frac{Y_2 - T_2}{1+r} \\ &= Y_1 + \frac{Y_2}{1+r} - \left(T_1 + \frac{T_2}{1+r}\right) \end{aligned} \tag{27.2}$$

소비자 예산제약의 의미는 현재와 미래 소비의 현재가치가 현재와 미래 가처분소득의 현재가치, 즉 평생가처분소득과 같다는 것이다.

그런데 식 (27.1)과 식 (27.2)를 결합하면 다음과 같다는 것을 알 수 있다.

$$C_1 + \frac{C_2}{1+r} = Y_1 + \frac{Y_2}{1+r} - \left(G_1 + \frac{G_2}{1+r}\right) \tag{27.3}$$

이 식은 정부가 예산제약을 지킨다는 것을 전제로 한 소비자의 예산제약이다. 여기서 미래지향적 소비자의 최적선택이 가지는 중요한 특징이 도출된다. 정부예산제약이 변하지 않는 한, 소비자는 이미 선택한 최적소비조합을 바꿀 이유가 없다는 것이다. 만약 정부가 현재의 조세(T_1)를 감소시킨다면 현재의 가처분소득($Y_1 - T_1$)은 증가하겠지만, 정부지출계획 G_1, G_2에 변함이 없는 한 미래의 조세(T_2)가 증가할 것이므로 소비자에게 주어지는 평생가처분소득, 즉 식 (27.2)와 식 (27.3)의 우변은 변함이 없다. 따라서 평생가처분소득에 변함이 없는 한 최적소비계획을 바꿀 이유가 없다. 결국 조세감면정책은 총수요를 확대시키지 못한다.

그림 27-1은 조세의 변화가 소비자의 예산제약에 어떠한 영향을 주는지 보여준다. 최초의 가처분소득 부존점은 A 점이므로, 합리적 소비자는 A 점을 통과하는 예산선상의 어느 한 점을 선택하여 소비하고 있을 것이다. 이 예산선의 식은 바로 위의

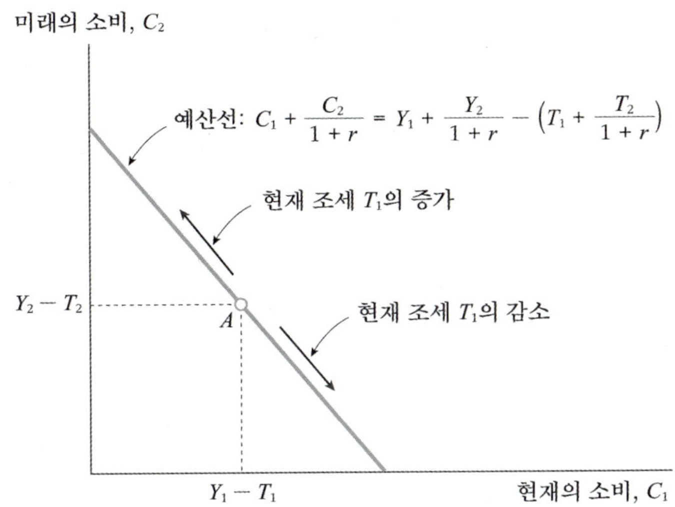

그림 27-1 조세 변화의 효과: 정부예산제약 하의 리카도 동등정리

최초의 가처분소득 부존점은 A점이므로, 합리적 소비자는 A점을 통과하는 예산선상의 어느 한 점을 선택하여 소비하고 있다. 현재의 조세 T_1이 감소하면 가처분소득 부존점은 A점에서 예산선을 따라 우측 아래쪽으로 이동하며, T_1이 증가하면 A점에서 예산선을 따라 좌측 위쪽으로 이동한다. 현재의 조세 T_1이 변할지라도 예산선 자체는 변하지 않으므로 소비자가 최초에 선택한 최적소비계획을 바꿀 이유가 없다.

식 (27.2)와 같다. 만약 감세 조치로 현재의 조세 T_1이 감소하면 가처분소득 부존점은 A점에서 예산선을 따라 우측 아래쪽으로 이동한다. 만약 증세 조치로 현재의 조세 T_1이 증가하면 가처분소득 부존점은 A점에서 예산선을 따라 좌측 위쪽으로 이동한다. 중요한 것은 현재의 조세 T_1이 변할지라도 소비자가 직면하는 예산선 자체는 변하지 않으며, 새로운 가처분소득 부존점이 같은 예산선상에서 이전될 뿐이라는 것이다. 소비자가 선택 가능한 소비집합에는 변함이 없으므로, 최초에 선택한 최적소비계획을 바꿀 이유가 없다.

(3) 감세정책의 효과에 대한 여러 견해들

배로가 제시한 리카도 동등정리는 이제 감세정책의 효과에 대한 여러 견해들의 중심에 서게 되었다. 그러면 감세정책의 효과는 과연 무엇인가? 먼저 제13장의 $IS-LM$ 모형에 따르면 감세는 소비를 증가시켜 IS곡선과 총수요곡선을 우측으로 이동시킨다. 가격이 경직적인 단기에는 총수요가 증가하면서 생산이 증가하고 실업률이 하락한다. 물론 시간이 흐르면서 물가가 점차 상승하고 경제는 다시 자연소득 수준의 상태로 돌아가지만, 적어도 단기적 효과는 있다. 한편, 제6장에서 소개한 고전학파의 견해에 따르면 감세는 소비를 증가시키고 저축을 감소시킨다. 저축의 감소로 이자율이 상승하고 그 결과 투자가 줄어든다. 이른바 구축효과이다. 또한 제22장의 솔로우모형에 따르면 감세에 따른 소비 증가와 저축 · 투자의 감소는 궁극적으

로 낮은 수준의 자본과 생산이 결부된 균제상태로 귀결된다.[1)]

이와 같은 견해를 종합해 보면, 감세정책 및 그에 따른 정부부채의 증가는 단기적으로는 총수요를 확대하고 생산을 촉진하지만 장기적으로는 투자를 구축하고 경제성장에 부정적인 효과를 가져온다는 것이다. 그러나 리카도 동등정리에 따르면 감세는 단지 조세부담을 연기시키는 것에 불과하므로 소비에 전혀 영향을 미치지 않으며, 따라서 애초부터 거시경제에 아무런 효과를 미치지 못한다.

27-2 리카도 동등정리에 대한 비판들

(1) 유동성제약

리카도 동등정리는 소비자가 여러 기간에 걸쳐 소비를 선택하는 과정에서 필요하다면 자유롭게 차입할 수 있다는 가정에 기초하고 있다. 미래소득의 일부를 오늘 소비할 수 있다는 것인데, 많은 사람들에게 이러한 차입은 불가능하다. 예를 들어, 해외로 어학연수를 가려는 대학생들이 그 비용을 은행대출로 조달하기란 쉽지 않다. 이와 같은 제약을 차입제약(borrowing constraint) 또는 유동성제약(liquidity constraint)이라고 한다. 이와 같은 제약을 다음과 같이 나타낼 수 있다.

$$C_1 \leq Y_1 \tag{27.4}$$

이 부등식에 따르면 1기의 소비는 1기의 소득 이내로 제한된다. 소비자가 조세를 부담하는 경우에는 1기의 소비가 1기의 가처분소득 이내로 제한된다.

$$C_1 \leq Y_1 - T_1 \tag{27.5}$$

그림 27–2는 이러한 제약이 소비자의 선택을 어떻게 제약하는가 보여준다. **그림** 27–2 (a)의 점 A는 현재의 가처분소득과 미래의 가처분소득을 나타낸다. 유동성제약이 없다면 DAB상에서 소비를 선택할 수 있다. 그러나 유동성제약에 직면하면 예산선은 DAC가 된다. 원래 DA선상에서 소비하기를 원했던 소비자에게 유동성제약은 소비 선택에 영향을 주지 않지만, AB선상에서 소비하기를 원했던 소비자

1) 거시경제학에서 표준적인 이론으로 취급하지는 않지만 소위 '공급중시 경제학'에 따르면 감세는 기업활동에 대한 인센티브를 자극하여 투자, 즉 자본축적을 촉진한다고 본다.

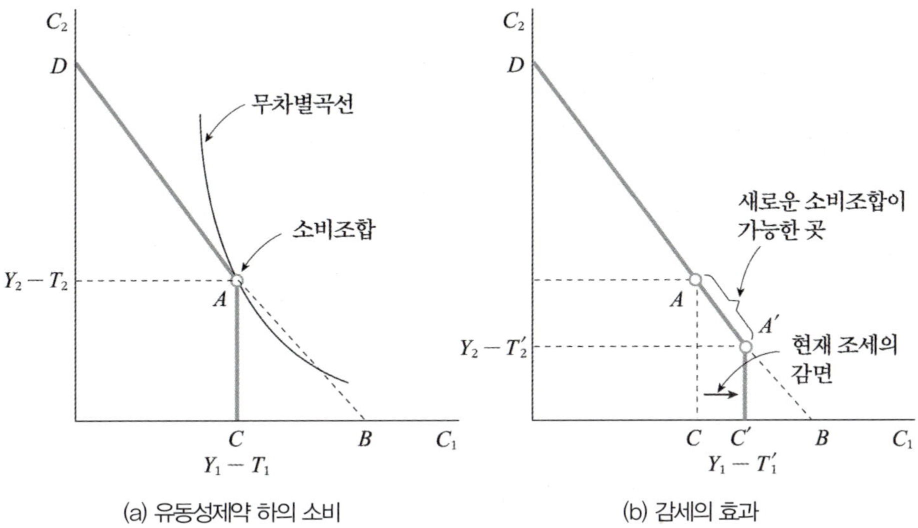

그림 27–2 유동성제약 하의 조세 변화 효과

그림 (a)의 A점은 현재의 가처분소득과 미래의 가처분소득을 나타낸다. 유동성제약이 없다면 DAB선상에서 소비를 선택할 수 있으나, 유동성제약에 직면하면 예산선은 DAC가 된다. AB선상에서 소비하기를 원했던 소비자는 A점을 선택할 수밖에 없다. 이때 그림 (b)에서처럼 정부가 조세를 감면하면 ($T_1 \Rightarrow T_1'$) 1기의 가처분소득이 증가하고 유동성제약이 완화된다. 예산선은 $DA'C'$으로 확장되고, 소비자는 AA'에서 소비할 수 있다.

는 A점을 선택할 수밖에 없다. 유동성제약의 제약을 받는 소비자의 소비는 $C_1 = Y_1 - T_1$ 및 $C_2 = Y_2 - T_2$일 수밖에 없다.

그런데 정부가 조세를 감면하면($T_1 \Rightarrow T_1'$) 소비자가 1기에 쓸 수 있는 가처분소득이 증가하게 된다($Y_1 - T_1 \Rightarrow Y_1 - T_1'$). 정부의 조세감면은 유동성제약을 완화시켜 준다. **그림 27–2** (b)에서처럼 소비자의 예산선은 $DA'C'$으로 확장되고, A점을 선택할 수밖에 없었던 소비자는 이제 AA'에서도 소비할 수 있다. 유동성제약에 걸려 있던 소비자에게 정부의 조세감면은 현재소비를 증가시킬 수 있게 해 준다. 물론 이 경우에도 현재의 가처분소득이 늘어나는 대신에 미래의 가처분소득은 줄어들기 때문에 평생가처분소득에는 변함이 없다. 그럼에도 불구하고 현재의 소비가 늘어나는 것은, 정부의 조세감면이 차입을 원했던 소비자에게 마치 대출을 제공해 주는 것과 같은 역할을 해 주기 때문이다.

유동성제약에 처한 소비자는 현재소득의 변화에 대해 민감하게 반응한다. 이는 소비의 합리성을 부정하는 것이라기보다 유동성제약에 처하여 평생소득에 따라 소비를 평준화하는 것이 불가능하기 때문이다. 현실적으로 소비자들 가운데에는 유동성제약을 받는 사람들과 유동성제약을 받지 않는 사람들이 섞여 있다. 경제 내에 유동성제약에 처한 소비자의 수가 많다면 경제 전체의 소비는 현재소득의 변화에 민감한 반응을 보일 것이다. 또한 이러한 경우라면 리카도 동등정리가 성립하지 않고 조세의 감면에 의해 경제 전체의 소비가 촉진될 가능성이 크다.

유동성제약의 범주를 확대 해석하면 실제로 유동성제약에 처한 사람들의 수가 매우 많다고 볼 수 있다. 사람들은 연금, 보험, 주택대출금 상환 등으로 매월 고정적인 지출을 한다. 이를 고정저축(locked-up savings)이라 하는데, 세금에다 이러한 고정저축까지 고려하면 상당히 많은 사람들이 사실상 유동성제약에 걸려 있다.

(2) 국채수익률보다 높은 차입이자율

리카도 동등정리를 도출할 때의 중요한 가정 중의 하나는 하나의 이자율로 차입과 대부가 가능하다고 한 것이다. 그리고 그 이자율은 정부의 예산제약식에도 동일하게 적용되는 이자율이므로 구체적으로는 국채수익률이라고 볼 수 있다. 즉, 소비자가 국채수익률 수준의 이자율로 얼마든지 차입과 대부를 할 수 있다고 한 것이다. 그러나 현실적으로 소비자 입장에서 보면 당연히 차입할 때의 이자율이 대부할 때의 이자율보다 높다. 소비할 자금이 부족한 소비자가 국채수익률 수준으로 차입하는 것은 거의 불가능한 일이다.

이를테면 이상에서의 사용한 이자율 r은 국채수익률인데, 실제로 차입을 원하는 소비자가 적용받는 이자율은 그보다 높은 r^B이다. 이러한 상황에서 정부가 조세를 삭감하는 것이 소비자의 부에 어떠한 변화를 가져오게 될지 생각해 보자. 물론 차입과 대부에 대하여 동일한 국채수익률 r이 적용되는 경우에는 소비자의 부에 아무런 영향을 미치지 않으며, 따라서 리카도 동등정리가 성립하게 된다.

정부가 조세를 삭감하여 현재의 소비 여력이 늘어나는 경우와 금융기관으로부터의 차입으로 소비를 늘리는 경우를 비교해 보자. 조세의 삭감은 비록 그것이 미래의 세부담으로 돌아온다 하더라도 금융기관 차입에 대한 상환부담보다는 작다. 이자율이 상대적으로 낮기 때문이다. 따라서 조세의 삭감은 차입으로 현재소비를 충당하고자 하는 소비자에게 마치 보조금을 지급하는 것과 같은 효과를 가져오므로 이러한 소비자들의 부를 증가시키고, 그에 따라 현재소비를 조금 더 증가시킬 여유를 갖게 만들어 준다.

(3) 소비의 근시안성

리카도 동등정리를 지지하는 사람들은 소비자들이 소비를 합리적으로 선택한다고 가정한다. 합리적인 소비자들은 정부가 조세를 감면하거나 재정지출을 늘릴 때 정부부채를 해결하기 위해 장래에 조세를 증가시킬 것이라고 예상한다. 평생소득에 의존하는 합리적인 소비자들은 가까운 미래뿐만 아니라 먼 미래까지도 미리 예측한다. 그러나 소비의 근시안성(myopia)을 지적하는 사람들은 합리적 소비선택 자체를 비판한다.

사람들은 재정적자가 장래에 어떤 의미를 갖는지에 대해 완전히 알 수 없다. 또한 사람들은 얼마나 소비하고 저축할 것인가를 완벽하게 합리적으로 계획하기보다는 경험법칙에 따라 결정하는 경향이 있다. 예를 들어, 가까운 장래에 국민연금 및 의료보험료가 오를 것이라는 것을 알면서도 그 통지서가 날아오기 전까지는 소비를 줄이지 않는다. 또한 소득세가 인하된다는 정보를 미리 알면서도 지출계획을 별로 바꾸지 않다가 막상 소득세가 환급되고 나면 소비를 늘리기도 한다. 이와 같이 소비자들이 근시안적이어서 소비계획을 짜는 시계(time horizon)가 짧다면 미래에 기대되는 소득의 변화가 현재의 소비에 별다른 영향을 미치지 못한다.

(4) 후대로의 조세 전가

리카도 동등정리를 비판하는 또 다른 논리는 소비자들이 장래에 부과될 조세가 자신의 세대가 아닌 장래의 세대에 부과될 것으로 기대한다는 것이다. 사람은 모두 죽게 되어 있으며, 죽은 뒤의 세금 걱정은 하지 않아도 된다. 예를 들어, 정부가 오늘 조세를 삭감하고 재정적자를 충당하기 위해 30년 만기 국채를 발행하고 30년 후부터 조세를 증가시키기로 했다고 하자. 이와 같은 조치는 납세자, 특히 고령의 납세자에게 어떤 영향을 미치게 될까? 조세부담의 상당 부분은 다음 세대로 넘어가게 된다. 이러한 조세부담의 이전은 부(wealth)가 미래세대에서 현재세대로 이전되는 것을 의미한다. 현재세대는 평생가처분소득이 증가하므로 소비를 증가시킨다. 결국 미래세대의 희생으로 현재세대의 소비기회가 확대된다.

사실 리카도 동등정리가 완벽하게 성립하기 위해서는 현재세대가 자신의 장래뿐만 아니라 장래세대의 후생까지 고려한다는 전제가 필요하다. 장래세대란 결국 자신의 아들 · 딸 · 손자 · 손녀들이므로 별개의 경제주체가 아니라 자신의 일부이다. 실제 빈번하게 이루어지는 증여와 유산 등이 이러한 세대 간 이타주의를 입증해 준다. 다기간 선택 소비모형의 분석 대상인 개별적인 소비자는 유한한 생명을 사는 개인이 아니라 영원히 지속되는 가족인 것이다. 만약 그렇다면 정부부채를 증가시키는 조세의 삭감은 한 개인의 평생소득을 증가시킬 수는 있어도 장래세대를 포함한 가족의 총체적 부를 증가시키지는 않는다. 따라서 가족의 장래를 걱정하는 이타적 소비자는 조세삭감으로 늘어난 여분의 소득을 써 버리지 않고 남겨 두어 후대가 세금을 납부할 때 충당하도록 할 것이다.

정부부채에 관한 리카도 동등정리의 성립 여부는 소비자의 행태가 어떠한가에 달려 있다. 소비자가 합리적이고 미래지향적이며 후대에 대하여 이타적이라면 무한대의 시야를 가지고 미래의 조세부담까지 걱정할 것이다. 그러나 또 다른 형태의 소비자들은 후손의 조세부담을 개의치 않을 수도 있다. 이것은 사람들이 탐욕스럽고 그저 이기적이기 때문만은 아니다. 후손들이 자신들보다 더 부유해질 것이니 조세부담의 일부가 후손으로 넘어가도 좋다고 생각하는 경향이 있기 때문이다.

27-3 소비이론 종합

이상 세 개의 장을 통해 소비에 관한 다양한 이론들을 살펴보았으므로 소비에 관한 이제까지의 논의를 정리해 보자. 케인즈는 소비가 주로 현재소득에 의존한다고 주장한 반면 그 이후의 이론들은 소비 결정이 다기간 선택의 틀에서 이루어지기 때문에 미래소득이 더 중요하다는 점을 강조하고 있다. 즉, 소비함수의 형태가 케인즈가 제시한 것보다 훨씬 복잡하다는 것을 의미한다.[2)]

케인즈 이후의 논의를 종합해 볼 때 소비에는 현재소득뿐만 아니라 현재의 부, 그리고 미래소득과 이자율이 중요한 역할을 한다는 것을 알 수 있으며, 그 관계를 다음과 같이 함수 형태로 표현해 볼 수 있을 것이다.

$$C = C(Y,\ \ W,\ \ Y^e,\ \ r) \qquad (27.6)$$

현재소득(Y)에 더하여 부(W), 미래소득(Y^e), 이자율(r)이 포함되는 것은 소비가 단지 현재소득에만 의존하는 것이 아니라 미래지향적으로 결정된다는 것을 반영한다. 여기서 Y^e는 미래에 예상되는 소득을 나타내는데, 사실 미래소득이 확정된 것은 아니므로 현재 시점에서는 예상치로 표현하는 것이 적절하기 때문이다.

소비의 결정요소가 다양한 만큼 경제정책의 효과도 다양하게 해석될 여지가 있다. 예를 들어, $IS-LM$ 모형의 틀에서 정책의 효과를 분석하고자 할 때, 소비함수

2) 물론 그동안의 실증적인 분석 결과는 어느 한 쪽을 완벽하게 지지하지는 않는다.

가 어떠한 형태를 띠는가가 중요해진다. 다양한 소비의 결정요인들은 IS곡선의 기울기와 이동(shift)에 어떠한 영향을 미치는가? 우선 이자율이 소비에 영향을 주게 되면 IS곡선의 기울기가 보다 평평해진다. 이자율이 하락하면 소비가 증가하고 그에 따라 소득이 증가하기 때문이다. 게다가 이자율이 하락하면 부의 가치가 상승하고 현재가치로 측정한 미래소득이 증가하기 때문에 소비가 늘어나게 되어 IS곡선은 이자율에 더 민감한 형태를 띠게 된다. 이 경우에 이자율을 변화시키는 통화정책의 효과는 증대된다. 반면 재정정책의 효과는 약화된다. 소득을 증가시키기 위한 확대 재정정책이 이자율을 상승시킴으로써 소득증가효과를 많은 부분 상쇄시키기 때문이다.

한편, 부(W)와 미래 예상소득(Y^e)의 변화는 IS곡선 자체를 움직이는 요인이다. 향후 경기침체에 대한 예상은 미래 예상소득과 자산가치 하락을 촉발하여 현재의 소비를 위축시키고 그로 인해 실제로 경기침체가 현실화되고 본격화된다. 주식, 채권, 부동산과 같은 자산가격의 동향은 어느 정도 경기예측력이 있는 것으로 알려져 있다. 경기예측의 보완적 수단으로 소비자 심리를 설문 조사하기도 한다. 이렇게 하는 이유는 소비가 미래의 소득에 영향을 받지만 미래에 예상되는 소득을 가늠하기 어렵기 때문이다.

부록 우리나라 소비 변동의 특성

우리나라 소비함수의 기본적인 특징을 살펴보기로 하자. 1970년부터 2020년까지의 연간 자료를 이용하여 회귀분석하면 다음과 같은 결과를 얻는다.[3)]

$$C = 0.67\,Y_d + e$$

여기서 C와 Y_d는 각각 2015년 불변가격을 적용한 실질소비와 실질가처분소득이며, e는 회귀분석의 잔차항(residual)이다. 소비에 직접적인 영향을 미치는 실질

3) 여기서는 분석과 설명의 편의상 소득과 소비 간의 공적분(cointegration) 문제, 그리고 소득이 소비에 영향을 주는 동시에 소비가 소득에도 영향을 주는 내생성(endogeneity)의 문제 등 세부적으로 계량경제학의 도움이 필요한 문제들을 고려하지 않았다.

가처분소득은 실질 *GNI*에서 감가상각 및 조세를 차감한 것으로 정의하였다. 장기 소비함수의 추정결과는 100만 원의 소득 증가가 평균적으로 67만 원의 소비를 증가시킨다는 것을 의미한다. 장기소비함수는 소득과 소비 간의 장기적인 관계를 보여주므로, 100만 원의 소득 증가는 항상소득의 증가, 67만 원의 소비 증가는 항상소비의 증가로 이해할 수 있다.

그림 27A-1은 경제성장률(실질 *GDP* 증가율)과 소비증가율을 보여주고 있는데, 시기별로 몇 가지 주요한 특징을 발견할 수 있다. 소득과 소비의 변동성을 비교해 볼 때, 1970년대와 1980년대에는 소비증가율이 소득증가율이 비해 상대적으로 안정적인 모습을 보여 소비평준화의 원리가 작동하는 것을 확인할 수 있다. 그러나 1990년대 중반 이후부터 2000년대 초반까지는 소득증가율에 비해 소비증가율의 변동이 더 심해졌다. 이 기간에는 외환위기 발생으로 소비가 극도로 위축되기도 하였으며, 신용카드 보급 확대로 인해 소비 과열 양상을 보이다가 그 부작용으로 신용불량자가 급증하면서 소비가 급락하는 현상이 발생하기도 하였다. 이 시기에는 미래 소득의 불확실성, 자산가치의 급변동, 차입제약 여부 등이 소비 변동에 큰 영향을 미쳤다. 그 이후에도 2008년 글로벌 금융위기와 2020년 코로나19 사태 등 이례적인 충격이 발생하였을 때 소비 변동성이 크게 확대되는 모습을 확인할 수 있다.

그림 27A-1 경제성장률과 소비변화율(1971~2020)

(단위: %)

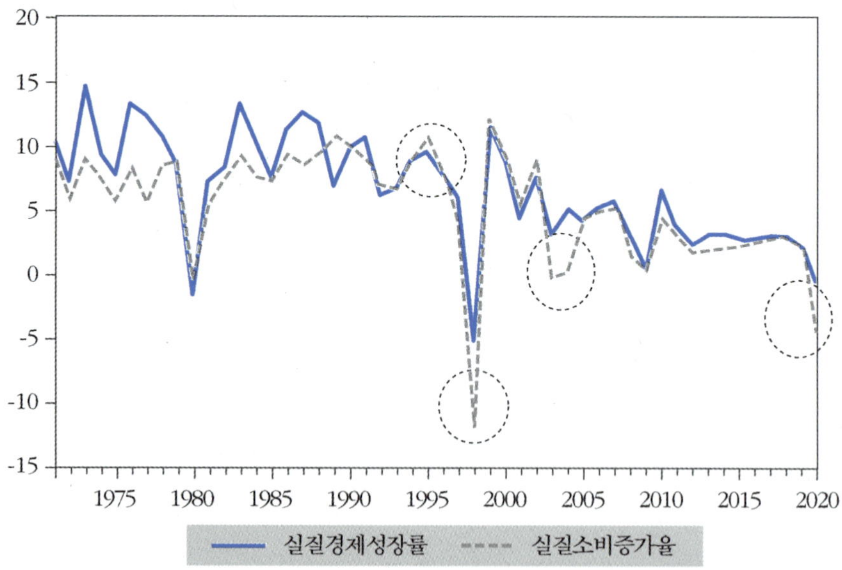

한편 2010년대의 주요 특징은 소득과 소비의 변동성은 그 이전에 비해 완화되었으나 소비증가율이 소득증가율보다 낮게 유지되었다는 점이다. 경제성장률이 서서히 둔화하는 가운데 소비성향도 하락하였는데, 주요 원인으로 인구구조와 연령별 소비성향의 변화를 드는 경우가 많다. 이 시기에는 출생률이 크게 하락하고 총인구증가율도 둔화하면서 노령인구 비중이 증가하였으며, 경제주체들 사이에 기대수명 증가에 대비하여야 한다는 인식이 확산되었다. 대부분의 연령층에서 소비성향이 하락하는 가운데 노령층의 소비성향은 더욱 크게 하락하였으며, 이러한 경향이 전반적인 소비 부진을 가져온 것이다.

제28장 투자이론 I: 기본모형

후생의 관점에서 볼 때 생산의 궁극적인 목적은 소비이지만 생산물의 일부는 생산능력을 확충하기 위해 쓰여진다. 생산주체인 기업은 자본과 노동 등의 생산요소를 투입하는데, 여기서 자본이란 기계나 공장과 같은 내구적 생산요소를 말한다. 투자란 이러한 자본을 유지하거나 증가시키기 위해 사용되는 생산물이다. 투자는 기본적으로 생산물의 공급능력을 증가시키는 역할을 하지만, 투자를 하기 위해서는 생산물을 사용해야 하므로 총수요의 일부가 되는 이중적인 측면을 갖고 있다. 또한 투자는 총수요 가운데 가장 변동이 심한 구성요소이다. 소비에 비해 *GDP*에서 차지하는 비중은 작지만 투자는 장기적으로는 자본축적을 통해 경제성장을 촉진시키고 단기적으로는 경기변동을 증폭시킨다. 투자는 소비에 비해 불안정하며, 따라서 국민경제의 불안정성도 투자의 불안정성에 기인하는 측면이 크다는 점에서 매우 중요한 거시경제변수이다.[1)]

28-1 투자의 개념과 종류

(1) 투자의 개념

우리는 일상적으로 투자라는 용어를 많이 사용한다. 그러나 거시경제학에서의 투자란 의미는 일반인들이 사용하는 개념과는 상당한 차이가 있다. 일상적으로는 증권이나 부동산의 구입과 같이 수익을 증대시키기 위한 지출을 모두 투자라고 부른다. 그러나 이러한 투자는 이미 존재하는 재화나 자산의 소유권이 이전되는 것에 불과한 경우가 많다. 개인의 입장에서는 자산을 증식하기 위한 행위를 모두 투자라고 말하지만, 거시경제학에서는 국민경제적 측면에서 생산능력의 증대와 관련된 실물자본(physical capital)의 형성을 투자로 정의한다.

1) 케인즈는 소비와 달리 투자가 불규칙적이고 변덕스러운 모습을 보이면서 경기변동을 주도한다고 보았다.

(2) 투자의 종류

투자는 크게 고정투자(fixed investment)와 재고투자(inventory investment)로 구분된다. 고정투자는 생산에 사용되는 기계, 차량, 컴퓨터 등에 대한 지출과 공장, 상업용 건물, 거주용 건물의 신축뿐만 아니라 토목건설과 연구개발(R&D) 등을 위한 지출까지를 포괄한다. 여기서 '고정'이라는 용어를 붙이는 이유는 곧 사용되거나 판매될 재고투자와 대비시키기 위한 것으로, 내구적으로 사용된다는 뜻이다. 한편, 재고투자는 재고의 증가를 의미하는데, 여기서 재고란 팔리지 않은 최종생산물뿐만 아니라 기업이 보유하고 있는 원자재와 생산 과정의 물품들까지 포함된다. 사실 투자 가운데에는 고정투자가 투자 본래의 의미에 부합하는 투자이며, 양적으로도 대부분을 차지한다. 재고투자 항목이 존재하는 것은 분류상 소비지출보다 투자지출에 포함시키는 것이 적절하다는 측면을 반영한다.

고정투자는 분류방식에 따라 다시 나누어 볼 수 있는데, 일반적으로는 기업고정투자(business fixed investment)와 주택투자(residential investment)로 구분된다. 기업고정투자는 기업이 생산에 사용하기 위해 구입하는 각종 기계, 설비와 건축물을 말하며, 주택투자란 사람들이 거주하기 위해 구입하거나 임대하기 위해 구입하는 신축 주택을 말한다. 그런데 우리나라의 국민계정은 고정투자를 설비투자와 건설투자, 지식재산생산물투자로 구분하고 있다. 설비투자는 자동차, 항공기, 선박 등의 운송장비와 제조업 등에서 생산설비로 사용되는 각종 기계류 등을 포함하며, 건설투자는 공장이나 상업용 건물 등 건물건설과 도로, 철도, 항만 등 사회간접자본시설과 조림 등 토목건설을 포함한다. 지식재산생산물투자는 1년 이상 장기간 동안 생산에 사용될 것으로 예상되는 연구개발(R&D), 오락 · 문학작품 및 예술품 원본, 컴퓨터 소프트웨어 및 데이터베이스와 광물탐사 등을 포함한다.[2)]

투자 = 고정투자 + 재고투자
고정투자 = 기업고정투자 + 주택투자
= 설비투자 + 건설투자 + 지식재산생산물투자

투자지출의 항목에 따른 분류와는 달리, 시간이 지남에 따라 자본이 마모된다는 성질을 반영하면 투자는 총투자(gross investment)와 순투자(net investment)로 구분되기도 한다. 자본은 생산에 사용되면서 점점 마모되는데, 이를 자본의 감가상각

2) 기업이 구입하는 자본재 중에는 내구소비재(durable consumption goods)와 분간하기 어려운 것들도 많다. 기업이 업무용으로 구입한 컴퓨터, 팩스, 자동차 등은 투자지출 항목에 포함되지만, 같은 물품들이 일반 가계에서 가정용으로 구입되었다면 소비지출 항목에 포함된다.

(capital depreciation)이라 한다. 실제로 투자 중의 일부는 마모된 자본을 보충하기 위해 사용되며 이를 대체투자라고 한다. 이는 자본량을 기존의 수준으로 유지하기 위한 투자이다. 반면 자본량을 증가시키는 투자를 순투자라고 한다. 대체투자와 순투자를 합한 것이 총투자이다.3)

$$\Delta K = I - \delta K \tag{28.1}$$

매기의 감가상각률을 δ라고 할 때, 자본축적 과정을 보여주는 식 (28.1)에서 자본의 증가분 ΔK는 순투자, 총수요 구성 항목인 I는 총투자를 나타내며, 마모되는 자본의 양인 δK는 대체투자를 뜻한다.

28-2 신고전파 투자모형

이전의 장들에서 사용한 투자함수는 투자를 이자율에 연계시킨 단순한 형태인 $I = I(r)$이었다. 여기서는 그 이면에 있는 이론을 좀 더 자세히 살펴본다. 투자에 관한 표준적인 모형은 신고전파 투자모형(neoclassical model of investment)이다.4) 신고전파모형은 미시경제적 기초에 충실한 이론으로 자본재를 사용하는 기업의 수익과 비용을 분석한다.

(1) 신고전파 투자함수의 도출

기업은 자본재를 일정 기간 생산 과정에 투입함으로써 생산물을 얻어낸다. 기업은 투자를 결정함에 있어 당연히 투자로부터 얻는 수익과 비용을 비교할 것이다. 이제부터 수익과 비용은 모두 실질단위를 가정하기로 한다. 예를 들어, 자본 1단위를 증가시키면 자본의 한계생산물(MP_K)만큼을 얻을 수 있다.

그러면 자본재 1단위를 구입할 때 드는 비용은 무엇인가? 우선 자본재의 가격을 들 수 있다. 여기서는 일정 기간, 예를 들어 한 해 동안 들어가는 수익과 비용을 고려하므로 자본재 가격 전부가 비용으로 처리되는 것은 아니며 1년간 자본재를 사용하고 판다고 가정한다.5) 1년 후에 자본재를 팔지 않고 계속 사용하더라도 마찬가지

3) 우리나라의 국민계정상 '총고정자본형성'이란 항목은 재고투자를 제외한 총고정투자를 의미한다.

4) 신고전파 투자모형은 1960년대 조르겐슨(Dale Jorgenson) 등에 의해 정립되었다.

5) 이러한 가정 대신에 두 종류의 기업이 있다고 가정해도 된다. 즉, 생산기업과 임대기업이다. 임대기업

인데, 팔려고 한 가격에 그 자본재를 다시 산다고 하면 되기 때문이다. 1년간 자본재를 사용하고 나면 자본은 소모되고 자본재의 가격은 감가상각분만큼 하락한다. 자본재의 실질가격을 p_K라고 하고 감가상각률을 δ라 하면, 1년 후의 자본재 가격은 $(1-\delta)p_K$가 되고 δp_K만큼이 1년간의 비용이 된다. 이를 감가상각비용이라 한다. 또 다른 비용은 이자비용이다. 자본재를 구입하는 데 차입으로 충당하였다면 연간 실질이자율(r)에 자본재의 가격을 곱한 것만큼 이자비용이 발생한다. 자기자금으로 자본재를 구입한 경우에도 그 자금을 다른 자산에 활용하였다면 그만큼 이자소득을 얻을 수 있으므로 마찬가지의 기회비용이 발생한다. 이와 같이 투자의 실질비용은 감가상각비용과 이자비용의 합으로 이루어지는데, 이를 자본의 사용자비용(uc: user cost of capital)이라 부른다.

$$uc = (r+\delta)p_K \qquad (28.2)$$

예를 들어, 연간 실질이자율이 5%이고 감가상각률이 5%라면 자본재 가격의 10%가 자본의 사용자비용이다. 이 비용이 높을수록 투자는 감소할 것이다. 감가상각률이 일정 기간 동안 변하지 않는다고 보면, 투자를 결정하는 주요 변수는 실질이자율이라는 것을 알 수 있다. 이자율이 높을수록 사용자비용이 커지므로 투자는 이자율의 감소함수이다. 구체적으로 기업이 이윤극대화의 원리에 따라 자본량을 정한다면 다음 조건을 만족하는 수준으로 투자의 양을 조절할 것이다.

$$MP_K = (r+\delta)p_K \qquad (28.3)$$

이처럼 장기적으로 자본의 한계생산과 자본의 사용자비용은 같아진다.[6] 그림 28-1은 자본의 한계생산물 곡선과 사용자비용을 보여주고 있다. 우하향하는 자본의 한계생산물 곡선은 자본에 대한 수요곡선 역할을 한다. 또한 사용자비용은 자본량과 상관없이 일정하게 유지되고 있는데, 자본재의 공급이 경쟁적인 기업들에 의해 이루어지고 있어서 자본재의 가격이 변하지 않는다는 가정이 숨어 있기 때문이다.

이 경제 내에서 모든 투자를 담당한다고 가정하면, 임대기업은 자본재를 생산기업에 임대한다. 생산기업은 임대한 자본을 이용하여 재화와 용역을 생산하며, 그 대신 임차료를 지불한다.

6) 이 장에서는 상대가격 개념인 자본재의 실질가격을 p_K로 표기하였으나, 만약 자본재 1단위와 소비재 1단위의 가격이 같다면 $p_K=1$이다. 이전의 장들에서는 묵시적으로 이러한 가정이 채택되었는데, 식 (28.3)은 $MP_K = r+\delta$로 단순화된다. 즉, 감가상각을 공제한 자본의 순한계생산물($MP_K-\delta$)은 실질이자율(r)과 같다.

그림 28-1 최적자본량의 결정

최적자본량은 자본의 한계생산(MP_K)과 사용자비용(uc)이 일치하는 수준으로 결정된다. 이와 같이 결정된 자본량을 소망자본스톡이라고 부르기도 한다.

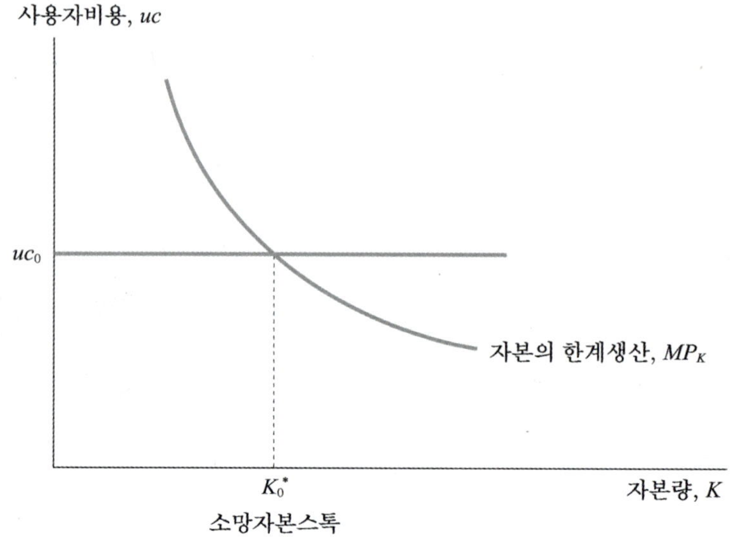

그림 28-1에는 식 (28.3)을 만족시키는 최적자본량이 K^*로 표시되어 있는데, 이를 소망자본스톡(desired capital stock)이라 부른다. 만약 그림 28-2 (a)에서와 같이 이자율이 하락하여 사용자비용이 uc_0에서 uc_1으로 하락한다면 소망자본스톡은 K_0^*에서 K_1^*로 상승하는데, 그에 따라 투자가 증가하게 된다. 한편, 기술진보에 의해 자본의 한계생산성이 증가하면 그림 28-2 (b)와 같이 자본의 한계생산성 곡선이 상향 이동하고 소망자본스톡 또한 증가한다. 이 경우에도 투자가 증가한다.

그림 28-2에서처럼 소망자본스톡이 증가하면, 총투자는 $K_1^* - K_0^* + \delta K_0^*$ 만큼 증가한다. 여기서 $K_1^* - K_0^*$는 새로운 소망자본스톡을 달성하기 위한 순투자이고 δK_0^*는 기존 자본의 감가상각분을 보전하는 대체투자이다.

만약 소망자본스톡이 변하지 않는다면 대체투자만 이루어질 것이다. 그러나 어떤 변화요인에 의해 자본의 한계생산이 사용자비용을 초과하게 되면($MP_K > (r+\delta)p_K$), 순투자가 증가하게 된다. 논의를 종합할 때, 투자함수를 다음과 같이 표시할 수 있다.

$$I = I_n[MP_K - (r+\delta)p_K] + \delta K \qquad (28.4)$$

여기서 I는 총투자, $I_n[\cdot]$는 순투자를 표시한다. 식 (28.4)는 투자가 왜 이자율의 함수인가를 보다 명확하게 보여준다. 이자율이 하락하여 자본의 사용자비용이 하락하면 기업은 이윤을 증대시키기 위해 소망자본스톡 수준을 높인다. 기업은 소망자본스톡에 도달할 때까지 투자를 증가시킨다. 반대로 이자율이 상승하면 투자를 감소시킨다.7)

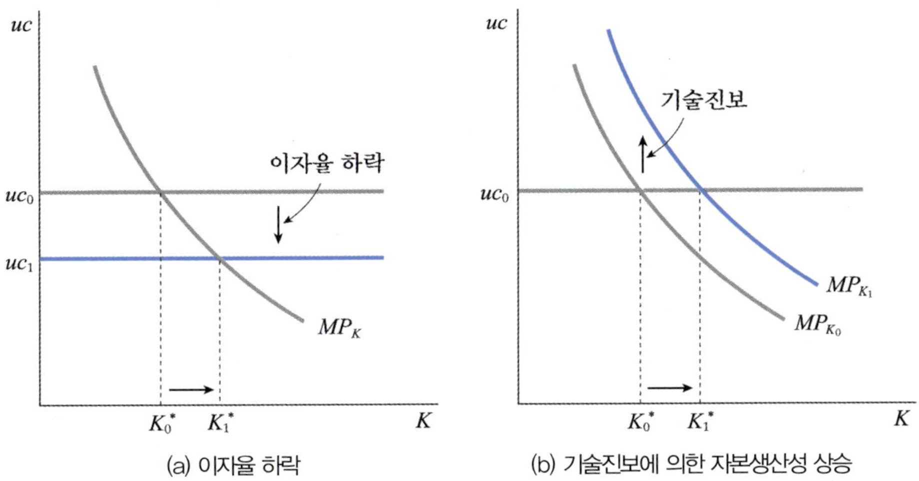

그림 28-2 소망자본스톡의 변화와 투자

그림 (a)에서와 같이 이자율이 하락하여 사용자비용이 uc_0에서 uc_1으로 하락한다면 소망자본스톡은 K_0^*에서 K_1^*로 상승한다. 기술진보에 의해 자본의 한계생산성이 증가하면 그림 (b)와 같이 MP_K곡선이 상향 이동하고 소망자본스톡이 증가한다. 이처럼 소망자본스톡이 증가하면 총투자는 $K_1^* - K_0^* + \delta K_0^*$만큼 증가한다.

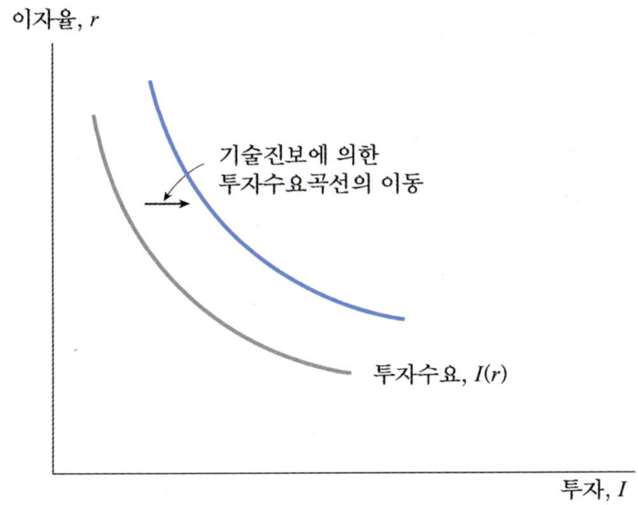

그림 28-3 이자율과 투자수요

이자율이 하락하여 자본의 사용자비용이 하락하면 기업은 이윤을 증대시키기 위해 소망자본스톡 수준을 높인다. 기업은 소망자본스톡에 도달할 때까지 투자를 증가시킨다. 한편, 기술진보 등으로 자본의 한계생산성이 증가하면 동일한 이자율 수준에서도 투자를 증가시키므로 투자수요함수가 바깥으로 이동한다.

7) 여기서 유의할 점은 $MP_K - (r+\delta)p_K = 0$인 경우에 순투자가 발생하지 않는다는 것이다. 다른 조건이 일정할 때 MP_K가 상승하거나 r, δ, p_K가 하락하는 경우에만 순투자가 증가한다.

그림 28-3은 이자율에 의존하는 투자수요함수를 보여준다. 만약 이자율 이외의 요인, 예를 들어 기술진보에 의해 자본의 한계생산성이 증가하는 경우에는 투자수요함수가 우측으로 이동한다. 물론 새로운 소망자본스톡에 도달할 때까지 투자가 이루어지는 과정은 시간을 요구한다. 최적의 상태로 조정되어 가는 데 얼마나 많은 시간이 걸릴 것인가는 새로운 자본을 얼마나 빨리 만들고 건설해 내는가에 달려 있다. 특히 자본재 가운데에서도 공장이나 첨단설비 등에 대한 투자가 완결되기까지는 상당한 시간이 소요될 것이다.

(2) 조세와 투자

조세는 기업의 투자 동기에 영향을 미친다. 법인소득세는 기업의 이윤에 대한 세금으로 실제 대부분의 국가에서 법인소득세를 부과한다. 기업들은 세금을 공제하고 난 후의 이윤을 극대화하므로 법인세는 투자를 위축시키는 효과를 가진다. 법인세율 인상이 세후 이윤을 감소시키므로 투자가 위축되는 것이다. 한편, 투자를 장려하기 위한 세제상의 혜택도 있는데, 가장 대표적인 것은 투자세액공제(investment tax credit)이다. 투자세액공제는 자본재 구입에 사용된 금액의 일부를 기업이 내야 할 조세에서 삭감해 주는 제도이다. 기업은 투자에 들어간 비용의 일부를 조세부담의 완화로 보상받기 때문에 이 제도는 실질적으로 자본의 구매가격을 낮추는 효과를 가져온다.

신고전파 투자모형에 이러한 조세체계를 반영하면, 기업은 자본재 1단위 추가 투입에 따른 세후 한계수익이 세후 사용자비용을 초과하는 경우에만 투자를 할 것이다. 예를 들어, 법인세율이 τ이면 자본재 1단위 추가 투입으로 인해 발생하는 세후 한계수익은 $(1-\tau)MP_K$이다. 한편, 투자세액공제 등의 세제혜택이 자본재 1단위 구입비용에 대해 z만큼을 기업에게 되돌려주는 효과가 있다면 자본재 가격은 $(1-z)p_K$로 낮아지고 세후 사용자비용은 $(r+\delta)(1-z)p_K$가 된다. 따라서 기업은 다음과 같이 자본재 1단위 투입의 세후 한계이윤이 0보다 큰 경우에만 투자를 하게 된다.

$$\text{세후한계이윤} = (1-\tau)MP_K - (r+\delta)(1-z)p_K \qquad (28.5)$$

여기서 투자를 촉진하기 위해 정부가 정책적으로 할 수 있는 것은 법인세율 τ를 낮추거나 투자세액공제로 z를 높이는 것이라는 것을 알 수 있다.

참고로 이 두 가지 외에도 감가상각에 대한 공제폭(depreciation deductions)을 확대하는 것도 투자에 도움을 준다. 감가상각으로 마모된 자본에 대해서는 법인소득

산정 시 비용으로 인정하므로, 감가상각 공제폭을 확대하면 이윤이 작게 평가되어 법인세를 덜 내는 효과가 있기 때문이다.

28-3 토빈의 q 이론

토빈(J. Tobin)은 기업이 q라고 불리는 다음의 비율에 기초하여 투자를 결정한다고 보았다.

$$q = \frac{\text{주식시장에서 평가된 기업의 시장가치}}{\text{설치된 자본의 대체비용}}$$

여기서 분자는 주식시장에서 평가되는 자본의 가치로 기업이 발행한 주식의 수에다 주식시장에서 형성된 주가를 곱한 값이다. 주식은 기업이 보유한 실물자본에 대한 청구권(claim)이므로, 위 식의 분자는 바로 기업이 보유한 자본에 대해 사람들이 그 가치를 어떻게 평가하는지를 나타낸다. 분모는 기업이 보유한 실물자본을 자본재시장에서 새로 구입할 경우에 드는 비용이다.

토빈은 기업의 순투자는 q가 1보다 큰지 작은지에 따라 결정된다고 보았다. 만약 q가 1보다 크다면 주식시장은 현재 설치된 자본의 가치가 그것과 똑같은 형태의 자본을 구입하는 비용보다 더 크다고 평가한 것이다. 이 경우에 경영자는 더 많은 양의 자본을 설치함으로써 기업의 가치를 높일 수 있다. 반대로 q가 1보다 작다면 설치된 자본의 가치가 대체비용보다도 낮으므로 차라리 자본의 양을 감소시키는 것이 낫다. 이 경우에 경영자는 자본이 마모되어도 대체하지 않게 된다.

예를 들어, 토빈의 q가 1.2라고 하자. 이때 기업이 100의 투자비용을 들이면 기업의 시장가치는 120만큼 증가하므로 기업의 주주는 20만큼의 이득을 얻게 된다. 물론 자본의 한계생산은 체감하므로 투자가 증가함에 따라 q는 1에 접근하게 될 것이다. 만약 q가 1보다 작다면 주주의 입장에서는 자본을 파는 것이 유리하므로 순투자는 마이너스가 된다. 만약 기존의 자본을 팔 수 없다면 순투자는 정지되고 자본은 감가상각되는 만큼 서서히 감소한다.

토빈의 q 이론은 투자에 있어 이자율보다 주가의 역할을 강조한다. 물론 주가는 미래에 발생하는 수익을 이자율로 할인한 것이므로, 이자율의 상승(하락)이 주가의 하락(상승)을 가져온다는 측면에서 이자율은 이미 q에 포함되어 있다. 그러나 토빈의 q는 이자율 이외에도 투자에 영향을 미치는 두 가지 중요한 요인을 포함하고 있다. 첫째는 자본의 생산성인데, 자본의 생산성이 증가하면 미래수익이 증가하고 그에 따라 주가가 상승한다. 둘째, 토빈의 q에는 사람들의 예상이 포함되어 있다. 물론 투자를 하는 순간에는 그것이 미래에 어느 정도의 수익을 가져다줄지 알기 힘들다. 그런데 투자를 고려하는 시점에 주가가 높게 형성되어 있다는 것은 그만큼 기업의 미래수익에 대한 전망이 밝다는 것이므로 투자를 결정하기가 한결 쉬워진다.

언뜻 보면 토빈의 q 이론은 먼저 소개한 신고전파모형과 매우 다른 것처럼 보이지만, 사실 두 이론은 밀접히 연관되어 있다. 식 (28.4)에서 순투자는 자본의 한계생산물에서 자본의 사용자비용을 뺀 $MP_K-(r+\delta)p_K$에 의존한다고 하였지만, 토빈의 q도 이 값과 같이 움직인다. 만약 이 값이 상승하면 현재의 이윤이 증가하고 그에 따라 미래의 기대이윤도 상승한다. 이는 기업주식의 시장가치를 증가시키므로 q값도 상승하며, 이러한 상황에서 기업은 투자를 증가시킨다.

사실 몇 가지 가정만 추가하면 토빈의 q 이론이 신고전파모형과 같아진다는 것을 보일 수 있다. 자본의 감가상각을 무시하는 경우에 자본의 한계생산물에서 자본의 사용자비용을 뺀 값은 MP_K-rp_K가 되는데, 이제 이 값 대신 두 변수의 비율인 $\frac{MP_K}{rp_K}$의 의미를 검토해 보자. 분모에 있는 p_K는 자본재의 가격, 즉 자본의 대체비용이다.

그러면 $\frac{MP_K}{r}$는 어떻게 해석할 수 있는가? 추가로 투입되는 자본재 1단위의 한계가치(marginal value)를 MV라고 하고, 자본재 1단위당 주주에게 돌아가는 수익이 자본의 한계생산물과 같다고 하자. 만약 주가수익률과 채권수익률(이자율)이 같다면 $\frac{MP_K}{MV}=r$, 즉 $\frac{MP_K}{r}=MV$가 성립한다. 따라서 다음과 같은 관계식이 성립한다.

$$\frac{MP_K}{rp_K}=\frac{\frac{MP_K}{r}}{p_K}=\frac{MV}{p_K} \tag{28.6}$$

여기서 MV는 자본재 1단위 증가에 기인하는 기업가치의 증가분인데, 자본재 1단위 증가에 따라 기업의 주식가격 총액이 얼마나 증가했는가를 나타낸다. 식 (28.6)은 다음과 같은 의미를 갖고 있는데, 여기서는 한계의 개념을 사용하고 있으므로 한계 q (marginal q)로 정의된다.

$$\text{한계}q = \frac{\text{자본재 1단위 증가에따른 기업가치의 증가분}}{\text{자본재 1단위 가격}}$$

이와 같이 한계의 개념을 사용하면, 일정한 가정 하에서 토빈의 q 이론은 투자에 관한 신고전파 이론과 동일해진다.[8] 신고전파 이론에 따르면 $MP_K - rp_K > 0$일 때 순투자가 증가하는데, 이는 $q > 1$인 경우에 해당한다. 반면 $MP_K - rp_K < 0$, 즉 $q < 1$일 때 순투자는 감소한다.

토빈의 q 이론이 갖는 장점은 무엇보다 q가 설치된 자본으로부터 발생하는 현재의 이윤뿐만 아니라 장래의 기대이윤에도 의존한다는 점이다. 또한 관측이 용이한 변수인 주가를 사용함으로써 투자의 결정요인을 분석하는 데 도움을 준다. 예를 들어, 내년부터 법인세가 인하된다고 해 보자. 법인세 감소에 대한 기대로 인해 기업의 기대이윤이 증가한다. 그에 따라 주식가치가 상승하고 동시에 투자도 증가한다. 이처럼 토빈의 q 이론은 현재뿐만 아니라 미래에 기대되는 정책이 투자에 미치는 영향도 q값을 매개로 분석할 수 있게 해 준다.

주식가격은 장래의 수익성에 대한 사람들의 전망을 담고 있기 때문에 미래에 대한 전망이 투자에 미치는 영향도 q 이론에 입각하여 분석할 수 있다. 예를 들어, 주식가격이 전반적으로 폭락하는 경우는 많은 사람들이 경기후퇴를 우려하고 있다는 것으로 해석된다. 자본의 대체비용은 비교적 안정적이므로 주가의 하락은 곧 q의 하락을 의미하고 투자는 위축된다. 또한 낮아진 q값은 기업가의 비관적 심리와 태도를 반영하기도 한다. 미래에 대한 비관적 전망에서 비롯된 주식가격의 하락과 그로 인한 투자의 위축은 결과적으로 총수요 부족에 의한 경기침체를 현실화시킨다.

8) 한계 q와 구별하기 위해 토빈이 원래 제시한 q를 평균 q라 부른다. 그러나 실제로는 한계 q를 측정하기 어렵기 때문에 실증분석에서는 평균 q가 많이 사용된다.

부록 자본의 한계효율과 투자의 한계효율

투자와 이자율을 연결시키는 기초 개념인 현재가치에 대해 알아보고, 초기 투자이론에서 강조된 자본의 한계효율과 투자의 한계효율 개념을 간략히 소개한다.9)

(1) 현재가치의 개념

투자이론을 전개하는 데에는 항상 현재가치의 개념이 등장한다. 현재가치는 서로 다른 시점에서 발생하는 금액을 현재 시점의 가치로 모두 환산한 것을 말한다. 미래의 가치를 현재 시점의 가치로 환산하는 것을 할인(discount)이라고 하며, 할인율(discount rate)로는 이자율이 가장 많이 사용된다.

예를 들어, 이자율이 r로 일정하다면 미래의 n기간 동안에 발생하는 투자수익의 현재가치는 다음과 같이 계산된다.

$$PV = \frac{R_1}{1+r} + \frac{R_2}{(1+r)^2} + \cdots + \frac{R_n}{(1+r)^n} \qquad (28A.1)$$

기업은 투자로부터 기대되는 수익의 현재가치가 현재의 투자비용 C보다 높은 경우에 투자를 하게 된다. 즉, $PV > C$인 경우에 투자를 할 것이다. 여기서 투자의 현재가치에서 투자비용을 공제한 $PV - C$를 순현재가치(NPV: Net Present Value)라고 하며, 여러 투자대안이 있을 때 기업은 NPV가 높은 순서대로 투자를 한다.

(2) 내부수익률

내부수익률(IRR: Internal Rate of Return)은 투자로부터 기대되는 수익의 현재가치와 현재의 투자비용을 같게 만드는 할인율을 말한다. 현재 C원의 투자비용이 소요된다면 내부수익률 μ는 다음 식을 만족한다.

$$C = \frac{R_1}{1+\mu} + \frac{R_2}{(1+\mu)^2} + \cdots + \frac{R_n}{(1+\mu)^n} \qquad (28A.2)$$

기업은 내부수익률이 이자율보다 높은 경우에 투자를 하며, 여러 투자대안이 있을 때 내부수익률이 높은 순서대로 투자하게 된다.

---

9) 케인즈의 자본의 한계효율 이론은 신고전파모형과 토빈의 q 이론 이전의 지배적 투자이론이었다.

(3) 자본의 한계효율과 투자의 한계효율

자본의 한계효율(*MEC*: Marginal Efficiency of Capital)은 자본 1단위를 증가시킴에 따라 기대되는 수익 증가분의 현재가치와 투자비용을 일치시키는 내부수익률이다. 여기서 투자비용은 자본재의 가격 p_K와 같으며, 미래수익의 증가분을 ΔR로 표시하면 다음 식을 만족하는 μ가 자본의 한계효율이다.

$$p_K = \frac{\Delta R_1}{1+\mu} + \frac{\Delta R_2}{(1+\mu)^2} + \cdots + \frac{\Delta R_n}{(1+\mu)^n} \tag{28A.3}$$

자본의 양이 늘어날수록 수익의 증가분은 점점 작아지므로 자본의 한계효율곡선은 **그림 28A-1**에서처럼 우하향한다. 최적규모의 투자를 원하는 기업은 자본의 한계효율이 자본조달비용인 이자율보다 높은 한 자본량을 늘릴 것이며, 자본의 한계효율이 이자율과 같아지는 점에서 투자를 멈추게 된다. 현재의 이자율이 r_0라면 최적자본량은 K_0, 이자율이 r_1으로 하락하면 K_1이 된다. 따라서 이자율 하락에 의한 투자는 K_1-K_0이다.

그런데 현실적으로 $K_1 - K_0$만큼의 투자는 단번에 이루어질 수 없다. 자본재에 대한 수요가 증가하면서 자본재의 가격 p_K가 상승한다. 자본재의 가격이 상승하면 식 (28A.3)에 의해 계산되는 내부수익률은 자본재의 가격이 이전의 수준으로 고정되어 있는 경우에 비해 하락한다. 투자 증가에 따른 자본재 가격 상승의 효과까지 감안한 자본의 한계효율을 투자의 한계효율(*MEI*: Marginal Efficiency of Investment)

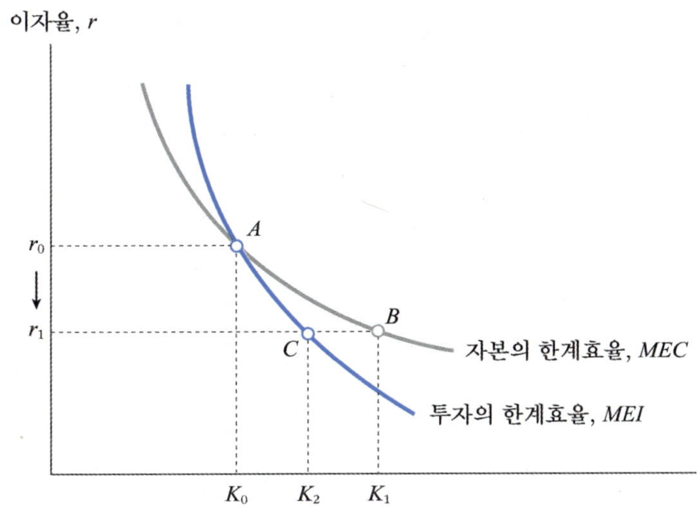

그림 28A-1 자본의 한계효율과 투자의 한계효율

현재의 이자율이 r_0일 때 기업은 자본의 한계효율(*MEC*)이 이자율과 같아지도록 최적자본량 K_0를 선택한다. 만약 이자율이 r_1으로 하락하면 최적자본량은 K_1이 되므로 $K_1 - K_0$만큼 투자를 늘리게 된다. 그러나 투자 증가에 따라 자본재 가격이 상승하는 경우에는 투자의 한계효율(*MEI*)곡선을 따라 K_2의 최적자본량을 선택하고 투자를 $K_2 - K_0$만큼만 증가시킨다.

이라 부르는데, MEI곡선은 그림 28A-1에서처럼 A점 이하에서는 MEC곡선 아래에 위치한다. 따라서 자본재 가격의 상승을 고려할 때, 균형은 B점이 아닌 C점에서 이루어지고 투자는 $K_2 - K_0$만큼만 일어난다. 즉, 이자율이 하락한다고 해도 자본재의 가격이 많이 상승하면 투자의 증가폭은 그리 크지 않을 수 있다.[10)]

10) 이상의 초기 투자이론들은 기본적으로 현재가치의 개념에 입각해 투자수요가 이자율의 감소함수라는 것을 보여주고 있으나 투자비용에 대해서는 구체적으로 분석하지 않는 단점을 갖고 있었다.

투자이론 Ⅱ: 투자의 불안정성

제29장

앞 장에서는 투자의 결정요인으로 이자율과 주가의 역할을 강조하였다. 투자를 변화시키는 요인은 다양하다. 그러나 투자는 이자율, 주가뿐만 아니라 생산량의 수준에 따라 변동하므로 경기변동과 밀접한 관계를 맺는다. 생산과 고용이 증가하면 자본의 한계생산성이 증가하여 투자가 증가한다. 그 밖에도 소득이 증가하면 주택수요가 증가하여 주택투자가 증가하고, 생산량이 늘어남에 따라 기업이 보유하고자 하는 재고량도 늘어난다. 이와 같이 투자는 호황과 불황에 따라 변동하는 측면이 있지만, 예상하기 힘들 정도로 불규칙적으로 움직이는 모습도 보인다. 이 장에서는 투자를 변화시키는 다양한 요인들에 대해 살펴본다.

29-1 투자의 불안정성

(1) 투자의 가속도 이론

우리는 앞 장에서 소망자본스톡(K^*)의 개념을 사용한 바 있다. 신고전파 이론에 의하면 소망자본스톡은 자본의 한계생산과 사용자비용에 의해 결정된다. 투자의 가속도 이론은 소망자본스톡이 단순히 생산량에 비례한다는 가정에서 출발한다.

$$K^* = vY \tag{29.1}$$

순투자는 자본의 증가분이므로 이번 기의 투자는 다음과 같이 결정된다.

$$I = K^* - K_{-1} \tag{29.2}$$

여기서 K_{-1}은 전기의 자본량이다. 감가상각이 일어나지 않는다고 가정하였는데, 감가상각을 허용한다면 투자를 순투자에 한정하면 된다. 만약 기업이 매기마다 자본을 소망자본스톡 수준으로 보유할 수 있다면 투자는 다음과 같이 결정될 것이다.

$$I = K^* - K^*_{-1} = vY - vY_{-1} = v\Delta Y \tag{29.3}$$

즉, 기업이 매기마다 소망자본스톡을 보유하고 소망자본스톡이 생산량과 항상 같은 비례관계를 유지한다면, 투자는 생산량의 변화(ΔY)에 비례한다. 위 식은 가장 단순한 형태의 가속도 이론으로, 투자가 생산량 수준이 아닌 생산의 증가분에 의존한다는 점에서 가속도(accelerator)라는 이름이 붙여진 것이다. 가속도 이론에 따르면 생산이 증가하는 호황기에는 투자가 양(+)이고 생산이 감소하는 경기후퇴기에는 음(−)이다. 여기서의 투자는 순투자 개념이므로 음(−)의 투자란 총투자가 감가상각에도 미치지 못하는 경우를 말한다.

식 (29.3)의 가속도 이론은 투자가 경기와 함께 움직이는 현상을 단순 명료하게 설명한다. 그러나 사실 가속도 이론은 소망자본스톡이 어떻게 결정되는지에 대한 미시경제적 토대가 약한 이론이다. 특히 소망자본스톡이 생산량과 비례관계에 있어 v가 상수라는 가정은 미시경제이론과 잘 부합되지 않는다. 생산과 비용에 관한 미시경제 이론은 자본의 양이 노동의 양과 함께 결정되며 자본−노동 비율이 요소가격 비율인 임대료−임금 비율에 의존한다고 보기 때문이다.

굳이 가속도 이론에 미시경제적 기초를 부여한다면, 생산함수가 다음과 같이 자본에만 의존하는 형태를 띠는 경우를 생각해 볼 수 있다.

$$Y = AK^{\alpha} \tag{29.4}$$

이러한 생산함수에서는 자본의 한계생산이 $MP_K = \alpha AK^{\alpha-1} = \alpha YK^{-1}$이 되는데 이윤극대화 조건인 $MP_K = rp$(rp는 자본의 임대료)에 대입하면 소망자본스톡은 다음과 같이 결정된다.

$$K^* = \frac{\alpha}{rp} Y \tag{29.5}$$

여기서 $v = \dfrac{\alpha}{rp}$로 놓으면 식 (29.3)과 같은 가속도 이론이 도출된다.

그러나 이미 언급한 대로, 표준적인 생산함수를 고려할 경우에 최적자본의 양은 최적노동의 양과 동시에 결정되므로 최적 자본−노동 비율은 궁극적으로 임대료−임금 비율에 의존하게 될 것이다.[1)]

한편, 가속도 이론에서 유의할 점 중의 하나는 현실적으로 매기의 투자가 소망자본스톡을 다 채울 정도로 신속하게 이루어지기 힘들다는 점이다. 실제로 투자는 소망자본스톡에 도달하기 위해 시차를 두고 이루어지므로 이번 기의 투자는 다음과 같을 것이다.

$$I = \lambda(K^{*} - K_{-1}), \quad 0 < \lambda < 1 \tag{29.6}$$

투자의 종류에 따라 λ값이 달라질 수 있다. 자동차나 컴퓨터와 같은 형태의 자본은 1년 이내에 얼마든지 생산 가능하지만, 공장이나 최첨단 설비 등을 건설하는 데에는 적어도 1~2년 이상 소요되므로 λ값이 작을 것이다.

가속도 이론은 미시적 기초가 취약함에도 불구하고 투자가 경기변동과 밀접하게 움직인다는 경험적 사실과 잘 부합한다는 장점을 갖고 있다. 투자의 가속도 원리가 케인즈의 승수효과와 함께 작동하면 경기변동의 폭을 확대시키는 역할을 하므로, 가속도 원리는 경기변동을 설명하는 이론이기도 하다. 즉, 총수요상에 발생한 충격이 승수효과를 통해 소득의 변화폭을 확대시키고 소득의 변화는 다시 투자의 변동을 가져와 경기변동의 진폭이 커지는 현상이 생긴다.

이제 가속도 이론이 가진 장점과 앞 장에서 소개한 주요 투자이론을 종합하면, 거시경제 전체의 투자함수를 다음과 같이 설정해 볼 수 있을 것이다.

$$I = I(r, \ q, \ \Delta Y) \tag{29.7}$$

즉, 자본의 대체비용(또는 자본재 가격)이 안정적일 때, 이자율이 하락하거나 주가가 상승하는 경우, 그리고 생산이 늘어나는 호경기에 투자가 증가하게 된다.

(2) 불확실성과 투자

투자도 소비와 마찬가지로 미래지향적인 관점에서 결정된다. 미래의 수익이 어느 정도인가에 대한 전망에 따라 투자가 이루어지기 때문이다. 그런데 투자로부터 얻어지는 미래의 수익이 어느 정도가 될 것인지를 추정하는 것은 매우 어렵다. 케인즈는 투자가 냉정한 타산에 의해 이루어지기보다는 기업가가 미래를 어떻게 보고 있

1) 자본－노동 비율은 자본의 임대료가 하락하거나 임금이 상승할 경우에 상승한다. 여기서 자본의 임대료는 앞서 소개한 자본의 사용자비용과 같은 것이므로, 자본－노동 비율은 사용자비용과 임금에 의존한다고 할 수 있다. 여기서 유의할 점은 자본－노동 비율이 임금에도 영향을 받기 때문에 투자도 임금의 영향을 받는다는 것이다. 임금이 상승하면 노동을 자본으로 대체하려는 움직임 때문에 투자가 증가하는 것이다.

는가, 즉 비관적으로 보고 있는가 낙관적으로 보고 있는가에 따라 결정된다고 생각했다. 케인즈는 이를 기업가의 야성적 충동(animal spirit)으로 표현하였는데, 불확실한 미래에 대한 주관적 기대 하에서 투자가 이루어지고 있음을 강조한 것이다. 투자는 본질적으로 불안정한 모습을 보인다.

투자에 대한 케인즈의 직관적인 견해는 자본재의 성격을 생각해 보면 좀 더 구체적으로 이해될 수 있다. 자본재는 공장이나 기계설비와 같이 내구성을 가진 재화이다. 소비자도 자동차나 가전제품과 같은 내구소비재를 구입할 때 심사숙고하게 된다. 투자의 경우에는 더욱 그렇다. 이제 막 공장을 건설한 기업을 생각해 보자. 그런데 예상과 달리 자신이 생산하고자 하는 제품에 대한 수요가 그리 크지 않다고 하자. 다른 신제품이 등장해서 그럴 수도 있고 경쟁사들이 동시에 투자에 나서서 공급과잉에 빠지게 되어서일 수도 있다. 그러나 공장을 한번 짓고 난 뒤이므로 투자 이전의 상황으로 되돌아가기는 어렵다. 다른 기업에 공장을 매각할 수도 있지만 크게 손해를 보고 팔 수밖에 없다. 일단 투자가 일어나고 나면 투자금액의 많은 부분은 매몰비용(sunk cost)화된다.

이와 같이 투자는 비가역성(irreversibility)을 가진다. 사실 신고전파모형을 포함한 전통적인 투자 이론들은 투자의 가역성(reversibility)을 전제로 한 것이다. 가령 예상과 달리 제품에 대한 수요가 부족한 경우에 자본량을 2/3 또는 1/2로 줄이면서 투자금액을 얼마든지 회수하고 재조정할 수 있다는 것이다. 그러나 현실은 그렇지 못하며 자본량을 줄이거나 투자를 회수하려면 큰 손해를 보게 된다. 따라서 불확실성이 큰 상태에서는 공장을 짓는 결단을 내리기보다는 기다리면서 선택의 폭을 넓히는 전략이 나을 수 있다. 투자자금을 보유하면서 좋은 투자시점이 오기를 기다리는 선택권(option)을 갖고 있는 것이 유리하기 때문이다.

딕싯(A. Dixit)과 핀다익(R. Pyndick)은 불확실성에 직면한 기업이 투자시점을 미루는 것이 마치 콜 옵션(call option)을 보유하는 것과 같다고 보았다. 파생금융상품(financial derivative) 가운데 하나인 콜 옵션은 어떤 대상 증권을 지정된 행사가격(exercise price)에 살 권리인데, 실제의 가격이 행사가격보다 상승하면 권리를 행사하여 이득을 취하고, 그렇지 않으면 콜 옵션을 사는 데 들인 비용(option premium)만큼 손해를 보는 구조를 갖고 있다. 만약 어떤 사람이 현물(spot) 증권을 매입하였는데 현물 가격이 크게 떨어졌다면 큰 손실을 입게 되지만, 현물 대신 콜 옵션만 사두었다면 콜 옵션을 사는 데 들인 비용만큼만 손해보고 끝낼 수 있다. 이처럼 콜 옵션은 손실을 최소화하는 특성을 갖고 있다.

기업이 실물에 투자하는 것도 이와 유사하다. 기다리지 않고 지금 투자를 결정하면 기업은 당장 위험에 노출되며, 투자시점을 연기하면서 새로운 정보를 얻을 수 있는 옵션을 상실한다. 따라서 투자를 단행함으로써 잃어버리게 되는 옵션의 가치도 기회비용으로서 투자의 비용에 포함되어야 한다.[2] 옵션의 가치까지 투자비용에 포함시키면 예상되는 투자의 수익이 자본의 사용자비용보다 훨씬 높아야만 투자가 이루어지게 된다.

옵션의 가치를 투자비용에 포함시키면 자본의 사용자비용만을 포함시킬 때보다 투자비용이 커지는데, 그 비용의 상승폭은 불확실성의 정도에 달려 있다. 불확실성의 정도가 클수록 투자를 기다리는 옵션의 가치가 상승할 것이기 때문이다. 불확실성의 정도가 커서 투자비용이 클 경우에는 투자의 예상수익률이 매우 높은 경우에만 투자가 일어나게 된다. 이러한 경우에는 이자율을 포함한 자본의 사용자비용이 다소 변동하더라도 기업의 투자 여부에 별로 영향을 미치지 못한다. 실제로 많은 실증분석 결과들은 투자가 이자율에 비탄력적으로 반응함을 보여주는데, 이는 투자에 대한 불확실성의 중요성을 반증하는 것이기도 하다.

(3) 불완전정보와 투자

신고전파모형은 기업이 투자에 필요한 자금을 조달하려 할 때 금융기관과 금융시장을 자유롭게 이용할 수 있다고 가정한다. 외부로부터 자금을 조달하기 위해 기업은 은행 대출을 받거나 채권 또는 주식을 발행한다. 그러나 기업은 종종 자금조달 제약에 직면한다. 소비자와 마찬가지로 기업도 차입제약 때문에 원하는 만큼의 외부자금을 조달하지 못하거나 아예 조달하지 못한다. 외부로부터 자금을 차입할 수 없을 때 기업은 이윤의 범위 내에서만 투자할 수 있다. 마치 경험법칙에 의해 행동하는 소비자가 항상소득이 아닌 현재소득에 따라 소비하는 것처럼 기업도 장래의 기대이윤보다 현재의 현금흐름에 의존하여 투자하게 된다.

기업이 금리를 충분히 주고도 필요한 자금을 외부로부터 차입할 수 없는 근본적인 이유는 불완전한 정보(imperfect information)에 있다. 예를 들어, 어떤 기업에 대한 대출 여부를 결정할 때 은행은 그 기업에 관한 정보를 완전히 알 수 없어 유보적인 태도를 보이며 항상 채무불이행을 우려한다. 채무불이행의 가능성을 반영하여 높은 금리를 제시하지만, 그것으로는 부족하여 담보(collateral)를 요구하게 된다. 따라서

2) 여기서 옵션의 가치란 투자를 미루면서 기회를 볼 때 얻을 수 있는 편익들을 의미한다.

담보를 충분히 제공할 수 있는 기업은 높은 금리에도 자금을 빌리기 어렵다. 기업의 규모가 작아서 불완전정보의 문제가 심한 경우에는 이러한 경향이 더욱 강화된다. 중소기업은 아무리 유망한 투자기회를 갖고 있어도 외부로부터 신뢰를 충분히 얻기 힘들다. 그 결과 자금조달의 제약을 받게 되는데 자금조달의 한계는 보통 기업이 제공할 수 있는 담보나 과거의 실적에 비례하여 결정된다.

불완전정보 및 그로 인한 차입제약은 투자가 현재의 경제상황에 더 민감하게 움직이도록 하는 요인이다. 경기후퇴로 이윤이 감소하더라도 기업이 경기후퇴를 단기적인 현상이라고 생각한다면 미래의 이윤을 위해 계속 투자하려고 할 것이다. 그러나 차입제약에 처한 기업이 경기후퇴기에 투자를 지속하는 것은 쉽지 않다. 경기후퇴기의 하락한 이윤 때문에 차입할 수 있는 금액이 줄어들기 때문이다. 경제 내에 차입제약에 처한 기업이 많을수록 투자는 더욱더 경기상황에 민감하게 반응하게 된다.

불완전정보의 문제로 인해 잠재력과 성장성이 있는 기업이 충분히 자금을 조달하지 못하는 문제는 부실한 금융기관과 비효율적인 금융시장에 의해 증폭될 수 있다. 만약 상당수의 은행들이 파산하거나 파산 직전에 있다면 경제 전체적으로 정상적인 금융중개 기능이 작동되지 못한다. 채권시장과 주식시장에 불안감이 팽배하여 투자자들의 심리가 위축되면 기업은 채권이나 주식 발행으로 자금을 조달할 수 없다. 기업은 아무리 수익성 높은 투자계획이라도 취소할 수밖에 없다. 이처럼 차입제약이 경제 전반으로 확산되고 심화되는 현상을 신용경색(credit crunch)이라 한다. 경기후퇴기에 신용경색 현상이 가세하면 경기후퇴는 장기화되고 경제는 장기적인 경기침체로 접어들게 된다.

29-2 주택투자와 재고투자

(1) 주택투자

새로 건설되는 주택은 국민계정상 투자에 포함된다. 그런데 신축 주택이 얼마나 공급되는가는 이미 건설된 기존의 주택시장과 밀접한 관계를 맺는다. 예를 들어, 주택에 대한 수요가 증가하면 기존 주택의 가격이 상승한다. 주택의 실질가격을 p_H라

하면, p_H의 상승은 건설업자들의 주택건설 동기를 자극하고 그에 따라 새로운 주택의 공급, 즉 주택투자가 증가하게 된다. 반대로 주택에 대한 수요가 감소하면 건설업자들이 주택을 신축할 이유가 없어진다.

여기서 주택의 실질가격 p_H는 마치 기업고정투자에 대한 토빈의 q와 같은 역할을 한다. 토빈의 q는 장치된 자본의 대체비용에 대비한 시장가격이며, q값은 자본의 소유로부터 기대되는 이윤 전망에 따라 변한다. 건설업자들은 건축자재와 노동을 투입하여 주택을 짓는데, 건축에 들어가는 비용은 보통 물가 수준에 비례한다. 반면 건설업자의 수입은 주택가격이므로 물가에 대비한 주택가격, 즉 주택의 실질가격 p_H가 높을수록 신규 주택의 공급이 증가하는 것이다.

이와 같이 주택에 대한 수요가 변하면 주택의 균형가격이 변하고 이 변화가 주택투자에 영향을 미친다. 그러면 주택수요는 어떤 요인에 의해 결정되는가? 주택은 자산(asset)의 일종이므로 주택수요는 주택보유의 기대수익률에 의존한다. 주택구입의 수익은 거주상의 편익 또는 거주하지 않는 경우의 임대수입과, 주택가격 상승으로 인한 자본이득(capital gain)으로 구성된다. 주택구입으로 인한 비용은 이자율과 감가상각인데,[3] 결과적으로 주택보유의 순수익률(net return)이 높을수록 주택수요가 증가하고 주택가격이 상승하게 된다.

주택구입의 수익 = 거주상의 편익(또는 임대수입) + 자본이득
주택구입의 비용 = 이자율 + 감가상각

여기서 이자율은 주택수요에 매우 큰 영향을 미치는데, 많은 사람들이 주택을 구입하기 위해 대출을 받기 때문이다. 특히 기계나 설비자본에 비하면 주택의 감가상각률은 매우 낮은 편이어서, 주택구입의 비용 가운데 감가상각이 차지하는 비중은 낮고 이자가 차지하는 비중이 높기 때문에 주택투자는 기업의 고정투자보다 이자율에 더 민감한 경향을 보인다.[4]

또한 소득이 증가하면 주택에 대한 수요도 그에 따라 증가하므로 주택투자에도 가속도 원리가 작동한다. 그 밖에도 경제 전체로 본 주택수요에는 인구와 가구분포가 영향을 미친다. 가령 이민 등으로 인구가 증가하면 주택수요가 증가한다. 인구에

3) 재산세(property taxes)도 주택보유의 비용으로 포함된다. 단, 일반적으로 재산세율은 이자율처럼 등락하지 않는다는 특성을 갖고 있다.

4) 주택투자는 총수요 가운데 이자율에 가장 민감한 항목이라고 할 수 있다. 이자율에 민감한 만큼 통화정책의 영향도 가장 많이 받는다고 할 수 있다.

별다른 변화가 없어도 가구 수가 증가하면 주택수요가 증가하는데, 이를테면 독신 가구 증가로 가구 수가 늘어나면서 경제 전체의 주택수요가 증가하기도 한다.

경제 전체로 본 최적의 주택수요량을 소망주택스톡(desired stock of housing)이라고 하면, 주택투자수요(I_H)는 다음과 같이 이루어진다.

$$I_H = H^* - H_{-1} \tag{29.8}$$

여기서 H^*는 이번 기의 소망주택스톡이며 H_{-1}은 전기의 주택량이다. 물론 건설기간 때문에 이번 기에 소망주택스톡을 모두 채울 정도의 투자가 이루어지기는 어렵지만, 기업의 고정투자에 비하면 주택투자에는 상대적으로 짧은 기간이 소요된다.

(2) 재고투자

재고는 판매되지 않은 상품의 재고스톡뿐만 아니라 원자재와 공정 중에 있는 미완성 제품을 포함한다. 기업이 재고를 보유하는 동기는 다양하다. 우선 재고가 고갈되면 판매가 급증할 때 고객의 수요에 신속하게 대응할 수 없기 때문에 완충스톡(buffer stock)의 형태로 재고를 보유한다. 재고를 보유하는 두 번째 이유는 생산 과정과 관계된다. 제품은 수많은 과정을 거쳐 생산되고 적지 않은 시간이 소요된다. 제품이 부분적으로만 완성된 경우에 그러한 미완성 제품도 재고이며, 생산량 증가에 대비하여 준비해 놓은 여분의 부품도 재고이다.

재고가 기업의 매출이나 한 경제의 *GDP*에서 차지하는 비중은 적어도 10%를 넘을 정도로 높다. 그러나 '재고의 증감'을 의미하는 재고투자가 *GDP*에서 차지하는 비중은 대략 0.5% 내외로 미미한 편이다. 그럼에도 불구하고 경기순환 과정에서 재고투자는 매우 심하게 변동한다.

재고투자는 계획된 재고투자와 계획되지 않은 재고투자로 구분된다.

재고투자 = 계획된 재고투자 + 계획되지 않은 재고투자

경기침체의 초기에는 예상외로 판매가 부진하여 계획되지 않은 재고투자가 증가한다. 경기회복기에는 기업이 미래의 수요 증가를 예상하여 재고를 늘리므로 계획된 재고투자가 증가한다. 이와 같이 같은 재고투자일지라도 계획된 재고투자인가 계획되지 않은 재고투자인가에 따라 경기에 반응하는 방향은 서로 다르다. 그런데 실제로 재고의 2/3 정도는 원자재와 중간재 또는 공정 중에 있는 미완성 제품으로 구

성되는데, 이러한 형태의 재고는 생산을 위해 있는 것이므로 재고투자는 생산과 밀접한 관계를 맺을 수밖에 없다. 따라서 재고투자에는 가속도원리가 작동하는 경향이 있다.

재고의 가속도모형은 기업이 생산 수준에 비례하여 재고를 보유한다고 가정한다. 재고스톡을 N이라고 하면 소망재고스톡 N^*와 생산량 Y와 다음과 같은 관계가 성립한다.

$$N^* = \beta Y \tag{29.9}$$

재고투자(I_N)는 재고량의 변화이므로 매기마다 소망재고스톡을 보유한다고 가정하면,

$$I_N = N^* - N_{-1} = \beta \Delta Y \tag{29.10}$$

재고투자가 생산량의 변동에 의존한다는 것을 알 수 있다.

가속도원리에 따르면 재고는 호황기에 증가하고 경기후퇴기에는 감소한다. 물론 재고투자는 가속도원리가 잘 적용되는 투자 항목이긴 하지만, 다른 투자 항목들과 마찬가지로 이자율의 영향도 받는다. 재고를 보유하면 판매시점까지 그만큼 이자수입을 포기해야 하므로 이자율은 재고보유의 기회비용이다.

29-3 투자이론 종합

투자는 총수요를 구성하는 매우 중요한 항목이다. 단기적으로는 총수요의 변동을 좌우하는 변동성이 심한 지출 항목이지만, 장기적으로는 자본축적을 통해 생산성의 향상과 경제의 성장에 기여한다. 자본재에 대한 지출로서의 투자는 총수요의 일부이지만, 장기적으로는 경제의 공급능력을 확대하는 역할을 한다. 이와 같이 투자는 단기적으로는 경기변동을, 장기적으로는 경제성장을 좌우한다.

$$I = I(r,\ q,\ \Delta Y) \tag{29.7}$$

투자에 영향을 미치는 요인은 다양하지만 표준적인 투자함수는 이미 앞에서 소개한 대로 식 (29.7)과 같이 표현될 수 있다.

투자의 결정요소가 다양한 만큼 경제정책의 효과도 다양하게 해석될 여지가 있다. 예를 들어, *IS*− *LM* 모형의 틀에서 정책의 효과를 분석하고자 할 때, 투자함수가 어떠한 형태를 띠는가가 중요해진다. 다양한 투자의 결정요인들은 *IS*곡선의 형태에 어떠한 영향을 미치는가?

우선 투자가 이자율에 민감하게 반응하면 *IS*곡선의 기울기가 보다 평평해진다. 이자율이 하락하면 투자가 크게 증가하고 그에 따라 소득이 증가하기 때문이다. 더욱이 소득 증가에 따른 가속도 원리와 결합되면 *IS*곡선은 이자율에 더 민감한 형태를 띠게 된다. 이 경우에 이자율을 변화시키는 통화정책의 효과는 증대된다. 반면 재정정책의 효과는 약화된다. 소득을 증가시키기 위한 확대 재정정책이 이자율을 상승시킴으로써 투자를 크게 위축시키기 때문이다.

만약 투자가 이자율에 둔감하면 *IS*곡선은 수직에 가까운 형태를 띤다. 투자는 미래지향적인 활동이므로 현재의 이자율과 소득 변화에만 의존하지 않는다. 향후 경기에 대한 예상, 기업의 수익성에 대한 전망, 금융시장의 여건 등도 투자에 영향을 미치기 때문이다. 투자는 적어도 단기적으로는 이자율에 민감하게 반응하지 않는 모습을 보인다. 특히 단기적으로 *IS*곡선은 수직에 가까운 형태를 띠는데, 통화정책의 효과가 단기적으로 잘 나타나지 않는 것도 이와 관계된다.

부록 우리나라 설비투자 변동의 특성

이상의 투자이론이 우리나라의 현실에 비추어 어떻게 적용될 수 있을까? 투자는 변동이 매우 심한 변수이기 때문에 투자를 잘 설명하는 변수를 찾기 쉽지 않지만, 표준적인 이론에 의하면 대표적인 변수는 역시 이자율과 기업의 경기상황이다. 여기서는 개별 기업의 설비투자 결정과 관련된 연구 결과를 소개하기로 한다. 한민 등 (2015)[5]에 의하면 글로벌 금융위기 이후 기업경기 개선은 설비투자를 증가시키는 반면, 이자율 상승과 불확실성[6] 증가는 설비투자를 약화시키는 것으로 나타났다.

5) 한민 · 이동재 · 이예림, "최근 설비투자 현황의 평가 및 시사점," BOK 이슈노트 2015.12, 한국은행.

6) 금리, 주가, 환율 등 국내 금융부문의 변동성을 나타내는 지표와 국외 불확실성을 나타내는

기업의 설비투자(설비투자/총자산)

$$= -.09^{***} + .08^{***}\ 기업경기(매출액/총자산) - .01^{***}\ 실질이자율 - .06^{**}\ 불확실성 + 여타\ 변수$$

** 및 ***는 각각 5% 및 1% 수준에서 계수값이 유의함을 의미

여기서 기업경기는 개별 기업의 총자산대비 매출액 비율을 나타내는데, 이는 앞에서 살펴본 생산량의 변화에 대응하는 변수로 볼 수 있다. 기업경기에 대한 추정계수가 통계적으로 유의한 양(+)의 값으로 추정된 것은 설비투자가 경기의 영향을 받는다는 것을 잘 보여준다. 또한 실질이자율에 대한 추정계수가 유의하게 음(−)의 값을 나타내는 것은 실질이자율이 증가할 경우 기업의 설비투자가 둔화되는 것을 의미한다. 마지막으로 불확실성이 증가할 때 투자가 위축된다는 것을 알 수 있다.

한편 앞서 언급한 토빈의 q 이론이 우리나라에서 적용이 가능한지에 대한 연구도 있다. 박상준 · 육승환(2018)[7]은 2000~2016년 중 우리나라 기업의 재무제표 데이터를 이용하여 분석한 결과 토빈의 q[8]가 기업의 투자율(투자/유형고정자산)에 대하여 유의한 양(+)의 관계를 갖는다는 것을 보였다. 즉 개별 기업의 토빈 q가 높아질 경우 기업의 투자도 증가한다는 것을 실증분석을 통해서 증명한 것이다.

Bloom(2012)의 뉴스 불확실성 지표를 합성하여 불확실성지수를 산출하였다.

7) 박상준 · 육승환, "통화정책과 기업 설비투자," BOK 경제연구 2018.3, 한국은행.

8) 개별 기업의 토빈 q 계산 시 분자는 해당 기업의 시가총액을, 분모로는 동 기업의 총자산 금액을 사용하였다.

제30장 화폐의 공급

거시경제학에서는 모형의 단순화를 위해 화폐의 공급이 중앙은행에 의해 외생적으로 결정된다고 가정하는 경우가 많다. 화폐는 현금과 예금의 합으로 규정된다. 그 중 민간의 예금활동까지 중앙은행이 일일이 통제하기는 어렵기 때문에 통화량은 중앙은행의 의지와 관계없이 변할 수 있다. 실제로 화폐의 공급은 중앙은행과 은행, 그리고 민간경제주체들 간의 복잡한 금융행위의 결과로 나타난다. 이 장에서는 거시경제의 주요 변수인 화폐의 공급이 어떤 과정을 통해 이루어지는지 살펴본다.

30-1 은행의 신용창조

우리는 제9장에서 우리나라의 대표적인 통화지표인 M1과 M2에 대해 살펴본 바 있다. M1은 현금과 결제성예금의 합으로, M2는 M1에다 준결제성예금을 합한 것으로 정의된다. 화폐를 협의로 정의하는가 광의로 정의하는가의 차이는 있으나, 화폐는 통상 현금과 예금의 합으로 규정된다.[1] 그런데 현금의 양은 독점적인 발권력을 가진 중앙은행에 의해 통제되지만 예금의 양은 그렇지 않다. 민간과 은행에 의해 예금이 어떻게 창조되는지 살펴보자.

은행은 고객의 일상적인 인출요구에 부응하기 위해 예금의 일부를 지급준비금으로 보유한다. 예금에 대한 지급준비금의 비율, 즉 지급준비율이 10%라고 하자. 이제

표 30-1 은행의 신용창조 과정

A은행		B은행		C은행	
지준 1억 대출 9억	예금 10억	지준 0.9억 대출 8.1억	예금 9억	지준 0.81억 대출 7.29억	예금 8.1억

1) 물론 현대적 의미의 화폐에는 예금 외에 유동성이 높은 금융상품도 포함된다.

어떤 사람이 자신의 금고에 있던 10억 원의 현금을 A은행에 들고 와서 예금했다고 하자.2) 이 순간에는 통화량의 변화가 없는데, 현금이 예금으로 바뀐 것뿐이기 때문이다. 그러나 A은행이 10억 원의 일부를 대출하기 시작하면서 통화량이 증가하기 시작한다. A은행은 예금의 10%인 지급준비금 1억 원을 제외한 나머지 9억 원을 대출한다. 그런데 9억 원의 대출을 받은 사람은 그 금액을 자신이 거래하는 B은행에 예금한다.3) B은행은 9억 원의 예금 가운데 10%인 0.9억 원을 지급준비금으로 남겨두고 나머지 8.1억 원을 대출한다. 이 8.1억 원의 대출을 받은 사람은 그 금액을 C은행에 예금한다. C은행은 8.1억 원의 예금 가운데 10%인 0.81억 원을 지급준비금으로 남겨두고 나머지 7.29억 원을 대출한다.4) 이러한 과정은 무한히 반복된다.

이러한 과정을 거치면서 은행권에 새로 유입된 예금에 의해 은행권 전체의 예금은 그 몇 배로 증가한다. 예금이 얼마나 창조되는지 다음과 같이 계산할 수 있다.

$$
\begin{aligned}
&10\text{억 원} + 9\text{억 원} + 8.1\text{억 원} + \cdots \\
&= 10\text{억 원}(1 + 0.9 + 0.9^2 + \cdots) \\
&= 10\text{억 원} \times \frac{1}{1-0.9} \\
&= 100\text{억 원}
\end{aligned}
$$

즉, 은행권에 새로 주입된 현금 10억 원에 의해 지급준비율의 역수인 10배에 상당하는 100억 원의 예금이 창조된다. 대출은 총 90억 원$\left(= 9\text{억 원} \times \frac{1}{1-0.9}\right)$이 창조된다. 처음에 민간이 보유했던 현금 10억 원은 은행의 지급준비금 10억 원$\left(= 1\text{억 원} \times \frac{1}{1-0.9}\right)$으로 전환된다.

---

2) 이와 같이 은행권 밖으로부터 처음 은행권으로 들어온 예금을 본원적 예금이라고 한다. 이는 어떤 은행에서 인출하여 다른 은행으로 입금한 예금과 구분된다.

3) 여기서는 논의를 단순화하기 위해 은행을 이용하는 민간경제주체가 대출받은 금액 전부를 예금한다고 가정하였다. 그러나 실제로는 큰 액수는 아닐지라도 대출금의 일부를 현금으로 사용하고 나머지를 예금할 것이다. 민간의 현금보유성향이 통화창조에 미치는 영향은 다음 절에서 살펴본다.

4) 여기서 A, B, C 은행은 편의상 구분한 것이며 서로 다른 은행일 필요는 없다.

30-2 중앙은행과 통화공급

이상에서는 은행과 민간의 상호작용을 통해 화폐가 창조되는 과정을 살펴보았으나, 화폐공급에 있어 핵심적인 역할을 하는 기관은 역시 중앙은행이다. 중앙은행에 의한 화폐의 공급경로를 이해하기 위한 기본 개념이 바로 본원통화이다. 본원통화(MB: Monetary Base)는 중앙은행 창구를 통해 밖으로 나온 현금에다 금융기관이 중앙은행에 맡긴 지급준비용 예치금을 합한 금액이다.

민간은 현금을 지갑이나 서랍, 금고에 보관한다. 은행(금융기관 포함)은 지급준비금을 두 가지 형태로 보관한다. 첫째는 은행이 지점의 창구나 금고에 보유하는 시재금(vault cash)이며, 둘째는 중앙은행에 맡겨 놓은 중앙은행 지준예치금이다.

본원통화 = 현금통화 + 지급준비금
= 현금통화 + 시재금 + 중앙은행 지준예치금
= 화폐발행액 + 중앙은행 지준예치금

따라서 본원통화는 현금통화와 지급준비금의 합으로 정의되거나, 화폐발행액과 중앙은행 지준예치금의 합으로 정의된다.

중앙은행의 대차대조표를 보면 중앙은행이 본원통화를 어떻게 공급하는지 구체적으로 이해할 수 있다. 단, 여기서 소개하는 표 30-2의 T-계정은 실제의 대차대조표라기보다는 통화성 부채인 본원통화를 기준으로 간략하게 재구성한 것이다.

표 30-2 중앙은행의 대차대조표

순국내자산	본원통화
−예금취급기관 대출	−화폐발행액
−순정부대출	−지준예치금
−순기타자산	
순해외자산	

먼저 중앙은행의 자산이 어떤 항목들로 이루어지는지 생각해 보자. 중앙은행은 은행의 은행이자 정부의 은행이므로 은행과 정부에 대한 대출자산을 갖고 있다. 또한 기타자산과 해외자산을 보유하는데, 기타자산은 주로 국공채나 중앙은행 소유의

건물과 시설로 이루어진다. 중앙은행의 부채는 본원통화를 비롯해 정부의 중앙은행 예금, 기타부채 및 해외부채로 구성된다.

정부 대출에서 정부의 중앙은행예금을 뺀 것을 순정부 대출, 기타자산에서 기타 부채를 뺀 것을 순기타자산, 해외자산에서 해외부채를 뺀 것을 순해외자산이라 하면, 본원통화는 다음과 같이 순국내자산과 순해외자산으로 나누어진다.

순국내자산 + 순해외자산 = 본원통화
(순국내자산 = 예금취급기관 대출 + 순정부 대출 + 순기타자산)

본원통화는 순국내자산과 순해외자산으로 이루어지고 있으므로 순국내자산과 순해외자산의 변화가 있을 경우에 본원통화가 변동한다. 순해외자산 변화의 문제는 이후에 논의하도록 하고, 여기서는 순국내자산의 변화에 의한 본원통화의 변화가 어떤 결과를 가져오는지 살펴보자.

순국내자산의 변화 가운데 중요한 항목은 예금취급기관 대출과 순기타자산 상의 변화이다.[5] 중앙은행이 시중은행에 대해 대출을 늘리면 그와 동시에 본원통화가 증가한다. 또한 중앙은행이 기타자산 항목에 해당되는 국공채를 매입하면 순기타자산이 증가하는 동시에 본원통화가 증가한다. 전자를 재할인 대출, 후자를 공개시장 매입이라고 한다.[6] 예를 들어, 중앙은행이 1조 원 규모의 재할인 대출 또는 공개시장 매입을 실시하여 그만큼의 본원통화가 증가하면 어떻게 될까?

앞에서 우리는 은행에 의한 예금창조의 과정을 살펴본 바 있다. 이제 위 물음에 답하기 위해 통화의 창조 과정을 일반화해 보기로 하자. 본원통화가 증가하면 그보다 훨씬 많은 통화가 창조되는데, 본원통화를 MB, 통화량을 M이라 하면, 두 변수 간의 관계를 다음과 같이 나타낼 수 있다.

$$M = \phi MB,\ \phi \text{는 통화승수} \qquad (30.1)$$

5) 순정부 대출의 변화는 주로 정부예금과 대출 간의 시차 때문에 발생한다.

6) 중앙은행의 예금취급기관에 대한 대출을 재할인(rediscount) 대출이라고 하는데, 재할인이라는 용어를 쓰는 이유는 민간이 발행한 어음을 은행이 할인해 주고 은행의 은행인 중앙은행이 다시 할인해 준다는 데에서 연유된 것이다. 실제로 2022년 현재 한국은행에 상시적으로 운용하고 있는 대출제도에는 '자금조정 대출', '금융중개지원 대출', '일중당좌 대출' 등이 있으며, 이들 대출은 어음재할인 또는 증권담보 대출의 형태로 실행되고 있으며, 「한국은행법」에 의거 금융기관에 대한 긴급여신과 영리기업에 대한 여신으로서 '특별대출제도'도 실행하고 있다.

여기서 통화승수(money multiplier) ϕ는 본원통화량이 변할 때 통화량이 얼마나 변할 것인가를 나타내는 배수이다. 따라서 본원통화량을 조절할 수 있는 중앙은행이 통화승수의 값을 안다면 통화량도 원하는 양으로 조절할 수 있다. 이제 통화승수의 크기가 무엇에 의해 결정되는지 알아보자.

먼저 본원통화는 현금(C)과 지급준비금(R)의 합이며, 통화는 현금(C)과 예금(D)의 합이므로 다음과 같이 표시할 수 있다.

$$\begin{aligned} MB &= C + R \\ M &= C + D \end{aligned} \tag{30.2}$$

은행의 지급준비율(z)을 $z = \dfrac{R}{D}$이라 하고, 민간의 현금통화비율(c)을 $c = \dfrac{C}{M}$라고 하자. 민간경제주체들은 전체의 화폐보유액 가운데 얼마만큼 현금으로 보유할지를 결정하는데, 화폐의 일정한 부분을 현금으로 보유하는 성향이 있다고 가정해 보자. 이러한 가정을 이용하면 본원통화량을 다음과 같이 나타낼 수 있다.

$$MB = C + R = cM + zD = cM + z(M - C) \tag{30.3}$$

통화승수 ϕ는 $\dfrac{M}{MB}$으로 구해지므로 여기에 식 (30.3)을 대입하면 $\dfrac{M}{MB} = \dfrac{M}{cM + z(M - C)}$이 된다. 그리고 분모와 분자를 모두 M으로 나누면 다음과 같아진다.

$$\frac{M}{MB} = \frac{1}{c + z(1 - c)} \tag{30.4}$$

즉, 통화승수는 민간의 현금통화비율(c)과 은행의 지급준비율(z)에 의해 결정되며, 한 경제의 통화량은 다음과 같이 본원통화에 통화승수를 곱한 값으로 결정된다.

$$M = \phi MB, \;\; \phi = \frac{1}{c + z(1 - c)} \tag{30.5}$$

극단적인 경우이기는 하지만, 위 식에서 현금통화비율이 1이거나 지급준비율이 1인 경우에 통화승수는 1이다. 이는 본원통화량 자체가 통화량이 되어 신용창조가 전혀 일어나지 않는 경우이다. 한편, 앞 절에서 살펴본 대로 현금통화비율이 0인 경우에는 $\phi = \dfrac{1}{z}$이 된다. 본원통화가 일정하더라도 민간의 현금보유성향과 은행의 지급준비율이 낮아지면 통화량이 증가한다. 현금보유성향이 낮을수록 예금이 늘어나고, 지급준비율이 낮을수록 대출이 늘어나므로 예금과 대출의 선순환이 이루어져 통화가 그만큼 더 창출되기 때문이다.

또한 통화승수가 상수로서 일정하다면 다음의 관계가 성립한다.

$$\Delta M = \phi \Delta MB \tag{30.6}$$

즉, 본원통화가 증가할 때 통화량은 통화승수 배만큼 증가하게 된다. 예를 들어, 본원통화량과 통화량 자료로부터 구한 통화승수의 값이 8이라고 하자. 앞에서 든 예와 같이 중앙은행이 재할인 대출이나 공개시장 매입을 실시하여 1조 원 규모의 본원통화를 증가시키면 통화승수의 값이 그대로 유지된다는 전제 하에 통화량은 8조 원 증가하게 된다. 거꾸로 말해 경제의 통화량을 8조 원 증가시키고자 한다면 중앙은행은 본원통화량을 1조 원 증가시키면 된다.

그림 30–1에는 우리나라 통화승수 추이가 나타나 있는데, M1과 M2의 통화승수 모두 장기적으로 상승하는 추세를 보여 왔으나, 2000년대 중반 이후에는 하락하거나 안정화되는 모습을 보여주고 있다. M1의 통화승수를 보면, 1970년에는 1.12에 불과하였고 1970년대 내내 2를 넘지 못하는 매우 낮은 수준이었지만, 2020년 현재 5.41을 기록하고 있다.[7]

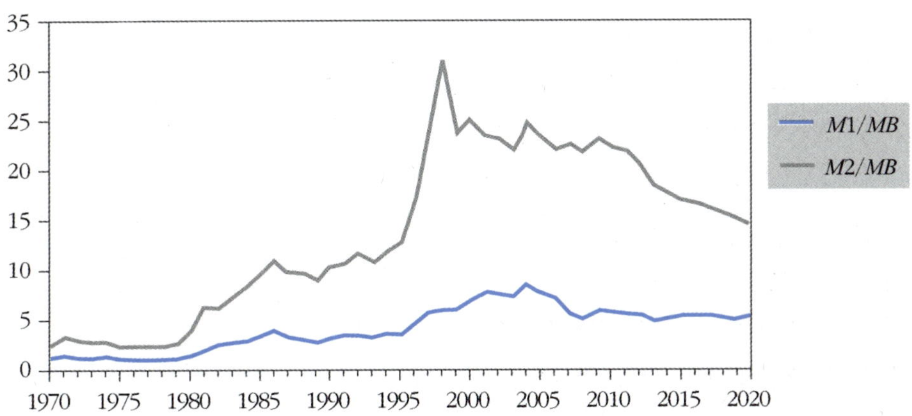

그림 30–1 우리나라 통화승수 (1970~2020)

$M1/MB$: M1의 통화승수, $M2/MB$: M2의 통화승수

7) 참고로 2009년부터 5만원권 지폐가 발행되어 널리 통용되면서 화폐발행액이 크게 늘어났고 그에 따라 본원통화량도 크게 증가하였다. 지폐가 수표를 대체하게 되면 M1에서 MB가 차지하는 비중이 상승하고 통화승수가 하락하지만, 이는 신용창조의 수축 현상과는 무관하다.

과거에 통화승수가 낮았던 이유는 당시에 현금 이외의 금융상품이 별로 없었을 뿐만 아니라 은행예금과 대출 규모도 미미한 수준이었기 때문이다. 반면 최근에는 다양한 금융상품이 존재하고 예금과 대출이 활성화된 상태이기 때문에 통화승수 값이 비교적 크게 유지되고 있다. 다만, 통화승수를 구성하는 민간의 현금통화비율과 은행의 지급준비율이 낮아지는 데에는 한계가 있기 때문에 통화승수가 상승하는 데에는 한계가 존재할 것이라는 예측이 가능하다.

30-3 통화정책의 수단

이상에서 살펴본 것처럼 중앙은행은 본원통화량의 조절 등을 통해 경제 내의 통화량에 영향을 미친다. 통화당국은 몇 가지 수단을 이용하여 경제의 통화량이나 이자율에 영향을 미친다. 통화정책의 수단은 크게 일반적 정책수단과 선별적 정책수단으로 나누어진다. 일반적 정책수단은 정책의 효과가 경제 전체에 영향을 미치지만 선별적 정책수단은 경제의 어느 특정 부문에만 선별적으로 영향을 주는 것을 목표로 한다.

(1) 일반적 정책수단

일반적 정책수단에는 공개시장운영, 재할인율정책, 지급준비율정책의 세 가지 표준적인 수단이 있다.

1) 공개시장운영

공개시장운영(open market operation)이란 중앙은행이 채권시장에서 국공채 등의 유가증권을 매입하거나 매각함으로써 통화량을 조절하는 것을 말한다. 공개시장 매입을 하면 본원통화량이 증가하며, 공개시장 매각을 하면 본원통화량이 감소한다.

물론 공개시장운영이 원활히 이루어지기 위해서는 국공채의 발행규모가 크고 유통시장이 발달되어 있어야 한다. 우리나라는 선진국과 마찬가지로 공개시장운영정책을 대표적인 통화정책수단으로 사용하고 있다. 다만 국채의 유통시장이 아직 충분하지 않아 국채 대신 한국은행이 발행한 유가증권인 통화안정증권(monetary stabilization bond)을 주요 대상으로 공개시장운영을 실시하면서 통화량을 조절하고 있다.

2) 재할인율정책

재할인율(rediscount rate)은 중앙은행이 금융기관에 빌려주는 대출금에 적용하는 이자율이다. 재할인율은 중앙은행으로부터의 차입비용이므로 재할인율이 높아지면 예금은행들은 중앙은행으로부터의 차입을 줄이며, 재할인율이 낮아지면 중앙은행으로부터의 차입을 늘린다. 따라서 중앙은행이 통화량을 늘리고자 할 때는 재할인율을 낮추며, 반대로 통화량을 줄이고자 할 때는 재할인율을 높인다.

그러나 우리나라의 경우는 재할인율을 조절하기보다는 재할인대출의 총액을 조절하는 방식을 사용한다. 실제로는 재할인율을 시중 이자율보다 낮게 책정하고 그 대신 대출의 한도를 정하는 방식을 사용한다. 이를 '자금조정 대출'과 '금융중개지원 대출'이라고 부르는데, 결국 우리나라의 재할인정책은 재할인율을 조절하는 본래 의미와는 다르게 사용되고 있음을 알 수 있다.

3) 지급준비율정책

중앙은행은 예금취급기관에 부과하는 필요지급준비율을 변경할 수 있다. 예금취급기관들은 보통 필요지급준비율에 근접한 수준으로 지급준비금을 관리하는데,[8] 중앙은행이 필요지급준비율을 인상하면 지급준비금의 유지를 위해 대출을 축소할 수밖에 없다. 대출이 축소되면 신용수축의 과정을 거치면서 통화량이 감소한다. 식 (30.5)에서 지급준비율이 상승하면 통화승수의 크기가 작아진다는 것을 확인할 수 있다.

세 가지 수단 가운데 공개시장운영과 재할인율정책은 본원통화량을 변화시키는 정책이다. 지급준비율정책은 본원통화량 대신 통화승수의 변화를 유도해 통화량을 조절하는 방식이라는 점에서 공개시장운영과 재할인율정책과 다르다. 통화승수의 크기 자체에 영향을 준다는 점에서 지급준비율정책은 매우 신중하게 사용되는 경향이 있다. 더욱이 지급준비율의 조절은 은행의 수익성에도 영향을 준다. 예를 들어, 지급준비율의 인상은 은행의 대출자산을 축소시키기 때문에 은행의 수익성을 악화시킨다. 이처럼 지급준비율의 조절은 통화승수뿐만 아니라 은행의 수익성에도 직접적인 영향을 주기 때문에 다른 정책수단에 비해 자주 사용되지 않는다.[9]

---

8) 은행의 지급준비금은 필요지급준비금과 초과지급준비금으로 구분된다.

9) 우리나라는 1990년 이후 단 다섯 차례만 지급준비율을 변경했다. 1990년에는 민간신용 확대로 통화증가율이 높아짐에 따라 지급준비율을 인상하였으며, 1996년(두 차례)과 1997년에는 은행의 채산성 개선과 금리인하를 목적으로 지급준비율을 인하한 바 있다. 2006년에는 과잉유동성으로 인한 부동산 경기의 과열을 진정시키기 위해 지급준비율을 인상하였다.

(2) 선별적 정책수단 선별적 정책수단은 경제의 어느 특정 부문에만 선별적으로 영향을 주는 것을 목표로 한다. 예를 들어, 기업대출에 비해 가계부문의 주택담보대출 비중을 축소하기 위해서는 주택가격에 대비한 대출의 비율(LTV: loan to value)을 축소하는 정책을 사용한다. 우리나라는 과거에 중소기업을 보호 육성하기 위해 중소기업의무대출비율 제도를 시행한 바 있다. 또한 1980년대부터 금리자유화를 추진하여 이제는 금리 규제가 사라졌지만 시중의 금리 수준을 직접 규제하는 정책을 사용한 적도 있다.

30-4 통화공급의 내생성

이상에서 살펴본 대로 시중의 통화공급량은 식 (30.5)와 같이 $M=\phi MB$에 의해 결정된다. 실제로 중앙은행은 공개시장운영과 재할인정책을 통해 본원통화 MB의 양을 조절하거나 지급준비율정책을 통해 통화승수 ϕ를 조절한다. 만약 통화승수를 구성하는 민간의 현금통화비율과 은행의 지급준비율이 안정적이고, 본원통화의 공급이 중앙은행에 의해 외생적으로 결정된다면 화폐의 공급도 외생적으로 결정된다고 할 수 있다. 그러나 본원통화와 통화승수가 결정되는 과정을 자세히 살펴보면 중앙은행이 시중의 통화량을 통제하는 데에 한계가 있다는 것을 알게 된다. 통화당국의 의지와 관계없이 경제 내적인 요인에 의해 시중의 통화량이 늘어나거나 줄어들 수도 있는데, 이를 통화공급의 내생성이라 한다.

(1) 본원통화의 내생성 앞에서 표 30-2를 통해 살펴본 바와 같이 본원통화는 중앙은행의 통화성 부채이며, 순국내자산과 순해외자산이 그와 대응된다. 따라서 본원통화의 변동은 순국내

※ 현재 우리나라의 지급준비제도 적용대상금융기관(일반은행 및 특수은행)은 예금종류에 따라 현재 0~7%의 지급준비율에 해당하는 금액을 지급준비금으로 보유하여야 한다. 한편, 한국은행법 개정에 따라 2011년 12월 17일부터는 기존 예금채무 이외에 금융채에 대해서도 지급준비율을 부과할 수 있게 되었다.

(2021년 12월 현재)

예금종류	지급준비율
장기주택마련저축, 재형저축	0.0%
정기예금, 정기적금, 상호부금, 주택부금, CD*	2.0%
기타 예금	7.0%

주: * 지급준비예치대상 금융기관을 상대로 발행된 경우(은행간 CD) 제외

자산과 순해외자산 변동의 영향을 받는다. 중앙은행의 순자산을 변화시키는 요인은 다양하다.

먼저 국내순자산의 변동을 살펴보자. 첫째, 중앙은행의 예금취급기관에 대한 대출은 이 기관들의 자금수요에 영향을 받지 않을 수 없다. 실물경제활동이 활발해져서 기업이 은행으로부터 대출을 많이 받게 되면 은행은 지급준비금이 부족해지는데, 다른 금융기관으로부터의 일시적 차입으로 해결이 안 되는 경우에는 중앙은행에서 차입하고자 한다. 물론 중앙은행의 의지로 자금을 공급하지 않을 수도 있으나, 금리 상승과 실물경제활동의 위축을 우려하는 한 자금을 공급하게 될 것이다. 둘째, 순정부대출은 정부의 재정지출계획의 영향을 받는다. 단지 세입과 세출 시차상의 불일치로 순정부대출 규모가 변하기도 하지만, 긴급한 재정지출이 필요할 때 순정부대출이 늘어나기도 한다.

중앙은행의 순해외자산은 국제수지와 관계된다. 예를 들어, 국제수지 흑자로 외화가 국내로 유입되면 은행들은 적정 수준 이상의 외화를 보유하게 된다. 은행들은 외화를 원화로 바꾸고자 하는데, 이때 중앙은행이 외화를 매입하면 본원통화와 중앙은행의 순해외자산이 동시에 증가하게 된다.[10]

중앙은행의 국내 및 해외순자산 항목의 변화는 본원통화의 변동을 수반하게 되므로, 본원통화의 공급은 완전히 외생적으로 주어지는 것이 아니라 경제 내적 요인의 영향을 받게 된다. 물론 중앙은행은 그 의지에 따라 경제의 내부적 요인에 반응하지 않거나 그것을 상쇄시키는 방향으로 본원통화의 양을 유지하고 통제할 수 있다. 따라서 본원통화의 내생성이라는 표현은 다소 과장된 것일 수 있다. 다만, 본원통화에 영향을 주는 경제 내적 요인의 힘이 충분히 강한 경우에는 중앙은행도 이를 수용(accommodation)할 수밖에 없다는 것은 분명하다.

(2) 통화승수의 내생성

통화승수는 현금통화비율과 지급준비율로 구성되는데, 이 두 비율이 경제 내적인 요인으로 변하게 되면 통화승수도 변한다. 이러한 경우에는 본원통화가 외생적으로 결정되더라도 화폐의 공급량이 내생적으로 변동하게 된다. 앞의 그림 30-1에서 우리나라의 통화승수가 장기적으로 증가하여 왔다는 것을 확인하였는데, 이는 통화량

10) 특히 고정환율을 유지하거나 환율의 안정에 치중해야 하는 경우에는 중앙은행이 외환을 매입하고 매각하는 과정에서 순해외자산과 본원통화가 빈번하게 변동하게 된다.

증가가 단지 한국은행의 의지가 아니라 경제의 내생적인 요인에 의해 증가한 측면이 크다는 것을 잘 보여준다.

먼저 현금통화비율에 영향을 주는 요인들을 살펴보자. 첫째, 현금통화비율은 이자율의 영향을 받는다. 협의의 통화지표인 M1의 예를 들면 화폐는 현금과 결제성예금으로 이루어지는데, 결제성예금에 대해서도 적지 않은 이자가 지급되고 있다는 점에 유의할 필요가 있다.[11] 결제성예금에 지급되는 이자율이 상승하면 사람들은 현금보유 비중을 줄이고 예금의 비중을 높일 것이며, 그에 따라 통화승수가 증가하고 통화량이 늘어난다.

둘째, 금융기관의 부실, 특히 은행의 부도위험성 증가는 현금통화비율을 증가시킨다. 은행이 부도가 나면 예금자는 큰 손실을 입게 되므로, 자신의 예금이 안전하지 않다고 느끼는 사람들은 예금을 인출하여 현금보유 비중을 높이게 된다.

은행예금의 대규모 인출사태를 뱅크런(bank run)이라 부른다. 은행의 부도 또는 부도 가능성은 결제 시스템에 큰 혼란을 초래한다. 실제로 한 은행이 부도가 나면 예금자들의 심리적 불안감이 증폭되면서 다른 건실한 은행조차 예금인출사태를 당할 수 있다. 은행권 전역으로 이러한 현상이 전염(contagion)될 수도 있는데 이를 은행공황(bank panic)이라 한다.

셋째, 탈세의 유인도 현금통화비율을 상승시킨다. 세금을 내지 않으려면 거래금액과 소득을 실제보다 작게 신고해야 하므로 현금거래의 비중을 높이게 된다. 우리는 일상적인 거래에서도 신용카드보다는 현금결제를 선호하는 업자들을 흔히 보게 된다. 또한 마약이나 밀수, 비자금 거래 등 불법적인 거래는 대부분 현금으로 이루어진다.[12] 이처럼 탈세의 유인은 현금수요를 증가시키고 통화승수를 작게 만든다.

은행의 지급준비금은 필요지급준비금과 필요지급준비금을 초과하는 부분, 즉 초과지급준비금으로 구성되는데, 초과지급준비금을 얼마나 보유하는가는 해당 은행

11) 예를 들어, 결제성예금의 일종인 어음관리계좌(CMA)에 대해서는 국채수익률에 근접한 이자가 지급되고 있는 추세이다.

12) 실제로 거래가 이루어지고 소득이 발생함에도 불구하고 보고되지 않아서 국민소득 통계에 잡히지 않는 경제행위를 지하경제(underground economy)라 부른다. 지하경제의 존재는 통화승수를 작게 만들 뿐만 아니라 경제규모를 실제보다 작게 추정하도록 만든다.

과 경제의 전반적인 상황에 따라 달라진다. 우선 이자율이 높을수록 초과지급준비금의 기회비용이 높아지므로 초과지급준비금 규모가 작아진다. 이 경우에 지급준비율은 하락하고 통화승수는 커진다. 은행의 부도위험성도 초과지급준비금에 영향을 준다. 은행은 부도위험의 증가와 그로 인한 예금인출사태에 대비하기 위해 초과지급준비금을 증가시킨다.

제31장 화폐의 수요

우리는 이미 화폐수요함수가 도입된 $IS-LM$ 모형을 살펴본 바 있다. 즉, 실질화폐잔고에 대한 수요가 소득과 명목이자율에 의존한다는 $\left(\frac{M}{P}\right)^d = L(Y,\ i)$ 형태의 화폐수요함수를 사용하였다. 물론 이러한 형태만으로도 화폐수요의 본질을 상당 부분 담아낼 수 있지만, 화폐수요를 결정하는 요인에 관해서는 조금 더 논의할 사항이 있다. 특히 이 장에서는 미시적으로 접근하여 화폐수요를 모형화하는 방법을 알아본다. 또한 금융제도의 발전으로 인해 화폐와 다른 금융자산과의 구별이 어렵게 된 측면이 있음을 지적하고, 이러한 추세가 통화정책에 어떤 영향을 미치고 있는지 검토해 본다.

31-1 거래적 화폐수요

사람들이 화폐를 보유하는 가장 중요한 동기는 거래적 동기이다. 고전학파와 케인즈는 모두 거래적 동기에 의한 화폐수요가 소득에 의존한다고 본다.[1] 그러나 아무리 거래적 동기로 화폐를 보유한다 하더라도 화폐보유에는 이자수입의 상실이라는 기회비용이 존재하며, 다른 형태의 자산을 화폐의 형태로 바꾸어 놓는 데 드는 거래비용이 존재한다. 고전적 화폐수량설과 케인즈의 거래적 화폐수요 모두 이러한 점을 명시적으로 다루지 않았다.

이러한 문제의식에서 보몰(W. Baumol)과 토빈(J. Tobin)은 거래적 화폐수요가 소득뿐만 아니라 이자율과 거래비용의 영향을 받는다는 것을 이론적으로 도출하였다. 이들의 접근 방법을 재고이론적 접근(inventory approach)이라 부른다. 거래적 필요에 의해 화폐를 보유하는 것은 소득의 발생과 지출 사이에 시차가 존재하기 때문인데, 이것은 기업이 생산과 출하 사이의 시차 때문에 일정 기간 재고를 보유하는 것과

1) 고전학파와 통화주의자들은 소득과 화폐수요가 매우 안정적인 관계를 맺고 있다고 보는 반면, 케인즈는 투기적 동기의 중요성을 부각시켜 화폐수요의 불안정적인 측면을 강조한 바 있다.

유사하다. 이러한 점에 착안하여 보몰과 토빈은 화폐를 일종의 재고로 간주하는 이론을 전개하였다. 기업이 재고를 보유하면 판매시점까지의 이자수입을 포기해야 하는 비용이 수반되는 반면, 고객의 수요에 신속하게 대응할 수 있다는 이점이 있다. 화폐보유의 비용과 편익도 이와 유사하다. 보몰-토빈모형은 화폐보유의 비용과 편익을 분석한다.

논의를 단순화하여 월초에 월급 Y를 받아 월말까지 모두 지출한다고 해 보자. 월초에 소득 Y원을 모두 인출하여 일정한 속도로 사용하고 나면 월말의 잔고는 0원이 된다. 이 경우 월중 평균적인 화폐보유액은 $\frac{Y}{2}$원이다. 그러나 이렇게 월초에 소득을 모두 화폐로 찾아 쓰는 경우는 흔치 않고 보통은 몇 차례 은행(또는 현금인출기)을 방문할 것이다. 은행방문횟수를 N이라고 하면 방문할 때마다 $\frac{Y}{N}$원을 인출하게 되고, 평균적인 화폐보유액은 $\frac{Y}{2N}$가 된다. 이 평균적인 화폐보유액이 바로 화폐수요량이다.

그러면 최적의 은행방문횟수 N은 얼마인가? 은행을 적게 방문할 때와 많이 방문할 때의 장단점은 각각 무엇인가? 은행을 적게 방문해서 한 번에 많은 금액을 찾으면 편리한 점은 있지만 이자손실이 늘어난다. 반면 은행을 자주 방문하면 이자손실은 작지만 방문에 따른 불편이 증가한다. 구체적으로 은행 1회 방문에 따른 비용을 F라고 하자. 이 비용은 작게는 수수료일 수 있지만 현금인출에 드는 모든 비용을 포괄한다. 만약 은행방문시간이 15분인데 시간당 임금이 2만 원이라면 이 비용은 5천 원이

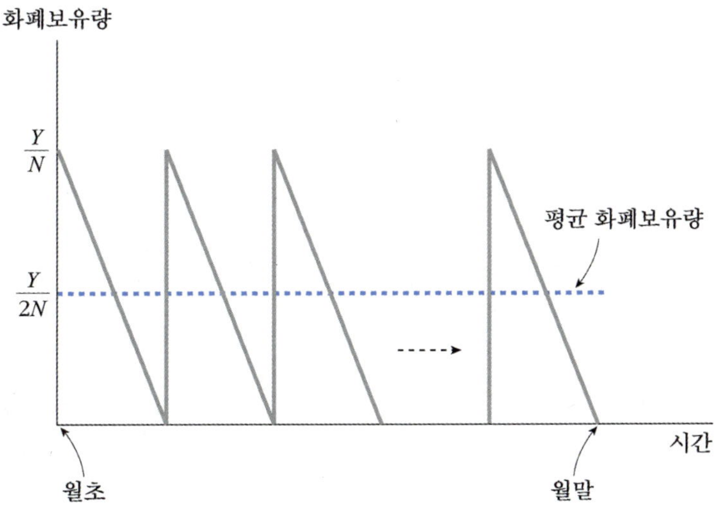

그림 31-1
보몰-토빈모형에서의 화폐보유

월초에 월급 Y를 받아 예금한 뒤 월말까지 모두 지출한다. 한 달 동안 은행을 N번 방문하고, 방문할 때마다 $\frac{Y}{N}$원을 인출하여 다음 방문 때까지 일정한 속도로 지출한다. 따라서 평균적인 화폐보유액은 $\frac{Y}{2N}$인데, 이것이 바로 화폐수요량이다.

나 된다. 이자율이 i일 때 화폐보유의 기회비용은 화폐보유액에 i를 곱한 것이 된다.

은행방문에 따른 비용을 최소화하는 문제를 풀면 최적의 은행방문횟수 N을 구할 수 있다. 우선 화폐보유의 기회비용인 이자손실액은 한 달 동안의 평균적인 화폐보유액 $\frac{Y}{2N}$에 이자율 i를 곱한 $\frac{iY}{2N}$가 된다. 또 한 달 동안 은행방문에 드는 비용은 FN이다. 따라서 두 가지 비용을 합한 총비용은 다음과 같다.

$$C = \frac{iY}{2N} + FN \tag{31.1}$$

은행방문횟수 N이 증가할수록 첫째 항의 값은 감소하지만 둘째 항의 값은 증가한다. **그림 31-2**에는 이 두 가지 비용이 그래프로 나타나 있다.

그림을 통해 비용 C를 최소화하는 N이 존재한다는 것을 알 수 있는데, 수학적으로는 비용함수 C를 N에 관해 미분하여 0으로 놓으면 최적의 N^*를 구할 수 있다.

$$\frac{dC}{dN} = -\frac{iY}{2N^2} + F = 0$$

위 식을 N에 대하여 풀면 다음과 같다.

$$N^* = \sqrt{\frac{iY}{2F}} \tag{31.2}$$

그림 31-2
보몰-토빈모형에서의 화폐보유비용

화폐보유의 기회비용인 이자손실액은 평균적인 화폐보유액 $\frac{Y}{2N}$에 이자율 i를 곱한 $\frac{iY}{2N}$이다. 또한 은행방문에 드는 비용은 FN이다. 두 가지 비용을 합한 총비용은 $C = \frac{iY}{2N} + FN$이며, 최적의 은행방문횟수는 이 비용을 최소화하는 N^*이다.

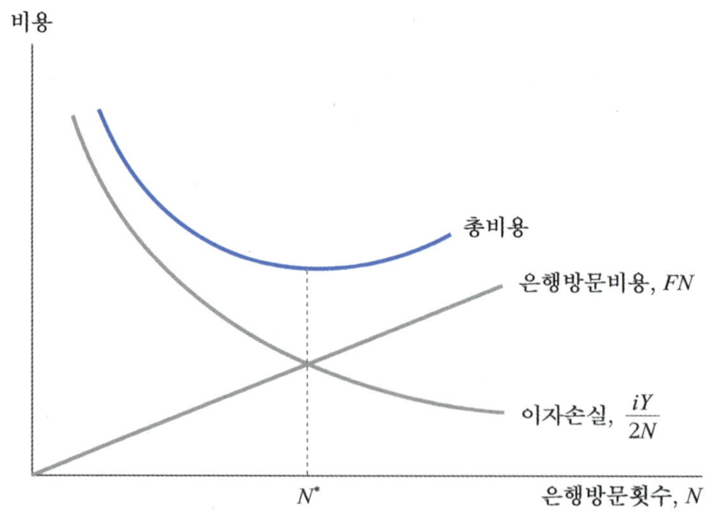

그런데 평균화폐보유액은 $\frac{Y}{2N}$ 이므로, 최적의 평균화폐보유액, 즉 화폐수요량은 $\frac{Y}{2N^*} = \frac{Y}{2\sqrt{\frac{iY}{2F}}} = \frac{\sqrt{Y^2}}{\sqrt{\frac{2iY}{F}}} = \sqrt{\frac{FY}{2i}}$ 가 된다. 따라서 화폐수요량 $\left(\frac{M}{P}\right)^d$ 는 다음과 같다.[2)]

$$\left(\frac{M}{P}\right)^d = \sqrt{\frac{FY}{2i}} \qquad (31.3)$$

은행을 방문하는 비용 F가 클수록, 소득 Y가 높을수록, 이자율 i가 낮을수록 화폐수요가 증가한다는 것을 확인할 수 있다.

본래 위 모형은 화폐 가운데 현금에 대한 수요모형으로 적합하다. 이 모형은 사람들이 이자를 주는 예금에 비해 현금을 얼마나 보유할 것인가를 분석하고 있지만, 모형을 더 넓게 해석할 수도 있다. 사람들이 현금과 예금의 비중을 선택하는 대신 화폐자산(현금과 결제성예금)과 비화폐자산(채권과 주식)의 비중을 선택한다고 해 보자. 화폐자산은 비화폐자산에 비해 수익률이 낮다. 따라서 위 모형에서의 i는 두 자산 간의 수익률 차이로 해석된다. 또한 은행방문비용 F는 비화폐자산을 화폐자산으로 전환하는 데 드는 거래비용으로 해석될 수 있다. 따라서 보몰-토빈모형은 단지 현금에 대한 수요뿐만 아니라 화폐자산에 대한 수요를 나타내는 모형으로도 적합하다. 또한 이 모형은 표준적인 화폐수요함수 형태인 $L(Y, i)$에 대한 미시경제적 기초를 제공하였다.

그러면 이 모형이 실제로 얼마나 현실을 잘 설명하고 있는지 살펴보자. 특이하게도 이 모형은 소득과 이자율이 화폐수요에 얼마나 영향을 주는지 정확한 예측을 하고 있다. 특히 이 모형에 등장하는 제곱근은 화폐수요의 소득탄력성이 1/2임을 의미한다.[3)] 이것을 이해하기 위해 식 (31.3)에 자연로그를 취해 보자.

$$\ln\left(\frac{M}{P}\right)^d = f + \frac{1}{2}\ln Y - \frac{1}{2}\ln i, \;\; f = \frac{1}{2}\ln\frac{F}{2} \qquad (31.4)$$

위 식으로 화폐수요의 소득탄력성과 이자율탄력성이 모두 1/2이라는 것을 확인

2) 여기서 F, Y가 실질단위로 측정되었다면 식 (31.1)은 화폐보유의 실질비용이며, 식 (31.3)은 실질화폐수요가 된다. 명목화폐수요함수를 도출하려면 식 (31.1)에 F 대신 PF, Y 대신 PY를 대입하여 풀면 된다. 이 경우에도 실질화폐수요함수는 식 (31.3)과 같아진다.

3) 경영학의 재고이론에는 제곱근 법칙(square root rule)이라는 것이 있는데, 판매량의 제곱근에 비례하여 재고를 보유할 것을 권장한다.

할 수 있다.4) 이는 소득이 10% 증가할 때 화폐수요가 5% 증가하며 이자율이 10% 증가할 때(예를 들어, 이자율 수준이 5%에서 5.5%로 올라갈 때) 화폐수요가 5% 감소함을 의미한다.

이와 같이 보몰-토빈모형은 소득과 이자율이 화폐수요에 얼마나 영향을 주는지 정확히 알려준다. 그러면 실제로 각국의 화폐수요함수를 추정한 결과들은 어떠한가? 우리나라를 포함한 대부분의 국가에서 화폐수요의 소득탄력성은 1/2보다 크고 이자율탄력성은 1/2보다 작게 추정되고 있다. 실제의 화폐수요는 보몰-토빈모형이 예측하는 것보다 소득에는 민감하고 이자율에는 둔감하다. 이 모형은 적정 화폐보유에 대해 명쾌하게 설명하고 있긴 하지만 현실을 완벽하게 설명하지는 못한다.

31-2 자산으로서의 화폐수요

보몰-토빈모형은 거래적 동기의 화폐수요를 분석하고 있지만, 화폐를 여러 자산 가운데 하나로 보아 자산선택(portfolio choice)의 관점에서 화폐수요에 접근하는 견해도 있다. 화폐를 자산의 관점으로 바라보기 위해서는 다시 한번 화폐의 정의에 유의할 필요가 있다. 저축성예금과 채권, 주식과 같은 자산은 수익을 가져다준다. 그러나 현금이나 요구불예금과 같은 형태의 화폐에 대해서는 이자율이 0이거나 매우 낮기 때문에, 이처럼 좁게 정의된 화폐를 자산선택의 관점에서 분석하는 것은 적절하지 않을 것이다.

화폐의 범위를 확장하면 화폐에는 저축성예금, 정기예적금, 양도성 예금증서, 금전신탁 등도 포함된다.5) 사람들이 자산을 왜 채권이나 주식이 아닌 화폐의 형태로 보유하는가를 거래적 화폐수요이론으로는 충분하게 설명할 수 없다. 따라서 광의의 화폐에 대한 수요를 분석하기 위해서는 자산선택이론(portfolio theory)의 관점에서 접근하는 것이 더 유용하다.

자산선택이론은 자산의 보유로부터 발생하는 기대수익률(expected return)과 위험(risk)에 주목한다. 대부분의 자산은 가격과 수익률이 변동하므로 위험자산(risky

4) y의 x에 대한 탄력성은 $\frac{d\ln y}{d\ln x}=\frac{dy/y}{dx/x}$와 같다.

5) 제9장에서 이미 살펴보았듯이 이제 화폐에는 매우 다양한 금융상품이 포함된다. 좁게 정의한 M1에는 MMDA(시장금리부 수시입출금예금)까지 포함하며, M2에는 채권형 금융상품들이 다수 포함되어 있다.

asset)이다. 주식은 대표적인 위험자산이며 종목에 따라 기대수익률과 위험도가 다르다. 어떤 주식은 기대수익률과 위험도가 높은 반면, 어떤 주식은 상대적으로 기대수익률과 위험도가 낮다. 일반적으로 기대수익률과 위험도는 같은 방향으로 움직이는데, 이는 위험이 큰 만큼 높은 수익률로 보상을 받아야 하기 때문이다. 주식보다 안전하다고 알려져 있지만 채권 역시 위험자산이다. 채권 가격이 변동하면서 채권의 기대수익률도 그에 따라 변동하기 때문이다. 채권의 종류 역시 다양한데, 예를 들어 국채는 회사채에 비해 안전하지만 그 대신 수익률은 낮다.

이와 같이 여러 가지 자산이 있을 때 사람들은 기대수익률과 위험의 다양한 조합을 염두에 두고 투자비중을 선택한다. 그런데 화폐는 그 어느 자산보다도 안전한 자산이며, 이것이 바로 화폐가 갖는 장점이다. 따라서 사람들은 여러 자산 가운데 화폐도 일부 보유하는 성향을 갖게 된다. 그러면 화폐를 어느 정도 보유하는 것이 최적인가? 이에 대한 대답은 쉽지 않다.[6] 여기서는 화폐수요가 소득과 이자율에만 의존하지 않고 화폐 이외의 광범위한 자산의 기대수익률과 위험도에 의존한다는 점을 직관적으로 이해하는 것이 중요하다. 또한 자산의 관점에서 접근할 때 화폐수요에 영향을 주는 규모변수(scale variable)는 소득보다는 부(wealth)가 적절하다는 점도 중요하다.

예를 들어, 화폐수요함수를 다음과 같이 나타낼 수 있다.

$$\left(\frac{M}{P}\right)^d = L(r_b,\ r_s,\ \sigma(r_b),\ \sigma(r_s),\ \pi^e,\ W) \qquad (31.5)$$

여기서 r_b와 r_s는 각각 채권과 주식의 실질기대수익률이며, $\sigma(r_b)$와 $\sigma(r_s)$는 각각 그 위험도를 표시한 것이다.[7] 또한 π^e는 예상인플레이션율이며, W는 실질가치로 측정한 부를 나타낸다. 채권과 주식의 실질기대수익률 r_b와 r_s가 상승하면 이 자산들에 대한 투자가치가 증가하므로 화폐에 대한 수요는 감소한다. 채권과 주식의 위험도 $\sigma(r_b)$와 $\sigma(r_s)$가 상승하면 채권과 주식에 대한 수요가 감소하고 그 대신 화폐에 대한 수요가 증가한다. 여기서 예상인플레이션율 π^e를 포함시킨 이유는, 인플레이션이 없다면 화폐의 수익률이 0이지만 인플레이션이 진행되는 경우에 화폐의 실질기대수익률은 $-\pi^e$이기 때문이다. 예상인플레이션율이 상승하면 그만큼 화폐

6) 최적 화폐보유 규모를 이론적으로 도출하기 위해서는 선택 가능한 자산(기대수익률, 위험)의 조합과 그에 대한 사람들의 선호체계가 정의되어야 한다.

7) 여기서 $\sigma(\cdot)$는 표준편차(standard deviation)를 표시하는데, 위험의 정도를 수량화하기 위해서는 표준편차나 분산(variance)이 많이 사용된다.

의 실질가치가 감소하므로 화폐에 대한 수요가 감소한다. 마지막으로 부의 실질가치 W의 증가는 화폐수요를 증가시킨다. 부가 증가하면 자산에 대한 수요가 증가하고, 자산의 하나인 화폐에 대한 수요도 증가할 것이기 때문이다.

이와 같이 자산선택이론의 관점에서는 화폐보유의 규모를 결정할 때 광범위한 형태의 자산을 고려한다. 사실 프리드먼에 의해 제기된 신화폐수량설도 광범위한 형태의 자산을 고려한다. 신화폐수량설은 화폐의 대안으로 내구재와 주택 같이 재화 및 실물자산까지도 고려하고 있다는 점에서 화폐의 대안을 가장 폭넓게 규정한 이론이다.8) 자산선택이론이나 신화폐수량설의 관점에서 보면 표준적인 화폐수요함수 $L(Y, i)$는 매우 단순한 형태라고 볼 수 있다. 규모변수로 부 대신 소득을 사용하고 있으며, 수익률변수로 채권의 명목수익률, 즉 명목이자율 $i(=r_b+\pi^e)$만을 사용하고 있기 때문이다.

31-3 금융혁신과 유사화폐의 등장

최근 20여 년 동안 광범위한 금융혁신(financial innovation)과 함께 수많은 금융상품들이 등장하였다. 금융규제 완화와 정보통신기술의 발달이 결합되면서 폭발적 위력이 발휘된 것이다. 그 결과 시장이자율에 가까운 수익률을 제공하면서 결제의 편리성까지도 제공하는 금융상품들이 흔해지게 되었다. 또 과거에는 주식과 채권을 사고 파는 데 많은 비용과 시간이 소요되었지만 이제는 그렇지 않다. 화폐성 자산과 비화폐성 자산의 경계는 모호해졌으며 앞으로도 이러한 추세는 계속될 것이다.

금융행위가 주로 은행을 통해 이루어지던 과거에는 현금과 몇몇 예금을 기준으로 화폐를 쉽게 정의할 수 있었다. 그러나 자본시장이 발전하고 은행도 다양한 금융상품을 취급하게 되면서 과연 무엇을 화폐로 볼 것인가 하는 문제는 매우 어려워졌다. 이제는 화폐를 정의할 때 은행예금으로 국한시키지 않고 어떤 자산이든 유동성을 기준으로 해야 한다는 견해가 지배적이다. 그러나 유동성이 높은 자산부터 낮은 자산 순으로 배열하더라도 과연 어느 선까지를 화폐로 볼 수 있는가는 여전히 문제로 남는다. 물론 이것은 화폐의 정의에 관한 것이지만, 화폐를 정의하기조차 힘들다는

8) 신화폐수량설은 화폐의 대안들을 가장 포괄적으로 다루었지만, 결국 소득이 가장 중요한 변수이고 화폐수요가 소득과 안정적인 관계를 맺고 있다는 결론에 도달하였다. 그러나 자산선택이론에 의하면 금융시장의 상황 변화에 따라 화폐수요가 불안정한 모습을 보일 수 있다는 점이 더 강조된다.

사실은 화폐수요를 분석하고 그로부터 시사점을 도출한다는 것에 대한 회의를 불러일으키고 있다.

화폐로 정의하기는 힘들지만 화폐의 기능을 일부 수행하는 자산을 유사화폐(near money)라고 부른다. 유사화폐의 존재는 화폐수요를 불안정하게 만든다. 결제의 편리성과 수익성을 동시에 제공하는 유사화폐가 등장하면 화폐성 자산을 포함한 시중의 자금이 그쪽으로 쏠리게 된다. 기존의 화폐 정의에 따르면 이러한 변화는 화폐수요가 감소한 것으로 파악된다. 또한 화폐와 유사화폐 간의 대체성이 높을수록 매우 작은 충격에 의해서도 화폐성 자산의 규모는 크게 변동한다.

화폐수요가 불안정하면 통화정책을 복잡하게 만든다. 예를 들어, 전통적인 견해에 따르면 화폐수요의 감소와 그에 따른 유통속도의 증가는 총수요 확대요인이다. 총수요 확대란 재화와 용역에 대한 지출의 증가를 의미하지만, 단지 화폐에서 유사화폐로 자금이 이전하였다고 해서 총수요가 증가하는 것은 아니다. 그러나 중앙은행은 자칫 총수요에 대하여 잘못된 신호를 읽을 수 있다. 비록 중앙은행이 화폐와 유사화폐 간의 대체성을 주시하면서 통화정책을 수행하더라도, 대부분의 유사화폐에는 법정지급준비금이 필요 없으므로 유동성 규모를 통제하기 어렵다는 또 다른 문제에 봉착하게 된다.

화폐를 정의하기 힘들며, 화폐와 유사화폐를 포함한 금융상품들 간의 대체성이 높아지고, 또 중앙은행이 통화량을 통제하기 힘들어졌다는 사실은 중앙은행의 통화정책 수행방식을 크게 바꾸어 놓게 되었다. 이제 미국의 연방준비은행은 통화량 대신 연방기금금리를 조절하며, 우리나라는 1999년 금리중심의 통화정책을 채택하였으며 2008년 3월 이후부터 기준금리(base rate)를 조절하는 방식으로 통화정책을 수행하고 있다. 물론 통화량 대신 이자율을 조절하는 통화정책의 수행방식이 성공적이었다고 평가하기는 아직 이를 것이다. 그러나 어느 쪽이든 중앙은행이 통화정책 자체를 효과적으로 수행하기 어려워졌다는 것만은 분명하다.

부록 우리나라 화폐수요함수의 특성

우리는 제10장의 **그림 10–1**에서 우리나라의 '마샬의 k' 추세를 살펴본 바 있다. 과거 오랜 기간 동안 통화량이 명목소득에 비해 더 빠른 속도로 증가하였다는 사실은 우리나라 화폐수요의 소득탄력성이 1보다 컸다는 것을 의미한다. 통상 화폐수요의 소득탄력성은 1보다는 작은 것이 정상적인 것으로 받아들여지고 있다. 탄력성의 의미를 그대로 해석할 때, 화폐수요의 소득탄력성이 1보다 크다는 것은 화폐가 일종의 사치재(luxury goods)라는 것을 뜻한다. 그러나 직관적으로 화폐가 사치재라는 것을 받아들이기는 쉽지 않다.

최근 들어 우리나라 마샬의 k는 가파른 증가세를 보이고 있으며, 2020년에는 코로나19 충격에 대응하는 과정에서 과거에 비해 큰 폭으로 증가하였다. 이제 표준적인 화폐수요이론에 입각하여 최근 우리나라의 화폐수요가 어떤 특성을 보이고 있는지 살펴보기로 하자.

실증분석에는 외환위기의 충격에서 어느 정도 벗어난 2000년 1사분기부터 2021년 3사분기까지의 약 21년간 87개 분기 자료를 사용한다. 분기별 M1-MMF를 분기별 명목 GDP와 이자율(3년 만기 국고채 수익률, 단위 %)에 대해 회귀분석한 결과는 다음과 같다.

$$\ln M = -1.669 + 1.367 \ln PY - 0.070 i + e, \quad R^2 = 0.943 \qquad (31A.1)$$

여기서 설명변수인 PY는 명목소득, i는 명목이자율을 나타낸다. 화폐수요의 소득탄력성은 1보다 크게 추정되었으며, 이자율에 대해서는 통계적으로 의미가 있는 (−)의 추정치를 얻었다.

추정결과는 GDP가 1% 증가할 때 M1에 대한 수요가 1.37% 증가한다는 것을 말해 준다. 본문에서 소개한 보몰-토빈모형에 비추어 볼 때 여전히 높은 숫자이다. 만약 화폐를 거래적 목적으로만 보유한다면 탄력성의 값은 이상의 결과보다는 훨씬 작게 추정될 것이다. 따라서 추정결과는 경제주체들의 화폐보유량 가운데 적지 않은 부분이 GDP 거래 이외의 목적을 위해 수요되고 있다는 점을 시사한다. 한편 이자율 탄력성은 낮은 편이다. 즉, 우리나라의 화폐수요는 이자율 변화에 민감하지 않다.

제7편 요약

01. 케인즈의 절대소득 가설은 다음 세 가지를 가정한다. 첫째, 한계소비성향(MPC)이 존재하며, 그 값은 0과 1 사이이다. 둘째, 평균소비성향(APC)은 소득이 증가함에 따라 감소한다. 셋째, 이자율은 소비에 중요한 역할을 하지 않는다.

02. 쿠즈네츠는 소비이론이 규명해야 할 세 가지 중요한 사실을 발견했다. 첫째, 한시점의 가계별 소득-소비 분포상에서 소득이 증가함에 따라 APC가 감소한다. 둘째, 시계열 자료상에서 장기적인 추세를 관찰할 때 APC는 일정하다. 셋째, APC는 장 · 단기 소비함수에서 다르게 나타난다. 호황일 때에는 APC가 장기 평균보다 낮고 침체기에는 APC가 장기 평균보다 높다.

03. 케인즈는 소득이 증가함에 따라 APC가 감소할 것이라고 추론함으로써 자본주의의 미래에 대해 다소 불안한 예측을 불러일으키기도 했으나, 쿠즈네츠의 발견 가운데 장기 시계열 자료에서 APC가 일정하다는 결과는 케인즈 소비이론과 배치되는 것이었다.

04. 프리드먼의 항상소득 가설에 의하면 소비는 현재소득이 아닌 항상소득에 의존한다. 소득은 항상소득과 임시소득으로 구성되는데, 항상소득은 앞으로 평생 동안 벌어들일 것으로 예상되는 평균적인 소득인 반면 임시소득은 미리 예상할 수 없는 일시적인 소득이다. 소비는 임시소득이 아닌 항상소득과 일정한 비례관계에 있다.

05. 프리드먼의 항상소득 가설은 쿠즈네츠가 제기한 세 가지 사실을 설명한다. 첫째, 일반적으로 소득이 높은 가계는 임시소득이 양(+)이고, 소득이 낮은 가계는 임시소득이 음(−)이므로 소득이 높을수록 APC가 낮아진다. 둘째, 단기 시계열 자료상에서 APC는 임시소득이 증가하는 호경기에 낮고, 임시소득이 감소하는 불경기에 높아진다. 셋째, 장기적으로는 임시소득이 평균적으로 0이 되기 때문에 APC가 일정하다.

06. 모딜리아니의 생애주기 가설에 의하면, 전 생애에 걸쳐 소득이 낮은 시기와 높은 시기가 있으며 소비자들은 이러한 소득의 불균등을 조절하려는 유인을 갖고 있다. 청년기에는 부채를 지거나 약간의 저축밖에 할 수 없으나, 소득이 가장 높은 장년기에는 부채를 모두 상환할 뿐만 아니라 노년기에 대비한 저축을 하고 은퇴 후에는 장년기의 저축

으로 소비생활을 한다.

07. 생애주기 가설은 소비가 소득뿐만 아니라 부에도 의존한다는 점을 부각시키며, 쿠즈네츠가 제기한 세 가지 사실을 설명한다. 첫째, 소득이 높은 가계는 장년층일 가능성이 크므로 APC가 낮다. 둘째, 호황기처럼 일시적으로 소득이 증가하는 경우에는 미래를 대비한 저축으로 APC가 하락한다. 셋째, 장기적으로는 부와 소득이 비례하여 증가하게 되므로 APC가 일정하게 유지된다.

08. 소비에 관한 기간 간 선택이론은 현재소비와 미래소비 간의 선택 문제를 다룬다. 현재와 미래 두 기간을 사는 소비자는 $C_1+\frac{C_2}{1+r}=Y_1+\frac{Y_2}{1+r}$의 예산제약 하에서 최적의 소비조합의 $(C_1,\ C_2)$를 선택한다. 현재소비는 현재소득만이 아닌 현재소득과 미래소득의 현재가치$\left(Y_1+\frac{Y_2}{1+r}\right)$에 의존하므로, 케인즈의 절대소득 가설과 배치된다.

09. 소비에 관한 기간 간 선택이론에서 최적의 소비조합은 현재소비와 미래소비의 주관적 교환비율인 한계대체율(MRS)과 예산선의 기울기(객관적 교환비율)가 같아지는 점에서 이루어진다. $MRS=1+r$.

10. 소비자는 현재소득과 미래소득의 차이가 발생하는 경우에 소비자는 대부나 차입을 통해 두 기간의 소비에 큰 차이가 발생하지 않도록 조절하려는 성향을 갖는다. 다기간 소비의 선택 시 매기간 비슷한 규모로 소비하려는 성향을 소비의 평준화(consumption smoothing)라고 한다.

11. 이자율이 변하면 소비자균형도 변하며, 예산선이 소득점을 중심으로 회전하면서 기울기가 변한다. 이자율 변화가 소비에 미치는 총효과는 대체효과와 소득효과로 나누어진다.

12. 이자율 변화에 따른 대체효과는 소비자가 대부자인가 차입자인가와는 상관없이 일정한 방향으로 작용한다. 그러나 이자율 변화에 따른 소득효과는 대부자와 차입자의 경우에 다르게 나타난다. 이자율이 상승하는 경우에 대부자라면 양(+)의 소득효과가 발생하지만, 차입자라면 음(−)의 소득효과가 발생한다.

13. 이자율 변화가 개별적인 소비자의 소비와 저축에 미치는 효과는 소비자가 차입자인가 대부자인가에 따라 달라진다. 그러나 경제 전체적으로는 상반되는 소득효과가 서로 상쇄된다고 볼 수 있으므로, 이자율이 상승(하락)할 때 대체효과에 의해 경제 전체의 저축이 증가(감소)한다고 가정할 수 있다.

14. 소비의 다기간 선택모형에 불확실성 하의 합리적 기대를 도입하면, 이번 기의 소비와 다음 기의 소비 간에 $U'(C_t) = E_t[U'(C_{t+1})]$의 관계가 성립한다. 적절한 형태의 효용함수를 가정하면 $C_t = E_t[C_{t+1}]$이 성립하여, 이번 기의 소비가 바로 미래소비의 예측치가 되는 결론이 도출된다.

15. 소비의 결정에 합리적 기대를 도입하면 현재의 소비 수준에는 수많은 정보가 담겨 있는 것을 알 수 있다. 소비자는 예상되는 평생소득을 바탕으로 시간의 흐름에 따른 소비계획을 세우는데, 현재소비도 바로 그러한 복잡하고 치밀한 계획의 일환으로 결정된 것이기 때문이다.

16. 합리적으로 행동하는 미래지향적 소비자와 다기간 예산제약을 지켜야 하는 정부를 결합하면 리카도 동등정리가 도출된다. 리카도 동등정리에 의하면, 재정정책상의 변화에도 불구하고 총수요의 가장 큰 구성요소인 소비가 변하지 않는다. 재정정책이 소비자가 직면하는 평생가처분소득을 변화시키지 못하기 때문이다.

17. 소비자가 유동성제약에 직면하는 경우, 차입할 때 국채수익률보다 높은 이자율을 지불해야 하는 경우, 소비자가 미래에 발생할 일을 미리 감안하지 않고 근시안적으로 행동하거나 또 조세부담이 후대로 넘어갈 것으로 기대하는 경우에는 리카도 동등정리가 성립하지 않는다.

18. 투자에 관한 표준적인 모형인 신고전파 투자모형은 이윤극대화원리에 따라 최적자본의 규모를 선택하는 기업의 행동을 분석한다. 최적자본의 양, 즉 소망자본스톡은 자본의 한계생산이 사용자비용과 일치하는 수준으로 결정된다.
$MP_K = (r+\delta)p_K$.

19. 신고전파 투자모형에 따르면 자본의 한계생산이 사용자비용을 초과하여 소망자본스톡이 증가할 때 순투자가 증가한다. 감가상각을 보전하는 대체투자까지 고려할 때, 투자

함수는 $I = I_n[MP_K - (r+\delta)p_K] + \delta K$가 된다.

20. 토빈의 q 이론에 의하면 기업은 다음의 비율에 기초하여 투자를 결정한다.

$$q = \frac{\text{주식시장에서 평가된 기업의 시장가치}}{\text{설치된 자본의 대체비용}}$$

만약 q가 1보다 크면 기업은 투자를 통해 기업의 가치를 높일 수 있으나, q가 1보다 작으면 자본의 양을 감소시키거나 자본이 마모되어도 대체하지 않게 된다.

21. 한계 q는 $\frac{\text{자본 1단위 증가에 따른 기업가치의 증가분}}{\text{자본재 1단위 가격}}$으로 정의된다. 한계 q의 개념을 사용하면, 일정한 가정 하에서 토빈의 q 이론이 투자에 관한 신고전파 이론과 동일해진다.

22. 투자의 가속도 이론에 따르면, 기업이 매기마다 소망자본스톡을 보유하고 소망자본스톡이 생산량과 항상 같은 비례관계를 유지할 때 투자는 생산량의 변화(ΔY)에 비례하게 된다. 가속도 이론은 투자가 경기변동과 밀접하게 움직인다는 경험적 사실과 잘 부합한다는 장점을 갖고 있다.

23. 신고전파모형을 포함한 전통적인 투자이론들은 투자의 가역성을 전제로 하지만, 실제로 투자는 비가역성을 가진다. 특히 불확실성이 큰 경우에는 바로 투자하기보다 투자 시점이 오기를 기다리는 옵션의 가치가 커지게 된다. 이러한 옵션의 가치까지 투자비용에 포함시키면 예상되는 투자의 수익이 자본의 사용자비용보다 훨씬 높아야만 투자가 이루어지게 된다.

24. 소비자와 마찬가지로 기업도 차입제약 때문에 원하는 만큼의 외부자금을 조달하지 못한다. 담보를 충분히 제공할 수 없거나 기업의 규모가 작아서 불완전정보의 문제가 심한 경우에는 이러한 경향이 더욱 강화된다. 경제 내에 차입제약에 처한 기업이 많을수록 투자는 더욱더 경기상황에 민감하게 반응하게 된다.

25. 주택투자수요는 주택구입의 수익(=거주상의 편익(또는 임대수입)+자본이득)과 주택구입의 비용(=이자율+감가상각)에 의해 결정된다. 다른 형태의 투자와 비교할 때 이자율이 매우 중요한 역할을 하는데, 주택구입의 비용 가운데 감가상각에 비해 이자가 차지하는 비중이 높은데다 많은 사람들이 주택구입을 위해 대출을 받기 때문이다.

26. 재고는 판매되지 않은 상품뿐만 아니라 상당 부분이 원자재와 중간재 또는 공정 중에 있는 미완성 제품으로 구성된다. 이러한 형태의 재고는 생산을 위해 있는 것이므로 재고투자에 가속도원리가 작동하는 경향이 있다. 재고투자는 가속도원리가 잘 적용되는 투자 항목이긴 하지만, 기회비용인 이자율의 영향도 받는다.

27. 통화가 현금과 예금의 합으로 정의되는 반면, 중앙은행 창구를 통해 밖으로 나온 현금인 본원통화는 민간보유 현금과 지급준비금의 합으로 이루어진다.

28. 중앙은행의 대차대조표에 비추어 볼 때 본원통화는 통화성 부채이다. 통화성 부채에 대응하는 순자산은 크게 순국내자산과 순해외자산으로 구분되며, 이 가운데 순국내자산은 예금취급기관 대출, 순정부 대출, 순기타자산으로 구성된다.

29. 민간의 현금통화비율(c)과 은행의 지급준비율(z)이 주어지면, 한 경제의 통화량(M)은 다음과 같이 본원통화(MB)에 통화승수를 곱한 값으로 결정된다. $M=\phi MB$, $\phi=\frac{1}{c+z(1-c)}$. 또한 통화승수가 변하지 않는다면, $\Delta M=\phi\Delta MB$가 성립한다.

30. 통화정책의 수단은 크게 일반적 정책수단과 선별적 정책수단으로 나누어지는데, 정책의 효과가 경제 전체에 영향을 미치는 일반적 정책수단에는 공개시장운영, 재할인율정책, 지급준비율정책의 세 가지 표준적인 수단이 있다. 선별적 정책수단은 경제의 어느 특정 부문에만 선별적으로 영향을 주는 것을 목표로 한다.

31. 공개시장운영과 재할인율정책은 본원통화량을 변화시키는 정책이지만, 지급준비율정책은 본원통화량 대신 통화승수의 변화를 유도해 통화량을 조절하는 방식이라는 점에서 다르다.

32. 통화당국의 의지와 관계없이 경제 내적인 요인에 의해 시중의 통화량이 늘어나거나 줄어들 수도 있는데, 이를 통화공급의 내생성이라 한다.

33. 통화공급의 내생성은 주로 통화승수의 내생성에 기인한다. 통화승수는 현금통화비율과 지급준비율로 구성되므로 경제 내적인 요인으로 이 두 비율이 변하면 통화승수도 변한다. 예를 들어, 이자율이 하락하거나 은행의 부도위험성이 증가하는 경우, 탈세의 유인이 증가하는 경우에 통화승수가 작아지며, 이때 중앙은행의 의지와 관계없이 경제 내

의 통화량이 줄어들게 된다.

34. 보몰-토빈의 거래적 화폐수요모형에 따르면 은행을 방문하는 비용이 클수록, 소득이 높을수록, 그리고 이자율이 낮을수록 화폐수요가 증가한다.

35. 사람들이 자산을 왜 채권이나 주식이 아닌 화폐의 형태로 보유하는가는 거래적 화폐수요이론으로 충분히 설명하기 힘들며, 광의의 화폐에 대한 수요를 분석하기 위해서는 자산선택이론의 관점에서 접근하는 것이 유용하다.

36. 자산선택이론의 관점에서 접근할 때 비화폐자산의 기대수익률과 위험도가 화폐수요에 영향을 준다. 예를 들어, 채권, 주식과 같은 위험자산의 기대수익률이 낮고 위험도가 높을수록 화폐수요가 증가한다.

37. 금융혁신으로 수많은 금융상품들이 등장하면서 화폐성 자산과 비화폐성 자산의 경계가 모호해지고 있다. 화폐로 정의하기는 힘들지만 화폐의 기능을 일부 수행하는 자산을 유사화폐라고 부르는데, 유사화폐의 존재는 화폐수요를 불안정하게 만든다.

38. 새로운 금융상품들이 등장하고 화폐와 유사화폐 간의 대체성이 높아지면서 통화당국이 통화량을 통제하기 힘들어졌으며, 그에 따라 많은 국가의 중앙은행들이 통화량을 조절하는 대신 이자율을 조절하는 통화정책 방식으로 전환하게 되었다.

제7편 연습문제

선택형 문제

01 정부가 불황을 극복하기 위해 일시적으로 재정조세정책을 변경시키려고 한다. 생애주기(life-cycle) 가설에 입각할 때, 다음 중 경제 전체의 소비를 증가시키는 데 가장 기여할 것으로 보이는 조치는?

① 공공근로사업을 확대한다.
② 근로소득세를 일률적으로 인하한다.
③ 법인세를 일률적으로 인하한다.
④ 청 · 장년층에 대한 조세를 집중적으로 감면한다.
⑤ 노년층에 대한 재정지출을 집중적으로 증가시킨다.

02 소비에 관한 2기간 선택모형에서 현재의 소득이 1,800,000원이고, 미래의 소득이 2,200,000원이며 이자율이 10%일 때, 현재기에 최대한 소비할 수 있는 최대액수는 얼마인가?

① 3,600,000원 ② 3,800,000원
③ 3,900,000원 ④ 4,000,000원
⑤ 4,100,000원

03 새로 노동시장에 참여한 근로자의 남은 수명이 60년이라고 하고, 앞으로 일할 수 있는 기간이 40년이라고 할 때, 이 근로자의 한계소비성향은 어느 정도가 될 것인가? 모딜리아니의 생애주기(life-cycle) 가설에 입각하여 생각하되, 단, 해마다 같은 양을 소비하기를 원하고, 이자율은 0%라고 가정하라. 한편, 이 근로자는 상속받은 유산이 없으며, 사망 시에도 유산을 남기지 않는다.

① 0.16 ② 0.24
③ 0.40 ④ 0.60
⑤ 0.67

04 프리드먼의 항상소득 가설에 의할 때, 현재의 소비를 가장 크게 증가시킬 것으로 생각되는 요인은?

① 기술진보에 의한 공급 충격 ② 조세감면정책
③ 이자율의 인하 ④ 국제유가의 일시적 하락
⑤ 풍작

05 다음 중 소비가 미래지향적(forward looking)이라는 점을 시사하는 이론으로 바르게 묶은 것은?

a. 한계소비성향 이론, b. 항상소득 가설, c. 평생소득 가설, d. 유동성제약 이론

① a, d ② b, c
③ a, c, d ④ b, c, d

06 소비에 관한 2기간 선택모형에서 소비자가 현재기에 저축을 하고 있었다고 하자. 이때 이자율이 상승하면 현재기의 소비는 어떻게 되겠는가?

① 증가한다. ② 감소한다.
③ 변화가 없다. ④ 증가할 수도 있고 감소할 수도 있다.

07 소비에 관한 2기간 선택모형에서 소비자가 현재기에 차입을 하고 있었다고 하자. 이때 이자율이 상승하면 현재기의 소비는 어떻게 되겠는가?

① 증가한다. ② 감소한다.
③ 변화가 없다. ④ 증가할 수도 있고 감소할 수도 있다.

08 연간 소득과 연간 소비에 관한 장기 시계열 자료를 이용하여 소비함수를 두 가지 방식으로 추정한 결과 다음과 같았다. $C=\bar{b}+bY$, $\Delta C=\bar{c}+c\Delta Y$. 항상소득 가설에 의하면 각 소비함수 기울기의 크기는?

① $b=c$ ② $b>c$
③ $b<c$ ④ $b>0,\ c=0$

09 한 경제 내의 소비자들이 모두 유동성제약(borrowing constraint)에 걸려 있다고 하자. 정부는 현재의 소비를 진작시키기 위해 조세감면정책을 고려하고 있다. 두 가지 대안은 향후에 영구적으로 소득세율을 인하한다는 조치를 발표하는 것이고, 다른 하나는 한시

적이지만 당장에 소득세율을 인하하는 것이다. 이때 미래에 예정된 조세감면정책은 효과가 ________, 현재의 일시적인 조세감면정책도(은) 효과가 ________.

① 있고 – 있다 ② 있고 – 없다

③ 없고 – 없다 ④ 없고 – 있다

10 신고전파 투자이론에 따를 때, 순투자가 증가하는 경우는?

① 자본재의 가격이 상승하는 경우 ② 감가상각률이 상승하는 경우

③ 이자율이 상승하는 경우 ④ 신기술이 도입되어 확산되는 경우

⑤ 고용이 감소하는 경우

11 다음 중 재정정책의 무효성을 입증하기에 가장 적합한 이론은?

① 합리적 기대가설

② 리카도 동등성(Ricardian equivalence)

③ 실물경기변동(RBC) 이론

④ 유동성제약 이론

⑤ $IS-LM$ 모형

12 리카도 동등정리(Ricardian equivalence)에 따르면,

① 정부의 조세감면정책은 공공저축(public savings)을 증가시키고 민간저축(private savings)을 감소시킨다.

② 정부의 조세감면정책은 가계의 가처분소득을 증가시기고, 승수효과에 의해 소득은 증가한다.

③ 정부의 조세감면정책은 가계가 부담할 미래의 조세를 증가시켜 현재의 소비를 감소시킨다.

④ 정부의 적자재정 편성은 이자율을 상승시켜 투자를 감소시킨다.

⑤ 정부의 적자재정 또는 흑자재정 편성은 현재의 소비에 영향을 미치지 못한다.

13 리카도 동등정리(Ricardian equivalence)를 반박하는 데 사용될 수 있는 근거로 가장 적합한 것은?

① 승수효과 ② 유동성제약

③ 가속도원리 ④ 구축효과

⑤ 화폐환상

14 다음 중 (투자, 이자율) 평면에서 통상적으로 정의된 투자수요곡선을 왼쪽(아래쪽)으로 이동시키는 요인은?

① 자본재 가격의 상승
② 이자율의 상승
③ 노동생산성의 상승
④ 기술진보
⑤ 저축률의 증가

15 투자에 관한 토빈의 q 이론의 시사점과 가장 부합하는 것은?

① 주식시장은 random walk를 따른다.
② q값이 1보다 크면 현재의 자본량 수준을 그대로 유지하는 것이 바람직하다.
③ q값이 1보다 작으면 주가가 상승한다.
④ q값이 1보다 작으면 기업은 대체투자를 늘린다.
⑤ 기업의 주가는 경기변동(business cycle)과 밀접한 관계를 맺고 움직인다.

16 다음 투자와 경기변동에 관한 설명으로 옳은 것은?

① 호황인 경우: 자본재 가격의 상승으로 투자가 증가한다.
② 호황인 경우: 고용의 증가가 자본생산성을 증가시켜 투자가 증가한다.
③ 호황인 경우: 이자율의 상승으로 투자가 증가한다.
④ 불황인 경우: 가속도 원리에 의해 재고투자가 증가한다.
⑤ 불황인 경우: 이자율의 하락으로 재고투자가 감소한다.

17 다음 중 투자가 증가하게 되는 조건으로 적당하지 않은 것은?

① 주택 가격의 상승
② Tobin의 q값이 1보다 큰 값을 가짐
③ 자본의 한계생산성이 0보다 큼
④ 투자수익의 현재가치가 투자비용의 현재가치보다 큼

18 다음 중 투자의 가속도모형에 관한 서술로 가장 옳은 것은?

① 투자는 소득 수준에 의존한다.
② 투자는 이자율에 의존한다.
③ 투자는 자본의 한계생산성에 의존한다.
④ 투자는 소득 수준의 변화에 의존한다.

19 "상품구입 결제수단으로 쓰이는 화폐의 유통속도와 금융자산의 일종으로서 보유되는 화폐의 유통속도는 다르다."라고 주장한 학자와 그 이론이 바르게 묶인 것은?

① Keynes – 투기적 동기의 화폐수요이론
② Keynes – 예비적 동기의 화폐수요이론
③ Baumol – 포트폴리오 접근이론
④ Wicksell – 자연이자율 가설
⑤ Friedman – 신화폐수량설

20 다음 중 화폐수요를 감소시키는 요인으로 보기에 가장 적절하지 못한 것은?

① 채권시장의 안정
② 주가의 하락
③ 인플레이션의 가능성
④ 이자율의 상승
⑤ 항상소득의 감소

21 화폐의 유통속도에 대한 설명으로 적절하지 않은 것은?

① 새로운 금융상품의 출현은 화폐의 유통속도를 불안정하게 한다.
② 화폐수요가 증가하면 유통속도가 감소한다.
③ 화폐 이외의 결제수단이 확대될수록 유통속도는 증가한다.
④ 케인즈는 유통속도가 불안정하다고 보았다.
⑤ 화폐공급이 감소하면 유통속도가 증가한다.

22 다음 중 이자율의 하락요인으로 작용하는 현상으로 가장 적절하지 않은 것은?

① 저축의 증가
② 채권수요의 증가
③ 통화공급의 증가
④ 불확실성의 증가

23 통화정책 가운데 공개시장운용정책은 ___________ 을(를) 변경시키고, 지급준비율정책은 ___________ 을(를) 변경시키며, 재할인율정책은 ___________ 을(를) 변경시킨다.

① 본원통화량 – 본원통화량 – 통화승수
② 통화승수 – 본원통화량 – 본원통화량
③ 본원통화량 – 통화승수 – 본원통화량
④ 통화승수 – 본원통화량 – 통화승수

24 다음 중 통화승수의 크기에 영향을 주지 못하는 것은?

① 본원통화량 ② 민간의 현금보유성향

③ 은행의 지불준비율 ④ 이자율

25 다음 현상 중 "통화가 내생적이다."라는 주장의 증거로 사용되기에 부적절한 것은?

① 통화승수가 일정하지 않다.

② 화폐의 유통속도가 일정하지 않다.

③ 민간의 현금보유성향이 이자율의 영향을 받는다.

④ 은행의 지급준비율이 이자율의 영향을 받는다.

26 Baumol의 화폐수요이론에 의할 때, 화폐수요를 증가시키는 요인은?

① 현금자동지급기의 확대 보급 ② 인터넷 뱅킹의 확산

③ 신용카드 이용의 확대 ④ 현금자동지급기 이용수수료 인하

⑤ 실질임금의 하락

27 화폐수요의 불안정성과 유사화폐(near money)의 등장이 초래한 현상은?

① 통화당국으로 하여금 통화량 조절보다는 이자율 조절정책을 선호하게 만들었다.

② 통화당국으로 하여금 이자율 조절보다는 통화량 조절정책을 선호하게 만들었다.

③ 통화당국으로 하여금 이자율과 통화량을 동시에 조절하는 정책을 선호하게 만들었다.

④ 화폐의 유통속도가 불안정하게 되어 프리드먼의 k% 준칙을 선호하게 되었다.

⑤ 통화당국은 공개시장운용정책보다는 지불준비율조절정책을 선호하게 되었다.

28 화폐수요함수가 다음과 같다. $\left(\frac{M}{P}\right)^d = 2{,}200 - 200r$. 여기서 r은 %로 표시된 이자율이다. 현재의 통화공급은 2,000이고 물가는 2로 고정되어 있다. 금융당국이 이자율을 5%로 유지하려 한다면 통화공급을 어떻게 조정해야 하는가?

① 200만큼 증가시켜야 함 ② 400만큼 증가시켜야 함

③ 200만큼 감소시켜야 함 ④ 400만큼 감소시켜야 함

29 현재 통화공급량(M^s)은 3,000이며, 중앙은행의 이자율(r) 목표치는 5%이다. 현재의 물가(P)는 2이다. 이제까지는 화폐시장이 균형을 이루고 있었다. 그런데 갑자기 화폐수요에 변화가 발생하였으며, 새롭게 추정된 화폐수요함수가 다음과 같다고 하자.

$\left(\frac{M}{P}\right)^d = 3{,}000-200r$. 다음 설명 중 옳은 것은? 단, 중앙은행은 이자율 목표치를 유지하고자 한다.

① 이자율 상승압력이 발생했다 – 중앙은행은 보유국채를 매각한다.

② 이자율 상승압력이 발생했다 – 중앙은행은 민간으로부터 국채를 매수한다.

③ 이자율 하락압력이 발생했다 – 중앙은행은 보유국채를 매각한다.

④ 이자율 하락압력이 발생했다 – 중앙은행은 민간으로부터 국채를 매수한다.

30 우리나라의 화폐수요함수를 추정한 결과 이자율에 대해 비탄력적인 것으로 나타났다. 다음 중 이로부터 유추할 수 있는 것은?

① LM곡선이 수평에 가깝다.

② IS곡선이 수평에 가깝다.

③ 이자율을 올리기 위해서는 통화량을 대폭 증가시켜야 한다.

④ 통화량을 조금만 증가시켜도 이자율이 크게 하락한다.

서술형 문제

01 다음은 두 기간을 사는 어느 소비자의 효용함수이다.

$U = C_1 + 0.9C_2$, C_1은 금기의 소비, C_2는 다음 기의 소비

(1) 현재의 소득과 미래의 소득은 모두 100이라고 하자. 이자율은 8%이다. 이 소비자는 두 기간에 걸쳐 소비를 어떻게 배분하겠는가?

(2) 만약에 이자율이 12%로 바뀌면 소비의 배분은 어떻게 변하는가?

02 어떤 소비자가 현재와 과거에 번 소득에 기초하여 미래소득을 예상한다고 하자. 즉, 그는 다음과 같은 식에 따라 항상소득을 계산하며, 항상소득의 90%를 소비한다.

$$Y_p = \frac{Y + Y_{-1}}{2}, \qquad C = 0.8Y_p$$

이 사람은 과거에는 1,000, 현재에는 800의 소득을 벌었다. 그런데 미래에는 다시 소득이 1,000으로 인상되었다면, 현재의 소비와 미래의 소비는 각각 얼마인가?

(1) 현재와 미래의 한계소비성향을 비교하라.

(2) 현재와 미래를 합쳐 이 사람의 평균적인 소비성향은 얼마인가?

03 1990년대 이후 한국의 가계저축률은 급속히 하락하였다. 가계저축률의 변동 요인을 분석하기 위해 다음과 같이 회귀분석을 실시하였다.

가계저축률 = $\beta_0+\beta_1$ 이자율+β_2부(wealth)+β_3 노령인구부양비율
+β_4기대수명+오차항

$\beta_1 \sim \beta_4$ 대해 각각 예상되는 부호를 제시하고 그 이론적 근거를 설명하시오.

04 다음은 한 기업이 사용하려고 하는 자본재의 한계생산성이다.

$MP_K=1{,}000-2K$, K는 자본재의 양

이 자본재의 가격은 $p_K=1{,}000$이며 실질이자율은 $r=10\%$, 감가상각률은 $\delta=10\%$이다.

(1) 자본의 사용자비용은 얼마인가?

(2) 이 기업가가 구입하고자 하는 적정 자본재의 양은 얼마인가?

(3) 만약 이자율이 20%로 상승하면 (2)의 답은 어떻게 바뀌는가?

05 소비함수와 투자함수가 다음과 같을 때, 정부지출승수를 구하라.

$$C=a_0+a_1(Y-T),\quad I=b_0+b_1Y$$

06 우리나라는 최근 감소세로 돌아선 설비투자가 여러 차례의 금리인하에도 불구하고 뚜렷한 회복세를 나타내지 않으면서 설비투자 촉진책으로서 금리인하의 유효성에 대해 적지 않은 회의가 제기되었다. 한편, 우리나라의 설비투자 결정요인을 분석한 연구결과들에 따르면, 금리 수준보다는 주가와 금리스프레드 변동성의 영향력이 유의한 것으로 나타나고 있다.

(1) 금리가 설비투자에 별다른 영향을 미치지 않는다는 것을 케인즈주의 관점에서 합리화해 보시오.

(2) 주가가 설비투자에 영향을 미친다면, 그 전달경로를 수요 측면과 비용 측면으로 나누어 설명하시오.

(3) 금리스프레드를 '회사채 수익률 - 콜금리'로 정의한다면,

① 이 지표는 무엇을 의미하는가?

② 금리스프레드의 변동성(volatility)이란 무엇을 의미하는가?

③ 금리스프레드의 변동성 증가가 설비투자를 위축시킨다는 실증분석 결과를 어떻게 해석할 수 있는가?

07 현재 통화공급량(M^s)은 3,000이며, 중앙은행의 이자율(r) 목표치는 5%이다. 물가(P)는 2로 고정되어 있다. 이제까지는 화폐시장이 균형을 이루고 있었다. 그런데 갑자기 화폐수요에 변화가 발생하였다. 새롭게 추정된 화폐수요함수가 다음과 같다고 하자. $\left(\frac{M}{P}\right)^d = 3{,}000\text{-}200r$. 중앙은행이 이자율 목표치를 유지하고자 할 때, 공개시장운용정책은 어떤 방식으로 이루어져야 할 것인가? 단, 여기서 화폐수요함수 추정에 사용된 통화공급량은 M1으로 측정되었으며, 통화승수는 4로 고정되어 있다.

08 다음 빈 칸을 채우고 풀이 과정을 밝히시오. 단, 지준에는 법정지준과 초과지준이 모두 포함되어 있다.

현금/예금	지준/예금	본원통화	통화승수	통화량
	0.12	10조원		50조원

09 지급준비금의 수요곡선과 공급곡선을 그래프로 나타내어 보시오. 단, 중앙은행은 재할인율 조절정책을 사용하지 않으며, 은행의 지준 예치금에 대해 0.25%의 이자를 지급한다.

10 시장이자율의 상승은 통화승수의 크기에 어떤 영향을 주는가? 통화승수의 구성 요소 각각에 미치는 영향을 통해 답하라.

11 화폐수요에 영향을 주는 진정한 규모변수(scale variable)는 소득(Y)이 아니라 소비(C)라는 주장이 있다. 이 주장이 설득력이 있다고 전제하고, 화폐수요함수와 소비함수의 구체적 형태가 다음과 같다고 해 보자. 투자(I)는 이자율(R)의 감소함수인 반면, 정부지출(G), 조세(T), 통화공급량(M)은 모두 외생변수라고 하자. 단, 물가수준(P)은 1로 고정되어 있으며, 폐쇄경제를 가정한다.

화폐수요함수: $M^d = C - hR$, h는 상수인 계수.

소비함수: $C = b(Y-T)$, b는 한계소비성향을 나타내는 계수이며, $0 < b < 1$.

(1) 이 경제의 LM 관계식을 구하라.

(2) 조세감면 정책의 효과가 소득(Y)과 이자율(R)에 미치는 효과를 $IS-LM$ 그래프를 이용하여 분석하라.

12 A, B국 모두 화폐시장의 균형조건은 $\frac{M}{P} = L(i, \ Y)$로 같다. 그러나 두 국가의 소비함수와 투자함수는 서로 다르다.

A국: $C = C(Y)$, $I = I(r)$

B국: $C = C\left(Y, \frac{M}{P}\right)$, $I = I(r, \Delta Y)$

통화정책의 효과는 어느 국가에서 더 효과적인가?

13 A국과 B국 모두 화폐시장의 균형조건은 $\frac{M}{P} = L(i, Y)$로 같다. 그러나 두 국가의 소비함수와 투자함수는 서로 다르다.

A국: $C = C(Y)$, $I = I(r)$

B국: $C = C(Y, W)$, $I = I(r, q)$

A국과 B국은 경기변동 과정에서 어떻게 다른 특성을 보일 것으로 생각되는가?

제8편
개방거시경제

제8편의 개요

제8편에서는 개방거시경제의 문제를 다룬다. 특히 우리나라처럼 교역규모가 큰 국가의 경제동향을 잘 이해하기 위해서는 개방거시경제모형에 익숙해져야 한다. 이 편에서는 먼저 개방거시경제를 이해하기 위한 기초개념들을 소개한 다음, $IS-LM$모형과 총수요 · 총공급모형을 개방경제로 확장한다. 개방거시경제의 분석결과는 환율제도에 따라 달라질 수 있으므로, 변동환율제도와 고정환율제도로 나누어 살펴본다. 마지막으로는 변동환율제도와 고정환율제도의 장 · 단점에 대해 논의한다.

국제수지와 환율 제32장

개방경제 하에서는 다른 나라와 재화와 서비스는 물론 자본과 노동 등의 생산요소도 거래하게 된다. 일정한 기간 동안에 한 나라와 다른 나라들 사이에 일어난 모든 경제적 거래를 대외거래라고 하고, 대외거래를 복식부기의 원리에 따라 기록한 것을 국제수지표라고 한다. 대외거래에는 국가마다 다른 통화를 사용하기 때문에 환율이 개입된다. 이 장에서는 개방거시경제를 이해하기 위한 기초 개념들에 대해 알아본다. 국제수지의 개념과 개방경제의 국민소득계정, 그리고 명목환율과 실질환율에 대해 논의한다.

32-1 국제수지표

국제수지는 크게 경상수지, 자본수지, 금융계정, 오차 및 누락의 4개 계정으로 구성되어 있다.[1)]

경상수지는 국제수지표의 핵심계정이다. 경상수지는 다시 상품수지, 서비스수지, 본원소득수지, 이전소득수지로 구성된다. 상품수지는 상품의 수출액과 수입액의 차이를 기록하고, 서비스수지는 외국과의 서비스 거래로 수취한 돈과 지급한 돈의 차이를 기록한다. 본원소득수지는 거주자가 외국에 단기간 머물면서 일한 대가로 받은 대금과 국내에 단기로 고용된 비거주자에게 지급한 대금의 차이를 나타내는 급료 및 임금수지와 거주자가 외국에 투자하여 수취한 배당금, 이자와 비거주자의 국내투자 대가로 지급한 배당금, 이자의 차이인 투자소득수지를 기록한다. 그리고 이전소득수지는 거주자와 비거주자 사이에 대가없이 이루어진 무상원조, 증여성 송금 등 이전거래 내역을 기록한다.

---

1) 현행 국제수지표는 2010년 개정된 IMF의 「국제수지매뉴얼 제6판」(BPM6; Balance of Payments and International Investment Position Manual)을 기준으로 하고 있다(한국은행, 2016, 「우리나라 국제수지 통계의 이해」).

그림 32-1 국제수지표의 구성

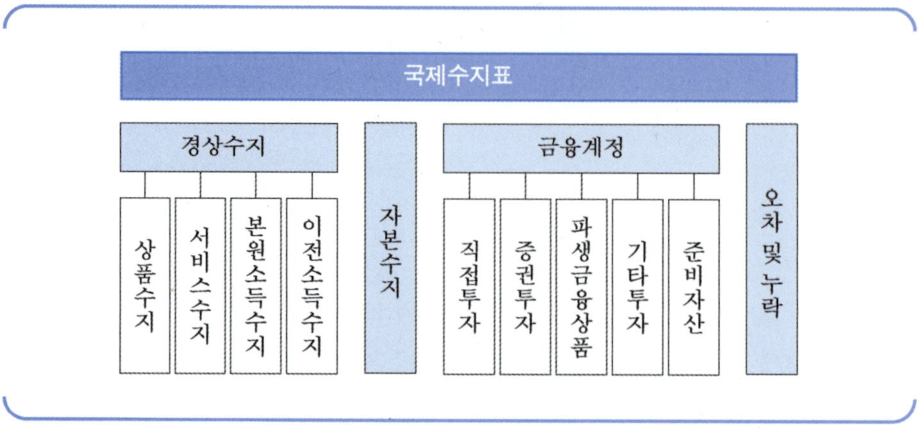

자본수지는 자산 소유권의 무상이전, 채권자에 의한 채무면제 등을 기록하는 자본이전과 브랜드네임, 상표 등 마케팅자산과 기타 양도 가능한 무형자산의 취득과 처분을 기록하는 비생산 · 비금융자산으로 구분된다.

금융계정[2]은 거주자가 외국기업에 대해 혹은 비거주자가 국내기업에 대해 경영참여 등을 목적으로 하는 직접투자, 주식과 채권거래를 나타내는 증권투자, 파생금융상품거래를 계상하는 파생금융상품, 기타투자 및 준비자산으로 구분된다. 기타투자에는 직접투자, 증권투자, 파생금융상품 및 준비자산에 해당되지 않는 거주자와 비거주자 간의 모든 금융거래를 기록하는데 여기에는 대출 및 차입, 수출입과 관련하여 발생하는 채권 · 채무를 기록하는 무역신용, 현금 및 예금 등의 금융거래를 포함한다. 준비자산은 통화당국이 보유하고 있는 외환보유액의 변동분 중 거래적 요인에 의한 변동만을 계상한다.[3]

오차 및 누락은 국제수지표를 작성하는 데 이용하는 기초통계 간의 계상시점 및 평가 방법 상의 차이, 기초통계 자체의 오류, 통계작성 과정상의 보고 잘못이나 누락 등으로 인해 경상수지 및 자본수지의 합계와 금융계정 금액이 같지 않을 경우 이를 조정하기 항목이다.

표 32-1에는 2020년의 국제수지표가 나와 있는데, 2020년의 경상수지흑자 752.8억 달러 가운데 상품수지 819.5억 달러와 본원소득수지 120.5억 달러가 흑자인 반

2) 금융계정 부호 표기방식은 2016년 2월 새로운 국제수지매뉴얼인 BPM6에 의거 '순유출입액 기준'에서 '자산 · 부채의 증감 기준'으로 변경되었다. 즉, 자산 증가 및 부채 감소 등 자본의 순유출시 (−), 자산 감소 및 부채 증가 등 자본의 순유입시 (+)로 각각 계상했는데, 표기방식 변경으로 자산 증가 및 부채 증가는 (+)로, 자산 감소 및 부채 감소는 (−)로 각각 계상하고 있다.

3) 외환당국이 보유한 준비자산을 흔히 외환보유고라고 부른다. 준비자산은 유가증권, 외화예치금, 금 및 SDR 보유, IMF 포지션 등으로 구성된다.

표 32-1 우리나라 국제수지표

(단위: 억 달러)

	2020	
경상수지	752.8	
상품수지		819.5
서비스수지		−161.9
본원소득수지		120.5
이전소득수지		−25.3
자본수지	−3.4	
금융계정	771.2	
증권투자		414.9
준비자산		173.9
오차 및 누락	21.8	

면, 서비스수지와 이전소득수지는 각각 161.9억 달러, 25.3억 달러 적자를 기록하고 있다. 한편 금융계정은 771.2억 달러 흑자를 나타내고 있는데, 이 가운데에는 외환당국이 매수한 외화도 포함되어 있다(173.9억 달러). 여기서 2020년의 경상수지 및 자본수지에서 금융계정을 차감한 금액이 '0'이 되지 않아 그 차이분인 오차 및 누락이 21.8억 달러가 된다.

국제수지표상 국제수지의 합은 경상수지 및 자본수지에서 금융계정을 차감하면 '0'이 되도록 오차 및 누락이라는 항목을 사용하여 항상 다음과 같이 균형을 이루도록 작성된다는 점에 유의하자.

$$\text{경상수지} + \text{자본수지} + \text{오차 및 누락} = \text{금융계정}$$
$$(\text{금융계정} = \text{민간부문 금융계정} + \text{준비자산 증감})$$

32-2 개방경제의 국민소득계정

국제수지의 개념을 활용하여 개방경제 하의 국민소득계정이 어떻게 표시되는지 살펴보기로 하자. 이미 제5장에서 GDP가 다음과 같이 정의된다는 것을 살펴본 바 있다.

$$GDP = C + I + G + EX - IM$$
$$= C + I + G + NX, \quad NX = EX - IM \tag{32.1}$$

재화와 서비스의 수출(EX)에서 수입(IM)을 뺀 것을 순수출(NX : Net Export)로 정의하는데, 국제수지표상에서 상품수지와 서비스수지를 합한 것과 같은 개념이다.

그런데 순수출에는 소득수지가 빠져 있기 때문에 순수출과 국제수지표상의 경상수지(CA : Current Account)는 서로 같지 않다.[4] 그러나 우리가 이 책에서 줄곧 Y로 표기한 소득지표는 GDP이므로 개방경제 하의 국민소득을 다음과 같이 표기하기로 한다.

$$Y = C + I + G + NX \tag{32.2}$$

이 식은 다음과 같이 고쳐 쓸 수 있다.

$$NX = Y - (C + I + G) \tag{32.3}$$

즉, 순수출은 국내총생산에서 국내총지출(domestic spending)을 뺀 것인데, 국내총생산이 국내총지출을 초과하면 그 차이만큼을 수출하는 셈이고(순수출 > 0), 국내총지출이 국내생산을 초과하면 그 차이만큼을 수입하는 셈이다(순수출 < 0).

한편, 제6장에서 살펴본 바와 같이 소득에서 소비와 정부지출을 뺀 것을 국민저축(S)으로 정의할 수 있는데, 개방경제 하에서는 다음과 같아지게 된다.

$$S = Y - C - G = I + NX \tag{32.4}$$

즉, 국민저축은 투자와 순수출의 합이다.[5] 이를 순수출에 대해 표시하면 다음과 같다.

---

4) 이 책에서는 국제수지표상 재화와 서비스 거래 수지(=상품수지+서비스수지)에 해당하는 순수출을 무역수지와 같은 개념으로 사용하기로 한다.

5) 국제수지표상의 경상수지 개념을 이용하여 엄밀하게 정의한다면 국민저축은 GDP에서 소비와 정부지출을 뺀 것이 아닌 $GNDI$(국민총처분가능소득)에서 소비와 정부지출을 뺀 것이어야 한다. 본원소득수지와 이전소득수지까지 포함한 소득 개념을 사용해야 하기 때문이다. 그러나 이하의 논의에서는 폐쇄경제로부터 이어진 이론 전개의 일관성을 위하여 $Y(GDP) - C - G$를 국민저축으로 정의한다.

$$NX = S - I \tag{32.5}$$

순수출은 저축이 투자를 초과하는 부분과 같다. 순수출은 단순히 대외거래의 측면에서 보면 수출이 수입을 초과하는 부분이지만, 국민소득계정으로 보면 저축이 투자를 초과하는 부분이 되는 것이다. 순수출이 (+)인 것은 무역수지(trade balance)가 흑자인 경우인데 그만큼을 해외에 빌려준다는 의미를 가진다.[6] 반대로 순수출이 (−)인 것은 무역수지가 적자인 경우인데, 그만큼을 해외로부터 차입한다는 의미를 가진다.

우리는 제6장에서 저축을 대부자금(loanable funds)의 공급, 투자를 대부자금의 수요로 간주한 바 있다. 따라서 $NX = S - I > 0$인 경우는 국내대부자금의 공급이 국내대부자금의 수요를 초과하여 남는 부분이 해외로 대부되는 경우를 나타내고, $NX = S - I < 0$인 경우는 국내대부자금의 수요가 국내대부자금의 공급을 초과하여 부족한 부분을 해외로부터 차입하는 경우를 나타낸다.

또한 국민저축은 민간저축($S_P = Y - T - C$)과 정부저축($S_G = T - G$)으로 나누어질 수 있으므로 식 (32.4)와 식 (32.5)를 이용하면 다음과 같아진다.

$$NX = S_P + S_G - I \tag{32.6}$$

식 (32.5)와 식 (32.6)은 몇 가지 중요한 의미를 전달해 준다. 그 가운데 하나는 무역수지의 불균형이 결국 국내저축과 투자의 불균형을 반영하는 것이기 때문에 무역수지 불균형을 해소하기 위해서는 근본적으로 저축과 투자의 불균형을 해소할 필요가 있다는 점이다. 예를 들어, 중국은 지속적으로 무역수지 흑자를 보이는 반면, 미국은 지속적으로 무역수지 적자를 보이는 대표적 국가이다. 이와 같은 국제적 불균형(global imbalance) 문제를 해소하기 위해 경제전문가들이 중국에 대해서는 지출을 늘리고 저축을 줄이는 정책을, 미국에 대해서는 지출을 줄이고 저축을 늘리는 정책을 쓸 것을 권고하는 이유도 바로 여기에 있다. 또한 위 식은 민간의 저축과 투자가 일치하는 경우라 할지라도 정부의 재정적자($T - G < 0$)가 무역수지 적자($NX < 0$)로 나타날 수 있음을 보여준다. 따라서 무역수지 적자가 크게 문제시되는 경우에는 정부도 재정적자를 줄이기 위해 노력해야 함을 시사한다.

---

6) 여기서 무역수지는 국제수지표상에서 공식적으로 쓰는 개념은 아니지만 경상수지와 같은 의미로 사용하였다.

32-3 명목환율과 실질환율

경상거래든 자본거래든 서로 다른 통화를 사용하는 국가들 간의 거래에는 환율이 개입된다. 환율은 통화의 교환비율이기 때문에 어느 통화를 기준으로 정의하는가에 따라 달라지게 되는데, 여기서는 국내통화로 표시한 외국통화의 가격(E)으로 정의하기로 한다. 이를 자국통화표시환율이라고도 하는데, 예를 들어 1달러당 1,200원 등과 같이 정의하는 것이다. 환율을 이와 같이 정의할 때 환율의 상승은 자국통화가치의 하락을, 환율의 하락은 자국통화가치의 상승을 의미한다. 자국통화가치가 하락하는 현상을 절하(depreciation), 자국통화가치가 상승하는 현상을 절상(appreciation)이라 부르기 때문에 환율의 상승은 절하, 환율의 하락은 절상을 뜻한다.[7)]

우리가 매일 신문지상 등을 통해 관찰하는 환율은 명목환율(nominal exchange rate)이다. 그런데 외환을 매입하는 중요한 이유 가운데 하나는 외국재화를 구매하기 위해서이다. 경제학에서는 명목가격보다 상대가격을 중시하는데, 여기서도 마찬가지이다. 대외거래에 있어서의 구매력을 측정하기 위해서는 외국재화 1단위를 사기 위해 국내재화 몇 단위가 필요한가라는 개념이 필요하다. 실질환율(e: real exchange rate)은 다음과 같이 정의된다.

$$e = \frac{EP^*}{P} \tag{32.7}$$

여기서 P는 국내물가이고 P^*는 외국물가이다. 외국재화의 현지가격이 P^*라고 할 때 이를 국내통화로 구매하기 위해서는 EP^*가 필요하다. 즉, EP^*는 외국재화 1단위의 국내통화표시가격이다. 그리고 우리나라 재화의 가격으로 나누면 우리나라의 재화수량으로 표시되며, 이것이 실질환율이다.

예를 들어, 자전거 한 대가 우리나라와 미국에서 동시에 판매되고 있는데, 미국에서는 300달러 우리나라에서는 10만 원에 거래되고 있으며 환율은 달러당 1,000원이라고 하자. 이때 실질환율은 $\frac{1,000 \times 300}{100,000} = 3$이 되며, 이는 미국 자전거 한 대를 사기 위해서는 우리나라 자전거 세 대가 필요하다는 뜻이다. 만약 다른 조건은 일정한데

7) 고정환율제도를 채택하는 나라에서 불가피한 이유가 발생하여 환율을 조정하게 될 때에는 절상이나 절하 대신 평가절상(revaluation)이나 평가절하(devaluation)라는 용어를 사용한다. 그러나 대개의 경우에 경제전문가들은 절상(절하)과 평가절상(평가절하)의 용어를 엄밀하게 구분하여 사용하지는 않으며, 이 책도 마찬가지이다.

우리나라 자전거 가격이 15만 원으로 오르면 새로운 실질환율은 $\frac{1,000 \times 300}{150,000} = 2$ 되어 우리나라 자전거 두 대면 미국 자전거 한 대를 살 수 있다. 이전에 비해 미국 자전거의 가격이 상대적으로 하락한 셈이다. 달리 말하면 우리나라 자전거의 가격은 상대적으로 비싸진 셈이다.

실제로는 무수히 많은 재화가 존재하기 때문에 상품별로 명목환율을 계산하기보다는 양국의 물가 수준을 사용하여 실질환율을 산출하게 된다. 실질환율은 지수(index)의 성격을 가지므로 절대적인 값 자체는 의미가 없고 값의 등락만이 의미가 있다. 예를 들어, 실질환율이 상승하면 외국재의 가격이 상대적으로 높아진 것을, 실질환율이 하락하면 외국재의 가격이 상대적으로 내려간 것을 의미한다. 또한 한 국가는 동시에 여러 국가들과 교역을 하고 있으므로, 실질환율은 교역상대국에 대해 별도로 정의될 수 있다. 따라서 어떤 국가에 대해서는 실질환율이 올라가지만, 어떤 국가에 대해서는 실질환율이 내려가는 일도 얼마든지 발생한다.[8)]

그림 32-2는 대미 실질환율을 보여주고 있다. 실질환율을 계산하기 위해서는 양국의 물가지수를 사용해야 하는데, 여기서는 두 국가에 대하여 모두 2015년도의 값을 100으로 놓은 소비자물가지수를 사용하였다. 1990년대 이후 실질환율은 명목환율과 대체로 같은 움직임을 보여 왔음을 알 수 있다.

이는 $e = \frac{EP^*}{P}$에서 명목환율 E의 움직임이 양국 간의 물가비율 $\frac{P^*}{P}$의 움직임을 압도하고 있음을 의미한다. 또 하나 주목할 만한 사실은 실질환율이 외환위기와 글로벌 금융위기의 영향으로 크게 절하되었으며 현재는 1990년대 초반에 비해 높은 수준이라는 것이다.

8) 식 (32.7)의 실질환율은 양자 간 실질환율인데, 다자 간 실질환율을 실질실효환율이라고 부르기도 한다. 이는 교역상대국들을 대상으로 양자 간 실질환율을 구한 뒤 교역가중치에 따라 가중평균한 것이다. 물론 실제로는 기준연도를 잡아 100으로 설정하고 지수를 구성한다. 예를 들어, 교역상대국이 미국과 일본이며, 가중치가 각각 60%와 40%라고 해 보자. 만약 미국에 대해 10% 절하, 일본에 대해 5% 절상하는 경우에는 실질환율 절하율이 4%($= 10\% \times 0.6 + (-5\%) \times 0.4$)이므로 새로운 실질실효환율은 104로 상승하게 된다. 그런데 지수를 산정할 때 값이 올라가는 경우를 절상으로 정의하는 방식을 따르면 실질실효환율은 96으로 내려간다.

그림 32-2 우리나라의 대미 명목환율과 실질환율 (1990~2020)

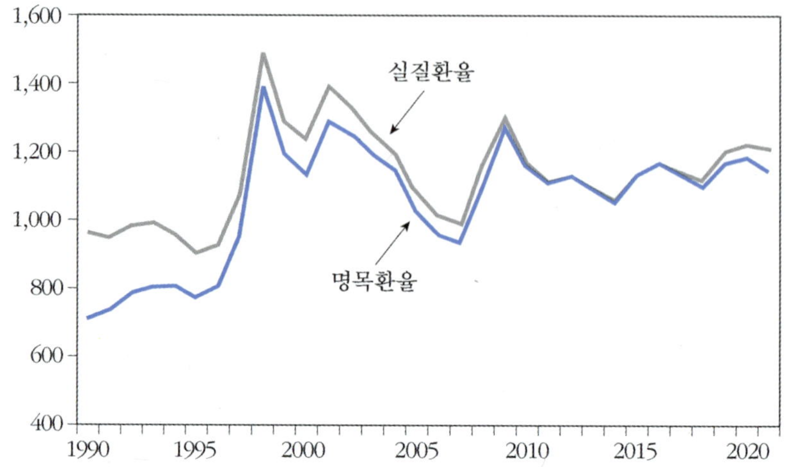

32-4 순수출함수

수출과 수입에는 실질환율이 영향을 미친다. 수출과 수입은 각각 수출수요와 수입수요로 부를 수도 있는데, 수출은 국내재에 대한 외국의 수요이고 수입은 외국재에 대한 국내의 수요이기 때문이다. 이 두 가지 수요에 영향을 미치는 상대가격이 바로 실질환율이다. 상대가격 이외에 수요에 영향을 미치는 또 하나의 요인은 소득인데, 수출에는 외국의 소득이, 수입에는 국내의 소득이 영향을 주게 된다.

수출수요함수부터 먼저 살펴보면 다음과 같이 표시할 수 있다.

$$EX = EX(\underset{+}{e}, \ \underset{+}{Y^*}) \tag{32.8}$$

실질환율이 상승한다는 것은 국내재에 비해 외국재의 가격이 상대적으로 상승한다는 것, 또는 외국재에 비해 국내재가 상대적으로 저렴해진다는 것이므로 수출이 증가한다. 또한 외국의 소득이 증가하면 국내재에 대한 수요도 증가하므로 수출이 증가하게 된다.

수입수요함수에는 다소 복잡한 관계가 존재한다. 수입재는 외국재이므로 이를 국내재 단위로 환산하는 과정이 필요하기 때문이다. 이전의 예에서 실질환율이 3일 경우 미국 자전거 1대는 국내 자전거 3대에 해당한다는 것을 살펴본 바 있다. 즉, 실질환율이 3인 경우에는 수입재 1단위당 3을 곱하여 국내재 3단위로 환산해 주어야 한다. 사실 국민소득계정 $Y=C+I+G+EX-IM$의 각 항목은 모두 국내재 단위로 표시된 것이므로 수입 IM도 국내재 단위로 표시된 것이다. 만약 외국재 단위로 표시한 수입의 양을 Z라고 하면 국내재 단위로 표시한 수입량은 다음과 같다.

$$IM = eZ \tag{32.9}$$

즉, 외국재 단위의 수입량 Z에 실질환율 e를 곱해 주면 국내재로 환산된 수입량이 얻어진다. 따라서 수입수요함수는 다음과 같이 표시된다.

$$IM = eZ(\underset{-}{e}, \ \underset{+}{Y}) \tag{32.10}$$

실질환율이 상승하면 외국재의 상대가격이 상승한 것이므로 외국재 단위의 수입량 Z가 감소한다. 그러나 실질환율의 상승은 그만큼 국내재로 환산한 수입의 규모를 상승시킨다는 점에 주의할 필요가 있다. 따라서 이 두 가지의 상반되는 효과 때문에 실질환율의 상승이 국내재 단위로 표시한 수입의 양에 어떤 영향을 미치게 될지 사전적으로 알기 어렵다.

이러한 관계를 직관적으로 이해하기 위해 양국의 물가에는 변함이 없는데 명목환율이 상승한 경우를 생각해 보자. 환율의 상승은 상대적으로 비싸진 외국재 단위의 수입량을 감소시키기는 하지만, 국내통화 표시로 이전보다 비싸진 가격을 지불해야 하기 때문에 국내통화로 표시한 수입규모는 증가할 수도 감소할 수도 있다. 예를 들어, 양국 물가가 고정된 가운데 명목환율이 5% 상승하였다고 하자. 그리고 외국재 단위의 수입량이 각각 8%, 5%, 2% 감소하는 세 가지 경우를 비교해 보자. 국내통화로 표시한 수입규모는 첫 번째 경우에 3% 감소하고, 두 번째 경우에는 변함이 없으며, 세 번째 경우에는 3% 증가한다. 세 번째 경우는 환율의 상승이 오히려 수입규모를 증가시키는 결과를 가져온다.

따라서 우리는 실질환율의 변화가 수입에 미치는 효과가 수입수요의 탄력성에 달려 있음을 알게 된다. 실질환율에 대한 수입수요의 탄력성을 $\eta_Z = -\frac{dZ}{de}\frac{e}{Z}$로 표시해 보자. 실질환율이 상승할 때 수입수요의 탄력성이 1보다 크면 수입이 감소하고, 탄력성이 1보다 작으면 수입이 증가하며, 탄력성이 1과 같으면 수입에 변화가 없다. 따라서 실질환율이 상승할 때 수입수요의 탄력성이 1보다 크면 수입이 감소하여 무역수지가 개선된다는 것을 쉽게 알 수 있다. 그러나 수입수요의 탄력성이 1보다 작더라도 무역수지가 개선될 수 있는데, 그것은 수출이 증가하기 때문이다.

결과적으로 실질환율의 상승이 무역수지를 개선시킬 것인가의 여부는 수입수요와 수출수요가 각각 실질환율에 얼마나 탄력적으로 반응할 것인가에 달려 있다. 실질환율에 대한 수출수요의 탄력성을 $\eta_X = \frac{dEX}{de}\frac{e}{EX}$라고 하면, 실질환율이 상승할 때 수입수요의 탄력성과 수출수요의 탄력성을 합한 값이 1보다 큰 경우에 무역수지가 개선된다. 이를 마샬-러너 조건(Marshall-Lerner condition)이라고 한다.

$$\eta_X + \eta_Z - 1 > 0 \tag{32.11}$$

마샬-러너 조건의 도출 과정은 부록에 기술되어 있다. 수입수요의 탄력성과 수출수요의 탄력성의 합이 1을 넘어야 한다는 것은 그리 강한 가정은 아니다. 수입수요와 수출수요가 실질환율에 비탄력적이라도 탄력성의 값이 각각 0.5 정도만 넘으면 되기 때문이다. 수출수요와 수입수요 모두 결국에는 실질환율에 반응하기 때문에 실제로 마샬-러너 조건이 충족되는 경향을 보이며 거시경제이론에서는 실질환율의 절하가 무역수지를 개선하는 것으로 가정한다.

그러나 실질환율의 절하에도 불구하고 단기적으로 무역수지가 쉽게 개선되지 않는 경우가 있는데 대략 두 가지 원인을 지적해 볼 수 있다. 첫째는 J-커브 효과이다. 실제로 평가절하를 시행한 국가들에서 한동안 무역수지가 악화되다가 상당한 시간이 흐른 후에야 개선되는 것을 발견할 수 있다. 이와 같은 현상을 J-커브 효과라 부른다. J-커브 효과가 나타나는 원인은 단기에 있어 수출수요와 수입수요가 비탄력적이어서 마샬-러너 조건이 충족되지 않기 때문이다. 단기적으로 수출수요와 수입수요가 비탄력적인 이유는 시차와 관계된다. 이미 장기구매계약을 체결한 경우에는 구매선을 바꾸기 쉽지 않으며, 새로 구매계약을 체결하더라도 새로운 계획에 따라 생산하여 실제로 수출입되기까지 상당한 시간이 소요되기 때문이다.

둘째는 불완전한 환율전가(incomplete pass-through)이다. 앞에서 든 예와 같이 미국산 자전거가 현지에서는 300달러에 판매되고 있으며 원-달러 환율이 1,000원이어서 한 대에 30만 원에 수입되어 판매되고 있다고 해 보자. 만약 원화가 절하되어 1,200원이 되었다면 자전거 한 대의 수입가격은 36만 원으로 환율의 절하폭인 20% 만큼 오르게 된다. 이는 환율이 수입가격에 완전히 전가되는 경우이다. 그런데 미국 자전거 수출업체가 한국시장에서의 점유율이 낮아질 것을 우려하여 달러표시 수출단가를 280달러로 낮추면 국내 수입가격은 33만 6천 원으로, 나아가 수출단가를 270

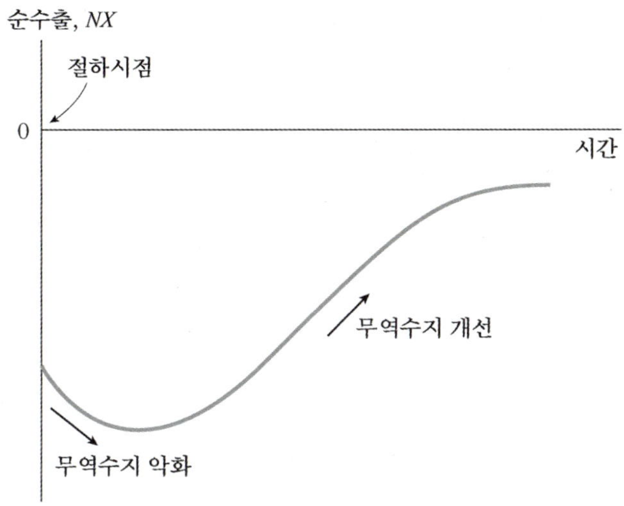

그림 32-3 J-커브 효과

환율의 실질 절하는 초기에는 무역수지를 도리어 악화시키지만 시간이 흐르면서 무역수지가 점차 개선된다.

달러로 낮추면 국내 수입가격은 32만4천 원으로 소폭 상승하는 데 그친다. 이처럼 환율의 변화가 수입가격에 완전하게 반영되지 않는 경우를 환율의 불완전한 전가라고 부른다. 환율이 불완전하게 전가되는 경우에는 실제의 판매가격에 주는 효과가 작기 때문에 무역수지에 주는 효과도 제한적일 수밖에 없다.

부록 마샬-러너 조건의 도출

본문의 식 (32.8), (32.9), (32.10)에 의해 순수출함수는 다음과 같이 정의된다.

$$NX = EX - IM = EX(e,\ \ Y^*) - eZ(e,\ \ Y)$$

실질환율에 대한 수출수요의 탄력성과 수입수요의 탄력성이 모두 (+)의 값을 갖도록 $\eta_X = \dfrac{dEX}{de}\dfrac{e}{EX}$, $\eta_Z = -\dfrac{dZ}{de}\dfrac{e}{Z}$로 정의할 수 있다. 실질환율의 변화가 순수출에 미치는 효과를 분석하기 위해 순수출함수를 실질환율 e에 대하여 미분하면 다음과 같다.

$$\frac{dNX}{de} = \frac{dEX}{de} - Z - e\frac{dZ}{de} = Z\left(\frac{dEX}{de}\frac{1}{Z} - 1 - \frac{dZ}{de}\frac{e}{Z}\right)$$

실질환율이 변하기 전에 수출과 수입이 균형을 이루고 있었다고 가정하면 $EX = eZ$이므로 위 식에서 $\frac{1}{Z}$ 대신 $\frac{e}{EX}$를 대입할 수 있다.

$$\begin{aligned}\frac{dNX}{de} &= Z\left(\frac{dEX}{de}\frac{e}{EX} - 1 - \frac{dZ}{de}\frac{e}{Z}\right)\\ &= Z(\eta_X + \eta_Z - 1)\end{aligned}$$

따라서 실질환율 상승에 따라 순수출이 증가하기 위해서는 $\eta_X + \eta_Z > 1$이어야 한다.

구매력평가와 이자율평가 제33장

차익거래(arbitrage)란 싸게 사서 비싸게 팔아 비용을 들이지 않고 이윤을 획득하는 행위를 말한다. 그러나 차익거래의 기회는 오래 지속될 수 없다. 가격이 신축적이면 차익거래의 기회가 소멸될 때까지 가격이 조정될 것이기 때문이다. 차익거래의 기회가 사라지고(no arbitrage) 동일한 상품이나 자산에 대하여 하나의 가격만이 성립하게 되는 것을 일물일가의 법칙(law of one price)이라고 한다. 구매력평가(purchasing power parity)와 이자율평가(interest rate parity)는 개방경제 하에서 일물일가의 법칙이 적용되는 대표적인 예이다. 구매력평가와 이자율평가는 개방거시경제 모형을 이해하는 데 필수적인 개념이므로 이 장에서는 이 두 가지 개념을 살펴본다.

33-1 구매력평가

만약 동일한 상품이 두 국가에서 서로 다른 가격에 거래된다면 국경 간 차익거래에 의하여 결국에는 국내가격과 해외가격이 같아지게 될 것이다. 구매력평가(PPP)란 국가 간에 상품교역이 자유롭게 이루어지는 경우에 두 국가에서 구매력이 같아져야 한다는 것을 말한다. 동일한 상품이라면 달러로 구매하는 것이나 달러를 원화로 바꾸어 원화로 구매하는 것이나 지불하는 가격은 같아야 한다.

예를 들어, 미국에서 5달러인 상품이 우리나라에서는 5,000원이라면 원-달러 환율은 1,000원이 되어야 한다. 만약 환율이 800원이라고 해 보자. 이러한 경우에는 4,000원을 5달러로 바꾸어 미국에서 이 상품을 구입하고 우리나라에서 팔아 1,000원의 이익을 얻을 수 있다. 반대로 환율이 1,200원이라고 해 보자. 이 경우에는 우리나라에서 5,000원으로 이 상품을 구입하여 미국에서 팔면 5달러를 받는데 이를 원화로 바꾸면 6,000원이므로 1,000원의 이익을 얻는다. 그러나 이러한 차익거래의 기회는 무한히 지속될 수 없다. 전자의 경우는 달러에 대한 수요가 증가하여 원-달러 환율이 상승하게 되며, 후자의 경우는 상대적으로 원화에 대한 수요가 증가하여 원-달러 환율이 하락하게 될 것이다. 따라서 아무런 제약 없이 차익거래가 이루어진다면 원-달러 환율은 결국 1,000원으로 조정될 것이다.

$$P = EP^{*} \tag{33.1}$$

본국의 물가 수준(P), 외국의 물가 수준(P^{*}), 명목환율(E) 간의 관계를 나타내는 위 식을 절대적 구매력평가(absolute PPP)라고 한다. 절대적 구매력평가는 일물일가가 성립한다는 아주 명료한 이론적 관계이지만, 실제로 동일한 재화나 동일한 재화로 여겨지는 재화의 가격을 국제적으로 비교한 결과에 따르면 절대적 구매력평가가 잘 맞지 않는 것으로 알려져 있다. 동일한 재화일지라도 서로 다른 시장에서 다른 가격에 팔리고 있다는 것이다.

Economist 지는 1986년부터 세계 각지의 맥도날드 식당에서 팔리는 빅맥(Big Mac)의 가격을 조사하여 소위 빅맥지수를 발표하고 있다. *Economist* 지의 이러한 조사는 일물일가의 법칙을 검정하는 작업이기도 하다. 여러 시장에서 빅맥의 가격은 실제로 상당히 다른 가격으로 판매되고 있는데, 예를 들어 파리나 도쿄에서의 빅맥 가격은 뉴욕에서보다 비싼 반면 호주와 필리핀에서의 가격은 뉴욕에서보다 싸다. 게다가 이러한 가격차는 시간이 경과하여도 별로 조정되지 않는 경향을 보이는데, 이는 구매력평가가 성립하지 않는다는 것을 뜻한다.

또한 절대적 구매력평가는 실질환율이 1이거나 1로 수렴한다는 것을 의미한다 $\left(\frac{EP^{*}}{P} = 1\right)$. 이에 비해 상대적 구매력평가(relative PPP)는 좀 더 유연한 개념이다. 상대적 구매력평가에 따르면 실질환율이 1이어야 할 필요는 없으며, 물가와 환율이 각국 화폐의 국내구매력과 해외구매력의 비율을 유지하는 방식으로만 조정되면 된다고 주장한다. 예를 들어, 우리나라의 물가상승률이 5%이고 미국의 물가상승률이 2%라면, 상대적 구매력평가는 원-달러 환율의 3% 상승, 즉 원화 가치의 3% 하락을 예측한다.

$$\frac{EP^{*}}{P} = k \tag{33.2}$$

여기서 k는 1일 필요가 없는 상수이다. 그리고 위 식에서 다음의 관계식이 도출된다.[1)]

$$\frac{\dot{E}}{E} = \frac{\dot{P}}{P} - \frac{\dot{P}^*}{P^*} = \pi - \pi^* \tag{33.3}$$

환율의 상승률$\left(\frac{\dot{E}}{E}\right)$은 양국의 인플레이션율 차$(\pi - \pi^*)$이다. 절대적 구매력평가가 성립하지 않을 때에도 상대적 구매력평가는 유효할 수 있다. 절대적 구매력평가로부터 이탈하게끔 하는 요인들이 시간의 흐름에 따라 어느 정도 안정적일 수 있기 때문이다. 또한 일반적으로 각국이 발표하는 물가지수에 속하는 상품바스켓은 서로 동일하지 않은데, 서로 다른 상품바스켓이 같은 가격에 팔려야 할 이유는 없으므로 각국의 물가지수 통계를 이용하여 절대적 구매력평가를 검정하는 것은 애초부터 의미가 없을 수 있다. 그러나 서로 다른 상품바스켓에 의한 물가지수를 사용하더라도 다른 요인들이 안정적이라면 환율의 % 변화를 인플레이션율의 차이와 비교하는 것은 의미가 있을 것이다. 때로는 실제의 자료에서 상대적 구매력평가가 성립하는 것처럼 나타나기도 한다.

그럼에도 불구하고 그동안의 광범위한 연구결과들은 상대적 구매력평가 역시 일반적으로는 잘 작동하지 않는다는 결과를 제시한다. 실제로 구매력평가가 성립하지 않는 데에는 몇 가지 중요한 이유가 존재한다.

첫째는 무역장벽이다. 일물일가 법칙의 가정과 달리 현실적으로는 관세나 수송비와 같은 무역에 대한 다양한 장벽들이 존재한다. 이와 같은 무역장벽들은 일부 재화가 국가들 간에 교역되는 것을 막을 정도로 높을 수 있다.

둘째는 비교역재의 존재이다. 비교역재는 이발이나 피부관리, 건강관리에서부터 주거 서비스까지 매우 다양하게 존재한다. 비교역재에는 주로 서비스업과 건설에 관련된 생산물이 해당되는데, 비교역재는 국제적으로 거래되지 않으므로 그 가격은 국내 수요와 공급에 의해서만 결정된다. 따라서 국내요인에 의한 비교역재의 가격 변화는, 국내 물가 수준에는 영향을 주지만 환율에는 별다른 영향을 주지 못한다.

셋째는 독과점적 가격설정이다. 독점력을 소유한 기업은 동일한 생산물을 시장마다 다른 가격으로 판매할 수 있다. 이를 시장별 가격설정(pricing to market)이라고 하는데, 동일한 상품일지라도 비탄력적 수요조건을 가진 국가에서는 비싸게, 탄력적인 수요조건을 가진 국가에서는 싸게 판매할 수 있다. 즉, 경쟁적 시장에서 이탈하

1) 식 (33.2)의 양변에 자연로그를 취하고 시간에 대하여 미분하면 된다. 이처럼 수준변수를 변화율변수로 바꾸는 과정은 경제성장이론 부분에서 많이 사용한 바 있다.

는 정도가 클수록 국가마다 다른 가격이 형성될 가능성이 커진다.

넷째는 국가마다 다른 물가지수 측정방식이다. 물가지수 측정을 위해서는 우선 대상품목의 선정이 필요하고 품목별 가중치도 정해야 하는데, 이 두 가지 면에서 국가 간에 차이가 존재할 수밖에 없다. 각국에서 보고되는 물가지수는 서로 다른 상품바스켓을 사용하고 있는 것이다. 비록 무역에 대한 장벽이 없고 모든 재화가 교역재라 해도, 국가 간 상품바스켓이 다르다면 공식적인 물가지수를 사용한 구매력평가의 검정 자체가 무의미해진다.

33-2 이자율평가

오늘날 각국의 자본자유화조치는 자본의 국경 간 유출입을 그 어느 때보다 활발하게 만들었다. 컴퓨터와 통신수단이 발달되고 전자결제 시스템이 구축됨에 따라 국가 간의 자금이동이 국내에서와 마찬가지로 손쉽게 이루어지고 있다. 자본유출은 매우 다양한 형태로 이루어지는데, 외국의 은행에 예금을 할 수도 있고 외국의 채권, 주식, 부동산에 투자할 수도 있다. 경영참여를 목적으로 외국기업의 지분을 매입할 수도 있다. 자본유입도 마찬가지이다. 국제자본이동은 크게 직접투자(direct investment)와 증권투자(portfolio investment)로 분류된다. 직접투자는 경영권 참여를 목적으로 지분을 매입하거나 직접 기업을 설립하는 것을 말하며, 증권투자는 대출, 채권투자, 주식투자 등과 같이 수익만을 목적으로 하는 금융거래를 말한다.

국제자본이동이 국민경제에 주는 영향은 실로 다양하다. 앞에서 살펴본 바와 같이 무역수지의 적자나 흑자는 결국 자본의 이동에 의해 메워지게 된다. 소비자가 자신의 소득에 비해 더 많은 소비를 하기 원할 때 차입하고, 기업이 투자자금 마련을 위해 차입을 하는 것처럼 국가도 해외로부터 차입을 할 수 있다. 반대로 자금의 여유가 있는 개별 경제주체와 마찬가지로 한 국가도 외국에 자금을 대여할 수 있다. 앞 장의 식 (32.5)에서와 같이 순수출은 국내저축이 국내투자를 초과하는 부분($NX = S - I$)인데, 결국 무역수지 흑자는 그만큼 해외로의 자금 대여로, 무역수지 적자는 해외로부터의 차입으로 나타나게 된다.

한편, 자본이동이 완전히 자유롭다면 국가 간의 이자율 차가 사라지게 된다. 이자율이 낮은 곳에서 높은 곳으로 이동하는 재정거래를 통해 국가 간 이자율 차가 사라지기 때문이다. 잠시 환율변동의 문제를 무시하면 자본이동이 완전히 자유로운 소규모 개방경제의 이자율(i)은 세계이자율(i^*)과 같아지게 된다.

$$i = i^* \tag{33.4}$$

폐쇄경제에서의 이자율이 국내의 저축과 투자에 의해 결정되듯이 세계이자율은 지구상 모든 국가의 저축의 합과 투자의 합에 의해 결정된다. 소규모 개방경제의 저축과 투자는 전 세계의 저축과 투자에 비하면 아주 미미한 규모에 불과하므로 국내 요인에 의해 저축과 투자가 변동하더라도 세계이자율에 영향을 주지 못한다.

그런데 위의 식 (33.4)는 환율변동이 없는 경우에 성립하는 것임에 유의할 필요가 있다. 국제자본이동은 외환거래를 수반하므로 환율변동의 문제를 무시할 수 없다. 예를 들어, 1년 만기 은행예금을 고려할 때 국내예금과 달리 외국에 예금하는 경우에는 외국통화로 바꾸는 단계와 1년 후의 원리금을 국내통화로 다시 바꾸는 단계가 필요하다. 외화예금에는 외환을 매입하고 매각하는 과정에서 환율변동으로 인한 추가적인 이득과 손실의 기회가 발생한다. 환율이 상승하면 이득을, 환율이 하락하면 손실을 입게 되는데, 이는 채권이나 주식 투자의 경우에도 마찬가지이다.

좀 더 구체적으로 이 문제를 살펴보기 위해 채권시장을 통해 자본이 자유롭게 이동하는 경우를 살펴보자. 예를 들어, 원화 1원으로 국내채권을 사거나 달러표시채권을 사는 대안을 가진 투자자의 입장에 서 보기로 하자. 원화 1원으로 국내채권에 투자하면 만기 후에는 원금 1원에 채권수익률, 즉 국내이자율을 더한 $(1+i)$원의 총수익을 얻는다. 반면 원화 1원으로 외국채권에 투자하기 위해서는 먼저 1원을 달러로 환전해야 하므로 $\frac{1}{E}$달러의 투자원금을 손에 쥐게 된다. 달러표시채권의 수익률을 i^*라 하면 이 투자자는 만기에 달러표시로 $\frac{1}{E}(1+i^*)$의 총수익을 얻는다.[2] 그리고 이 투자자가 만기 후에 달러표시의 총수익금을 원화로 환전할 때의 환율이 E'이라면 달러표시 채권투자로부터 얻는 원화표시 총수익은 $\frac{E'}{E}(1+i^*)$가 된다.

환율의 변화를 무시할 때 $i > i^*$이면 국내투자가 유리하고 $i < i^*$이면 해외투자가 유리한 것은 당연하다. 그러나 환율의 변화를 감안하면 어느 쪽에 투자하는 것이 유리한지 사전적으로 알기 어렵다. 만약 투자회수 시의 환율 E'이 투자시기의 환율 E에 비해 크게 오른다면 $i > i^*$인 경우에도 환율 면의 이득이 양국 간 이자율 차를 압도하여 결과적으로 해외투자의 이득이 더 클 수 있다. 만약 투자회수 시의 환율 E'이 E에 비해 크게 내린다면 $i < i^*$인 경우에도 환율 면의 손실이 양국 간 이자율

2) 여기서 환율은 변동하지만 양국의 이자율은 무위험수익률(risk-free rate)로 고정된 값을 가진다고 본다. 만약 채권이 아닌 예금이라면 고정금리예금으로 보면 된다.

차를 압도하여 결과적으로 해외투자의 이득이 더 작아질 수 있다.

환율 변화 때문에 어느 쪽의 투자수익이 나은지 미리 알 수는 없다. 따라서 투자를 결정하는 시점에는 양국의 예상수익률을 비교할 수밖에 없다. 특히 외국투자에 대한 예상수익률은 투자회수 시점의 환율에 대한 예측치(이제부터 예상환율을 E^e로 표시함)에 의존하게 된다. 국내투자에 의한 수익률은 $(1+i)$인 반면, 외국투자에 의한 수익은 달러표시 수익 $\frac{1}{E}(1+i^*)$에 예상환율 E^e를 적용하여 원화로 환산해야 하므로 외국투자의 예상수익률은 $\frac{E^e}{E}(1+i^*)$가 된다.

만약 투자를 결정하는 시점에 $(1+i) > \frac{E^e}{E}(1+i^*)$라면 국내투자가 유리할 것으로 예상되는 반면, $(1+i) < \frac{E^e}{E}(1+i^*)$라면 외국투자가 유리할 것으로 예상된다. 전자의 경우에는 자금의 흐름이 국내로, 후자의 경우에는 자금의 흐름이 해외로 이동하게 된다. 그런데 균형은 두 예상수익률이 일치하여 자금의 흐름이 어느 일방으로 기울지 않는 상태를 말하므로 균형에서는 다음 조건이 성립한다.

$$(1+i) = \frac{E^e}{E}(1+i^*) \tag{33.5}$$

식 (33.4)가 환율변동을 무시한 경우의 이자율평가(interest rate parity)인 반면 식 (33.5)는 환율변동을 허용한 경우의 이자율평가이다. 그런데 위 식을 총수익률이 아닌 순수익률 간의 관계로 이해하기 위해서는 다음과 같은 과정을 알아 둘 필요가 있다. 위 식에서 $\frac{E^e}{E}$는 $\left(1+\frac{E^e-E}{E}\right)$로 바꾸어 쓸 수 있으므로 $(1+i) = \left(1+\frac{E^e-E}{E}\right)(1+i^*)$의 관계가 성립하는데, 양변에 자연로그를 취하면 $\ln(1+i) = \ln\left(1+\frac{E^e-E}{E}\right) + \ln(1+i^*)$가 된다. 자연로그의 성질상 x가 0에 가까운 작은 수일 때 $\ln(1+x) \approx x$이므로 다음 관계식이 성립한다.[3)]

$$i = i^* + \frac{E^e-E}{E} \tag{33.6}$$

위 식의 우변은 외국투자의 예상수익률로서, 외국의 이자율(i^*)에 예상평가절하율$\left(\frac{E^e-E}{E}\right)$을 더한 것이다. 위 식은 양국의 이자율 차($i-i^*$)가 예상평가절하율과 같다는 것으로도 해석된다. 만약 외국의 이자율이 국내보다 낮으면($i > i^*$) 그 대신

3) 엄밀하게 이 식은 등식이 아닌 근사식으로 성립하는 것이지만, 표기 및 이후 이론전개의 편의상 등식으로 간주하였다.

외국투자 시 환율 면에서 이익을 예상$\left(\frac{E^e - E}{E} > 0\right)$하는 상태가 균형이고, 외국의 이자율이 국내보다 높으면($i < i^*$) 환율 면에서 손실을 예상$\left(\frac{E^e - E}{E} < 0\right)$하는 상태가 균형이라는 것을 말해 준다. 예를 들어, 외국이자율이 국내에 비해 2% 낮더라도 외국통화의 가치가 2% 상승(자국통화의 절하)할 것이 예상되면 균형이고, 반대로 외국이자율이 국내에 비해 2% 높더라도 외국통화의 가치가 2% 하락(자국통화의 절상)할 것이 예상되면 균형이다.

한편, 식 (33.6)의 양변에 E를 곱한 뒤 E에 대해 다음과 같이 정리하면 현재의 환율이 어떻게 결정되는가를 보여주는 식이 된다.

$$E = \frac{E^e}{1 + i - i^*} \tag{33.7}$$

위 식은 환율이 국내이자율과 반대로 움직인다는 것을 명확히 보여준다. 예상환율과 외국이자율이 일정할 때, 국내금리의 상승은 환율의 하락(평가절상)을, 국내금리의 하락은 환율의 상승(평가절하)을 가져온다. 이 관계를 좀 더 구체적으로 이해하기 위해 미래의 예상환율 수준이 일정하게 고정된 가운데($E^e = \overline{E^e}$) 긴축적인 통화화정책으로 국내이자율이 상승하였다고 해 보자. 이러한 변화는 환율이 변하지 않는다면 국내채권 투자를 유리하게 만든다. 따라서 투자자들은 미국채권을 팔고 국내채권투자를 늘리려고 할 것이다. 하지만 달러를 팔아 원화로 바꾸는 과정에서 원화가치가 상승(환율의 하락)하게 된다. 그렇다면 환율은 얼마나 하락하게 될 것인가? 미래의 예상환율 수준이 일정하게 고정되어 있다면 현재 환율의 하락은 환율의 예상평가절하율을 상승시킨다$\left(E \downarrow \Rightarrow \frac{E^e - E}{E} \uparrow\right)$. 그런데 예상평가절하율의 상승은 다시 미국채권에 대한 투자를 유리하게 만드는 요인이다. 결국 국내이자율이 오르는 만큼 원화의 예상평가절하율이 올라가고, 현재의 환율은 양국의 이자율 차가 예상평가절하율과 같도록 유지하는 수준까지 하락하게 된다. 예를 들어, 원-달러 환율이 1,200원이고 미래의 예상환율 수준도 1,200원인 상태에서 국내이자율이 일시적으로 1% 상승한다고 하자. 이때 원-달러 환율은 원화의 예상평가절하율을 1%로 유지하게끔 하는 수준인 1,188.1원까지 내려가게 된다.

그림 33-1은 식 (33.6) 또는 식 (33.7)에 의한 이자율과 환율 간의 관계를 그래프로 표시하고 있다. 횡축은 환율, 종축은 이자율을 나타낸다. 외국의 이자율이 i^*, 미래환율에 대한 예상이 $\overline{E^e}$로 주어져 있는 경우에 이자율과 환율은 서로 반대로 움직이고 있음을 보여준다. 특히 양국의 이자율이 동일한 경우에($i = i^*$) 현재의 환율은

그림 33-1 이자율평가

그림의 횡축은 환율, 종축은 이자율을 나타낸다. 이자율평가 $i = i^* + \frac{\overline{E^e} - E}{E}$ 에 의하면, 외국의 이자율이 i^*, 미래환율에 대한 예상이 $\overline{E^e}$ 로 주어져 있는 경우에 이자율과 환율은 서로 반대로 움직인다. 특히 양국의 이자율이 동일한 경우에($i = i^*$) 현재의 환율은 미래환율에 대한 예상치와 같다($E = \overline{E^e}$).

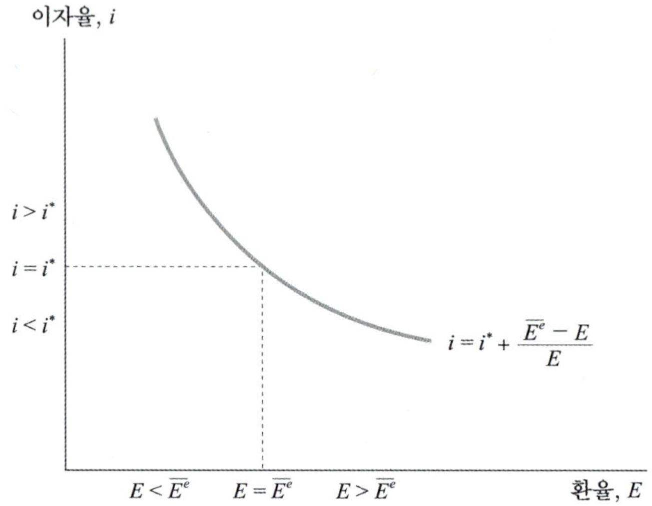

그림 33-2 이자율평가 관계의 변화

그림 (a)는 외국이자율 i^*가 상승하는 경우인데, 다른 조건이 일정할 때 이자율평가를 유지하기 위해 국내이자율 i가 상승하게 된다. 그림 (b)는 예상환율 수준 $\overline{E^e}$가 상승하는 경우인데, 다른 조건이 일정할 때 이자율평가를 유지하기 위해 환율 E가 상승하게 된다. 두 경우 모두 그래프가 우상향으로 이동한다.

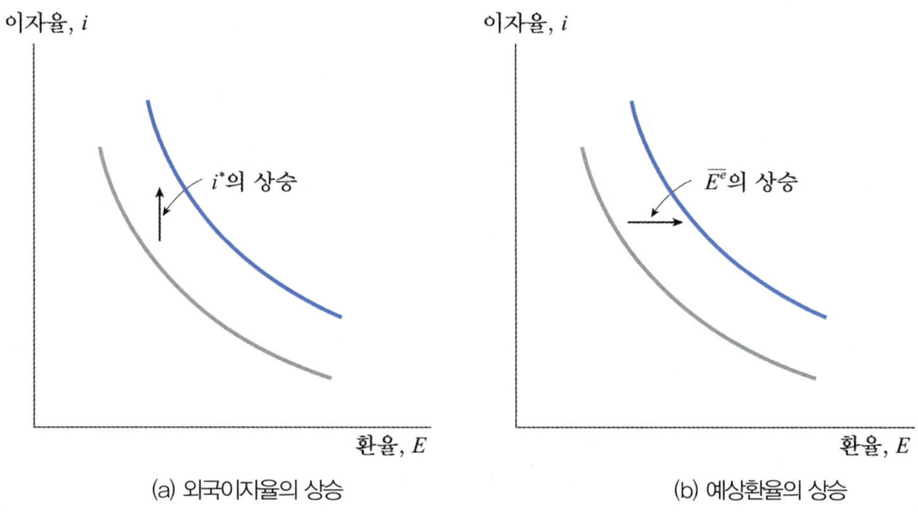

미래환율에 대한 예상치와 같다($E = \overline{E^e}$).

한편, **그림 33-2** (a)와 (b)는 각각 외국의 이자율이 상승하는 경우와 예상환율 수준이 상승하는 경우에 환율-이자율 그래프가 모두 우상향으로 이동함을 보여주고 있다. 외국이자율의 상승은 국내채권에 대한 수요 감소 및 외국채권에 대한 수요 증가를 가져온다. 환율 및 예상환율이 변하지 않는 경우에 국내이자율이 상승하게 되므로 그래프가 위로 이동하게 된다. 한편, 예상환율이 상승할 때 현재의 환율이 변하지 않는다면 국내채권에 대한 수요는 감소하고 외국채권에 대한 수요는 증가하게 될 것이다. 이러한 변화에도 불구하고 국내이자율이 이전의 수준을 유지하기 위해서는 환율이 충분히 상승하여 예상평가절하율이 이전의 수준과 같아져야 할 것이다. 따라서 그래프가 오른쪽으로 이동하게 된다.

부록 국가위험도와 이자율평가

본문의 이자율평가는 양국의 채권이 완전대체재임을 가정하여 도출된 것이다. 표시통화가 다를 뿐이지 다른 조건은 모두 동일하다고 가정했던 것이다. 그런데 비록 양국의 채권 모두가 각국의 정부가 발행한 표면적으로 동일한 조건의 국채라 할지라도 수익률은 국가마다 서로 다를 수 있다. 국채의 경우에도 채무불이행(default)의 가능성을 배제할 수 없다. 특히 저개발국가의 경우에는 쿠데타나 정치적 불안정 등의 잠재요인으로 인해 투자위험이 존재한다.

국가단위로 나타낸 투자위험을 국가위험도(country risk)라고 하는데, 국가위험도가 높은 국가가 발행한 채권의 가격은 낮게 형성되므로 채권수익률, 즉 이자율이 높다. 국가위험도가 높은 국가에 대해 투자하는 데에는 그만큼 위험에 대한 보상(risk premium)이 주어져야 한다는 뜻이기도 하다. 국가위험에서 비롯된 리스크 프리미엄의 정도를 ρ라고 표시하면 이자율평가 관계식은 다음과 같이 수정된다.

$$i = i^* + \frac{E^e - E}{E} + \rho \tag{33A.1}$$

결국 자본이동이 완전히 자유로운 경제에서 국내이자율은 외국의 이자율이 얼마나 높은가, 통화의 가치가 얼마나 하락할 것으로 예상되는가, 그리고 외국에 비해 상대적으로 투자위험이 얼마나 높은가에 따라 결정된다. 실제로 자본이동에 대한 규제가 거의 없는 국가들 간에도 이자율의 차이가 존재하고 또 그 차이가 쉽게 좁혀지지 않는 현상을 쉽게 관찰하게 되는데, 이는 투자자들이 이자율 차이 이외에도 환율변동과 국가위험 등 다른 요인들을 신중히 고려하고 있기 때문이다.

제34장 개방거시경제모형 : 수요 측면

이상의 두 장에서는 개방거시경제의 움직임을 분석하기 위한 기초 개념들을 살펴보았다. 이 장에서는 이러한 기초 개념들을 활용하여 $IS-LM$ 모형을 개방경제로 확장하고자 한다. 폐쇄경제의 $IS-LM$ 모형은 (소득, 이자율) 평면을 사용하는데, 개방경제에서는 환율변수가 추가된다. 따라서 환율의 움직임에 대해 어떤 가정을 도입하는가에 따라 개방거시경제모형을 표현하는 방식도 조금씩 달라지게 된다. 또한 경제가 어떤 환율제도를 채택하고 있는가, 즉 변동환율제도인가 고정환율제도인가도 개방거시경제의 작동원리를 이해하는 데 중요하다. 단, 이 장에서 다루는 개방경제의 $IS-LM$ 모형은 가격이 고정된 단기 모형이므로, 소득이 총수요에 의해서 결정된다는 점에 유의해야 한다.

34-1 개방거시경제모형의 기본 틀

개방거시경제모형은 다음 세 식으로 묘사될 수 있다. 단, 이자율평가 조건이 도입되기 때문에 이자율로 명목이자율을 사용하였다.

$$IS:\ Y = C(Y-T) + I(i-\pi^e) + G + NX\left(\frac{EP^*}{P},\ Y,\ Y^*\right) \quad (34.1)$$

$$LM:\ \frac{M}{P} = L(Y,\ i) \quad (34.2)$$

$$IP:\ i = i^* + \frac{E^e - E}{E} \quad (34.3)$$

위 식들을 보면 개방경제로 확장되면서 IS 관계식에 순수출 항목이 추가되었고, 순수출을 결정하는 요인들로 실질환율과 국내소득 그리고 해외소득이 추가되었음을 알 수 있다. LM 관계식은 폐쇄경제와 마찬가지로 정의되는 반면 이자율평가

(IP: interest rate parity)가 추가되었다. 단기적으로 국내외 물가가 고정되었다고 가정하면, 세 식에 의해 (소득, 이자율, 환율)이라는 세 가지 주요 내생변수 값이 결정된다.

그런데 위의 세 식을 기준으로 개방거시경제모형을 다양하게 표현하는 것이 가능하다. 가장 중요한 것은 이자율평가를 어떻게 활용하는가이다. 이자율평가를 다루는 방식에 따라, 수요 측면의 거시경제를 (소득, 이자율) 평면에서 표현할 수도 있고, (소득, 환율) 평면에서 표현할 수도 있다.

첫 번째 방식은 식 (34.3)의 이자율평가 관계식을 그대로 사용하는 것이다. 이 책에서는 이 방식을 $IS-LM-IP$ 모형이라고 부르기로 한다. 그런데 명목환율 E는 이자율평가에 의해 $E=\dfrac{E^e}{1+i-i^*}$로 표시되므로 이를 실질환율 $\dfrac{EP^*}{P}$에 대입하면 실질환율을 $\dfrac{E^eP^*}{P(1+i-i^*)}$로 고쳐 쓸 수 있다. 이를 식 (34.1)에 대입하면 IS 관계식이 수정되고, LM 관계식은 변함이 없으므로 $IS-LM-IP$ 모형은 다음과 같은 두 식으로 표현된다.

$$IS:\ Y=C(Y-T)+I(i-\pi^e)+G+NX\left(\frac{E^eP^*}{P(1+i-i^*)},\ Y,\ Y^*\right) \tag{34.4}$$

$$LM:\ \frac{M}{P}=L(Y,\ i) \tag{34.2}$$

즉, 이와 같은 방식은 이자율평가 관계를 이용해 환율 E를 식에서 없애면서 세 식을 두 식으로 축소하고 모형을 $(Y,\ i)$ 평면에서 표현하는 것이다. 물론 환율이 식에서 사라지더라도 위의 두 식에 의해 Y와 i가 결정되면 그에 대응하는 수준으로 E가 결정된다.

두 번째 방식은 이자율평가에서 예상환율이 현재의 환율이라는 가정($E^e=E$)을 도입함으로써 이자율평가식 (34.3)을 단순화시키는 것이다. 이러한 방식을 사용하는 근거는 환율의 임의보행 가설(random walk)과 관계된다. 환율의 임의보행 가설은 미래의 환율을 예측하기 어렵기 때문에 환율에 대한 예상치를 현재의 환율로 할 수밖에 없다는 것이다. 이러한 가정을 도입하면 이자율평가인 식 (34.3)은 $i=i^*$로 단순화되고, 이를 $IS-LM$ 관계식에 대입하면 세 식이 다음 두 식으로 줄어들게 된다.

$$IS:\ Y=C(Y-T)+I(i^*-\pi^e)+G+NX\left(\frac{EP^*}{P},\ Y,\ Y^*\right) \tag{34.5}$$

$$LM: \frac{M}{P} = L(Y,\ i^*) \tag{34.6}$$

이와 같이 완전자본이동 하에서 $i = i^*$ 조건을 추가하여 $IS-LM$ 모형을 확장한 모형을 먼델-플레밍(Mundell-Fleming) 모형이라 부른다.[1]

첫 번째 방식인 $IS-LM-IP$ 모형은 개방경제를 (소득, 이자율) 평면에서 분석하는 데 유용하다. 이자율평가에 의해 명목환율을 이자율의 함수로 놓음으로써 명목환율 E를 식에서 제거할 수 있기 때문이다. 반면, 두 번째 방식인 먼델-플레밍모형은 개방경제를 (소득, 환율) 평면에서 분석하는 데 유용하다. $i = i^*$의 조건에 의해 환율과 이자율 간의 연결고리가 없어지고 국내이자율이 외생적으로 주어지기 때문이다.

기본적인 흐름은 같지만, 위의 두 방식 가운데 어느 것을 사용하는가에 따라 개방거시경제의 분석결과가 약간 달라지게 된다. 또한 변동환율제도인가 고정환율제도인가에 따라서도 분석결과가 달라지게 되므로 세심한 주의가 필요하다. 이하에서는 변동환율제도와 고정환율제도 각각에 대하여 $IS-LM-IP$ 모형과 먼델-플레밍모형을 모두 활용하여 개방거시경제모형을 분석해 본다.

34-2 변동환율제도 하의 개방거시경제모형

(1) 변동환율제도 하에서의 $IS-LM-IP$ 모형

변동환율제도 하에서의 $IS-LM-IP$ 모형은 앞의 식 (34.4)와 식 (34.2)로 표시된다. 특징적인 것은 순수출에 영향을 주는 실질환율$\left(\frac{EP^*}{P}\right)$을 $\frac{E^e P^*}{P(1+i-i^*)}$로 바꾸어 표시한 것인데, 이렇게 표시하면 이자율이 환율에 영향을 주어 다시 순수출에 영향을 미치는 경로를 파악할 수 있다. 예를 들어, 이자율의 상승은 환율을 절상(환율 하락)시켜 순수출을 감소시키므로 그만큼 총수요가 줄어든다. 폐쇄경제 하에서의 이자율 상승은 투자경로를 통해서만 총수요를 감소시켰으나, 개방경제에서는 환율경로를 통해서도 총수요를 감소시키는 것이다. 따라서 $IS-LM-IP$ 모형에서는 이자율이 소득에 미치는 효과가 증폭된다.

그림 34-1은 $IS-LM-IP$ 모형을 두 그래프를 연결시켜 표현하고 있다. 균형

1) $IS-LM$ 모형을 개방경제로 확장했다는 점에서 $IS-LM-IP$ 모형 역시 포괄적 의미의 먼델-플레밍모형으로 부를 수 있다. 그러나 이 책에서는 두 가지 모형의 분석결과가 다소 다른 점을 강조하기 위해 두 모형으로 구분해서 살펴보기로 했다.

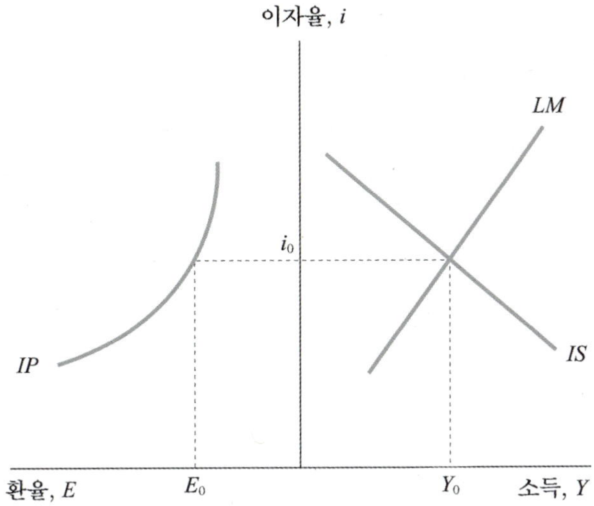

그림 34-1 변동환율제도 하의 $IS-LM-IP$ 모형

그림은 $IS-LM-IP$ 모형을 두 그래프를 연결시켜 표현하고 있다. 균형소득과 균형이자율은 IS곡선과 LM곡선이 교차하는 점에서 결정된다. 왼편의 그림에는 이자율평가에 의한 환율과 이자율 그래프가 그려져 있는데, $IS-LM$곡선에 의해 국내이자율이 i_0로 결정되면 주어진 외국이자율과 예상환율수준 하에서 균형환율이 E_0로 결정된다.

소득과 균형이자율은 우하향하는 IS곡선과 우상향하는 LM곡선이 교차하는 점에서 결정된다.[2] 한편, 왼편의 그림에는 이자율평가에 의한 환율과 이자율 그래프가 그려져 있는데, 이는 이전 장의 **그림 33-1**을 회전시켜 놓은 것이다. 이 두 그래프를 함께 이용하면, $IS-LM$곡선에 의해 국내이자율이 결정되고, 주어진 외국이자율과 예상환율 수준하에서 균형환율이 결정된다는 것을 알 수 있다.

이제 대표적인 거시경제정책인 재정정책과 통화정책이 이 모형에서 어떤 결과를 가져오는지 분석해 보자. 먼저 정부지출 증가의 효과를 살펴본다. **그림 34-2**에서와 같이 정부지출 증가에 의해 IS곡선이 바깥으로 이동하며, 그 결과 소득이 증가하고 이자율은 상승한다. 그런데 이자율의 상승은 환율의 하락, 즉 평가절상을 가져온다.

이러한 과정에서 발생하는 현상을 좀 더 자세히 알아보자. 정부지출의 증가는 총수요를 증가시키므로 소득이 증가한다. 소득의 증가는 화폐수요를 증가시켜 이자율이 상승하게 된다. 그런데 이자율의 상승은 국내채권에 대한 수요를 증가시키므로 국내통화의 가치가 상승하게 된다. 환율의 절상(환율 하락)은 순수출을 감소시키므로 정부지출 증가에 의한 총수요 확대가 부분적으로 상쇄된다.

그러면 이와 같은 정부지출의 증가는 총수요의 각 구성요소에 어떠한 영향을 주게 되는가? 정부지출이 증가함은 물론이고 소득이 증가하기 때문에 소비도 증가한

2) 단, 여기서는 이자율이 투자뿐만 아니라 순수출에도 같은 방향의 효과를 가져오므로 IS곡선의 기울기가 폐쇄경제에 비해 평평해진다.

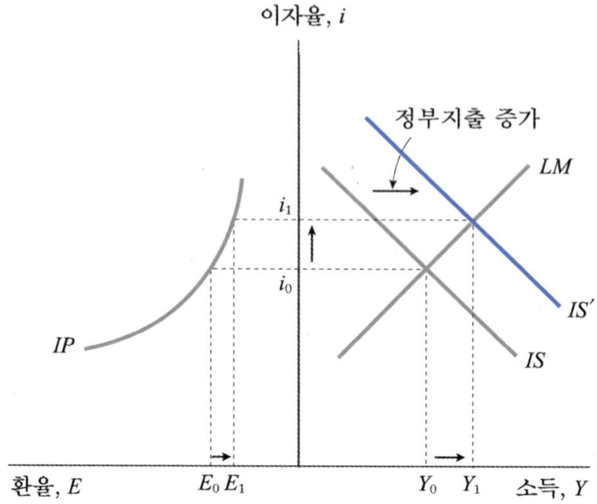

그림 34-2 *IS*–*LM*–*IP* 모형에서의 정부지출 증가의 효과

정부지출 증가에 의해 *IS*곡선이 바깥으로 이동하며, 그 결과 소득이 Y_1으로 증가하고 이자율은 i_1으로 상승한다. 이자율의 상승은 자본의 유입압력을 가져와 환율이 E_1으로 하락한다.

다. 이자율이 상승하기 때문에 투자는 감소한다.[3] 순수출도 감소한다. 환율 절상과 소득 증가 모두 순수출을 감소시키는 방향으로 작동하기 때문이다. 이와 같이 개방경제 하의 재정확대는 소득을 증가시키지만 무역수지를 악화시키는 측면을 갖고 있다.

다음으로 확장적인 통화정책의 효과를 알아보자. 통화공급의 증가는 **그림 34-3**에서와 같이 *LM*곡선을 바깥으로 이동시키는데, 그 결과 소득이 증가하고 이자율은 하락한다. 그런데 이자율의 하락은 환율의 상승, 즉 평가절하를 가져온다. 이자율 하락은 두 가지 경로를 통해 총수요를 증가시킨다. 하나는 이자율 하락으로 투자가 증가하는 전통적인 경로이다. 그러나 개방경제에서는 이자율 하락의 효과가 여기서 그치지 않는다. 이자율 하락이 자본유출 압력을 발생시켜 환율이 절하(환율 상승)되므로 순수출이 증가하는 경로가 추가된다. 개방경제에서는 확장적인 통화정책이 총수요를 확대시키는 효과가 증폭된다. 그 결과 총수요 구성요소 가운데 정부지출을 제외한 소비, 투자, 순수출은 모두 증가한다.

이상의 분석에서 변동환율제도 하에서는 통화정책이 재정정책에 비해 상대적으로 유효하다는 것을 알 수 있다. 근본적인 원인은 두 정책이 환율에 미치는 효과가 다르기 때문이다. 확장적인 재정정책은 소득을 증가시키지만 환율 하락으로 순수출

3) 투자에 미치는 효과는 불분명할 수도 있다. 이 모형에서는 명시적으로 가정하지 않았지만 투자의 가속도원리를 도입하면 소득의 증가로 투자가 증가하는 부분이 있기 때문이다.

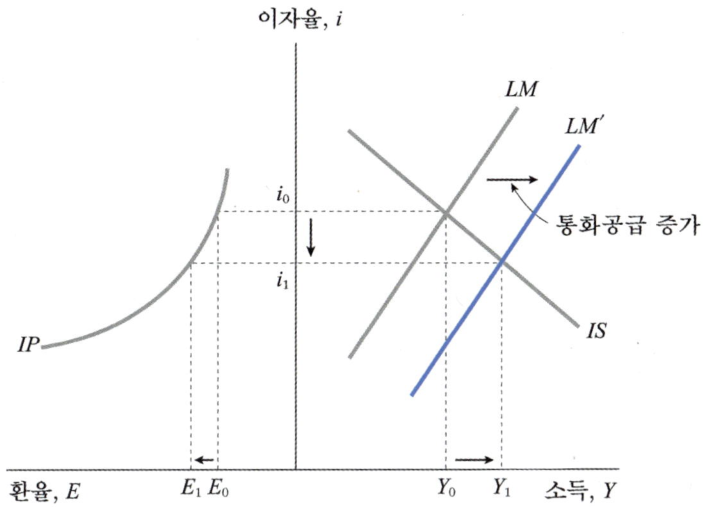

그림 34-3 $IS-LM-IP$ 모형에서의 통화공급 증가의 효과

통화공급의 증가는 LM 곡선을 바깥으로 이동시키는데, 그 결과 소득이 Y_1으로 증가하고 이자율은 i_1으로 하락한다. 이자율의 하락은 자본의 유출압력을 가져와 환율을 E_1으로 상승시킨다. 이자율 하락은 투자 증가와 순수출 증가라는 두 가지 경로를 통해 총수요를 증가시킨다.

이 감소되므로 소득 증가가 부분적으로 상쇄된다. 반면 확장적인 통화정책은 환율을 상승시키므로 그에 따른 순수출 증가가 소득 증가의 효과를 증폭시킨다.

(2) 변동환율제도 하에서의 먼델-플레밍 모형

먼델-플레밍모형은 $IS-LM-IP$ 모형과 달리 이자율평가 관계를 $i=i^*$로 단순화하므로, 식 (34.5)와 식 (34.6)으로 나타내어진다. 앞에서 언급한 바와 같이 이 모형에서는 국내이자율이 $i=i^*$로 고정되므로, 개방경제를 (소득, 이자율) 평면 대신 (소득, 환율) 평면에서 분석하게 된다.

어느 평면에서 모형을 분석하는가를 구분하는 것도 중요하지만, $i=i^*$의 가정을 도입하면 명목환율과 이자율이 서로 독립적으로 결정된다는 점이 중요하다. 사실 $i=i^*$의 가정은 이자율평가 관계식 $i=i^*+\dfrac{E^e-E}{E}$에서 $E^e=E$로 놓은 것이다. 이러한 가정은 환율이 상승하거나 하락하는 경우에도 예상환율 수준이 즉각 새로운 환율 수준으로 조정되어 예상평가절하율이 항상 0으로 유지된다는 것을 뜻한다. 따라서 국내이자율은 환율과 무관하게 국제이자율 수준으로 고정된다.

그림 34-4에는 (Y, E) 평면에 새롭게 정의된 $IS-LM$곡선이 나타나 있다. 종축의 가격변수로 이자율 대신 환율을 사용하기 때문에 IS, LM 대신 각각 IS^*, LM^*로 다르게 표기하기로 한다. 환율이 상승함에 따라 순수출이 증가하므로 IS^* 곡선은 우상향한다. LM^* 곡선은 수직이 되는데, 식 (34.6)에 따라 화폐수요가 환율과 무관하게 결정되기 때문이다.

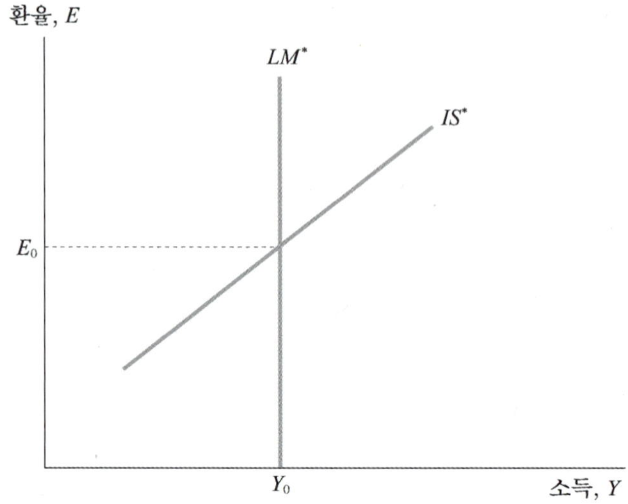

그림 34–4 변동환율제도 하의 먼델–플레밍모형

국내이자율이 환율과 무관하게 국제이자율 수준으로 고정되었다고 가정하면($i=i^*$), 개방거시경제모형을 (Y, E) 평면에 표현하는 것이 유용하며, 종래의 $IS-LM$곡선은 IS^*-LM^*곡선으로 바뀐다. 환율 상승으로 순수출이 증가하고 소득이 증가하므로 IS^*곡선은 우상향한다. 한편, 화폐수요가 환율과 무관하게 결정되기 때문에 LM^*곡선은 수직이 된다. 그림에서 수요 측면의 거시경제 균형을 이루는 소득, 이자율, 환율의 조합은 (Y_0, i^*, E_0)이다.

이제 재정정책과 통화정책이 먼델-플레밍모형에서 어떤 결과를 가져오는지 분석해 보자. 먼저 재정지출 증가의 효과를 살펴보자. 정부지출 증가는 소득을 증가시키는 방향으로 작동하므로 IS^*곡선이 바깥으로 이동하게 된다. 그러나 **그림 34–5**에서처럼 소득은 변함이 없고 환율만 하락하는데, 이는 LM^*곡선이 수직이기 때문이다.

그러면 이러한 결과가 나타나는 이유는 무엇일까? 폐쇄경제에서 정부지출의 증가는 소득을 증가시키고 이자율을 상승시킨다. 물론 개방경제 하에서도 정부지출의 증가는 적어도 그 효과의 방향 면에서는 소득과 이자율을 상승시키는 쪽으로 작동하게 된다. 그러나 국가 간의 자본 유출입 때문에 이자율이 상승할 수 없다는 점에 유의해야 한다. 이자율 상승과 국내채권가격 하락 압력이 발생하더라도, 그 즉시 국내채권에 대한 수요가 증가하여 국내채권의 가격과 이자율을 종전의 수준으로 되돌려 놓는다. 다만 자본유입 압력은 국내통화의 가치를 상승시킨다. 국내통화의 절상은 순수출을 감소시키는데, 순수출의 감소분과 정부지출 증가분과 완전히 상쇄되어 결과적으로 소득은 변하지 않게 된다.

그러면 두 효과가 정확히 상쇄되어 소득이 변하지 않는 이유는 무엇인가? 이는 수직의 LM^*곡선과 관계된다. 화폐시장의 균형식 $\frac{M}{P}=L(Y,\ i^*)$를 살펴볼 때 통화공급량에 변함이 없고 물가는 단기적으로 고정된 것으로 간주하므로, 좌변의 실질통화공급량도 변함이 없다. 따라서 화폐시장이 균형을 이루려면 우변의 화폐수요량도 변함이 없어야 한다. 정부지출에 의한 변화요인이 발생하더라도 국내이자율은

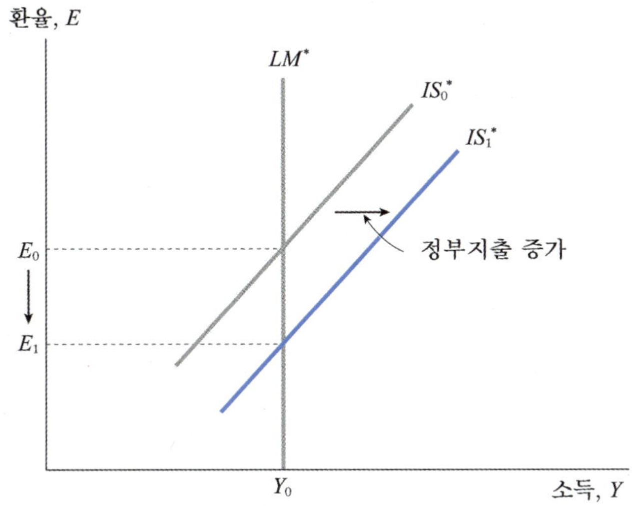

그림 34-5 먼델-플레밍모형에서의 정부지출 증가의 효과

정부지출 증가에 의해 IS^* 곡선이 바깥으로 이동하게 된다. 그러나 LM^* 곡선이 수직이기 때문에 소득에는 변함이 없고 환율이 E_1으로 하락한다. 정부지출 증가의 효과는 순수출 감소로 정확히 상쇄된다.

즉각적으로 국제이자율 수준 i^*로 되돌아가므로 소득 Y에 변함이 없어야만 화폐수요량도 변하지 않는다.

여기서 우리는 변동환율제도 하에서의 재정정책 효과가 먼델-플레밍모형과 $IS-LM-IP$ 모형에서 다르게 나타난다는 것을 알 수 있다. 먼저 소개한 $IS-LM-IP$ 모형에서는 재정확대가 소득과 이자율을 상승시켰다. $IS-LM-IP$ 모형은 $i=i^*$가 아닌 $i=i^*+\dfrac{E^e-E}{E}$의 관계를 가정하므로 국가 간에 이자율 차이가 발생하는 것이 허용된다.[4] 따라서 재정확대에 의해 국내이자율이 상승할 수 있는데, 예상환율 수준이 변하지 않는다면($E^e=\overline{E^e}$) 국내이자율은 환율이 하락하는 만큼 상승할 수 있다. 단, 이자율의 상승폭은 폐쇄경제에 비하면 작아지는데 자본의 유입이 상승하려는 이자율을 다시 내려주는 효과가 있기 때문이다.

그러면 이자율과 함께 소득이 증가하는 이유는 무엇인가? 이는 재정확대에 의한 소득 증가가 환율의 하락으로 인한 순수출 감소를 상쇄하고 남는다는 것을 뜻한다. 이 역시 화폐시장의 균형식 $\dfrac{M}{P}=L(Y,\ i)$를 통해 확인할 수 있다. 앞에서와 같은 이유로 좌변의 실질통화공급량에 변함이 없다면 우변의 화폐수요량에도 변함이 없어야 하는데, 국내이자율 상승에 의한 화폐수요 감소를 상쇄시키기 위해서는 소득 Y가 증가해야 하기 때문이다.

4) 물론 그 차이는 예상평가절하율이다. 이자율평가에서는 예상환율 수준이 현재의 환율 수준과 같을 필요가 없으므로 예상평가절하율이 0으로 고정되지 않는다.

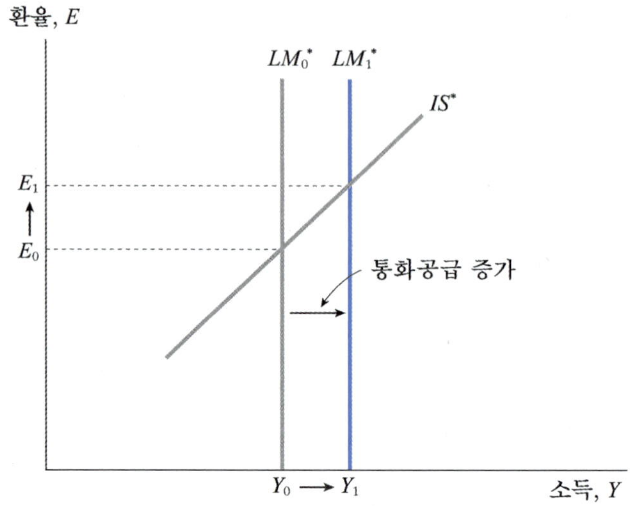

그림 34-6 먼델-플레밍모형에서의 통화공급 증가의 효과

확장적 통화정책으로 LM^* 곡선이 바깥으로 이동하며 환율은 E_1으로 상승하고 소득은 Y_1으로 증가한다. 이자율은 변하지 않기 때문에 환율경로만 작동한다.

다소 복잡한 이제까지의 논의를 요약해 보자. 먼델-플레밍모형에 따르면 변동환율제도 하에서 재정정책의 효과는 없다고 말할 수 있다. 그러나 이러한 결과는 $i=i^*$의 가정에 의한 것이며, $i \neq i^*$를 허용하는 $IS-LM-IP$ 모형에 따르면 변동환율제도 하에서도 재정정책의 효과는 있는 것으로 나타난다.

이제 먼델-플레밍모형에서 통화정책 효과는 어떠한지 알아보자. 먼저 그림을 통해 살펴보면, **그림 34-6**에 나타나 있듯이 확장적 통화정책은 LM^*곡선을 오른쪽으로 이동시키므로 소득이 증가하고 환율은 상승한다. 폐쇄경제에서 통화정책이 소득에 영향을 미치는 경로는 이자율이지만, 여기서는 $i=i^*$이므로 이자율경로는 작동하지 않는다.

그러면 통화공급 확대가 소득을 증가시키는 이유는 무엇인가? 통화공급의 증가로 인해 국내이자율의 하락 압력(=국내채권가격 상승 압력)이 발생하는데 이는 곧바로 해외채권투자 수요를 증가시키고 그 과정에서 환율이 상승하게 된다. 환율의 상승은 순수출을 증가시키므로 소득이 증가하게 된다. 이자율경로가 아닌 환율경로를 통해 소득이 증가하는 것이다.[5] 따라서 통화공급 확대로 총수요 구성요소 가운데 소비와 순수출이 증가하게 된다. 이자율은 $i=i^*$로 고정되므로 투자에는 변함이 없다.

5) $IS-LM-IP$ 모형에서는 통화공급 증가가 환율의 상승뿐만 아니라 이자율의 하락도 가져오므로 환율경로와 이자율경로가 함께 작동한다.

34-3 고정환율제도 하의 거시경제모형

이상에서는 변동환율제도를 채택한 거시경제모형을 분석하면서 중앙은행이 통화량을 자율적으로 결정하고 환율은 외환시장에서 자유롭게 변동하는 경우를 상정하였다. 그러나 이러한 상황은 현실과 완전히 부합하지는 않는다. 명시적이든 암묵적이든 환율에 대한 일정한 목표치를 두거나, 적어도 환율이 변동할 수 있는 범위에 대한 목표를 갖고 있는 경우가 더 많다. 극단적인 경우가 고정환율제도이다. 여기서는 고정환율제도 하의 개방거시경제모형을 분석해 보자.

분석에 앞서 주지해야 할 사항은 고정환율을 유지하기 위해서는 중앙은행이 자율적인 통화정책을 포기해야 한다는 점이다. 환율이 중앙은행의 선언만으로 고정될 수 있는 것은 아니기 때문이다. 환율을 특정한 수준으로 유지하기 위해서는 그렇게 되도록 시장에 개입해야 한다. 외환시장에서 환율의 상승 압력이 발생하면 중앙은행은 환율을 원래의 목표수준으로 낮추기 위해 외환을 공급해야 한다. 환율의 하락 압력이 발생하면 환율을 높이기 위해 외환을 매입해야 한다. 그런데 외환을 공급하는 것은 반대급부로 국내통화를 환수하는 것이고 외환을 매입하는 것은 국내통화를 공급하는 것이다. 따라서 목표환율을 유지하기 위해서는 그에 따른 통화량의 증감을 감수해야 한다.

고정환율을 유지하기 위해 중앙은행은 자율적인 통화정책을 포기할 수밖에 없다. 어떤 이유로 중앙은행이 국채를 공개시장 매입하면 통화량이 증가하고 이자율이 하락하지만 자본유출 압력이 발생하여 환율이 상승하게 된다. 반대로 중앙은행이 국채를 공개시장 매각하면 통화량은 감소하고 이자율은 상승하지만 자본유입 압력이 발생하여 환율이 하락하게 된다. 그런데 중앙은행은 환율의 상승이나 하락을 용인할 수 없으므로, 애초부터 통화량을 조절하기 위해 공개시장운용에 나서는 것 자체가 모순적인 행동인 것이다.

이 관계를 수식으로 확인해 보면 다음과 같다. 고정환율 수준이 유지되면 환율과 예상환율은 각각 $E=\overline{E}$, $E^e=\overline{E}$가 되므로 이자율평가 관계는 다음과 같이 단순화된다.

$$i = i^* + \frac{\overline{E} - \overline{E}}{\overline{E}} = i^* \qquad (34.7)$$

즉, 고정환율제도 하에서는 양국의 이자율이 같아진다($i = i^*$). 이는 중앙은행이 이자율을 자율적으로 변경할 수 없다는 것을 뜻한다.

표 34-1 중앙은행의 대차대조표

순국내자산 순해외자산(=외환보유고)	본원통화

이 관계는 중앙은행의 대차대조표로도 확인된다. 표 34-1에는 단순화된 중앙은행의 대차대조표가 나타나 있는데 통화성 부채인 본원통화는 순국내자산과 순해외자산(=외환보유고, foreign exchange reserve)의 합과 같다. 편의상 순국내자산이 공개시장운용 대상인 국채로만 이루어져 있다면 변화분 기준으로는 다음 관계가 성립한다.

$$\Delta \text{국채} + \Delta \text{외환보유고} = \Delta \text{본원통화}$$

공개시장 매입(Δ국채 > 0)에 의한 본원통화의 증가는 이자율 하락과 환율 상승 압력을 가져오므로 보유외환을 매각(Δ외환보유고 < 0)해야만 환율 상승을 막을 수 있다. 공개시장 매각(Δ국채 < 0)에 의한 본원통화의 감소는 이자율 상승과 환율 하락 압력을 가져오므로 외환을 매입(Δ외환보유고 > 0)해야만 환율 하락을 막을 수 있다. 이와 같이 중앙은행의 공개시장운용에는 그에 상응하는 외환시장개입이 수반되어야 하므로 다음 관계가 성립한다.

$$\Delta \text{국채} + \Delta \text{외환보유고} = 0 \quad \Leftrightarrow \quad \Delta \text{본원통화} = 0$$

고정환율제도 하의 중앙은행은 자유재량에 의해 본원통화량을 증가시키거나 감소시키는 것이 불가능하다. 예를 들어, 중앙은행은 경기침체를 극복하고 실업률을 낮추기 위하여 확장적인 통화정책을 쓰고 싶지만 환율을 일정한 수준으로 유지하려면 그렇게 할 수 없다. 물가 상승을 억제하기 위해 긴축적인 통화정책을 쓰고 싶어도 그렇게 할 수 없다. 물론 그렇다고 해서 고정환율제도 하에서 통화량 자체가 전혀 변하지 않는다는 것은 아니다. 만약 경기호황에 의한 소득 증가에 따라 화폐수요가 증가하면 이자율이 상승하게 된다. 이자율 상승으로 환율 하락 압력이 발생하면 중앙은행이 외환을 매입하여야 하므로 통화량이 증가하게 된다. 즉, 경제 내적으로 발생한 요인을 수용하는 차원의 통화정책을 펼 수는 있지만 자율적인 통화량의 변경은 어렵다.

(1) 고정환율제도 하에서의 $IS-LM-IP$ 모형

고정환율제도 하에서는 $i=i^*$의 관계가 성립하므로 앞의 **그림 34-1**에서와 같이 $IS-LM-IP$ 모형을 두 그래프를 연결시켜 표시할 필요가 없다. 대신 **그림 34-7**에서처럼 $IS-LM$곡선에 $i=i^*$의 관계를 나타내는 수평선을 추가하면 된다.

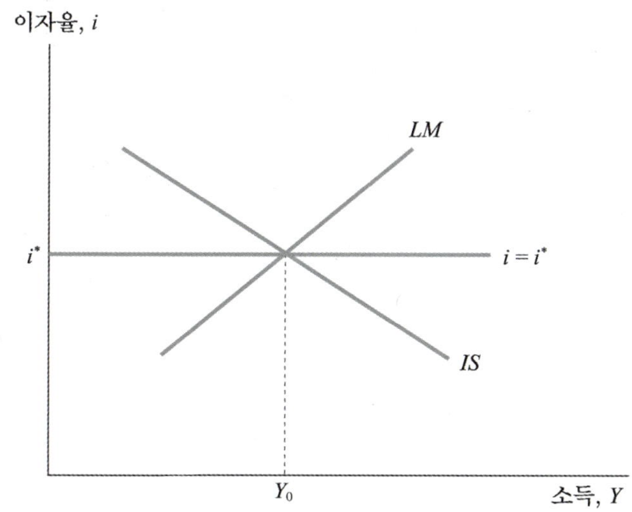

그림 34-7 고정환율제도 하에서의 $IS-LM-IP$ 모형

환율이 $E=\overline{E}$로 고정된 고정환율제도 하에서는 $i=i^*$의 관계가 성립하므로 $IS-LM-IP$ 모형을 분석하기 위해서는 $IS-LM$곡선에 $i=i^*$의 관계를 나타내는 수평선을 추가하면 된다. 경제는 세 곡선이 만나는 점에서 균형을 이루는데, 이때 소득, 이자율, 환율의 조합은 $(Y_0, i^*, \overline{E})$이다.

그런데 앞에서 설명한 바와 같이 통화정책을 자율적으로 수행할 수 없으므로 중앙은행이 LM곡선을 움직이는 것 자체가 불가능하다. 사실 통화정책에 의해 LM곡선이 안쪽으로 또는 바깥으로 이동할 수는 있으나, 환율을 유지하기 위한 외환시장 개입이 그 효과를 상쇄시키기 때문에 LM곡선이 다시 원위치로 돌아가게 된다. 이러한 과정은 매우 빠른 시간 안에 이루어지므로 차라리 LM곡선 자체를 움직일 수 없다고 이해하는 편이 낫다.[6] 자율적인 통화정책을 포기하고 고정환율제도를 택

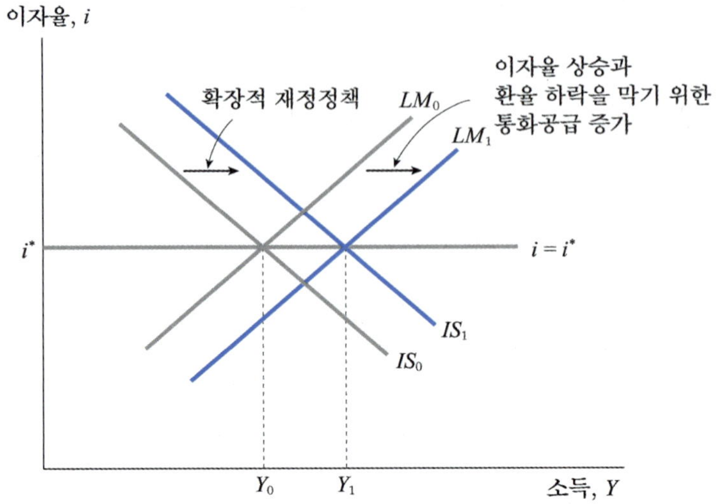

그림 34-8 고정환율제도 하에서의 재정정책의 효과: $IS-LM-IP$ 모형

재정지출의 증가 또는 조세의 감면은 IS 곡선을 바깥으로 이동시키므로 이자율이 i^* 위로 상승하게 된다. 이자율 상승은 환율 하락 압력을 발생시키므로 고정환율 수준을 유지하기 위해 통화당국은 외환을 매입해야 한다. 외환의 매입은 통화량을 증가시키므로 LM 곡선이 바깥으로 이동한다. 고정환율제도 하의 재정정책은 통화정책을 수반하므로 그 효과가 증폭된다.

한 것이므로 고정환율제도 하에서의 통화정책은 별 의미가 없는 것이다.

그러나 재정정책은 효과를 발휘한다. 확장적인 재정정책의 예를 들어 보자. 재정지출의 증가 또는 조세의 감면은 이자율을 상승시킨다. 이자율의 상승은 환율 하락 압력을 발생시키므로 환율 수준 유지를 위해 외환을 매입해야 하는데 이는 통화량을 증가시킨다. 즉, 고정환율제도 하의 재정정책은 통화정책을 수반하므로 그 효과가 증폭된다. 이러한 관계가 **그림 34-8**에 나와 있다. 재정확대로 IS곡선이 바깥으로 이동하는데, 그로 인한 이자율의 상승과 환율 하락을 막기 위해 중앙은행이 통화량을 증가시키므로 LM곡선도 함께 바깥으로 이동하게 된다.

(2) 고정환율제도 하에서의 먼델-플레밍모형

먼델-플레밍모형은 원래부터 $i = i^*$의 관계를 사용하므로 **그림 34-4**를 그대로 사용해도 된다. 이미 설명한 바와 같이 통화정책을 자율적으로 수행할 수 없으므로 중앙은행 스스로 LM^* 곡선을 움직여 이자율을 변경하는 것은 불가능하다. 그러나 IS^* 곡선을 움직이는 것은 가능하다. 예를 들어, 확장적인 재정정책은 이자율을 상승시키는데, 이자율 상승과 환율 하락 압력을 막기 위해 중앙은행은 통화공급을 증가시켜야 한다. 이러한 관계가 **그림 34-9**에 나와 있다. 재정확대로 IS^* 곡선이 바깥

6) 이자율이 결정되는 채권시장, 환율이 결정되는 외환시장 등 금융시장의 반응속도는 실물시장에 비해 매우 빠르다는 점을 상기하면 된다.

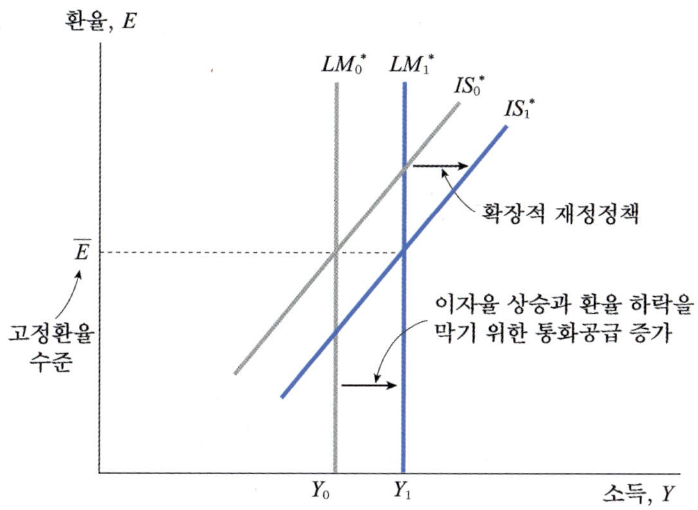

그림 34-9 고정환율제도 하에서의 재정정책의 효과: 먼델-플레밍모형

확장적인 재정정책은 IS^* 곡선을 바깥으로 이동시키므로 이자율 상승 압력과 환율 하락 압력을 발생시킨다. 고정환율 수준 $\overline{E}$를 유지하기 위해 통화당국은 외환을 매입하는데, 외환의 매입은 통화량을 증가시키므로 LM^* 곡선이 바깥으로 이동한다. 고정환율제도 하의 재정정책은 통화정책을 수반하므로 그 효과가 증폭된다.

으로 이동하는데, 환율 유지를 위해 중앙은행이 통화량을 증가시켜야 하므로 LM^* 곡선도 IS^* 곡선과 함께 바깥으로 이동하게 된다.[7]

7) 이상의 논의에서 고정환율제도 하에서는 자율적인 통화정책이 불가능하다는 것을 보여주었지만, 이는 글자 그대로 고정된 환율목표를 유지하는 경우에 해당하는 것이다. 환율의 절하 또는 절상을 용인하면 그렇지 않다. 예를 들어, 환율의 평가절하(devaluation)를 유도하려면 국내통화의 가치를 떨어뜨리기 위한 통화공급의 확대가 필요하다. 이는 이상의 두 모형에서 LM 또는 LM^* 곡선이 바깥으로 이동하는 것으로 나타난다.

제35장 환율과 물가의 조정, 외환위기, 환율제도의 선택

앞 장에서는 단기적으로 가격이 고정된 개방거시경제모형에 대해 살펴보았다. 이 장에서는 이 모형을 바탕으로 개방거시경제의 몇 가지 중요한 문제를 더 다룬다. 먼저 물가가 고정된 단기를 넘어 물가가 조정되는 단계로 넘어가면 어떠한 변화가 일어나는지 살펴본다. 나아가 변동환율제도 하에서 환율과 물가의 조정속도가 다르기 때문에 발생하는 오버슈팅(overshooting)의 문제를 다루며, 고정환율제도 하에서 종종 발생하는 외환위기(currency crisis)에 대해서도 알아본다. 마지막으로는 변동환율제도와 고정환율제도의 장 · 단점에 대해 논의한다.

35-1 개방거시경제의 장 · 단기 균형

(1) 개방경제의 총수요곡선

지금까지는 단기적으로 물가가 고정된 개방경제를 다루었지만 이제 물가가 변할 경우 어떤 변화가 일어나는지 알아보자. 앞 장에서 이미 소개하였지만 개방거시경제모형은 다음 세 식으로 묘사된다.

$$IS:\ Y = C(Y-T) + I(i-\pi^e) + G + NX\left(\frac{EP^*}{P},\ Y,\ Y^*\right) \quad (35.1)$$

$$LM:\ \frac{M}{P} = L(Y,\ i) \quad (35.2)$$

$$IP:\ i = i^* + \frac{E^e - E}{E} \quad (35.3)$$

위 모형에서 물가 P는 LM 식의 실질잔고와 IS 식의 실질환율에 들어가 있음을 알 수 있다. 물가와 소득의 관계를 알아보기 위해, 물가가 하락한 경우에 소득에 어떠한 영향을 주는지 살펴보기로 하자. 먼저 변동환율제도의 경우부터 살펴보자. 물가가 하락하면 실질환율이 절하되어$\left(\frac{EP^*}{P}\uparrow\right)$ 순수출이 증가하는데, 이는 IS곡선이 우측으로 이동함을 의미한다. 물가의 하락은 실질잔고를 증가시키므로 $\left(\frac{M}{P}\uparrow\right)$

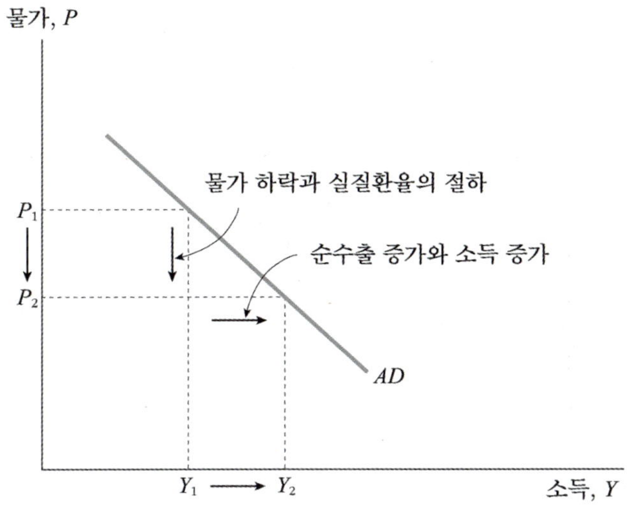

그림 35-1 개방경제의 총수요곡선

그림에서처럼 물가가 P_1에서 P_2로 하락하면 실질환율이 절하되어 순수출이 증가하고 소득이 Y_1에서 Y_2로 증가한다. 이와 같은 물가와 소득의 음(−)의 관계는 총수요곡선으로 요약된다.

LM곡선 역시 우측으로 이동한다. 따라서 물가의 하락은 소득을 증가시킨다. **그림 35-1**에서와 같이 물가와 소득은 서로 반대로 움직이게 되는데, 이 관계가 바로 개방경제 하의 총수요곡선이다.

여기서 유의할 점은 변동환율제도 하에서 물가의 하락이 소득을 증가시키는 것은 분명하지만 이자율과 환율에 미치는 효과는 불확실하다는 점이다. 물가의 변화에 따라 IS곡선과 LM곡선이 같은 방향으로 움직이기 때문에 소득이 증가하는 것은 확실하지만 이자율에 미치는 효과는 불확실하기 때문이다.[1)] 이자율에 미치는 효과가 불확실하므로 투자가 증가할지 감소할지 사전적으로 알 수 없다. 따라서 폐쇄경제에서처럼 물가가 하락할 때, '실질잔고 증가 → 이자율 하락 → 투자 증가'의 경로가 작동하는지에 대해 일방적인 결론을 내릴 수 없다. 다만, 예상평가절하율이 0으로 유지되는 특수한 경우에는 $i=i^*$의 관계가 성립하므로 이자율과 명목환율은 변하지 않으며, 이 경우에는 투자가 증가하는 경로는 작동하지 않고 순수출이 증가하는 경로만 작동한다.

고정환율제도 하에서도 물가의 하락은 '실질환율 절하 → 순수출 증가'의 경로를 통해 소득을 증가시키게 된다. 고정환율제도의 특성상 $E=\overline{E}=E^e$로 인해 $i=i^*$

1) 이자율에 미치는 효과가 불확실하므로 환율에 미치는 효과도 불확실하다. 단, 예상환율 수준이 고정된 상태로 이자율평가가 성립한다는 것을 전제로 하면, 이자율 하락은 환율 상승을, 이자율 상승은 환율 하락을 수반한다는 것을 알 수 있다.

의 관계가 성립하므로 물가가 변해도 환율은 물론 이자율도 변하지 않는다. 따라서 고정환율제도 하에서 물가 하락이 소득을 증가시키는 경로는 순수출을 통해서만 작동한다. 이자율이 변하지 않으므로 투자도 변하지 않기 때문이다. 폐쇄경제에서 물가의 하락은 '실질잔고 증가 → 이자율 하락 → 투자 증가'의 경로를 통해 소득을 증가시키지만, 고정환율제도 하의 개방경제에서는 이러한 경로 대신 '실질환율 절하 → 순수출 증가'의 경로만 작동한다.

폐쇄경제 하에서 총수요곡선이 $IS-LM$ 모형으로부터 도출되는 반면, 이상에서 설명한 대로 개방경제 하의 총수요곡선은 $IS-LM-IP$ 모형 또는 먼델-플레밍모형으로부터 도출되므로 그 유사점과 차이점에 대해 유의할 필요가 있다. 물론 두 경우 모두 총수요곡선은 물가 변화에 따른 단기균형의 궤적이라는 것은 마찬가지이다. 따라서 소득을 증대시키는 충격이 발생하면 총수요곡선은 우측으로, 소득을 감소시키는 충격이 발생하면 총수요곡선은 좌측으로 이동하게 된다.

(2) 개방경제의 장기균형

그러면 이러한 단기균형은 장기균형과 어떻게 관계되는가? 우선 장기균형 하에서는 경제가 자연소득 수준을 생산한다는 점을 상기할 필요가 있다. 폐쇄경제의 분석에서 단기균형소득이 장기균형소득에 못 미치는 경우에 물가가 서서히 하락하게 되고, 단기균형소득이 장기균형소득을 초과하는 경우에는 물가가 서서히 상승하면서 장기균형을 찾아가게 된다는 것을 논의한 바 있다. 개방경제에서도 마찬가지의 경로를 거쳐 장기균형을 회복하게 된다.

개방경제의 총공급곡선 역시 폐쇄경제와 마찬가지로 제16장에서 살펴본 대로 다음과 같이 주어진다.

$$Y = Y_n + \alpha(P - P^e) \tag{35.4}$$

그런데 케인즈학파가 가정하는 것처럼 단기적으로 가격의 경직성이 존재하는 경우에는 예상물가 수준에 대하여 $P^e = P_{-1}$으로 가정할 수 있다.

$$Y = Y_n + \alpha(P - P_{-1}) \tag{35.5}$$

따라서 $Y < Y_n$ 이면 P가 하락하고 $Y > Y_n$ 이면 P가 상승하게 된다.

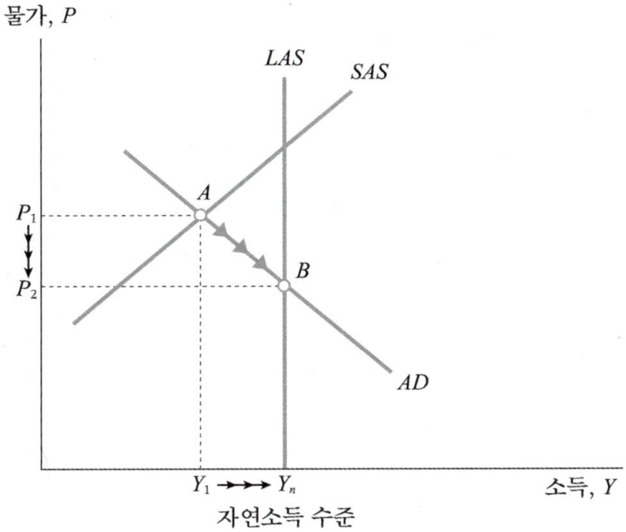

그림 35–2 단기균형에서 장기균형으로

그림의 A점에서는 단기균형소득(Y_1)이 자연소득 수준(Y_n)에 미달하여 물가가 하락하기 시작한다. 물가의 하락은 총공급곡선을 서서히 아래쪽으로 움직이게 하며, 단기균형점들은 AD곡선을 따라 장기균형점 B로 이동한다. 이 과정에서 '물가 하락 → 실질환율 절하 → 순수출 증가 → 소득 증가'의 경로를 통해 소득이 증가한다.

그림 35–2에는 개방경제의 총수요와 총공급 조건에 의해 단기균형소득이 자연소득 수준에 미달하는 경우가 나타나 있는데, 이 점은 A로 표시된다. 이 경우에는 물가가 하락하기 시작한다. 물가의 하락은 총공급곡선을 서서히 아래쪽으로 움직이게 하며, 단기균형점들은 AD곡선을 따라 장기균형점 B로 이동하게 된다. 이 과정에서 물가의 하락이 실질환율$\left(\dfrac{EP^*}{P}\right)$을 절하시키는 경로를 통해 소득이 증가된다.

그런데 단기균형 A점에서 장기균형 B점으로 가는 과정에 많은 시간이 소요될 수도 있다. 앞서 소개한 J-커브 효과 등을 고려하면 장기균형으로 돌아가는 과정은 매우 길고 고통스러울 수도 있다. 그러면 이때 경제가 장기균형으로 빨리 회복할 수 있도록 하기 위해 정부가 취할 수 있는 정책은 무엇인가? 대표적인 것은 자국통화의 평가절하를 유도하는 것이다. 이는 고정환율제도를 채택하는 국가들이 흔히 사용하는 방법인데, 기존의 환율 목표를 포기하고 더 높은 명목환율 수준을 타깃으로 삼는 것이다. 그렇게 하기 위해 중앙은행은 외환을 매입하고 통화량을 증가시키게 된다. 만약 중앙은행이 장기균형을 회복할 수 있도록 정확한 규모의 평가절하를 유도할 수 있다면 총수요곡선은 우측으로 이동하고 **그림 35–3**에서와 같이 경제는 A점에서 C점으로 이동하게 된다.

그림 35-3 평가절하의 효과

그림의 A점에서는 단기균형소득(Y_1)이 자연소득 수준(Y_n)에 미달하고 있다. 만약 통화당국이 장기균형을 회복할 수 있도록 정확한 규모의 평가절하를 유도할 수 있다면 총수요곡선은 우측으로 이동하고 경제는 A점에서 자연소득 수준을 달성하는 C점으로 이동하게 된다.

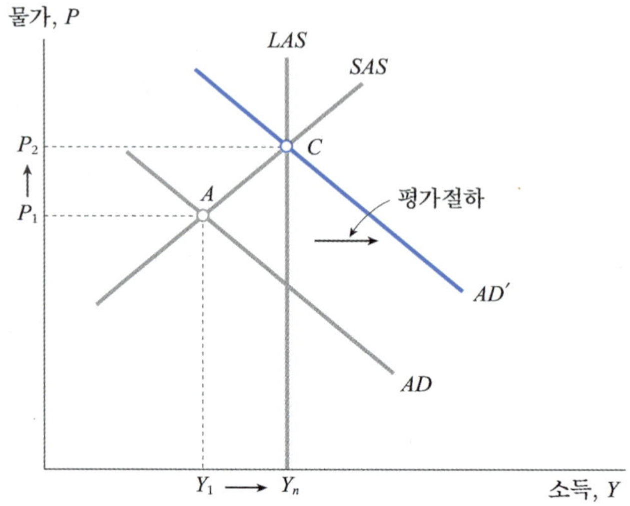

(3) 국제수지와 개방경제의 장·단기 균형

이제까지 우리는 개방경제의 장·단기 균형에 대해 논의하였을 뿐 국제수지의 균형 문제는 명시적으로 다루지 않았다. 국제수지 문제를 살펴보기 위해서는 우선 변동환율제도와 고정환율제도 하에서 각각 환율이 어떻게 형성되는가를 다시 한번 명확히 이해할 필요가 있다.

국제수지(BP: Balance of Payments)를 순수출(NX)과 자본유출입(CF: Capital Flows)의 합으로 정의할 때, 국제수지균형은 다음의 관계를 뜻한다.

$$NX + CF = 0 \tag{35.6}$$

중앙은행이 외환시장에 전혀 개입하지 않는 순수한 변동환율제도 하에서 환율은 순전히 민간부문에 의한 외환의 수요·공급에 의해 결정된다. 물론 국제수지가 균형을 이루더라도 $NX > 0$, $CF < 0$ 또는 $NX < 0$, $CF > 0$의 관계가 모두 가능하다. 순수출, 즉 무역수지의 불균형은 자본의 유출입에 의해 보전되며 환율이 자유롭게 움직이면서 이 관계가 성립하도록 해 준다. 경제가 단기 또는 장기 균형 상태에 놓여 있더라도 무역수지 불균형이 발생할 수 있다. 앞의 **그림 35-2**의 장기균형점에서 무역수지가 균형($NX = 0$)을 이루고 있는 것은 아니다. 물론 단기균형점 A도 무역수지 균형점이라는 보장은 없다.

만약 변동환율제도를 채택하고 있는 경제가 자연소득 수준에서 장기균형을 달성

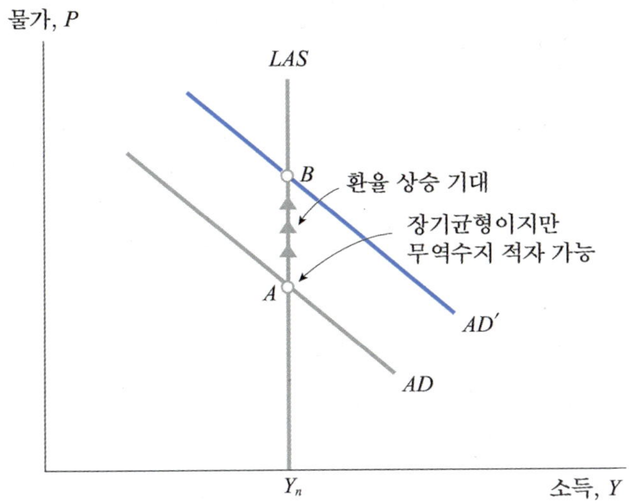

그림 35-4 경제의 장기균형과 무역수지 불균형

그림에서 경제는 A점에서 장기균형을 달성하고 있지만 무역수지 적자를 보일 수 있다. 만약 그만큼의 자본유입이 원활히 이루어지면 A점은 지속가능하다. 단, 무역수지 적자의 누적으로 환율이 상승할 것으로 기대되면, 실제로 환율이 상승하고 총수요곡선은 서서히 우측으로 이동하기 시작한다. 그에 따라 경제는 A점에서 서서히 B점으로 이동하게 된다. 물론 경제가 B점에서 이동을 멈춘다고 하더라도 B점 역시 무역수지 균형점일 필요는 없다.

하고 있지만 무역수지 적자를 보이고 있다고 해 보자. 무역수지가 적자라 할지라도 현재의 환율 수준에서 그만큼 자본이 유입될 유인이 존재하면 이러한 장기균형은 계속 유지될 수 있다.[2] 그러나 지속적인 무역수지 적자로 인해 외환시장에서 환율 절하의 기대가 형성되면($E^e \uparrow$) 자본유출 압력이 발생하고 그로 인해 환율이 상승하게 된다. 실질환율의 절하로 순수출이 증가하고 무역수지는 점차 개선된다.

이러한 과정이 **그림 35-4**에 나와 있다. 경제는 A점에서 장기균형을 달성하고 있다. 이 A점이 장기균형점일지라도 동시에 무역수지가 균형점이라는 보장은 없다. 무역수지가 적자인데 그만큼의 자본유입이 원활히 이루어지면 A점은 역시 지속가능하다. 그러나 무역수지 적자의 누적으로 환율이 상승할 것으로 기대되면, 실제로 환율이 상승하기 시작하고 총수요곡선은 서서히 우측으로 이동하기 시작한다. 그에 따라 경제가 A점에서 서서히 B점으로 이동하게 된다.[3] 물론 경제가 B점에서 이동을 멈춘다고 하더라도 그 B점 역시 무역수지 균형점이라는 보장은 없다. B점은 단지 A점에 비해 무역수지가 개선된 점일 뿐이기 때문이다.

2) 미국은 무역수지 적자가 지속적으로 누적되어 온 대표적인 국가이지만, 2010년대 중반부터 코로나 위기 이전까지 심각한 경기침체 없이 완전고용에 가까운 장기균형을 달성하고 있다. 대외적인 불균형이 심각한 상태일지라도 자본이 그만큼 세계 각지에서 유입되고 있기 때문에 무역수지 적자의 누적이 가능한 것이다.

3) 그림에 표시하지는 않았지만 물가 상승으로 인해 단기총공급곡선도 서서히 상향 이동하면서 단기균형점이 B점으로 옮겨가게 된다.

요약하면, 순수한 변동환율제도 하에서는 순수출과 자본유출입을 합한 국제수지가 중앙은행의 개입 없이 민간부문에 의해 자동적으로 균형을 이루기 때문에, 비록 무역수지 적자가 발생한다고 하더라도 환율에 대한 기대가 변하지 않는 한 자본유입에 의해 무역수지 적자가 보전되는 상태가 지속될 수 있다. 물론 이러한 상황이 더 이상 지속되기 어려운 경우에는 환율이 상승하면서 무역수지 적자가 개선되는 과정을 밟게 된다.

그러면 고정환율제도를 채택하고 있는 국가가 A 점에서 지속적으로 무역수지 적자를 보이는 경우에는 어떻게 되겠는가? 고정환율제도를 채택한다고 하더라도 정해진 환율 수준에서 외환의 수요와 공급이 일치하여야만 그 환율 수준을 유지할 수 있다. 만약 무역수지 적자에도 불구하고 그만큼의 자본유입(외환공급)이 민간부문에서 이루어지지 못하는 경우라면, 중앙은행이 대신 외환을 공급하여 환율 수준을 유지하여야 한다. 자본유입이 원활히 이루어지지 않는 상태에서 중앙은행이 고정환율을 유지하려면 중앙은행이 외환을 지속적으로 공급해 주어야 한다. 그러나 문제는 중앙은행의 외환보유고가 고갈될 수 있다는 것이다.

35-2 외환위기

이제까지의 논의에서는 고정환율제도 하에서 사람들이 고정환율이 현재의 수준에서 계속 유지될 것이라고 믿는다는 가정을 도입하였다($E^e = \overline{E}$). 그러나 실제로 중앙은행이 현재의 고정환율 수준을 유지하는 것이 불가능한 경우가 있다. 앞에서 든 예처럼 무역수지 적자의 누적이 자본유입으로 충분히 보전되지 않을 때 중앙은행이 외환을 공급해 주어야 하지만 외환보유고가 바닥나서 그렇게 할 수 없는 경우이다. 이러한 상황을 국제수지위기(balance of payment crisis)라고 하는데, 이때 중앙은행은 고정환율을 유지하려는 외환시장 개입을 포기하고 평가절하를 용인하게 된다.

국제수지위기가 임박하거나 분명하게 예견되는 경우에 사람들은 중앙은행이 환율의 평가절하를 용인할 수밖에 없다는 것을 잘 알고 있으므로 국내통화를 매각하고 외환을 매입하기 시작한다. 평가절하에 대한 공포로 촉발된 민간부문의 외환매입은 중앙은행의 외환보유고를 더 빠른 속도로 감소시킨다. 중앙은행은 고정환율을 방어하면서 평가절하의 시기를 늦추고자 해도 더 이상 그렇게 할 수 없게 된다. 중앙은행이 고정환율을 유지할 수 있는 능력을 상실하게 되는 것이다. 더욱이 소폭의 평가절하로 대응하려 했던 중앙은행은 상상하지 못한 정도로 환율이 폭등하는 것을 그대로 지켜볼 수밖에 없다.

외환위기(currency crisis)를 초래하는 또 다른 이유는 무엇인가? 외환위기는 먼저 언급한 국제수지위기로부터 초래될 수도 있지만 정부의 재정적자 누적에 의해서도 촉발될 수 있다. 재정적자가 누적되어 재정이 극도로 부실해진 상태에서는 정부가 국채를 발행하려 해도 민간부문의 매입수요가 없으므로, 중앙은행으로 하여금 대신 매입하도록 할 수 있다. 중앙은행의 국채매입은 본원통화를 증가시키게 되는데, 중앙은행이 고정환율을 유지하기 위해서는 외환을 방출하여 통화를 환수함으로써 본원통화량을 그대로 유지해야 한다. 이 과정에서 중앙은행의 외환보유고가 감소하게 되고 환율을 유지할 수 없는 수준으로 외환보유고가 고갈되면 고정환율을 포기할 수밖에 없다.

고정환율제도 하에서 무역수지 적자의 누적이나 재정수지 적자의 누적에 의해 시작된 외환보유고의 고갈은, 경제가 이러한 상황에 이르게 되면 필연적으로 외환위기가 발생할 수밖에 없다는 것을 보여준다. 정부나 중앙은행 당국자가 나서서 민간부문을 안심시키는 발언을 하거나 민간부문에 의한 자본유출을 제한하는 정책을 써 보기도 하지만 결국 고정환율은 붕괴하게 된다.

그런데 외환위기는 경제가 필연적으로 고정환율의 붕괴를 가져올 정도로 나쁜 상태가 아닌데도 불구하고 발생할 수 있다. 이런 상황에서 일어나는 외환위기를 종종 자기실현적 외환위기(self-fulling currency crisis)라 부른다. 어떤 이유로 사람들이 환율의 평가절하를 예상하기 시작하였다고 하자. 사람들이 평가절하를 예상하게 되면($E^e \uparrow$) 자본유출 압력이 발생한다. 만약 중앙은행이 국내이자율을 올리지 않는다면 이자율평가는 깨지고 다음과 같은 관계가 성립하게 된다.

$$i - i^* < \frac{E^e - E}{E} \tag{35.7}$$

이러한 상황에서 자본유출 압력을 막기 위해 중앙은행이 할 수 있는 일은 국내이자율을 올려 자본유출 압력을 해소하는 것, 즉 위의 식이 다시 등식으로 유지되게끔 하는 것이다. 예를 들어 사람들이 3개월 내에 환율이 적어도 20%는 절하될 것이라고 믿게 되었다고 해 보자. 이러한 상황에서 중앙은행은 이자율을 얼마나 올려야 할까? 이자율은 연율로 계산하므로 20%가 아니라 80%나 된다. 자본유출을 막기 위해 이자율을 80%로 올린다는 것이 현실적으로 쉬운 것은 아니다. 처음에는 정부나 중앙은행 당국자가 나서서 외환시장을 안심시키는 발언을 하거나, 이자율을 다소 올리는 것으로 대응하려 하지만 외환시장을 진정시키기에는 역부족일 수밖에 없다.[4)]

많은 사람들이 1994년 멕시코 외환위기와는 달리 1997년 아시아 외환위기에 대해 자기실현적 성격이 짙다는 평가를 내리는 이유는 바로 멕시코 및 남미 국가들과 비교할 때 당시 아시아 국가들에게는 국제수지나 재정수지상의 문제가 별로 심각하지 않은 상태였기 때문이다. 대신 아시아 국가들에 대해서는 금융기관의 부실 문제가 자주 인용된다.

여기서는 금융기관의 부실 문제를 아시아 외환위기와 연결시키는 것과는 별개로, 금융기관의 부실화가 어떤 경로를 통해 외환위기를 촉발할 수 있는지에 대해 간략히 언급해 본다. 금융기관의 부실은 국내외 투자자들의 신뢰를 떨어뜨리게 되는데, 이는 리스크 프리미엄을 상승시키고 주식, 부동산 등의 자산가치를 떨어뜨리게 된다. 자산가치의 하락은 담보(collateral)가치의 하락을 통해 금융기관의 부실을 더 악화시킨다. 연쇄적인 금융기관의 부실화로 금융시스템이 붕괴될 것을 우려하는 중앙은행은 금융기관들에게 자금을 공급하기 시작하는데, 통화공급이 늘어나는 과정에서 환율을 유지시키는 능력을 상실할 수 있다. 이러한 일련의 과정에서 국내외 투자자들은 환율이 곧 절하될 것이라는 믿음을 갖게 되고 자본유출이 시작되며, 자기실현적 성격에 의해 위기의 발생은 앞당겨지고 위기의 정도가 심화된다.

4) 설사 이자율을 80%로 올려 이자율평가를 유지하고 자본유출을 막는다고 해도 이자율 폭등으로 인해 국내경기는 공황상태로 치닫게 될 것이다.

35-3 환율제도의 선택

이상에서는 개방거시경제를 변동환율제도와 고정환율제도로 구분하여 살펴보았다. 그런데 어느 환율제도를 택하는 것이 현명한가라는 관점에 볼 때, 이제까지의 논의를 그대로 따르자면 고정환율제도보다는 변동환율제도가 더 낫다는 쪽으로 기울게 된다. 변동환율제도 하에서는 자율적인 통화정책을 수행할 수 있는 반면, 고정환율제도 하에서는 통화당국이 고정환율을 유지하는 목표 때문에 통화정책을 자율적으로 수행할 수 없고 더욱이 고정환율을 유지하기 어려운 상황에 처하면 외환위기에 직면할 수도 있기 때문이다.

그러나 많은 경제학자들은 여전히 고정환율제도의 이점을 강조하고 있다. 사실 유로화라는 단일통화의 출범은 환율변동을 없애고 공동의 통화를 사용하는 것이 이상적이라는 믿음을 심어 주기도 한다. 따라서 여기서는 고정환율제도를 선호하는 주장의 근거에 대해 살펴본다. 물론 변동환율제도의 장 · 단점에 대한 논의도 자연스럽게 진행된다.

(1) 변동환율제도 하의 환율 변동성

우선 변동환율제도가 갖고 있는 문제점에 대해 알아보자. 좀 더 구체적으로 살펴보기 위해 이자율평가 관계식을 이용하여 환율을 다음과 같이 표시해 보자.

$$E = \frac{E^e}{1 + i - i^*} \qquad (35.8)$$

위와 같이 표시하면 현재의 환율 수준이 양국 간의 이자율 차이에도 의존하지만 미래환율에 대한 예상에 의해서도 영향을 받는다는 것을 쉽게 알 수 있다. 사실 이제까지는 분석의 편의상 예상환율이 적어도 단기적으로 고정된다는 $E^e = \overline{E}$의 가정을 사용하였는데, 이 가정을 도입하면 환율은 양국의 이자율 차에 의해서만 결정된다.

그러나 $E^e = \overline{E}$의 가정은 지나치게 단순한 면이 있다. 이자율평가가 성립하는 시간의 단위는 하루일 수도 있고, 한 달이거나 일 년일 수도 있다. 편의상 한 달이라고 하면, 오늘의 환율은 다음 달 환율에 대한 예상의 영향을 받는다. 그런데 다음 달의 환율은 다시 그 다음 달의 이자율 차이 및 그 다음 달의 환율에 대한 예상에 의해 영향을 받게 된다. 이런 과정은 계속되므로 결국 오늘의 환율 수준은 미래의 환율과 미래의 이자율에 대한 예상이 어떠한가에 달려 있다.

환율에 영향을 미치는 요인은 매우 복잡한 형태로 얽혀 있다. 더욱이 오늘의 이자율 차가 변하는 경우에는 그것이 미래의 이자율에 어떤 영향을 주는가도 중요하다. 마치 오늘의 주가가 예상되는 미래의 배당금이 얼마이고 예상되는 미래의 주가가 얼마인가에 따라 결정되듯이, 오늘의 환율도 미래의 이자율과 미래의 환율이 어떻게 움직일 것인가에 대한 예상에 의존하게 된다. 주가의 변동성과 마찬가지로 환율의 변동성이 심한 것은 바로 이러한 근본적 이유 때문이다.

여기서 환율의 변동성에 관해 자주 언급되는 환율의 오버슈팅(overshooting) 현상에 대해 알아볼 필요가 있다. 환율의 오버슈팅은 환율과 물가가 같은 속도로 조정되지 않기 때문에 발생하게 된다. 예를 들어, 확장적인 통화정책이 이자율을 하락시켰다고 하자. 미래환율에 대한 기대가 고정되었다면($E^e = \overline{E}$), 환율은 이자율평가 $E = \dfrac{E^e}{1+i-i^*}$에 의해 상승한다. 또한 이제까지의 논의에 따르면 단기적으로 물가는 경직적이므로 실질환율의 절하는 순수출과 소득을 증가시킨다.

그러나 여기서 두 가지 간과한 것이 있다. 하나는 확장적인 통화정책이라면 미래의 예상환율 수준을 상승시킨다는 것이다. 또 하나는 통화량 증가로 물가가 상승하기 시작한다는 것이다. 그런데 문제는 금융시장(또는 외환시장)에서 환율이 반응하는 속도와 상품시장에서 물가가 반응하는 속도에는 큰 차이가 존재한다는 것이다. 환율은 매우 빠르게 조정되는 반면, 물가는 서서히 조정된다.

그림 35-5를 통해 구체적으로 살펴보자. 좌측의 그래프는 이자율평가를, 우측의 그래프는 화폐시장의 수요와 공급을 나타낸다. 현재 소득이 자연소득 수준을 달성하고 있다고 하면, 점 A와 점 A'은 각각 자연소득 수준에서 이자율과 환율이 각각 i_0와 E_0로 형성되어 있음을 보여준다. 이때 확장적인 통화정책은 이자율을 i_1으로 하락시키는데, 환율에 대한 기대가 변하지 않는다면 환율은 E_1까지만 상승한다.

그러나 환율에 대한 기대가 바뀌어 예상환율 수준이 상승하는 경우에는 이자율평가 그래프가 왼쪽으로 이동하고 환율은 E_2까지 상승하게 된다. 따라서 새로운 단기균형은 (i_1, E_2)에서 이루어진다. 그런데 통화량 증가로 소득이 자연소득 수준을 넘어서면 물가는 서서히 상승하기 시작한다. 물가가 상승하면서 실질잔고가 감소하기 때문에 수직의 실질통화공급곡선은 서서히 왼쪽으로 이동한다. 경제가 장기균형을 회복한다면 실질통화공급곡선은 원래의 위치로 되돌아온다. 이자율 역시 원래의 수준으로 서서히 되돌아가게 되므로, E_2까지 상승하였던 환율은 다시 하락하게 된다.

최종적으로 환율은 애초의 환율 E_0와 최대로 상승하였던 E_2 사이인 E_3에서 형성된다. 환율이 E_0에서 E_3로 바로 올라가는 것이 아니라 장기균형 수준보다 더 높은 E_2까지 올라갔다가 다시 내려오는 과정을 거치면서 조정되기 때문에 오버슈팅이라고 하는 것이다. 반면 물가는 오버슈팅 없이 장기균형 수준까지 서서히 상승한다.

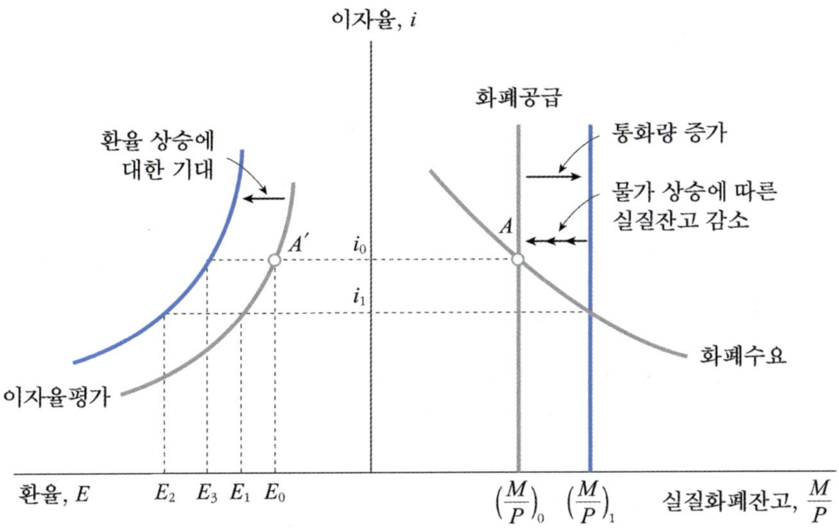

그림 35-5 환율의 오버슈팅

확장적인 통화정책이 실시되었을 때, 환율에 대한 기대가 변하지 않는다면 환율은 E_1까지만 상승하지만, 예상환율 수준이 상승하는 경우에는 이자율평가 그래프가 왼쪽으로 이동하고 환율은 E_2까지 상승하게 된다. 그런데 통화량 증가로 물가가 서서히 상승하므로 실질통화공급 곡선이 서서히 왼쪽으로 이동한다. 그 과정에서 E_2까지 상승하였던 환율은 다시 하락하고 최종적으로 환율은 애초의 환율 E_0와 최대로 상승하였던 E_2 사이인 E_3에서 형성된다.

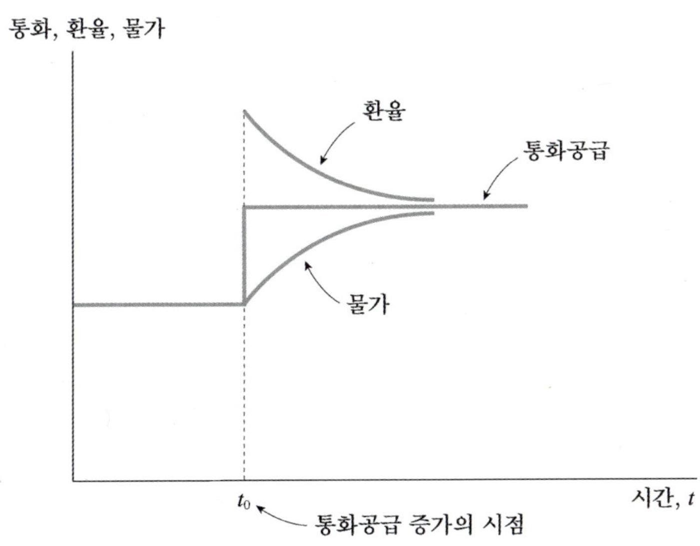

그림 35-6 환율의 오버슈팅에 따른 환율과 물가의 시간경로

통화공급 증가로 환율은 장기균형 수준보다 더 높은 곳까지 올라갔다가 다시 내려오는 오버슈팅의 과정을 거치는 반면, 물가는 오버슈팅 없이 장기균형 수준까지 서서히 상승한다. 경제가 자연소득 수준의 장기균형으로 회복되는 한, 결과적으로 환율과 물가는 같은 비율로 상승하게 된다. 참고로 그림에서 통화, 환율, 물가는 애초의 수준을 기준으로 단위가 조정되어 있다.

그림 35-6은 환율과 물가의 시간경로를 보여주는데, 경제가 자연소득 수준의 장기균형으로 회복되는 한 결과적으로 환율과 물가는 같은 비율로 상승하게 된다.[5]

케인즈(J. Keynes)는 국가 간 자본의 자유로운 유출입이 가져오는 부작용을 우려하였고 고정환율제도를 옹호하는 견해를 피력한 바 있다. 실제로 제2차세계대전 이후에는 고정환율제도를 근간으로 하는 브레튼우즈(Bretton Woods) 체제가 출범하여 30년 가까이 지속되었다. 그러나 1970년대 초 일련의 외환위기를 겪게 되면서 브레튼우즈 시스템이 붕괴되고 각국은 변동환율제도를 채택하기 시작하였다. 당시 자유주의경제학의 대표적 학자였던 프리드먼(M. Friedman)은 오래전부터 변동환율제도를 채택해야 한다는 주장을 펴고 있었다. 그런데 변동환율제도를 도입하자 환율은 사람들이 생각한 것보다 훨씬 더 심하게 변동하기 시작했으며, 환율변동이 심한 것이 비이성적인 투기 때문이라는 주장이 등장하기 시작하였다. 이때 돈부시(R. Dornbush)는 오버슈팅 모형을 내놓으면서 환율의 극심한 변동이 비이성적 투기가 아닌 사람들의 합리적 행동과 반응에 의해서 초래될 수도 있음을 보여주었다.

(2) 고정환율제도의 장점

고정환율제도는 크게 보아 두 가지 범주의 장점을 갖고 있다. 첫째는 경제주체들이 환율변동 위험이 없으므로 경제활동 계획을 안정적으로 수립할 수 있다는 것이다. 특히 기업들이 수출입이나 해외직접투자에 대한 계획을 안정적으로 수립할 수 있으므로 교역이 촉진된다. 둘째, 경우에 따라서는 통화당국이 자율적인 통화정책을 포기하는 것이 나을 수도 있다. 특히 인플레이션이 심한 경제는 고정환율을 약속하고 제도적으로 유지시키는 것이 인플레이션에 대한 기대를 잠재우는 방법이 된다. 고정환율을 유지하기 위해서는 통화증발과 같은 불건전한 거시경제정책을 수행할 수 없기 때문이다.[6] 고정환율을 안정적으로 오래 유지한다는 것은 거시경제정책을 책임감 있게 잘 운영하고 있다는 신호일 수 있다.

---

5) 환율의 장기적 움직임에 관한 상대적 구매력평가를 상기해 보면 외국물가가 고정되었을 때 환율의 상승률은 물가상승률과 같아진다는 것을 알 수 있다.

6) 인플레이션이 걷잡을 수 없이 증가하는 경제는 대개 재정적자를 통화증발로 보전하는 악순환에 빠지게 된다.

노벨 경제학상 수상자 먼델(R. Mundell)은 몇몇 국가들이 서로 고정환율제도를 유지하면서 사실상 단일통화를 사용하게 되는 최적통화지역(optimal currency area)의 개념을 주창하고 최적통화지역이 되기 위한 두 가지 조건을 제시한 바 있다. 첫째, 국가는 서로 다르지만 경제에 가해지는 충격은 서로 유사해야 한다. 가령 갑자기 수출수요가 증가하거나 기술혁신이 발생하는 경우에 이러한 충격이 어느 한 국가에만 집중되는 것이 아니라 지역 내의 모든 국가에 고루 영향을 주어야 한다. 둘째, 국가들이 서로 다른 충격을 경험하게 되더라도 지역 내에서 요소이동이 자유로워야 한다. 가령 어느 국가가 부정적인 경제적 충격으로 인해 불황에 빠지게 되었을 때, 노동력이 그 국가를 떠나 지역 내의 다른 국가로 자유롭게 이동할 수 있어야 한다. 우리나라의 경우에 경상도와 전라도가 같은 통화인 원화를 사용하는데 아무런 문제가 없는데, 당연히 위 조건을 만족하기 때문이다.

부록 관리변동환율과 불태화 외환시장 개입

앞에서는 중앙은행이 고정환율을 유지하려고 할 때 자율적인 통화정책을 포기해야 한다고 했다. 반대로 변동환율제도 하에서는 환율이 외환시장에서 자유롭게 결정되도록 놔두는 대신 자율적인 통화정책이 가능하다고 했다. 그러나 현실적으로 많은 국가들은 명목적으로는 변동환율제도를 채택하면서도 때에 따라서 환율의 안정을 위해 외환시장에 개입하는 관리변동환율제를 운용하고 있다.

예를 들어, 적지 않은 규모의 무역수지 흑자가 발생하면 국내에 외환공급이 늘어나는데, 이로 인해 환율이 하락할 것을 우려하는 중앙은행이 외환시장에 개입하여 외환을 매입한다고 해 보자.[7] 외환의 매입은 환율이 하락하는 것을 막을 수는 있지만 그 대신 본원통화를 증가시킴으로써 시중의 통화량을 증대시킨다. 이때 만약 중앙은행이 통화량 증가를 원하지 않는 경우에는 공개시장운용 등을 통해 국내자산을 매각함으로써 외환매입에 의한 통화량 증가분을 상쇄 또는 중화시킬 수 있다. 이와

7) 환율이 하락하는 것을 방어하려는 이유는 저평가된 환율을 통해 무역수지 흑자를 계속 유지하기 위해서인 경우가 많다.

같이 외환을 매입(매각)하는 동시에 동일한 규모의 국내자산을 매각(매입)함으로써 결과적으로 국내통화량을 일정한 수준으로 유지하는 정책을 중화정책 또는 불태화정책(sterilization policy)이라고 한다.[8)]

그러나 불태화정책을 수반하는 외환시장 개입이 과연 중앙은행이 원래 의도한 대로 환율을 변화시킬 수 있는가는 이론적으로 간단한 문제가 아니다. 이자율평가를 통해 이를 확인해 보자. 예를 들어, 중앙은행이 환율을 높이기 위해 외환을 매입하면서 동시에 공개시장운용을 통해 국채를 매각하였다고 하자. 불태화정책이 의도한 대로 통화량에는 변동이 없으므로 국내이자율도 변하지 않는다. 따라서 이자율평가 $i = i^* + \dfrac{E^e - E}{E}$에 따르면 고정된 예상환율 수준에서 환율의 변화도 없다. 중앙은행이 불태화정책을 수행할 수는 있지만, 외환시장에 개입한 원래의 목적인 환율 상승을 달성할 수 없는 모순이 발생하는 것이다.

따라서 이자율평가 관계 하에서는 불태화에 의한 외환시장 개입은 환율을 변화시킬 수 없다. 불태화 외환시장 개입이 환율을 변화시킬 수 있으려면 표준적인 이자율평가 대신 제33장의 부록에서 소개한 리스크 프리미엄을 고려한 이자율평가를 도입해야 한다.

$$i = i^* + \frac{E^e - E}{E} + \rho \qquad (35A.1)$$

여기서도 중앙은행이 환율을 높이기 위해 외환을 매입하면서 동시에 국채를 매각하였다고 하면, 통화량에는 변동이 없으므로 국내이자율(i)도 변하지 않는다. 해외이자율(i^*)은 고정되었으며, 통화량에 변동이 없는 한 미래에 예상되는 환율 수준(E^e)도 변하지 않는다고 보는 것이 타당하다. 따라서 외환을 매입하는 시장개입으로 환율(E)이 상승하는 결과는, 위의 식 우변의 둘째 항이 하락하는 경우에 해당하는데, 이는 셋째 항인 리스크 프리미엄(ρ)이 상승할 때에만 가능하다.

결국 불태화에 의한 외환시장 개입이 환율을 변화시킬 수 있으려면 불태화 외환시장 개입 자체가 리스크 프리미엄에 영향을 주는 경로가 작동해야 하는 것이다. 그런데 이러한 경로가 타당한지는 논쟁거리이다. 하나의 논거는 정부가 발행한 국채를 중앙은행이 더 많이 보유하는가 아니면 국내외 민간투자자가 더 많이 보유하는가가 리스크 프리미엄에 영향을 준다는 것이다. 외국인을 포함하는 민간투자자는 중앙은행에 비해 환율변동에 더 민감하다. 정부에 의해 발행된 국채의 양은 변함이

8) 반면 외환매입(매각)에 의한 통화량 증가(감소)를 용인하는 정책은 비중화정책 또는 태화정책(non-sterilization policy)이라고 부른다.

없더라도 민간보유국채/중앙은행보유국채 비율이 높을수록 국채의 리스크 프리미엄이 올라갈 가능성이 크다. 앞의 예에서는 외환매입과 국채매각이 동시에 이루어진 것이므로 이 비율이 올라가게 된다. 이 비율이 올라감에 따라 리스크 프리미엄이 상승($\rho\uparrow$)하므로, 결과적으로 중앙은행이 의도한 대로 환율이 상승($E\uparrow$)하는 결과가 나타나게 된다.

제8편 요약

01. 국제수지는 크게 경상수지, 자본수지, 금융계정, 오차 및 누락 등 4개의 계정으로 구성되어 있다. 경상수지는 상품수지, 서비스수지, 본원소득수지, 이전소득수지로 구성되며 자본수지 및 금융계정에는 직접투자, 증권투자, 파생금융상품, 기타투자, 준비자산으로 구분된다.

02. 개방경제 하의 국내총생산은 $Y=C+I+G+NX$로 정의된다. 순수출은 대외거래 측면에서는 $NX=EX-IM$으로 무역수지의 개념이지만 국민소득계정상으로는 $NX=Y-(C+I+G)$이므로 국내총생산이 국내총지출을 초과하는 정도를 나타낸다.

03. 개방경제의 국민저축은 $S=Y-C-G=I+NX$로 투자와 순수출의 합이다. 순수출에 대해 표시하면 $NX=S-I$이므로 순수출은 저축이 투자를 초과하는 부분과 같다.

04. 순수출이 (+)인 것은 무역수지가 흑자인 경우인데, 그만큼을 해외에 빌려준다는 의미를 가진다. 반대로 순수출이 (−)인 것은 무역수지가 적자인 경우인데, 그만큼을 해외로부터 차입한다는 의미를 가진다.

05. 자국통화표시 명목환율이 E일 때, 실질환율은 $e=\dfrac{EP^*}{P}$로 정의된다. 실질환율은 외국재화를 1단위를 사기 위해 국내재화 몇 단위가 필요한가를 나타낸다.

06. 수출수요함수는 $EX=EX(e,\ Y^*)$, 수입수요함수는 $IM=eZ(e,\ Y)$로 표시될 수 있다. 따라서 순수출함수는 $NX=NX(e,\ Y,\ Y^*)$로 표시될 수 있는데, 실질환율이 상승할 때 수입수요의 탄력성과 수출수요의 탄력성을 합한 값이 1보다 큰 경우(마샬－러너 조건)에 무역수지가 개선된다.

07. 실질환율의 절하에도 불구하고 무역수지가 쉽게 개선되지 않는 경우가 있다. 이러한 현상은 단기적으로 마샬-러너 조건이 충족되지 않아 J-커브 효과가 나타나거나, 환율의 변화가 수입가격에 불완전하게 전가되는 경우에 발생하기 쉽다.

08. 본국의 물가 수준(P), 외국의 물가 수준(P^*), 명목환율(E) 간에 성립하는 $P=EP^*$의

관계를 절대적 구매력평가라고 한다. 상대적 구매력평가는 환율의 상승률$\left(\frac{\dot{E}}{E}\right)$이 양국 양국의 인플레이션율 차$(\pi-\pi^*)$와 같다는 것으로 절대적 구매력평가가 성립하지 않을 때에도 상대적 구매력평가는 유효할 수 있다.

09. 실제로 구매력평가가 잘 성립하지 않는 데에는 무역장벽, 비교역재의 존재, 독과점적 가격설정, 국가마다 다른 물가지수 측정방식 등의 요인이 작용한다.

10. 환율변동의 문제를 무시하면 자본이동이 완전히 자유로운 소규모 개방경제의 이자율 (i)은 세계이자율(i^*)과 같아지게 된다. $i=i^*$.

11. 환율변동을 허용하면 양국의 예상수익률이 같아져야 한다는 다음의 이자율평가 관계가 성립한다. $i=i^*+\frac{E^e-E}{E}$.

12. 이자율평가 관계식을 변형하면 $E=\frac{E^e}{1+i-i^*}$이므로, 환율이 양국의 이자율 차와 미래 환율에 대한 예상에 의해 결정된다는 것을 알 수 있다.

13. 양국의 채권이 불완전대체재이고 국가위험에 의한 리스크 프리미엄의 정도가 ρ라면, $i=i^*+\frac{E^e-E}{E}+\rho$의 관계가 성립하다.

14. 단기적으로 가격이 고정된 경우에 개방거시경제의 수요 측면은 다음 세 식으로 묘사된다.

IS: $Y=C(Y-T)+I(i-\pi^e)+G+NX\left(\frac{EP^*}{P},\ Y,\ Y^*\right)$, 재화시장의 균형

LM: $\frac{M}{P}=L(Y,\ i)$, 화폐시장의 균형

IP: $i=i^*+\frac{E^e-E}{E}$, 이자율평가

15. $IS-LM-IP$ 모형은 $i=i^*+\frac{E^e-E}{E}$의 관계식과 $(Y,\ i)$ 평면을 사용하며, 먼델-플레밍모형은 $i=i^*$의 조건과 $(Y,\ E)$ 평면을 사용한다.

16. $IS-LM-IP$ 모형에서는 $IS-LM$ 관계에 따라 이자율이 자율적으로 결정되며, 그에 따라 환율이 결정된다. 먼델-플레밍모형에서는 이자율이 외국이자율로 고정되며, 환율은 이자율과 독립적으로 결정된다.

17. 국내이자율의 상승은 자본유입 압력으로 환율의 절상을 가져와 순수출을 감소시키며, 국내이자율 하락은 자본유출 압력으로 환율의 절하를 가져와 순수출을 증가시킨다.

18. $IS-LM-IP$ 모형에서는 재정정책과 통화정책이 모두 효과가 있다. 단, 이자율과 환율에 미치는 영향 때문에 재정정책의 효과는 축소되는 반면, 통화정책의 효과는 증폭된다.

19. 먼델-플레밍모형에서는 재정정책의 효과는 없고 통화정책의 효과는 있다. 재정정책이 효과가 없는 이유는 환율변화에 의한 순수출의 변화가 재정정책의 효과와 반대 방향으로 작용하고 또 정확히 상쇄되기 때문이다. 통화정책이 효과가 있는 이유는 환율변화에 의한 순수출의 변화가 통화정책의 효과와 같은 방향으로 작용하기 때문이다.

20. 고정환율을 유지하기 위해서는 중앙은행이 자율적인 통화정책을 포기해야 한다. 환율을 특정한 수준으로 유지하기 위해 중앙은행은 항상 외환시장에 개입해야 하고 외환시장 개입에 따른 통화량의 증감을 감수해야 한다.

21. 고정환율 수준이 유지되면 환율과 예상환율은 각각 $E=\overline{E}$, $E^e=\overline{E}$가 되므로 이자율평가 관계는 $i=i^*$로 단순화된다. 이는 중앙은행이 이자율을 자율적으로 변경할 수 없다는 것을 뜻한다.

22. 고정환율제도 하에는 중앙은행이 통화정책을 자율적으로 수행할 수 없으므로 통화정책은 의미가 없다. 그러나 재정정책은 환율 수준 유지를 위한 통화정책을 수반하므로 그 효과가 증폭된다.

23. 폐쇄경제와 마찬가지로 개방경제 하에서도 우하향하는 총수요곡선이 도출된다. 환율제도와 관계없이 물가가 하락할 때($P\downarrow$) 실질환율이 절하되어 $\left(\frac{EP^*}{P}\uparrow\right)$순수출이 증가하는 경로가 작동한다.

24. 개방경제의 총공급곡선은 폐쇄경제의 경우와 같다. 단기균형소득이 자연소득수준과 다를 경우에 물가의 변동으로 서서히 장기균형을 회복한다.

25. 개방경제가 단기균형이나 장기균형 상태에 놓여 있더라도 무역수지 불균형이 발생할 수 있다. 무역수지 불균형이 발생하더라도 그에 대응하는 자본유출입이 원활히 이루어

지면 무역수지 불균형도 상당 기간 지속될 수 있다.

26. 고정환율제도를 채택하고 있는 국가가 지속적으로 무역수지 적자를 보이고 있음에도 불구하고 환율 수준이 유지되기 위해서는 그만큼의 자본유입이 이루어지거나 중앙은행이 외환을 공급해 주어야 한다. 그러나 자본유입이 중단되고 중앙은행의 외환보유고가 고갈되면 고정환율은 유지될 수 없고 대폭적인 평가절하를 경험하게 된다.

27. 외환위기는 대체로 무역적자의 누적이나 재정적자의 누적에 의한 외환보유고의 고갈로 촉발되지만, 자기실현적으로 발생하기도 한다.

28. 변동환율제도의 가장 큰 장점은 자율적인 통화정책을 수행할 수 있다는 것이며, 물론 단점은 환율의 변동성이 심하다는 것이다.

29. 변동환율제도 하에서 환율의 변동성을 확대시키는 것으로 알려진 환율의 오버슈팅은, 환율은 빠르게 조정되는 반면 물가는 서서히 조정되기 때문에 발생한다. 통화공급이 확대되는 경우에 물가는 장기균형 수준까지 서서히 상승하지만, 환율은 장기균형 수준보다 더 높은 곳까지 올라갔다가 다시 내려오는 과정을 거치면서 조정된다.

30. 고정환율제도는 크게 두 가지 장점을 갖고 있다. 첫째, 환율변동 위험이 없으므로 경제주체들이 경제활동 계획을 안정적으로 수립할 수 있다. 둘째, 고정환율이라는 제약 하에 건전한 거시경제정책을 수행할 수 있다.

제8편 연습문제

선택형 문제

01 국내총생산이 국내총지출을 초과하는 상황과 맞지 않는 것은?

① 그 차이만큼은 수출이 수입을 초과하는 부분이다.

② 국내저축이 국내투자를 초과한다.

③ 조세수입이 정부지출을 초과한다.

④ 자본의 순유출이 발생한다.

02 우리나라 기업이 미국시장에 수출하고 수출대금으로 미국국채를 매입하였을 때 나타나는 국민계정상의 변화는?

① 순수출은 증가하고 자본의 순유입이 증가한다.

② 순수출은 증가하고 자본의 순유출이 증가한다.

③ 순수출은 증가하고 재정적자가 증가한다.

④ 순수출은 변함이 없고 재정적자가 증가한다.

03 환율의 상승이 순수출을 증가시키는 경우는?

① 수출과 수입 모두 가격 변화에 탄력적으로 반응하는 경우이다.

② 수출과 수입 모두 가격 변화에 비탄력적으로 반응하는 경우이다.

③ 수출과 수입 모두 소득 변화에 탄력적으로 반응하는 경우이다.

④ 환율 변화가 가격에 불완전하게 전가되는 경우이다.

04 빅맥의 가격이 미국에서 3달러이고 우리나라에서는 3,000원이다. 현재 원/달러 환율이 950원이면 구매력평가에 비추어 볼 때

① 실질환율은 1보다 작으며, 원화는 달러화에 대해 고평가되어 있다.

② 실질환율은 1보다 작으며, 원화는 달러화에 대해 저평가되어 있다.

③ 실질환율은 1보다 크며, 원화는 달러화에 대해 고평가되어 있다.

④ 실질환율은 1보다 크며, 원화는 달러화에 대해 저평가되어 있다.

05 우리나라의 물가상승률은 3%이고, 미국의 물가상승률은 2%일 때 구매력평가에 의하면?

① 원/달러 환율은 1% 절하되어야 한다.

② 원/달러 환율은 1% 절상되어야 한다.

③ 원/달러 환율은 변하지 않아야 한다.

④ 우리나라의 물가상승률이 1% 하락해야 한다.

06 환율의 구매력평가설에 관한 서술 중 옳지 않은 것은?

① 일물일가의 법칙이 국제시장에도 적용된다.

② 현실적으로는 비교역재의 존재로 구매력평가가 성립하지 않을 수 있다.

③ 어떤 통화 1단위의 실질가치가 모든 나라에 동일하게 적용된다.

④ A국이 통화공급을 증가시키면 A국의 물가 수준은 상승하고 통화는 평가절상된다.

07 이자율평가(interest rate parity)에 관한 설명으로 적절하지 않은 것은?

① 환율에 대한 예상이 고정된 경우에 국내이자율이 상승하면 국내통화는 고평가 된다.

② 국내채권투자와 해외채권투자 간의 대체관계를 상정하고 있다.

③ 국가 간 자본이동성이 완전해야 성립한다.

④ 국내투자수익률과 해외투자수익률이 사후적으로 일치한다.

08 이자율평가가 $i=i^*$(i, i^*는 각각 국내이자율과 해외이자율) 형태로 성립하는 경우로 적절하지 않은 것은?

① 예상평가절하율이 항상 0이다.

② 고정환율제도를 유지하고 있다.

③ 환율에 대한 기대가 고정되어 있다.

④ 환율에 대해 임의보행(random walk) 가설이 성립한다.

09 환율이 변동하지 않는 가운데 우리나라 이자율 4.5%, 국제이자율 5.5%가 유지되는 상황과 가장 거리가 먼 것은?

① 국가위험도를 반영하여 우리나라 채권 가격이 외국에 비해 낮게 형성되어 있다.

② 자본유출입에 적지 않은 규제가 존재한다.

③ 우리나라의 이자소득세는 외국에 비해 매우 낮다.

④ 사람들은 언젠가는 원화가치가 상승할 것을 예상하고 있다.

10 전통적인 개방거시경제모형(Mundel-Fleming model)에 의할 때, 조세감면정책(정부지출규모는 고정)의 단기적 효과는 본국의 통화가치를 ________ 시키고 순추출은 ________ 한다.

① 절상 – 감소 ② 절상 – 증가
③ 절하 – 감소 ④ 절하 – 증가
⑤ 위의 보기 중에 답이 없다

11 자본이동이 자유로운 변동환율제에서 국내이자율의 하락이 초래하는 현상은?

① 자국통화는 평가절상된다.
② 자국의 규모가 큰 경우라면 국내이자율은 추가적으로 하락한다.
③ 국내통화량이 감소한다.
④ 외국채권에 대한 수요가 증가한다.
⑤ 총수요가 감소한다.

12 다음 중 우리나라 외환위기시에 IMF가 권고한 고금리정책이 의도했던 바와 가장 거리가 먼 사항은?

① 경상수지 흑자 실현 ② 해외자본의 유출 억제
③ 민간투자의 활성화 ④ 부실기업의 퇴출 유도
⑤ 민간소비의 억제

13 "해외자본의 국내유입은 원화의 가치를 ________ 시키고 국내이자율을 ________ 시킨다. 원화의 ________ 는 ________ 을 감소시킨다." 빈칸에 알맞은 용어를 바르게 묶은 것은?

① 하락, 하락, 저평가, 수출 ② 하락, 상승, 저평가, 수입
③ 상승, 하락, 고평가, 수입 ④ 상승, 하락, 저평가, 수출
⑤ 상승, 하락, 고평가, 수출

14 다음 중 환율의 상승(또는 국내통화의 평가절하)을 유발하는 요인으로 보기 힘든 것은?

① *GDP* 대비 정부부채의 급증 ② 국내채권시장의 불안
③ 경제성장률의 상승 ④ 팽창적 통화정책
⑤ 외국인의 국내투자에 대한 제한조치

15 자본이동이 완전한 변동환율제도 하의 거시경제정책의 효과를 설명한 것으로 적절하지 않은 것은?

① 재정지출의 축소는 자본의 유출 압력을 가져온다.
② 통화공급의 증가는 자본의 유출 압력을 가져온다.
③ 재정지출의 증가는 자국화폐를 절하시킨다.
④ 통화공급의 축소는 자국화폐를 절상시킨다.
⑤ 재정정책보다는 통화정책의 효과가 크다.

16 변동환율제도를 채택하고 있는 소규모 개방경제를 상정하자. 이 국가가 긴축적인 통화정책을 시행하는 경우의 새로운 단기균형을 가장 잘 설명하고 있는 것은?

① 통화는 평가절상되고 국민소득은 감소한다.
② 통화는 평가절상되고 국민소득은 증가한다.
③ 통화는 평가절하되고 국민소득은 감소한다.
④ 통화는 평가절하되고 국민소득은 증가든다.

17 변동환율제도 하에서 세계이자율의 상승은 소득과 순수출에 어떤 영향을 미치는가?

① 소득: 불변, 순수출: 불변 ② 소득: 증가, 순수출: 불변
③ 소득: 불변, 순수출: 증가 ④ 소득: 증가, 순수출: 증가

18 고정환율제도 하에서 세계이자율의 상승에 의해 발생하는 현상이 아닌 것은?

① 중앙은행의 외환시장 개입과 통화공급량 감소
② 소비와 투자의 감소
③ 소득 감소
④ 순수출의 감소

19 고정환율제도 하에서 총수요가 잠재 GDP 수준에 못 미치는 경우에 발생하는 현상이 아닌 것은?

① 물가의 하락 ② 순수출 증가
③ 투자 증가 ④ 소득 증가

20 환율의 오버슈팅(overshooting)을 가져오는 원인과 관련이 없는 것은?

① 외환시장의 투기적 공격 ② 환율변화에 대한 합리적 기대

③ 물가의 점진적인 조정　　　　　　④ 환율의 즉각적인 조정

서술형 문제

01 이자율평가(UIP)가 성립하도록 다음 빈 칸을 채우시오.

국내이자율 = 외국이자율 + 국내통화의 예상 (　　)

국내이자율 = 외국이자율 − 국내통화의 예상 (　　)

국내이자율 = 외국이자율 (　) 외국통화의 예상 절상률

02 국가위험(country risk)을 고려한 이자율평가(UIP)를 고려해 보자. 국가위험도의 감소는 환율에 어떤 영향을 주는가? 종축을 이자율, 횡축을 환율로 하는 좌표평면에 이자율과 환율의 관계를 보여주는 그래프를 그리고, 그래프가 어떻게 이동하는지 표시하시오.

03 개방거시경제모형을 다음과 같이 가정하고 해당 물음에 답하시오. 국가 간 자본의 이동이 자유롭고 자유변동환율제도를 채택하고 있다. 단, 단기적으로 국내물가는 경직적이며, 환율에 대한 기대는 고정되어 있다고 가정한다.

생산물시장: $Y = C(Y) + I + G + CA(\frac{EP^*}{P}, Y, Y^*)$

외환시장: $i = i^* + \frac{E^e - E}{E}$

화폐시장: $\frac{M}{P} = L(Y, i)$

위 모형에서 Y는 국민소득, I는 투자, G는 정부지출, CA는 경상수지, E는 환율, E^e는 기대환율, i는 이자율, P는 물가, M은 화폐공급, L는 실질화폐수요, 그리고 *는 외국변수임을 표시한다.

(1) 국내통화량 증가가 자국의 국민소득, 환율, 이자율, 경상수지에 미치는 효과를 분석하라.

(2) 생산물시장의 균형조건이 다음과 같이 바뀌었다고 가정하자.

생산물시장: $Y = C(Y) + I(i) + G + CA(\frac{EP^*}{P}, Y, Y^*)$

새로운 조건 하에서 국내통화량 증가가 자국의 국민소득, 환율, 이자율, 경상수지에 미치는 효과를 분석하라.

(3) (1)항과 (2)항의 답에 차이가 나게 되는 이유는 무엇인가?

04 개방거시경제모형을 다음과 같이 가정하고 해당 물음에 답하시오. 국가 간 자본의 이동이 자유롭고 자유변동환율제도를 채택하고 있다. 단, 단기적으로 국내물가는 경직적이며, 환율에 대한 기대는 고정되어 있다고 가정한다.

생산물시장: $Y = C(Y-T) + I(i) + G + NX(\frac{EP^*}{P}, Y, Y^*)$

외환시장: $i = i^* + \frac{E^e - E}{E}$

화폐시장: $\frac{M}{P} = L(Y, i)$

위 모형에서 Y는 국민소득, I는 투자, G는 정부지출, T는 조세, NX는 경상수지, E는 환율, E^e는 기대환율, i는 이자율, P는 물가, M은 화폐공급, L는 실질화폐수요, 그리고 *는 외국변수임을 표시한다.

(1) 본국의 확장적 통화정책이 본국의 국민소득, 환율, 이자율, 순수출에 미치는 효과를 분석하라.

(2) 본국의 확장적 재정정책이 본국의 국민소득, 환율, 이자율, 순수출에 미치는 효과를 분석하라.

(3) 외국의 재정 팽창은 본국의 산출에 어떤 영향을 미치는가?

(4) 외국의 통화 팽창은 본국의 산출에 어떤 영향을 미치는가?

05 '외환시장 개입이 없는 순수한 자유변동환율제도'를 채택하고 있는 소규모 개방경제를 가정해 보자. 단, 이 경제의 순자본유입(net capital inflows)은 '국내자산과 해외자산의 상대적 위험도'에 따라 변한다고 하자. 수식이 포함된 모형을 사용하지 말고 위의 가정만을 이용하여 다음 물음에 답하시오.

(1) 국내금융시장의 불안이 이 경제의 무역수지(순수출, net export)에 미치는 영향을 간략히 분석해 보라.

(2) 세계경제의 침체가 이 경제의 무역수지에 미치는 영향을 간략히 분석해 보라.

06 환율의 상승(자국통화의 평가절하로 정의)이 경제에 부정적인 영향을 미치는 경로를 열거하고 설명해 보시오.

07 과도한 경상수지 적자의 지속은 외환위기 발생의 한 요인이다. 그러면 과도한 경상수지 흑자 지속의 문제는 없는가? 있다면 무엇이라고 생각하는가?

제9편

경기변동과 안정화정책에 대한 논쟁

제9편의 개요

제9편에서는 최근의 경기변동이론을 소개한다. 현대거시경제학은 새고전학파의 등장으로 한층 더 발전하는 계기를 맞이하게 되었다. 케인즈 경제학은 미시적 기초와 RBC 모형으로 무장한 새고전학파의 거센 도전을 받게 되었다. 새케인즈학파는 새고전학파의 공헌을 충분히 인정하지만 여전히 케인즈의 통찰과 직관을 중시한다. 경제는 자연율 근처에서 움직이는 것인가, 아니면 자연율로부터의 이탈이 오히려 자연스러운 것인가? 제9편은 새고전학파와 새케인즈학파의 논쟁을 중심으로 이 문제를 다시 생각해 보며, 나아가 바람직한 안정화정책의 방향을 모색해 본다.

새고전학파의 도전 제36장

대공황이 발생하기 전까지 경기변동은 마치 자연재해와 같은 것이어서 정부로서도 어쩔 수 없는 일로 여기는 경향이 강했다. 그러나 대공황은 당시의 고전학파적 이론체계로서는 충분히 설명할 수 없는 자본주의의 비극적 현상이었다. 대공황의 쓰라린 경험은 거시경제와 경기변동을 바라보는 사람들의 생각을 크게 바꾸어 놓았으며, 그 중심에 케인즈가 있었다. 사실 제2차세계대전 이후 1960년대까지 미국을 비롯한 세계 경제는 전반적으로 호황을 누렸고 케인즈 경제학은 전성기를 구가했다. 그러나 1970년대에 들어서 고실업과 고인플레이션의 문제가 불거지면서 정부의 개입으로 경제를 안정화하고 경기를 조절할 수 있다는 그동안의 믿음에 금이 가기 시작했다. 특히 1970년대 중반 이후 케인즈주의 경제학은 루카스(R. Lucas), 사전트(T. Sargent), 프레스콧(E. Prescott)을 위시한 새고전학파의 거센 도전을 받게 된다.

36-1 새고전학파 등장의 배경

(1) 신고전파 종합

케인즈의 「일반이론」은 거시경제학을 근본적으로 변화시키는 계기가 되었다. 고전학파를 정면으로 비판한 케인즈의 색다른 주장은 열띤 논쟁의 대상이 되었고, 종전의 경제학과 통합을 시도하는 노력이 잇따르게 되었다. 우선 1930년대와 1940년대 초까지 힉스(J. Hicks)와 한센(A. Hansen)이 개발한 $IS-LM$ 모형은 케인즈의 아이디어를 수식을 사용하여 표현한 것이었다. 물론 $IS-LM$ 모형이 케인즈의 직관을 정확히 반영하지 못한다는 비판을 받고는 있으나, 이 모형은 아직도 거시경제를 이해하는 중요한 기본 틀의 역할을 해내고 있다. 한편, 1940년대 말에는 케인즈의 생각이 경제학 교과서에 수용되기 시작한다. 현대경제학의 색채를 띤 최초의 교과서를 저술한 사뮤엘슨(P. Samuelson)은 1948년의 「경제학」 초판에서 케인즈 경제학을 도입했으며, 1955년 판에서는 소위 신고전파 종합(neoclassical synthesis)을 명시적으로 언급하게 된다. 케인즈의 소득결정이론과 함께 종전의 고전파 경제학에서

가치 있는 부분을 받아들이는 작업을 통해 고전학파와 케인즈 경제학이 종합되어 가는 추세를 신고전파 종합이라 부르게 되었다.

신고전파 종합의 견해는 거시경제학을 발전시키는 매우 중요한 역할을 했으며, 적어도 1970년대 초까지 강력한 영향력을 발휘하였다. 1950년대에 출현한 소비, 투자, 화폐수요, 경제성장에 관한 이론들은 신고전파 종합의 대표적인 성과이다. 예를 들어, 모딜리아니(F. Modigliani)의 생애주기설과 프리드먼(M. Friedman)의 항상소득가설, 보몰(W. Baumol)과 토빈(J. Tobin)의 화폐수요이론, 조르겐슨(D. Jorgensen)의 투자이론 등은 케인즈의 주장에 고전학파의 미시적 기초가 가미되어 있다. 한편, 신고전파 성장모형(neoclassical growth model)으로 불리게 된 솔로우(R. Solow) 모형은 경제의 장기적 성장 과정을 이해하는 기초를 제공함으로써, 장기보다 단기를 강조한 케인즈의 이론을 보완하였다.

또한 신고전파 종합의 이론적 공헌들은 계량경제학 및 컴퓨터의 발전과 결합되어 대규모 거시계량모형의 탄생과 발전을 가져오게 된다. 거시계량모형은 1950년대 초에 클라인(L. Klein)이 *IS* 관계식을 확장하여 만든 모형에서 시작되어, 그 후 *IS*− *LM* 모형과 필립스 관계식이 결합된 대규모 모형으로 확장되었다. 결국 케인즈주의 경제학은 신고전파 종합이라는 조류 속에서 이론적으로 정교화되었을 뿐만 아니라 실증적으로 검증되고 활용되는 틀까지 갖추게 된 것이다.

(2) 통화주의

케인즈주의에 입각한 경제학은 신고전파 종합이라는 이론체계로 발전했을 뿐만 아니라 경제정책의 수립에도 큰 영향을 주었고, 제2차세계대전 이후의 경기호황에 기여하였다. 그러나 1960년대 후반으로 접어들면서 케인즈적 정책 처방은 완전고용과 경제성장에는 기여하였으나 인플레이션의 문제를 해결하지 못한다는 평가를 받기 시작하였다.

사실 케인즈는 통화정책보다는 재정정책의 중요성을 강조하였다. 케인즈에 따르면 투자를 포함한 총수요는 이자율에 민감하지 않으므로 불황을 극복하기 위해 이자율을 인하하는 통화정책의 효과는 제한적일 수밖에 없다. 따라서 정부지출의 증대와 같이 총수요에 직접 영향을 주는 정책이 더 효과적이다. 그러나 프리드먼(M. Friedman)을 위시한 통화론자들은 재정정책의 효과를 부정한다. 사상적 뿌리를 고전학파에 두고 있는 통화론자들은 정부지출의 증가가 이자율을 상승시키고 민간의 투자를 위축시키는 구축효과 때문에 재정정책은 전혀 효과를 거둘 수 없다고 주장한다.

프리드먼은 1963년 슈워츠(A. Schwartz)와 공저한 「미국의 화폐사」에서 1867년부터 1960년까지 100년 가까운 기간을 분석하여 통화정책이 효과가 있다는 것을 입증하였고, 나아가 통화량의 변화가 경기변동현상을 잘 설명하고 있다고 주장하였다. 대공황 역시 통화정책의 오류에서 비롯되었다고 주장한다. 은행시스템의 혼란 상황에서 통화공급을 줄인 것이 경기를 극도의 불황으로 몰아 간 원인이 되었다는 것이다. 프리드먼을 위시한 멜쩌(A. Meltzer), 브루너(K. Brunner) 등은 거시경제에서 통화의 중요성을 강조함으로써 통화주의라는 명칭을 얻게 되었다.

단, 이들은 통화정책이 단기적으로는 효과가 있을지 몰라도 장기적으로는 효과가 없음을 강조한다. 예를 들어, 통화량의 증가는 실질잔고효과(real balance effect) 등을 통해 소비와 투자 등 총수요를 증가시키는데, 이에 따라 단기적으로는 소득이 증가하고 물가는 상승한다. 그러나 시간이 경과함에 따라 사람들은 물가 상승에 적응하고 예상물가 수준을 조정한다. 즉, 사람들이 예상물가 수준을 상승 조정함에 따라 노동공급이 감소하여 단기적으로 증가하였던 소득은 다시 장기 균형소득으로 돌아간다.

통화의 중요성을 강조하지만 장기적으로는 통화가 자연소득 수준을 변화시키지는 못한다고 믿는 통화론자들은 정부가 시장에 재량적으로 개입하기보다는 정해 놓은 준칙에 따라 행동할 것을 권고한다. 특히 통화공급 증가율을 실물경제가 성장하는 속도에 맞게 일정한 수준으로 정해 놓을 것을 권고한다. 만약 정부가 통화공급을 예측이 불가능한 방법으로 자주 늘렸다 줄였다 하면, 경제에는 불확실성이 증가하고 경제주체들은 물가 예측에 큰 혼동을 일으키게 되며, 나아가 경기를 위축시킬 수도 있다. 정부가 통화공급을 자주, 그리고 불규칙하게 증가시키면 인플레이션에 대한 불확실성이 높아지면서 경제주체들이 과도한 물가 상승을 예상할 수도 있으며, 이 경우에는 소득이 도리어 감소하게 된다. 통화론자의 이러한 견해는 고전학파와 매우 유사하며, 자연소득 수준이 증가하는 추세에 맞춰 통화량을 안정적으로 공급해야 한다는 결론을 도출하게 된다.

(3) 새고전파학의 등장

통화주의자들과 케인즈주의자들과의 논쟁이 활발히 진행되고 있던 1970년대 초에 대부분의 국가들은 인플레이션과 고실업이 공존하는 스태그플레이션을 경험하게 된다. 이는 기존의 케인즈 경제학에 대한 신뢰를 떨어뜨리는 중요한 계기가 되었다. 이때 통화주의의 자유주의 철학과 작은 정부론을 수용하면서, 분석적으로는 고전학파의 틀을 한층 더 발전시킨 경제학자들이 등장하였다. 이들을 새고전학파(new classical school)라고 부르는데, 대표적인 학자들로는 루카스(R. Lucas), 사전트(T. Sargent), 배로(R. Barro) 그리고 프레스콧(E. Prescott) 등을 들 수 있다.

통화론자들은 불확실성에 직면한 사람들이 적응적(adaptive) 기대를 할 것으로 가정했다. 사람들이 물가의 변화에 대해 얼마나 빠르고 정확하게 반응하는가는 정책효과 측면에서 매우 중요하다. 사람들이 물가의 변화 및 변화요인에 느리게 반응한다면 정부의 총수요 관리정책은 상당 기간 효력을 발휘할 것이지만, 반대로 사람들이 물가의 변화 및 변화요인에 신속하고 정확하게 반응한다면 정부의 총수요 관리정책은 단기적으로도 별다른 효력을 갖지 못할 것이다. 이처럼 현대경제학에서 기대의 역할은 중요하다.

새고전학파 경제학자들은 개별 경제주체들의 기대형성 방식으로 합리적 기대가설을 채택한다. 즉, 경제주체들이 자신에게 주어진 모든 정보를 효율적으로 이용하여 경제여건의 변화에 대응하므로 물가의 예상 등에 있어 체계적이고 지속적인 실수를 범하지 않는다는 것이다. 합리적 기대가설은 원래 1950년대 말과 1960년대 초에 형성되기 시작하였으나, 당시에는 큰 주목을 받지 못하다가 1960년대 말부터 루카스, 사전트 등의 연구가 설득력을 얻게 되면서 현대 거시경제학에 큰 영향을 미치게 되었다.

경제에 있어 기대의 중요성은 1976년에 발표된 루카스 비판(Lucas critique)으로 이어진다. 루카스는 사람들의 기대형성이 정책변화의 영향을 받는다는 점을 강조한다. 즉, 정책이 바뀌면 사람들의 기대도 달라진다. 예를 들어, 통화량을 증가시키는 정책이 실시되면 사람들은 예상물가 수준을 상향 조정한다. 그러나 기존의 거시경제모형은 이러한 기대의 역할을 명시적으로 고려하지 않은 채, 현재 또는 과거의 변수들로만 행태방정식을 구축하고 있다.[1] 또한 그러한 행태방정식을 기초로 정책의 효과를 분석하고 있다. 현재와 과거의 변수들로 구성된 행태방정식에는 과거에 실시된 정책 및 그에 입각한 기대의 영향이 내재되어 있다. 만약 정책이 바뀌게 되면 사람들은 새로운 기대를 형성하게 되고, 새로운 기대는 경제변수 간의 관계에 영향을 미쳐 행태방정식 자체를 바꾸어 놓을 것이다. 따라서 과거의 정책과 기대 하에 형성된 행태방정식은 정책의 준거로 활용될 수 없다. 왜냐하면, 이미 정책의 변화로 사람들의 행태가 바뀌었는데, 정책의 효과를 과거의 행태로 판단하는 셈이기 때문이다. 가령 정부가 기존의 필립스곡선에 나타나 있는 실업과 인플레이션의 역관계를 이용하는 정책을 펴는 순간, 필립스곡선의 관계식 자체가 사라져 버릴 수 있다. 정부가 인플레이션을 감수하고 실업을 감소시키는 총수요 확대정책을 쓰려고 할 때, 사람들이 물가가 오를 것을 미리 예상하여 반응하면 실제 노동의 공급이 늘어나지 않

1) 소비함수, 투자함수, 화폐수요함수 등이 대표적인 행태방정식들이다.

을 것이기 때문이다.

그러면 이러한 루카스 비판을 극복하고 정책의 효과를 올바르게 분석하려면 어떻게 해야 하는가? 루카스를 비롯한 새고전파 경제학자들은 거시경제모형의 행태함수를 임의적으로 가정할 것이 아니라 경제주체의 최적화행동 및 시장균형의 결과로 도출해야 함을 거듭 강조한다. 집계변수를 다루는 거시경제이론이라 할지라도, 방법론적 측면에서는 미시경제학적 최적화이론에 기초한 행태방정식을 도출해야 한다. 거시경제학의 미시적 기초(micro-foundations)라는 용어는 바로 이러한 방법론을 지칭한다.

사실 새고전파에 의해 제기된 미시적 기초는 거시경제학의 방법론에 관한 것으로 케인즈주의·반케인즈주의 할 것 없이 현대 거시경제학에 획기적인 영향을 미쳤지만, 케인즈주의와 구별되는 새고전파 고유의 철학은 합리적 기대와 신축적 가격에 의한 즉각적인 시장청산(market-clearing)의 가정에 있다. 고전학파모형이 가격의 신축성을 전제로 한 시장경제모형의 이상적인 형태라고 한다면, 새고전학파는 고전학파모형에 불확실성을 도입하면서도, 다시 경제주체의 합리적 기대를 가정함으로써 고전학파적 사고를 현대적으로 해석하고 부활시켰다. 통화주의가 적응적 기대를 가정하여 정책의 단기적 효과를 인정한 반면, 합리적 기대주의는 예상된 정책은 비록 단기라 할지라도 효과가 없음을 강조한다. 또한 새고전파는 고전학파모형을 경기변동의 이론으로 해석하는 과정에서 실물경기변동(*RBC*) 이론을 탄생시켰다.

RBC 이론에 대해서는 다음 장에서 자세히 다루기로 하고, 이하에서는 1970년대 중반 이후 새고전학파를 현대 거시경제학의 중심에 등장하도록 만든 두 가지의 주요 개념, 즉 루카스 비판과 시간불일치성(time inconsistency)에 대해 살펴보기로 한다. 이 두 가지 개념은 케인즈주의 거시계량모형에 입각하여 재량적인 정책을 펴는 것이 커다란 오류에 빠질 수 있다는 점을 지적한다.

36-2 루카스 비판과 미시적 기초의 필요성

앞에서 언급한 바와 같이 신고전파 종합의 이론적 공헌들은 계량경제학 및 컴퓨터의 발전과 결합되어 대규모 거시계량모형의 탄생과 발전을 가져왔다. 케인즈 경제학이 실제의 안정화정책 수행에 활용되는 틀까지 갖추게 된 것이다. 케인즈주의자들은 계량경제모형을 추정하기 위해 내생변수를 외생변수들의 함수로 표현한 축약방정식(reduced form equation)을 사용하였고, 이 점에서는 통화주의자들도 마찬가지였다.

이를테면 축약방정식이란 다음과 같은 것이다. 총생산이 통화량과 기타 실질요인(기술 수준 또는 생산성)에 의해 변동할 수 있다는 이론적 틀 하에서 총생산이 자연율로부터 이탈한 정도는 이 두 가지 외생변수의 영향을 받을 것이다. 시차를 감안하여 이 요인들이 현재의 생산뿐만 아니라 다음 기의 생산에도 영향을 준다고 해 보자.

$$y_t = y_n + a_1 m_t + a_2 m_{t-1} + c_1 z_t + c_2 z_{t-1} + u_t \tag{36.1}$$

여기서 y는 실질 GDP, y_n은 잠재 GDP(자연소득 수준), m은 통화량, z는 소득에 영향을 미치는 기타 실질요인들이며, u는 오차항이다. 여기서 대문자 대신 소문자를 사용한 이유는 수준변수에 로그를 취한 값들이기 때문이다. 위 식의 계수들은 탄력성의 의미를 갖게 되며, 계수들이 모두 양(+)의 값을 가진다고 하자.

이제 통화당국이 거시경제가 식 (36.1)과 같이 움직인다고 보고 이 식을 추정하여 각각의 계수들을 구했으며, 나아가 실질 GDP가 잠재 GDP 근처에서 안정된 값을 가지도록 하기 위해 통화공급의 규칙을 다음과 같이 설정했다고 하자.

$$\begin{aligned} m_t &= -\frac{a_2}{a_1} m_{t-1} - \frac{c_2}{a_1} z_{t-1} + v_t \\ &= \pi_1 m_{t-1} + \pi_2 z_{t-1} + v_t, \quad \pi_1 = -\frac{a_2}{a_1}, \quad \pi_2 = -\frac{c_2}{a_1} \end{aligned} \tag{36.2}$$

이 식에 따르면 금년의 통화량은 작년의 통화량과 기타 실질요인의 영향을 상쇄시키도록 설정된다(feedback rule). 여기서 $\pi_1 m_{t-1} + \pi_2 z_{t-1}$은 체계적으로 공급되는 통화량 부분이며, v_t는 비체계적인 통화공급으로, 합리적 기대론자들이 예상하지 못한 통화공급이라고 부르는 부분이다. 식 (36.2)를 식 (36.1)에 대입하면,

$$\begin{aligned} y_t &= y_n + a_1\left(-\frac{a_2}{a_1} m_{t-1} - \frac{c_2}{a_1} z_{t-1} + v_t\right) + a_2 m_{t-1} + c_1 z_t + c_2 z_{t-1} + u_t \\ &= y_n + a_1 v_t + c_1 z_t + u_t \end{aligned}$$

가 되므로, 식 (36.2)와 같은 안정화정책을 사용하면 이번 기의 소득은 전기에 발생한 요인의 영향으로부터 벗어나게 된다. 이는 안정화정책이 전기에 발생한 충격을 제거했다는 뜻이다.

케인즈주의자들이 파악한 식 (36.1)은 예상된 통화공급과 예상되지 못한 통화공급을 구분하지 않고 있다. 그러나 루카스와 사전트 같은 합리적 기대론자들은 오직 예상되지 못한 통화공급만이 실질소득에 영향을 준다고 주장한다. 즉, m_t가 아닌 v_t만이 y_t에 영향을 준다고 본 것이다. 그리고 실질 GDP의 관계식을 식 (36.1)과 달리 다음과 같이 설정한다.

$$y_t = y_0 + d_0 v_t + d_1 z_t + d_2 z_{t-1} + u_t \qquad (36.3)$$

여기서 v_t는 $v_t = m_t - \pi_1 m_{t-1} - \pi_2 z_{t-1}$으로서 예상되지 못한 통화공급이다. 이제 합리적 기대론자들의 주장이 옳고, 경제가 케인즈주의 관점의 식 (36.1)이 아니라 합리적 기대론자들의 식 (36.3)에 의해 움직인다고 해 보자.

합리적 기대론자의 주장이 맞음에도 불구하고 통화당국이 여전히 식 (36.1)과 (36.2)에 기초하여 통화정책을 실시한다고 하면 어떻게 되겠는가? 식 (36.2)를 식 (36.1) 대신 식 (36.3)에 대입하면 다음과 같다.

$$\begin{aligned} & y_t = y_0 + d_0(m_t - \pi_1 m_{t-1} - \pi_2 z_{t-1}) + d_1 z_t + d_2 z_{t-1} + u_t \\ \Rightarrow\ & y_t = y_0 + d_0 m_t - d_0 \pi_1 m_{t-1} + d_1 z_t + (d_2 - d_0 \pi_2) z_{t-1} + u_t \end{aligned} \qquad (36.4)$$

식 (36.4)의 계수들을 식 (36.1)과 비교하면 다음과 같다.

$$a_2 = - d_0 \pi_1, \quad c_2 = d_2 - d_0 \pi_2 \qquad (36.5)$$

여기서 a_2와 c_2는 케인즈주의에 입각한 통화당국이 식 (36.1)을 추정하여 얻는 계수이지만, 실제로는 그 자신이 통화정책을 사용할 때 정책적으로 적용하는 계수인 π_1과 π_2에 의존한다는 것을 알 수 있다. 통화당국이 전기의 통화(m_{t-1}) 및 실질요인(z_{t-1})이 금기의 소득(y_t)에 미치는 효과를 a_2와 c_2로 파악하였지만, 실제로 이 값들은 정책적으로 결정되는 값 π_1과 π_2에 의존하는 것이다.

여기서 중요한 결과가 도출된다. 만약 통화당국이 π_1과 π_2 값을 변경시키면 통화당국이 관찰하는 경제구조식 자체가 변하게 된다. 식 (36.1)과 식 (36.4)는 겉으로 보기에는 같은 것처럼 보인다. 두 식 모두 y_t를 설명하는 변수로 m_t, m_{t-1}, z_t, z_{t-1}을 사용하고 있기 때문이다. 실제로 m_t, m_{t-1}, z_t, z_{t-1}을 설명변수로 하고 y_t를 종속변수로 하는 회귀방정식을 추정하면, 각 계수에 대해 하나의 추정치를 얻게 된다.

$$y_t - y_n = \beta_1 m_t + \beta_2 m_{t-1} + \beta_3 z_t + \beta_4 z_{t-1} + e_t \tag{36.6}$$

식 (36.6)과 같이 회귀방정식을 설정하면 각 계수의 추정치 $\hat{\beta}_1, \hat{\beta}_2, \hat{\beta}_3, \hat{\beta}_4$를 얻지만, 과연 그 추정치가 케인즈주의에 입각한 식 (36.1)에서 나온 것인지 합리적 기대론의 식 (36.4)에서 나온 것인지 분간할 수 없다. 회귀방정식에서 얻은 추정치는 단지 관측적으로만 같을 뿐이다. 이와 같이 시계열자료가 서로 상충되는 모형을 분간하지 못하고 모두 받아들이게 되는 현상을 관측적 동등성(observational equivalence)이라고 한다. 단지 축약방정식을 추정한 것만으로는 그것이 어떤 경제이론에서 나온 것인지 알 수 없는 것이다.

합리적 기대론이 맞음에도 불구하고 케인즈주의를 믿는 통화당국이 식 (36.6)을 추정하여 통화공급의 규칙을 결정한다면, 경제구조가 통화정책 규칙에 따라 바뀔 수도 있다는 점을 간과하는 오류를 범하게 된다. 통화당국이 추정한 계수들은 근본적으로 통화정책에 따라 변하는 것이므로, 하나의 값으로 추정되었다 할지라도 그것을 안정적인 것으로 신뢰해서는 안 된다. 예를 들어, 통화당국이 π_1과 π_2를 π'_1과 π'_2으로 바꾸었다면, a_2와 c_2는 각각 $-d_0\pi'_1$과 $d_2 - d_0\pi'_2$으로 바뀌게 된다.

루카스는 이와 같이 통화당국이 정책의 규칙을 바꾸면, 경제구조 관계식 자체가 변할 수 있다고 주장한다. 케인즈주의자들은 과거의 시계열자료를 이용해 추정한 $\hat{\beta}_1, \hat{\beta}_2, \hat{\beta}_3, \hat{\beta}_4$가 불변이라고 가정한다. 루카스는 이러한 계량경제학 관행을 정면으로 비판했다. 루카스에 의하면 "정책이 바뀌면 경제구조도 바뀐다." 사람들은 정책에 반응하므로 정책이 바뀌면 사람들의 행동이 바뀌고 그에 따라 경제변수 간에 새로운 관계가 형성된다. 따라서 사람들이 과거의 행동양식을 그대로 유지할 것이라 보고 정책의 효과를 분석하는 것은 오류이다.

새로운 정책을 도입함에도 불구하고 사람들이 여전히 과거의 행동양식을 그대로 따를 것이라고 가정하고 정책의 효과를 분석하는 관행에 대한 비판을 루카스 비판(Lucas critique)이라고 한다. 루카스 비판은 광범위하게 적용된다. 이미 이 책에서 살펴본 것처럼, 통화공급이 증가할 때 사람들이 그것을 예상하는 경우에는 아무런 효과가 없다. 새로운 통화정책이 사람들의 기대(expectations)를 변화시키기 때문이다. 따라서 사람들의 기대가 바뀌고 행동이 바뀐다는 것을 간과하고 통화정책의 효과를 분석해서는 안 된다.

루카스 비판에 의거하여 케인즈의 절대소득 가설을 비판해 보자. 케인즈에 따르면 소비함수는 $C = a + b(Y - T)$와 같은 형태를 띠고, 한계소비성향 b는 변하지 않는다. 정부가 감세조치로 인한 정책의 효과를 분석한다고 하자. 케인즈적 관행에 따르면 정부는 과거의 자료를 이용해 조세승수를 추정하고, 소득에 미치는 효과가 '감세액 × 조세승수'라고 계산할 것이다. 그러나 사람들이 현재의 조세 감소가 미래의 가처분소득을 감소시킬 것이라고 예상하면, 소비성향을 낮추어 대응할 것이므로 정부가 예상한 효과는 나타나지 않는다.

루카스에 의하면 총공급곡선의 기울기도 정책에 따라 그 모습이 변하게 된다. 실제로 루카스는 국가별 총공급곡선을 비교분석한 결과 경기부양정책을 빈번하게 사용하여 인플레이션율이 높은 국가일수록 총공급곡선이 수직에 가깝다는 것을 발견했다. 경기부양책을 자주 사용할수록 사람들은 인플레이션에 대한 기대를 정확히 형성하므로 정책은 무력해진다.

사실 1970년대 들어서면서 케인즈주의에 입각한 경제모형의 예측력은 점점 떨어지는 모습을 보였다. 케인즈주의자들은 모형을 더 정교하게 만드는 작업을 통해 모형의 예측력을 높이려고 했으나 루카스 비판에 의해 큰 충격을 받았다. 모형의 예측력이 떨어지는 것이 모형의 사소한 결함 때문이 아니라, 축약방정식의 계수 자체가 계속해서 달라질 수 있다는 점을 간과했었기 때문이다.

그러면 루카스 비판으로부터 자유로운 경제모형이란 어떤 것인가? 이에 대한 대답은 쉽지 않다. 정책상의 변화에도 불구하고 전혀 흔들리지 않는 안정적인 경제구조를 모형으로 구축해야 하기 때문이다. 현실을 잘 반영하는 구조모형을 찾기란 더욱 어렵다. 그럼에도 불구하고 루카스를 위시한 새고전파 경제학자들은 경제학에는 몇몇 흔들리지 않는 원초적 개념들이 존재한다고 믿는다. 소비자의 선호, 생산기술, 인구구조 등이 그것이다. 특히 경제학은 효용극대화나 이윤극대화와 같은 최적화에 초점을 두므로, 집계변수를 다루는 거시경제학일지라도 효용함수와 생산함수 같은 원초적 개념에서 출발해야 한다.

루카스 비판은 거시경제학에도 미시적 기초(micro-foundation)가 필요하다는 것을 확실히 인식시켜 주는 계기가 되었다. 케인즈 경제학에 대해서도 예외는 아니다. 또한 루카스 비판은 경제정책을 담당하는 당국자들이 좀 더 겸손해져야 한다는 교훈을 전해 주었으며, 정책을 평가하는 일이 얼마나 어려운가를 일깨워 주었다. 루카스 비판으로부터 자유로운 모형을 구축하는 것 자체가 어려운데다가, 완전할 수 없는 모형에 입각해 정책변화가 사람들의 기대와 행동양식을 어떻게 변화시킬 것인가를 헤아리는 일도 어렵기 때문이다.
루카스 비판은 우리가 아직도 얼마나 모르는 것이 많은가를 새삼 깨닫게 해 주었다. 경제학은 여전히 역사가 짧은 학문이며 미완성이다. 경제학자 스스로 조언하는 데 신중해야 하며, 사람들은 경제학자의 조언을 들을 때 신중해야 한다. 경제에 관한 예측은 틀리는 경우가 많다. 그것은 우리가 아직 모르는 것이 많아서이기도 하고, 또 한편으로는 경제현상 자체가 매우 다양한 요인들이 복잡하게 얽힌 결과로 나타나기 때문이다.

36-3 재량적 정책의 시간불일치성

합리적 기대가설은 통화정책의 무력성을 강조하지만, 적어도 예상하지 못한 통화공급의 증가는 효과가 있음을 인정한다. 오직 예상하지 못한 경우에만 효과가 있으므로 중앙은행이 통화정책을 효과적으로 수행하기 위해서는 민간이 예상하지 못하도록 기습적으로 통화공급을 조절할 필요가 있다. 그런데 여기서 합리적 기대가설이 가지는 의미를 곰곰이 생각해 보면 다음과 같은 의문이 제기된다. 과연 예상하지 못한 정책은 얼마나 지속될 수 있을까? 그것은 한 번만 가능한가 아니면 반복적으로 가능한가? 통화정책의 영향을 받는 민간의 입장에 서 보자. 가령 5년 전에 예상치 못한 통화공급의 증가가 있었고, 3년 전에도 있었고, 1년 전에도 있었다고 하자. 과연 이렇게 예상치 못한 통화공급의 변화가 계속해서 발생할 수 있을까?

통화량 증가가 물가에 어떤 영향을 미칠 것인가를 사람들이 충분히 알고 있는 것처럼, 중앙은행이 언제라도 기습적인 방식으로 통화공급을 변화시킬 인센티브가 있다는 것도 사람들은 잘 알고 있다. 따라서 합리적으로 행동하는 민간은 중앙은행의 행동을 미리 예상하여 행동하게 된다. 이러한 상황은 중앙은행과 민간이 서로 게임(game)을 하는 상황으로 이해해 볼 수 있다. 극단적으로 표현하면 중앙은행은 민간을 속여야만 통화정책의 효과를 낼 수 있고, 민간은 속지 않아야만 실질소득상의 손해를 보지 않는다.

이제 통화관리를 맡고 있는 중앙은행이 인플레이션율을 정할 수 있다고 해 보자.

즉, 중앙은행은 인플레이션과 실업의 상충관계를 나타내는 필립스곡선상에서 인플레이션율(π)과 실업률(u)을 선택할 수 있다. 하나의 필립스곡선은 하나의 예상인플레이션율(π^e)과 결부되어 있으므로, 민간이 기존의 π^e를 유지하도록 하면서 예상하지 못하게 통화량을 조절하면, 중앙은행은 고정된 필립스곡선상에서 의도하는 π와 u를 선택할 수 있다.

중앙은행이 직면하는 필립스곡선이 다음과 같다고 하자.

$$\pi = \pi^e - \beta(u - u_n) \tag{36.7}$$

만약 π^e가 일정하게 고정된 상태라면 π와 u는 서로 반대 방향으로 움직인다. 물론 $\pi = \pi^e$이면 $u = u_n$이 되어 실업률은 자연실업률 수준을 유지한다. 예를 들어, 중앙은행은 π를 설정할 때 다음과 같은 손실함수(loss function)를 최소화한다.

$$L(u,\ \pi) = u + \frac{1}{2}\gamma\pi^2 \tag{36.8}$$

중앙은행의 입장에서 u와 π는 모두 비재화(bads)로 그 값이 작을수록 손실이 작아지지만 싫어하는 정도는 완전대체적이지 않다. 즉, u와 π를 각각 얼마나 싫어하는가는 u와 π의 조합이 어떤 값을 가지는가에 따라 조금씩 달라진다.

만약 중앙은행이 $\pi = \pi^e$라는 준칙을 사용한다면 $u = u_n$, $L = u_n + \frac{1}{2}\gamma(\pi^e)^2$이 된다. 그런데 여기서 가장 바람직한 상태는 $\pi = \pi^e = 0$이라는 것을 알 수 있다. 즉, 중앙은행이 $\pi = 0$이라는 고정된 준칙(fixed rule)을 밀고 나갈 경우에 민간의 예상도 $\pi^e = 0$으로 유지되므로 중앙은행의 손실은 $L = u_n$이 된다.

그러나 문제는 $\pi = \pi^e = 0$이 계속 유지될 수 있는가 하는 것이다. 만약 중앙은행이 $\pi = 0$이라는 고정된 준칙에 얽매이지 않고 자유재량으로 인플레이션율을 선택한다면 어떻게 될까? 여전히 $\pi = 0$을 선택할 것인가? 그렇지 않다. 고정된 준칙 대신 재량을 발휘한다면 중앙은행의 최적행동은 필립스곡선이라는 제약조건 하에 손실을 최소화하는 문제를 푸는 것이다.

제약조건인 식 (36.7)을 u에 대해 정리한 후 손실함수에 대입하면 다음과 같다.

$$L(u,\ \pi) = u_n - \frac{1}{\beta}(\pi - \pi^e) + \frac{1}{2}\gamma\pi^2 \tag{36.9}$$

민간이 설정하는 π^e가 주어진 상태에서 중앙은행이 원하는 인플레이션율은

$\frac{dL}{d\pi}=0$을 만족하는 수준이다. 즉, $\frac{dL}{d\pi}=-\frac{1}{\beta}+\gamma\pi=0$이므로 $\pi=\frac{1}{\beta\gamma}$이 중앙은행이 원하는 최적의 인플레이션율이다. 이 값은 민간의 π^e와 무관하다는 것을 알 수 있는데, 민간이 π^e를 어떤 값으로 설정하든 중앙은행은 $\pi=\frac{1}{\beta\gamma}$을 원하는 것이다. 줄곧 $\pi=\pi^e=0$이 유지되던 상태에서 중앙은행이 민간과의 약속을 어기고 $\pi=\frac{1}{\beta\gamma}$을 실현했다고 해 보자. 만약 (극단적인) 케인즈주의 가정을 받아들인다면 민간의 예상인플레이션율은 여전히 $\pi^e=0$일 것이다. 통화주의 가정을 받아들인다면 예상인플레이션율은 서서히 조정될 것이다. 루카스의 가정대로라면 민간은 예상하지 못한 인플레이션이 발생한 것을 알고 난 뒤에 바로 예상치를 $\pi^e=\frac{1}{\beta\gamma}$으로 수정할 것이다. 그러나 이보다 진일보한 가정에 의하면 민간은 아예 처음부터 예상치를 $\pi^e=\frac{1}{\beta\gamma}$으로 설정한다. 중앙은행이 필립스곡선상에서 최적의 점을 고를 것이라는 것을 잘 알고 있기 때문이다. 민간은 중앙은행의 의도를 잘 알고 있기 때문에 처음부터 예상치를 $\pi^e=0$으로 설정하지 않는다.

중앙은행이 $\pi=0$이라는 고정된 준칙을 고수한다면 $\pi=\pi^e=0$, $L=u_n$을 달성할 수 있지만, 중앙은행이 재량적 통화정책을 수행하고 민간이 중앙은행의 의도를 잘 알고 대응하는 경우에는 $\pi=\pi^e=\frac{1}{\beta\gamma}$, $L=u_n+\frac{1}{2\beta^2\gamma}$의 상태로 가게 된다. 따라서 중앙은행의 고정된 준칙 $\pi=0$의 선언은 민간의 신뢰를 얻을 수 없다. 민간은 결국 중앙은행이 고정된 준칙에서 이탈할 것을 잘 알고 있기 때문에 처음부터 인플레이션을 예상한다.

예를 들어, 중앙은행 총재의 임기가 5년이라고 하자. 취임 초에 제로 인플레이션(zero inflation)을 선언하지만 5년차의 임기 말이나 그 전이라도 경기침체에 직면하는 경우에는 결국 인플레이션을 유발할 것이다. 이러한 의도를 잘 아는 민간은 제로 인플레이션 선언을 신뢰하지 않는다. 민간이 중앙은행을 신뢰하지 못하고 인플레이션을 예상하면 실제로 인플레이션이 발생한다. 즉, 인플레이션에 관한 한 경제는 저인플레이션의 균형보다는 고인플레이션의 균형을 유지할 가능성이 크다(inflationary bias).

이는 마치 게임 당사자들에게 더 우월한 균형이 있음에도 불구하고 내생적인 힘에 의해 열등한 균형 쪽으로 갈 수밖에 없는 죄수의 딜레마(prisoner's dilemma)의 상황과 같다. 이제까지는 수식을 사용했지만 게임의 측면에서 다시 조명해 보자. **그림 36-1**에는 필립스곡선이 그려져 있는데, $\pi^e=0$인 PC_1상에서 A점은 고정된 준칙이 유지되는 점이다. 그러나 중앙은행은 인플레이션을 유발하더라도 실업률을 낮추는 B점을 더 선호한다. 만약 민간이 $\pi^e=\pi^H\left(=\frac{1}{\beta\gamma}\right)$로 설정하면 필립스곡선은

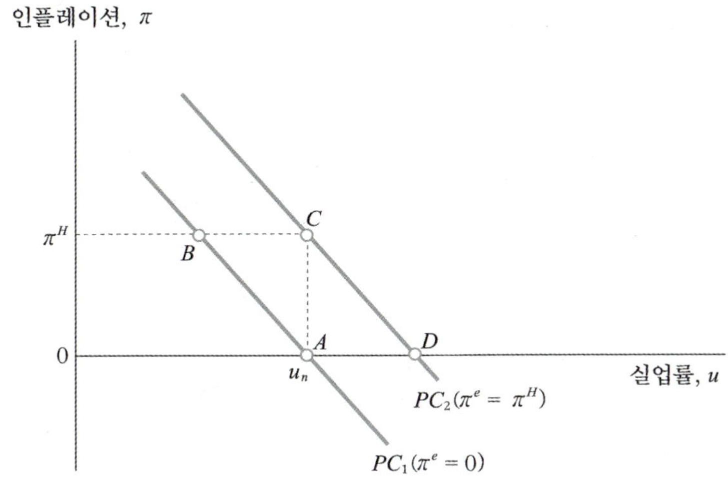

그림 36-1 필립스곡선과 중앙은행의 선호도

PC_1 상에서 A점은 $\pi = 0$의 고정된 준칙이 유지되는 점이지만, 중앙은행은 인플레이션을 유발하더라도 실업률을 낮추는 B점을 더 선호한다. 만약 민간이 $\pi^e = \pi^H$로 설정하면 필립스곡선은 PC_2로 이동하며, C점에서는 $\pi = \pi^e = \pi^H$이다. 중앙은행의 선호도는 $B > A > C > D$이다.

PC_2로 이동하며, C점에서는 $\pi = \pi^e = \pi^H$가 성립한다. 한편, D점은 $\pi = 0$, $\pi^e = \pi^H$인 상태이다.

두 가지 필립스곡선상의 네 점에 대한 중앙은행의 선호도를 비교해 보자. 인플레이션과 실업률에 대하여 표준적인 선호체계를 가진 중앙은행의 선호도는 $B > A > C > D$가 될 것이다. 이제 민간과 중앙은행의 게임이 순차대로 진행된다고 가정하자. 먼저 민간이 π^e를 설정하고, 그 다음에 중앙은행은 π를 설정한다. 그리고 민간과 중앙은행은 0이나 π^H중에 하나를 선택한다고 가정한다. 이러한 게임의 순서와 결과는 **그림 36-2**에 나와 있으며, 이 그림의 결과 A, B, C, D는 각각 **그림 36-1**의 A점, B점, C점, D점과 대응된다.

민간이 $\pi^e = 0$을 선택하면 중앙은행은 A점과 B점을 비교하여 B점을 선택하므로 $\pi = \pi^H$로 설정한다. 만약 민간이 $\pi^e = \pi^H$를 선택하면 중앙은행은 C점과 D점을 비교하여 C점을 선택하므로 역시 $\pi = \pi^H$로 설정한다. 민간이 π^e를 0으로 할 것인가 π^H로 할 것인가는 B점과 C점을 비교하면 된다. 그림에서 중앙은행은, 민간이 왼쪽으로 가면 B점, 오른쪽으로 가면 C점을 택할 것이므로, 민간은 네 점 가운데 B점과 C점만 비교하면 된다. 그런데 민간은 B점보다는 C점을 선호한다. B점에 비해 C점에서는 인플레이션 예상으로 실질소득을 보전할 수 있기 때문이다. 따라서 민간은 처음부터 오른쪽, 즉 $\pi = \pi^H$를 선택한다. 결국 게임의 결과는 C점으로 귀결되며, 경제는 $\pi = \pi^e = \pi^H$의 고인플레이션 균형으로 기울게 된다.

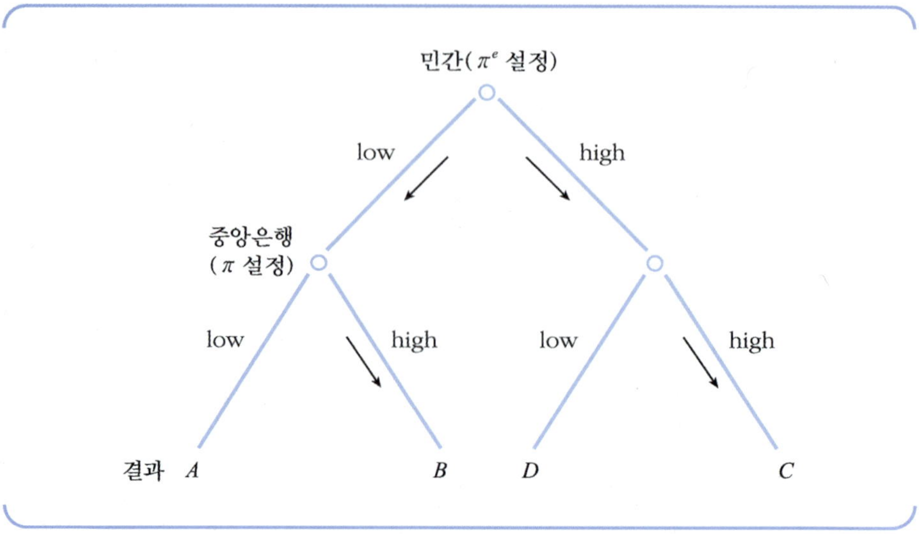

그림 36-2 민간과 중앙은행의 게임

민간이 먼저 π^e를 설정하고 그 다음에 중앙은행이 π를 설정한다. 각각 0 또는 π^H를 선택하는데 쉽게 알아볼 수 있도록 왼쪽을 low, 오른쪽을 high로 표시했다. 게임의 결과는 각각 그림 36-1의 A점, B점, C점, D점과 대응된다. 민간이 low로 가면 중앙은행은 B점을 선택하고, 민간이 high로 가면 중앙은행은 C점을 선택한다. 민간은 B점과 C점 가운데 C점을 선호하므로 처음부터 high를 선택한다. 사회적으로는 A점($\pi = \pi^e = 0$)이 바람직하지만, 게임의 결과는 C점($\pi = \pi^e = \pi^H$)이 된다.

그림의 네 점 가운데 사회적으로 가장 바람직한 점은 $\pi = \pi^e = 0$이 달성되는 저인플레이션 균형의 A점이지만, 중앙은행을 신뢰할 수 없기 때문에 A점은 달성되기 어렵다. 중앙은행을 신뢰할 수 없는 이유는, 저인플레이션 정책을 끝까지 고수하겠다는 중앙은행의 정책이 결국에는 일관성(consistency)을 잃게 될 것이기 때문이다. 시간일치적(time consistent) 정책이 시간이 흘러도 항상 일관되게 유지되는 정책인 반면, 마치 처음에는 지켜질 수 있는 것처럼 보이지만 결국에는 지켜지기 어려운 정책은 시간불일치적(time inconsistent) 정책이라고 한다.

시간불일치적인 정책이나 약속의 예는 무수히 많다. 정부는 테러에 대해 단호히 대처하겠다는 방침을 선언하지만 막상 테러가 발생하고 수많은 인질의 생명이 위협받는 상황이 닥치면 테러리스트와 타협을 시도한다. 테러리스트들은 이를 잘 알기 때문에 겁내지 않고 범행을 저지르고, 그 결과 테러는 근절되기 어렵다. 또 부모는 자녀에게 앞으로 늦게 귀가하면 다시는 문을 열어주지 않겠다고 엄포를 놓지만, 막상 늦게 들어오는 상황이 닥치면 자녀가 밖에서 곤경에 처할지도 모른다는 걱정 때문에 문을 열어주게 된다. 정부는 처음에는 연구개발을 장려하기 위해 특허에 의한 독점권을 폭넓게 인정하지만, 막상 제품이 개발되어 가격이 지나치게 올라간다고 판단되면 다시 경쟁을 촉진하기 위해 특허권을 취소하거나 가격을 규제하는 방안을 찾게 된다. 재정적자와 정부부채를 통제하기 위해 사회보장성 이전지출을 축소하겠다고 발표하지만, 소득분배 상황이 악화되거나 선거를 앞두게 되면 이러한 조치를 철회하고 싶어진다.

중앙은행이 신뢰를 회복하여 시간불일치성(time inconsistency)의 문제가 나타나지 않도록 하기 위한 장치들에는 몇 가지가 있다. 첫째는 중앙은행의 독립성을 증가시키는 것이다. 실증연구에 의하면 중앙은행이 독립적일수록 인플레이션이 낮으며, 실업률 또한 평균적으로 낮아지는 경향이 있다. 이는 중앙은행이 독립적일수록 민간의 신뢰가 증가하여 물가 상승에 대한 기대가 억제되고 거시경제정책의 건전성이 제고된다는 것을 뜻한다.

둘째는 필요하다면 실업률 증가를 감수하더라도 물가안정에 치중할 수 있는 보수적인 인사를 중앙은행 총재로 임명하는 것이다. 이러한 성향의 총재는 경제여건의 변화나 외부의 압력에도 쉽게 흔들리지 않고 중앙은행으로서의 평판을 유지하기 위해 물가안정을 최우선으로 하게 된다.

셋째는 명시적으로 물가안정목표제를 도입함으로써 중앙은행이 인플레이션 목표를 달성하도록 법제화하는 것이다. 물가안정목표제는 뉴질랜드와 캐나다를 중심으로 도입되었으며, 우리나라도 IMF 경제위기 이후 실시하고 있다. 미국은 명시적으로 인플레이션 목표제를 도입하지 않고 있으나, 많은 사람들이 중앙은행의 주요 관심사가 실업보다는 인플레이션에 있다는 것에 동의하고 있다.

넷째는 물가안정의 목표를 중앙은행에 일임하지 않고 정부와의 계약으로 명시하는 방법이다. 뉴질랜드에서 도입된 이 제도에 따르면, 만약 중앙은행이 물가안정목표를 달성하지 못하면 중앙은행 총재는 해임된다. 이 방법은 인플레이션을 억제하는 데에는 효과적이지만, 중앙은행을 정부에 예속시킴으로써 도리어 중앙은행의 독립성을 위축시킨다는 비판을 받을 수 있다.

위에서 셋째와 넷째 방법은 법제화 및 계약을 통해 외부적인 속박장치를 도입하는 것이지만, 만약 민간과 중앙은행 간의 게임이 무한히 오래 지속되는(repeated game) 경우라면, 외부적인 속박장치 없이도 낮은 인플레이션이 달성될 수도 있다. 왜냐하면, 중앙은행이 약속을 어기고 인플레이션을 유발할 경우에 실업률 감소라는 단기적 이득과 다시 고인플레이션 상태로 돌아가는 장기적 손실이 발생하는데, 만약 단기적 이득보다 장기적 손실이 더 크다면 중앙은행은 처음부터 저인플레이션을 유지하는 것이 유리할 수도 있기 때문이다. 물론 이는 중앙은행이 자신의 평판과 미래를 얼마나 중요시하는가에 달려 있다.

새고전학파에 의해 제기된 시간불일치 개념은 물가안정이 달성되기 어렵다는 것을 이론적으로 입증하였다. 특히 만성적으로 인플레이션율이 높은 국가에서 중앙은행이 신뢰를 회복하기가 얼마나 어려운지 잘 보여준다. 이러한 이론이 등장한 1970년대에는 세계 각국이 고인플레이션을 경험하고 있었다. 1990년대 이후 각국의 정부들이 중앙은행의 목표를 과거와 같이 '경제의 성장과 안정'처럼 모호하게 규정하기보다는 '물가안정'으로 구체적으로 제한하기 시작한 것도 이러한 시대적 · 이론적 배경과 무관하지 않다.

RBC 이론 제37장

새고전학파는 고전학파모형을 경기변동의 이론으로 해석하는 과정에서 실물경기변동(RBC: Real Business Cycle) 이론을 탄생시켰다. 새고전학파는 모든 가격이 신축적으로 조정된다고 가정하기 때문에 이론체계 내에서 언제나 균형해(equilibrium solution)를 도출한다. 따라서 경기변동도 불균형 현상이 아닌 균형이 이동하는 현상으로 파악하며, 단기균형과 장기균형의 구분도 중요하지 않다. 통화량의 변화와 같은 명목충격(nominal shock)은 경제에 실질적인 영향을 미치지 못한다. RBC 이론은 경기변동의 원인이 명목적 충격에 의한 것이 아니라 기술진보와 같은 실질적 충격(real shock)에 있다고 본다. 만약 경기변동의 주요한 원인이 실질적 충격에 있다면, 통화량의 조절과 같은 총수요 관리정책은 별다른 효력을 갖지 못한다.

37-1 노동공급의 기간 간 대체

케인즈는 노동에 대해서도 수요 측면을 강조하였으며, 임금이 경직적이기 때문에 노동수요가 부족하면 비자발적 실업이 발생한다고 보았다. 반면 고전학파는 노동시장에 별다른 제약요인이 없다면 임금의 신축성에 의해 완전고용이 달성된다고 보았다. 고전학파에서는 노동의 공급이 노동과 여가 간의 선택의 문제에서 도출되므로 진정한 의미의 비자발적 실업이 존재할 여지가 없다.

고전학파가 한 기간 내에서의 노동과 여가의 선택 문제에 초점을 두었던 반면, RBC 이론을 내세우는 새고전학파는 한 걸음 더 나아가 노동공급의 기간 간 대체(intertemporal substitution)를 강조한다. 노동공급의 기간 간 대체란, 쉽게 말하면 지금 더 일할 것인가, 아니면 나중에 더 일할 것인가에 관한 선택의 문제이다. 먼 미래까지 내다보고 합리적인 경제행위를 설계하는 개인의 입장에서 지금 더 소비할 것인가 나중에 더 소비할 것인가를 계획하는 것처럼, 노동의 공급에 있어서도, 지금 더 일할 것인가, 나중에 더 일할 것인가, 항상 같은 양만큼 일할 것인가를 계획하고 선택한다. 제7편에서 살펴보았듯이 소비가 미래지향적으로 결정되는 것처럼 노동의 공급도 미래지향적으로 결정되는 것이다.

노동공급의 기간 간 대체의 원리를 가급적 가장 단순한 방법으로 이해하기 위해, 한 개인이 직면한 예산제약조건을 다음과 같이 표현해 보자. 편의상 현재와 미래 두 기간만이 존재한다고 가정한다.

$$C_0 + \frac{C_1}{1+r} = w_0 L_0 + \frac{w_1}{1+r} L_1 \tag{37.1}$$

여기서 하첨자 0은 현재, 1은 미래를 나타내며, C, L, w, r은 각각 소비, 노동, 실질임금, 실질이자율이다. 식의 좌변은 현재소비와 미래소비의 현재가치, 즉 평생소비의 현재가치이며, 우변은 현재소득과 미래소득의 현재가치, 즉 평생소득의 현재가치이다. 참고로 제26장의 소비이론에서는 $w_0 L_0 = Y_0$, $w_1 L_1 = Y_1$과 같이 현재와 미래 소득이 각각 Y_0, Y_1으로 주어진 경우를 다루었으나, 여기서는 노동을 얼마나 공급하는가에 따라 소득이 달라지는 것이 차이이다.

이제 현재의 임금 w_0와 미래의 임금 w_1이 갖는 의미를 생각해 볼 필요가 있다. 현재의 임금 w_0는 현재여가의 기회비용이며, 미래여가의 기회비용은 현재가치로 $\frac{w_1}{1+r}$이다. 여기서 상대임금(relative wages)의 개념을 다음과 같이 정의할 수 있다.

$$\text{상대임금} = \frac{w_o}{\frac{w_1}{1+r}} = \frac{(1+r)w_0}{w_1}$$

이와 같이 정의된 상대임금은 미래임금에 비해 현재임금이 얼마나 높은가를 나타낸다. 현재임금이 미래임금보다 상대적으로 높으면 미래에 비해 현재에 일을 더 많이 하게 된다. 이는 미래여가에 비해 현재여가의 기회비용이 높기 때문인데, 좀 더 쉽게 표현하면 미래보다 현재의 보수가 좋으니 지금 더 일하자는 결정을 하게 되는 것이다.

다른 조건이 일정할 때 상대임금의 변화가 노동공급에 미치는 영향에 대해서는 다음 세 가지 경우를 생각해 보는 것이 도움이 될 것이다.

$$w_0 \uparrow \Rightarrow \text{현재의 상대임금} \uparrow \Rightarrow L_0^s \uparrow$$
$$w_1 \uparrow \Rightarrow \text{현재의 상대임금} \downarrow \Rightarrow L_0^s \downarrow$$
$$r \uparrow \Rightarrow \text{현재의 상대임금} \uparrow \Rightarrow L_0^s \uparrow$$

상대임금이 변하는 경우에는 현재의 노동공급과 미래의 노동공급 사이에 변화가 일어난다(기간 간 대체). 단, 현재임금과 미래임금이 같은 비율로 증가하여 상대임금에 변화가 없는 경우에는 기간 간 대체가 일어나지 않는다. 중요한 것은 상대임금이 변하는 경우에 경기변동이 발생한다는 점이다. 예를 들어, 현재의 임금이 미래의 임금에 비해 상대적으로 상승하면 사람들은 미래보다는 현재에 더 일을 하려 하므로 고용과 생산이 증가하는 호황을 누리게 된다. 반대로 현재의 임금이 미래의 임금에 비해 상대적으로 낮은 경우에는 사람들이 미래보다 현재에 일을 적게 하려 하므로 고용과 생산이 감소하는 불황을 겪게 된다. 여기서 상대임금에 변화를 주는 요인 가운데 이자율이 포함된다는 점에 주목할 필요가 있다. 다른 조건이 일정할 때 이자율 상승이 현재임금을 상대적으로 올리는 효과를 가져오므로 노동의 공급이 증가하게 된다.

그런데 논의를 복잡하게 만드는 것은, 상대임금 이외에도 노동공급에 영향을 주는 요인이 더 있다는 것이다. 포괄적으로 규정한다면, 그것은 부(wealth) 또는 예상되는 평생가처분소득이다. 다른 조건이 일정할 때 부의 증가는 사람들로 하여금 여가를 더 즐기게 할 것이므로 노동공급이 감소된다. 미래에 예상되는 가처분소득도 영향을 준다. 만약 향후 세금부담이 증가한다면 사람들은 가처분소득이 줄어들 것을 예상하고 여가를 줄이며 일을 더 하려고 할 것이다. 정부지출이 증가하는 경우에도 그것이 결국 미래의 조세부담을 증가시키는 것이라면 노동공급의 증가요인으로 작용한다.[1)]

요컨대 미래지향적으로 노동의 공급을 결정하는 경우에는, 현재의 노동공급을 결정하는 요인으로 현재의 임금만 중요한 것이 아니라 다른 여러 요인들이 복합적으로 작용하게 된다. 특히 상대임금 변화에 의한 기간 간 대체효과가 중요해지며, 나아가 부 또는 평생가처분소득이 미치는 효과까지도 고려된다. 따라서 현재의 노동공급함수를 다음과 같이 정리해 볼 수 있다.

$$L_0^s = L^s(\underset{+}{w_0};\ \underset{-}{\text{미래의 임금}},\ \underset{+}{\text{이자율}},\ \underset{-}{\text{부 또는 평생가처분소득}}) \qquad (37.2)$$

1) 조세가 노동공급에 미치는 영향에 대해서는 좀 더 미묘한 논의가 필요하다. 만약 정액세(lump- sum tax)나 평균세율(average tax rate)이 증가하면 평생가처분소득이 감소하기 때문에 소득효과의 경로를 통해 노동공급이 증가할 것이다. 그러나 한계세율이 변하는 경우에는, 그 효과가 복잡하게 나타날 수 있다. 극단적인 예이기는 하지만, 만약 평균세율은 일정하게 하면서 한계세율(marginal tax rate)이 증가하는 경우에는 세후임금(after tax wages) 감소에 따른 대체효과로 노동의 공급이 감소할 것이다.

그림 37–1은 현재의 노동공급곡선을 현재의 임금에 대해 표시한 것이다. 현재의 임금 변화에 따른 노동공급의 반응은 곡선상의 움직임으로 나타나지만, 현재임금 이외의 요인, 즉 미래의 임금, 이자율, 부 또는 평생가처분소득이 변하는 경우에는 노동공급곡선 자체가 이동하게 된다.

한편, 미래지향적 노동공급의 논의로부터 경제의 총공급 관계에 대한 중요한 결

그림 37–1 노동공급곡선

미래의 임금이 상승(하락)하면 노동공급곡선이 좌측(우측)으로 이동한다. 이자율이 상승(하락)하면 노동공급곡선이 우측(좌측)으로 이동한다. 부 또는 평생가처분소득이 상승(하락)하면 노동공급이 좌측(우측)으로 이동한다.

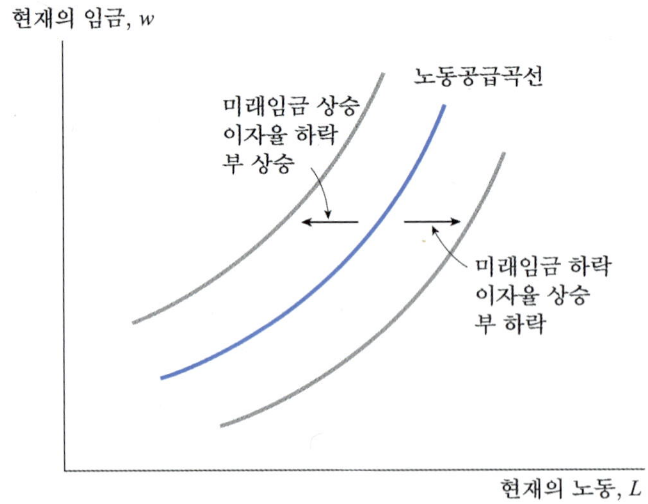

그림 37–2 총공급곡선의 도출

다른 조건이 일정할 때 이자율이 상승하면 노동공급곡선(L^s)이 우측으로 이동한다. 그 결과 고용과 생산이 증가하므로 우상향하는 총공급곡선(Y^s)이 도출된다.

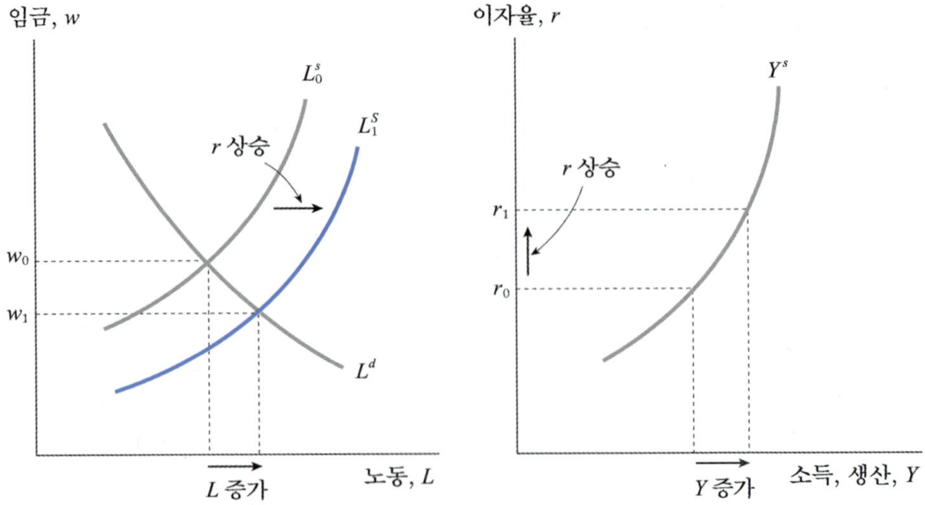

론이 도출된다. 우선 *RBC* 이론에서는 가격이 신축적으로 조정되므로 물가가 노동의 공급과 생산에 미치는 영향은 없다. 그러나 이자율의 변화는 노동공급의 변화를 가져오므로 생산에 영향을 주게 된다. **그림 37–2**는 이자율에 대해 우상향하는 총공급곡선을 도출하고 있다. 다른 조건이 일정할 때 이자율이 상승하면 노동공급곡선이 우측으로 이동하고, 그 결과 고용이 증가하므로 생산도 증가한다.

RBC 이론은 고전학파와 마찬가지로 총공급이 물가와 관계가 없다고 보지만, 총공급이 이자율의 영향을 받는 것은 미래지향적 노동공급 의사결정을 명시적으로 고려했기 때문인데, 이는 고전학파에 비해 진일보한 것이다. 결과적으로 *RBC* 이론은 총수요와 총공급을, 물가와 같은 명목변수가 아닌 실질이자율에 대해 표현하게 된다. 이제 케인즈학파와 구분한다는 뜻에서 총수요와 총공급을 *AD*, *AS*가 아닌 Y^d와 Y^s로 표시하면, 총수요와 총공급의 균형관계식을 다음과 같이 쓸 수 있으며, 그래프로는 **그림 37–3**과 같이 표현된다.

$$\underset{-}{Y^d}(r,\ \cdots) \equiv C(r,\ \cdots) + I(r,\ \cdots) + G = \underset{+}{Y^s}(r,\ \cdots) \qquad (37.3)$$

그림 37–3에서 균형소득을 Y_n으로 표시하였지만, Y_n이 갖는 의미는 케인즈학파가 보는 견해와 다르다. *IS*– *LM*– *AD*– *AS* 모형에서의 Y_n은 완전고용소득

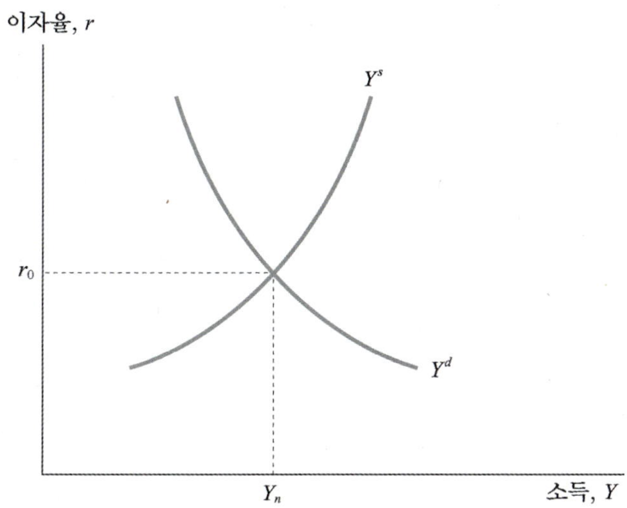

그림 37–3 *RBC* 이론에서의 총수요와 총공급

RBC 이론은 총수요와 총공급을 실질이자율 r에 대해 표현한다. 총수요의 구성요소인 소비와 투자가 이자율의 감소함수이므로 총수요곡선(Y^d)은 우하향한다. 노동의 공급이 이자율의 증가함수이므로 총공급곡선(Y^s)은 우상향한다. 총수요와 총공급은 이자율 조정에 의해 균형을 이루게 된다.

수준으로, 그 값을 기준으로 총수요 부족에 의한 경기침체와 총수요 과다에 의한 경기과열을 구분하는 척도였으나, *RBC* 모형에서의 Y_n은 균형소득이자 완전고용소득인 동시에 경제여건에 따라 얼마든지 바뀔 수 있는 소득이다. *RBC* 모형에서는 장·단기 균형소득을 구분할 필요가 없으며 자연소득 수준도 변하는 것이므로 하나의 값으로 고정될 필요가 없다. 가격과 임금이 신축적이므로 경제는 장·단기 구분 없이 완전고용을 달성하며, 경기가 변동하는 것은 경제여건의 변화에 따라 경제주체들이 노동의 공급을 조절하는 과정에서 완전고용 수준과 완전고용소득 수준이 변하는 것뿐이다.

37-2 *RBC* 이론에서의 경기변동

RBC 이론은 소비자와 기업의 최적화 행위를 집계한 거시경제모형을 세우고, 외생변수에 가해지는 충격이 모형 내의 경제변수에 어떻게 파급(propagation)되는가를 관찰한다. 이러한 실험을 위해 효용함수와 생산함수의 형태를 규정해야 한다. 예를 들어, 노동과 여가 사이의 대체탄력성, 위험기피의 정도, 생산함수상의 탄력성 계수 등 모형의 구성에 필요한 기본적인 계수(parameter)들을 선택하는 것이다. 이러한 계수들의 크기에 따라 집계변수로서의 노동공급이 임금과 이자율에 대해 얼마나 탄력적이고, 소비와 투자가 이자율에 대해 얼마나 탄력적인가 등이 결정된다.[2)]

RBC 모형에서 경기변동 현상을 분석하기 위해서는 모의실험(simulation)이 필요하다. 예를 들어, 정부지출과 같은 외생변수에 충격을 가한 뒤 내생변수들이 시간에 따라 반응하는 경로를 추적한다. 시간경로는 모형에서 설정한 계수에 따라 다양한 모습을 보일 수 있다. 다양한 모의실험의 결과는 이 책의 수준을 넘어서는 것이므로, 여기서는 몇 가지 충격의 파급효과를 그래프로 분석하기로 한다. 물론 그래프를 이용한 분석에는 한계가 있다는 점을 염두에 두어야 한다. *RBC* 이론을 그래프로 분석할 때 총수요(Y^d)와 총공급(Y^s)이 **그림 37-3**과 같이 (Y, r) 평면에서 표현되므로, 경제에 충격이 발생할 때 총수요곡선과 총공급곡선이 각각 어떻게 반응하는가를 보아야 한다. 그런데 *RBC* 모형에서는 충격에 대해 Y^d와 Y^s가 동시에 반응하면서 상호작용을 하는 경우가 대부분이므로, 총수요·총공급의 이면에 있는 노동시

2) 모형에 필요한 계수들은 주로 기존의 개별적인 실증연구 결과를 토대로 선택된다.

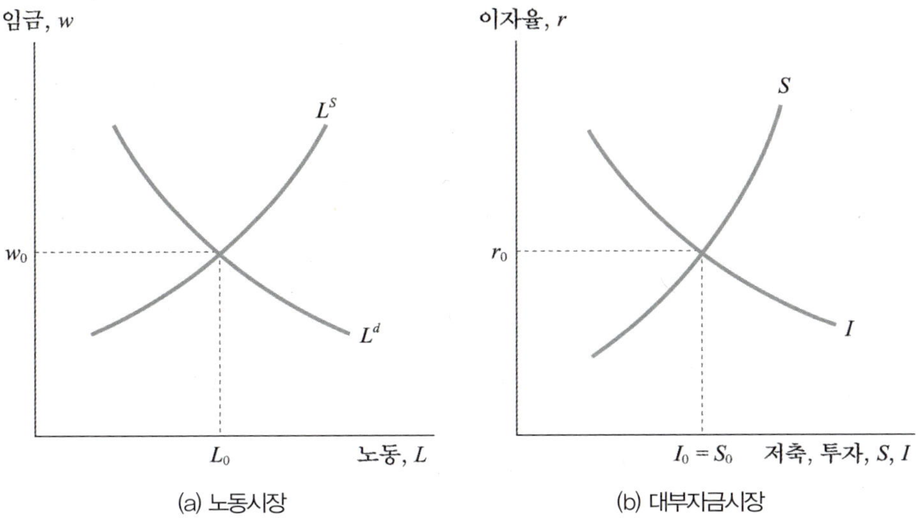

그림 37–4 노동시장과 대부자금시장의 균형

총수요·총공급의 이면에는 노동시장과 대부자금시장이 있다. 노동수요곡선, 노동공급곡선, 투자수요곡선, 저축곡선 등 네 가지 곡선의 구체적 형태는 모형에서 설정한 효용함수와 생산함수에 의존한다. *RBC* 모형에서는 경제에 충격이 가해질 때 이 네 가지 곡선이 움직이는 방향과 정도, 그리고 각 곡선의 기울기에 따라 고용, 소득, 임금, 이자율이 어떻게 변하는가가 결정된다.

장과 대부자금시장에서 어떠한 변화가 일어나는지 유의해야 한다.[3)]

그림 37–4에는 각각 노동시장과 대부자금시장이 신축적으로 움직이는 가격변수인 임금과 이자율에 의해 균형을 이루고 있는 상황이 나타나 있다. 먼저 노동시장을 보면, 노동수요곡선은 노동의 한계생산(MP_L)에 따라 이동하며, 노동공급곡선은 앞에서 설명한 대로 미래의 임금, 이자율, 부에 따라 이동한다. 대부자금시장에서 투자는 자본의 한계생산(MP_K)에 따라 아래위로 이동하며, 소비와 반대로 움직이는 저축은 소득과 부에 따라 이동하게 된다. 따라서 경제에 충격이 가해질 때 이 네 가지 곡선이 움직이는 방향과 정도, 그리고 각 곡선의 기울기에 따라 고용, 소득, 임금, 이자율이 어떻게 변하는가가 결정된다.

(1) 기술충격의 효과

RBC 이론은 경기변동의 주요인이 통화량의 변화와 같은 명목충격에 의한 것이 아니라 기술충격(technology shock)과 같은 실질충격에 있다고 본다. 여기서 기술충격은 생산성 충격(productivity shock)과 같은 의미로 쓰인다. 기술충격은 다시 일시적인(temporary) 기술충격과 항구적인(permanent) 기술충격으로 나눌 수 있다. 일시적인 양(+)의 기술충격은 일시적으로 생산함수가 개선되었다가 다시 원래대로 돌아오는 경우이며, 항구적인 양(+)의 기술충격은 생산함수가 항구적으로 개선되

3) 고전학파모형에서 대부자금시장의 균형, 즉 저축과 투자의 균형이 총수요·총공급 균형을 의미한다는 것을 상기하라.

는 경우이다. 노동의 한계생산성과 자본의 한계생산성을 변화시키지 않으면서 생산함수가 개선되는 경우도 있지만, 여기서는 두 한계생산성이 모두 증가한다고 가정한다.

먼저 일시적인 양(+)의 기술충격 효과를 살펴보자. 노동생산성이 상승하므로 기업의 노동수요가 증가한다. 그러나 이 효과는 일시적이라는데 주의해야 한다. 기업의 노동수요 증가는 현재에만 일시적으로 발생하고 미래에는 다시 원상태로 돌아가므로 미래임금의 변화는 없다. 따라서 상대임금 변화에 따른 노동공급의 기간 간 대체 현상이 일어난다. 미래보다 현재의 임금조건이 상대적으로 좋으니 지금 더 일하자는 결정을 하는 것이다. 일시적으로 고용과 임금이 상승하는 호황이 발생하고 미래에는 다시 원래의 상태로 돌아오는 경기변동 현상이 발생한다.

대부자금시장에서는 어떤 변화가 발생하는가? 양(+)의 기술충격은 생산과 소득을 증가시키므로 소비도 증가하지만, 소득의 증가가 일시적이므로 증가된 소득으로부터의 한계소비성향은 0에 가깝고 소득의 대부분은 저축될 것이다. 즉, 저축곡선이 우측으로 크게 이동한다. 만약 양(+)의 기술충격이 자본의 한계생산성을 전혀 변화시키지 않는다면 투자곡선은 움직이지 않을 것이며 이자율은 하락하게 될 것이다. 그러나 이러한 경우는 극단적이다. 기술충격이 자본의 한계생산성을 증가시키고 또 노동투입의 증가가 자본의 한계생산성을 상승시키므로 투자곡선도 우측으로 이동된다. 즉, 저축곡선과 투자곡선이 모두 우측으로 이동하므로 이자율에 미치는 효과는 불확실하다.

만약 저축곡선과 투자곡선이 우측으로 이동하는 정도가 같다면 이자율은 변하지 않을 것이다. 물론 정확한 효과는 모형의 여러 계수에 의존하지만, 투자가 일시적인 기술충격에 별로 반응하지 않고, 대신 일시적 소득 증가의 대부분이 저축된다면 이자율은 다소 하락하는 경향을 보일 것이다. 일시적 충격에 의해 평생소득이 다소 상승하고, 이자율도 다소 하락하면 노동공급곡선도 좌측으로 다소 이동하게 되지만, 노동수요곡선이 이동하는 정도에 비하면 미미하므로 결국 고용이 증가하게 될 것이다.

이와 같은 과정이 **그림 37-5**에 요약되어 있다. 일시적인 양(+)의 기술충격은 총공급곡선을 우측으로 이동시킨다. 소비는 일시적인 충격에 거의 반응하지 않고, 투자 또한 일시적인 충격에 크게 반응하지 않으므로 총수요곡선의 이동폭은 크지 않다. 그 결과 이자율이 다소 하락하며, 그에 따라 노동공급곡선도 좌측으로 이동하지만 노동수요곡선이 이동하는 것에 비하면 이동폭이 작아서 고용이 증가한다. 결과적으로 일시적인 양(+)의 기술충격은 임금과 고용, 소득을 증가시키는 경기호황을 발생시킨다.

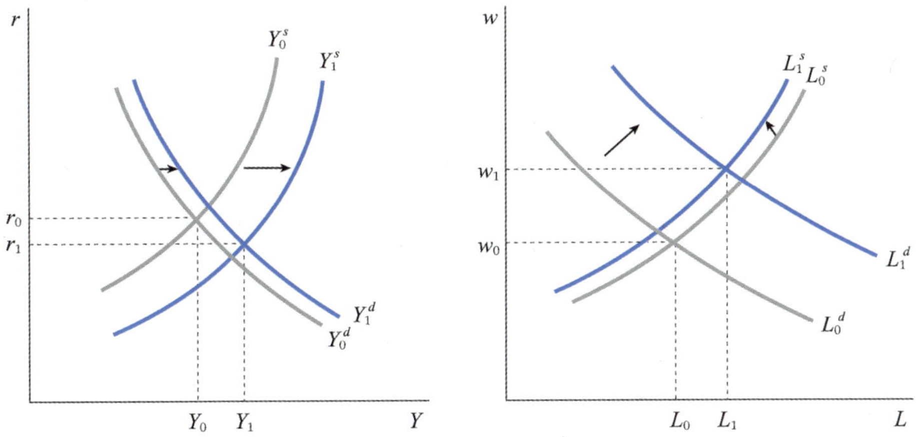

그림 37-5 일시적 기술충격의 효과

일시적인 양(+)의 기술충격은 총공급곡선을 우측으로 이동시킨다. 소비는 일시적인 충격에 거의 반응하지 않고, 투자 또한 일시적인 충격에 크게 반응하지 않으므로 총수요곡선의 이동폭은 크지 않다. 그 결과 이자율이 다소 하락하며, 그에 따라 노동공급곡선도 좌측으로 이동하지만 노동수요곡선이 이동하는 정도보다 작아서 고용이 증가한다.

다음으로 항구적인 양(+)의 기술충격 효과를 살펴보자. 기술충격의 효과가 오래 지속되어 현재와 미래의 노동생산성이 함께 증가하므로, 기업의 노동수요 증가는 현재뿐만 아니라 미래에도 지속된다. 또한 기술충격에 의한 소득 증가가 지속되므로 평생소득이 증가한다. 미래의 임금과 평생소득이 증가하므로 노동공급곡선이 좌측으로 이동한다. 노동수요곡선은 우측으로 노동공급곡선은 좌측으로 이동하기 때문에 임금은 상승하지만, 고용에 미치는 효과는 불확실하다.

일시적인 소득 증가와는 달리 항구적인 소득 증가로부터의 한계소비성향은 크므로 소비의 증가폭은 크고 상대적으로 저축의 증가폭은 작다. 투자는 항구적인 기술충격에 크게 반응하므로 저축곡선이 이동하는 정도보다 투자곡선이 이동하는 정도가 크며, 이자율은 상승한다. 즉, 일시적인 충격과는 달리 항구적인 충격이 발생하면 총수요가 크게 증가하고 이자율이 상승하는 경향을 보이게 된다.

한편, 이자율의 상승은 노동공급곡선을 우측으로 이동시킬 것이다. 그런데 양(+)의 기술충격이 항구적이므로 미래임금과 평생소득이 증가하며, 이는 노동공급곡선을 좌측으로 이동시키는 요인이다. 이처럼 상반되는 힘이 존재하므로 모형의 설계에 따라 이 두 효과가 정확히 상쇄될 수도 있다. 여기서는 평생소득 증가에 의한 노동공급 감소 효과가 이자율 상승에 의한 노동공급 증가효과를 능가한다고 가정해 보자(이자율 변화에 따른 노동공급의 기간 간 대체효과가 그리 크지 않다는 가정). 그렇다면 노동공급곡선은 좌측으로 이동하게 된다. 노동공급곡선이 좌측으로 이동하므로, 고용에 미치는 효과는 노동수요곡선이 우측으로 이동하는 정도와 노동공급곡선이 좌측으로 이동하는 정도의 상대적 크기에 의존할 것이다. 만약 노동수요곡선을 우측으로 이동시키는 효과가 더 크다면 고용은 결국 증가한다.

그러나 고용이 증가하는 폭은 기술충격이 일시적인 경우에 비하면 작다. 항구적 충격이든 일시적 충격이든 기업의 노동수요곡선이 바깥으로 나가는 정도가 같다고 하면, 근로자의 평생소득을 크게 증가시키는 항구적 충격의 경우에 노동공급이 감소하는 효과가 더 클 것이기 때문이다.

이와 같은 과정이 **그림 37–6**에 요약되어 있다. 항구적인 양(+)의 기술충격은 총공급곡선을 우측으로 이동시킨다. 소비는 항구적인 충격에 크게 반응하고, 투자 또한 크게 반응하므로 총수요곡선의 이동폭이 커서 이자율이 상승한다. 이자율 상승에 의한 노동공급 증가보다 미래 소득 증가에 의한 노동공급 감소가 크다면 노동공급곡선이 좌측으로 이동한다. 그러나 노동수요곡선의 이동폭보다는 작아서 고용이 다소 증가한다. 결과적으로 임금과 고용, 소득을 증가시키는 경기호황을 발생시킨다.

그림 37–6 항구적 기술충격의 효과

항구적인 양(+)의 기술충격은 총공급곡선을 우측으로 이동시킨다. 소비와 투자가 크게 반응하므로 총수요곡선의 이동폭이 더 커서 이자율이 상승한다. 이자율 상승은 노동공급곡선을 우측으로, 미래 소득의 증가는 노동공급곡선을 좌측으로 이동시키지만, 후자의 효과가 더 크다고 가정하면 노동공급곡선은 좌측으로 이동한다. 그럼에도 불구하고 노동수요곡선이 우측으로 이동하는 폭보다는 작아서 고용은 증가한다. 그러나 고용의 증가폭은 일시적 충격의 경우보다는 작다.

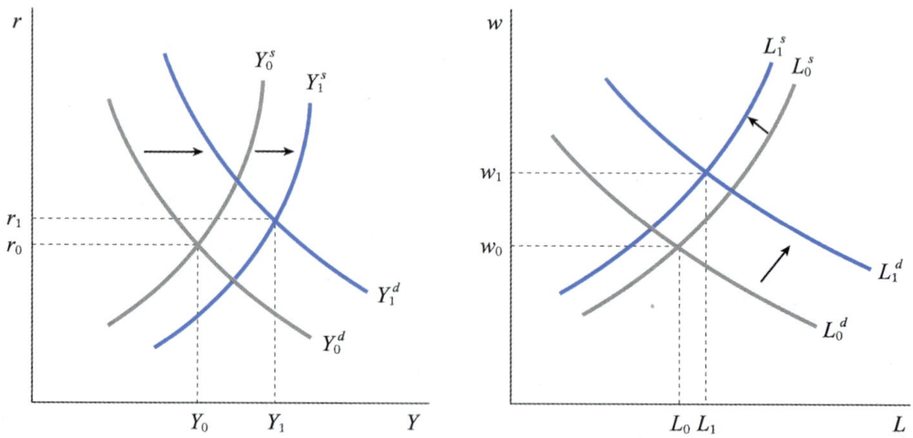

기술충격이 일시적이든 항구적이든 모두 임금과 고용, 소득을 증가시키지만, 이자율에 미치는 효과는 다르다는 것을 알 수 있다. 물론 효과의 방향과 크기를 단정할 수는 없지만, 충격이 일시적인 경우에는 이자율이 대체로 하락하는 경향을 보이는 반면 항구적인 경우에는 이자율이 상승하는 경향을 보이는 것이 차이점이다.

임금과 고용에 미치는 효과에도 주목할 만한 차이가 있다. 일시적이든 항구적이든 기술충격이 발생하면 임금과 고용이 증가하지만, 효과의 정도는 서로 다르다. 기술충격이 일시적인 경우에는 고용이 대폭 증가하지만, 항구적인 경우에는 소폭 증가에 그친다. 일시적인 충격은 노동공급에 있어 소득효과를 거의 발생시키지 않는 반면 항구적인 충격은 소득효과를 크게 발생시켜 노동보다 여가를 선택하는 경향을 강화시키기 때문이다. 쉽게 말하자면, 일시적으로만 상황이 개선된 경우라면 사람들은 때를 놓치지 않고 일을 더 많이 하려 하지만, 상황이 앞으로도 계속 좋아질 것이라고 예상되는 경우에는 고임금과 여가를 동시에 누릴 수 있는 여유를 갖게 되는 것이다.

기술충격이 일시적인 경우에는 노동공급의 기간 간 대체 현상에 의해 고용의 변화가 크고 경기변동폭이 커진다. 반면에 기술충격이 항구적인 경우에는 고용의 큰 변화 없이 경제가 마치 장기적인 성장경로를 따라 성장하는 모습을 보이게 되며 경기변동의 폭은 작아진다. 이에 대해 프레스컷은 기술충격이 항구적인 경우에도 고용의 변화가 크게 일어날 수 있다고 주장한다. 예를 들어, 양(+)의 기술충격은 노동수요뿐만 아니라 투자수요도 증가시키는데, 실제 소망자본스톡에 도달하는 데에는 시간이 필요하다. 자본이 최적 수준으로 일거에 점프하는 것이 아니라 서서히 증가하기 때문이다. 즉, 자본의 축적에는 건설기간(time to build)이 필요하다. 자본축적이 완료되기 전까지의 건설기간 동안에는 기존의 자본이 노동을 충분히 대체하지 못하므로 노동수요가 꾸준히 증가한다. 사람들은 건설기간 동안에는 상대임금이 높다는 것을 알기 때문에 기간 간 대체 원리에 따라 일을 더 하게 되고, 그 결과 단기적으로 높은 수준의 고용이 유지되는 현상이 나타난다.

(2) 재정정책의 효과

통화정책은 명목충격이지만 재정정책은 실질충격에 속한다. 정부지출 증가의 효과를 분석하기 위해 정부지출을 정액세로 충당한다고 가정하자. 정부지출이 일시적으로 증가하는 경우부터 살펴본다. 정부지출 증가의 직접적인 효과는 총수요를 증가시키는 것이므로 총수요곡선이 우측으로 이동하게 된다. 물론 정부지출 확대로 사람들의 평생가처분소득이 감소하기 때문에 소비수요가 줄어든다. 그러나 정부지출 증가가 일시적인 것으로 그치기 때문에 평생가처분소득이 감소하는 정도는 미미하고, 소비수요가 감소하는 정도도 미미하다. 결과적으로 총수요곡선은 우측으로 이동하고 이자율이 상승한다.

그러면 총공급에 미치는 효과는 어떠한가? 만약 순수한 고전학파모형이라면 총공급이 고정되어 있으므로 정부지출의 확대가 이자율을 상승시키고 민간지출을 구축하는 효과만을 가져올 것이다. 그러나 RBC 모형에서는 정부지출의 변화가 노동공급에 주는 효과를 통해 생산을 변화시킬 수 있다. 우선 이자율의 상승이 상대임금을 상승시키므로 기간 간 대체효과를 통해 노동공급이 늘어나게 된다. 이는 총공급곡선상에서 움직이는 변화이다. 또 하나의 고려사항은 소득효과이다. 정부지출 증가가 사람들의 평생부 또는 평생가처분소득을 감소시키기 때문에 사람들은 여가를 줄이고 일을 더 하려고 한다. 이와 같은 소득효과는 총공급곡선을 우측으로 이동시킨다.

결국 총수요곡선과 총공급곡선이 모두 우측으로 이동하게 된다. 그러나 정부지출 증가가 일시적인 것으로 그치기 때문에 평생가처분소득이 감소하는 정도는 미미하다. 소득효과에 의한 노동공급 증가가 미미하므로 총공급곡선은 우측으로 조금만 이동한다. 결과적으로 총공급곡선보다 총수요곡선의 이동폭이 더 커서 이자율이 상승하게 된다. 한편, 이자율 상승과 평생가처분소득 감소는 노동공급곡선을 우측으로 이동시킨다. 정부지출의 변화가 노동의 한계생산성에 영향을 준다고 볼 수 없으므로 노동수요곡선은 변하지 않는다. 따라서 고용은 증가하고 임금은 하락한다. 이와 같은 과정이 **그림 37-7**에 요약되어 있다.

다음으로 정부지출이 항구적으로 증가하는 경우를 살펴보자. 항구적 정부지출 증가가 일시적 정부지출과 다른 점은 조세 증가와 정부지출 증가가 한 번으로 끝나

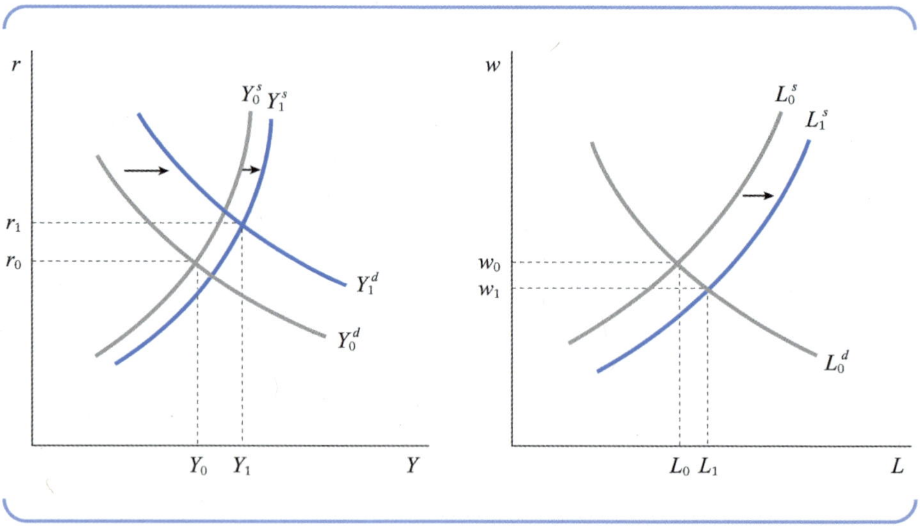

그림 37-7 일시적 정부지출 증가의 효과

정부지출 증가로 총수요곡선이 우측으로 이동한다. 정부지출 확대로 평생가처분소득이 감소한다. 그 결과 소비수요가 감소하지만 그 정도는 미미하다. 소득효과에 의해 총공급곡선이 우측으로 이동하지만 그 정도도 미미하다. 총공급곡선보다 총수요곡선의 이동폭이 더 커서 이자율이 상승한다. 이자율 상승과 평생가처분소득 감소는 노동공급곡선을 우측으로 이동시키므로 고용이 증가하고 임금은 하락한다.

는 것이 아니라 앞으로 계속되기 때문에 평생가처분소득을 크게 감소시킨다는 것이다. 따라서 소비수요가 크게 감소한다. 만약 정부지출의 증가가 소비수요의 감소로 정확히 상쇄된다면 총수요곡선은 이동하지 않는다. 이는 정부지출이 전혀 생산적이지 않아서 1단위의 정부지출 증가가 1단위의 소비 감소로 이어지는 경우이다.

그러나 정부지출이 생산적인 경우도 있다. 정부지출 가운데는 투자성 지출도 있으며, 새로 고용된 공무원이 월급 이상의 부가가치를 창출할 수도 있다. 이와 같이 정부지출이 경제 전체의 생산능력을 증가시키는 효과가 있다면 매기마다 추가적인 소득이 항구적으로 창출되므로 소비도 증가한다. 이 경우에는 총수요곡선이 우측으로 이동하게 된다.

비록 정부지출이 생산적이라 할지라도 사람들의 평생가처분소득을 증가시킬 정도는 아닐 것이다. 정부지출 증가는 사람들의 부 또는 평생가처분소득을 감소시키기 때문에 사람들은 여가를 줄이고 일을 더 하려고 한다. 이와 같은 소득효과는 총공급곡선을 우측으로 이동시킨다.

항구적인 정부지출 증가는 총수요곡선과 총공급곡선을 모두 우측으로 이동시켜 소득은 증가하지만, 이자율에 미치는 효과는 불확실하다. **그림 37-8**은 총수요곡선과 총공급곡선이 이동하는 정도가 같아서 이자율이 변하지 않는 경우를 가정하였다. 그러면 고용과 임금에 미치는 효과는 어떠한가? 만약 이자율이 변하지 않거나

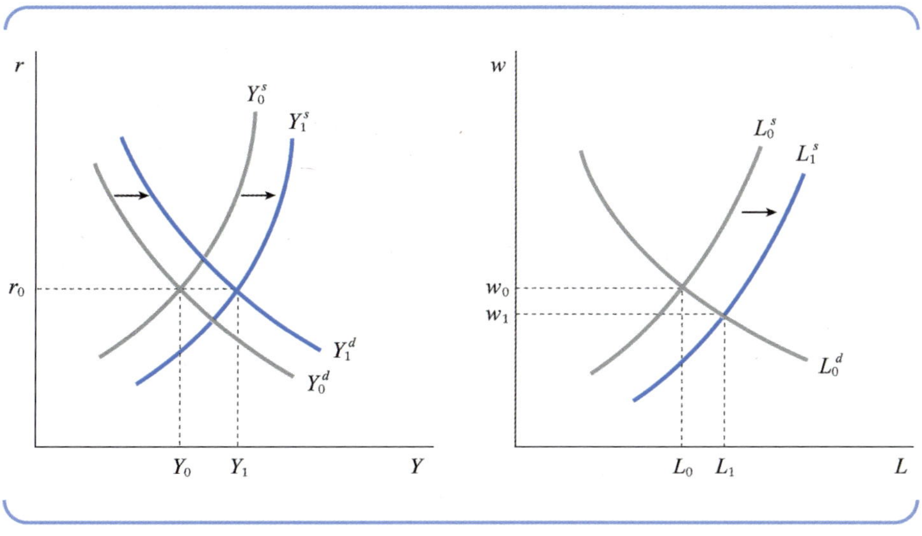

그림 37-8 항구적 정부지출 증가의 효과

정부지출이 항구적으로 증가하면 평생가처분소득이 크게 감소한다. 정부지출의 증가가 소비수요의 감소로 상쇄될 수도 있지만, 정부지출이 생산적이면 추가적인 소득과 소비가 창출되므로 총수요곡선이 우측으로 이동한다. 한편, 소득효과로 총공급곡선이 우측으로 이동하는데, 총수요곡선과 총공급곡선이 이동하는 정도가 같은 경우에는 이자율이 변하지 않는다. 소득효과에 의해 노동공급곡선이 우측으로 이동하므로 고용이 증가하고 임금은 하락한다.

변하더라도 미미한 수준이라면 노동공급에 미치는 효과는 거의 없을 것이다. 그러나 정부지출 증가로 평생가처분소득이 감소하므로 노동공급곡선이 우측으로 이동한다. 정부지출의 변화가 노동수요곡선에 영향을 준다고 볼 수는 없으므로 고용이 증가하고 임금은 하락한다.

이상에서는 정부지출의 일시적 증가와 항구적 증가가 모두 소득을 증가시키는 것을 보여주었지만, 소득에 어느 정도 효과를 미치는가에 있어서는 차이가 있다는데 유의해야 한다. 정부지출이 항구적으로 증가하는 경우에는 평생가처분소득이 크게 감소하여 소비를 크게 구축하고(crowd out), 정부지출의 생산성이 높지 않은 한 총수요를 자극하는 정도는 미약하다. 반면 정부지출이 일시적으로 증가하는 경우에는 평생가처분소득의 감소폭이 작으므로 소비를 별로 위축시키지 않으며 거의 정부지출의 증가만큼 총수요를 증가시킬 수 있다. 따라서 정부지출이 소득에 미치는 효과는 항구적인 경우보다 일시적인 경우가 더 크다. 항구적인 정부지출로 소득을 크게 변화시키기 위해서는 정부지출의 생산성이 매우 높아야 한다.

37-3 *RBC* 모형의 평가

RBC 모형은 경제의 여러 충격들이 고용, 소득 등 거시경제변수에 미치는 동태적 효과를 명시적으로 파악할 수 있는 장점을 갖고 있다. *RBC* 모형에서 합리적인 개인은 노동, 여가, 소비를 모두 미래지향적으로 선택한다. 경제여건의 변화에 따라 항상 최적의 상태를 유지하므로 경제에 가해지는 충격으로 발생하는 경기변동은 불균형 현상이 아니라 모두 균형의 이동 과정이다. 따라서 불황에서 비자발적인 실업이 존재하는 것이 아니라 단지 노동자들이 일시적으로 노동시간을 줄이거나, 자진해서 노동시장을 탈퇴하는 사람이 많은 것이다.

가격이 신축적이므로 통화정책과 같은 명목충격은 실질적인 효과를 가져오지 못하며, 경기변동의 주요인은 기술충격이다. 특히 기술충격이 일시적일수록 단기적인 경기변동 현상이 두드러지게 된다. 기술충격이 항구적이면 단기적 경기변동은 약한 가운데 장기적 성장추세가 촉발된다. *RBC* 학자들은 기술충격을 좁게 이해하거나 해석할 필요가 없다고 주장한다. 예를 들어, 풍년, 흉년, 지진, 국제유가의 변화, 환경에 대한 규제 등은 공급 측면의 변화를 가져오므로, 경기변동을 촉발하는 중요한 요인들이다.

그러면 *RBC* 모형은 현실을 잘 설명하고 있는가? 이에 대한 대답은 아직 이르다. *RBC* 이론은 방법론적 측면에서 볼 때 아주 과학적인 접근을 시도하고 있기 때문에 충분히 더 발전해 나갈 가능성과 장점을 갖고 있기 때문이다. 실제로 *RBC* 이론은 방법론적 장점을 바탕으로 현실 설명력을 높이기 위한 다양한 시도를 하고 있다.

그러나 *RBC* 모형의 가장 큰 약점은, 과연 기술충격이 실제의 잦은 경기변동현상을 주도할 정도로 자주 발생하는가 하는 물음과 관련된다. 실제로 불황을 유도하는 음(−)의 기술충격이 있다면 그 실체는 무엇인가? 기술후퇴와 기술진보가 대칭적으로 이해될 수 있는 성격의 것은 아닐 것이다.

한편, *RBC* 모형은 가격의 신축성을 전제로 하고 있기 때문에 경기변동기에 고용과 소득 등 수량변수가 크게 변하는 현상을 충분히 설명하지 못하는 경향이 있다. 예를 들어, *RBC* 모형에 의하면 고용과 임금이 강한 상관관계를 갖지만, 실제 자료에서는 상관관계가 낮게 나온다. 케인즈주의자들은 고용과 임금의 상관관계가 낮게 나오는 것을 임금이 경직적이라는 증거로 활용한다.

RBC 이론은 합리적 개인의 미래지향적 소비, 노동공급의 기간 간 대체 등을 강조한다. *RBC* 이론이 강조하는 노동공급의 기간 간 대체는 과연 현실성이 있는 가정인가? 과연 사람들은 소비를 평준화하기 위해 노동시간을 자유롭게 조절하고 있는가? 과연 사람들은 이자율 1% 상승을 상대임금 1% 상승으로 받아들이는 것인가? 여기에 대해 충분히 설득력 있는 증거는 아직까지 제시되지 않고 있다.

제38장 새케인즈학파의 주요 이론

RBC 이론은 장 · 단기를 구분하지 않고 경기변동을 균형의 이동 과정으로 이해하지만, 케인즈적 견해에 의하면 경제가 자연율로부터 이탈하는 것은 자연스러운 현상일 수 있다. 임금 등 제가격이 경직적이고, 경제주체 간의 상호작용 과정에 시장기구를 완전하게 작동시키는 것을 가로막는 요인이 내재되어 있다면 자연율로부터의 이탈이 오래 지속될 수 있는 것이다. 오늘날의 새케인즈학파는 통화주의와 새고전학파 등의 공헌을 충분히 인정하면서도, 여전히 케인즈의 통찰과 직관을 중시한다.

38-1 새케인즈학파 등장의 배경

근본적으로 고전학파와 같은 철학을 바탕으로 하되 새로운 방법론으로 재무장한 새고전학파는 케인즈 경제학의 방법론적 오류를 지적함으로써 1970년대 이후 영향력 있는 이론체계로 등장하였다. 그러나 새고전학파는 가격의 신축성을 전제로 하기 때문에 경제가 완전고용소득 수준을 달성하거나, 그렇지 않은 경우라도 완전고용 균형으로 신속하게 회복된다고 본다.

그러나 거시경제에 별다른 외부적인 충격이 가해지지 않고 있음에도 불구하고 완전고용소득 수준과 자연실업률을 달성하지 못한다면, 더욱이 그러한 자연율로부터의 이탈이 상당 기간 지속된다면 왜 그런 것일까? 시장의 완전성에 회의적인 시각을 가진다면 경제가 자연율로부터 이탈하는 것은 도리어 자연스러운 현상일 수 있다. 만약 임금 등 제 가격이 경직적이고, 경제주체 간의 상호작용 과정에 시장기구를 완전하게 작동시키는 것을 가로막는 요인이 내재되어 있다면 자연율로부터의 이탈은 일시적이 아니라 구조적인 것일 수도 있다. 이러한 점에서 새케인즈학파(new Keynesian)는 불완전한 시장구조와 임금 · 가격의 경직성에 대해 새로운 접근을 시도하고 있다.

원래 케인즈 경제학의 핵심적인 가정은 임금과 가격이 경직적이라는 것이다. 그러나 신고전파 종합에 의한 거시경제학에서도 가격변수가 왜 경직적이어야 하는가에 대한 만족스러운 설명을 제시하지 못했다. 이러한 난점을 극복하기 위해 1980년대 이후 피셔(S. Fischer), 맨큐(G. Mankiw), 로머(D. Romer), 블랑샤르(O. Blanchard), 애컬롭(G. Akerlof), 스티글리츠(J. Stiglitz) 등에 의해 새로운 연구가 시도되었다. 이들은 새고전학파가 주장하는 대로 미시적 기초에 근거하여 거시경제이론을 구축하는 방법론을 수용하였다. 특히 이러한 방법론을 기반으로 임금과 가격의 경직성을 도출함으로써, 가격변수의 경직성에 대한 합리적 근거를 제시하고자 했다. 새케인즈학파는 이자율도 때로 경직적인 모습을 보인다는 점을 지적한다.

이처럼 새케인즈학파는 제 가격의 경직성을 강조하면서 시장청산이 신속하고 완벽하게 이루어지지 못함을 지적한다. 결국 시장기능은 완벽할 수 없으므로 많은 부분에 있어 정부의 시장개입이 정당화된다. 새케인즈학파는 새고전학파와 연구의 방법론에 있어서는 상당히 접근하고 있지만, 시장경제를 바라보는 시각에 있어서는 두 학파 간에 여전히 차이가 존재한다.

38-2 임금의 경직성

임금 경직성의 원인으로 가장 흔하게 지적되는 것은 최저임금과 노동조합의 단체교섭이다. 고전학파는 이러한 왜곡요인들을 없애고 임금의 신축성을 회복한다면 완전고용을 달성할 수 있다고 본다. 그러나 케인즈주의자들에 의하면 단순히 이러한 왜곡이 사라진다고 임금의 신축성이 완전히 회복되는 것이 아니다. 외부적으로 가해진 규제 없이도 경제 내적 요인에 의해 임금이 경직적일 수 있다. 여기서는 새케인즈학파에 의해 제기된 효율임금, 중첩임금계약, 묵시적 계약, 내부자-외부자 관계의 개념과 내용을 간략히 소개한다.

(1) 효율임금

케인즈는 원래 명목임금의 경직성을 지적하였으나 효율임금(efficiency wages)모형은 실질임금도 경직적일 수 있다는 것을 보여준다. 효율임금모형에 따르면 기업은 노동시장을 균형으로 만드는 임금보다 더 높은 임금을 지급하게 된다. 노동시장 균형 수준 이상의 임금을 지불한다면 이는 노동의 초과 공급, 즉 비자발적 실업이 발생함을 의미한다. 임금이 균형 수준보다 높다면 기업은 그보다 낮은 임금으로 노동을 더 고용할 수도 있을텐데, 그렇게 하지 않는 이유는 무엇일까?

기업은 근로자를 고용하면서 그를 고용하는 데 필요한 최소한의 임금만을 지불할 수도 있고 그 이상의 임금을 제공할 수도 있다. 기업이 최소한의 임금 이상을 지불하는 이유는, 근로자의 근로 의욕과 노력(effort)이 정해진 것이 아니라 자신이 받는 임금의 영향을 받기 때문이다. 자신이 가진 능력을 최대한 발휘하는가 아니면 적당한 노력만 기울이는가는 그가 실제로 받는 임금과 무관하지 않다. 만약 자신이 받는 임금 수준이 높다면 그의 사기는 더욱 높아지고 해고당하지 않기 위해서라도 더욱 열심히 일하게 된다. 반면 자신의 능력만큼만 대우받고 있는 사람은 근무태도가 조금은 해이해진다. 이 직장이 아니더라도 자신의 능력만큼만 대우해 줄 직장을 곧 찾을 수 있기 때문이다. 극단적으로 그는 해고되더라도 다른 직장으로 옮길 수 있기 때문에 근무를 태만하게 할 유인이 존재한다. 근무태만(shirking)을 하다 적발되어 해고되더라도 크게 손해 볼 것은 없다. 그만큼의 임금을 주는 직장으로 옮기면 되기 때문이다. 반면에 자신이 가진 최소한의 능력보다 임금을 더 받고 있는 사람은 해고당했을 때 그만한 직장을 다시 찾는 것이 쉽지 않다. 따라서 근무를 태만하게 하는 것의 기회비용이 커서 일을 열심히 하게 된다. 고용주가 자신을 잘 대우해 주면 자신도 요령을 부리지 않고 자신의 능력을 한껏 발휘한다는 이치이다.[1)]

효율임금모형은 근로자의 노력이 자신이 받는 임금에 따라 변한다고 가정한다. 그림 38–1 (a)에는 근로자의 노력곡선(effort curve)이 S자 모양을 하고 있는 것으로

그림 38–1 효율임금과 실업

그림 (a)에서 근로자의 노력곡선(effort curve)이 S자 모양을 하고 있으며, 임금 1단위당 노력을 극대화하려는 고용주는 w^*의 임금을 제시한다. 그림 (b)에서와 같이 효율임금 w^*는 시장의 균형임금 수준 w_0보다 높기 때문에 $B'C(=L^*L_1)$만큼의 비자발적 실업(노동의 초과공급)이 존재한다.

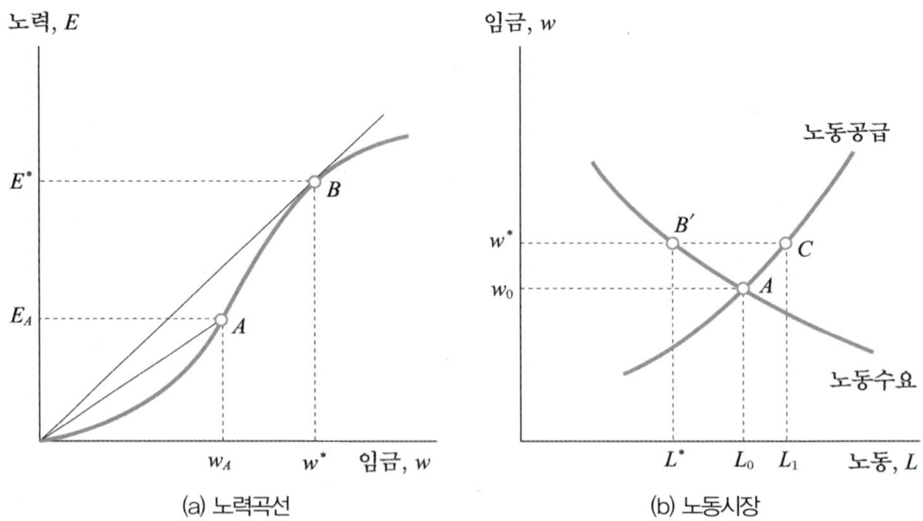

1) 에컬롭(G. Akerlof)은 이를 서로 선물을 주고받는(gift exchange) 이치와 같다고 표현하였다.

나타나 있다. 임금이 증가하면 노력도 증가하는데, 처음에는 체증적으로 증가한다. 물론 능력을 발휘하는 것에는 한계가 있기 때문에 어느 지점부터는 체감적으로 증가한다. 고용주는 근로자의 노력이 극대화되길 원한다. 보다 정확하게는 그가 지불하는 임금당 노력이 극대화되길 원한다. 원점에서 노력곡선의 한 점에 그은 직선의 기울기는 해당 임금에서의 임금 1단위당 노력 수준이 된다. 즉, 원점에서 A 점에 그은 직선의 기울기는 임금을 w_A 만큼 지불할 때의 임금 1단위당 노력 수준이다 (E_A/w_A). 근로자의 임금 1단위당 노력은 임금 수준이 w^* 일 때 극대화된다.

그림 38-1 (b)에는 실질임금에 대한 노동의 수요와 공급 곡선이 제시되어 있다.[2] 만약 임금이 노동의 수급에 따라 균형임금 수준인 w_0 에서 결정되면 노동시장은 균형을 이룰지라도, 근로자들은 이 균형임금 수준에서 얼마든지 직장을 옮길 수 있으므로 근무태만을 하는 경향이 있다. 이는 곧 균형임금 w_0 에서는 근로자의 임금 1단위당 노력이 극대화되지 않는다는 것을 뜻한다. 따라서 임금 1단위당 노력이 극대화되는 임금 수준 w^* 는 시장 균형임금 수준 w_0 보다 높다. 임금과 노력의 상관관계를 잘 알고 있는 기업은 처음부터 w_0 가 아닌 w^* 를 임금으로 제시하게 되며, 따라서 $B'C\,(=L^*L_1)$ 만큼 노동의 초과공급, 즉 비자발적 실업이 발생한다.

실질임금은 효율임금 w^* 로 고정되고 다른 충격이 없는 한 실업은 L^*L_1 만큼 영원히 지속된다. 실업자가 존재하는 것은 w^* 보다 낮은 임금을 감수하더라도 고용되길 원하는 근로자가 많다는 것인데, 그렇다면 임금은 왜 하락하지 않는 것일까? 그것은 고용주가 고용을 원치 않기 때문이다. 임금을 낮추면 근로의 노력이 낮아진다는 것을 잘 아는 고용주는 w^* 보다 낮은 임금을 감수하려는 사람들을 고용하지 않으려 한다. 고용 수준을 낮추더라도 높은 임금을 지급하여 고용된 근로자들로부터 최고의 노력을 이끌어내는 것이 더 낫다고 생각한다. 만약 근로자의 노력을 정확히 감독할 수만 있다면 임금을 더 낮출 수 있을 것이다. 근무를 태만하면 해고하고 새로운 근로자를 채용하면 되기 때문이다. 그러나 설사 정확한 감시 · 감독이 가능하다 하더라도 거기에 들어가는 비용이 감독으로 얻는 이익보다 더 클 수도 있다. 노동자 개개인을 일일이 감시하는 것이 쉬운 일은 아니므로, 감독의 정도를 낮추는 대신 높은 임금을 지급하여 노력을 이끌어내는 것이 더 나을 수도 있는 것이다.

효율임금모형은 실질임금이 왜 경직적이고 왜 완전고용을 달성하는 수준까지 쉽게 하락하지 못하는가에 대한 설명을 제공한다. 실제로 많은 나라에서 고실업이 장기화되는 경향을 관찰할 수 있는데, 총수요가 부족하다거나 노동시장이 잘 기능하

2) 전통적인 이론은 노동수요곡선이 임금에 따라 변하는 근로자의 노력을 반영하지 않는다.

고 있지 못하기 때문이라고 생각하기에는 실업이 너무 오래 지속되는 것이 아닌가 하는 의구심을 갖게 된다. 이 점에서 효율임금모형은 실업이 장기화되는 이유를 그럴듯하게 설명한다.

그렇다면 임금은 완전히 경직적인가? 그렇지는 않다. 효율임금 이론은 호황일 때 실질임금이 높고 불황일 때에는 실질임금이 낮은 현상을 다음과 같이 설명한다. 불황일 때 근로자들은 해고의 위험이 높아졌다고 생각하여 근로 노력을 증가시킨다. 이는 노력곡선의 상향 이동으로 나타나는데, 이를 잘 아는 고용주는 더 낮은 임금에서도 근로자의 노력이 극대화되므로 낮은 효율임금을 제시하게 된다. 반대로 고용기회가 확대되는 호황일 때 근로자의 노력곡선은 하향 이동하게 된다. 이를 잘 아는 고용주는 근로자들의 노력을 극대화하기 위해 더 높은 효율임금을 제시할 수밖에 없다.3)

(2) 중첩임금계약

중첩임금계약(staggered wage contracts)모형은 경제에 충격이 발생하더라도 임금이 서서히 조정(sluggish adjustment)되는 이유를 다양한 임금계약이 동시에 발생하는 것이 아니라 서로 중첩되어 이루어지고 있다는 데서 찾는다. 경제 내의 다양한 임금계약이 한날 한시에 이루어지는 것은 아니다. 모두 1년 단위의 계약이라 할지라도, 예를 들어 어떤 임금계약은 3월 1일자로 이루어지고, 어떤 임금계약은 9월 1일자로 이루어진다.

이제 부(−)의 총수요 충격이 12월 1일에 발생했다고 가정해 보자. 만약 경제 내의 모든 임금계약이 3월 1일에 동시에 이루어진다면, 적어도 다음 해 3월 1일에는 임금하락요인이 새로운 임금에 모두 반영될 것이다. 그러나 실제로 임금계약은 중첩되어 이루어지므로 12월 1일에 발생한 하락요인은 일단 3월 1일자 계약에만 반영된다. 그런데 3월 1일자 계약에도 하락요인이 충분히 반영되기 어려운데, 그 이유는 9월 1일자로 계약한 그룹의 임금이 그대로이므로 3월 1일자 계약 그룹에 대해서만 임금을 삭감하기 어렵기 때문이다. 이러한 과정은 계속될 수 있다. 3월 1일자 계약 그룹에 대해 충분히 임금을 내리지 못했으므로, 시간이 지나 9월 1일이 되어서도 이 그룹에 대해 충분히 임금을 삭감하기 어렵다.

이와 같이 임금의 조정은 변화요인을 충분히 반영하지 못한 채 서서히 진행되며,

---

3) 효율임금 이론은 임금격차를 설명하는 데에도 적용될 수 있다. 감독하는 것이 어려운 직업이나 실수를 범하여 생기는 손실이 큰 직업의 경우에는, 높은 임금을 지불함으로써 근로자들이 더 열심히 일하도록 유도한다. 가령 현금을 만지는 근로자들의 임금이 다른 직업에 비해 높은 이유는 이들을 신뢰하기 때문이 아니라, 높은 임금을 지급함으로써 근로자들이 스스로 신뢰받는 행동을 하게끔 하기 위한 것이다.

변화요인이 모두 임금에 반영될 때까지 상당한 기간이 소요될 수 있다. 따라서 경제에 가해지는 충격에 의해 경기변동이 발생하더라도, 임금의 변동폭이 경기의 변동폭에 비해 둔화될 수밖에 없다.

(3) 묵시적 계약

앞서 살펴본 효율임금 이론은 실질임금의 경직성, 중첩임금계약모형은 명목임금의 경직성에 관한 것인데, 묵시적 계약(implicit contract) 이론은 실질임금이 경직적일 수 있는 또 다른 이유를 보여준다. 묵시적 계약 이론은 기업과 근로자 사이에 다음과 같은 비대칭성이 존재한다고 가정한다. 첫째, 근로자들은 기업보다 위험기피적이다. 근로자들은 기업에 비해 소득의 상하 변동을 더 싫어한다. 즉, 근로자들은 추가적인 비용을 지불하더라도 안정적인 소득을 원하는 성향이 있다. 둘째, 근로자들은 기업에 비해 금융시장에 대한 접근이 용이하지 않다.

예를 들어, 호황과 불황이 1/2의 확률로 발생하며, 어떤 근로자가 호황일 때에는 5천만 원, 불황일 때에는 3천만 원을 번다고 가정해 보자. 위험기피적인 근로자라면 경기에 따라 5천만 원, 3천만 원씩 받는 것보다 평균 소득 4천만 원에 못 미치더라도(예를 들어 3천8백만 원 정도) 매년 안정적으로 받는 것을 선호할 것이다. 만약 금융시장에의 접근이 어렵다면 소비를 평준화하기 위해서라도 안정적 급여는 더욱 절실하다. 이때 기업은 근로자에게 안정적인 급여를 지급함으로써 보험회사의 역할까지 담당할 수 있으며, 기업의 입장에서도 적절한 수준의 임금이라면 안정적인 고용계약을 제공하는 것이 더 나을 수 있다.

여기서 명시적 계약이 아니고 묵시적 계약이라고 하는 이유는, 많은 기업들이 경기변동에 따라 매년 크게 등락하는 임금을 지급하기보다는 장기적으로 안정적인 고용계약을 유지하는 것이 관행으로 되어 있기 때문이다. 실제로 안정적인 급여를 지급하되, 경기 상황과 개인 실적에 따라 약간의 차별을 가하는 것이 많은 경우의 임금 지급 방식인 것이다. 이러한 임금지급 관행 하에서는 임금의 변동폭이 경기의 변동폭에 비해 둔화될 수밖에 없다.

(4) 내부자-외부자 관계

기업이 불황에 직면하였을 때 임금이 신축적이면 새로운 근로자에게 더 낮은 임금을 지불함으로써 불황의 어려움을 조금이라도 극복할 수 있다. 그러나 임금이 경직적이라는 것은 기업이 불황에 직면하더라도 새로운 근로자에게 더 낮은 임금을 지불하지 않는다는 것을 의미한다. 왜 이런 현상이 일어나는가에 대한 설명의 하나로 내부자 -외부자 이론(insider-outsider theory)이 제기되었다.

내부자란 어떤 기업에서 일자리를 가진 근로자이며, 외부자란 그 기업의 일자리를 구하는 사람들이다. 내부자-외부자 이론은 훈련비용의 중요성을 강조한다. 많은 기업은 직원의 고유 업무에 맞는 훈련된 노동력을 필요로 하는데, 문제는 이 훈련이 대부분 내부자에 의해 수행된다는 것이다. 이러한 점에서 내부자와 외부자는 대립되는 이해관계를 갖게 된다. 불황에 직면한 기업이 새로운 근로자를 채용하면서 기존의 내부자와 달리 낮은 임금을 지불하기로 했다고 해 보자. 그런데 내부자는 외부자를 훈련시킴으로써 자신들의 교섭력이 감소한다는 것을 잘 알고 있다. 더 낮은 임금으로 훈련된 신규인력 때문에 자신의 임금이 하락 압력을 받게 될 것을 우려하는 내부자는 신규인력의 훈련에 협조하지 않는다. 오히려 신규인력이 자신들과 같은 임금을 받게 되는 경우에만 훈련에 협조한다. 더 낮은 임금으로 똑같이 훈련된 인력을 가질 수 없다는 것을 아는 기업은 신규인력에게도 동일한 임금을 지급할 수밖에 없다. 설사 낮은 임금으로 훈련이 가능하다고 해도 훈련을 마치고 나면 곧바로 내부자가 되어 버리므로 낮은 임금을 그대로 유지하기는 어렵다. 훈련된 직원에 대해 이중적인 임금을 지급하기는 어려운 일이다. 결국 내부자의 존재 때문에 임금 하락이 쉽지 않으며 이것이 임금의 경직성을 유발한다. 내부자가 강력한 협상력을 가진 노조에 속해 있는 경우에는 더욱 그러하다.

내부자-외부자 관계는 임금을 경직적으로 만드는 요인일 뿐만 아니라 실업의 이력현상(hysteresis)을 설명하는 데 사용되기도 한다. 실업의 이력현상이란 일시적인 충격으로 올라간 실업률이 충격이 사라진 후에도 다시 내려오지 않아 자연실업률 자체가 상승하게 되는 것을 말한다. 경기침체가 발생하는 경우에 기업은 그동안 지켜보던 내부자 가운데 생산성이 낮은 사람부터 해고하기 시작한다. 이에 따라 내부자의 규모는 축소되고 남아 있는 내부자의 평균적인 생산성은 상승한다. 이들은 경기침체에도 불구하고 더 높은 임금을 요구하며, 외부자들은 높아진 임금 때문에 일자리를 구하기가 더 힘들어진다. 한편, 해고된 근로자들은 실업의 기간이 길어짐에 따라 생산성이 점점 더 떨어지고, 생산성이 낮아 해고된 근로자라는 인식을 주기 때문에 취업이 더욱 어려워진다. 이와 같은 과정이 진행되면서 자연실업률 자체가 상승하게 된다.

(5) 노동시장의 경직성과 은폐된 실업

근로자에 대한 훈련비용의 존재는 노동시장을 경직적으로 만드는 요인의 하나이다. 실제로 기업은 근로자를 고용하고 훈련하는 데 적지 않은 훈련비용을 지불한다. 기업은 수요가 일시적으로 감소하는 경우에는 근로자를 잘 해고하지 않는다. 일부를 해고하고 수요가 회복될 때 다시 충원할 수도 있지만, 해고된 근로자는 다른 일자리를 찾을 것이고 새로운 근로자를 채용한다면 다시 훈련비용을 지불해야 하기 때문이다. 따라서 극심한 판매부진에 처하지 않는 한 근로자를 여전히 고용하는 경향이 나타난다. 경기침체기에도 일부 노동자들은 해고되지 않고 여전히 고용되어 별로 중요하지 않은 일을 하면서 시간을 보낸다. 이를 노동퇴장(labor hoarding)이라 부르는데, 이는 일종의 은폐된 실업이다.

은폐된 실업의 존재는 오쿤의 법칙(Okun's law)에서 그 단서를 찾을 수 있다. 이 책의 제20장 부록에 따르면, 우리나라의 경우에 경제성장률이 잠재성장률에 비해 1% 떨어질 때 실업률은 단지 0.11%만 상승하는 것으로 나타난다. 미국의 경우에는 실업률이 0.41% 상승하는 것으로 알려져 있다. 노동시장의 유연성이 높은 미국의 경우 우리나라보다 훨씬 높은 수치를 보여주지만, 여전히 낮은 수치로 볼 수 있다. 이는 경제학의 기본원리인 수확체감의 법칙에 부합되지 않는다. 수확체감의 법칙에 따르면 고용의 변동보다 산출의 변동이 작아야 하기 때문이다. 그러나 실제로는 산출의 변동에 비해 고용의 변동이 훨씬 작다. 이는 고용되어 있지만 불경기에는 유휴인력으로서 생산적인 활동을 하지 않다가 호경기를 맞으면 생산성을 발휘하는 근로자가 다수 존재한다는 것으로 해석될 수 있다.

새케인즈학파가 주목하는 노동퇴장은 RBC 이론을 반박하는 데 쓰이기도 한다. 이 책의 제21장에서 살펴본 것처럼 생산함수가 $Y=AF(K, L)$일 때, $\Delta A/A$는 총요소생산성 증가율이다. 이를 솔로우 잔차(Solow residual)라 부르기도 하는데, 프레스콧(E. Prescott)은 바로 이 솔로우 잔차를 기술진보율로 해석하였다. 그리고 솔로우 잔차와 경제성장률 간의 강한 양(+)의 상관관계가 경기변동이 기술진보에 좌우된다는 증거라고 주장하였다. 그러나 음(−)의 기술충격, 즉 기술후퇴의 실체에 대해 의문을 제기하는 새케인즈학파는 경기침체기에 생산성이 낮아지는 것이 기술후퇴가 아닌 노동퇴장 때문이라고 주장한다. 경기침체에도 불구하고 해고되지 않은 퇴장노동인력이 평균적인 생산성을 저하시키는 역할을 하기 때문이다.

38-3 가격의 경직성

이 책의 제16장에서 소개하였듯이 생산자가 가격에 대하여 완전한 정보를 갖지 못하는 경우에는 우상향하는 총공급곡선이 도출되며, 이를 루카스(R. Lucas) 공급함수라고 부르기도 한다. 루카스에 의하면 가격에 대한 불완전정보가 가격의 경직성을 낳는 요인이다.[4] 한편, 새케인즈학파가 주장하는 가격경직성의 대표적 논거는 메뉴비용(menu cost)이다. 임금의 중첩계약과 마찬가지 논리로 중첩되는 가격설정도 가격의 경직성을 낳는 요인이 될 수 있다. 조정실패로 인한 복수균형의 존재도 가격경직성의 일부를 설명한다. 여기서는 메뉴비용과 조정실패를 중심으로 간략히 설명한다.

(1) 메뉴비용

기업이 어느 정도의 독점력을 가지고 있으면, 개별기업이 직면하는 수요곡선은 우하향하고 기업은 '한계수입(MR)=한계비용(MC)'의 원리에 따라 가격을 책정한다. 수요와 공급 측면에서 변화가 발생하면 새로운 $MR = MC$ 규칙에 따라 가격을 변경시키면 된다. 전통적인 미시경제이론에서는 이와 같이 가격을 조정하는 데 아무런 비용이 들지 않는다고 가정한다.

그러나 맨큐(G. Mankiw)는 가격을 조정하는 데 드는 비용, 즉 메뉴비용(menu cost)이 존재한다고 본다. 메뉴비용이란 글자 그대로는 가격표 제작비용이지만, 가격을 조정하는 데 드는 모든 비용을 포괄한다. 메뉴비용이 작지 않다면 기업은 가격을 바꾸는 번거로움을 택하지 않으며, 가격변동요인이 절실하지 않는 한 가격을 쉽게 바꾸려 하지 않는다. 경제에 충격이 발생하더라도 가격조정의 이익이 메뉴비용을 능가하지 않으면 가격을 바꾸지 않는다.

순이익이 1억 원 정도인 소규모 기업을 생각해 보자. 부(−)의 총수요 충격이 발생하여 제품가격을 1% 인하하는 것이 바람직하다고 해 보자. 만약 1% 가격 인하로 인한 순이익의 증가(또는 순손실의 감소)가 200만 원이고 제품가격을 바꾸어 표시하고 홍보하는 데 드는 비용이 200만 원이라면 가격을 바꾸지 않는 것이 더 낫다. 만약 부(−)의 총수요 충격에 대해 많은 기업들이 가격 인하로 대응한다면 수요가 다시 회복되므로 생산은 크게 줄지 않을 것이다. 그러나 많은 기업들이 메뉴비용과 같은 조정비용 때문에 가격을 인하하지 않는다면 결과적으로 경제 전체의 생산은 크게

4) 루카스는 인플레이션율이 높아서 가격조정이 빈번하게 이루어지는 경우에는 가격에 대한 불완전정보의 문제가 사라질 것이므로 결국에는 가격이 신축적으로 조정될 것이라고 보았다.

줄어들게 된다.

맨큐(G. Mankiw), 애컬롭(G. Akerlof), 옐렌(J. Yellen)과 같은 새케인즈주의자들은 메뉴비용이 소액일지라도 이것 때문에 각 기업이 느리게 가격을 조정한다면, 누적된 총효과는 매우 클 것이라고 주장한다. 이들은 총수요 외부성(aggregate demand externality)의 개념을 동원한다. 한 기업이 가격을 인하하면($P_i \downarrow$), 비록 효과가 작긴 하지만 물가가 하락하고($P \downarrow$) 실질잔고는 증가한다$\left(\frac{M}{P} \uparrow\right)$. 실질잔고의 증가는 총수요를 증가시키므로 다른 기업의 제품에 대한 수요가 증가할 수 있다. 여기서 한 기업의 가격조정이 다른 기업의 수요에도 영향을 미친다는 의미로 총수요 외부성이란 표현을 쓰게 된다. 한 기업이 아니라 다수의 기업이 가격을 조정한다면 총수요 외부성은 더 커질 것이다. 개별기업의 작은 가격조정이 누적되어 총수요에 큰 영향을 미칠 수 있는 것이다. 반대로 가격조정이 이루어지지 않는 경우의 효과도 클 수 있다. 통화량 감소($M \downarrow$)라는 부(−)의 총수요 충격이 발생하였을 때, 소액의 메뉴비용 때문에 대다수의 기업이 가격을 조정하지 않는다면 물가는 하락하지 않으며 총수요는 쉽게 회복되지 않는다. 이 때문에 경기침체는 생각보다 오래 지속될 수 있다.

(2) 조정실패

조정실패(coordination failure) 이론은 경제주체들이 상호 작용하는 과정에 시장기구를 완전하게 작동시키는 것을 가로막는 요인이 내재되어 있다는 점을 강조한다. 예를 들어, 통화량 감소($M \downarrow$)에 의한 총수요 위축으로 경기침체가 발생하는 경우에 물가가 신속하게 하락해 주면 다시 수요가 늘어나면서 경기침체가 수월하게 극복될 수 있다. 경제에 n개의 기업이 있을 때, 모든 기업이 수요 감소에 대하여 가격을 인하($P_i \downarrow,\ i=1,\ \cdots,\ n$)하는 것으로 대응한다면 물가가 신속히 하락하여 ($P \downarrow$) 실질잔고$\left(\frac{M}{P}\right)$에는 변함이 없으므로 경기는 바로 회복된다. 그런데 만약 다른 모든 기업들은 가격을 인하하는데, j 번째 기업만 가격을 그대로 유지한다고 해보자. 기업 j 말고는 모두 가격을 인하하여 경제 전체의 실질잔고는 거의 변하지 않으므로 가격을 그대로 유지한 j 번째 기업은 상대적으로 이익을 얻게 된다. 그러나 모든 기업이 j 번째 기업과 같이 생각하여 행동한다면 물가는 하락하지 않고 경기침체의 폭이 커질 수 있다. 문제는 모든 기업이 가격을 인하하여 대응하는 것이 사회적으로 바람직하지만, 경제주체들로 하여금 모두 그렇게 하도록 강제할 수 없다는 점이다. 이와 같이 조정이 실패하는 경우에는 가격의 경직성이 강화되어 경기침체의 폭이 깊어지고 기간은 길어진다.[5)]

38-4 정보의 비대칭성과 거시경제

애컬롭(G. Akerlof)과 스티글리츠(J. Stiglitz) 등에 의해 발전된 정보의 비대칭성 이론은 거시경제학에도 큰 영향을 미쳤다. 정보의 비대칭성이란 중고차 판매자가 구매자에 비해 중고차에 대해 더 많은 정보를 갖고 있는 것처럼 거래당사자들이 서로 다른 정보를 가지고 있는 상태를 말한다. 거래당사자 가운데 일방은 의사결정을 내리는 데 필요한 정보가 부족한 상태에 놓이게 된다. 정보의 비대칭성으로부터 역선택(adverse selection)과 도덕적 해이(moral hazard)의 문제가 발생하는데, 이 두 가지 문제로 인해 시장기능이 저해될 수 있다.

(1) 이자율의 경직성과 신용할당

경기침체가 발생하더라도 가격, 임금, 이자율이 하락하면서 총수요를 회복해 나가는 것이 바로 시장경제가 가지고 있는 자연스러운 불황의 치유능력이다. 앞에서는 가격과 임금이 경직적일 수 있다는 것을 살펴보았지만, 스티글리츠와 같은 일부 새케인즈학파는 (실질)이자율도 경직적일 수 있다는 점을 지적한다. 만약 가격과 임금 이외에 이자율마저 경직적이라면 불황의 치유능력은 더욱 약해진다.

정보의 비대칭성으로부터 파생되는 역선택과 도덕적 해이의 문제는 금융시장에서 이자율의 경직성을 야기할 수 있다. 은행에 대출을 신청하는 기업들 가운데 부도위험(default risk)이 낮은 기업과 높은 기업이 섞여 있다고 해 보자. 은행의 입장에서는 부도위험이 낮은 기업에게 대출을 하고 싶지만, 정보의 비대칭성 때문에 어느 기업이 부도위험이 높고 낮은지 분간하기 어렵다. 만약 모든 기업이 부도위험이 없거나 일정한 확률로 주어진다면, 은행의 입장에서는 대출수요가 허락하는 한 이자율이 높을수록 좋을 것이다.

그러나 대출이자율이 높아질수록 부도위험이 낮은 기업보다는 부도위험이 높은 기업이 대출신청에 몰리게 된다. 수익은 낮지만 안정적인 프로젝트를 추진하여 부도위험이 낮은 기업은 이자율이 너무 높다고 보아 대출신청을 철회하는 반면에, 부도위험이 높은 기업은 높은 이자율을 감수하고라도 대출을 신청한다. 따라서 은행은 대출이자율이 높아지면 주로 부도위험이 높은 기업들을 대출고객으로 맞이하게 되는 역선택의 문제에 봉착한다. 정보의 비대칭성 때문에 개별기업의 부도위험을 분간하기 어렵지만, 은행은 적어도 역선택 문제에서 발생하는 비용 증가와 이윤의

5) 조정실패모형에서는 복수균형이 가능하다. 위의 예에서처럼 기업들이 가격을 인하해 불황을 극복하는 경우와 가격을 인하하지 않아서 불황에서 벗어나지 못하는 경우가 모두 가능하기 때문이다.

감소 가능성을 잘 알기 때문에 대출이자율을 어느 수준 이상으로 올리지 않는다.

자금수요가 많음에도 불구하고 은행이 대출이자율을 올리지 않는 데에는 도덕적 해이의 문제도 작용한다. 높은 이자율로 대출받은 기업은 대출을 받은 다음에 프로젝트를 변경할 수 있다. 안전한 프로젝트를 추진하는 경우에는 높은 이자비용을 제하고 나면 이윤이 얼마 되지 않으므로 대출받은 금액을 보다 도전적인 프로젝트에 사용할 수 있다. 이와 같은 대출기업의 도덕적 해이를 막기 위해 은행은 적지 않은 감시비용을 치러야 하므로 대출이자율을 높이지 않는 것이 더 낫다고 생각한다.

그림 38-2 (a)에는 이자율에 따른 은행의 이윤곡선이 표시되어 있다. 이자율이 r^*에 이를 때까지는 이자율과 함께 이윤이 증가하지만, 이를 넘어서면 역선택과 도덕적 해이의 비용 때문에 도리어 이윤이 감소한다. **그림 38-2** (b)에는 은행의 이윤곡선에 상응하는 대출공급곡선이 표시되어 있는데, r^*까지는 이자율 상승에 따라 대출공급이 증가하지만, r^*에서 극대화되고 r^*를 넘어 이자율이 올라가는 경우에는 대출공급이 감소한다.

만약 대출수요가 작은 경우에는 **그림 38-2** (b)의 E점에서와 같이 대출의 수요·공급이 균형을 이룰 수 있을 것이다. 그러나 대출수요가 큰 경우에는 초과수요 현상이 발생한다. 대출공급곡선이 후방 굴절하기 때문에 이 초과수요는 이자율 상승으로 해소되지 못한다. 이 경우에 대출은 수요를 다 충족시키지 못하고 할당(rationing)

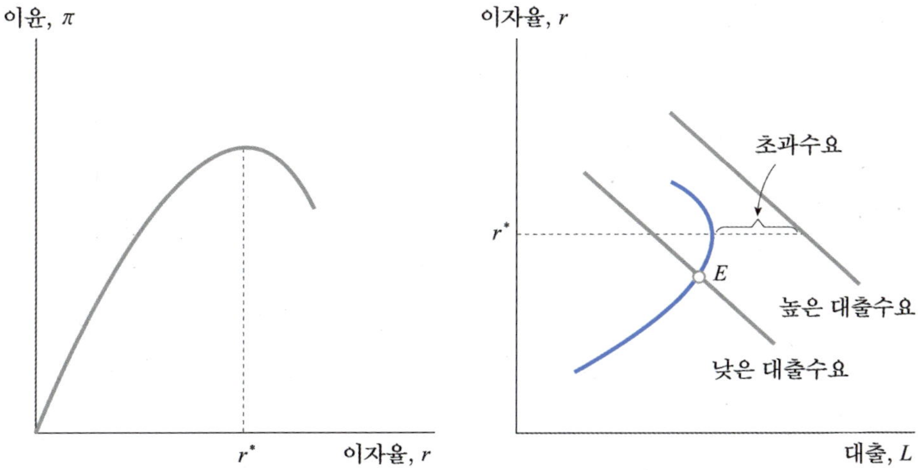

(a) 은행의 이윤곡선 (b) 대출시장

그림 38-2 신용할당

그림 (a)에서 이자율이 r^*에 이를 때까지는 이자율과 함께 이윤이 증가하지만 이를 넘어서면 이윤이 감소한다. 그림 (b)의 대출공급곡선은 r^*를 기준으로 후방굴절한다. 대출수요가 작은 경우에는 E점에서 수요·공급이 균형을 이루지만, 대출수요가 큰 경우에는 초과수요가 발생한다. 초과수요는 이자율 상승으로 해소되지 못하고 담보, 순자산 등 다른 기준에 의해 대출(신용)이 할당된다.

된다. 종종 대출을 신용과 같은 의미로 사용하므로 이를 신용할당(credit rationing)이라 부른다.

은행은 대출을 할당할 때 이자율 이외의 기준을 사용하게 되며, 가장 표준적인 기준은 담보(collateral)이다. 이자율을 올리는 대신 담보를 충분히 제공할 수 있는 기업에게 대출이 돌아간다. 담보와도 관련된 것으로 순자산(NW: Net Worth) 규모가 큰 기업은 대출이 용이하다.[6] 순자산 규모가 대출상환능력을 말해 주기 때문이다. 반면 담보가 부족하고 순자산이 취약한 기업은 아무리 유망한 프로젝트를 갖고 있더라도 대출받기가 어렵다.

(2) 금융가속도원리

만약 정보의 비대칭성 문제가 없다면 이자율이 오르내리면서 저축과 투자가 조절되므로 경제를 안정화시키는 데 도움이 될 것이다. 그러나 이자율이 고정되고 신용이 할당되는 것이 보편화된 경제는 자산가격과 대차대조표(balance sheet)의 변동에 민감하게 반응하는 경향을 보이게 된다. 가계와 기업의 순자산 규모와 신용상태가 신용의 공급에 영향을 미치기 때문이다.

정보의 비대칭성은 대차대조표와 경기변동의 상관관계에 대한 연결고리가 된다. 자산가격이 상승하는 등의 이유로 가계와 기업의 대차대조표가 개선되면 신용의 공급이 증가하므로 소비와 투자가 활성화된다. 그런데 소비와 투자의 활성화는 대차대조표를 개선시키는 경향이 있으므로 호황은 가속화된다. 반대로 대차대조표 악화와 불경기는 피드백(feedback) 작용을 하면서 경기침체를 가속화시킨다. 이것이 바로 금융가속도(financial accelerator)가 작동하는 원리이다.[7]

투자의 가속도원리와 같이 금융가속도원리에 의해 경기변동폭이 확대될 수 있다. 어떤 이유로 불황이 발생하였을 때 가격, 임금, 이자율이 경직적이고 금융가속도 원리까지 작동한다면 시장경제가 가지는 불황의 치유능력은 더 약해진다. 미국의 대공황과 일본의 장기불황 경험으로부터 자산가격의 변동이 경기변동을 촉발하는 요인이자 동시에 지속화시키는 요인이 될 수 있다는 것을 확인할 수 있는데, 가격과 임금의 경직성만으로는 이와 같은 대규모의 장기 경기침체 현상을 충분히 설명하기 어려울 것이다.[8]

---

6) 순자산은 총자산에서 총부채를 뺀 것으로 정의된다.

7) 금융가속도원리를 그래프로 표시한다면 **그림 38-2** (b)에서 불황의 경우에는 신용 수요곡선과 공급곡선이 좌측으로 이동하고, 호황의 경우에는 신용 수요곡선과 공급곡선이 우측으로 이동하는 것으로 나타난다.

8) 각각 1929년과 1989년에 시작된 미국의 대공황과 일본의 장기불황은 그 이전에 약 10년 동안 지속적으로 상승하였던 자산가격이 폭락하는 과정을 겪었다는 유사점이 있다.

(3) 정보의 비대칭성과 통화정책의 파급경로

전통적인 $IS-LM$ 모형에 의하면 통화정책의 파급경로(transmission channel)는 주로 이자율과 환율의 변화에 의해 작동한다. 예를 들어, 통화량이 증가할 때 이자율이 하락하여 투자가 증가하고, 환율이 상승하여 순수출이 증가한다. 물론 소비에 대한 부(wealth)의 효과와 투자에 대한 q 이론을 고려하면, 통화량 변화는 이자율과 환율 이외의 자산가격(주가 또는 부동산 가격 등) 변화라는 추가적인 경로를 통해 실물경제로 파급될 수 있다.

그런데 정보의 비대칭성 개념은 통화정책이 파급되는 또 다른 경로를 제공한다. 대차대조표 경로(balance sheet channel)가 대표적이다. 통화정책은 가계와 기업 등 경제주체의 대차대조표를 변화시킬 수 있다. 만약 확장적인 통화정책이 이들의 대차대조표를 개선시키는 방향으로 작동하면 경제에 긍정적 효과를 가져온다. 정보의 비대칭성 문제로 인해 가계와 기업의 차입한도는 사실상 순자산의 제약을 받고 있다. 만약 확장적인 통화정책이 가계와 기업이 보유하고 있는 주식·부동산 등의 자산가치를 상승시키면, 순자산 증가로 대차대조표가 개선된다. 그에 따라 은행이나 금융시장으로부터 차입여건이 나아지며, 이는 소비와 투자의 활성화로 이어질 수 있다.

대차대조표 경로는 자산가격이 변하는 경로와 중복되어 작용하기 때문에 기존의 이론이 강조하던 통화정책의 파급경로와 완전히 별개의 것은 아니다. 그러나 기존의 이론이 정보의 비대칭성과는 관계없이 통화량 변화에 의한 자산효과를 중시하는 반면에, 대차대조표 경로는 통화정책이 정보의 비대칭성에 어떤 영향을 미치고 결과적으로 경제주체에 공급되는 신용의 양에 어떤 변화를 줄 수 있는가를 중시한다. 예를 들어, 통화량이 증가해도 신용공급량은 별로 증가하지 않을 수 있다. 이는 경기침체가 예상되거나 막 시작되는 시기에 나타날 가능성이 높은데, 아무리 통화량이 증가한다고 해도 가계와 기업의 부도위험이 여전히 높고 재무상태가 개선될 기미가 없다면 금융기관은 이들에게 안심하고 돈을 빌려주기 어려울 것이다. 금융기관들은 유동성이 늘어나더라도 안전한 국채에 투자하는 것이 더 낫다고 생각하며 민간에 대한 신용을 확대하지 않는다.

제39장 이자율 준칙과 *IS* − *MP* 모형[1)]

이 책의 제4편과 제5편에서 다룬 *IS* − *LM* 모형에서 통화정책은 통화량을 증가 또는 감소시키는 것으로 이해되었다. 그러나 실제로 많은 국가들이 통화정책을 수행함에 있어 이자율을 단기적인 운용목표로 삼고 있으며 우리나라도 예외가 아니다. 통화당국은 정책적으로 이자율을 설정하면서 명시적이든 암묵적이든 일종의 준칙을 적용할 수 있다. 이 장에서는 통화정책이 이자율 준칙을 따를 경우의 총수요·총공급 모형을 소개한다. 이 모형은 물가가 경직적이라는 가정에 기반을 두고, 또 통화당국이 상시적으로 안정화정책을 사용하는 것을 전제로 하고 있기 때문에 케인즈주의 경제학을 현대적 상황에 맞게 변모시킨 것으로 볼 수 있다.

39-1 통화정책의 이자율 준칙

(1) 통화량인가 이자율인가?

실제의 통화정책은 통화공급 증가율을 정하는 방식으로 이루어지는가, 아니면 이자율을 정하는 방식으로 이루어지는가? 우리나라의 예를 들자면 한국은행은 1999년부터 이자율을 조절하는 방식으로 통화정책을 수행하고 있다. 그 전에는 오랜 기간 동안 통화량증가율을 조절하는 방식을 사용하여 왔다. 미국의 경우에는 1970년대 말과 1980년대 초에 통화량증가율을 사용하기도 했으나, 대부분 이자율을 조절하는 방식을 사용하였다.

통화량증가율을 사용하는 방식은 프리드먼(M. Friedman)과 같은 통화주의자들의 주장에 근거를 두고 있다. 통화론자들에 의하면 물가를 통제하고 경제의 불확실성을 제거하기 위해서는 소득이 증가하는 추세에 맞춰 통화량을 안정적으로 공급해야 한다. 우리나라의 경우에도 물가를 안정시키기 위한 중요한 수단으로 통화공급 증가율을 통제하는 수단을 사용해 왔다. 그러나 현재는 이자율을 조절하는 방식을

1) *IS* − *MP* 모형에 대한 설명은 주로 "Jones, C. I., 2011, *Macroeconomics*, Norton"에 의존하였다.

사용하고 있다. 그러면 통화량 또는 이자율을 사용하는 근거는 어디에서 찾아야 하는가?

두 가지 지표 가운데 어느 것을 사용하는 것이 바람직한가는 상품시장과 금융시장 가운데 어느 쪽이 상대적으로 불확실성이 높은가에 달려 있다. 여기서 상품시장의 불확실성을 *IS*곡선이 움직이는 정도라고 보고, 금융시장의 불확실성을 *LM*곡선이 움직이는 정도라고 해 보자. **그림 39–1**은 극단적으로 *LM* 관계의 불확실성은 전혀 없고, *IS* 관계의 불확실성만 존재하는 경우를 보여주고 있다. 이 경우에 *LM*곡선은 고정되지만, *IS*곡선은 경제 내적 요인에 의해 좌우로 움직인다.

만약 통화당국이 이자율을 조절하는 방식을 사용한다면 이자율은 통화당국이 원하는 수준에서 고정되므로, 소득은 *IS*곡선이 움직이는 정도에 따라 cd만큼 변동하게 된다. 그러나 통화량을 조절하는 방식을 사용하면 *IS*곡선이 움직이더라도 소득은 ab만큼만 변동하게 된다. 따라서 *LM* 관계의 불확실성이 없는 경우에는 이자율보다 통화량을 조절하는 방식이 경제의 변동을 축소하는 방식이 된다.

그러나 경제의 불확실성이 주로 *LM*곡선의 변동으로 나타나는 경우는 어떠한가? **그림 39–2**는 **그림 39–1**과는 정반대로 *IS* 관계의 불확실성은 전혀 없고, *LM* 관계의 불확실성만 존재하는 경우를 보여주고 있다. 이 경우에 소득은 *LM*곡선이 움직이는 정도에 따라 ab만큼 변동하게 된다. 그러나 만약 이자율을 고정시킨다면 소득의 변동을 완전히 제거할 수 있다. 따라서 경제의 불확실성이 *IS* 관계보다 *LM* 관계에서 파생되는 경우에는 이자율을 조절하는 것이 더 나은 통화정책이 된다.

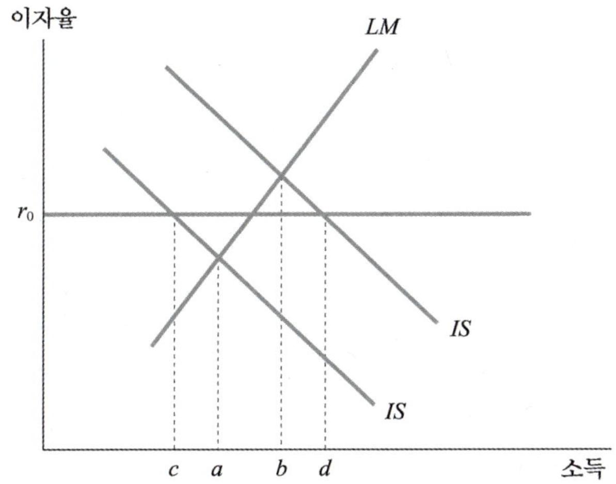

그림 39–1 *IS* 불확실성과 통화량 목표의 우월성

그래프는 *LM* 관계의 불확실성은 없고, *IS* 관계의 불확실성만 존재하는 경우를 보여주고 있다. 통화당국이 이자율을 조절하는 방식을 사용하면 소득은 cd만큼 변동한다. 통화당국이 통화량을 조절하는 방식을 사용하면 소득은 ab만큼만 변동한다. 따라서 이자율보다 통화량을 조절하는 방식이 경제의 변동을 축소하게 된다.

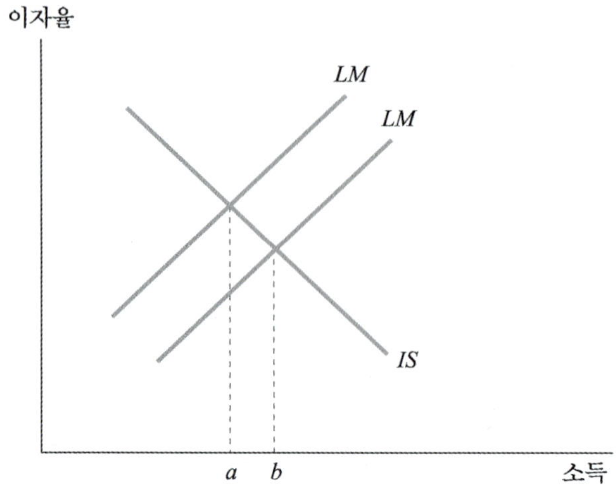

그림 39-2 *LM* 불확실성과 이자율 목표의 우월성

그래프는 *IS* 관계의 불확실성은 없고, *LM* 관계의 불확실성만 존재하는 경우를 보여준다. 이 경우에 소득은 *LM* 곡선이 움직이는 정도에 따라 *ab*만큼 변동한다. 그러나 만약 이자율을 고정시킨다면 소득의 변동을 완전히 제거할 수 있다. 따라서 불확실성이 *LM* 관계에서 파생되는 경우에는 이자율을 조절하는 것이 낫다.

그림 39-1과 그림 39-2는 두 가지의 극단적인 경우를 보여주고 있지만, 상품시장과 금융시장 가운데 상대적으로 상품시장의 불확실성이 크면 통화량 조절 방식을, 금융시장의 불확실성이 더 크면 이자율 조절 방식을 사용하는 것이 더 바람직하다는 것을 알 수 있다.

통화당국이 이자율을 운용목표로 삼는 것은 통화론자들의 주장과는 배치된다. 이를 좀 더 자세히 살펴보기 위해 화폐수량설을 상기해 보자.

$$M \cdot V = PY \quad \text{또는} \quad \phi \cdot MB \cdot V = PY \tag{39.1}$$

여기서 M은 통화량, V는 유통속도, ϕ는 통화승수, MB는 본원통화, PY는 명목소득을 나타낸다. 중앙은행이 이자율 조절 방식을 선호하게 되는 데에는 크게 세 가지 이유가 있다. 첫째, 중앙은행이 본원통화량 MB를 통제하더라도 통화승수 ϕ가 불안정하면 LM곡선이 고정되지 않는다. 이는 중앙은행이 통화량 M 자체를 통제하기 어려운 경우이다. 둘째, 중앙은행이 통화량 M을 통제할 수 있다고 해도 화폐수요가 불안정하여 유통속도 V가 자주 변동하는 경우에는 LM곡선이 고정되지 않는다. 셋째, 통화량 M의 크기를 측정하기 힘들다는 보다 근본적인 문제가 있다. 통화량을 통제하기 위해서는 무엇보다 통화량의 크기를 알아야 하는데, 제31장에서 살펴본 것처럼 유사화폐 등의 문제로 인해 통화량을 정의하기조차 어려워졌다는 사실은 중앙은행으로 하여금 통화량 조절 대신 이자율 조절 방식을 선호하게 만든다.

유사화폐의 등장으로 과연 어디까지를 의미 있는 화폐의 양으로 보아야 하는가 하는 문제와 함께, 화폐와 유사화폐 간의 대체관계가 끊임없이 변하면서 화폐수요가 불안정한 모습을 보이고 있기 때문에, 중앙은행이 특정한 통화량 지표를 사용하여 통화량을 조절하는 방식의 위험부담이 커지게 되었다.

(2) 테일러 준칙

미국의 경우에 1970년대 말과 1980년대 초에 일시적으로 통화량증가율을 통제하는 방식을 취했지만, 인플레이션이 어느 정도 진정되자 1982년에 다시 이자율 조절 방식으로 돌아가게 되었다. 미연방준비은행이 통화증가율 대신 이자율을 조절하는 방식으로 통화정책의 방식을 바꾸고 난 뒤에, 경제학자들과 금융시장 관계자들은 미연방준비은행이 과연 어떤 원칙에 따라 연방기금금리(federal funds rate)를 정하는지 궁금해했다. 테일러(J. Taylor)는 1993년에 발표한 논문에서 미연방준비은행이 다음과 같은 이자율 준칙을 사용하고 있는 것처럼 보인다는 주장을 하였다.

$$i = 2 + \pi + \frac{1}{2}(\pi - 2) + \frac{1}{2}GDP\,\mathrm{gap} \tag{39.2}$$

여기서 i는 연방기금금리이고 π는 인플레이션율이다. 물론 GDP gap을 어떻게 측정하는가가 논란이 될 수 있지만, 테일러는 실제 GDP가 잠재 GDP보다 몇 퍼센트(%) 높은가, 즉 $100 \times \frac{(Y - Y_n)}{Y_n}$으로 사용하였다. 위 식에 따르면 미연방준비은행은 잠재 GDP와 2%의 인플레이션 목표를 달성하는 것을 목표로 설정하고 있다. 이러한 목표를 달성하는 경우에 연방기금금리는 4%이며, 실질로는 2%가 된다. 테일러는 당시 미국의 잠재 GDP 성장률을 2.2%로 간주했으며 경제가 잠재 GDP 성장경로를 따를 때의 균형실질이자율을 2%로 보았다.

결국 명목기준으로 연방기금금리는 4%를 중심으로 등락하게 되는데, 1987년부터 1992년까지의 자료를 위 공식에 대입하여 가상적인 금리를 계산한 결과, 실제의 연방기금금리와 거의 같다는 것을 보여주었다. 비록 미연방준비은행이 이자율을 어떤 원칙으로 조절하는지 공개한 적은 없으나, 테일러의 연구 결과로 결국 위와 같이 단순한 준칙을 사용하는 것이 아닌가라는 믿음을 주게 되었다. 테일러의 연구는 매우 큰 반향을 불러일으켰으며, 곧 테일러 준칙(Taylor rule)이라는 명칭을 얻게 되었다.

39-2 *IS*− *MP* 모형

(1) *IS*− *MP* 모형의 도출

테일러 준칙이 등장한 이후 중앙은행의 이자율 준칙을 거시경제모형의 한 부분으로 포함시키는 작업이 자연스럽게 시도되었다. 이는 *IS*− *LM* 모형의 *LM* 관계식을 이자율 준칙으로 대체하는 것이다. 화폐시장의 균형을 나타내는 *LM* 관계식에 따르면 통화공급의 증가(감소)는 이자율의 하락(상승)을 가져온다. 이자율을 올리기 위해서는 통화공급을 감소시켜야 하고, 이자율을 내리기 위해서는 통화공급을 증가시켜야 한다. 따라서 *LM* 관계식을 이자율 준칙으로 대체하더라도 통화공급과 이자율의 역관계는 여전히 성립한다. 다만 통화량이 아닌 이자율이 통화정책의 운용목표이기 때문에 이자율 목표가 정해지면, 중앙은행은 목표치를 달성하기 위해 통화량을 그에 맞춰 조절한다.

이자율 준칙을 단순화된 이론모형에 포함시키기 위해 고려해야 할 점은 다음과 같은 것이다. 실제로 중앙은행은 명목이자율 목표치를 사용하지만, 거시경제모형의 *IS* 관계식은 실질이자율과 소득의 관계를 나타낸다. 따라서 중앙은행이 명목이자율 목표를 설정하더라도 그와 동시에 실질이자율을 통제할 수 있다는 가정이 필요하다. 이때 가장 단순한 가정은 가격이 고정되어 있다는 것이다. 가격이 고정된 경우에는 $r_t = i_t - \pi_t$의 관계에서 인플레이션율이 0가 되어 명목이자율(i)과 실질이자율(r)이 같아지기 때문이다. 인플레이션율이 0이 아닌 경우에도 인플레이션에 관성(inflation inertia)이 존재하면 중앙은행은 실질이자율에 직접적으로 영향을 줄 수 있다. 예를 들어, 지난 수년간 인플레이션이 2%로 진행되었다면 이와 같은 추세는 당분간 지속될 가능성이 크다. 따라서 단기적으로 인플레이션은 중앙은행의 통화정책에 반응하지 않는다(예를 들어, 6개월이나 1년 정도). 중앙은행은 적어도 단기적으로는 명목이자율의 조정을 통해 실질이자율을 조절할 수 있다.[2)]

일반적으로 중앙은행은 총수요 수준과 인플레이션을 고려하여 이자율을 정하는데, 여기서는 가장 단순하게 인플레이션 타겟팅(targeting)을 실시한다고 가정한다. 즉, 중앙은행의 가장 중요한 목표는 인플레이션을 안정적으로 관리하는 것이며, 다른 것들은 부차적이다. 물론 테일러 준칙에 의하면 중앙은행은 이자율을 정할 때 인

---

2) 경제의 총지출 수준과 관련이 깊은 이자율은 장기 실질이자율이다. 예를 들어, 가계는 신규주택을 구입할 때 은행의 장기 대출이자율을 고려하며, 기업은 신규투자 자금의 조달 방법을 정할 때 장기 회사채에 대한 실질이자율을 고려한다. 그런데 단기이자율과 장기이자율은 함께 오르내리는 경향이 있다. 중앙은행이 단기이자율을 내리거나 올릴 경우 보통 장기이자율도 하락하거나 상승한다.

플레이션갭과 함께 산출갭을 고려한다. 그러나 여기서는 논의의 단순화를 위해 산출갭에 대한 고려는 무시하기로 하였다.[3] 중앙은행이 다음과 같은 원칙에 의해 실질이자율을 정한다고 가정하자.

$$MP\text{곡선}: r_t = \bar{r} + \gamma(\pi_t - \pi^*) \qquad (39\text{–}3)$$

여기서 π_t와 π^*는 각각 현재의 인플레이션과 인플레이션 목표이며, $\bar{r}$는 장기균형실질이자율이다. 사실 장기균형실질이자율을 정확히 정의하기는 어렵다. 장기균형실질이자율은 잠재 GDP 수준에 대응하는 이자율로, 실물자본의 한계생산성을 반영하는 적정 수준의 이자율이라고 이해하기로 하자. 즉, 장기적 관점에서 정상적인 수준의 이자율이므로 중앙은행은 $\bar{r}$를 기준으로 놓고 이자율을 그 위로 올리거나 아래로 내린다. 올리고 내리는 기준은 현재의 인플레이션이 목표 인플레이션에서 얼마나 이탈해 있는가이다. 현재의 인플레이션이 목표 인플레이션과 같다면 이자율을 변경할 유인이 없다. 현재의 인플레이션이 목표 인플레이션보다 높으면 인플레이션을 억제해야 하므로 이자율을 올리는 긴축적인 통화정책을 편다. 현재의 인플레이션이 목표 인플레이션보다 낮으면 목표 수준으로 되돌리기 위해 이자율을 내리는 확장적인 통화정책을 편다. 인플레이션갭(inflation gap), 즉 현재의 인플레이션과 목표 인플레이션의 차이($\pi - \pi^*$)는 경기 상황을 보여주는 지표이기도 하다. 그것이 0보다 크면 호황의 신호로 해석되므로 긴축적인 포지션을 취하고, 0보다 작으면 확장적인 포지션을 취한다. 인플레이션갭에 반응하는 정도는 γ가 나타낸다.

중앙은행이 실질이자율을 정할 수 있다는 가정을 그래프로 표현한 것이 **그림 39–3**의 MP곡선이다. 여기서는 MP곡선을 산출갭($\tilde{Y}$)에 대해 그렸다.[4] 보통은 가로축의 값 0을 기준으로 세로축을 그리지만, 여기서는 그래프의 가로축 가운데를 0으로 두었고, 이해를 돕기 위해 세로축을 좌측으로 이동시켰다. 식 (39.3)에 따르면 중앙은행은 $\bar{r}$, π, π^*에 따라 이자율을 정한다. 여기서는 $\pi = \pi^*$일 때, $r = \bar{r}$로 이자율을 정하는 경우를 나타냈다. 그러나 인플레이션이 목표인플레이션을 초과하면 ($\pi > \pi^*$) 이자율을 올리고, 인플레이션이 목표인플레이션에 미달하면 ($\pi < \pi^*$) 이자율을 내린다. 주어진 목표 인플레이션율 하에서 π가 상승하면 MP곡선은 위로 이동하고, π가 하락하면 MP곡선은 아래로 이동한다. 중앙은행이 인플레이션 목표를 수정하는 경우에도 MP곡선이 이동한다. 목표 인플레이션율을 상향 조정하면

3) 산출갭의 변화에도 불구하고 실질이자율을 일정한 수준으로 유지할 수 있다고 해석해도 좋다.

4) 정의하기에 따라 산출량(Y)에 대해 그릴 수도 있다.

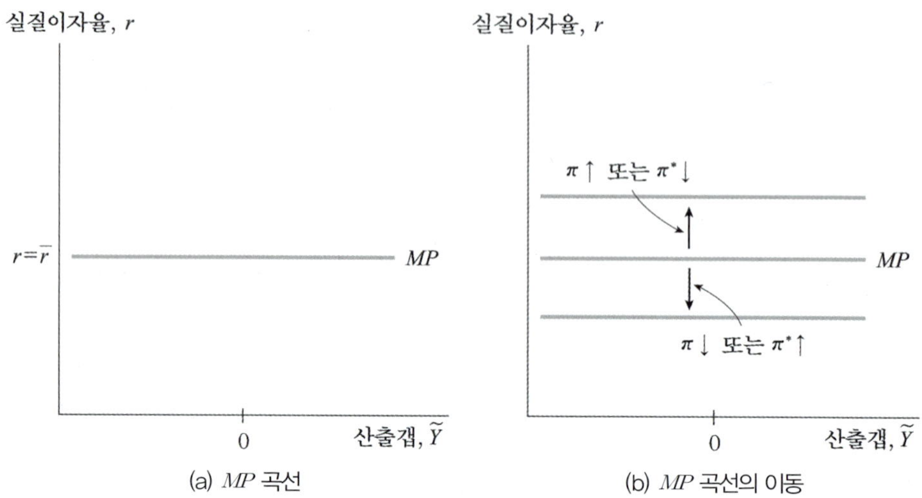

그림 39-3 MP 곡선

MP 곡선은 중앙은행이 어떤 수준으로 실질이자율을 선택하는지 보여준다. 그림 (a)는 중앙은행이 $\bar{r}$ 수준으로 이자율을 정한 경우이다. 그림 (b)에와 같이 인플레이션율이 상승하거나 인플레이션 목표를 하향 조정하면 *MP* 곡선이 위로 이동하며, 인플레이션율이 하락하거나 인플레이션율 목표를 상향 조정하면 *MP* 곡선이 아래로 이동한다.

*MP*곡선이 아래로 이동하며, 목표 인플레이션율을 하향 조정하면 *MP*곡선이 위로 이동한다.

이제 산출갭에 대해 *IS*곡선을 정의해 보자. *MP*곡선을 산출갭에 대해 그렸으므로 *IS*곡선도 산출갭에 대해 표현할 필요가 있기 때문이다. 산출갭은 실제 *GDP*가 잠재 *GDP*에서 몇 퍼센트(%) 이탈해 있는가를 나타낸다. 불황기에는 실질 *GDP*가 잠재 *GDP*보다 아래에 있기 때문에 산출갭이 음(−)이다. 호황기에는 실질 *GDP*가 잠재 *GDP*보다 위에 있으므로 산출갭이 양(+)이다. 실제로 중앙은행은 실질 *GDP*의 수준보다는 산출갭에 관심을 갖기 때문에 거시경제모형에 산출갭을 포함시키는 것이 유용하다. 그러면 *IS*곡선의 가로축으로 실질 *GDP* 대신 산출갭을 써도 괜찮을까? 물론 가능하다. 실질이자율의 변화는 투자지출, 소비지출, 순수출에 각각 영향을 주어 총지출을 변화시키는데, 이를 잠재 *GDP*에 대비하여 총지출을 변화시키는 것으로 이해하면 되기 때문이다. 예를 들어, 실질이자율이 하락하여 소비, 투자, 순수출이 증가할 때,[5] 이와 같은 총지출의 증가는 일정한 수준인 잠재 *GDP*에 대비하여 실질 *GDP*를 증가시키는 것이므로 산출갭도 증가한다. 따라서 가로축을 산출갭으로 놓아도 *IS*곡선은 여전히 우하향하는 형태가 된다.

5) 개방거시경제모형에서 이자율이 하락하면 자국 통화의 가치가 하락하므로(환율의 상승) 순수출이 증가한다.

$$IS\text{곡선: } \widetilde{Y}_t = -\alpha(r_t - \bar{r}) + \epsilon_t \qquad (39.4)$$

산출갭에 대해 정의된 IS 관계식을 식 (39.4)와 같이 쓸 수 있다. 산출갭을 실질이자율(r)의 감소함수로 표현한 것이다. 산출갭은 이자율 외에도 여러 가지 다른 요인의 영향을 받는다. 이 모든 요인을 ϵ으로 표시하였는데, ϵ은 평균적으로 0의 값을 갖는 IS 충격이다. 소비 또는 투자심리가 개선되어 내수가 증가하거나 세계경제의 호황으로 순수출이 증가하게 되는 경우를 ϵ이 증가한 것으로 해석할 수 있다. 반대로 소비 또는 투자심리가 악화되어 내수가 감소하거나 세계경제의 불황으로 순수출이 감소하게 되는 경우를 ϵ이 감소한 것으로 해석할 수 있다. 물론 IS 충격의 종류는 매우 다양하다.

그러면 현재 IS 충격이 없는 경우, 즉 $\epsilon_t = 0$인 경우를 기준으로 잡아 보자. 현재의 실질이자율이 장기균형실질이자율과 같으면($r_t = \bar{r}$) 산출갭은 0이다. 즉, 총수요가 잠재 GDP 수준과 같다. 이자율이 장기균형이자율보다 높으면($r_t > \bar{r}$) 산출갭은 (−)이고 이는 불황에 해당한다. 이자율이 장기균형이자율보다 낮으면($r_t < \bar{r}$) 산출갭은 (+)이고 이는 호황에 해당한다. 산출갭이 이자율에 반응하는 정도는 α가 나타낸다.

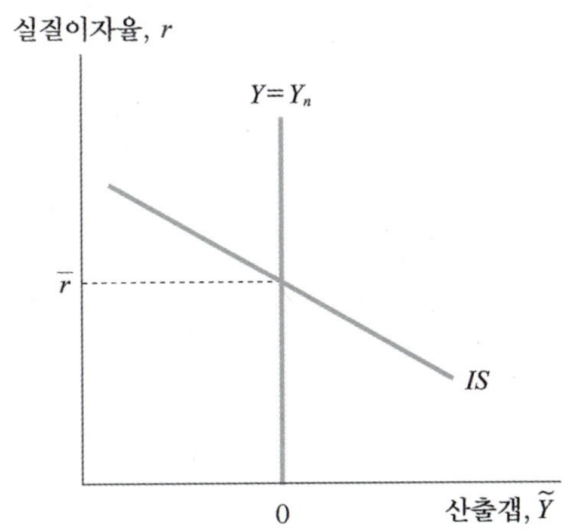

그림 39–4 산출갭을 이용한 IS 곡선

이 그래프는 가로축으로 실질 GDP 대신 산출갭을 사용한 IS 곡선이다. 가로축의 0을 기준으로 왼쪽은 산출갭이 음(−)인 불황, 오른쪽은 산출갭이 양(+)인 호황을 나타낸다. 수직선 $Y = Y_n$은 산출갭이 0인 상태, 즉 GDP가 잠재 $GDP(Y_n)$와 같은 상태를 나타낸다.

그림 39–4는 가로축으로 산출갭을 사용한 IS곡선을 보여준다. 참고로 수직선 $Y = Y_n$은 산출갭이 0, 즉 GDP가 잠재$GDP(Y_n)$와 같은 상태라는 것을 의미한다. 가로축의 0을 기준으로 왼쪽은 산출갭이 음(−)인 불황을 나타내며, 오른쪽은 산

출갭이 양(+)인 호황을 나타낸다. 실질이자율이 상승하거나 하락할 때 총지출은 *IS*곡선을 따라 움직이지만, 실질이자율이 주어진 상태 하에 양(+)의 수요 충격은 *IS*곡선을 오른쪽으로 이동시키고 음(−)의 수요 충격은 *IS*곡선을 왼쪽으로 이동시킨다.

그림 39–5 *IS*− *MP*장기 균형

*IS*곡선과 *MP*곡선이 산출갭 0 수준에서 만나고 있다. 중앙은행은 장기균형실질이자율 수준으로 이자율을 정하며 인플레이션 목표를 달성하고 있다.

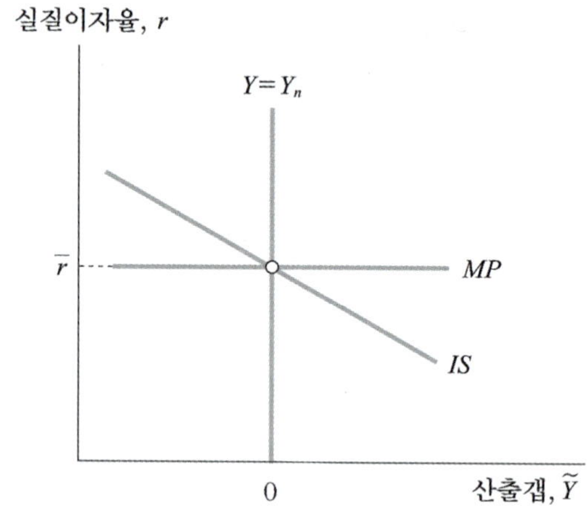

그림 39–5는 *IS*곡선과 *MP*곡선을 함께 보여준다. 그래프에는 경제가 잠재 *GDP* 수준에서 장기균형을 이루고 있는 경우를 나타내었다(산출갭=0). 중앙은행은 장기균형실질이자율 수준으로 이자율을 정하며 인플레이션 목표를 달성하고 있다. 즉, 산출갭과 인플레이션갭이 모두 0인 상태이다.

그러나 경제가 항상 장기균형 상태에 있는 것은 아니다. 여러 가지 이유로 *IS*곡선과 *MP*곡선이 이동한다. 그 가운데 한 가지 경우만 먼저 살펴보기로 하자. 어떤 이유로 인플레이션율이 상승하였다고 하자. 인플레이션 상승을 관찰한 중앙은행은 *MP* 준칙에 따라 이자율을 인상한다. *IS* 관계식에 의하면 이자율의 상승은 총수요를 위축시켜 산출갭이 (−)가 된다(출발점은 장기균형 상태이다). 즉, 인플레이션의 상승은 중앙은행의 금리 인상을 유발하고, 이로 인해 총수요가 위축된다. 같은 논리로, 인플레이션율이 하락하였을 경우에는 중앙은행이 이자율을 인하하고 총수요가 증가해 산출갭이 (+)가 된다.

$$AD\text{ 곡선: } \widetilde{Y}_t = -\alpha\gamma(\pi_t - \pi^*) + \epsilon_t \tag{39.5}$$

식 (39.3)을 식 (39.4)에 대입하면 식 (39.5)를 얻는데, 이는 산출갭에 대해 정의된 총수요(*AD*)곡선이다. 즉, *IS*곡선과 *MP*곡선으로부터 *AD*곡선이 도출된다. 수요 측면에서 볼 때 인플레이션과 산출갭 사이에 (−)의 관계가 성립한다는 것을 확인할 수 있다.

그림 39–6은 가로축과 세로축을 각각 산출갭과 인플레이션으로 잡아 표시한 *AD*곡선이며, 그래프의 *A* 점은 산출갭과 인플레이션갭이 모두 0인 상태에 해당한다. 한편 *AD*곡선의 기울기는 α와 γ에 의해서 결정된다. 산출갭이 이자율에 크게 반응할수록(α가 클수록), 중앙은행이 인플레이션이 변동할 때 이자율을 올리고 내리는 정도가 강할수록(γ가 클수록), 산출갭이 인플레이션에 반응하는 정도가 크다. 총수요가 이자율에 민감하게 반응하고 중앙은행이 인플레이션 목표를 달성하기 위해 공격적으로 행동할수록 산출갭은 인플레이션에 더 민감한 반응을 보인다.[6)]

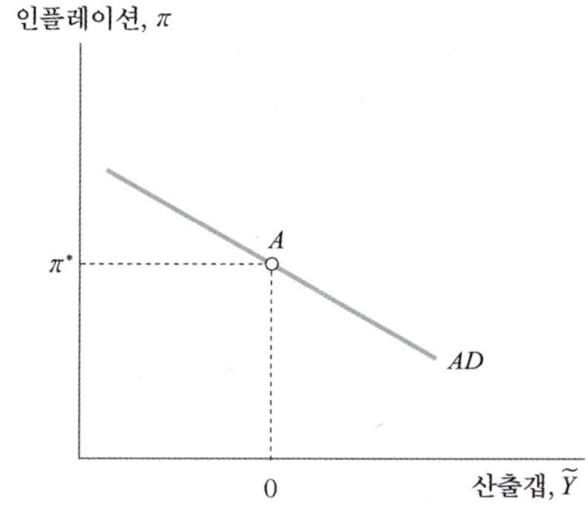

그림 39–6 *AD* 곡선의 도출

인플레이션이 상승할 경우 중앙은행은 *MP* 준칙에 따라 이자율을 인상하며 이는 총수요 및 산출갭을 감소시킨다. 인플레이션이 하락할 경우 중앙은행이 이자율을 인하하고 총수요와 산출갭이 증가한다. *A*점은 산출갭과 인플레이션갭이 모두 0인 상태를 나타낸다.

*IS*곡선과 *MP*곡선이 이동할 수 있는 것처럼 *AD*곡선도 이동할 수 있다. 식 (39.5)를 보면 $(\tilde{Y}, \pi)$ 평면에 정의된 *AD*곡선을 이동시키는 요인은 크게 두 가지, π^*와 ϵ의 변화라는 것을 알 수 있다. 즉, 중앙은행이 인플레이션 목표를 변경하거나 경제에 *IS* 충격이 발생하면 *AD*곡선이 이동한다. 이에 대한 구체적인 분석은 잠시 뒤로 미루고, 경제의 공급 측면에 대해 알아보기로 하자. 사실 *IS*−*MP*−*AD*곡선은 수요 측면에 관한 것이므로 *AS*곡선을 도출해야 종합적인 분석이 가능하다. 물

6) 이는 그래프 상으로 우하향하는 *AD*곡선이 보다 평평해지는 것으로 표시된다.

론 AS곡선 또한 $(\widetilde{Y}, \pi)$ 평면에서 정의하기로 한다.

(2) AS 곡선: 산출갭에 대해 정의된 필립스곡선

우리는 이미 제20장에서 필립스곡선을 도출한 바 있다. 이 관계는 제20장에서 다룬 필립스곡선으로부터 도출될 수 있다. 예상이 부가된 필립스곡선의 식은 다음과 같다.

$$\pi_t = \pi_t^e - \beta(u_t - u_n) + v_t \tag{39.6}$$

여기서 u와 u_n은 각각 실제의 실업률과 자연실업률, v는 공급 충격 또는 인플레이션 충격(inflation shock)을 나타낸다. 그런데 제20장에서 NAIRU에 관한 논의를 할 때와 마찬가지로 인플레이션에 대한 예상이 바로 전기의 인플레이션(π_{t-1})이라고 가정해 보자.

$$\pi_t = \pi_{t-1} - \beta(u_t - u_n) + v_t \tag{39.7}$$

여기서 자연실업률과 잠재 GDP가 서로 대응되는 개념이며 오쿤의 법칙에 따라 소득과 실업률이 서로 반대로 움직인다는 점을 고려하면 $-\beta(u_t - u_n) = h\widetilde{Y}_t$와 같이 놓을 수 있으므로, 다음과 같이 수정된 필립스곡선을 얻게 된다. 이와 같이 수정된 필립스곡선이 바로 AS곡선이다.

$$\pi_t = \pi_{t-1} + h\widetilde{Y}_t + v_t \tag{39.8}$$

이것을 왜 AS곡선이라고 부를 수 있을까? 전기의 인플레이션 π_{t-1}이 주어져 있을 때, 현재의 인플레이션 π_t는 현재의 산출갭 $\widetilde{Y}_t$에 따라 변한다. 산출갭이 증가하면(호황) 기업은 가격을 올리게 되고 그 결과 경제 전체의 인플레이션이 상승한다. 산출갭이 감소하면(불황) 기업은 가격을 내리게 되고 그 결과 인플레이션이 하락한다.

AS곡선은 아래위로 움직일 수 있다. 인플레이션 충격이 발생하는 경우가 대표적인 예이다. 만약 이번 기에 인플레이션 충격이 발생하여 한 기간만 지속된다면, 이러한 경우를 $v_t > 0$, $v_{t+j} = 0$, $j = 1, 2, \cdots$로 표시할 수 있을 것이다. AS곡선을 움직이는 또 다른 요인은 π_{t-1}이다. 그런데 π_{t-1}은 이미 주어진 것이므로, 모든 t에 대해 성립하는 식 (39.8)을 $\pi_{t+1} = \pi_t + h\widetilde{Y}_{t+1} + v_{t+1}$로 고쳐 쓰고 생각해 보

자. 만약 현재 기에 산출갭이 변화하거나 인플레이션 충격이 발생하여 π_t가 변하면, 이는 바로 다음 기의 π_{t+1}을 변화시킨다. 다음 기에 인플레이션 충격이 사라진다고 해도 산출갭이 0으로 되돌아오지 않는 한, 이는 다시 π_{t+2}을 변화시킬 것이다. 즉, 연쇄적 반응에 의해 *AS*곡선은 계속해서 움직이게 된다. 만약 산출갭이 0으로 되돌아오면, $\pi_{t+j+1}=\pi_{t+j}$가 성립하여 *AS*곡선의 움직임이 멈추게 된다.

이제 *AS*곡선을 *AD*곡선과 결합해 보자.

$$
\begin{aligned}
&AD\text{곡선: } \widetilde{Y}_t = -\alpha\gamma(\pi_t - \pi^*) + \epsilon_t \\
&AS\text{곡선: } \pi_t = \pi_{t-1} + h\,\widetilde{Y}_t + v_t
\end{aligned}
\tag{39.9}
$$

IS 충격(또는 총수요 충격)과 인플레이션 충격(또는 총공급 충격)이 없고, 경제가 잠재 *GDP* 수준을 달성한 경우($\widetilde{Y}=0$), $\pi_t=\pi_{t-1}=\pi^*$라는 것을 알 수 있다. 이와 같이 경제가 잠재 *GDP* 수준에 있고, 또 인플레이션이 중앙은행의 목표치로 유지되는 경우가 모형의 균제상태(steady state)이다. **그림 39-7**은 산출갭이 0이고 인플레이션이 π^*인 상태에서 *AD*− *AS* 균형이 이루어진 경우를 보여준다.

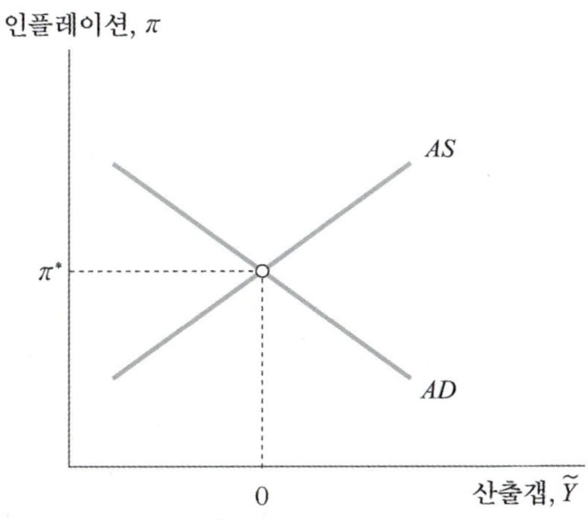

그림 39-7 *AD*− *AS* 균형

산출갭이 0이고 $\pi_{t-1}=\pi^*$인 상태에서 *AD*− *AS* 균형이 이루어지고 있다.

(3) *IS*− *MP* 모형의 응용

이제 *IS*− *MP* 모형(정확하게는 *IS*/*MP*− *AS* 모형)을 이용하여 경제에 충격이 가해질 때, 인플레이션과 산출에 어떤 변화가 일어나는지 분석해 보자. 이상에서 소개한 모형은 동태모형(dynamic model)이므로 그래프로 분석하는 데 세심한 주의를 요한다. 식 (39.9)는 단지 두 개의 식으로 이루어져 있지만, 한 기에 발생한 변화가 다음 기 이후로 파급되어 전파되기 때문에 분석이 간단하지 않다. 우선 이 모형에서 산출갭($\widetilde{Y}$)과 인플레이션(π)이 내생변수이고, 수요 충격(ϵ), 공급 충격(v), 목표인플레이션(π^*)이 외생변수라는 데 유의하자. 외생변수에 변화를 준 뒤 내생변수가 어떻게 반응하는지 살피는 거시경제학의 표준적인 분석 방법을 사용한다. 특히, 애초의 '균제상태'에서 변화가 발생하고 난 후 새로운 '균제상태'로 옮겨가는 과정에 초점을 둔다.

먼저 공급 충격(인플레이션 충격)의 효과를 살펴보고, 그 다음 목표인플레이션 충격(통화정책의 변화)과 수요 충격(*IS* 충격)의 효과 순으로 분석한다. 공급 충격을 먼저 살펴보고 수요 충격을 맨 나중에 분석하는 이유는, 그렇게 하는 것이 동태모형의 기술적 특성을 차근차근 이해하는데 도움이 되기 때문이다.

1) 인플레이션 충격

경제가 산출갭 0와 목표인플레이션의 균제상태에 놓여 있는데, 인플레이션 충격이 발생하였다고 하자. 대표적인 예는 1970년대 두 차례의 유가 충격인데, 2008년 글로벌 금융위기 직전에도 유가가 급격히 오르는 현상이 발생했다. 모형에 비추어 볼 때, 이는 식 (39.9)에서 0의 값을 갖던 v가 양(+)의 값으로 변한 것이다. 주의할 것은, 동태모형이기 때문에 충격이 한 기간 동안만 발생하는지 아니면 여러 기에 걸쳐 발생하는지에 대한 가정이 필요하다는 것이다. 여기서는 인플레이션 충격이 한 기간만 발생한다고 가정한다. **그림 39-8**에 동태적 효과가 요약되어 있다.

인플레이션 충격에 의해 *AS*곡선이 위로 이동하여 경제는 *A* 점에서 *B* 점으로 이동한다. 산출갭은 0에서 (−)로 변하는데, 이는 인플레이션을 관찰한 중앙은행이 *MP* 준칙에 따라 즉각 이자율을 올리기 때문이다. 이자율 상승으로 총수요가 위축되고 경제는 불황에 접어든다($\widetilde{Y}_1 < 0$). 충격이 한 기간만 발생한다고 가정하였으므로 *AS*곡선은 더 올라가지는 않는다.

그러면 경제는 영원히 *B* 점에 머무르는가? 그렇지 않다. 식 (39.9)의 *AS* 식을 보면 v가 0으로 되돌아오더라도 $\widetilde{Y}$가 (−)이기 때문에 맨 처음에 π_1까지 올라갔던 π는 다시 하락하게 된다.[7] 그리고 *AS*곡선이 아래로 이동하게 되는데, 이는 경제주체들이 하락한 인플레이션에 맞춰 예상인플레이션을 낮춰 잡기 때문이다. 그러면 π는 애초의 수준인 π^*로 즉각 내려갈 수 있을까? 그렇지 않다. 이 모형은 $\pi^e_{t+1} = \pi_t$, 즉 정태적 기대를 가정하기 때문에 인플레이션은 서서히 하락한다. 그런데 인플레

7) 충격이 발생한 기에 인플레이션이 상승한 정도 $\pi_1 - \pi^*$는 $v(>0)$보다는 작다는 점에 유의하라.

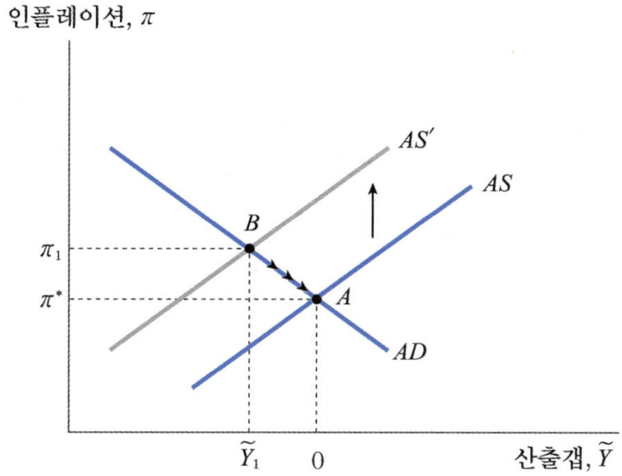

그림 39-8 인플레이션 충격의 효과

인플레이션 충격에 의해 AS곡선이 위로 이동하여 경제는 A점에서 B점으로 이동한다. 인플레이션을 억제하기 위해 중앙은행은 MP 준칙에 따라 이자율을 인상하고 경제는 침체에 빠진다. 경제가 침체를 겪으면서 인플레이션은 점차 하락하고 AS곡선이 아래로 조금씩 이동한다. 최종적으로 경제는 애초의 균제상태인 A점으로 되돌아온다(화살표가 이러한 과정을 나타낸다).

이션이 목표인플레이션보다 높은 한 중앙은행은 이자율을 $\bar{r}$보다 높게 유지한다. 물론 π가 서서히 내려감에 따라 중앙은행도 r을 천천히 내릴 것이다. 이 과정은 π와 r이 각각 π^*와 $\bar{r}$로 접근할 때까지 지속되며, 맨 처음 $\widetilde{Y}_1$까지 하락했던 산출갭도 0으로 접근한다. 최종적으로 경제는 애초의 균제상태인 A점으로 되돌아온다.

인플레이션 충격에 의해 불황에 빠지게 된 경제는 한동안 침체를 경험하다가 원상태로 돌아온다. 모형에서 인플레이션 충격이 불황을 야기하는 것은 중앙은행이 이자율 인상으로 대응하기 때문이다. 말하자면 중앙은행은 인플레이션 목표를 달성하기 위해 불황을 유도한다. 중앙은행이 공격적으로 이자율을 인상할수록(γ가 클수록) 침체의 깊이가 크다. 한편 얼마나 오랫동안 침체를 겪게 될 지는 경제주체의 인플레이션 예상에 달려 있다. 여기서는 케인즈적 가정에 따라 예상을 느리게 조정하는 경우를 가정하였으므로 침체는 길어진다.[8)]

2) 디스인플레이션 정책

이제 통화정책 자체가 변하는 경우를 살펴보자. 여기서는 제20장에서 소개한 바 있는 디스인플레이션(disinflation) 정책의 예를 든다. $IS-MP$ 모형에서 디스인플레이션 정책은 중앙은행이 인플레이션 목표를 낮추어 잡는 것이다. 즉, 기존의 이자율 준칙을 수정한다. 목표인플레이션을 π^*에서 π^{**}로 낮추면 식 (39.3)에서 볼 때 중앙은행은 이자율을 $\gamma(\pi^* - \pi^{**})$만큼 인상한다(출발점은 균제상태이다). 그래프 상

8) B점에서 A점으로 가는 과정이 오래 지속되는 경우가 경기침체와 인플레이션 문제를 동시에 겪는 스태그플레이션(stagflation) 현상이다.

으로는 *MP*곡선이 그만큼 위로 이동하는 것으로 나타난다. *MP*곡선이 위로 이동하였으므로 *AD*곡선은 좌측으로 이동한다. 이는 식 (39.9)를 통해서도 확인할 수 있다. 경제는 침체에 빠지고 산출갭은 $\widetilde{Y}_1 (<0)$으로 하락한다. **그림 39-9**에서 경제는 *A* 점에서 *B* 점으로 이동한다.

그림 39-9 디스인플레이션의 효과

최초에 *A*점에 있던 경제는 중앙은행의 인플레이션 억제 정책이 *AD*곡선을 좌측으로 이동시킴에 따라 *B*점으로 이동한다. 경제가 침체를 겪으면서 인플레이션은 점차 하락하고 *AS*곡선이 아래로 조금씩 이동한다. 최종적으로 경제는 *C*점으로 이동하는데, 새로운 균형에서 하향 조정된 목표인플레이션 π^{**}가 달성된다(화살표가 이러한 과정을 나타낸다).

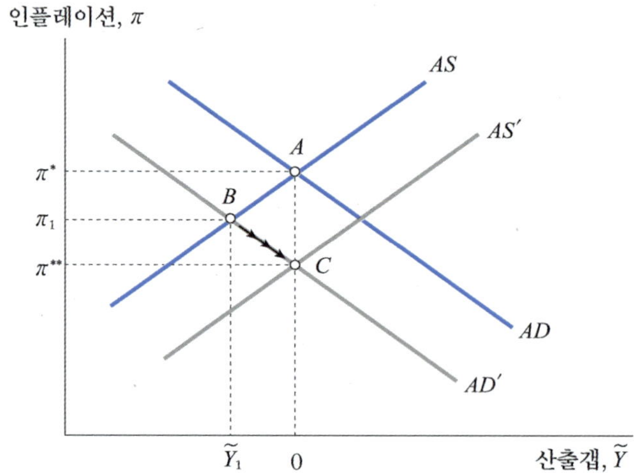

앞에서도 살펴보았지만 산출갭이 (−)인 상태에서는 필립스곡선의 원리에 따라 인플레이션이 서서히 하락한다. 즉, *AS*곡선이 아래로 서서히 이동한다. 처음에 긴축적인 통화정책을 위해 이자율을 대폭 인상했던 중앙은행은 인플레이션이 하락하기 때문에 준칙에 따라 이자율을 내리며, *MP*곡선은 점점 아래로 이동한다. 산출갭이 (−)인 한 인플레이션이 하락하므로 *AS*곡선과 *MP*곡선은 계속 아래로 이동해 간다. 이 과정은 산출갭이 0이 될 때까지 계속된다. 최종적으로 인플레이션은 중앙은행이 의도한 π^{**} 수준으로 하락한다.

중앙은행은 인플레이션을 낮추는데 성공하였으나, 그 과정에서 경기침체라는 대가를 치른다. **그림 39-9**를 보면 인플레이션은 일차적으로 π_1 수준으로 낮아지는데, 중앙은행이 일거에 인플레이션을 π^{**}로 낮출 수는 없다. 오랜 경기침체라는 대가를 충분히 치르고 난 뒤에 π^{**}로 낮아지는 것이다. 물론 여기에서도 얼마나 오랫동안 침체를 겪게 될 지는 경제주체의 인플레이션 예상에 달려 있다. 경제주체가 예상을 느리게 조정하면(slow adjustment) 침체는 길어진다.

3) 총수요 충격

마지막으로 IS 충격 또는 총수요 충격의 동태적 효과에 대해 알아보자. 여기서는 (+)의 충격을 분석하기로 한다. IS 관계식인 식 (39.4)를 볼 때, (+)의 충격은 $\epsilon = 0$에서 $\epsilon > 0$로의 전환을 뜻한다. 어떤 계기로 소비 또는 투자심리가 개선된다거나 세계경제의 호황으로 순수출이 증가하게 되는 경우를 떠올릴 수 있다. 이 때 IS 곡선이 우측으로 이동하므로 AD곡선도 우측으로 이동한다. 산출갭이 $\widetilde{Y}_1\,(>0)$으로 상승하고 인플레이션은 π_1으로 상승한다. 만약 충격이 한 기간 동안만 발생하고 바로 소멸된다면 AD곡선은 다시 원상태로 돌아올 것이므로 반짝 호황을 경험하고 경제는 다시 원상태로 돌아올 것이다.[9] 그러나 여기서는 충격이 적어도 몇 기간 정도는 지속된다고 가정한다.

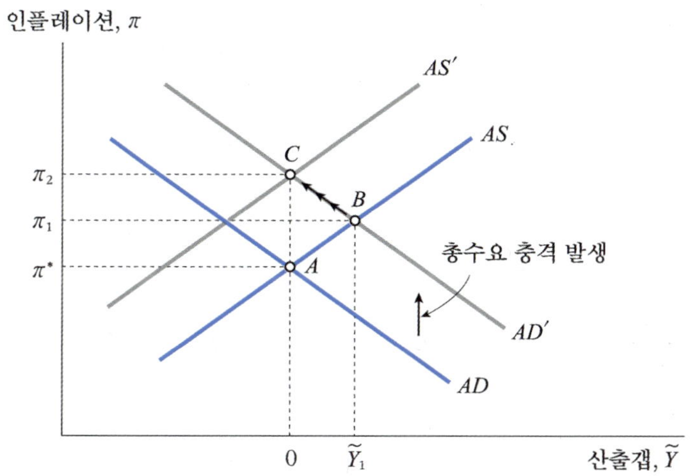

그림 39-10 총수요 충격의 효과: I

정(+)의 수요 충격으로 AD곡선이 AD′으로 이동한다. 산출갭이 (+)이므로 인플레이션이 서서히 상승하고 AS곡선이 위로 이동한다. 여기서는 경제가 C점에 도달할 때까지 충격이 지속되는 것을 가정했다. 그러나 C점에서의 인플레이션은 목표인플레이션을 넘는 수준이다.

수요 충격이 몇 기에 걸쳐 지속되면 AD′으로 이동한 총수요곡선은 한 동안 그 자리에 머무른다(그림 39-10). 즉, 산출갭이 (+)인 상태가 한동안 지속된다. 단, 산출갭이 (+)인 상태에서는 필립스곡선의 원리에 따라 인플레이션이 서서히 상승한다.

9) 앞의 분석에서 총공급 충격이 한 기간만 발생하고 없어진다고 가정해도 한번 움직인 AS곡선이 바로 원상태로 복귀하지 않았다. 이는 AS곡선의 식에서 절편 역할을 하는 예상인플레이션이 $\pi_t^e = \pi_{t-1}$으로 가정되었기 때문이다. 총공급 충격이 사라지더라도 예상인플레이션은 공급 충격에 반응하는 것이 아니라 실현된 인플레이션에 의존하기 때문에 AS곡선이 원상태로 빨리 복귀하지 못한다. 말하자면 절편 자체가 서서히 변한다. 반면 AD곡선은 예상인플레이션에 의존하지 않기 때문에 수요 충격이 사라지면 바로 원상태로 되돌아온다.

즉, AS곡선이 위로 서서히 이동한다. 중앙은행은 인플레이션이 상승하기 때문에 준칙에 따라 이자율을 올리며, MP곡선은 점점 위로 이동한다. 산출갭이 (+)인 한 인플레이션이 상승하므로 AS곡선과 MP곡선은 계속 위로 이동해 간다.

그러면 이 과정이 산출갭이 0이 될 때까지 계속될까? 반드시 그렇지는 않다. 수요 충격이 영원히 지속될 수는 없기 때문이다. 여기서 수요 충격이 산출갭에 대해 정의되었다는 점을 상기하자. 수학적으로는 퍼센트(%)의 개념이다. 예를 들어, 잠재 GDP, 즉 경제의 정상적인 생산능력은 매년 2%씩 증가하는데, 충격에 의해 총수요가 매년 4%씩 증가하는 현상이 지속될 수 있을까? 이는 적절한 가정도 아니고 현실적이지도 않다. 따라서 수요 충격은 단지 몇 기간 동안만 지속되고 소멸된다고 가정하는 것이 타당하다.

가상적이긴 하지만, 만약 수요 충격이 상당히 오래 지속되어 산출갭이 0이 될 때까지 진행되었다고 하자. 이는 **그림 39–10**에서 AS곡선이 충분히 위로 이동하여 경제가 C점에 도달한 경우가 될 것이다. 경제가 C점에 놓이면 산출갭이 0이므로 AS곡선은 더 이상 위로 이동하지 않고 멈춘다. 여기서 인플레이션은 π_2이다. 그런데 비록 산출갭은 0이지만, $\pi_2 > \pi^*$이고, $r > \bar{r}$이므로 균제상태가 아니다. 그러면 경제는 어떻게 A점으로 돌아가게 될 것인가?

그림 39–11 총수요 충격의 효과: II

수요 충격은 오래 지속될 수 없으므로 바깥으로 나갔던 총수요곡선이 다시 원래의 상태로 복귀한다. 여기서는 경제가 C점까지 가기 전에 D점으로 이동하는 경우를 나타냈다. 호황을 누리던 경제는 수요 충격이 소멸되면서 침체를 경험하게 된다. D점에서 산출갭이 (−)이므로 인플레이션이 서서히 하락한다. 즉, AS곡선이 아래로 서서히 이동한다. 이 과정은 경제가 A점으로 갈 때까지 계속된다. 인플레이션은 목표인플레이션 수준으로 되돌아간다. 이는 수요 충격에 의한 호황은 반드시 침체를 수반한다는 것을 보여준다.

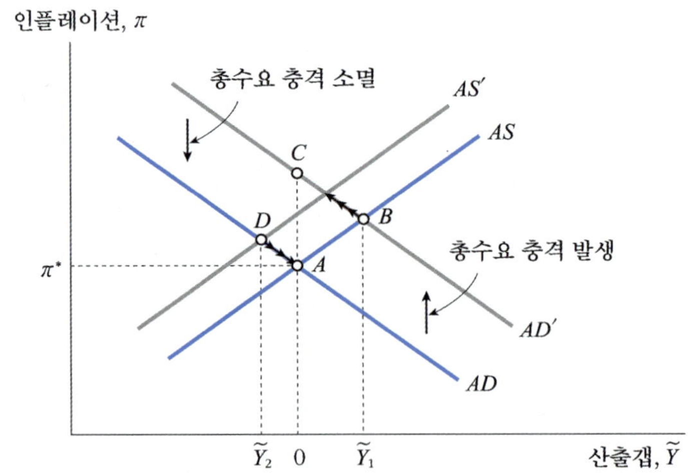

수요 충격의 속성을 생각하면 대답은 간단하다. 수요 충격은 오래 지속될 수 없으므로 바깥으로 나갔던 총수요곡선이 다시 원래의 상태로 복귀할 것이다. **그림**

39–11은 결국 AD곡선이 원상태로 돌아온 경우를 보여준다. 이 그림에서는 경제가 C점까지 가기 이전에 D점으로 이동하는 경우를 나타냈다. 예를 들면, 수요 충격이 3~4기 정도 유지되다가 사라지는 경우이다. 그런데 호황을 누리던 경제는 수요충격이 소멸되면서 이제는 반대로 경기침체를 경험하게 된다. D점에서 산출갭은 $\widetilde{Y}_2(<0)$이다. 예를 들어 잠재 GDP 성장률이 2%인 경제가 수요 충격으로 4% 내외의 성장을 누리다가 1% 성장으로 내려앉는 것이다. 산출갭이 $(-)$이므로 인플레이션이 서서히 하락하면서 AS곡선이 아래로 이동한다. 이 과정은 경제가 A점으로 되돌아갈 때까지 계속된다. A점에서는 산출갭이 0이고 인플레이션은 π^*이며 실질이자율이 $\bar{r}$이므로 균제상태이다. 이 결과는 수요 충격에 의한 호황은 반드시 침체를 수반한다는 것을 보여준다. 호황은 그 대가로 인플레이션을 야기하는데 인플레이션이 제자리로 돌아오기 위해서는 침체가 불가피하다는 것이다.

(4) 글로벌 금융위기와 $IS-MP$ 모형

새케인즈학파가 애써 완성한 $IS-MP$모형은 2008년 글로벌 금융위기를 맞아 시험대에 올랐다. 경제학도들에게 충분히 전파될 시간도 없이 위기를 맞은 것이다. 유감스럽게도 금융위기와 대침체(great recession)에 대해 $IS-MP$의 틀은 그다지 유용하지 못했다. 사실 이 모형은 경제가 잠재 GDP 근처에 있고, 또 중앙은행이 정교하게 이자율을 조절할 능력이 있다는 전제 하에서는 비교적 잘 작동한다. 아니, 그런 희망을 담은 모형인지 모른다. 그러나 글로벌 위기와 같이 큰 충격이 온 경우에는 달랐다.

굳이 $IS/MP-AS$의 틀로 대침체 현상을 묘사하자면 **그림 39–12**와 같을 것이다. 예를 들어, 애초에 경제는 A점에 놓여 있고, 목표인플레이션 2%를 달성하고 있다. 그런데 금융위기와 같은 큰 수요 충격이 발생하여 총수요 곡선이 AD'으로 이동하고 B점에서 산출갭은 -5%로 확대된다. 이는 GDP가 잠재 GDP에 비해 5%나 감소한 것을 의미한다. 그 과정에서 인플레이션은 0%로 내려갔다. 만약 $IS/MP-AS$의 틀이 작동한다면 경제는 C점으로 서서히 이동할 것이다. 그런데 이는 물가의 하락, 즉 디플레이션($\pi<0$)을 의미하는 것이다. 실질이자율은 명목이자율에서 인플레이션을 뺀 것이므로($r_t=i_t-\pi_t$), 디플레이션은 실질이자율의 상승을 의미한다. 게다가 중앙은행은 명목이자율을 0%까지만 내릴 수 있다. 명목이자율을 0으로 내린다고 해도 $r_t=-\pi_t$이므로 실질이자율은 $(+)$이다. 중앙은행은 이 상황에서 실질이자율을 내려 경기를 회복시킬 수 없다. 이미 제로 인플레이션 상태인 B점에서 C점으로 옮겨가는 메커니즘이 작동하지 않는다.

디플레이션은 실질이자율을 상승시켜 침체를 더 확대한다. 경제를 침체의 악순환

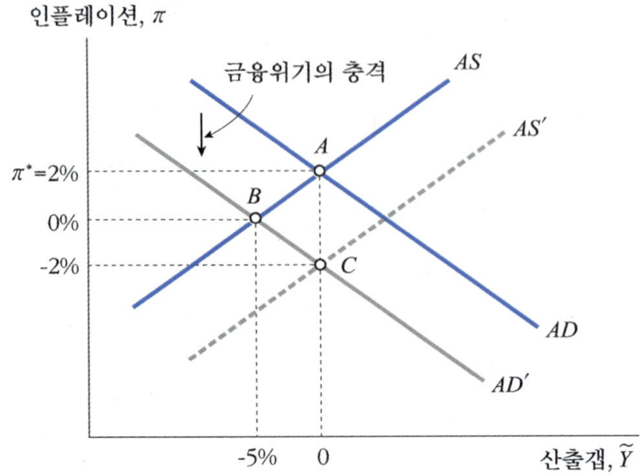

그림 39–12 대침체와 *IS*－*MP* 모형

최초 균형점 *A* 점에서 금융위기와 같은 수요 충격이 발생하면 총수요곡선이 *AD′* 으로 이동하여 *B*점에서 산출갭은 －5%로 확대된다. 그러나 이미 제로 인플레이션 상태인 B점에서 C점으로 옮겨가는 메커니즘이 작동한다는 보장이 없다. 디플레이션 하에서는 마이너스 산출갭이 오래 유지된다.

으로 몰아넣는다. 게다가 금융거래에서 리스크가 증가하면 중앙은행이 단기금리를 0%로 내리더라도 장기실질금리는 중앙은행의 의도와 무관하게 더 올라간다. 이것은 최악의 시나리오인데, 위기 발생 초기에 실제로 이러한 일이 벌어졌다. *MP*곡선은 중앙은행이 실질이자율을 조절할 수 있다는 가정 하에 작동하는데, 모형의 전제 자체가 무너진 것이다.

이론적으로 *MP*곡선이나 그 이전의 *LM*곡선을 움직이는 것으로 경제를 회복시킬 수 없는 상황을 맞은 것이다. 결국 *IS*곡선을 우측으로 이동시켜 *AD*곡선을 원상태로 돌려놓는 방법밖에는 없었다. 미국의 경우, 우선 정부가 직접 나서서 지급불능 상태에 빠진 은행의 자본을 확충해 주는 조치를 취했다. 정부가 재정자금으로 은행의 주식 지분을 매입하는 조치였다(한시적 국유화). 이 조치가 어느 정도 효과를 발휘하여 은행 대출이 재개되고 금융중개기능이 회복되기 시작하였다. 한편 중앙은행(미국의 Fed)은 국채 및 주요 채권의 리스크 프리미엄을 줄이기 위해 장 · 단기국채, 기업어음 등을 금융시장에서 직접 매입하는 '양적완화(quantitative easing)' 정책을 취했다. 이 정책도 금융중개기능을 회복시키는 데 도움이 되었다. 물론 최종적인 목표는 가계 및 기업의 경제활동에 대한 신뢰를 회복하는 것이었다. 하지만 리스크 프리미엄이 위기 전의 수준으로 내려가기까지 2년이 넘는 시간이 걸렸고, 위기 이전의 *GDP* 수준을 회복하는 데에만 5년 가까운 시간이 소요되었다. 이것도 비전통적인 재정정책, 비전통적인 통화정책을 사용해야만 가능한 것이었다. 앞으로 *IS*－*MP* 모형을 보완하는 또 다른 모형이 나올 것이다.

안정화정책: 종합

제40장

실업과 인플레이션 등 거시경제의 부정적 현상들은 경제의 내재적 요인에 의해 발생하기도 하지만 잘못된 정책에 의해 발생하기도 한다. 안정화정책은 경기변동을 완화시키는 것을 목적으로 하지만, 잘못 사용되는 경우에는 도리어 거시경제의 안정성을 해칠 수 있다. 통화정책이 민간의 신뢰성을 상실하면 더 이상 인플레이션을 억제하기 어려워지며, 누적된 재정불균형은 불황에 대처하는 능력을 상실하게 한다. 이 책의 마지막 장에서는 안정화정책을 바람직한 방향으로 수행하기 위해 고려해야 할 사항들을 살펴본다.

40-1 재정정책과 통화정책의 상대적 유효성

경제에는 수요 충격과 공급 충격이 발생하고 그로 인해 경기변동이 발생한다. 물론 경제는 자연율 수준으로 되돌아가는 힘을 갖고 있지만, 정부는 경기변동의 진폭을 완화시키면서 좀 더 빨리 자연율 수준으로 복귀시키기 위해 안정화정책을 사용하게 된다. 재정정책과 통화정책은 안정화정책의 대표적인 두 가지 수단이다. 여기서는 재정정책과 통화정책의 상대적인 유효성을 간략히 살펴본다. 다만 $IS-LM$ 곡선의 기울기와 관련된 재정 · 통화정책의 유효성은 이 책의 제13장에서 서술하였으므로, 이에 관한 논의는 생략한다.

(1) 시차

재정정책이든 통화정책이든 그 효과가 즉각적으로 나타난다면 수월하게 안정화정책을 수행할 수 있을 것이다. 그러나 실제로는 안정화정책의 효과는 시차를 두고 나타나며, 길고 가변적인 시차 때문에 정책을 시행하는 것이 매우 복잡해진다. 시차에는 내부시차(inside lag)와 외부시차(outside lag)가 있다.

내부시차는 경제에 발생한 충격을 인지하고 실제로 정책이 수립되어 집행될 때까지의 기간을 뜻한다. 정책당국자가 경제에 충격이 발생한 것을 처음 인지한 뒤 적절한 정책방향을 세우고 구체적인 내용을 담은 정책을 수립하는 데까지 적지 않은 시간이 소요된다. 외부시차는 정책이 실시된 후 경제에 효과가 나타나는 시점까지 소요되는 시간을 말한다. 정책을 시행해도 소비, 투자, 고용, 소득에 영향을 미치게 될 때까지 역시 적지 않은 시간이 든다.

재정정책은 내부시차가 길다. 정부지출을 변화시키거나 조세체계를 변경하는 일은 입법 과정과 국회의 동의를 요한다. 입법의 과정은 수많은 회의와 공개적인 토론을 거쳐 단계적으로 서서히 진행된다. 게다가 원래의 계획이 무산되기도 한다. 국회의 동의를 구하는 과정에서 정책의 내용이 희석되고 변질되기도 한다. 반면 통화정책은 내부시차가 없다고 할 수 있을 만큼 빠르다. 중앙은행은 하루 만에 정책을 수립해서 시행할 수도 있다. 금리를 변경하거나 금융권에 긴급자금을 대출하는 일은 매우 신속하게 이루어진다.

내부시차를 고려하면 통화정책이 훨씬 유용한 안정화정책 수단이다. 단, 통화정책은 외부시차가 길다고 알려져 있다. 예를 들어, 금리인하는 신속하게 결정 · 시행될 수 있지만 실제로 금리인하의 효과가 나타나기까지는 적지 않은 시간이 걸린다. 기업이 투자계획을 다시 세우고 실행에 옮기는 데 상당한 시간이 걸리고, 가계가 내구재나 주택의 구입 계획을 변경하는 데에도 적지 않은 시간이 필요하다. 통화정책의 효과에 대한 연구들은 대체로 그 효과가 6개월 내지 1년 이후에야 비로소 나타나기 시작한다는 것을 보여준다. 물론 중앙은행이 금리 변경 및 향후의 통화정책 방향에 대해 미리 신호를 주는 경우에는 경제주체들이 대비할 시간을 벌게 되므로 외부시차가 짧아질 수 있다.

재정정책은 통화정책에 비해 상대적으로 외부시차가 짧다. 특히 재정지출의 변화는 생산과 소득에 직접 영향을 준다. 세율의 변화도 가계의 가처분소득과 기업의 현금흐름에 직접 영향을 주므로 소비와 투자 지출에 즉각 영향을 미칠 수 있다. 다만 경제주체들이 새로운 조세체계하에서 지출계획을 조정하는 과정이 필요하므로 세율 변경은 재정지출의 증감에 비해 외부시차가 길다고 볼 수 있다.[1)]

한편, 재정정책과 관련해서는 자동안정화장치(automatic stabilizer)의 장점이 부각되기도 한다. 자동안정화장치란 재정정책상의 변화 없이도 그 자체로 경기를 안정화시키는 기능을 수행하는 정책을 말한다. 소득세가 대표적인 예이다. 소득세가 역진적으로 설계되어 있지 않은 한, 소득세는 자동안정화장치의 기능을 수행한다. 소득세가 소득에 비례적이거나 누진적이면, 경기가 좋을 때는 조세수입이 증가하여

---

1) 물론 재정정책의 변화가 경제의 총수요를 얼마만큼 변화시킬 것인가는 논쟁거리로 남는다. 예를 들어 리카도 동등정리의 관점에서 바라보면 조세재정정책의 효과는 없거나 미약하다.

총수요를 축소하는 역할을 하고 경기가 나쁠 때는 조세수입이 감소하여 총수요를 확대하는 역할을 한다. 실업보험제도는 대표적인 자동안정화 장치이다. 경기가 나쁘고 실업이 증가할 때에는 자동적으로 실업수당 지출이 늘어나고, 경기가 좋고 실업이 감소할 때에는 자동적으로 수당 지출이 줄어들기 때문이다. 이처럼 조세 및 이전지출 체계에는 그 자체로 자동안정화 기능이 있으므로 내부시차가 0이라고 할 수 있다.

(2) 정치적 요인

지금까지 안정화정책에 대한 논의에서 정치적 측면은 배제되었다. 암묵적으로 정책당국이 경제를 위해 최선의 정책을 도모한다고 가정하였다. 그러나 정치인들이 항상 국가를 위해 최선을 다한다고 할 수 있을까? 정치인들은 때로 국가의 이익과는 배치되지만 자신이나 자신과 관계된 집단의 이익을 추구한다. 정치인들의 관심사는 유권자의 지지를 받는 것이기 때문에 경제문제에 있어 장기적 관점보다는 단기적 관점에서 접근하는 경향이 있다. 따라서 절박한 상황이 아니라면 스스로 긴축적인 정책을 입안하고 추진하지 않는 경향이 있다.

경제가 불황에 처했을 때 재정지출 확대나 세율 인하는 이론적으로나 정치적으로나 설득력 있는 안정화정책 대안으로 떠오르며 쉽게 실행에 옮겨지는 경향이 있다. 그러나 경기가 회복되고 난 뒤에 재정지출을 원래의 수준으로 축소하거나 세율을 인상하는 일이 쉬울까? 특히 불황기에 소득분배 개선의 목적과 부합하여 늘어난 이전지출과 세율 인하는 경기가 회복되더라도 정치적인 저항 때문에 원상태로 되돌리기 어렵다. 재정정책은 정치적 의사결정과 무관하지 않기 때문에 일종의 비가역성(irreversibility)을 가진다. 근시안적인 유권자와 대중영합적인 정치인의 단기적 이해관계 때문에 정부의 재정은 거시경제학이 원하는 바에 비해 방만하게 운영될 가능성이 크다.

반면 중앙은행은 적절하게 독립성이 부여되기만 하면, 정부의 압력과 국회 및 민간의 로비로부터 상대적으로 자유로운 입장에 놓일 수 있다. 통화정책은 재정정책과는 달리 비가역성에서 자유롭다. 내렸던 이자율을 다시 올리기도 하고, 반대의 경우도 가능하기 때문이다. 정치적인 요인까지 함께 고려하면 통화정책은 재정정책에 비해 상대적으로 우월한 안정화정책이라 보여진다. 정치적 압력으로부터 자유롭게, 또 내부시차 없이 신속하게 집행될 수 있기 때문이다. 물론 그렇다고 통화정책의 역할이 과장되어서도 안 될 것이다. 중앙은행의 독립성이 약하거나, 독립성이 부여되어 있더라도 민간의 신뢰성을 잃어버리면 통화정책의 유효성이 상실되기 때문이다.

40-2 준칙 대 재량

(1) 통화정책

때로는 인플레이션이 갖는 장점도 있다. 경제가 극도로 침체에 빠질 경우에는 인플레이션을 유발해서라도 음(−)의 실질이자율을 유도해야 할 필요가 있다. 명목이자율은 0% 이하로 내려갈 수 없으므로 인플레이션에 의해 실질이자율을 0% 이하로 내려가게 함으로써 지출을 자극할 수 있는 것이다. 그러나 이는 극단적인 경우에 해당한다. 물론 경제가 정상적인 범위 내에서 움직이는 경우에도 통화당국은 어느 정도의 인플레이션을 허용하는 경향이 있다. 만약 인플레이션율이 0% 밑으로 내려간다면 이는 디플레이션을 의미한다. 명목임금과 명목이자율이 신속하게 조정되지 않는다면 디플레이션은 실질임금과 실질이자율을 올리는 부작용을 낳을 수 있다. 이와 같은 현상이 발생할 위험 때문에 중앙은행은 낮은 인플레이션을 선호하더라도 인플레이션에 대한 목표를 0%까지 내리지는 않는다.

그렇다면 어느 정도의 인플레이션율이 허용되어야 할 것인가? 이에 대한 정답은 없지만, 이미 제36장에서 살펴본 재량적 통화정책의 시간불일치성 논의에 따르면, 적어도 재량적 정책이 인플레이션 편향(inflation bias)을 가져올 가능성이 있다는 점은 부인할 수 없다. 따라서 많은 경제학자들이 통화정책이 준칙을 따라야 한다고 생각한다.

통화정책에 관한 고전적인 준칙은 프리드먼(M. Friedman)의 'k% 준칙'이다. 수량방정식 $MV=PY$를 중심으로 생각해 볼 때, 유통속도 V가 안정적이고 소득 Y가 자연율 수준에서 움직인다면 물가 P를 안정시키기 위한 중요한 수단은 통화량 M을 통제하는 것이다. 프리드먼은 통화증가율을 일정하게 함으로써 물가를 안정시켜야 한다고 생각했으며, 중앙은행의 재량에 의해 통화량이 확대되지 못하도록 이를 헌법에 삽입하도록 주장하기도 했다. 그러나 문제는 화폐수요가 불안정한 경우에는 유통속도 역시 불안정한 모습을 보이기 때문에, 통화량과 물가의 상관관계가 약해진다는 것이다.

일부 경제학자들은 k% 준칙과 같은 통화증가율 목표가 가지는 이러한 한계를 극복하는 방안으로 명목 GDP 목표를 제안하기도 한다. 수량방정식에서 명목 GDP인 PY가 일정 수준을 넘어서면 통화량을 줄이고, 일정 수준 이하로 내려가면 통화량을 늘리는 방식이다. 이는 수량방정식에서 M이 아닌 MV를 안정적으로 관리함으로써 명목 GDP인 PY를 안정적으로 관리하기 위한 것이다. 물론 물가와 실질 GDP를 개별적으로 관리할 수는 없으나, 유통속도가 불안정한 상황이라면 단순한 통화론적 준칙보다는 명목 *GDP* 목표가 더 낫다.

그런데 명목 *GDP* 목표가 가지는 장점에도 불구하고 일반 경제주체에게 이를 명확히 이해시키는 데에는 어려움이 있다. 게다가 무엇을 통화량의 지표로 삼을 것인가, 즉 M1으로 할 것인가 M2로 할 것인가 아니면 또 다른 어떤 지표를 기준으로 할 것인가 하는 문제는 통화정책의 어려움을 가중시킨다.

1990년에 뉴질랜드에서 도입된 이후로 우리나라를 포함한 많은 국가들이 인플레이션 목표제를 채택하고 있다. 미리 목표 인플레이션을 선언하고 인플레이션이 목표 수준을 넘어서는 경우에는 금리 인상으로 대응하고 인플레이션이 목표 수준을 밑도는 경우에는 금리 인하로 대응하는 것이다. 인플레이션 목표제는 유통속도의 불안정과 유사화폐 등장으로 인한 어려움을 극복할 수 있다는 장점이 있다. 또한 경제주체들에게 통화정책의 목표를 명확히 이해시키고 통화당국에 대한 신뢰를 높인다는 장점도 갖고 있다.

그렇다고 인플레이션 목표제가 중앙은행의 재량을 완전히 묶어버리는 것은 아니다. 실제로 인플레이션이 국제 유가와 농산물 가격 등 공급 측면에서 발생하는 경우에 목표 인플레이션을 고수하면 경기침체를 가속화시킬 수 있으므로, 이와 같은 경우를 대비하여 소비자물가 상승률뿐만 아니라 근원인플레이션을 주요 참고지표로 사용한다. 또한 실제로 인플레이션 목표는 하나의 숫자가 아닌 범위로 설정하기 때문에 그 범위 내에서는 제한적이나마 경기안정화의 기능을 수행할 수 있다. 무엇보다 중요한 것은 중앙은행으로 하여금 물가안정에 대해 분명하게 책임을 지우고 투명하게 통화정책을 수행하도록 유도하는데 있다.

(2) 재정정책

재량적인 재정정책이 바람직한가, 아니면 준칙에 의한 재정정책이 바람직한가? 많은 경제학자들은 재량적인 재정정책의 장점을 무시해서는 안 된다고 생각한다. 때로는 재정적자가 필요한 측면도 있다. 만약 균형예산을 고수한다면 경기침체기에 조세부담률(소득 대비 조세의 비율)이 올라가면서 경기침체가 더 악화될지 모른다. 이러한 경우에는 균형예산을 고집하는 대신 재정의 자동안정화 기능에 맡기는 것이 더 나을 수 있다. 균형예산을 지키기 위해서는 불황기에 세율을 높이고 호황기에 세율을 낮추어야 하는데, 경기에 따라 세율이 오르락내리락하면 경제주체들이 안정적으로 경제활동을 계획하기 어려워진다. 따라서 균형예산을 고집하는 것보다는 재정불균형이 발생하더라도 세율을 안정적으로 유지하는 방식(tax smoothing)이 더 나을 수 있다.

경기침체가 심한 경우에는 재정적자를 감수하더라도 국가 전체의 지출규모를 늘릴 필요가 있다. 전쟁, 감염병, 금융위기 등과 같이 심각한 경제상황에 직면하였을 때 정부가 재정적자를 우려하여 소극적으로 대응하면 침체가 길어지면서 장기실업자가 늘어나게 된다. 장기불황은 노동생산성에도 부정적인 영향을 미친다. 장기실업을 경험하면 일터에 복귀하더라도 바로 예전의 생산성을 발휘하기 힘들다. 어느 한 개인의 생산성은 일정하게 주어진 것이 아니고 근로 경험을 통해 쌓여나가는 것이다(learning by doing). 심각한 경기침체가 발생하면 적자를 감수하면서 재정지출 확대로 대응하는 것이 바람직하며, 경기가 충분히 회복되었다고 판단되었을 때 지출 규모를 축소하면서 정상화하는 것이 이상적이다.

다만, 이미 언급했듯이 정부의 재정지출은 한 번 늘어나면 다시 줄어들기 어려운 관성을 갖고 있다. 물론 경제가 침체에서 벗어나 성장률이 상승하고 소득이 증가하면 그만큼 조세수입도 늘어나기 때문에 재정적자폭이 점점 줄어들 수 있다. 강력한 재정 긴축으로 조기에 균형재정을 달성할 수도 있을 것이다. 중요한 것은 재정적자와 정부부채를 어떻게 동태적으로 관리하느냐이다. 성장하는 경제에서는 국민소득 대비 재정적자, 국민소득 대비 정부부채와 같은 비율 변수에 주목할 필요가 있다.

재정적자와 정부부채의 동태적 진화과정을 수식을 사용해 살펴보기로 하자. 정부부채(B)는 기초재정적자($G-T$)에 의해 증가하지만, 부채에 대한 이자부담에 의해서도 증가한다. 식 (40.1)은 t기의 정부부채가 $t-1$기의 정부부채에 조이자율 $1+r$을 곱하고 t기의 기초재정적자(primary deficits)를 합한 것으로 이루어진다는 것을 보여준다. 재정적자는 당기의 기초재정적자에다 이자지급에 의한 적자분을 합한 것이다.

$$B_t = (1+r)B_{t-1} + G_t - T_t \tag{40.1}$$

이로부터 GDP 대비 정부부채 비율을 계산하기 위해 부록과 같은 방식을 적용하면 다음 식을 얻는다.

$$\frac{B_t}{Y_t} - \frac{B_{t-1}}{Y_{t-1}} = (r-g)\frac{B_{t-1}}{Y_{t-1}} + \frac{G_t - T_t}{Y_t} \tag{40.2}$$

위 식은 GDP 대비 정부부채 비율의 변화는 GDP 대비 재정적자 비율에도 의존하지만, 이자율과 경제성장률에도 의존한다는 것을 보여준다. 재정적자가 0인 경우에도 GDP 대비 정부부채는 $r-g$의 비율로 증가한다. 균형예산을 유지하더라도 이자율이 성장률에 비해 높으면 정부부채 비율은 계속 올라가며, 반대로 이자율이 성장률에 비해 낮으면 정부부채 비율은 계속 내려간다. 재정지출 규모를 줄이기 어려운 경우에는 경제가 높은 성장률을 보여야만 부채 비율을 축소시킬 수 있다.

낮은 이자율도 부채 비율 감축에 도움을 주지만, 인위적으로 이자율을 낮추기 위해서는 통화량 증가와 인플레이션을 감수해야 할지도 모른다. 그러나 인플레이션을 유발하는 방법은 오히려 부작용을 낳으며, 정부부채 비율이 크게 높아진 상태에서는 파국적인 상황을 맞을 가능성도 있다. 투자자들이 정부의 국채 상환능력을 믿지 못하게 되면 국채의 가격은 폭락하고 이자율이 급격히 상승하기 때문이다. 이자 지급 부담의 증가로 정부가 예산을 통제할 능력을 상실할 수도 있다.

적정한 정부부채 비율이 얼마인가에 대한 정답은 없다. 유럽 국가들은 EU를 출범시키기 전에 1991년에 체결된 마스트리히트 조약에서 각국 정부가 GDP 대비 부채 비율을 60% 이내로 유지하도록 주문한 바 있다. 미국의 경우도 1993년과 1997년에 입법된 예산규제법(Budget Enforcement Act)에서 재량적 지출에 대한 상한을 정하고 사회보장성 이전지출 프로그램에 대해서는 그것이 정부부채를 증가시키지 않는다는 것을 충분히 입증해야만 새로 도입할 수 있도록 하였다. 그러나 글로벌 금융위기(2007년), 유럽재정위기(2011년), 코로나19 팬데믹(2020년) 등 경제위기를 맞아 재정 확장으로 대응하는 가운데 주요 선진국들의 정부부채 비율이 그 이전에 비해 크게 높아진 것이 사실이다. 국가마다 사정이 다르기 때문에 앞으로도 적정 부채 비율에 대한 논란은 끊이지 않을 것이다. 다만, 오랜 시간이 지난 지금 1991년의 마스트리히트 조약이 권고한 60%가 상한선이 아니라는 점만은 분명해 보인다.

40-3 바람직한 안정화정책의 방향

이상의 논의에서 우리는 안정화정책을 수행하되, 그것이 거시경제의 건전성을 해치는 방향으로 흘러가서는 안 된다는 점을 강조하였다. 여기서는 안정화정책을 바람직한 방향으로 수행하기 위해 추가적으로 고려해야 할 사항들에 대해 간략히 언급한다.

(1) 통화정책

중앙은행의 가장 중요한 목표는 역시 물가안정이다. 물가안정을 중시하는 사회적 분위기가 정착되고, 물가안정을 최종목표로 하는 중앙은행에 대한 신뢰가 유지되는 것이 중요하다. 물가안정목표제의 정착은 중앙은행에 대한 신뢰를 제고하는데 크게 기여했다. 다만, 중앙은행은 물가안정 목표제(인플레이션 목표제)를 중심으로 통화정책을 수행하더라도 경기변동의 완화, 즉 경제의 안정화를 중시하고 있음을 명확히 해야 할 필요가 있다. 그렇지 않으면 침체기에는 지나친 비관주의가, 호황기에는 지나친 낙관주의가 팽배할 가능성이 있다. 따라서 경제주체들에게 인플레이션 목표가 대칭적으로 이해될 필요가 있다. 예를 들어 목표치가 2%일 때, 2% 이내로 억제하여 관리한다는 의미가 아니라 어느 방향이든지 2%에서 벗어나는 경우 다시 2%로 수렴시킬 것이라는 의지를 표명하고 이를 실천에 옮기는 것이 중요하다.

한편, 물가안정과 경제안정 이외에 금융안정(financial stability)을 위한 중앙은행의 역할이 소홀히 다루어져서는 안 될 것이다. 특히 최근에는 빈번한 금융위기의 발생으로 인해 금융안정을 위한 추가적인 노력이 강조되고 있는 추세이다. 1980년대와 1990년대 들어 다수의 금융위기와 이에 따른 막대한 경제적 비용(GDP의 15~20% 정도)을 경험하면서, 최근 들어 금융안정이 경제정책의 중요한 목표로 자리매김하게 되었다. 다만 금융안정에 영향을 미치는 요인과 정책수단이 다양하여 금융정책당국 간 조화로운 집행이 어렵고 책임소재가 불명확할 수 있다. 특히 은행에 대한 감독권한이 중앙은행으로부터 분리되어 있는 경우에는 전반적인 금융안정의 책임이 회색지대에 놓일 위험성이 존재한다.

통화정책은 금융시스템을 통해 실물경제로 파급되고, 물가안정은 금융안정의 토대를 조성하는 등 물가안정과 금융안정은 상호보완관계에 있다. 또한 금융불안과 금융위기는 특정 금융기관의 도산보다는 경기・신용순환 등 거시경제 전반의 충격에 의해 유발되는 측면이 강하다는 점에서 중앙은행이 거시적인 시각에서 금융안정에 기여해야 한다.

그러나 물가안정과 금융안정이라는 목표는 때로는 서로 충돌하여 정책 결정을 어렵게 만든다. 인플레이션 압력, 신용 팽창, 자산가격 상승이 동시에 발생하면 금리 인상으로, 디플레이션 압력, 신용 수축, 자산가격 하락이 동시에 발생하면 금리 인하로 대응하면 된다. 그러나 인플레이션이 목표치를 밑도는 가운데 신용시장과 자산시장이 활황을 보이는 경우, 반대로 인플레이션이 목표치를 웃도는 가운데 신용시장과 자산시장이 침체한 경우 어떻게 대응해야 할지 명확한 준칙은 없다. 금리 인하와 금융규제 강화의 조합, 또는 금리 인상과 금융규제 완화의 조합을 생각해 볼 수 있지만, 서로 다른 방향으로 작동하는 수단들을 어떻게 어느 정도로 배합하는 것이 이상적인지 잘 알려져 있지 않다.

(2) 재정정책

경제안정화를 위해 적극적이고 재량적으로 재정정책이 사용되어져야 하는가, 아니면 재정정책은 자동안정화 기능에 국한되거나, 세율조정 등을 통해 자원을 효율적으로 배분하는 데 치중해야 하는가? 일본은 선진국 가운데 경제안정화정책의 일환으로 재정정책을 가장 적극적으로 사용하였으나 경제안정화에는 실패한 대표적 사례로 인식되고 있다. 실패한 이유로는 재정적자가 지속될 것이라는 우려감 속에서 민간의 신뢰를 얻지 못하여 소비와 투자를 자극하지 못하였고, 효율적인 자원배분에 의해 뒷받침되지 못함으로써 효과를 거두지 못한 점 등이 지적된다.

많은 국가에서 장기적으로 재정불균형이 확대되는 상황이며, 특히 대부분의 OECD 회원국의 경우에 고령화로 인해 *GDP* 대비 정부지출 비율이 현재보다 더 상승할 가능성이 지적되고 있다. 재정불균형이 확대된 상태에서는 경기안정화를 위한 재정지출의 확대나 항구적인 감세정책은 민간의 신뢰를 얻기 어렵기 때문에 실효성을 갖기 어렵다. 특히 정부의 생산성이 낮은 경우에는 채무 확대에 대한 경계감이 더 커지게 된다. 이러한 경우에는 도리어 우선순위를 잘 수립해서 생산성이 낮은 지출을 삭감하고 조정하는 정책 기조로 전환하는 것이 경기를 진작시킬 수도 있다.

주지하는 바와 같이 우리나라도 고령화가 급속히 진행되면서 사회보장지출이 늘어나는 추세에 놓여 있다. 우리나라의 *GDP* 대비 정부부채 비율은 현재 50%(2020년말 기준으로는 48.7%) 정도이어서 선진국들과 비교할 때 아직 우려할 만한 수준은 아니지만, 2~3%의 이자율만 적용하더라도 *GDP* 대비 1.0~1.5% 내외의 지급부담이 작용하고 있는 셈이다. 물론 주요 선진국에 비해 사회보장지출 규모가 작은 것이 사실이지만, 많은 국가들이 그로 인해 단시일에 해결하기 힘든 정부부채의 문제를 안게 되었음을 인식할 필요가 있다.

재정정책의 준칙으로 *GDP* 대비 재정적자 비율, *GDP* 대비 정부지출 비율, *GDP* 대비 정부부채 비율 제한 등을 고려할 수 있으나, 우선 재정의 자동화 기능을 감안할 때 *GDP* 대비 재정적자 비율에 집착할 필요는 없을 것이다. 대신 중 · 장기적 시계에서 *GDP* 대비 정부지출 비율과 정부부채 비율을 안정적으로 관리하는 것은 필요하다.

여기서 *GDP* 대비 정부지출 비율을 높게 유지하면서도 정부부채 비율을 안정화하려면 조세 부담을 높이는 수밖에 없는데, 스웨덴을 위시한 북유럽 복지국가들이 바로 이 유형에 속한다. 북유럽 국가에 비해 *GDP* 대비 재정 규모와 조세부담률은 낮지만, 독일도 재정의 건전성을 중시하는 대표적 국가이다. 한편 케인즈식 유효수요 관리의 관점에서는 정부부채의 동태적 관리가 중시된다. 즉, 불황기에는 정부부채 비율 상승을 두려워하지 않고 과감하게 재정지출을 늘리되, 경기가 충분히 회복하고 난 뒤 호황기를 맞으면 재정 규모를 축소하여 *GDP* 대비 정부부채 비율을 원래 또는 그에 가까운 수준으로 돌려놓는 것이다. 항상 그런 것은 아니지만 미국과 영국이 선호하는 방식이라고 볼 수 있다. 일본의 경우에는 1990년대 이후 경기 급락에 대응하면서 대규모의 재정 확장을 시도했지만, 경기침체를 극복하지 못한 채 반복적으로 적자재정을 집행함으로써 30년 만에 *GDP* 대비 정부부채 비율이 200%나 순증가하게 되었다. 일본 엔화가 국제적 위상을 유지하는 가운데 정부가 발행하는 국채의 대부분을 일본 국민들이 꾸준히 매수해 주었기 때문에 가능한 일이었지만, 결코 바람직한 모델이라고 할 수 없다.

이상을 종합해 보면, 경직적이고 극단적인 재정 보수주의도 경계해야 하지만,[2)]중·장기적 시계에서 재정의 건전성을 유지해야 한다는 대원칙에 사회적 합의를 도출하는 것이 중요하며, 지출 구조조정이나 증세 등 구체적 방안에 대해서는 끊임없이 지혜를 모아나가야 할 것이다.

2) 일부 경제학자들은 재정에 관한 준칙을 헌법에 명시해야 한다는 주장까지 하지만, 수치를 특정하기도 힘들거니와 지나치게 엄격한 준칙은 정책의 유연성을 제한하고 경제위기가 발생했을 때 위기의 조속한 극복에 장애 요인으로 작용한다.

부록 정부부채 비율의 계산

본문의 식 (40.1)을 다시 써 보자.

$$B_t = (1+r)B_{t-1} + G_t - T_t$$

GDP 대비 정부부채 비율을 계산하기 위해 위 식의 양변을 Y_t로 나누면,

$$\frac{B_t}{Y_t} = (1+r)\frac{B_{t-1}}{Y_t} + \frac{G_t - T_t}{Y_t}$$

가 되며, $\frac{B_{t-1}}{Y_t}$을 변형시키기 위해 분모와 분자에 Y_{t-1}을 곱해 주면 다음과 같아진다.

$$\frac{B_t}{Y_t} = (1+r)\frac{Y_{t-1}}{Y_t}\frac{B_{t-1}}{Y_{t-1}} + \frac{G_t - T_t}{Y_t}$$

여기서 GDP Y의 성장률을 g라고 하면 $Y_t = (1+g)Y_{t-1}$이므로 위 식에서 $\frac{Y_{t-1}}{Y_t}$은 $\frac{1}{1+g}$이 된다. 따라서

$$\frac{B_t}{Y_t} = \left(\frac{1+r}{1+g}\right)\frac{B_{t-1}}{Y_{t-1}} + \frac{G_t - T_t}{Y_t}$$

가 성립한다. 여기서 $\frac{1+r}{1+g}$을 $1+r-g$로 근사시킬 수 있다. $\frac{1+r}{1+g}$에 자연로그를 취하면 $\log\left(\frac{1+r}{1+g}\right) = \log(1+r) - \log(1+g) \approx r-g \approx \log(1+r-g)$이므로 $\frac{1+r}{1+g} \approx 1+r-g$가 되는 것이다. 결국 식 (40.1)은 다음과 같은 근사식으로 표현될 수 있다.

$$\frac{B_t}{Y_t} = (1+r-g)\frac{B_{t-1}}{Y_{t-1}} + \frac{G_t - T_t}{Y_t}$$

마지막으로 한 번 더 정리하면 본문의 식 (40.2)를 얻는다.

$$\frac{B_t}{Y_t} - \frac{B_{t-1}}{Y_{t-1}} = (r-g)\frac{B_{t-1}}{Y_{t-1}} + \frac{G_t - T_t}{Y_t}$$

제9편 요약

01. 새고전학파는 고전학파모형에 불확실성을 도입하면서도, 경제주체의 합리적 기대를 가정함으로써 고전학파적 사고를 현대적으로 해석하고 부활시켰다. 또한 새고전학파는 고전학파모형을 경기변동의 이론으로 해석하는 과정에서 실물경기변동(RBC) 이론을 탄생시켰다.

02. 새로운 정책을 도입함에도 불구하고 사람들이 여전히 과거의 행동양식을 그대로 따를 것이라고 가정하고 정책의 효과를 분석하는 관행에 대한 비판을 루카스 비판이라고 한다.

03. 루카스 비판에 의하면 "정책이 바뀌면 경제구조도 바뀐다." 사람들은 정책에 반응하므로 정책이 바뀌면 사람들의 행동이 바뀌고 그에 따라 경제변수 간에 새로운 관계가 형성된다. 따라서 사람들이 과거의 행동양식을 그대로 유지할 것이라 보고 정책의 효과를 분석하는 것은 오류이다.

04. 루카스 비판은 거시경제학에도 미시적 기초가 필요하다는 것을 분명하게 인식시켜 주는 계기가 되었다. 루카스 비판으로부터 자유롭기 위해서는 정책상의 변화에도 불구하고 흔들리지 않는 안정적인 경제구조를 갖춘 모형을 구축해야 한다.

05. 중앙은행은 저인플레이션을 선언하지만 경기침체에 직면하는 경우에는 결국 인플레이션을 유발할 것이라는 의도를 잘 아는 민간은 저인플레이션 선언을 신뢰하지 않는다. 민간이 중앙은행을 신뢰하지 못하고 인플레이션을 예상하면 실제로 인플레이션이 발생한다. 경제는 저인플레이션의 균형보다는 고인플레이션의 균형을 유지할 가능성이 크다.

06. 민간이 중앙은행을 신뢰할 수 없는 이유는, 저인플레이션 정책을 끝까지 고수하겠다는 중앙은행의 정책이 결국에는 일관성을 잃게 될 것이기 때문이다. 중앙은행의 저인플레이션 선언과 같이, 마치 처음에는 지켜질 수 있는 것처럼 보이지만 결국에는 지켜지기 어려운 정책을 시간불일치적 정책이라 한다.

07. 중앙은행의 신뢰를 회복하여 시간불일치성의 문제가 나타나지 않도록 하기 위한 장치들에는 중앙은행의 독립성을 증가시키는 것, 물가안정에 치중할 수 있는 보수적인 인사

를 중앙은행 총재로 임명하는 것, 명시적으로 물가안정목표제를 도입하는 것 등이 있다.

08. 새고전학파의 *RBC* 이론은 경기변동을 불균형 현상이 아닌 균형이 이동하는 현상으로 파악하며, 장·단기균형을 구분하지 않는다. 가격이 신축적이므로 통화량의 변화와 같은 명목충격은 경제에 실질적인 영향을 미치지 못한다. *RBC* 이론은 경기변동의 원인이 명목적 충격이 아니라 기술진보와 같은 실질적 충격에 있다고 본다.

09. *RBC* 이론은 노동공급의 기간 간 대체를 강조한다. 현재임금이 미래임금보다 상대적으로 높으면 미래에 비해 현재에 일을 더 많이 하게 된다. 이와 같이 상대임금이 변하는 경우에는 현재의 노동공급과 미래의 노동공급 사이에 기간 간 대체가 일어난다.

10. 상대임금에 변화를 주는 요인 중에는 이자율이 포함된다. 다른 조건이 일정할 때 이자율 상승이 현재임금을 상대적으로 올리는 효과를 가져오므로 노동의 공급이 증가하게 된다.

11. 상대임금 이외에도 노동공급에 영향을 주는 요인은 부 또는 예상되는 평생가처분소득이다. 다른 조건이 일정할 때 부 또는 평생가처분소득의 증가는 사람들로 하여금 여가를 더 즐기게 하므로 노동공급이 감소된다.

12. *RBC* 이론은 총수요와 총공급을 실질이자율에 대해 표현하게 된다. 총수요는 이자율의 감소함수이며, 노동의 공급이 이자율의 증가함수이기 때문에 총공급은 이자율의 증가함수이다.

13. *RBC* 이론에서는 총수요와 총공급이 변화하면서 경기변동이 발생한다. 그러나 균형소득은 언제나 완전고용소득이므로 경기변동에 따라 완전고용 수준과 완전고용소득 수준이 변하게 된다.

14. *RBC* 모형은 일시적인 충격과 항구적인 충격의 구분을 중요시한다. 일시적인 충격은 노동공급의 기간 간 대체를 강화하지만, 부의 효과는 완화시킨다. 항구적인 충격의 경우에는 반대의 결과가 나온다.

15. 기술충격이 항구적인 경우에는 경기변동폭이 작아지지만, 자본의 축적기간 개념에 의하면 기술충격이 항구적인 경우에도 고용 변화가 크게 일어날 수 있다. 자본축적이 완료

되기 전까지 자본이 노동을 충분히 대체하지 못하므로 노동수요가 꾸준히 증가하고, 적어도 건설기간 동안에는 상대임금이 높다는 것을 알기 때문에 사람들이 노동공급을 증가시키기 때문이다.

16. *RBC* 모형에서는 정부지출의 변화가 노동공급에 주는 효과를 통해 생산을 변화시킬 수 있다. 정부지출의 일시적 증가와 항구적 증가는 모두 소득을 증가시키지만, 소득에 미치는 효과는 일시적인 경우가 더 크다.

17. *RBC* 모형의 가장 큰 단점은 과연 기술충격이 실제의 잦은 경기변동 현상을 주도할 정도로 자주 발생하는가에 있다. 기술진보와 기술후퇴를 대칭적 현상으로 이해하기 힘들기 때문이다.

18. *RBC* 이론이 경기변동을 균형의 이동 과정으로 이해하지만, 새케인즈학파에 의하면 경제가 자연율로부터 이탈하는 것이 오히려 자연스러운 현상일 수 있다. 새케인즈학파는 가격의 경직성을 강조하면서 시장청산이 신속하고 완벽하게 이루어지지 못함을 지적한다.

19. 기업이 시장균형임금보다 높은 효율임금을 지급하는 이유는 근로자의 근로 의욕과 노력이 자신이 받는 임금의 영향을 받기 때문이다. 또한 효율임금은 근무태만을 억제할 수 있다. 효율임금모형은 실질임금이 왜 완전고용을 달성하는 수준까지 쉽게 하락하지 못하는가에 대한 설명을 제공한다.

20. 중첩임금계약모형은 명목임금이 서서히 조정되는 이유를 다양한 임금계약이 서로 중첩되어 이루어지고 있다는 데서 찾는다. 중첩된 임금계약은 상호 의존적이므로 임금의 변화요인이 발생하여도 임금에 모두 반영될 때까지 상당한 기간이 소요될 수 있다.

21. 묵시적 계약이론은 근로자들이 기업보다 위험기피적이며, 금융시장에 대한 접근이 용이하지 않다는 것을 가정한다. 기업은 근로자에게 변동이 심한 임금보다 안정적인 급여를 지급함으로써 보험회사의 역할까지 담당한다.

22. 내부자-외부자 이론은 내부자와 외부자 간의 대립되는 이해관계와 훈련비용의 중요성을 강조한다. 내부자는 자신의 임금이 하락 압력을 받게 될 것을 우려하여 저임금의 신

규인력 훈련에 협조하지 않는다. 훈련된 직원에 대해 이중적인 임금을 지급하기 어렵다는 것을 아는 기업은 불황기에도 임금을 낮추기 어렵다.

23. 실업의 이력현상이란 일시적인 충격으로 올라간 실업률이 충격이 사라진 후에도 다시 내려오지 않아 자연실업률 자체가 상승하게 되는 것을 말한다.

24. 경기침체기에도 일부 노동자들은 해고되지 않고 여전히 고용되어 별로 중요하지 않은 일을 하면서 시간을 보내는데, 이를 노동퇴장(labor hoarding)이라 부른다. 새케인즈학파는 경기침체기에 생산성이 낮아지는 것이 기술후퇴가 아닌 노동퇴장 때문이라고 주장한다.

25. 전통적인 미시경제이론에서는 가격을 조정하는 데 아무런 비용이 들지 않는다고 가정하지만, 실제로는 메뉴비용이 존재한다. 메뉴비용이 소액일지라도 이것 때문에 각 기업이 느리게 가격을 조정한다면, 누적된 총효과는 매우 커질 수 있다.

26. 조정실패 이론은 경제주체들이 상호 작용하는 과정에 시장기구를 완전하게 작동시키는 것을 가로막는 요인이 내재되어 있다는 점을 강조한다.

27. 정보의 비대칭성이란 거래당사자들이 서로 다른 정보를 가지고 있는 상태를 말한다. 정보의 비대칭성으로부터 역선택과 도덕적 해이의 문제가 발생한다.

28. 금융시장에서의 역선택과 도덕적 해이 문제 때문에 이자율이 경직성을 갖게 되고 신용할당 현상이 발생한다. 은행은 신용을 할당할 때 담보, 순자산 등의 기준을 사용하게 된다.

29. 신용할당이 보편화된 경제는 경기가 자산가격과 대차대조표의 변동에 민감하게 반응한다. 대차대조표가 악화되면 신용공급이 감소하므로 소비와 투자가 위축되고, 이는 다시 대차대조표를 악화시키므로 경기침체가 가속화된다. 이와 같은 금융가속도원리에 의해 경기변동폭이 확대될 수 있다.

30. 많은 국가들이 통화공급 증가율보다 이자율을 조절하는 방식으로 통화정책을 수행하고 있다. 이론적으로 볼 때 상품시장과 금융시장 가운데 상대적으로 금융시장의 불확실성이 더 크면 이자율 조절 방식을 사용하는 것이 더 바람직하다.

31. 중앙은행이 이자율 조절 방식을 선호하게 되는 데에는 구체적으로 다음 세 가지 이유가 있다. 첫째, 통화승수가 불안정하여 중앙은행이 통화량을 통제하기 어렵다. 둘째, 화폐 수요가 불안정하여 유통속도가 자주 변동한다. 셋째, 통화량 자체를 측정하기 힘들다.

32. 테일러는 미연방준비은행이 다음과 같은 이자율 준칙을 사용하고 있다는 주장을 하였다. $i = 2 + \pi + \frac{1}{2}(\pi - 2) + \frac{1}{2}GDP\text{gap}$. 그는 이 식을 대입하여 계산한 가상적 금리가 실제의 연방기금금리와 거의 같다는 것을 보여주었으며, 이 식은 테일러 준칙이라는 명칭을 얻게 되었다.

33. $IS-MP$ 모형은 LM 관계식을 이자율 준칙으로 대체하여 통화정책을 내생화한다.

IS곡선: $\widetilde{Y_t} = -\alpha(r_t - \bar{r}) + \epsilon_t$

MP곡선: $r_t = \bar{r} + \gamma(\pi_t - \pi^*)$

34. $IS-MP$곡선은 (산출갭, 이자율) $=(\widetilde{Y}, r)$ 평면에서 정의된다. 우하향하는 IS곡선은 총수요 충격이 가해질 경우 좌우로 이동한다. 인플레이션과 인플레이션 목표가 변하는 경우 MP곡선이 아래위로 이동한다.

35. $IS-MP$ 관계식에서 AD곡선이 도출되며, 총공급 관계식은 필립스곡선을 변형하여 얻어진다.

AD곡선: $\widetilde{Y_t} = -\alpha\gamma(\pi_t - \pi^*) + \epsilon_t$

AS곡선: $\pi_t = \pi_{t-1} + h\widetilde{Y_t} + v_t$

36. AD곡선은 (산출갭, 인플레이션) $=(\widetilde{Y}, \pi)$ 평면에서 정의된다. 인플레이션이 상승하면 통화당국이 준칙에 따라 이자율을 상승시키며, 이자율 상승에 따라 총수요가 감소하므로 AD곡선은 $(\widetilde{Y}, \pi)$ 평면에서 우하향한다. 총수요 충격이 발생하거나 목표 인플레이션이 변경되면 AD곡선이 좌우로 이동한다.

37. AD곡선에 의하면 현재기의 인플레이션이 전기의 인플레이션(예상 인플레이션)과 현재기의 산출갭에 의존하며, $(\widetilde{Y}, \pi)$ 평면에서 우상향한다. 총공급 충격이 발생하면 AS곡선이 아래위로 이동한다. 총공급 충격이 발생하지 않더라도 AS곡선이 움직일 수 있는데, 어떤 요인에 의해 인플레이션이 변하면 그에 따라 사람들의 인플레이션 기대가 수정되기 때문이다.

38. 총수요 충격이나 총공급 충격에 의해 소득이 자연율(Y_n)을 이탈할 경우, 인플레이션이 변동하면서 *AS*곡선과 *MP*곡선이 서서히 이동한다. 동태적 과정을 거쳐 인플레이션 조정이 마무리되면서 경제는 다시 새로운 장기균형을 찾아간다.

39. 재정정책은 내부시차가 길고 외부시차는 짧은 반면, 통화정책은 내부시차가 짧고 외부시차는 길다. 내부시차가 짧다는 점에서 통화정책이 상대적으로 우월한 측면이 있지만, 재정정책과 관련해서는 자동안정화장치의 장점이 부각되기도 한다.

40. 재량적 통화정책이 인플레이션 편향을 낳는 것처럼, 재량적 재정정책은 재정불균형을 낳는 경향이 있다. 근시안적인 유권자와 대중영합적인 정치인의 단기적 이해관계 때문에 재정이 방만하게 운영될 가능성이 높으며, 재정지출은 일종의 비가역성을 가진다.

41. 통화정책에 관한 대표적인 준칙으로는 통화증가율 목표, 명목 *GDP* 목표, 인플레이션 목표가 있다. 인플레이션 목표는 유통속도의 불안정과 유사화폐 등장으로 인한 어려움을 극복할 수 있으며, 경제주체들에게 통화정책의 목표를 쉽게 이해시키고 통화당국에 대한 신뢰를 높인다는 장점을 갖고 있다.

42. 통화정책에 비하면 재정정책의 준칙을 명확히 도입하기 어렵지만, *GDP* 대비 재정적자 비율, *GDP* 대비 정부지출 비율, *GDP* 대비 정부부채 비율 등을 고려할 수 있다. 재정의 자동안정화 기능을 감안할 때 이 같은 비율에 집착할 필요는 없지만 재정의 건전성이 중요하다는 데에는 모두가 동의한다.

제9편 연습문제

선택형 문제

01 다음 중 '자동안정화장치(automatic stabilizer)'에 관한 설명으로 옳은 것은?

① 자동안정화장치가 작동하는 데에는 내부시차(inside lag)가 존재한다.

② 재량적 재정정책을 쓸 경우에 효과가 커진다.

③ 실업보험제도에는 자동안정화 기능이 있다.

④ 법인세보다는 소득세에서 더 큰 효과를 발휘한다.

⑤ 소득세보다는 법인세에서 더 큰 효과를 발휘한다.

02 대공황(great depression)의 발생과 극복에 대한 논쟁에 관한 서술 중 옳은 것은?

① 부채-디플레이션(debt-deflation) 가설에 의하면 대공황은 물가의 하락과 함께 자연적으로 치유될 수 있다.

② 실질잔고효과(real balance effect)에 의하면 디플레이션이 소득을 추가적으로 감소시킬 우려가 있다.

③ 프리드먼(M. Friedman)의 통화견해(money hypothesis)에 의하면 *IS*곡선의 좌측이동이 대공황의 주요인이다.

④ 부채-디플레이션(debt-deflation) 가설에 의하면 예상하지 못한 디플레이션은 부(wealth)의 재분배를 통해 총수요를 위축시킨다.

03 "경기침체가 장기화되면 자연실업률 자체가 상승할 수 있다." 이와 같은 명제를 뒷받침하기 위한 논거로 이용되기에 적합하지 않은 것은?

① 실업이 장기화되면 실업상태를 오래 겪은 자의 생산성이 크게 하락한다.

② 경기침체가 오래 지속되면 근로자의 임금교섭력이 약해져서 실질임금이 충분히 하락한다.

③ 경기침체가 오래 지속되면, 노동조합에 속해 있는 기존 근로자들이 보다 강경한 노선을 취한다.

④ 경기침체가 오래 지속되면 비정규직 노동자의 지위가 더욱 약화되어 해고율이 높

아진다.

04 통화당국이 불황을 초래하지 않으면서 인플레이션율을 낮추기에 가장 적합한 상황은?

① 정부의 재정수지가 균형을 이루고 있다.

② 통화당국이 Taylor 준칙에 의해 금리를 결정해 왔다.

③ 근로자와 기업이 물가에 대해 합리적 기대를 형성한다.

④ 명목임금이 경직적이다.

⑤ 가격이 경직적이다.

05 경기가 하락할 때, 확장적인 통화정책을 사용해야 한다는 논거로 가장 설득력이 부족한 것은?

① 경기하락과 함께 부동산 가격이 동반 하락하면, 경기가 더욱 침체될 것이다.

② 경기하락기를 산업구조가 재편되는 기회로 삼아야 한다.

③ 경기하락기에 금융자산가치가 하락하면 소비가 지나치게 위축될 우려가 있다.

④ 경기하락기에 기업의 대차대조표가 악화되면, 투자가 크게 위축될 것이다.

⑤ 경기하락기에 대출손실이 늘어나면 은행의 대출여력이 크게 위축될 것이다.

06 준칙(rule)에 따른 통화정책에 관한 설명으로 옳은 것은?

① 명목변수를 타깃(target)으로 하는 경우 실업률이 상승하면 통화공급을 증가시킨다.

② 유통속도가 급격히 변할 경우에는 통화공급의 k% 준칙을 지키는 것이 안정화정책으로 유용하다.

③ 명목 GDP를 타깃으로 하는 경우 GDP가 타깃 수준을 초과하면 통화공급을 증가시킨다.

④ 통화주의자들은 인플레이션 타겟팅(targeting)을 옹호한다.

⑤ 유통속도가 급격히 변할 경우에는 인플레이션 타겟팅(targeting)이 안정화정책으로 유용하다.

07 RBC 이론에 따르면 호황 · 불황 등의 경기변동현상은

① 안정화정책으로 적절히 대응하면 교정할 수 있는 현상이다.

② 주로 시장구조의 불완전성에 기인한다.

③ 재량적인 통화정책 때문에 발생한다.

④ 불가피하게 발생하는 충격에 대하여 경제가 합리적으로 반응하는 자연스러운 현

상으로 이해된다.

⑤ 가격의 신축성을 높이면 해소될 수 있는 현상이다.

08 *RBC* 이론에 따르면 임금이 ________으로 상승하고, 이자율이 ________ 경우가 노동공급을 늘리기에 가장 적합한 상황이다.

① 항구적으로 − 높은

② 항구적으로 − 낮은

③ 일시적으로 − 높은

④ 일시적으로 − 낮은

⑤ 노동공급은 이자율과는 무관하므로 위의 보기 중에 답은 없다.

09 다음 중 (소득, 물가) 평면에서 우상향하는 총공급곡선을 도출하는 근거로 가장 적합하지 못한 것은?

① 명목임금의 하방경직성

② 메뉴비용(menu-cost) 이론

③ 화폐환상(money illusion)

④ 노동의 기간간 대체(intertemporal substitution of labor)

10 다음 중 통화정책에 관한 테일러 준칙(Taylor rule)이 목표하는 것끼리 바르게 묶은 것은?

a. 목표 인플레이션율의 달성 b. 경제성장률의 제고 c. 경기역행적 대응(counter-cyclical reaction) d. 통화정책과 재정정책과의 정책조합

① a, c ② a, b, c

③ a, d ④ c, d

⑤ a

11 다음 중 실물경기변동(*RBC*) 이론에서 주목되는 바가 아닌 것은?

① 노동과 여가 간의 대체관계

② 노동공급의 임금에 대한 탄력성

③ 노동공급의 이자율에 대한 탄력성

④ 화폐수요의 이자율에 대한 탄력성

⑤ 자본의 건설기간(time to build)

12 다음 중 실물경기변동(RBC) 이론의 관점에서 항구적인(permanent) 정(+)의 기술충격이 발생하였을 때 그 파급효과로 보기 어려운 것은?

① 소득이 증가한다.

② 실질임금이 상승한다

③ 실질이자율이 상승한다.

④ 실업률이 지속적으로 하락한다.

⑤ 인플레이션율이 둔화된다.

13 다음 중 실물경기변동(RBC) 이론에 대한 비판으로 가장 적절하지 않은 것은?

① 기술충격만으로 설명하기에는 경기변동이 너무 자주 발생한다.

② 실질가격변수들에 경직성이 존재한다.

③ 거시경제현상을 설명하는 데 미시적 기초를 도입하는 것은 무리이다.

④ 실업이 장기화되는 현상을 만족스럽게 설명할 수 없다.

⑤ 정(+)의 기술충격과는 달리 부(−)의 기술충격이 존재한다는 것은 인정하기 어렵다.

14 효율임금(efficiency wages) 이론이 강조하는 것 중 가장 적절하지 않은 것은?

① 노동자들이 작업에 기울이는 노력(effort)은 제공받는 임금에 따라 변한다.

② 노동의 고용량을 결정하는 데에는 노동의 공급보다는 노동의 수요가 더 중요하다.

③ 실업이 장기화되는 현상을 설명할 수 있다.

④ 노동자들의 작업태도에는 소위 도덕적 해이가 작용한다.

⑤ 기업은 유능한 인재를 낮은 임금으로 채용하려 한다.

15 메뉴비용(menu-cost) 이론에 해당하는 개념으로 적절한 것은?

① 완전경쟁의 가정
② 매출극대화의 가정
③ 신용할당(credit rationing)
④ 수요의 외부성
⑤ 본인-대리인(principal-agent) 문제

16 다음 중 루카스 비판(Lucas critique)과의 관련성이 가장 약한 것으로 보이는 내용은?

① 거시경제학도 미시적 기초(micro-foundation)에 의존해야 한다.

② 총수요 충격의 효과는 일시적이고 총공급 충격의 효과는 지속적이다.

③ 일반 경제주체들은 나름대로 경제모형에 기초하여 기대를 형성한다.

④ 경제정책이 바뀌면 경제의 구조 자체도 바뀌게 된다.

⑤ 경제정책의 효과는 경제주체의 극대화 문제에 기초한 동태적 모형을 통해 분석하는 것이 바람직하다.

17 다음 중 RBC 이론의 타당성을 입증하는 데 유용하게 쓰일 수 있는 개념은?

① 노동퇴장(labor hoarding)

② 총수요 외부성(aggregate demand externality)

③ 조정실패(coordination failure)

④ 중첩계약(staggered wage setting)

⑤ 노동공급의 기간 간 대체(intertemporal substitution)

18 다음 중 거시경제의 복수균형(multiple equilibrium)의 부정적 측면을 부각시키는 데 쓰이는 개념은?

① 노동퇴장(labor hoarding)

② 총수요 외부성(aggregate demand externality)

③ 조정실패(coordination failure)

④ 중첩계약(staggered price setting)

⑤ 고전적 이분성(classical dichotomy)

19 RBC 이론에 따를 때, 불황의 폭을 '일시적으로' 확대시키는 충격으로 가장 적합한 것은?

① 흉작 ② 환경에 대한 규제강화

③ 기술후퇴(technological regress) ④ 통화공급 축소

20 다음 중 각국이 물가안정목표제를 도입하게 된 배경으로 작용한 이론이나 개념으로 가장 적절한 것은?

① Kydland-Prescott의 시간불일치 개념

② Friedman의 신화폐수량설

③ Philips의 필립스곡선

④ Taylor의 테일러 준칙

서술형 문제

01 필립스곡선이 다음과 같다. $u=5-2(\pi-\pi^e)$. 인플레이션율 π를 정하는 중앙은행의 손실함수는 다음과 같다. $L(u,\ \pi)=u+\pi^e$. 중앙은행은 손실을 최소화하려 한다. 민간은 예상인플레이션율 π^e를 정한다. 이제 중앙은행의 $\pi=0$ 전략은 신뢰성이 없다고 하자. 이 경제의 (인플레이션율, 실업률) $=(\pi,\ u)$는 얼마가 될 것인가? 풀이과정을 자세히 밝히시오.

02 거시경제학에 등장하는 다음의 개념들을 이용하여 거시경제정책을 입안하고자할 때 고려해야 할 문제점들에 대해 논하라. 단, 각 개념을 간략히 설명하고 난 뒤, 루카스 비판(Lucas critique)에 초점을 맞추어 논의를 전개해 보시오. (각 문제에 따로 답할 것.)

(1) 한계소비성향(Marginal propensity to consume)

(2) 유동성효과(Liquidity effect)

(3) NAIRU(Non-accelerating inflation rate of unemployment)

03 RBC 모형에 입각하여 노동과 자본의 생산성을 동시에 악화시키는 (-)의 기술충격이 불황을 야기하는 과정을 설명해 보시오. 단, 여기서 (-)의 기술충격은 일시적(transitory)이라고 하자. 노동시장, 대부자금시장, 총수요 · 총공급 평면의 세 단계로 나누고 각각 그래프를 중심으로 설명해 보시오.

(1) 노동시장

(2) 대부자금시장

(3) 총수요 · 총공급

04 일반적으로 부(wealth)의 감소는 산출(Y)과 이자율(r)을 하락시키는 것으로 알려져 있다. 여기서 부의 감소란 주가의 하락, 주택 가격의 하락 등을 의미한다.

(1) 부의 감소가 산출과 이자율에 미치는 효과를 $IS-LM$ 모형을 이용하여 분석하시오.

(2) 부의 감소가 이자율을 하락시키지만 산출에 미치는 효과는 불확실하다는 주장이

제기될 수 있다. 부의 감소가 산출을 증가시키는 요인으로 작용할 수도 있다는 주장의 이론적 근거를 제시해 보라.

05 한 경제의 IS곡선, AS곡선, 금리준칙을 따르는 중앙은행의 MP곡선이 각각 다음과 같다고 하자.

IS곡선: $\widehat{Y_t} = -\alpha(r_t - \rho)$

AS곡선: $\pi_t = \pi_{t-1} + \beta\widehat{Y_{t-1}}$

MP곡선: $r_t - \rho = \gamma(\pi_t - \pi^*)$

여기서 $\widehat{Y_t}, r_t, \pi_t, \pi^*$는 각각 t시점의 GDP 갭, 실질금리, 인플레이션율, 중앙은행의 목표 인플레이션율이며, ρ는 장기실질금리이다(단위는 모두 %). 또한 $\alpha, \beta, \gamma > 0$.

(1) IS곡선과 MP곡선을 결합하여 AD곡선을 도출하고, 의미를 해석하시오.

(2) 위의 AS곡선이 갖는 의미를 해석하시오.

(3) 위의 모형에서 $\alpha = \beta = 1, \gamma = 0.5$로 가정하고 $(\widehat{Y}, \pi)$ 평면에 AD곡선, AS곡선, 장기AS곡선을 그래프로 표시하시오.

06 한 경제의 IS곡선과 AS곡선이 위 5번 문제와 같다. 단, MP곡선이 다음과 같이 바뀌었다고 하자.

MP곡선: $r_t - \rho' = \gamma(\pi_t - \pi^*)$

즉, ρ는 진정한 장기실질금리이고, ρ'은 중앙은행이 틀리게 예측한 장기실질금리이다 ($\rho' \neq \rho$). 이러한 새로운 가정 하에서 위의 5번 문제 (1), (3) 문항에 답하시오. 단, 다음과 같이 두 경우로 나누어 분석하고, 결과를 직관적으로 해석하시오.

(1) $\rho' > \rho$ 인 경우

(2) $\rho' < \rho$ 인 경우

07 동태적 총수요-총공급모형의 한 형태가 다음과 같다고 하자. (표준적인 기호 사용)

식1) $Y_t = 100 - (r_t - 2) + \epsilon_t$: IS곡선

식2) $i_t = r_t + \pi_t$: 피셔 관계식

식3) $\pi_t = \pi_{t-1} + 0.25(Y_t - 100) + v_t$: 필립스곡선

식4) $i_t = 2 + \pi_t + 0.5(\pi_t - 2) + 0.5(Y_t - 100)$: 테일러 준칙

(1) 위 식에 주어진 정보를 이용하여 DAD(동태적 총수요)곡선의 식을 도출해 보시오. 단, 다음과 같은 순서로 답하라.

① 수요곡선을 도출하기 위해 이용해야 하는 식은 몇 개인가? 그리고 그것은 어느

것들인가?

② 도출된 수요곡선을 다음과 같은 형식으로 표기해 보시오. 다음 식에서 A와 B는 각각 얼마인가?

$$Y_t = 100 - A(\pi_t - 2) + B\epsilon_t$$

(2) 인플레이션율의 상승이 총수요를 위축시키는 과정을 간략히 설명하시오.

08 동태적 총수요-총공급모형의 한 형태가 다음과 같다고 하자. (표준적인 기호 사용)

IS : $Y = C(Y - T) + I(r) + G$

MP : $r = a + b(\pi - \pi^*)$ (인플레이션 목표제)

AS : $\pi = \pi_{-1} + h(Y_{-1} - Y_n) + v$, 단, $a, b, h > 0$

(1) (Y, r) 평면에 $IS-MP$그래프를 도시하고, 그렇게 그린 이유를 간단히 설명하시오.

(2) 확장적 재정정책의 효과를 분석하시오.

(3) 자연실업률 상승의 효과를 분석하시오.

09 신바젤협약에 따르면 은행의 BIS 비율을 산정할 때, 대출자산의 신용위험가중치가 차입자의 신용에 따라 변동하게 되도록 설계되어 있다. 이와 같이 은행경영의 건전성을 유도하기 위한 BIS 자기자본규제가 통화정책의 유효성에 어떠한 영향을 미치게 될지 평가해 보시오.

10 통화정책의 변화가 LM곡선뿐만 아니라 IS곡선도 같은 방향으로 이동시켜 그 효과가 증폭될 수 있다는 주장의 근거들에 대해 논하시오.

11 통화정책의 파급경로 중 환율경로가 실물경제에 부정적인 효과를 가져올 수 있다면, 어떤 경우들을 생각할 수 있겠는가?

12 일부 경제학자들은 중앙은행이 인플레이션뿐만 아니라 때로는 자산가격(asset prices)을 타겟팅(targeting)해야 한다는 주장을 편다.

(1) 이러한 주장의 근거는 무엇인가? 주식가격과 부동산가격을 염두에 두고 답하시오.

(2) 이러한 주장을 어떻게 반박할 수 있겠는가? 중앙은행이 자산가격을 타겟팅하는 것의 문제점을 지적해 보시오.

13 균형예산에 의한 일시적 재정지출의 효과를 고전학파, 케인즈주의, 새고전학파의 관점에서 비교 · 분석해 보시오.

14 다음은 시간의 흐름에 따른 정부의 예산제약식이다. 단, 명목이자율(i)은 항상 5%로 유지된다고 가정하자.

$B_t = (1+i)B_{t-1} + G_t - T_t$

B_t: t기 말의 정부부채, G_t: t기의 정부지출, T_t: t기의 조세수입

$\Delta B_t = B_t - B_{t-1}$: 정부부채의 증가분

$G_t - T_t$: 정부의 본원적자(primary deficits)

$G_t + iB_{t-1} - T_t$: 정부의 총적자(total deficits)

(1) 정부가 '본원적자'의 균형을 유지하는 경우 정부부채는 해마다 몇 % 증가하는가?

(2) 정부가 '총적자'의 균형을 유지하는 경우 정부부채는 해마다 몇 % 증가하는가?

(3) *GDP* 성장률이 매년 4%라고 하자. ① 정부가 본원적자의 균형을 유지하는 경우 *GDP* 대비 정부부채 비율은 매년 몇 %씩 변하는가? ② 정부가 총적자의 균형을 유지하는 경우에 이 비율은 매년 몇 %씩 변하는가?

(4) 위의 (3)항 ①의 경우는 지속가능(sustainable)한가? ②의 경우는 지속가능한가?

(5) 현재 이탈리아의 *GDP* 대비 정부부채 비율은 약 100%인 반면, 일본의 *GDP* 대비 정부부채 비율은 약 200%이다. 그럼에도 불구하고 이탈리아의 정부부채가 더 문제시되는 이유는 무엇인가?

(6) 어느 국가의 *GDP* 대비 정부부채의 비율이 40%라고 하자. 그러나 복지수요의 증가로 매년 *GDP* 대비 본원적자의 비율이 1%에 이를 것으로 예상된다. 향후 국채 수익률은 계속 3.5%로 유지될 것이 예상된다. 기존의 *GDP* 대비 정부부채의 비율을 그대로 유지하기 위해서는 경제가 매년 몇 % 성장해야 하는가?

부록

연습문제(선택형, 서술형) 해답 및 해설

제1편 연습문제 해답 및 해설

선택형 문제

01 ④ 수리모형을 수립한다고 해도 경제여건을 완벽히 통제할 수 없다.

02 ③ 한 시점의 정부부채 규모는 저량 개념이지만, 한 기간 동안의 재정적자 규모는 유량 개념이다.

03 ① 2015년 달력은 2014년도에 생산되었고, 2014년형 자동차는 그 전 해인 2013년에 생산되었다고 보는 것이 타당하다. 기존 자산의 거래규모는 *GDP*에 포함되지 않는다.

04 ② 2014년도의 생산량에 2010년도의 가격을 적용한다.
사과 3 × 500원 + 배 5 × 1,000원 = 6,500원

05 ④ 경제성장률은 시점 간 실질 *GDP*를 비교하므로, (6,500 − 6,000)/6,000 = 8.3%
GDP 디플레이터 = 명목 *GDP*/실질 *GDP*×100이므로, (13,000 − 7,500)/7,500 = 73%

06 ③ 소비자물가 계산 시 생산량을 기준연도에 맞추므로 물가상승률은 100%임.

07 ④ *GDP*의 계산에 수출재는 포함되나 수입재는 포함되지 않으므로 수입재는 *GDP* 디플레이터의 계산에 들어가지 않는다.

08 ③ 해고의 사유와 관계없이 구직 의사를 갖고 있는데 일자리가 없으면 실업자이다.

09 ③ 생산량을 기준 시점에서 고정시키는 소비자물가지수는 하락한다. 그러나 변화 이후의 명목 *GDP*는 과거와 같지만, 실질 *GDP*는 증가하므로 *GDP* 디플레이터도 하락한다.

10 ④ 생산성의 변화나 천재지변 등이 공급충격에 해당한다.

11 ② 요소의 실질가격은 생산물 단위로 측정된다.

12 ② 규모에 대한 수익불변이 성립하는 상태에서 완전경쟁기업이 이윤을 극대화하는 경우에 경제적 이윤은 0이 된다.

13 ① 완전경쟁시장에서 노동수요곡선은 노동의 한계생산곡선과 일치한다.

14 ② 대체효과에 따르면 이자율 상승은 저축을 증가시키고 소비를 감소시킨다.

15 ② 신축 아파트 구입자금은 가계지출이긴 하지만 투자 항목에 포함된다.

16 ③ 생산액 = 판매액 + 재고증감. 재고 증가(감소)는 *GDP* 증가(감소) 요인이다.

17 ② $Y = C + I + G + EX - IM$ 이므로 $IM / Y = 0.6 + 0.25 + 0.20 + 0.45 - 1 = 0.5$
$(EX - IM) / Y = 0.45 - 0.5 = -0.05$

18 ④

19 ②

20 ④ 구직단념자는 경제활동인구에서 제외된다.

서술형 문제

01 (1) 대학생 A군이 받은 성적우수장학금: 새로운 생산물의 시장가치를 반영한 것이 아니라 단지 소득의 이전에 불과하므로 *GDP* 에 포함되지 않는다.
(2) 대학생 B군이 개인 과외를 지도하고 받은 30만 원: 새로운 서비스를 제공한 것이므로 *GDP*에 포함된다. 다만 측정상의 문제로 30만 원이 그대로 반영되지 않으며, 별도의 서베이자료를 활용하여 *GDP*에 반영한다.
(3) 디지털 TV 가격의 하락으로 인한 소비자잉여 증가분: 소비자잉여 증가분은 *GDP* 에 포함되지 않는다. *GDP*는 '시장가치'를 기준으로 측정되지만, 소비자잉여는 소비자들이 주관적으로 느끼는 효용 중 시장가치를 초과하는 부분이므로 객관적으로 측정되기 어렵다.
(4) 재활용 쓰레기봉투 판매금액: 재활용 쓰레기봉투는 최종생산물로서 시장에서 거래되므로 *GDP* 에 포함된다.

02 t년도의 *GDP* 디플레이터 = 명목 GDP_t / 실질 GDP_t

	2005	2006	2007	2008	2009	2010	2011	2012
경제성장률(%)		5.2	5.1	2.3	0.3	6.3	3.7	2.0
GDP 디플레이터	100.0	99.9	101.9	104.9	108.5	112.4	114.1	115.2
소비자물가지수	100.0	102.2	104.8	109.7	112.8	116.1	120.7	123.4

GDP 디플레이터와 소비자물가지수는 조사대상이 되는 상품바스켓이 같지 않고, 지수 산정 시 적용하는 가중치가 달라서 차이가 발생한다. 이 문제에서, 2005년을 기준년으로 잡고 그 값을 100으로 놓으면 2012년의 *GDP* 디플레이터는 115.2로서 소비자물가지수 123.4에 비해 낮음을 알 수 있다. 가령 수입 소비재(예: 중국 농산물) 가격의 상승은 소비자물가를 상승시키는 반면, 수출재(예: 반도체) 가격의 상승은 *GDP* 디플레이터를 올리는 요인이다.

03 (1) 경쟁의 촉진과 구조조정의 추진: 공급능력 확대 요인이므로 총생산함수의 상방 이동
(2) 정보통신기술(IT)의 혁신: 비용 절감 및 공급능력 확대 요인이므로 총생산함수의 상방 이동

(3) 근로의욕 감퇴와 노동생산성 하락: 공급능력 축소 요인이므로 총생산함수의 하방 이동

(4) 선진 경영기법의 도입과 확산: 비용 절감 및 공급능력 확대 요인이므로 총생산함수의 상방 이동

04 완전고용은 노동에 대한 수요와 노동의 공급이 신축적으로 조정되어 노동시장이 균형을 달성한 상태를 말한다. 노동의 수요와 공급이 일치하지 않는 경우 임금이 오르내리고 그에 상응하여 고용량이 유연하게 조정되면서 완전고용 균형을 회복하게 된다. 완전고용은 임금의 신축성과 고용의 유연한 조정을 전제로 한다. 그런데 여기서 '노동시장의 유연성'을 어떻게 정의하는가에 따라 다양한 해석이 나올 수 있다. 채용과 해고의 유연성이라는 관점에서 보면 고용은 항상 수요곡선상에서 이루어진다고 볼 수 있다. 만약 노동공급곡선이 우상향하지 않고 수평이어서 수요가 고용량을 좌우할 때는 현재의 시장임금에서 일자리를 구하지 못하는 비자발적인 실업이 존재하게 된다. 비록 수요곡선과 공급곡선이 교차하는 지점에서 고용이 결정되더라도 임금이 유연하게 조정되지 않는 경우에 해당한다. 이러한 상태를 완전고용으로 간주할지에 대해서는 의견이 갈릴 수 있다.

05 노동과 여가(leisure) 간의 선택 관점에서 볼 때, 임금의 상승은 여가의 가격이 상승했음을 의미하므로 여가를 줄이는 대신 노동 공급을 증가시키는데, 이를 대체효과라고 한다. 다른 한편 임금의 상승은 소득의 증가를 가져오기 때문에 정상재(normal goods)인 여가를 늘리고 노동을 줄이고자 하는 소득효과가 작동할 수 있다. 만약 대체효과와 소득효과가 정확히 상쇄된다면 임금의 변화에도 불구하고 노동 공급을 일정하게 하려는 경향이 나타나는데, 이 경우에 노동의 공급곡선은 임금에 비탄력적인 수직선 형태를 띤다.

06 모두 Y로 표기되었지만, $Y=F(K,L)$에서 Y는 생산 측면, $Y=C+I+G$에서 Y는 수요 측면, $C=C(Y-T)$에서 Y는 분배 측면에서의 국민소득에 해당하는 것으로 볼 수 있다. 실제로 국민계정에서는 생산, 지출, 분배 측면의 국민소득을 따로 집계하면서 일치시키는 작업이 이루어진다.

07 $C+I+G=95,\ EX=10,\ IM=5$

$Y=C+I+G(95)+NX(5)=100$

$C+I+G=95,\ EX=20,\ IM=10$

$Y=C+I+G(95)+NX(10)=105$

경제성장률은 5%이지만, '$C+I+G$'로 정의되는 내수(domestic demand)의 성장률은 0이다.

08 (1) 노동의 한계생산성: $MP_L=(1-\alpha)\dfrac{Y}{L}=0.3\times\$30,000=\$21,000$

(2) 자본의 한계생산성: $MP_K=\alpha\dfrac{Y}{K}=0.3\times\dfrac{1}{3}=0.1(10\%)$

09 (1) 자본의 한계생산성

$$Y=A[aK^{\frac{\sigma-1}{\sigma}}+(1-a)L^{\frac{\sigma-1}{\sigma}}]^{\frac{\sigma}{\sigma-1}}$$

$$MP_K = \frac{\sigma}{\sigma-1} A[aK^{\frac{\sigma-1}{\sigma}} + (1-a)L^{\frac{\sigma-1}{\sigma}}]^{\frac{\sigma}{\sigma-1}-1}(\frac{\sigma-1}{\sigma})aK^{-\frac{1}{\sigma}}$$

$$= aA[aK^{\frac{\sigma-1}{\sigma}} + (1-a)L^{\frac{\sigma-1}{\sigma}}]^{\frac{1}{\sigma-1}}K^{-\frac{1}{\sigma}}$$

$$= aA^{\frac{\sigma-1}{\sigma}}[A(aK^{\frac{\sigma-1}{\sigma}} + (1-a)L^{\frac{\sigma-1}{\sigma}})^{\frac{\sigma}{\sigma-1}}]^{\frac{1}{\sigma}}K^{-\frac{1}{\sigma}}$$

$$= aA^{\frac{\sigma-1}{\sigma}}Y^{\frac{1}{\sigma}}K^{-\frac{1}{\sigma}}$$

$$= aA^{\frac{\sigma-1}{\sigma}}(\frac{K}{Y})^{-\frac{1}{\sigma}}$$

(2) $MP_L = \dots = (1-a)A^{\frac{\sigma-1}{\sigma}}(\frac{Y}{L})^{\frac{1}{\sigma}}$

(3) 자본산출계수$(\frac{K}{Y})$: $Y = A[aK^{\frac{\sigma-1}{\sigma}} + (1-a)L^{\frac{\sigma-1}{\sigma}}]^{\frac{\sigma}{\sigma-1}}$

$$\frac{Y}{K} = A[a + (1-a)(\frac{L}{K})^{\frac{\sigma-1}{\sigma}}]^{\frac{\sigma}{\sigma-1}} = A[a + (1-a)(\frac{K}{L})^{\frac{1-\sigma}{\sigma}}]^{\frac{\sigma}{\sigma-1}}$$

$\frac{K}{Y} = A^{-1}[a + (1-a)(\frac{K}{L})^{\frac{1-\sigma}{\sigma}}]^{\frac{\sigma}{1-\sigma}}$; σ와 관계없이 K/L 과 K/Y는 같은 방향으로

(4) 자본산출계수와 자본소득분배율

$S_K = \frac{rK}{Y} = aA^{\frac{\sigma-1}{\sigma}}(\frac{K}{Y})^{-\frac{1}{\sigma}}(\frac{K}{Y}) = aA^{\frac{\sigma-1}{\sigma}}(\frac{K}{Y})^{\frac{\sigma-1}{\sigma}}$; 자본소득분배율(capital share)

$\sigma > 1$ 일 경우, 자본산출계수 $\frac{K}{Y}$ 증가할 때 S_K 상승

$\sigma < 1$ 일 경우, 자본산출계수 $\frac{K}{Y}$ 증가할 때 S_K 하락

노동과 자본의 대체탄력성이 1보다 큰 경우에는 자본산출계수의 상승은 자본소득분배율을 증가시키고 노동소득분배율을 하락시킨다. 노동과 자본의 대체탄력성이 1보다 작은 경우에는 반대의 결과가 나온다. 노동과 자본의 대체탄력성이 1인 경우에는 분배율에 변함이 없다.

(5) 1인당 자본과 자본소득분배율

$$S_K = aA^{\frac{\sigma-1}{\sigma}}(\frac{K}{Y})^{\frac{\sigma-1}{\sigma}} = \frac{aK^{\frac{\sigma-1}{\sigma}}}{[aK^{\frac{\sigma-1}{\sigma}} + (1-a)L^{\frac{\sigma-1}{\sigma}}]}$$

$$= \frac{a}{a + (1-a)(\frac{L}{K})^{\frac{\sigma-1}{\sigma}}} = \frac{1}{1 + \frac{(1-a)}{a}(\frac{K}{L})^{\frac{1-\sigma}{\sigma}}}$$

$\sigma > 1$ 일 경우, $\frac{K}{L}$ 증가할 때 S_K 상승

$\sigma < 1$ 일 경우, $\frac{K}{L}$ 증가할 때 S_K 하락

제2편 연습문제 해답 및 해설

선택형 문제

01 ② ①은 국민저축, ④는 정부저축.

02 ③ 고전학파와 그 전통을 이어받은 학파는 모두 거시경제의 균형을 설명하는 데 대부자금시장의 기능을 중시한다.

03 ① 군비지출은 재정지출의 일종. 국민저축의 감소로 이자율 상승 ⇒ 민간지출 구축효과

04 ② 우상향하는 저축(대부자금 공급)곡선과 우하향하는 투자(대부자금 수요)곡선을 고려.

05 ③ 단순 케인즈모형에서의 의도된 지출 수준과 소득 수준의 불균형은 재고의 증감으로 이어진다.

06 ① 대부자금시장은 고전학파의 경우에 중요한 역할을 하며, 케인즈는 화폐시장의 중요성을 강조했다.

07 ④ 다른 예와 달리 총수요의 순증감을 가져온다고 보기 힘들다.

08 ① 고전학파에 따르면 소득 증가 → 저축(대부자금 공급) 증가 → 투자 증가.

09 ② $Y=400+0.8(Y-200)+100+200$을 Y에 대해서 풀면 된다.

10 ② $C=-100+0.95Y$, $I=180$.

11 ② 모형을 풀면 승수는 $\dfrac{1}{1-b(1-t)}$이 된다.

12 ② $S=Y-C-G$, $G=0$이므로 $S=Y-C$.

13 ② $Y=a+b(Y-\overline{T})+\overline{I}+\overline{G}$를 Y에 대하여 풀면 된다.

14 ④ 소비 위축 = 저축 증가 → 투자 증가, 국민소득은 완전고용 수준에서 불변.

15 ② 소비 위축 = 총수요 위축 → 국민소득 감소, 단순 케인즈모형에서 투자는 외생변수.

16 ③ 경기적 실업은 경제가 완전고용 수준에 미달하는 경기침체기에 발생한다. 계절적 실업은 계절적 요인에 의해 규칙적으로 발생하는 실업.

17 ④ 자연실업률은 원칙적으로 경기변동과는 무관한 개념이다.

18 ③ 이직률 하락은 실업 감소요인, 구직률 하락은 실업률 증가요인이다.

19 ① 임금이 신축적일 때 노동수요곡선의 좌측 이동은 고용 하락과 임금 하락을 가져온다.

20 ① 임금이 경직적일 때 노동수요곡선의 좌측 이동은 임금은 불변인 채 고용의 하락을 가져온다. 즉, 국민소득이 감소한다.

서술형 문제

01 노동 공급의 감소, 노동 공급곡선의 좌측 이동 → 고용 감소, 임금 상승
총산출(GDP) 감소 = 국민소득 감소 → 저축 감소 → 대부자금 공급곡선의 좌측 이동 → 이자율 상승

02 $Y=50L^{1/2}$, $L=10{,}000$, $Y=C+I+G$
$C=250+0.75(Y-T)$, $I=1{,}000-50r$, $G=1{,}000$, $T=1{,}000$

(1) $MP_L=\dfrac{\Delta Y}{\Delta L}=25L^{-1/2}$

(2) $MP_L(L=10{,}000)=25(10{,}000)^{-1/2}=\dfrac{25}{100}=0.25$, 균형임금 $w=0.25$

(3) 임금총액 $=wL=0.25\cdot 10{,}000=2{,}500$

(4) 이윤총액 $=Y-wL=50(10{,}000)^{1/2}-0.25\cdot 10{,}000=5{,}000-2{,}500=2{,}500$

(5) 저축함수:
$S=Y-C-G=Y-250-0.75(Y-T)-G=-250+0.25Y+0.75T-G$

(6) 균형 산출(소득) $Y=5{,}000$에서
$S=-250+0.25\cdot 5{,}000+0.75\cdot 1{,}000-1{,}000=-250+1{,}250+750-1{,}000=750$
저축과 투자를 일치시키는 이자율: $750=1{,}000-50r$, $50r=250$, $r=5(\%)$

(7) $G=1{,}000\rightarrow 1{,}200$
$S=-250+0.25\cdot 5{,}000+0.75\cdot 1{,}000-1{,}200=550$
$550=1{,}000-50r$, $50r=450$, $r=9(\%)$

(8) 국민저축(Y-C-G)의 감소로 대부자금 공급곡선의 좌측 이동 → 이자율 상승. 정부지출의 증가로 민간의 투자가 감소한다(구축효과). 조세의 증가 없이 정부가 지출을 늘리려면 차입에 의존할 수밖에 없고, 그 과정에서 이자율이 상승하며 이자율 상승으로 민간의 투자가 감소한다.

(9) $T=1{,}000\rightarrow 800$
$S=-250+0.25\cdot 5{,}000+0.75\cdot 800-1{,}000=600$
$600=1{,}000-50r$, $50r=400$, $r=8(\%)$

(10) 국민저축($Y-C-G$)의 감소, 대부자금 공급곡선의 좌측 이동 → 이자율 상승

(11) 조세증가는 가계의 가처분소득($Y-T$)을 줄여 민간소비를 감소시키므로 국민저축(대부자금의 공급)의 감소폭이 줄어든다.

(12) $G=1{,}000 \to 800$, $T=1{,}000 \to 800$

$S=Y-C-G=-250+0.25Y+0.75T-G=-250+0.25\cdot 5{,}000+0.75\cdot 800-800$
$=800$

$800=1{,}000-50r$, $50r=200$, $r=4(\%)$

(13) $G=T=1{,}000 \to G=T=800$ 균형이자율은 5%에서 4%로 낮아진다.

$G=T=1{,}000$일 경우 $C=250+075\cdot(5{,}000-1{,}000)=3{,}250$

민간소비와 정부소비의 합 $C+G=4{,}250 \to$ 국민저축 $S=750$

$G=T=800$일 경우 $C=250+075\cdot(5{,}000-800)=3{,}400$

민간소비와 정부소비의 합 $C+G=4{,}200 \to$ 국민저축 $S=800$

국민저축, 즉 대부자금의 공급량이 많아져 이자율이 낮아진다.

(14) $G=T=1{,}000$일 경우 투자 $I=1{,}000-50\cdot 5=750$

$G=T=1{,}000$일 경우 투자 $I=1{,}000-50\cdot 4=800$

고전학파의 주장: 작은 정부 → 민간투자 증가 → 자본스톡(K) 증가 → 노동생산성 증가

03 $Y=5{,}000$, $Y=C+I+G$, $G=1{,}000$, $T=1{,}000$

$C=250+0.75(Y-T)$, $I=1{,}000-50r$

(1) $S=Y-C-G=Y-250-0.75(Y-T)-G=-250+0.25Y+0.75T-G$

$S=-250+0.25\cdot 5{,}000+0.75\cdot 1{,}000-1{,}000=-250+1{,}250+750-1{,}000=750$

저축과 투자를 일치시키는 이자율: $750=1{,}000-50r$, $50r=250$, $r=5(\%)$

민간소비 $C=250+075\cdot(5{,}000-1{,}000)=3{,}250$, 투자 $I=1{,}000-50\cdot 5=750$

(2) $I=1{,}000-50r \to I=900-50r$

$S=750=900-50r$, $r=3(\%)$ 소비는 불변

투자수요가 위축되었으나 이자율이 하락하면서 투자는 750으로 전과 같아진다.

(3) $I=1{,}000-50r \to I=900-50r$, $G=1{,}000 \to G=1{,}100$

$S=-250+0.25\cdot 5{,}000+0.75\cdot 1{,}000-1{,}100=-250+1{,}250+750-1{,}100=650$

저축과 투자를 일치시키는 이자율: $650=900-50r$, $50r=250$, $r=5(\%)$

소비는 불변(이 문제에서 소비는 이자율의 영향을 받지 않음)

04 $Y=6{,}000$, $G=1{,}200$, $C=3{,}600-2{,}000r+0.10Y$, $I=1{,}200-4{,}000r$

(1) $S=Y-C-G$

$=Y-3{,}600+2{,}000r-0.10Y-G=-3{,}600+0.90Y+2{,}000r-G$

(2) $Y=6{,}000$에서 저축과 투자를 일치시키는 이자율

$S=600+2{,}000r=1{,}200-4{,}000r=I$, $6{,}000r=600$

$r=0.10(10\%)$, $S=800$

(3) $Y=6{,}400$에서

$S=-3{,}600+0.90\cdot 6{,}400+2{,}000r-1{,}200$

$=-3{,}600+5{,}760+2{,}000r-1{,}200=960+2{,}000r$

$I = 1,200 - 4,000r$이므로 $6,000r = 240$

$r = 0.04(4\%)$, $S = 1,040$

산출(소득)이 증가함에 따라 국민저축, 즉 대부자금의 공급이 증가하여 이자율이 하락한다.

05 (1) 본문의 〈그림 6-3〉에 해당한다. 고전학파 견해에 의하면 총공급곡선은 잠재산출 수준에서 수직이며 총수요에 가장 큰 영향을 미치는 가격변수는 이자율로서 총수요곡선은 (소득, 이자율) 평면에서 우하향하는 형태를 띤다.

(2) 투자의 (외생적) 감소: 총수요곡선의 좌측 이동
투자수요 감소 = 대부자금 수요의 감소 → 이자율 하락 → 다시 투자수요가 늘면서 잠재산출 수준에서 균형

(3) 정부지출 증가: 총수요곡선의 우측 이동
국민저축 감소 = 대부자금 공급 감소 → 이자율의 상승 → 투자 감소(소비가 이자율의 영향을 받는 경우에는 소비도 감소) → 총수요가 원래의 $C+I+G$ 수준으로 조절되면서 잠재산출 수준에서 균형

06 $u_n = \dfrac{s}{s+f} = \dfrac{1}{1+f/s} = 0.1,\ f/s = 9$

즉, 구직률이 이직률의 9배이다. 만약 구직률이 이직률의 24배이면 자연실업률은 4%가 된다.

07 (1) 자연실업률 상승
(2) 다른 조건이 일정할 때 자연소득수준(잠재산출수준) 하락
(3) 이자율에 미치는 영향: 국민저축, 즉 대부자금 공급의 감소 → 이자율 상승
(4) 투자: 투자수요에 변함이 없더라도 이자율 상승으로 균형투자 수준은 하락
(5) 저축 감소

08 $C = 200 + 0.75(Y - T),\ I = 200,\ G = T = 100$

(1) $Y = C + I + G = 200 + 0.75Y - 0.75(100) + 200 + 100 = 0.75Y + 425$
$0.25Y = 425$
$Y = 425 \times 4 = 1,700$

(2) $Y = C + I + G = 200 + 0.8Y - 0.8(100) + 200 + 100 = 0.8Y + 420$
$0.2Y = 420$
$Y = 420 \times 5 = 2,100$

(3) 높다. 소비성향의 증가 → 소비증가 → 소득증가 → 소비증가 → 소득증가 → ⋯

제3편 연습문제 해답 및 해설

선택형 문제

01 ③ 무한등비급수의 합으로부터 1억 원/0.05=20억 원

02 ② 다른 보기의 금융상품은 M2에 포함된다.

03 ④ 채권가격과 이자율은 역관계이며, 두 변수는 즉각적으로 일대일 대응된다.

04 ① 통상 대부자금의 공급은 은행저축과 채권투자, 대부자금의 수요는 은행대출과 채권 발행으로 구성된다.

05 ④ 국민계정상의 저축은 유량 개념으로 $S=Y-C-G$로 정의된다. 나머지 보기는 저량 개념의 금융자산규모 측정치이다.

06 ④ $MV=PY$로 바꾸어 해석해도 좋다. 유통속도의 하락은 물가의 하락을 유도.

07 ① $M/P=L(Y)=kY$, $V=1/k$로 일정.

08 ③ $\Delta M/M \pm 1\% = 3\% \pm 1\% + 4\%$. 따라서 $5\% \leq \Delta M/M \leq 9\%$.

09 ④ 상품권은 실물이 아니라 일종의 화폐이므로 인플레이션에 따라 구매력이 감소한다.

10 ③ ③은 저축 증가 요인, ②는 소비 증가 및 저축 감소 요인, ①과 ④는 투자 증가 요인.

11 ④ 불확실성의 증가는 채권수요를 감소시켜 채권가격의 하락 및 이자율 상승 요인이다.

12 ② 화폐의 초과공급 발생

13 ④ 유동성 효과는 화폐가 중립적이지 않다는 반증으로 쓰인다.

14 ④

15 ②

16 ④

17 ①

18 ④ $M/P=L(i, Y)$에서 Y의 증가는 화폐수요를 증가시켜 i의 증가를 가져온다. 화폐수량설과 유효수요이론은 이자율의 결정과는 직접적인 관련이 없다. 고전학파의 대부자금설에 의하면 소득의 증가는 저축을 증가시키므로 실질이자율을 하락시키는 요인이다. 물론 생산성 향상으로 투자가 증가하여 소득이 증가하였다면 이자율 상

승 요인이 되나, 저축 증가에 비해 투자 증가가 상대적으로 큰 경우에 한해 이자율이 상승한다.

19 ② 채권의 수요와 공급 측면을 볼 때, 예상인플레이션율의 상승은 채권공급 증가(=대부자금수요 증가)와 채권수요 감소(=대부자금공급 감소)를 가져와 채권가격을 하락시킨다. 즉, 명목이자율이 상승한다.

20 ①

서술형 문제

01 $\frac{C}{1+0.072}+\frac{C}{(1+0.072)^2}+\cdots+\frac{C}{(1+0.072)^{10}}=1$억원

$C(r+r^2+\cdots+r^{10})=1$억원, $r=\frac{1}{1+0.072}$

$$\frac{\frac{C}{1+r}\left(1-\frac{1}{(1+r)^{10}}\right)}{1-\frac{1}{1+r}}=\frac{C}{r}\left(1-\frac{1}{(1+r)^{10}}\right)=1\text{억원}$$

72의 법칙: 원금이 두 배가 되기까지 걸리는 시간(연수) = 72/수익률(%)

이를 수식으로 표현하면 $(1+0.072)^{10}\approx 2$

따라서 $\frac{C}{0.072}\left(1-\frac{1}{2}\right)\approx 1$억원, $C\approx 1{,}440$만원

02 $V=0.5,\ Y=Y_n=10{,}000,\ P=2.0$

(1) $M^d=kPY,\ k=1/V=2$

$M^d=2\cdot 2\cdot 10{,}000=40{,}000$

(2) $M^s=50{,}000,\ MV=PY_n,\ P=\frac{50{,}000\cdot 0.5}{10{,}000}=2.5$

(3) $P=\frac{60{,}000\cdot 0.5}{10{,}000}=3.0$

03 통화량을 증가시키면 이자율이 내려가고 통화량을 감소시키면 이자율이 올라간다. 따라서 원하는 수준(예를 들어 A점)을 달성할 수 없다.

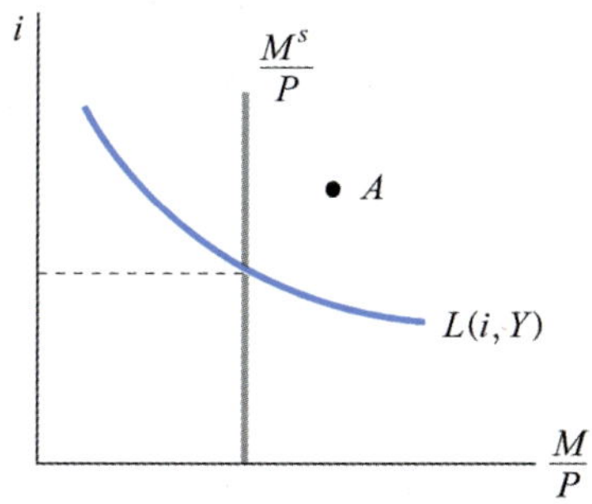

04 (1) 예상인플레이션(π^e)의 상승: 투자자(수요자) 입장에서 채권은 고정된 명목소득을 지급하는 자산이므로 채권에 대한 수요가 감소한다. 반면 발행자(공급자) 입장에서는 고정된 명목비용을 지급하기 때문에 채권 공급을 증가시켜야 한다. 채권 수요는 감소하고 공급은 늘어나므로 채권가격이 하락하며 그에 상응하여 이자율(채권의 수익률)은 상승한다.

(2) 피셔 관계식 $i = r + \pi^e$ 에서 실질이자율(r)에 변함이 없는 상태에서 예상인플레이션(π^e)의 상승은 이자율(i) 상승으로 이어진다.

05 $\left(\dfrac{M}{P}\right)^d = Y \cdot L(i)$

(1) M^d 증가율 $-$ P 증가율(2%) $=$ Y 증가율(5%) $+$ L 증가율(0%)

M^d 증가율 $= 7\%$

(2) $M^s = M$, 균형에서 $\dfrac{M}{P} = Y \cdot L(i)$

$MV = PY$에서 $V = \dfrac{PY}{M} = \dfrac{1}{L(i)}$

이자율이 상승하면 (화폐수요는 감소하고) 유통속도가 증가한다. 더 적은 화폐 보유량으로 같은 규모의 거래를 하는 것이므로 화폐의 유통속도가 빨라지는 것이다.

06 (실질통화량(M/P), 명목이자율(i)) 평면에서 화폐수요곡선은 우하향하며 화폐공급곡선은 수직의 형태를 띤다. 호황의 경우($Y\uparrow$) 화폐수요가 증가하면서(화폐수요곡선의 우측 이동) 이자율이 상승한다($i\uparrow$). 불황의 경우($Y\downarrow$) 화폐수요가 감소하면서(수요곡선의 좌측 이동) 이자율이 하락한다($i\downarrow$).

07 $\dfrac{M^d}{P} = L(r+\pi^e, Y)$, $M^d = P \cdot L(r+\pi^e, Y)$

P의 상승은 그만큼 명목화폐에 대한 수요를 증가시킨다.

π^e의 상승은 미래의 화폐가치 하락을 의미하므로 명목화폐수요가 감소한다.

08 $(\dfrac{M}{P})^d = 0.01\dfrac{Y}{r+\pi^e}$, $Y = 1{,}500$(소득증가율 0), $r = 0.05$

(1) 소득과 이자율이 변하지 않는 상태에서 기대인플레이션(π^e)=명목통화량 증가율

$\dfrac{3{,}000}{P} = 0.01\dfrac{1{,}500}{0.05+0.10} = 100$, $P = 30$

(2) $\dfrac{3{,}000}{P} = 0.01\dfrac{1{,}500}{0.05+0.15} = 75$, $P = 40$

물가가 즉각적으로 33.3% 상승

09 $I = a_0 + a_1 Y - br$, $S = c_0 + c_1 Y$

(1) $a_0 + a_1 Y - br = c_0 + c_1 Y$, $br = (a_0 - c_0) + (a_1 - c_1)Y$

$r = \dfrac{(a_0 - c_0)}{b} + \dfrac{(a_1 - c_1)}{b}Y$

(2) $a_1 > c_1$인 경우 같은 방향으로 움직인다.

(3) $a_1 = 0$인 경우 이자율은 소득의 감소함수이다.
이 문제와 같이 투자가 이자율 외에 소득의 영향도 받는 경우에는 $a_1 < c_1$의 조건이 충족되어야 우하향하는 IS 곡선이 도출된다.

10 (1) "이자율이 하락하면 투자가 증가한다.": 투자수요곡선 상에서의 이동
"투자가 증가하면 이자율이 상승한다.": 투자의 외생적 증가, 즉 투자수요곡선 자체의 우상향 이동에 의한 이자율 상승
(2) "고용이 감소하면서 임금이 하락": 노동수요의 감소로 인한 임금 하락
"고용이 감소하면서 임금이 상승": 노동공급의 감소로 인한 임금 상승

11 대부자금의 수요자 입장에서 볼 때, 자금을 추가로 활용하여 얻게 될 한계수익이 이자율보다 크면 자금 수요를 증가시킨다. 한편 대부자금 공급자 입장에서 볼 때는, 자금을 추가로 공급하면서 입는 한계손실(예를 들어 소비 희생으로 인한 효용 감소)보다 이자율이 높으면 자금 공급을 증가시킨다. 결국 수요와 공급의 힘에 의해 시장에서 이자율이 결정되고 그 이자율에서 자금의 총이용 규모가 정해진다. 이렇게 달성된 균형은 자금의 과소이용이나 과다이용이 없는 상태이다.

제4편 연습문제 해답 및 해설

선택형 문제

01 ③ 승수는 $-0.75/(1-0.75) = -3$.

02 ② *IS*곡선 상에서는 저축과 투자가 일치한다. 이자율이 *IS*곡선 위에 위치하면 균형이자율보다 높은 수준이므로 저축이 투자를 초과한다.

03 ①

04 ③ $M=40+0.2Y-10r$을 Y에 대해 정리하면 $Y=5M-200+50r$이다.

05 ① $\left(\frac{M}{P}\right)^d = Y \cdot L(r)$ 형태이다. 즉, 화폐수요 증가율= Y 증가율+ $L(r)$ 증가율.

06 ④는 *LM*곡선을 움직이는 변화요인이다.

07 ② 이자율이 균형이자율 수준보다 낮으므로 화폐의 수요가 공급을 초과하며, 이자율이 상승하면서 화폐수요가 감소하게 된다.

08 ④ 화폐수요가 이자율과 무관하므로 수직이다.

09 ④ 유동성 함정에 빠진 경우

10 ③

11 ② 피셔 관계식을 고려한다.

12 ④ 주어진 이자율 하에서 화폐의 초과수요가 발생하고 채권을 매각하여 화폐로 전환하려 한다. 그 과정에서 채권가격이 하락하고 이자율은 상승하며, 투자와 소득은 감소한다.

13 ① 통화공급의 감소를 유도하려면 공개시장 매각정책으로 유동성을 흡수한다.

14 ⑤

15 ① $\frac{M}{P}=L(Y)=kY$, $V=\frac{1}{k}$로 일정.

16 ① 주어진 이자율 하에서 화폐의 초과공급이 발생하므로 채권을 매입한다. 그 과정에서 채권가격이 상승하고 이자율이 하락하며, 투자와 소득이 증가한다.

17 ① 그래프를 그려 확인할 수 있다. 투자가 이자율에 매우 민감한 경우이므로 통화공급

증가로 이자율을 조금만 낮추어도 투자가 크게 증가한다.

18 ③ *IS*곡선과 *LM*곡선이 모두 우측으로 이동

19 ③ 화폐수요 증가는 *LM*곡선을 좌측(상향) 이동

20 ③ *IS*곡선이 우측으로 이동하여 이자율이 상승하는 것을 방지하기 위해서는 *LM*곡선 또한 우측으로 이동시켜야 한다.

서술형 문제

01 $C = 40 + 0.6(Y - T)$, $I = 7 - 2r$, $G = 40$, $T = 50$,

$\frac{M^d}{P} = 0.2Y - 2.5r$, $M^s = 25$, $P = 1$

IS: $Y = 40 + 0.6(y - 50) + 7 - 2r + 40 = 57 + 0.6Y - 2r$

$0.4Y = 57 - 2r$

LM: $25 = 0.2Y - 2.5r$ 또는 $0.4Y = 50 + 5r$

연립방정식을 풀어 균형해를 구하면, $r = 1(\%)$, $Y = 137.5$

02 $C = 200 + 0.75(Y - T)$, $I = 200 - 25r$, $G = T = 100$

$(M/P)^d = Y - 100r$, $M^s = 1{,}000$, $P = 2.0$

(1) IS : $Y = C + I + G = 200 + 0.75(Y - T) + 200 - 25r + G$

$= 0.75Y - 25r - 0.75T + G + 400$

$G = T = 100$인 경우,

$Y = 0.75Y - 25r + 425$, $0.25Y + 25r = 425$, $Y + 100r = 1{,}700$

LM : $M/P = Y - 100r$

$M = 1{,}000$, $P = 2$인 경우 $Y - 100r = 500$

연립방정식을 풀면 $2Y = 2{,}200$, $Y = 1{,}100$

(2) IS : $0.25Y + 25r = 475$, $Y + 100r = 1{,}900$

LM : $Y - 100r = 500$

$\rightarrow 2Y = 2{,}400 \rightarrow Y = 1{,}200$

(3) IS : $Y + 100r = 1{,}700$

LM : $Y - 100r = 600$

$\rightarrow 2Y = 2{,}300 \rightarrow Y = 1{,}150$

(4) IS : $Y + 100r = 1{,}700$

LM : $Y - 100r = 250$

$\rightarrow 2Y = 1{,}950 \rightarrow Y = 975$

* (1)~(4)까지 해당하는 균형이자율도 구할 수 있다.

(5) 실질통화량의 감소 → 이자율 상승 → 투자 감소 → 승수효과에 의한 소득감소

03 확장적 재정정책을 실시하면 이자율이 급등하는 가운데 소득 증가는 미미하다. 확장적 통화정책을 실시하면 이자율이 급락하는 가운데 소득 증가는 미미하다. *IS* 곡선과 *LM* 곡선이 모두 비탄력적인 경우에 총수요 확대를 위해서는 대규모의 재정·통화정책을 동시에 실시해야 한다.

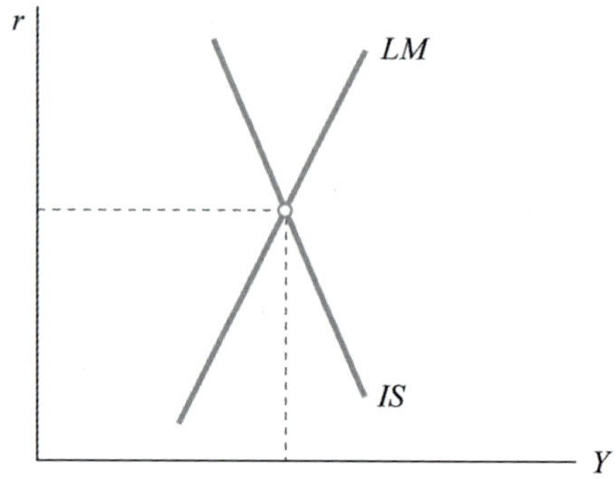

04 (1) 표준적인 분석 방법을 따르면 통화공급 증가로 이자율이 하락하고 산출이 증가한다. 단기적으로 물가는 불변이다.

(2)

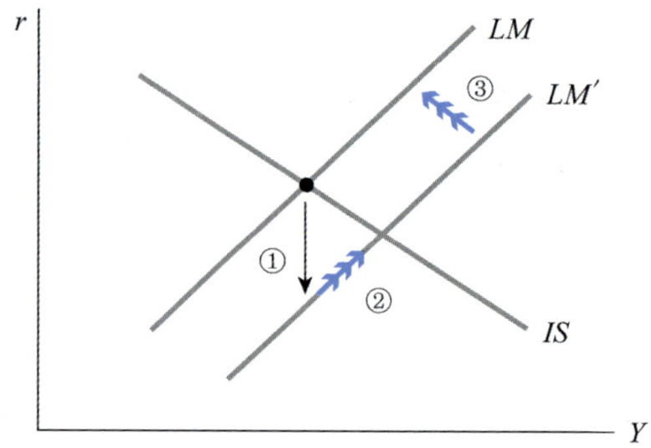

① 금융시장의 반응이 빠르므로 이자율부터 먼저 하락한다.
② 생산물 시장의 반응이 뒤따르면서 산출과 소득이 증가한다.
③ 물가가 서서히 상승한다.

05 (1) • 경기침체: $Y < Y_n \rightarrow P \downarrow$

• A국: 물가 하락으로 *LM* 곡선이 서서히 우측으로 이동

• B국: *LM* 곡선이 우측으로 이동하는 효과에 더하여 실질통화량($\frac{M}{P}$)의 상승이 소비(C)를 증가시키므로 *IS* 곡선이 우측으로 이동한다.

• C국: 위의 두 효과에 더하여 *IS* 곡선이 평평하므로 물가 하락이 총수요를 증가시키는 과정이 조금 더 빠르게 진행된다.

※ 주의할 점: 만약 현재 경기가 계속 침체하는 과정 중에 있다면 C국의 경우 '소득 감소 → 투자 감소'의 경로 때문에 보통의 경우보다 침체 과정이 길어질 가능성이 있다.

(2) 실질잔고효과로 인해 B국은 A국에 비해 경기회복이 수월하며 투자와 함께 소비가

빨리 회복한다.

06 (1) 항상소득가설 또는 생애주기가설에 의해 소비 감소
기존 주택가격 하락은 신규주택 건설투자에 부정적 → IS 곡선 좌로 이동
(2) 화폐수요이론에 따르면 금융시장 불안으로 인한 채권투자수요 감소는 화폐수요를 증가시킴 → LM 곡선 좌로 이동
(3) 소득 감소. 단, 이자율에 미치는 효과는 불확실

07 화폐시장: $(\frac{M}{P})^d = 10-2i+Y$, $M^s=40$, $P=1$

IS 곡선: $i=27-Y$, $Y_n=30$

(1) LM 식: $M=10-2i+Y$, $i=5+\frac{1}{2}Y-\frac{1}{2}M$, $i=-15+\frac{1}{2}Y$ $(M^s=40)$

(2) $IS-LM$ 균형: $27-Y=-15+Y/2$, $(3/2)Y=42$, $Y=42\cdot(2/3)=28$, $i=-1$
그러나 명목이자율이 0 아래로 내려갈 수 없으므로 이 경제의 (소득, 이자율) = (27, 0)
(3) 수요 감소로 IS 곡선이 $i=21-Y$로 좌측 이동하면 (소득, 이자율) = (21, 0)
(4) 통화공급이 증가하여 $M^s=46$이 되면 LM 식은 $i=-18+\frac{1}{2}Y$

IS 식은 여전히 $i=27-Y$
수학적으로 균형이자율은 $i=-3$이므로 현실에서 달성 불가능
통화공급을 증가하여도 여전히 (소득, 이자율) = (27, 0)
(5) 자연소득수준을 달성하려면 재정정책 등의 수단을 적극적으로 동원하여 IS 곡선을 충분히 우측으로 이동시켜야 한다.

08 $IS: Y=C(Y-T,\theta)+I(i+x,\theta)+G$, $LM: \frac{M}{P}=L(Y,i)$

(1) LM 곡선: 제로 금리에서 수평
※ 2008 금융위기: 금융기관의 대차대조표 악화로 금융중개기능 위축 → 주식과 부동산가격 폭락 + 신뢰지수 악화 + 리스크 프리미엄 상승 → IS 좌측 이동. 즉, 제로금리하에서 소득이 크게 감소하는 상황에 직면하며 유동성 함정에 빠진 상태이므로 침체에서 벗어나기 위해서는 IS 곡선을 우측으로 이동시키는 정책이 필요하다.
(2) 미국 재무부는 처음에 은행의 부실자산을 털어주는 조치를 생각했으나 부실규모 파악이 곤란하여 은행 자본을 정부가 직접 매입하는 방식을 취했다. 그 결과 금융중개기능이 회복되었다. 이 모형에서 θ, x에 영향 → IS 곡선 우측 이동
(3) 중앙은행의 강력한 최종대부자 역할: 금융중개기능의 회복 → θ, x에 영향 → IS 곡선 우측 이동. 중앙은행의 통화량 확대로 LM 곡선이 우측으로 이동하지만 실제로 경기를 회복시키는 핵심적 역할은 IS 곡선의 우측 이동이다.

제5편 연습문제 해답 및 해설

선택형 문제

01 ① 단순 케인즈모형은 고정된 가격 하에 잉여생산 능력이 있음을 가정한다.

02 ③ 물가의 상승은 실질통화량(M/P)을 감소시킨다.

03 ③ 고전학파모형에서 재정정책은 구축효과를 가져오므로 총수요 자체를 변화시키지 못한다.

04 ② $IS-LM$ 분석 이전에 케인즈의 소득-지출 분석에는 물가가 고정된 상태를 가정한다.

05 ②

06 ②

07 ④ 경직적 가격모형(ex. menu cost)

08 ⑤ 명목변수인 물가 또는 물가상승률과 실질변수인 실업률 간의 관계를 나타낸다.

09 ①

10 ①

11 ④ 단기필립스곡선은 경제에 가해지는 충격이 주로 수요 측면에서 발생한다는 시각에 입각

12 ① 미시경제학에서의 $D-S$와는 다르다.

13 ④ Lucas의 불완전정보모형

14 ④ ④는 IS곡선의 도출에 쓰인다.

15 ③

16 ① $AD-AS$에서 AD 움직임이 주가 됨. $IS-LM$에서 IS 움직임이 주가 됨.

17 ③

18 ③ 합리적 기대이론의 관심이 재정정책과 화폐정책의 상대적 유효성 여부는 아니다.

19 ④ ①에서 장기노동계약자가 많은 것은 그만큼 임금이 신축적으로 조정되지 않음을 뜻한다.

20 ③ 실질총생산은 불변이지만 물가 상승으로 명목총생산은 증가한다.

서술형 문제

01 거시경제의 장기적 측면을 강조한 고전학파는 화폐수량설($MV=PV$)에 의거하여 물가가 통화량에 의해 결정된다고 보았다. 실질소득의 수준은 총공급 조건에 의하여 결정되며, 물가와 같은 명목변수는 실물부문과는 무관하게 결정된다. 그러나 케인즈주의자들은 물가가 총수요(AD)와 총공급(AS)의 상호작용에 의하여 결정된다고 보았다. 케인즈 거시경제학에서 총수요의 변화는 통화량만이 아니라, 투자·정부지출 등에도 의존한다. 예를 들어, 투자·정부지출이 확대되는 경우에 케인즈 거시경제학에서는 실질소득이 증가하면서 물가가 증가하지만, 고전학파 거시경제학에서는 실질소득은 변하지 않은 채 실질이자율만 상승한다.

02 $MV=PY$, 소득 Y를 수요측면으로 해석하면

$Y=V\times(M/P)$: 물가의 하락은 실질잔고 증가

→ 총수요 증가 : 우하향하는 총수요곡선

고전학파는 수직의 AS , 케인즈 경제학에서는 수평 또는 우상향의 AS 곡선

03 순서대로 (이자율), (물가), (신축), (경직)

04 무역비중이 높고 대내외 상대가격 변화에 민감한 소규모 개방경제는 실질환율 변화에 따라 경상수지가 크게 변동하게 된다. 즉, 총수요 · 총공급 평면에서 총수요곡선은 보다 평평한 기울기를 갖는다. 실질환율을 EP^*/P(E : 환율, P : 국내물가, P^*: 외국물가)라고 정의할 때, P의 상승은 실질환율 절상을 의미하고 순수출 감소에 의한 총수요 감소를 유발한다. 따라서 유가상승으로 인하여 같은 크기의 총공급곡선 상향이동이 발생하더라도 결과적으로 소득의 감소폭이 크다. 문제의 조건과 같은 개방경제는 경기변동폭이 커지는 경향이 있다.

※ 주의할 점: AS 곡선은 개방 · 폐쇄의 구분이 없음

05 $C=200+0.75(Y-T)$, $I=200-25r$, $G=100$, $T=100$

$$\frac{M^d}{P}=Y-100r,\ M^s=1{,}000,\ P=2.0$$

(1) 제4편의 2.(1)과 동일. $r=6(\%)$, $Y=1{,}100$

(2) $P=2.5$, LM: $\dfrac{1{,}000}{2.5}=Y-100r$, $Y=400+100r$

IS: $Y=1{,}700-100r$

$r=6.5(\%)$, $Y=1{,}050$

(3) 물가 상승 → 실질통화량 감소 → 이자율 상승 → 투자 위축 → 총수요 감소

06 (1) $G=150$. 제4편 2.(2)에서 $r=7(\%)$, $Y=1{,}200$

(2) 제4편 2.(2)에서 $r=7.25(\%)$, $Y=975$

(3) 총공급곡선이 $Y_F=1{,}100$에서 수직. (1)의 경우 물가 상승, 소득 불변. (2)의 경우 물가 하락, 소득 불변.

07 $SAS: Y^s = 1{,}100 + (P - P^e)$

(1) $IS: Y = 1{,}700 - 100r,\ LM: \dfrac{M}{P} = Y - 100r$

$1{,}700 - Y = Y - \dfrac{M}{P},\ 2Y = 1{,}700 + \dfrac{M}{P}$

$AD: Y = 850 + \dfrac{M}{2P}$, 또는 $P = \dfrac{M}{2Y - 1{,}700}$

$M = 1{,}000,\ Y_F = 1{,}100 \Rightarrow P = 2.0$

$M = 1{,}200,\ Y_F = 1{,}100 \Rightarrow P = 2.4$

08 $y = y_n + (p - p^e) \rightarrow\ p - p^e = y - y_n \rightarrow p - p_{-1} = p^e - p_{-1} + y - y_n$

$\pi = \pi^e + (y - y_n)$: 총공급곡선

$u - u_n = -\delta(y - y_n)$ 을 위에 대입하면, $\pi = \pi^e - \dfrac{1}{\delta}(u - u_n)$: 필립스곡선

09 $\pi = 2 - 0.5(u - u_n),\ g - g_n = -2(u - u_n)$

위 식에서 실업률이 1%p 상승하면 인플레이션율이 0.5%p 감소함. 실업률이 2%p 상승하면 인플레이션율이 1%p 감소하므로 희생률은 2%임.

제6편 연습문제 해답 및 해설

선택형 문제

01 ④ 자본량의 증가는 노동생산성의 증가를, 노동량의 증가는 자본생산성을 증가시킨다.

02 ⑤ A는 L과 K에 모두 영향을 미친다.

03 ③ 생산함수를 증가율 형태로 다시 고침. α와 $1-\alpha$는 각각 자본과 노동소득의 분배율

04 ③ 감가상각률이 δ일 때 감가상각액은 δK다. 문제에서 $\frac{\delta K}{Y}=0.1$, $\delta \times 2.5=0.1$이므로 $\delta=0.04$이다.

05 ① 위 생산함수에서 $MP_K=\alpha\frac{Y}{K}$이므로, $MP_K=0.4\times 0.4=0.16$.

06 ②

07 ② $\frac{K}{Y}=\frac{K/L}{Y/L}$의 증가율은 '$k$의 증가율$-y$의 증가율'이 된다.

08 ① $K=I-\delta K$

09 ⑤ 솔로우모형은 효용극대화의 가정을 도입하지 않고 저축률이 고정된 것으로 본다.

10 ⑤ 황금률에 해당하는 저축률이 존재하기는 하나, 경제가 자동적으로 자본축적의 황금률에 도달하는 것은 아니다.

11 ② 균제상태에서 $sk^{\frac{1}{2}}=\delta k$, $k=\left(\frac{s}{\delta}\right)^2$이므로, $k=\left(\frac{0.2}{0.1}\right)^2=4$, $y=4^{\frac{1}{2}}=2$

12 ①

13 ③

14 ② 문제 11과 같은 조건이므로, 균제상태에서 $k=4$이다. 인구증가와 기술진보가 없는 솔로우모형에서 자본축적의 황금률은 $MP_k=\delta$이다. 그런데 균제상태에서의 자본의 한계생산성을 구해 보면 $MP_{k=4}=0.5(4)^{-0.5}=0.25>0.1$이므로 저축률이 높아져서 자본축적이 더 이루어지는 것이 바람직하다는 것을 알 수 있다.

15 ② 총소득증가율$=n$ 또는 $n+g$, 1인당 소득증가율$=0$ 또는 g.

16 ② $w=MP_L=(1-\alpha)\frac{Y}{L}=(1-\alpha)y$, $rp=MP_K=\alpha\frac{Y}{K}=\alpha\frac{y}{k}$이므로 w는 g율로 증가하나 rp의 증가율은 0이다.

17 ③

18 ④

19 ②

20 ④

서술형 문제

01 (1) $\frac{\Delta Y}{Y} = 2\% + 0.5 \times 1\% + 0.5 \times 5\% = 5\%$

(2) $\frac{\Delta M}{M} = -0\% + 3\% + 5\% = 8\%$

02 K/Y 일정 $\rightarrow \frac{\dot{Y}}{Y} = \frac{\dot{K}}{K},\ \frac{\dot{K}}{K} - \frac{\dot{L}}{L} = 2(\%)$

$\frac{\dot{y}}{y} = \frac{\dot{Y}}{Y} - \frac{\dot{L}}{L} = 2(\%)$

$y = Ak^{0.4} \rightarrow \frac{\dot{y}}{y} = \frac{\dot{A}}{A} + 0.4\frac{\dot{k}}{k},\ 2 = \frac{\dot{A}}{A} + 0.4 \times 2,\ \frac{\dot{A}}{A} = 1.2(\%)$

03 (1) $sk(f) = (n+\delta)k,\ 0.3 \times 3k^{1/2} = 0.15k,\ k^{1/2} = 6$

$k^* = 36,\ y^* = 3 \times (36)^{1/2} = 18,\ c = 0.7 \times 18 = 12.6$

(2) $s = 0.4,\ 0.4 \times 3k^{1/2} = 0.15k,\ k^{1/2} = 8$

$k^* = 64,\ y^* = 3 \times (64)^{1/2} = 24,\ c = 0.6 \times 24 = 14.4$

(3) $s = 0.3,\ 0.3 \times 4k^{1/2} = 0.15k,\ k^{1/2} = 8$

$k^* = 64,\ y^* = 4 \times (64)^{1/2} = 32,\ c = 0.7 \times 32 = 22.4$

(4) (2)보다 (3)에서 1인당 소득과 소비가 더 크므로 (3)이 더 바람직한 상태

04 (1) $sk^{1/2} = (n+\delta)k,\ (k^*)^{1/2} = s/(n+\delta) = y^*$

(2) $y_A^* = 0.3/(0.01+0.04) = 6,\ k_A^* = 36$

$y_B^* = 0.2/(0.01+0.04) = 4,\ k_B^* = 16$

현재의 $k_A = k_B = 4 \rightarrow y_A = y_B = 2$

출발점이 같더라도 향후 1인당 소득은 A국이 3배, B국이 2배까지 증가하는데, 이는 저축률의 차이에 기인한다.

05 균제상태에서 $sk^{\frac{1}{2}} = \delta k,\ k = (\frac{s}{\delta})^2$이므로, $k = (\frac{0.2}{0.1})^2 = 4,\ y = 4^{\frac{1}{2}} = 2$

균제상태에서 $k = 4$이다. 인구증가와 기술진보가 없는 솔로우 모형에서 자본축적의 황

금률은 $MP_k = \delta$이다. 그런데 균제상태에서의 자본의 한계생산성을 구해보면 $MP_{k=4} = 0.5(4)^{-0.5} = 0.25 > 0.1$이므로 저축률이 높아져서 자본축적이 더 이루어지는 것이 바람직하다는 것을 알 수 있다.

06 (1) 균제상태에서 $sf(k) = (n+\delta+g)k$

단, 주의할 것은 $k = K/AL$, $y = f(k) + Y/AL$

$s(Y/AL) = (n+\delta+g)(K/AL)$

즉, $K/Y = s/(n+\delta+g) = 0.3/0.12 = 2.5$

참고: 현재의 자본산출 계수 $\frac{K}{Y} = \frac{K/L}{Y/L} = \frac{30{,}000}{10{,}000} = 3$

(2) $\frac{\dot{k}}{k} = \frac{\dot{K}}{K} - \frac{\dot{A}}{A} - \frac{\dot{L}}{L} = \frac{\dot{K}}{K} - (g+n) = 0$ 따라서, $\frac{\dot{K}}{K} = n+g = 0.02$

(3) $\frac{\dot{y}}{y} = \frac{\dot{Y}}{Y} - \frac{\dot{A}}{A} - \frac{\dot{L}}{L} = \frac{\dot{Y}}{Y} - (g+n) = 0$ 따라서, $\frac{\dot{Y}}{Y} = n+g = 0.02$

07 (1) $Y = AK$, $\dot{K} = sY - \delta K$, $\frac{\dot{L}}{L} = n$, 여기서, A는 상수

$\frac{\dot{K}}{K} = s\frac{Y}{K} - \delta = sA - \delta$, 한편, 생산함수로부터 $\frac{\dot{Y}}{Y} = \frac{\dot{K}}{K}$

즉, $\frac{\dot{Y}}{Y} = \frac{\dot{K}}{K} = sA - \delta$이고, $\frac{\dot{y}}{y} = \frac{\dot{Y}}{Y} - n = sA - (n+\delta)$

따라서 $sA > n+\delta$ 이면, $\frac{\dot{y}}{y} > 0$

결국, 저축률(투자율)이 일정수준으로 유지되기만 하면 지속적으로 성장 가능

단, steady state는 존재하지 않고 자본이 무한히 증가

(2) $\frac{K}{Y} = 4$, 따라서 $A = 1/4$

한편, 감가상각부분은 δK이므로 $\frac{\delta K}{Y} = 0.12$

따라서 $\delta = 0.03$

1인당 성장률 $\frac{\dot{y}}{y} = \frac{\dot{Y}}{Y} - n = sA - (n+\delta) = \frac{s}{4} - (0.01+0.03) = 0.04$에서 $s = 0.32$

즉, 저축률은 32%가 유지되어야 한다.

08 (1) $\frac{\dot{k}}{k} = \frac{sf(k)}{k} - (n+g+\delta)$, $k = \frac{K}{AL}$

경제발전의 초기 단계(k가 낮은 상태)에서는 성장률이 높지만, 자본축적과 함께 점점 성장률이 낮아지다가 균제상태에 돌입하면서 1인당 성장률이 g로 수렴한다.

(2) 실증적 차원에서의 수렴가설 비판: 선진국 그룹에서는 수렴가설이 성립하나 다른 여러 국가에 대해서는 일반화하기 어렵다는 것이 실증분석들의 대체적인 결론이다.

이론적 차원에서의 수렴가설 비판: 솔로우 모형의 균제상태에서 1인당 성장률 g는 기술진보율로서 외생적으로 결정된다. 기술진보의 원천이 무엇인지에 대한 설명이

없다. 내생적 성장이론에 따르면 각국의 경제적 조건에 따라 각기 다른 경로의 성장경로를 걷다가 각기 다른 균제상태로 수렴한다.

(3) 인적자본에 대한 투자와 R&D 지원 등이 주요 성장정책이다.

09 $Y = AK^{\alpha}L^{1-\alpha},\ \dfrac{K}{Y} \approx 3,\ \dfrac{Y}{L} \approx 30{,}000,\ \alpha = 0.3$

감가상각률$(\delta) = 0.06$

(1) $MP_L = (1-\alpha)Y/L = 0.7 \cdot 30{,}000 = 21{,}000$

(2) $MP_K = \alpha Y/K = 0.3 \cdot (1/3) = 1/9 \approx 0.11$

순한계생산성: $MP_K - \delta \approx 0.0511$

(3) 성장회계: $\dfrac{\dot{Y}}{Y} = \dfrac{\dot{A}}{A} + \alpha\dfrac{\dot{K}}{K} + (1-\alpha)\dfrac{\dot{L}}{L} = g_A + 0.3\dfrac{\dot{K}}{K}$

자본축적식: $\dot{K} = I - \delta K$

양변을 K로 나누면 $\dfrac{\dot{K}}{K} = \dfrac{I}{Y} \cdot \dfrac{Y}{K} - \delta \approx 0.27 \cdot (1/3) - 0.06 \approx 0.03(3\%)$

$3\% = g_A + 0.3 \cdot 3\% \rightarrow g_A = 2.1\%$

(4) 총요소생산성 증가율이 2.1%로 유지되고 자본이 3% 증가하면 성장률 3%가 유지된다. K/Y의 증가율: $\dfrac{\dot{K}}{K} - \dfrac{\dot{Y}}{Y} = 0.03 - 0.03 = 0$, 자본과 산출이 각각 3%씩 증가하면서 K/Y가 일정하게 유지된다.

10 $Y = K^{\alpha}(AL)^{1-\alpha},\ Y = A^{1-\alpha}K^{\alpha}L^{1-\alpha}$

(1) $MP_L = \partial Y/\partial L = (1-\alpha)A^{1-\alpha}K^{\alpha}L^{-\alpha} = (1-\alpha)A^{1-\alpha}K^{\alpha}L^{1-\alpha}/L$

$= (1-\alpha)Y/L = (1-\alpha)AP_L$

$MP_K = \partial Y/\partial K = \alpha A^{1-\alpha}K^{\alpha-1}L^{1-\alpha} = \alpha A^{1-\alpha}K^{\alpha}L^{1-\alpha}/K = \alpha Y/K = \alpha AP_K$

(2) 노동소득분배율 $= wL/Y = MP_L\, L/Y = (1-\alpha)(Y/L)(L/Y) = 1-\alpha$

자본소득분배율 $= = rpK/Y = MP_K\, K/Y = \alpha(Y/K)(K/Y) = \alpha$

(3) $y = Y/L = A^{1-\alpha}(K/L)^{\alpha} = A^{1-\alpha}k^{\alpha}$,

$\dfrac{\dot{y}}{y} = (1-\alpha)\dfrac{\dot{A}}{A} + \alpha\dfrac{\dot{k}}{k} = (1-\alpha)\dfrac{\dot{A}}{A} + 0 = (1-\alpha)g_A$

(4) $\dfrac{K}{Y} = \dfrac{K}{A^{1-\alpha}K^{\alpha}L^{1-\alpha}} = A^{\alpha-1}(K/L)^{1-\alpha},\ g_{K/Y} = (1-\alpha)(g_{K/L} - g_A)$

자본산출계수(K/Y)가 증가하려면 K/Y 1인당 자본의 증가율(g_K)이 A의 증가율(g_A)보다 커야 한다.

(5) 문항 (3)에서 $\dfrac{\dot{y}}{y} = (1-\alpha)g_A + \alpha g_k$, 문제 (4)에서 자본산출계수($K/Y$)가 일정할 경우 $g_k = g_A$

따라서, $\dfrac{\dot{y}}{y} = (1-\alpha)g_A + \alpha g_k = (1-\alpha)g_A + \alpha g_A = g_A$

(6) $w = MP_L = \partial Y / \partial L = (1-\alpha) A^{1-\alpha} K^{\alpha} L^{-\alpha} = (1-\alpha) A^{1-\alpha} k^{\alpha}$,

$$\frac{\dot{w}}{w} = (1-\alpha) g_A + \alpha g_k$$

임금증가율은 기술진보와 일인당자본의 증가에 의존한다.

$rp = MP_K = \partial Y / \partial K = \alpha A^{1-\alpha} K^{\alpha-1} L^{1-\alpha} = \alpha A^{1-\alpha} k^{\alpha-1}$,

$$\frac{\dot{rp}}{rp} = (1-\alpha)(g_A - g_k)$$

임대료는 기술진보율이 일인당자본의 증가율을 능가할 때에만 증가한다.

(7) 기술진보가 없는 경우($g_A = 0$) 임대료는 일인당자본의 증가에 따라 하락한다.

11 $y = f(k)$, $k = K/AL$

(1) 균제상태에서의 자본산출계수

$\dot{k} = sf(k) - (n+g+\delta)k$,

$\dot{k} = 0$에서 $sy = (n+g+\delta)k$, $K/Y = k/y = \dfrac{s}{n+g+\delta}$

(2) $n = 0$, $\delta = 0$, $s = 0.18$, $g = 0.03$, $\alpha = 0.3$

$K/Y = k/y = \dfrac{s}{n+g+\delta} = \dfrac{0.18}{0.03} = 6$,

$r = MP_K = \alpha(Y/K) = 0.3(1/6) = 0.05$ (5%)

(3) $r = MP_K = \alpha(Y/K) = 0.36(1/6) = 0.06$ (6%)

(4) $K/Y = \dfrac{s}{n+g+\delta} = \dfrac{0.18}{0.015} = 12$,

$r = MP_K = \alpha(Y/K) = 0.3(1/12) = 0.025$ (2.5%)

12 (1) 자본산출계수($\frac{K}{Y}$): $Y = A[aK^{\frac{\sigma-1}{\sigma}} + (1-a)L^{\frac{\sigma-1}{\sigma}}]^{\frac{\sigma}{\sigma-1}}$

$$\frac{Y}{K} = A[a + (1-a)(\frac{L}{K})^{\frac{\sigma-1}{\sigma}}]^{\frac{\sigma}{\sigma-1}} = A[a + (1-a)(\frac{K}{L})^{\frac{1-\sigma}{\sigma}}]^{\frac{\sigma}{\sigma-1}}$$

$$\frac{K}{Y} = A^{-1}[a + (1-a)(\frac{K}{L})^{\frac{1-\sigma}{\sigma}}]^{\frac{\sigma}{1-\sigma}}$$

σ와 관계없이 K/L과 K/Y는 같은 방향으로 움직인다.

(2) 자본소득분배율 $S_K = \dfrac{rK}{Y} = aA^{\frac{\sigma-1}{\sigma}}(\frac{K}{Y})^{-\frac{1}{\sigma}}(\frac{K}{Y}) = aA^{\frac{\sigma-1}{\sigma}}(\frac{K}{Y})^{\frac{\sigma-1}{\sigma}}$

(3) $\sigma > 1$일 경우, 자본산출계수 $\dfrac{K}{Y}$ 증가할 때 S_K 상승

$\sigma < 1$ 일 경우, 자본산출계수 $\dfrac{K}{Y}$ 증가할 때 S_K 하락

노동과 자본의 대체탄력성이 1보다 큰 경우에는 자본산출계수의 상승은 자본소득분배율을 증가시키고 노동소득분배율을 하락시킨다. 노동과 자본의 대체탄력성이 1보다 작은 경우에는 반대의 결과가 나오며 노동과 자본의 대체탄력성이 1인 경우 분배율에 변함이 없다.

13 솔로우(Solow) 모형으로 대표되는 신고전파 성장이론에서 물적자본의 축적으로 이어지는 저축은 경제성장에 매우 큰 영향을 준다. 저소득층에 비해 고소득층의 저축성향이 높기 때문에 평등한 소득분배보다는 불평등한 소득분배가 경제전체의 저축과 물적자본을 증대시킨다. 여기서 저축성향이 높은 고소득층에는 이윤을 통하여 자본을 축적하는 기업이 포함된다(기업 저축). 저축보다 소비가 미덕이라고 주장한 케인스조차 19세기 말에서 20세기 초의 엄청난 물적자본의 축적은 평등한 소득분배 하에서는 불가능했을 것이라고 인정한 바 있다. 물적자본의 축적은 누구에 의해 축적되든 누구에 의해 사용되든 상관없이 경제전체의 공급능력을 확대하고 노동생산성을 증가시키는 속성이 있다.

그러나 불평등이 인적자본 축적에 미치는 효과는 물적자본의 축적에 미치는 효과와 다르다. 불평등이 인적자본 축적에 미치는 효과는 부정적이다. 물적자본과 달리 인적자본은 개인에게 체화되는 특성이 있으므로 다른 사람에게 쉽게 이전되지 않는다. 인적자본의 한계생산성은 물적자본의 한계생산성과 마찬가지로 체감하는 특성을 보인다. 예를 들어, 이미 교육비를 충분히 지출하고 있어 한계생산성이 떨어지는 고소득층 자녀에게 천만 원을 더 투자하는 것보다는 저소득층 자녀에게 천만 원을 투자하는 것이 경제전체의 인적자본 수준을 높이게 된다. 물적자본과 달리 고소득층이 축적한 인적자본을 저소득층이 함께 사용할 수 있도록 하기는 어렵다. 결국 소득재분배는 경제전체의 인적자본 축적에 기여하고 그 경로를 통해 성장에 기여한다.

불평등이 성장에 미치는 여러 경로에 대해서는 여러 가설을 제기할 수 있겠지만, 극단적으로 단순화시켜 대비시킨다면 불평등이 물적자본의 축적에는 긍정적일 수 있지만 인적자본의 축적에는 부정적인 효과를 미친다는 결론을 내릴 수 있다.

제7편 연습문제 해답 및 해설

선택형 문제

01 ⑤

02 ②

03 ⑤

04 ①

05 ② a, d는 현재소비가 현재소득에 의해 결정된다는 이론이다.

06 ④ 대부자에 대한 이자율 상승 ⇒ 대체효과: 현재소비 감소, 소득효과: 이자소득 증가에 의한 생애소득 증가로 현재소비 증가 ⇒ 순효과는 알 수 없음.

07 ② 차입자에 대한 이자율 상승 ⇒ 대체효과: 현재소비 감소, 소득효과: 이자지급 증가에 의한 생애소득 감소로 현재소비 감소 ⇒ 두 효과에 의해 현재소비 감소.

08 ② 장기적으로 볼 때 임시소득은 평균적으로 0이지만, 단기적으로는 그렇지 않다. 단기적으로 소득에는 임시소득이 포함되어 있으므로 단기소비함수의 기울기가 더 작다.

09 ④ 소비자들이 현재 유동성제약에 걸려 있어 당장 원하는 만큼 소비를 할 수 없으므로, 미래의 예정된 세금인하는 효과가 없고, 일시적일지라도 현재의 세금인하는 효과가 있다.

10 ④ 자본의 한계생산성이 증가하는 경우이며, ⑤는 고용감소로 자본의 한계생산성이 감소하는 경우이다.

11 ② 재정지출과 조세가 장기적으로는 모두 상쇄되는 측면을 강조한다.

12 ⑤

13 ②

14 ①

15 ⑤ (기업수익 증가 = 호황 ⇒) 주가 상승 ⇒ q 상승 ⇒ 투자 증가 ⇒ 호황

16 ②

17 ③

18 ④

19 ①

20 ② 주식의 예상수익률은 화폐수요에 영향을 주지만, 현재의 주가가 하락했다고 해서 앞으로도 주식수익률이 하락한다고 볼 수는 없다.

21 ⑤

22 ④ 불확실성의 증가는 채권수요를 감소시키므로 채권 가격의 하락 및 이자율 상승요인이다.

23 ③ 3대 통화정책 수단 중 지급준비율정책은 통화승수 자체에 영향을 미친다.
참고: 통화량 = 통화승수 × 본원통화량

24 ① 통화승수 크기의 결정요인은 현금보유성향과 은행의 지급준비율이며, 이자율은 이 두 변수에 영향을 줌으로써 간접적인 영향을 미친다.

25 ② 이자율은 현금보유성향과 지급준비율에 영향을 주어 결과적으로 통화승수에 영향을 미친다. 유통속도는 통화량이 얼마나 빨리 회전되는가를 나타내는 개념으로, 통화공급의 내생성과 직접적인 관련은 없다.

26 ⑤ 실질임금은 은행방문의 기회비용과 관계된다.

27 ①

28 ② 현재의 실질화폐수요량은 $\left(\frac{M}{2}\right)^d = 2,200 - 200 \times 5 = 1,200$이므로 명목화폐수요량은 2,400이다. 현재의 통화공급량이 2,000이므로 400만큼 증가시켜야 한다.

29 ② 화폐실질공급은 $3,000/2 = 1,500$, 화폐수요는 $3,000 - 200 \times 5 = 2,000$으로 화폐의 초과수요 발생. 이자율 상승압력에 대처하기 위해 중앙은행은 화폐공급을 늘린다.

30 ④ 화폐수요함수 또는 LM 곡선이 수직에 가깝다는 것으로 통화공급의 증감은 이자율을 크게 움직인다.

서술형 문제

01 (1) 소비자의 효용함수로 보아 금기의 소비와 미래의 소비는 대체관계에 있다. 따라서 소비를 한 기에 집중시킬 것이다. 현재에 소비를 집중시키면 $U = C_1 = 100 + 100/1.08 \fallingdotseq 192.6$이며, 미래에 소비를 집중시키면 $U = 0.9$, $C_2 = 0.9(100 \times 1.08 + 100) = 187.2$이다.
따라서 현재에 소비를 집중시킨다.

(2) 현재에 소비를 집중시키면 $U = C_1 = 100 + 100/1.12 \fallingdotseq 189.3$ 이며, 미래에 소비를 집중시키면 $U = 0.9,\ C_2 = 0.9(100 \times 1.12 + 100) = 190.8$ 이다.
따라서 미래에 소비를 집중시킨다.

02 (1) 현재의 항상소득은 $(1{,}000 + 800)/2 = 900$이므로 현재의 소비는 $0.8 \times 900 = 720$이며, 현재의 한계소비성향은 $720/800 = 0.9$ 이다. 미래 시점의 항상소득은 다시 $(800 + 1{,}000)/2 = 900$ 이므로 미래의 소비는 여전히 $0.8 \times 900 = 720$ 이다. 그러나 한계소비성향은 $720/1{,}000 = 0.72$ 로 감소한다.
(2) $(720 + 720)/(800 + 1{,}000) = 0.80$
단기적으로는 한계소비성향이 소득의 증가에 따라 감소하지만 장기적으로는 소비성향이 일정하다는 것을 알 수 있다.

03 가계저축률 $= \beta_o + \beta_1$ 이자율 $+ \beta_2$ 부 $+ \beta_3$ 노인인구부양비율 $+ \beta_4$ 기대수명
β_1: (+), β_2: (−), 같은 소득 수준에서 부의 증가는 소비성향을 증가시키고 저축성향을 감소시킨다. β_3: (−), 생애주기가설에 의하면 노인의 소비성향은 청장년층에 비해 높다. 다른 조건이 일정할 때 노령인구 비중의 증가는 사회 전체의 소비성향을 증가시킨다. β_4: (+) 한 개인의 입장에서 기대수명의 증가는 미래의 소비를 위해 더 많은 자원을 비축할 동기를 강화시킨다. 따라서 모든 연령층에 걸친 기대수명의 증가는 소비성향을 낮추는 요인으로 작용한다.

04 (1) $uc = (r + \delta)p_K = (0.10 + 0.10) \times 1{,}000 = 200$
(2) 기업이 이윤극대화의 원리에 따라 투자수준을 결정한다면 $MP_K = (r + \delta)p_K$가 되도록 투자할 것이다. 즉, $1{,}000 - 2K = 200,\ K^* = 400$
(3) $uc = (0.20 + 0.10) \times 1{,}000 = 300$
$1{,}000 - 2K = 300$
$K^* = 350$
이자율의 상승으로 투자가 줄어든다.

05 $C = a_0 + a_1(Y - T),\ I = b_0 + b_1 Y$
$Y = a_o + a_1(Y - T) + b_0 + b_1 Y + G,\ (1 - a_1 - b_1)Y = a_o + b_o - a_1 T + G$
정부지출 승수: $\dfrac{1}{1 - a_1 - b_1}$

06 (1) 케인즈주의에 따르면 투자에는 금리보다는 기업가의 장래에 대한 전망 또는 예상이 더 중요하다. 또한 자산가격이 미치는 영향이나 신용할당에 의한 금융기관의 신용공급 의사 등도 금리 못지않게 중요한 요인이다.
(2) 수요측면: 먼저 부(wealth)의 효과를 살펴보면 '부의 증가 → 소비증가 → 소득증가 → 가속도원리에 의한 투자증가' 경로가 작동한다. 한편 주가 상승기에는 경기개선에 대한 기대심리가 반영되어 있으므로 투자수요가 증가하는 경향이 있다.
비용측면: 토빈(Tobin)의 q 효과를 생각해 볼 수 있다. 주가 상승에 따른 토빈의 q 상승은 자본조달비용의 감소를 가져온다. 따라서 신주발행에 의한 투자자금 조달이

용이해진다.

(3) ① 리스크 프리미엄을 반영한다. 금리 스프레드가 클수록 위험자산보다는 안전자산에 대한 선호도가 상대적으로 크며 채권투자의 리스크가 확대되어 있음을 의미한다.

② 금리스프레드의 수준보다는 그 변동폭이 얼마나 큰가를 나타낸다. 금리스프레드 변동성이 커진다는 것은 금융시장에 교란 요인이 자주 발생하고 장단기금융시장의 연계성에 혼란이 발생하며 경제주체들의 장래에 대한 기대감이 자주 변화하는 등 경제에 불확실성이 고조되고 있다는 것을 의미한다.

③ 금리스프레드의 변동성은 금융시장의 불확실성을 나타내주는 금융지표로 볼 수 있으며 장래에 대한 불확실성이 확대되면 설비투자가 위축된다.

07 $M^d/p = 3{,}000 - 200r$, $M^s = 3{,}000$, $P = 2$, ϕ(통화승수) $= 4$

화폐시장의 균형: $3{,}000/2 = 3{,}000 - 200r$, $200r = 1{,}500$, $r = 7.5$

이자율을 5%로 내리기 위해서는 통화공급을 증가시켜야 함

이자율이 5%일 경우 실질화폐수요량 $= 3{,}000 - 200 \cdot 5 = 2{,}000$

새로운 통화공급량 $M = 4{,}000$, 즉 통화공급량 증가분 $= 1{,}000$

통화승수가 4이므로 250만큼 공개시장 매입이 필요

08

현금(C)/예금(D)	지준(R)/예금(D)	본원통화(MB)	통화승수(ϕ)	통화량(M)
	0.12	10조원		50조원

$MB = C + R = D(C/D + R/D) = D(C/D + 0.12) = 10$

$M = C + D = D(C/D + 1) = 50$

$M/MB = (C/D + 1)/(C/D + 0.12) = 5$

$C/D + 1 = 5(C/D + 0.12) \rightarrow 4(C/D) = 0.4 \rightarrow C/D = 0.10$

09

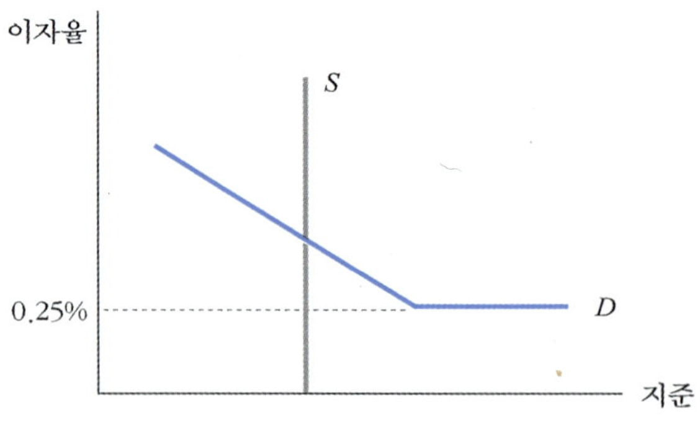

지준(지급준비금)의 공급곡선은 중앙은행의 의도에 따라 결정되므로 수직이다. 지준에 대한 수요곡선은 우하향하다 0.25%에서 수평선의 형태를 띤다. 만약에 이자율이 0.25%에 비해 조금이라도 낮으면 금융기관은 단기금융시장에서 차입하여 중앙은행에 예치하고 차익을 얻으려 할 것이므로 지준 수요곡선은 중앙은행이 정한 금리인 0.25%에서 평평한 모습을 띠게 된다.

10 시장이자율이 높아지면 민간의 현금보유성향이 낮아져 예금이 늘어나고 그에 따라 대출이 증가하면서 통화승수가 커진다.

11 (1) $M = b(Y-T) - hR = bY - bT - hR$

$$hR = bY - bT - M\ ,\ R = \frac{b}{h}Y - \frac{b}{h}T - \frac{1}{h}M$$

이 모형에서는 조세가 가처분소득의 변화를 가져오고 화폐수요에도 영향을 주는 특징이 있다.

(2) $T\uparrow \Rightarrow C\downarrow$: *IS* 곡선 좌측이동

$T\uparrow \Rightarrow M^d\downarrow$: *LM* 곡선 우측이동

IS 곡선이 좌측으로 이동하면서 소득이 감소하지만, 동시에 *LM* 곡선이 우측으로 이동함으로써 소득 감소 효과를 둔화시킨다. 이자율은 보통의 경우에 비해 더 크게 하락한다.

12 통화정책의 효과는 B국에서 더 크다. A국에서의 확장적인 통화정책은 이자율 하락 경로를 통해 투자를 증가시키면서 산출을 증가시킨다. B국에서는 이자율 경로 이외에 두 가지 효과가 가세하여 산출을 더욱 확대시킨다. 통화량 증가가 실질잔고효과(real balances effect)를 가져와 소비가 증가하는 한편, 투자 측면에서는 가속도원리가 작동하여 투자를 추가적으로 증가시킨다.

13 일반적으로 호황(불황)기에는 가계가 보유한 부(wealth)의 가치가 상승(하락)하고 주가가 상승(하락)하는 경향이 존재하므로 이러한 영향을 더 받는 B국에서 경기변동의 진폭이 더 클 것이다.

제8편 연습문제 해답 및 해설

선택형 문제

01 ③ $Y-(C+I+G)=NX$; 자본의 순유출

02 ②

03 ①

04 ① $e=\frac{EP^*}{P}=\frac{950\times 3}{3,000}=0.95<1$. 원/달러 환율이 1,000원이 되어야 구매력평가가 성립하지만, 950원이므로 원화는 고평가된 상태이다.

05 ①

06 ④

07 ④ 예상수익률이 사전적으로 일치함.

08 ③ 항상 $E^e=E$가 성립하는 경우이다.

09 ① 자본유출입이 자유롭고 이자소득세를 무시하면, 문제의 상황은 시장이 원화가치의 상승을 예상하고 있거나, 아니면 우리나라 채권 가격이 외국 채권 가격보다 높게 형성될 만큼 상대적으로 안전하다는 뜻이다.

10 ① $G-T$의 감소는 이자율을 상승시킨다(IS의 상방 이동) ⇒ 자본유입 ⇒ 환율 하락 ⇒ 순수출 감소

11 ④ 국내이자율 하락(=국내 통화량 증가) = 국내 채권가격 상승 ⇒ 외국 채권가격의 상대적 하락 ⇒ 외국 채권에 대한 수요 증가 ⇒ 환율의 상승(=평가절하)

12 ③ 투자의 증가는 경상수지를 악화시킨다.

13 ⑤

14 ③ 경제성장률의 상승은 외국통화에 비해 상대적으로 자국통화수요를 상승시키므로 고평가를 유발하는 요인이다.

15 ③ 재정지출 증가 ⇒ 국내이자율 상승 ⇒ 자본유입 압력 ⇒ 환율 하락(=자국화폐 절상)

16 ①

17 ④ 세계이자율의 상승 ⇒ 자본유출 압력 ⇒ 환율 상승 ⇒ 순수출 증가 ⇒ 소득 증가

18 ④ 세계이자율의 상승 ⇒ 자본유출과 환율 상승 압력 ⇒ 중앙은행의 외환공급: 통화량 축소 ⇒ 국내이자율 상승 ⇒ 투자 위축 ⇒ 소득 감소 ⇒ 소비 감소, 순수출 불변 또는 증가(실질환율은 불변, 순수출이 국내소득의 영향을 받는 경우에는 증가, 순수출이 국내소득의 영향을 받지 않는 경우에는 불변)

19 ③ 물가 하락 ⇒ 실질환율의 절하 ⇒ 순수출 증가 ⇒ 소득 증가. 고정환율제도 하에서는 이자율이 세계이자율 수준으로 고정되어 있기 때문에 투자는 불변.

20 ① 환율의 오버슈팅은 투기적 요인에 의해 발생하기보다는 금융시장과 상품시장의 조정속도가 다른 경우에 합리적 기대 하에서도 발생할 수 있다.

서술형 문제

01 국내이자율 = 외국이자율 + 국내통화의 예상 (절하율)
국내이자율 = 외국이자율 - 국내통화의 예상 (절상률)
국내이자율 = 외국이자율 (-) 국내통화의 예상 절상률

02 $i = i^* + \frac{E^e - E}{E} + \rho$에서 국가 위험 프리미엄($\rho$)이 하락하면 (환율, 이자율) 평면에서 곡선이 이자율과 환율이 내려가는 방향으로 이동한다.

03 (1) $M\uparrow \Rightarrow i\downarrow$ (이 단계에서 Y는 증가하지 않음) $\Rightarrow E\uparrow \Rightarrow$ 실질환율↑
$\Rightarrow CA\uparrow, Y\uparrow$
$Y = C + I + G + CA$의 우변에서 Y가 증가하는 가운데 C는 Y보다 적게 증가한다.
I와 G가 불변이므로 CA는 증가한다.

(2) $M\uparrow \Rightarrow i\downarrow \Rightarrow E\uparrow \Rightarrow CA\uparrow \Rightarrow Y\uparrow, C\uparrow$ & $I\uparrow$ 이므로 CA는 불확실하다. 참고로 CA는 E 상승에 따라 증가, Y 증가에 따라 감소하므로 어느 효과가 더 큰지에 따라 증가하거나 감소할 수 있다.

(3) 투자가 이자율에 영향을 받는지에 따라 결과가 미세하게 달라진다. 문항 (1)에서는 Y가 증가할 때, $Y = C + I + G + CA$의 우변에서 C는 Y보다 적게 증가하고 I와 G는 불변이므로 CA가 증가해야 한다. 문항 (2)에서는 Y가 증가할 때, C가 Y보다 적게 증가하는 한편 I도 증가하므로 CA에 미치는 효과는 불확실하다. 참고로 개방거시경제모형을 크게 분류하면, 기대환율(E^e)에 대한 가정에 따라 (Y, i) 평면을 사용하는 $IS-LM-BP$모형, $IS-LM-UIP$ 연결 모형이 있고, (Y, E) 평면을 이용하여 설명하는 모형이 있다.

04 $i=i^*+\dfrac{E^e-E}{E}$를 $E=\dfrac{E^e}{1+i-i^*}$로 바꾸면 문제의 세 식을 두 식으로 표현할 수 있다.

$$Y=C(Y-T)+I(i)+G+NX\left(\frac{E^eP^*}{P(1+i-i^*)},Y,Y^*\right),\ M/P=L(Y,i)$$

(1) 본국의 확장적 통화정책
이자율 하락, 환율 상승, 소득 증가
순수출 불확실: 환율 상승(+) 효과, 국내소득 증가(−) 효과

(2) 본국의 확장적 재정정책
재정지출의 직접 효과에 의한 소득 증가
단, 이자율 상승 및 환율 하락에 의해 소득 증가 효과는 제한적
순수출 감소: 환율 하락(−) 효과, 국내소득 증가(−) 효과

(3) 외국의 재정 팽창: Y^* 상승, i^* 상승
i^* 상승: 환율 상승(→ 순수출 증가)
Y^* 상승: 순수출 증가 → 소득 증가
국내 이자율 상승

(4) 외국의 통화 팽창 → 금리 인하: i^* 하락, Y^* 상승
i^* 하락: 환율 하락(→ 순수출 감소)
Y^* 상승: 순수출 증가 → 소득 불확실
국내 이자율에 미치는 효과도 불확실

05 순자본유입 + 순수출 = Δ 외환보유고
그런데 외환시장 개입이 없으면 Δ 외환보유고 = 0
즉, 순자본유입 + 순수출 = 0이라는 균형조건이 성립한다.

(1) 국내금융시장의 불안 → 순자본유입↓ → 순수출↑
자본유출이 발생하지만 환율 상승에 의한 무역수지 개선으로 대외균형을 이룬다.

(2) 세계경제의 침체 → 순자본유입에 영향 없음 → 순수출에 영향 없음
일차적으로 수출이 감소하면서 국내로의 외환유입(공급)이 감소한다.
그러나 이 과정에서 환율이 상승하고 수출이 늘어나면서 대외균형을 이룬다.

06 외화표시부채가 많은 경우에는 차입 원리금 상환 부담이 늘어난다. 한편 수입의존도가 높은 경우에는 수입물가 상승으로 국내물가도 상승하는데, 이는 내수를 위축시킨다. 즉, 환율의 상승이 수출에는 유리하지만 외채의존도와 수입 비중이 높은 국가의 경우에는 경제가 위축될 가능성이 크다.

07 $Y=C+I+G+NX,\ S=Y-C-G=I+NX,\ NX=S-I$
한편 순수한 변동환율제에서 $CF+NX=0$
즉, 순자본유출 + 순수출 = 0의 관계가 성립한다. 경상수지 흑자의 누적은 자본순유출의 누적을 의미하고, 이는 대외자산의 누적적 증가로 나타난다. 누적된 대외순자산이 과도한 경우 본국으로의 소득 이전도 크게 증가한다. 이는 통화가치 절상 및 물가 하락 압력으로 작용하며, 심한 경우에는 디플레이션과 경기 침체의 구조가 고착될 수도 있다

(일본의 예). 즉, 경상수지 흑자의 누적은 외환위기 가능성을 낮추는 긍정적인 측면이 있지만 그 자체가 총수요 부족을 의미하고 심한 경우 디플레이션하의 장기침체를 불러올 위험이 있다.

제9편 연습문제 해답 및 해설

선택형 문제

01 ③

02 ④ 경기침체에 의한 디플레이션은 실질잔고효과에 의하면 실질잔고를 증가시켜 경기를 회복시키지만, 부채-디플레이션 가설에 따르면 총수요를 더욱 위축시킨다.

03 ② 실질임금이 충분히 하락하면 실업률이 감소한다.

04 ③ 물가에 대한 합리적 기대 하에서는 명목임금과 가격이 신속히 하락하여 불황 없이 디스인플레이션(disinflation)을 달성할 수 있다.

05 ② 다른 예들은 자산가격과 신용공급 변화로 경기침체가 증폭될 수 있음을 보여준다.

06 ⑤ 통화주의자의 k% rule은 유통속도가 안정적임을 전제로 한 것이다. $MV = PY$에서 유통속도가 급변하는 경우는 M을 통제해도 소용이 없다. 달성 가능성이 다소 불투명하더라도 inflation targeting이 중요해진다.

07 ④ 최적화 행동에 입각할 때 노동공급의 기간 간 대체 원리가 작동하는데, 어떤 충격에 의한 경기변동 현상일지라도 그것은 경제주체들의 자발적이고 최적화된 반응의 과정에 속한다.

08 ③ 일시적으로 현재임금이 증가하면 기간 간 대체에 의해 미래보다는 현재의 노동공급을 더 늘리게 된다. 항구적이면 상대임금 불변 ⇒ 노동공급 비율 불변.

09 ④ 노동의 기간 간 대체를 강조하는 RBC 이론에서 총공급곡선은 (소득, 물가)보다는 (소득, 실질이자율) 평면에서 정의된다.

10 ① 테일러 준칙은 소득은 잠재 GDP 수준, 인플레이션은 목표 수준에 도달하도록 고안된 것으로 경제성장률 자체를 끌어올리는 것을 목표로 하지 않는다.

11 ④ 화폐수요의 소득에 대한 탄력성은 LM곡선의 기울기와 관계된다.

12 ④ 노동의 기간 간 대체를 강조하는 RBC 이론의 관점에서 보면, 기술충격이 일시적이 아니라 항구적이라면 현재와 미래의 노동공급비율을 변화시킬 유인이 없으므로 실업률에는 변화가 없다.

13 ③ 이제 거시경제 현상을 설명하는 데 있어서도 가급적 미시적 기초를 도입하는 것이 좋다는 것에는 모든 경제학자가 동의하고 있다.

14 ⑤ 낮은 임금으로 유능한 인재를 구하려는 시도는 역선택으로 귀결된다.

15 ④ 메뉴비용 이론에서 통화량 증가가 실질소득을 증가시키도록 하는 데 필요한 가정이다.

16 ② 총공급 충격이 총수요 충격보다 지속적이라는 점에 대해서는 대부분의 경제학자가 동의하고 있으며, 루카스 비판과 직접적인 관련성은 없다.

17 ⑤

18 ③

19 ①

20 ① Kydland-Prescott의 시간불일치 개념으로 인해 중앙은행에 대한 적절한 구속장치가 없으면 inflationary economy로 갈 가능성이 크다는 것을 확실히 인식하게 되었다. 테일러 준칙은 미국의 FRB가 성장과 인플레이션을 동시에 고려하여 이자율을 설정한다는 준칙을 말한다.

서술형 문제

01 $L(u, \pi) = u + \pi^2$

$u = 5 - 2(\pi - \pi^e)$, $L(u, \pi) = u + \pi^2$

중앙은행의 전략 $\pi = 0$

만약 중앙은행이 $\pi = 0$이라는 고정된 준칙을 고수하면서 실행에 옮긴다면 민간이 정하는 π^e도 0으로 유지되므로 중앙은행의 손실(L)은 자연실업률 수준의 5(%)이다. 그러나 $\pi = \pi^e = 0$의 상태가 지속될 수 있을까? 인플레이션뿐만 아니라 실업률 등 경기여건의 개선도 중시하는 중앙은행의 최적 행동은 필립스곡선이라는 제약조건 하에 손실을 최소화하는 문제를 푸는 것이다. 즉, $\partial L / \partial \pi = 0$을 만족하는 π를 찾는다. $L(u, \pi) = 5 - 2(\pi - \pi^e) + \pi^2$ 에서 $-2 + 2\pi = 0$, $\pi = 1$이다. 즉, 민간의 기대인플레이션이 여전히 0으로 유지($\pi^e = 0$)될 때 인플레이션과 실업률은 (1, 3)이다 ($u = 5 - 2(1 - 0) = 3$). 그러나 이 상태(민간이 인플레이션에 대비할 수 없는 상태)는 오래 지속될 수 없고 민간이 $\pi^e = 1$로 기대를 조정하기 때문에 인플레이션과 실업률의 장기 균형 조합은 (1, 5)가 된다.

02 (1) 한계소비성향: 소득 한 단위 변화에 대응하는 소비의 변화량

정책의 효과를 계량적으로 분석하면서 흔히 한계소비성향이 일정하다는 가정을 사용하는데, 만약 한계소비성향이 경제환경에 따라 가변적이라면 정책 효과 분석이 오류에 빠질 수 있다. 개인소득세 인하 정책의 예를 들어보자. 대부분의 사람들이 현재의 감세가 미래의 증세를 불러올 수밖에 없다고 판단하면, 현재의 가처분소득

이 증가하더라도 소비를 더 하려 하지 않거나 조금만 증가시킬 뿐이다(리카도 동등정리). 즉, 정책의 변화에 따라 한계소비성향도 변하므로 확장적 조세재정정책의 효과가 축소될 수밖에 없다.

(2) 유동성 효과: 화폐공급 증가로 명목이자율이 하락하는 현상
실제 물가 및 예상 물가가 안정적으로 유지되고 있는 경우(가격의 경직성), 화폐공급이 증가할 때 명목이자율과 실질이자율이 동시에 하락할 수 있다. 그러나 화폐공급의 증가가 인플레이션을 유발할 것이라는 예상이 우세해지면 명목이자율이 상승하게 된다(피셔 관계식: 명목이자율 = 실질이자율 + 예상인플레이션율). 유동성 효과가 작동하지 않으면 확장적 통화정책은 물가만 상승시킨다.

(3) NAIRU: 인플레이션을 가속화(변화)시키지 않는 (최소한의) 실업률
인플레이션을 결정하는 요인 가운데 하나는 기대인플레이션이다. 고전학파가 선호하는 명칭인 자연실업률이 노동시장 구조에 초점을 맞추는 반면, 필립스곡선을 중시하는 케인즈주의자들이 선호하는 개념인 NAIRU는 인플레이션에 대비하여 정의된다. 그런데 예를 들어 관대한 실업보험제도의 도입으로 실업률이 상승한다면 이는 자연실업률의 상승에 해당한다. 그러나 NAIRU 개념에 집착하여 높아진 실업률을 낮추기 위해 확장적 통화정책을 시도하면 물가상승이 가속화될 수도 있다.

03 (1) 노동시장: 노동생산성이 감소하여 기업의 노동수요가 감소하지만 그 효과는 일시적이다. 기업의 노동수요 감소는 현재에만 일시적으로 발생하고 미래에는 다시 원상태로 돌아간다. 따라서 일시적인 음(−)의 기술충격은 임금을 현재에만 일시적으로 하락시킨다. 미래에 대비한 현재의 상대임금 하락으로 노동공급의 기간간 대체 현상이 발생한다. 그 결과 일시적으로 고용과 임금이 감소하는 불황이 발생하고 미래에는 다시 원래 상태로 돌아가는 경기변동 현상이 나타난다. 여기서 노동공급곡선의 이동 여부는 임금 이외의 다른 요인, 즉 이자율의 변화에 달려있는 데 일시적 기술충격이 대부자금시장에 어떤 변화를 가져오는지를 살펴보아야 한다. 아래에서 분석한 대로 경제주체가 일시적 소득 감소에 대응하여 소비를 줄이기보다 저축감소로 대응하는 한편, 투자 행위도 크게 조정하지 않는다면 이자율은 다소 상승하게 될 것이다.

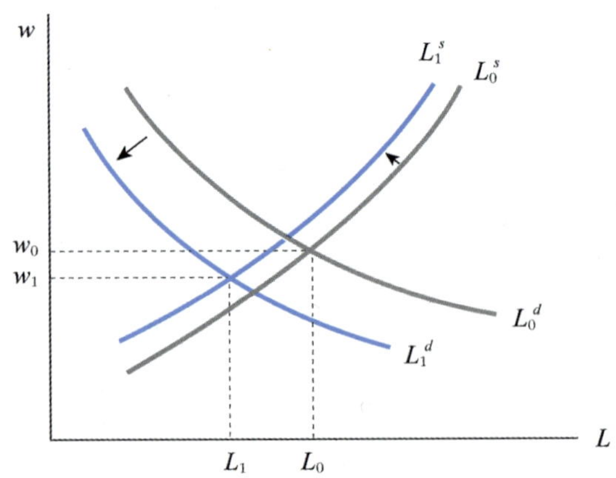

(2) 대부자금시장: 평탄한 소비를 원하는 소비자는 음(−)의 기술충격으로 인한 소득의 감소가 일시적이라고 생각하므로 현재의 소비를 많이 감소시키지 않는다. 일시적 소득의 감소에 대해 대부분 저축 감소로 대응한다. 투자에 미치는 영향은 부정적이지만 일시적 충격에 크게 반응하지는 않기 때문에 투자 감소폭은 크지 않다. 즉, 상대적으로 대부자금공급곡선의 좌측 이동폭이 대부자금수요곡선의 좌측 이동폭보다 클 것이며 그 결과 이자율이 다소 상승한다.

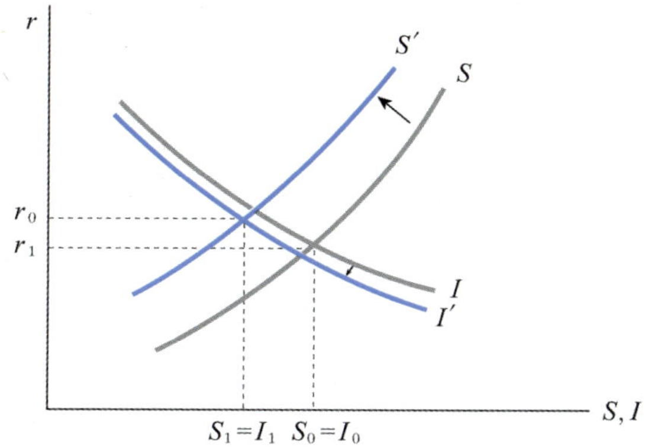

(3) 생산물시장(총수요 · 총공급): 일시적인 음(−)의 기술충격은 총공급곡선을 좌측으로 이동시킨다. 소비와 투자는 일시적인 충격에는 크게 반응하지 않으므로 총수요곡선이 좌측으로 이동하는 폭은 크지 않다. 그 결과 이자율이 다소 상승한다.

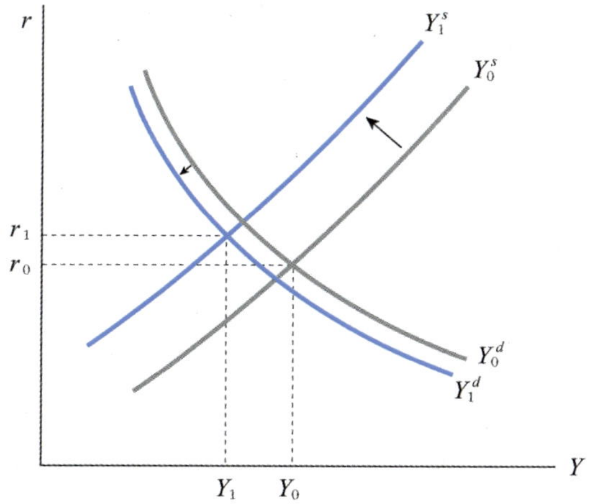

04 (1) $IS-LM$ 분석: IS 곡선의 좌측 이동 → 산출과 이자율의 하락

(2) 부의 감소(예: 주가 및 주택가격의 하락)로 인해 사람들은 미래의 가처분소득이 줄어들었다고 인식한다. 자산을 전부 또는 일부 매각할 경우 처분할 수 있는 자원이 줄어들기 때문이다. 따라서 미래 소득의 감소를 상쇄하기 위해 노동공급을 증가시키려는 유인을 갖게 된다. 노동공급의 증가는 산출 확대 요인이다.

05 (1) $\widehat{Y}_t = -\alpha(r_t - \bar{r}) = -\alpha\gamma(\pi_t - \pi^*)$; AD 곡선

인플레이션율이 상승할 경우에 중앙은행은 인플레이션을 억제하기 위해 이자율을

올리며 그에 따라 총수요가 위축된다.

(2) $\pi_t^e = \pi_{t-1}$의 가정: 적응적 기대

인플레이션이 금기의 *GDP* 갭이 아니라 전기의 *GDP* 갭에 의해 결정된다고 가정함으로써 물가가 경직적이라고 보는 인식이 반영되어 있다.

(3) *AD*곡선: $\widehat{Y_t} = -0.5(\pi_t - \pi^*)$

*AS*곡선: $\pi_t = \pi_{t-1} + \widehat{Y_{t-1}}$

장기*AS*곡선: $\widehat{Y_t} = 0$

이 모형에서 현재의 인플레이션(π)은 현재의 $\hat{Y}$가 아닌 과거의 $\hat{Y}$에 영향을 받기 때문에 수평이다.

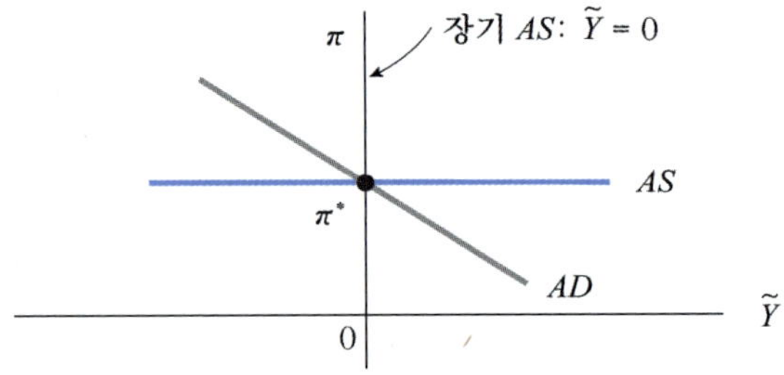

06 *AD*곡선을 다음과 같이 도출할 수 있다.

상품시장에서의 수요는 진정한 장기이자율에 의존: *IS*곡선: $\widehat{Y_t} = -\alpha(r_t - \rho)$

중앙은행의 통화정책은 가정한 장기이자율에 의존: *MP*곡선: $r_t - \rho' = \gamma(\pi_t - \pi^*)$

$\widehat{Y_t} = -\alpha(\rho' + \gamma(\pi_t - \pi^*) - \rho) = -\alpha\gamma(\pi_t - \pi^*) - \alpha(\rho' - \rho)$

(1) $\rho' > \rho$: 장기실질금리를 높게 예측하는 경우

GDP 갭으로 측정한 총수요가 동일한 π에서 $-\alpha(\rho' - \rho)$ 만큼 작다.

$\pi_t = \pi^*$에서 $\widehat{Y_t} < 0$

인플레이션이 서서히 하락하며(*AS* 하향 이동) 잠재 *GDP* 상태($\widehat{Y_t} = 0$)에서 실제의 π는 π^*보다 낮다. 즉, 인플레이션 목표에 미달한다.

$\alpha = \beta = 1$, $\gamma = 0.5$로 가정할 때,

*AD*곡선: $\widehat{Y_t} = -0.5(\pi_t - \pi^*) + (\rho - \rho')$, $\rho - \rho' < 0$

*AS*곡선: $\pi_t = \pi_{t-1} + \widehat{Y_{t-1}}$

장기*AS*곡선; $\widehat{Y_t} = 0$

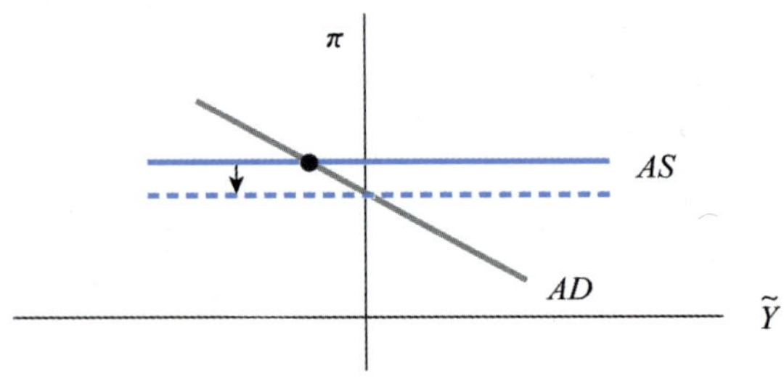

(2) $\rho' < \rho$: 장기실질금리를 낮게 예측하는 경우

GDP 갭으로 측정한 총수요가 동일한 π에서 $-\alpha(\rho' - \rho)$ 만큼 크다.

$\pi_t = \pi^*$에서 $\widehat{Y_t} > 0$

인플레이션이 서서히 상승하며(AS 상향 이동) 잠재GDP 상태($\widehat{Y_t} = 0$)에서 실제의 π는 π^*보다 높다. 인플레이션 목표를 초과한다.

$\alpha = \beta = 1, \gamma = 0.5$ 로 가정할 때,

AD곡선: $\widehat{Y_t} = -0.5(\pi_t - \pi^*) + (\rho - \rho')$, $\rho - \rho' > 0$

AS곡선; $\pi_t = \pi_{t-1} + \widehat{Y_{t-1}}$

장기AS곡선; $\widehat{Y_t} = 0$

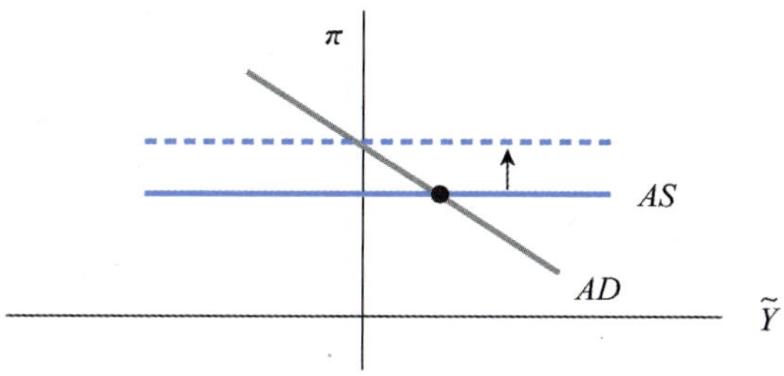

07 (1) 총수요곡선을 도출하기 위해서는 IS곡선, 피셔관계식, 금리준칙이 필요

식1)과 식2) $Y_t = 100 - (r_t - 2) + \epsilon_t = 100 - (i_t - \pi_t - 2) + \epsilon_t$

식4)에서 $i_t - \pi_t - 2 = 0.5(\pi_t - 2) + 0.5(Y_t - 100)$

이를 위에 대입하여 정리하면,

$$Y_t = 100 - \frac{1}{3}(\pi_t - 2) + \frac{2}{3}\epsilon_t$$

(2) 인플레이션 상승 → 중앙은행의 명목금리 인상 → 실질금리 상승 → 총수요 위축

08 (1) (Y, r) 평면

IS곡선은 우하향한다. MP곡선은 중앙은행이 산출변화에 반응하지 않고 인플레이션만 관찰하여 대응하기 때문에 (Y, r) 평면에서는 수평이다.

장기 균형에서 $Y = Y_n$, $\pi = \pi^*$, $r = a$

(2) 확장적 재정정책

IS곡선이 우상향 이동한다. 새로운 산출 균형점이 잠재GDP 수준을 초과하며 인플레이션이 상승한다. 인플레이션이 상승함에 따라 중앙은행은 이자율을 인상한다(MP곡선의 상향 이동). 산출은 IS곡선을 따라 감소하지만 AS식에 따르면 여전히 GDP 수준을 상회하는데다 현재의 인플레이션(π)이 상승하면서 미래의 인플레이션(π_{+1})을 올리는 과정이 진행된다($\pi_{+1} = \pi + h(Y - Y_n) + v_{+1}$). 잠재$GDP$ 수준에 도달할 때까지 이 과정이 진행된다($\pi = \pi_{-1}$, $Y = Y_n$).

단, 이자율은 이전보다 높은 수준에서 형성된다.

(3) 자연실업률 상승

자연실업률의 상승은 잠재GDP의 증가를 의미: $Y_n \to Y_n'$, $Y - Y_n' < 0$

AS식에 따라 인플레이션이 하락한다. 인플레이션이 하락함에 따라 중앙은행은 이자율을 인하한다(MP곡선의 하향 이동). 산출은 IS곡선을 따라 증가하며(IS곡선은 이동하지 않음), 잠재GDP 수준에 도달할 때까지 이 과정이 진행된다 ($\pi = \pi_{-1}$, $Y = Y_n'$).

단, 이자율은 이전보다 낮은 수준에서 형성된다.

09 BIS 비율 = (자기자본/위험가중자산)×100

은행의 자산은 주로 대출이나 유가증권(주식, 채권 등)으로 구성되는데 BIS 비율 규제의 핵심은 차주의 신용등급에 따라 위험가중치를 차등화하는 것이다. 차주가 기업인 경우 기업의 신용등급이 바뀌면 가중치도 달라지게 된다. 그런데 차주의 신용도는 경기상황에 따라 달라진다. 불황에 빠진 경우에는 '신용위험상승 → 위험가중치증가 → 자기자본비율하락 → 은행대출축소' 과정이 진행된다. 호황의 경우는 반대이다. 즉, 은행대출의 경기동행성이 강화된다. 따라서 통화당국이 아무런 대응을 하지 않아도 경기가 좋아지면 대출이 늘고 경기가 나빠지면 대출이 줄어들게 되므로 경기변동폭이 커진다(금융가속도원리; financial accelerator 작동).

1) 불황인 경우의 확장적인 통화정책 대응: 은행들이 BIS 비율을 준수하기 위해 대출을 늘리지 않을 수 있으므로 통화정책이 의도한 효과를 거두기 어렵다.
2) 호황인 경우의 긴축적인 통화정책 대응: 은행들에게 BIS 비율 준수가 제약요인이 아니므로 통화정책이 의도한 효과를 거둘 수 있다.

10 • IS 곡선 이동: 소비와 투자가 자산(주식, 부동산 등)의 가격에 영향을 받는다면 IS 곡선이 통화정책에 반응하여 움직인다(자산가격경로). 한편, 금융위기와 같은 이례적 상황에서 중앙은행의 확장적 대응이 기업의 신용위험을 낮추고 금융투자에 대한 신뢰를 회복하는데 기여하면 IS 곡선의 좌측 이동을 막는 역할을 하는 셈이다.

• AS 곡선 이동: 정설로 받아들이기 어려운 측면이 있기는 하지만 비용경로(cost channel)도 존재한다. 기업이 인건비, 자재비 등 비용 지급의 상당 부분을 차입에 의존할 경우 확장적 통화정책에 의한 금리하락은 생산비용을 감축하므로 AS 곡선이 아래로 (우측으로) 이동한다.

11 통상적인 경로를 따른다면 통화정책과 같은 방향으로 환율이 움직여 순수출(NX)에 영향을 미칠 것이다. 가령, 확장적인 통화정책에 의한 환율 상승이 실물경제에 부정적인 영향을 준다면 다음과 같은 경우를 생각해 볼 수 있다.

• 대외의존도가 높은 경제에서 수입물가가 상승하여 전반적인 물가상승이 나타나고 인플레이션 기대심리를 자극할 우려가 있다.
• 환율 상승에 따른 수입물가 상승에 의한 J-커브 효과도 단기적으로는 부정적인 효과를 가져온다.
• 외화표시부채가 외화표시자산보다 많은 기업이나 금융기관의 경우에 대차대조표가 악화되어(원화로 표시한 순자산이 감소) 신용위험이 높아져 차입제약에 직면하면 경제활동이 위축될 가능성이 있다.

12 (1) 자산가격(주가, 부동산가격 등)은 소비와 투자에 영향을 준다. 자산가격의 상승이

산출을 증가시키는 것과 마찬가지로 자산가격의 하락은 산출에 부정적인 영향을 준다. 특히 자산가격에 거품이 형성되고 그 거품이 붕괴되는 경우 심각한 경기침체를 맞이할 수 있다(1990년대 이후 일본의 장기 침체, 2008년의 서브프라임 위기 등). 따라서 중앙은행은 경제의 안정화를 위해 비정상적으로 큰 자산가격의 변동에 선제적으로 대응할 필요가 있다.

(2) 많은 경제학자들은 중앙은행이 자산가격 변동에 직접 반응하는 것에 회의적인데, 다음과 같은 근거가 제시된다.

- 자산가격에 거품이 형성되고 있는지 식별하기 어렵다. 특히 사전에 감지하고 선제적 조치를 취하기 매우 어렵다.
- 이자율 조절이 자산가격에 어느 정도 효과를 미치는지 확실하지 않다. 특히 어느 정도 이자율을 인상해야 거품을 적절히 제거할 수 있을지 알기 어렵다. 경우에 따라서는 이자율 인상이 자산가격의 폭락으로 이어질 수도 있다.
- 이자율 인상이 자산가격을 안정화시킨다 하더라도 소비와 투자 등 총수요를 위축시키는 부작용을 낳게 된다.
- 중앙은행이 자산가격에 빈번하게 대응하는 경우, 자칫 중앙은행이 금융시장에 지나치게 개입한다는 비난을 받게 되어 신뢰를 잃을 수도 있다.

* 주의할 점: 물가변동에 따른 실질자산효과($C=C(Y-T,\ A/P)$)는 가격조절 기능을 찬양한 고전학파의 견해이므로 이 문제에 적용하기에는 부적절하다. 실질자산가치 $a(=A/P)$의 변동은 A가 좌우한다고 보는 것이 현실적이다.

13
- 새고전학파(RBC): G의 증가로 총수요가 증가한다. 일시적 조세 증가로 가계의 평생가처분소득이 하락하지만 그 정도는 미미하므로 민간소비의 감소폭도 미미하다. 따라서 정부지출 증가 효과가 압도하므로 총수요곡선이 우측으로 이동하며 이자율이 상승한다. 한편, 이자율 상승 및 평생가처분소득의 (미미한) 감소로 노동공급이 증가한다(고용 증가). 즉, 총수요곡선과 총공급곡선이 모두 우측으로 이동하면서 산출이 증가한다.
- 고전학파: (총공급이 고정되어 있으므로) 이자율이 상승하면서 G가 증가하더라도 민간지출이 그만큼 상쇄되어 감소하므로 산출에 변화가 없다.
- 케인즈주의: 산출이 총수요에 의해 결정되며 균형재정승수 효과(단순모형의 경우에 1)에 의해 산출이 증가한다.

14 (1) $G_t-T_t=0$이므로 $B_t=(1+i)B_{t-1}$

따라서 $\dfrac{B_t-B_{t-1}}{B_{t-1}}=i(=0.05,\ 5\%)$

(2) $G_t+iB_{t-1}-T_t=0$이므로 $B_t=B_{t-1}$

즉, 증가율 0%

(3) $GDP(Y)$대비 정부부채 비율을 $\dfrac{B}{Y}$라고 하면, 이 비율의 증가율은 'B의 증가율 - Y의 증가율'이다. GDP성장률이 매년 4%이므로 Y의 증가율 = 4%

① 5% − 4% = 1%

② 0% − 4% = −4%

(4) ①의 경우는 지속불가능하다. *GDP* 대비 정부부채 비율이 계속 증가하므로 시간이 흐르면서 정부의 채무 상환능력이 의심을 받게 되어 국채의 추가 발행이 실패할 것이다.

②의 경우는 지속가능하다. *GDP* 대비 정부부채 비율이 계속 감소하기 때문이다.

(5) 일본의 *GDP* 대비 정부부채 비율이 높음에도 불구하고 이탈리아에 비해 '경제 성장률 - 이자율'이 높은 편이다. 일본의 국채는 수익률이 매우 낮음에도 불구하고 대부분 자국민의 매수로 소화되지만 이탈리아의 국채는 외국인 투자자 비중이 높아서 낮은 금리로 발행하여 시장에서 소화시키기 어렵다. 일본의 정부부채 비율은 높지만 지속적인 경상흑자로 순대외자산이 많이 축적되어 채무불이행 위험이 낮다.

(6) 약간의 계산 과정을 거치면 정부의 예산제약식 $B_t = (1+i)B_{t-1} + G_t - T_t$을 다음과 같이 전환시킬 수 있다.

$$\frac{B_t}{Y_t} - \frac{B_{t-1}}{Y_{t-1}} = (i-g)\frac{B_{t-1}}{Y_{t-1}} + \frac{G_t - T_t}{Y_t}$$, g는 경제성장률

따라서, *GDP* 대비 정부부채 비율이 변하지 않으려면, 위 식의 좌변이 0이 되어야 한다. 즉, '$0 = (3.5 - g) \times 0.4 + 1$'을 만족하려면 $g = 6(\%)$가 되어야 한다.

찾아보기

기타